盘 点 年 度 资 讯 · 预 测 时 代 前 程

BLUE BOOK

权威·前沿·原创

发展和改革蓝皮书
BLUE BOOK
OF DEVELOPMENT AND REFORM

中国经济发展和体制改革报告

No.2

中国道路与中国模式

（1949~2009）

REPORT ON CHINA'S ECONOMIC DEVELOPMENT AND INSTITUTIONAL REFORM *No.2*

CHINA'S PATH AND CHINA'S MODEL (1949-2009)

主　编／邹东涛
副主编／欧阳日辉

社会科学文献出版社
SOCIAL SCIENCES ACADEMIC PRESS (CHINA)

图书在版编目（CIP）数据

中国经济发展和体制改革报告 No. 2：中国道路与中国模式（1949～2009）/邹东涛主编. —北京：社会科学文献出版社，2009. 10
（发展和改革蓝皮书）
ISBN 978-7-5097-1024-1

Ⅰ. 中… Ⅱ. 邹… Ⅲ. ①经济发展-研究报告-中国-1949～2009 ②经济体制改革-研究报告-中国-1949～2009 Ⅳ. F12

中国版本图书馆 CIP 数据核字（2009）第162739号

发展和改革蓝皮书编委会

中文摘要

人生“三十而立”、“六十而耳顺”，社会和国家又何尝不如此。新中国30岁之际，走上改革开放的“而立”之道，中国经济由此走上30年持续高速增长的快车道。60岁“耳顺”之际，能够“闻其言而知微旨”，“所闻不逆于耳”，不堵言、也不轻信言。一个人或者一个国家，当有了“耳顺”，再迈向“从心所欲，不逾矩”，就是必然的了。

探索“中国道路”和“中国模式”，贯穿中华人民共和国成立60年来的始末。“改朝换代”奠基中国道路，“中苏关系”反思中国道路，“60年改革”探索中国道路，“学习借鉴”补充中国道路，“渐进式改革”成就中国道路，“逼迫机制”逼出中国道路，“摸着石头过河”摸出中国道路，“对外开放”坚持和平发展道路。“模式”是实现“道路”的具体形式，毛泽东关于社会主义革命和社会主义建设的理论、中国特色社会主义理论、社会主义市场经济理论、社会主义初级阶段理论、社会主义和谐社会理论构成了“中国模式”的五大理论基础。中国模式成就了古老中华大地前无古人的社会主义事业，积累了丰富的发展经验。

“中国道路”和“中国模式”从模仿到摒弃“苏联模式”开始起步，在基础物资管制和调配、宏观调控、农村经济发展、工业化道路、财政现代化道路、金融制度变迁、开放式发展道路、区域经济协调发展道路、企业发展道路、法治建设道路、思想政治与精神文明建设等方面，对中国特色社会主义发展道路进行了艰辛探索，丰富和发展了马克思主义经济学。改革开放以来，在通往现代化、市场化、全球化和民族复兴的征程上，中国政府有选择地采纳有利于经济增长的经济政策，创造了包括经济改革模式、经济发展模式、对外开放模式等内容的具有鲜明特征的“中国模式”。当今，中国民众已经认可“中国模式”的核心——改革、发展、渐进、开放、试验、和谐、稳定。中国人运用智慧创造了温州模式、苏南模式、珠江模式、东莞模式、成都模式、太仓模式、大寨模式、土地流转模式、卫生医疗模式等丰富多彩的“模式中国”，正在试探性地推进民主改革模式。

Abstract

Confucius said, "At thirty, I stood firm; at sixty, my ear was obedient". It is the same with a society and a country. At thirty, new China came to the road to "standing firm", and then China's economy developed rapidly and continuously. At sixty, one can know the true intention on hearing the words, and what he hears is what he wants to hear. When having obedient ears, it is inevitable to follow one's own inclination without transgressing the norm.

Throughout the 60 years' development of economy, we are exploring China's Path and China's Model. The change of dynasties builds China's Path; 60years reform explores China's Path; the opening up policy sticks to the peaceful development road. Pattern is the concrete form to realize the road. The theory of socialist revolution and socialist construction, the theory about socialism with Chinese characteristics, the theory of socialist market economy, the theory about the primary stage of socialism and the theory of the harmonious socialist society are the five theoretical bases of China's Model. It is China's Model that makes our socialist cause successful.

China's Path or China's Model duplicated the Soviet pattern at the beginning. In fact, it is a hard exploration of the development road in the macro-control, the development of the rural economy, the road of industrialization, the road of financial modernization, the change of the financial system, the opening development road, the coordinated development of the regional economy, the development and innovation road of science and technology, the development road of enterprises, and so on. Since the reform and opening up, our Chinese government has selectively adopted some economy policies that can help stimulate economic growth, and created some China's Models with distinct characteristics, including the economic reform pattern, the economic development pattern and the opening-up pattern. At present, reform, development, progressive, opening-up, harmoniousness and stability are regarded as the core of China's Model. Our Chinese people not only create the Wenzhou pattern, Zhujiang pattern, Dongguan pattern, Chendu pattern, Taicang pattern, Dazhai pattern, but also the land transfer pattern and the healthcare pattern. And currently, we are tentatively propelling the democratic reform pattern.

绪　论
中国模式　世界瞩目

邹东涛[*]

一

2009年1月25日，我国农历戊子年除夕。子夜，窗外辞旧迎新的鞭炮声起伏不断，一直持续到己丑年凌晨，更有那漫天的礼花与己丑年初露的曙光交相辉映。这是不平凡的曙光，这是中华人民共和国诞辰六十周年的曙光。在这个特殊的日子，作为中华人民共和国同龄人，我心情别样激动，澎湃中填词一首。

卜算子·中华人民共和国花甲庆典

方庆三十年，
又喜花甲到。
盛世人民共和国，
火树银花耀。

古老中华龙，
崛起复兴道。
待到建国百年时，
华表昂天笑。

---

* 邹东涛，经济学教授，博士生导师，国务院特殊津贴享受者，世界生产力科学院院士，中组部直接联系的知识分子。现任社会科学文献出版社总编辑，特聘中央财经大学中国发展和改革研究院院长。主要研究领域：制度经济学、中国经济体制改革、西部经济。

这里的“方庆三十年”，是指2008年纪念改革开放30周年。去年，为了纪念我国改革开放30年，我们编撰出版了“发展和改革蓝皮书No.1”——《中国改革开放30年（1978~2008）》，举办了“中国改革开放30年理论研讨会暨发展和改革蓝皮书No.1首发式”。我们在那本书的绪论中写道：改革开放创造了当今中国的“两个盛世”：一是中国经济体制创新的盛世；二是中国经济持续高速发展的盛世。自古“盛世修书”，“两个盛世”把为改革开放“修书”的历史任务推到了世人面前。

当《中国改革开放30年（1978~2008）》出版后，我们没有偃旗息鼓、马放南山，而是立即投入到“发展和改革蓝皮书No.2”——《中国道路与中国模式（1949~2009）》的写作中。经过一年多的努力，终于可以印装，特别献给伟大的中华人民共和国成立60周年。

二

伟大的德国古典哲学家黑格尔说过，就像太阳从东方升起在西方沉落一样，人类文明也首先起始于东方。在中国，曾经有过文明的太阳高照的时候，那就是华夏文明独领风骚的时代。世界上曾经有过包括中国在内的四大文明古国，其他文明古国后来消失了，人们只能在典籍中去寻找。然而，几千年来中国虽然经历了十多次改朝换代，中华文明却持续不断地传承和发展下来。周、秦、汉、唐、宋、元、明、清，中国曾是当时世界版图上最辽阔、最富有、最强大的国家之一。保存完整的中国古代典籍，超过世界其他所有国家古代典籍的总和。中国占据世界最大经济体的位置长达2000年之久，直到19世纪90年代才被美国取代。

自1840年始，世界新列强的兴起颠覆了中国延续2000多年“泱泱大国”的历史地位，“中国雄狮”沉睡了，成为被列强肆意蹂躏和宰割的“东亚病夫”。经历了两次鸦片战争、太平天国起义、甲午中日战争、八国联军入侵、辛亥革命、军阀割据、北伐战争、抗日战争、解放战争等大规模的外国入侵和内战之后，新中国继承了“一穷二白”的历史遗产，与世界其他国家形成强烈的反差。1952年中国在世界GDP中所占的比重从1820年的三分之一降到了二十分之一，实际人均收入从世界平均水平的90%降到了平均水平的四分之一。①

1949 年新中国的成立从根本上结束了中国百余年积贫积弱、战乱频仍、落后挨打的历史，实现了国家主权独立统一、民族团结和社会安定。中华民族屹立于世界民族之林，并在历代中央集体领导人的引领下将中国这艘巨轮的舵义无反顾地拨向了建设独立、开明、富强、民主、文明的社会主义国家的坐标。这一伟大的事业虽然在实践中经历了极其复杂和艰难曲折的道路，但它毕竟为推进现代化建设奠定了崭新的制度基础和必要的物质基础。开启于 1978 年末、历经 30 年的改革开放，则使中国实现了持续高速发展的道路，使中国以经济总量位居世界第三的成就欣然迎接 60 年庆典。

三

理性地思考和分析新中国经济发展 60 年，理论上自然地落脚在对“中国道路”和“中国模式”的研究，这正是本书的主题。关于“中国道路”和“中国模式”问题，理应是中国人首先思考的问题，遗憾的是，美国人雷默却抢尽了中国 13 亿人乃至全世界的风头，成了在全世界范围内“中国道路”和“中国模式”理论研究领域最具权威的发言人之一。在当今国内外为纪念中华人民共和国成立 60 年而研究中国道路和中国模式的多如牛毛的论著中，雷默首先提出的“北京共识”成为引用率最高的概念。

我深深地爱着自己的国家和人民。作为一个与新中国同庚的、多年来一直关注着“中国道路”和“中国模式”的探索者，与雷默教授提出“北京共识”在感情上亦是相通的。作为一个物理学专业毕业的学生，我对雷默从“动力物理学”来推演“北京共识”是心领神会的。他提出的“创新、改善人民生活、化解社会矛盾、维护国家主权”等观点都是完全正确的。

然而，雷默毕竟是个外国人，他虽然盛赞中国，并按照他的真实感受提出并阐释了“北京共识”的内涵，他毕竟难以从深层次上理解为什么中国能够长期保持社会稳定和持续的经济增长。所以，尽管雷默首先提出了“北京共识”，但

① 与此同时，世界经济在 1820～1952 年期间取得了巨大的进步，世界生产提高了 8 倍以上，世界人均收入提高了 3 倍；美国人均收入提高了将近 9 倍，欧洲提高了 4 倍，日本提高了 3 倍以上。参见〔英〕安格斯·麦迪森，武晓鹰、马德斌译《中国经济的长期表现——公元 960—2030 年》，上海人民出版社，2008，第 4 页。

要真正深刻全面阐述“北京共识”，还要靠中国人自己。这也是本书所担负的任务。

我曾多次阐述过，就像世界上没有两片完全相同的树叶一样，各个国家也不会有完全相同的发展道路和发展模式。究竟什么是中国道路和中国模式，说起来既非常复杂，也非常简单。说复杂真复杂，因为中国共产党和中国人民已经探索了60年，其中经历了多少艰难曲折，付出了多少代价，现在和今后还要继续探索。说简单即简单，凡是符合绝大多数中国人民愿望和要求的道路就是中国道路，凡是符合中国国情的发展模式就是中国模式。

为了使这项研究成果尽可能臻于完善，本书着重从经济体制改革和发展的视角，围绕以下几个方面研究中国道路和中国模式。

第一，中国道路与中国模式的理论探索。与此关联的内容有主报告《探索中国道路，实践中国模式》、《苏联模式与社会主义道路的探索》、《中国特色社会主义道路的艰辛探索》、《中国马克思主义经济学发展60年》、《中国模式的含义与意义》、《关于“中国模式”的问卷调查》等。

第二，中国道路与中国模式在诸经济领域的实践。中国道路与中国模式不仅仅是一个理论，而是体现在中国经济社会各个方面的实践中。为此，我们设立了相应的专题报告:《中国宏观经济与调控》、《中国农村发展与改革道路》、《中国的工业化道路》、《中国财政现代化道路》、《中国金融业制度变迁》、《中国开放式发展道路》、《中国区域经济协调发展的道路》、《中国区域经济发展模式》、《中国企业发展道路》、《分配制度变革与分配理论创新》和《中国经济增长：中性政府的视角》等。

第三，中国模式的基层实践案例研究。对中国模式和中国道路最活跃、最有说服力的实践是地方特别是最基层的实践。所以，我们选择性地调查和研究了以下内容:《关于“中国模式”的问卷调查》、《大寨模式的过去与现在》、《东莞模式：成功与启示》、《从太仓看苏南模式：县域经济现代化道路》、《中国土地流转模式调查》和《成都模式：探索中国城市化道路》等。

第四，中国道路和中国模式的非经济层面研究。中国道路和中国模式包括中国政治、经济、社会、政治、文化等方方面面。本书主要是经济著作，对中国道路和中国模式的探讨集中在经济方面，限于篇幅和我们的能力，仅选取了与经济发展关联度比较大的非经济领域，撰写了以下报告：《中国科技发展与自主创新道路》、《卫生医疗改革探索“中国模式”》、《中国法治建设道路》和《从浙江的民主看中国民主的未来》等。

对中国道路和中国模式的理论研究，仅仅是纪念中华人民共和国60周年千千万万总体活动的一个方面，而且这一研究也不是一时一事一人所能完成的任务，而是一项永远不可穷尽的、聚集中华民族智慧的历史任务。本书的写作和出版只不过是这项没有终结的伟大历史任务之“一毛”。如果这“一毛”之成果能够为中华人民共和国60年大庆以及未来的发展增添“一毛”思想理论财富，著者足矣！

目 录

案例与调查

CONTENTS 

Cases and Surveys

主 报 告

第一章
探索中国道路　实践中国模式

中国发展和改革研究院课题组*

摘　要：探讨中国道路和中国模式是纪念中华人民共和国成立60周年最重要的内容之一。正确认识中国改革开放前后30年，正确评价毛泽东，是正确探讨中国道路和中国模式的前提。中国道路是奠基于社会主义，在对学习、反思和借鉴、渐进式改革、摸着石头过河、对外开放等的探索过程中生成的。中国模式是立足中国国情、实践中国特色社会主义的理论凝结。要在维护国家独立和统一、提升内在凝聚力、营造良好的国际环境中，使中国道路和中国模式赢得未来。

关键词：中国道路　中国模式　改革开放

---

* 中国发展和改革研究院（China Institute for Development and Reform，CUFE）成立于2006年7月，是集科研、教学、咨询、培训于一体的学术机构，直属中央财经大学。课题组负责人：邹东涛、欧阳日辉；课题组成员：孙凤仪、李连芬、仇喜雪、王成仁、赤旭、宋媛、李佳。

公元前2697年，中华始祖黄帝命大挠氏探察天地之气机，探究五行，始作十天干：甲、乙、丙、丁、戊、己、庚、辛、壬、癸和十二地支：子、丑、寅、卯、辰、巳、午、未、申、酉、戌、亥，排列组合为六十甲子，用做纪历之符号。黄帝的子孙们在地球东方这块土地上生生息息，沧海桑田，勤劳智慧勇敢，开创出了伟大的华夏文明。六十甲子①则周而复始地运转，不舍昼夜，浩瀚篇章，记载下了人类最丰富、最完整、最壮观的中华民族漫长而坚实的脚步。

当六十甲子运转到公元20世纪的己丑年癸酉月甲子日（1949年10月1日），毛泽东在北京天安门上向全世界庄严宣布："中华人民共和国中央人民政府今天成立了。"中华人民共和国的诞生，标志中国的历史从此翻开了崭新的篇章，无论是支持新中国的人还是反对新中国的人，或欣喜或悲哀，都不约而同地意识到：古老的东方巨龙苏醒了，百年来中国人民受西方列强蹂躏和屈辱的历史一去不复返了。

按照中国的传统文化，60年一个甲子，是人生最重要的纪念时间，也是国家和社会最重要的纪念时间。新中国60年的历程波澜壮阔，走过的道路纵横交错，如何回顾、思考一个国家的甲子历程？毛泽东有句名言："路线是个纲，纲举目张。""路线"者，带有方向性的"道路"也。认真探讨"中国道路"和"中国模式"这个"纲"，是纪念"中华人民共和国60花甲庆典"最重要的内容之一。

第一节 为什么要研究"中国道路"与"中国模式"

继"拉美模式"、"东亚模式"、"德国模式"、"日本模式"等发达国家的经验模本在世界相继上演之后，"中国道路"和"中国模式"引起了国际舆论的高度关注。美国《时代》周刊频频出现"中国"二字，非洲大地"感谢上帝给我们送来了中国人"，东盟各国借鉴"中国模式"得到经济繁荣发展，这种独一无二的"中国特色"在世界版图中日渐清晰。

一 正确看待改革开放前后的内在一致性和连续性

新中国的60年，作为大的阶段划分，已经形成的基本共识是：以1978年12

① 以一个天干和一个地支相配，排列起来，天干在前，地支在后，天干由甲起，地支由子起，阳干对阳支，阴干对阴支（阳干不配阴支，阴干不配阳支），得到60年一周期的甲子回圈，称为"六十甲子"或"花甲子"。

月党的十一届三中全会为时间界限，划分为改革开放前和改革开放后两个大阶段。由于党的十一届三中全会的召开在1978年年尾，改革开放的实际进行是从1979年开始的，所以，新中国60年大体上可划分为前30年和后30年。由于新中国60年走了一条复杂曲折的道路，因此，在如何认识和评价这60年这个问题上，就形成了十分复杂的局面。纪念新中国60年如果不首先厘清这个问题，就会在理念上把新中国60年搞得支离破碎，从而造成人心的分离。

由于改革开放以来中国的经济发展取得了比改革开放前更大的成绩，人民得到了更多的实惠，更由于前30年在经济上和政治上产生过诸如"大跃进"、"文化大革命"的重大错误，所以很多人往往对前30年基本上持否定态度，总习惯于把前30年作为对比改革开放伟大成就的反面参照系。自20世纪末以来，特别是近些年来，由于腐败的滋生及严重、市场和社会秩序混乱、劳资矛盾激增、社会诚信度下降、犯罪率上升、收入差距拉大等问题严重化，许多人怀念和赞扬改革开放前。这样就形成了两种社会意识和评价：一种是以改革开放后的30年否定新中国成立后的30年，并以邓小平否定毛泽东；另一种是以新中国成立后的30年否定改革开放后的30年，并以毛泽东否定邓小平。也有介于二者之间的情况：对前后30年都有肯定和否定。

我们注意到香港学者甘阳两年前发表《中国道路：三十年与六十年》一文[①]，提出了正确认识新中国改革开放前后两个30年的问题，反对那种把新中国成立以来前后两个30年对立起来、互相否定的不负责任的态度，论述了前后两个30年是共通的、一脉相承的。这是对中国历史、更是对中国现在和未来理智的、负责任的态度。当时间越来越靠近新中国成立60周年纪念日的时候，越来越多的人理直气壮地批评那种把新中国前后两个30年对立起来相互否定的观点[②]。"两个三十年"不能相互否定，因为这是关系着正确评价新中国60年历史的大是大非问题，关系着正确评价马克思主义指导地位的大是大非问题，关系着正确评价中国共产党领导地位的大是大非问题，关系着正确评价中国特色社会主义道路的大是大非问题，关系着正确评价毛泽东历史地位的大是大非问题。

我们的思想是与这些学者相通的。在新中国60年的进程中，无论是前30

---

① 甘阳：《中国道路：三十年与六十年》，《读书》2007年第6期。

② 如朱佳木：《正确认识新中国的两个30年》，新华网，2009年8月17日；王廷连：《"两个三十年"，为何不能相互否定》，人民网理论频道，2009年8月17日。

年，还是后30年，确实存在着这样那样的问题甚至是严重的错误，但那是新中国发展中的问题，而不是发展的最终结果——独立自主的社会主义中国在探索中崛起和不断强大。特别是前30年，我国经历了一段极为复杂、极为挫折的历程，但我们仍然取得了骄人的成绩，而且正是因为那些在探索中出现的问题为我们积累了丰富的经验，才造就了改革开放的伟大成就。

如果在新中国“前30年VS后30年”中互相否定、互相诋毁，客观上就会把新中国60年统统抹黑，那么，我们还纪念新中国60年干什么？如果把新中国60年统统抹黑，那就不是纪念，而是“反思”、否定、谴责和批判。那就会与戈尔巴乔夫、叶利钦当年全面否定整个苏联历史一样，中华人民共和国的“大一统”还会存在吗？中国经济的发展和民族复兴还有希望吗？我们相信，每个有良知的中国人，都绝不愿意看到中国出现苏联那种结果。对此，每一个中华人民共和国的公民都应当具有清醒的政治头脑。

回顾和总结新中国60年，不可避免地要涉及毛泽东，因为毛泽东是中华人民共和国的主要缔造者，新中国前30年的所有重大决策和历史事件都直接或间接与毛泽东相关。今天，毛泽东的巨幅画像高高悬挂在天安门城楼上，毛泽东纪念堂还在天安门广场中央。我们的宪法、我们的党章，还堂堂正正地写着毛泽东。毛泽东的一切，包括他的生平、他的著作、他的诗词等，在国内和国外都还具有广泛而深刻的影响。

由此，我们想到马克思。自马克思逝世之后，他的墓曾一次次被人掀翻，而后又一次次被人修复。20世纪90年代初东欧剧变、苏联解体的时候，不少人宣称马克思彻底失败了，马克思主义的生命力彻底终结了。但在20世纪末欧洲一个组织公开评选世纪伟人时，马克思被推选为世纪伟人第一名。

如果中国公开评选近现代中国的伟人，相信毛泽东一定会当选。

笔者曾经参观过位于美国洛杉矶的尼克松图书馆，馆中雕塑了与尼克松同时代并有交往的一大批各国著名政治家，毛泽东和周恩来雕为坐像在前排交谈，而其他各国政治家都在身后站成一圈。新中国60年，特别是前30年，美国一直是中国最大的、世界“领袖级”的政治对手，而美国的政治家们大多对毛泽东十分崇拜。而我们的某些国人，总在处心积虑地煽动对毛泽东的全盘否定和仇恨，不知道他们究竟要干什么？

关于对毛泽东的评价问题，不是本书讨论的主题，本书也没有设计这样的篇章。但必须指出的是，这是一个十分复杂的问题，因为对毛泽东的评价紧密联系

着对新中国“前30年”甚至于60年的评价。

中国几千年的灿烂文明史，是与一个个伟大的历史人物，如秦皇、汉武、唐宗、宋祖、成吉思汗、朱元璋、康雍乾等紧密联系在一起的。历史上每个伟大时代的代表人物都存在着这样或那样的问题，我们都可以这样或那样的问题而否定他们。比如，秦始皇的暴政，汉武帝和朱元璋的残忍，唐太宗杀兄逼父而夺位，赵匡胤政变而黄袍加身，成吉思汗只识弯弓射大雕，康雍乾大兴文字狱，等等；如果从个人生活来看，这些中华民族的历史伟人无不荒淫糜烂。这些都可以成为全盘否定他们的理由。但如果这样，实际上也就全盘否定了中华民族的伟大历史，伟大的中华民族就成了一片黑暗和一片荒漠，就会成为历史虚无主义。

这里有必要回顾一下苏联历史上对斯大林的全盘否定问题。1953年斯大林逝世之后，赫鲁晓夫先是秘密、后来公开批判斯大林，这股浪潮愈演愈烈，到20世纪60年代，有几个持不同政见者公开打起了全盘否定斯大林和全盘否定苏联经济社会制度的大旗。这些人是非常爱国的，在他们看来，只有全盘否定斯大林和全盘否定苏联的经济社会制度，才能使苏联更加强大。后来他们被驱逐出境。苏联解体之后，当年主张全盘否定斯大林和全盘否定苏联经济社会制度的主要代表人物回到俄罗斯，进行自我忏悔，深刻认识到全盘否定斯大林和全盘否定苏联的结果与他们的主观愿望完全相反：苏联解体。经过几十年的历史折磨和心灵反思，他们又反过来赞颂斯大林。

全盘否定一个伟大的、在历史上产生过极其重大作用的并深刻影响着现在和未来的超级政治家，其结果是常人难以预测的。也就是说，正确评价毛泽东，不是一个简单的感情问题和学术问题，而是一个重大的政治和社会问题。从这个意义上说，在纪念新中国成立60周年的时候，我们既要客观、理性、认真地总结历史经验和教训，但更要理直气壮地弘扬包括前30年在内的新中国60年；我们既要客观公正地评价毛泽东，更要理直气壮地“捍卫毛泽东”。

二　探索成功的“中国之谜”比探索“苏联、东欧剧变之谜”更具吸引力

20世纪80年代末90年代初，苏东各国按照西方理论家开出的基于“华盛顿共识”的“休克疗法”药方，抛弃了社会主义制度，改革的出发点不是革除原有社会主义制度的弊端，而是认为建立在公有制基础上的社会主义制度注定是没有效率的；从西方经济学的本本出发，根本不考虑是否适合本国的国情，认为

只有彻底的私有化和市场化才能有效率，企图通过“全盘西化”的道路在一夜之间向市场经济转变。实施休克疗法的结果是：生产持续下降、失业急剧增加、通货膨胀、社会动荡，最终导致东欧剧变、苏联解体。

“中国模式”之所以受到世人特别是西方学者的关注，其重要原因之一就在于，当“苏联模式”的社会主义遭到失败、整个世界呈现“资”强“社”弱的态势时，社会主义的中国却在逐步崛起。

2004 年 5 月，美国《时代》杂志前任编辑、美国高盛公司政治经济问题资深顾问、中国清华大学兼职教授乔舒亚·库珀·雷默（Joshua Cooper Ramo，亦译为“拉莫”），发表了题为《中国已经发现自己的经济共识》的论文。论文在比照“华盛顿共识”的基础上，对中国经济改革（转型）成就及其经验作了全面理性的思考与分析，首次提出了“北京共识”（Beijing Consensus）。“北京共识”可以看作是对“中国经验”和“中国模式”的理论概括。

雷默指出，“北京共识”是指一系列的关于中国发展的新思想，其目标是：在保持独立的同时实现增长；实验和创新是其灵魂；它不仅关注经济发展，同时也注重社会变化，通过发展经济与完善管理改善社会；既务实，又理想，解决问题灵活应对，因事而异，不强求划一是其准则；中国的新理念正在对中国以外的世界产生巨大影响。雷默认为，建立在“北京共识”基础上的中国经验具有“普适价值”，不仅适合中国，而且是一些发展中国家如何寻求经济增长和改善人民生活的可借鉴的模式。对全世界那些正苦苦寻觅良方，以求既发展自身，又在融入国际秩序的同时真正保持独立、维护自己的生活方式和尊重自己的政治选择的国家来讲，“北京共识”提供了新的发展道路。

在中国，无论是官方，还是学界，不少人在过去较长时间内并不知道或者知道而并不怎么关注“华盛顿共识”的概念，直到雷默提出“北京共识”，才把“华盛顿共识”的概念附带引了出来或者提高了对其的关注度。这就是说，“中国道路”和“中国模式”的创造过程中，我们并不怎么知晓“华盛顿共识”这个概念、甚至是在与华盛顿长期“斗而不破”的摩擦中实现的。也就是说，“中国道路”和“中国模式”是完全“内生”的制度创新。即便我们学习了西方的一些成功经验，也已经把这些西方文明与中国实际相结合，实行了“中国化”的改造。

在中国人自己没有提出“北京共识”的概念时，雷默首创“北京共识”，对“华盛顿共识”在世界上的霸权地位提出质疑，同时大大提升了世界对“中国道

路”和“中国模式”的关注度和影响力。对此，中国人应当感谢这位美国朋友。

与苏东式的激进改革不同，社会主义中国既没有采用“苏联模式”，各项改革不是对社会主义制度的否定，而是社会主义制度的自我完善和发展；没有实行大规模的全面私有化，也没有允许外国资本控制我国的经济命脉，政府始终把握着调控经济和治理社会的主动权。同时，作为后发展国家，我们充分发挥后发优势、广泛吸收世界各国文明成果的同时，走自主创新的道路。从计划经济向市场经济的转型中，坚持社会主义的方向不变，既发挥市场经济的积极作用，又注重政府的宏观调控，从微观和宏观两个方面促进经济快速而稳定的增长。

从理论上说，社会主义市场经济的成功破解了公有制和市场经济能否结合的“世界性和世纪性难题”；从实践上看，社会主义市场经济体制改革使我国的经济保持了持续快速增长。中国成功地避开了“依附论”、“中心—外围”论、“西化论”等以资本主义发展模式为中心的理论的影响，逐步探索出一条既切合中国实际国情，又顺应世界历史发展潮流的有中国特色的社会主义现代化道路，创造性地避免了近代以来中国现代化一个半世纪经历过的种种挫折、失误，成功地跨越了当今许多后发展国家普遍面临的种种发展困境，使中国现代化建设最终步入了快速、协调、健康发展的轨道。俄罗斯学者阿・雅可夫列夫指出：“恰恰是中国特色社会主义注入了在目前世界条件下体现社会主义的生命力。”

中国特色社会主义的胜利发展，不仅扭转了20世纪后期世界社会主义运动陷入低潮的趋势，而且必将对21世纪社会主义的发展产生不可估量的影响，中国已成为世界社会主义的中流砥柱。“中国模式”对“后发展效应”挑战的创造性回应以及由此形成的诸多发展战略与经验，取得了社会主义改革和建设的成功，不仅在东亚地区独树一帜，而且在整个世界发展理论舞台上，也产生了广泛而深远的影响，赢得了世界的尊重。在苏联东欧国家，他们也在研究中国发展道路。在他们看来，原来采用的是激进改革模式，对这种政治民主化与经济私有化同时进行的发展模式需要进行深刻反思。尽管激进改革模式曾被西方世界称颂一时，但现在的领导人已深刻意识到，这并不是适合他们经济发展的理想模式。

成功的“中国模式”的许多做法不一定具有普遍意义，但这些做法背后的思想，可能有相当的普遍意义。其中，有三项主要内容隐含着非常重要的经济发展思想，即思变、竞争、稳定。“思变”是一个经济体发展的基本轨迹。中国在经济体制改革之初根本没有一个确定的目标，也没有一个完整的改革路线图。我们就是在不断思变的探索中逐渐清晰了自己的发展道路。“竞争”是中国经济体

制改革之后形成的最有利于经济增长的机制。中国的市场化取向改革是渐进的，因此按照西方主流经济学的理论，在缺乏市场的环境下竞争是难以形成的。但是，中国就是在市场化渐进的过程中，形成了一个全方位的、多层次的竞争格局，并且成为中国经济增长的一个重要机制。这表明竞争可以脱离市场的一般条件，在诸如地方政府之间以及公有制经济和非公有制之间形成。“稳定”是“中国模式”最成功的因素，包括意识形态的创新、竞争组织的创新和经济体制的创新，都包含了奠定稳定局面的因素。

思变、竞争、稳定等构成了中国的政治软实力。可以说，“中国的崛起也是中国软实力的崛起，这将对解决中国自己面临的挑战，对发展中国家摆脱贫困、对全球问题的有效治理、对国际政治和经济秩序未来的演变，产生深远的影响。”① 存在于“中国模式”背后的属于该模式内核的内容，是中国经济成功的关键性因素，具有鲜明的中国特色，而且其运行的许多条件也是其他国家所不具备的。但是，“中国模式”所具有的思变、竞争和稳定内核却可以在不同的条件、不同的环境下实现。因此，说“中国模式”有普遍性，不是指复制中国经济体制改革的道路，而是要在自己的特殊条件下努力实现“中国模式”背后的一些核心内容。

三 研究中国，必须了解“中国道路”和“中国模式”

一直以来，西方学者对中国前途和命运有着种种预测。随着中国从“醒狮”到“行狮”的转变，他们开始意识到，过去对中国的许多认识是存在偏见的，他们提出的“中国将会毁灭”、“中国是一个未来的敌人”、“中国崩溃论”、“中国威胁论”、“社会主义失败论”等观点，几乎是明显错误的。他们开始分析各种预言破产的原因，意识到他们的理论范式尚不能解释中国成功的原因，不能客观分析中国发展存在的问题，也不能为中国发展中存在的问题找到出路。比如，雷默认为，“以前在西方用于讨论中国的语言已不再适用”，而要研究中国，必须具有“中国眼光”，必须了解中国。

20 世纪 80 年代末 90 年代初，苏联、东欧剧变，社会主义运动进入前所未有的低潮。由于中国曾经发生过 1989 年春夏之交政治风波，也由于苏联东欧剧

① 刘树成，张晓晶：《中国经济持续增长的特点和地区间经济差距的缩小》，《经济研究》2007 年第 10 期。

变后中国仍然坚持走社会主义发展道路，因此中国社会主义的前途和命运开始引起国外学者的关注。在国际主流媒体上，出现许多国外学者对中国前途和命运的预测。按照他们的认识逻辑，中国肯定经受不住东欧剧变带来的冲击，中国共产党会很快像东欧共产党那样丧失执政地位。20 世纪 90 年代初苏联解体后，他们又预言：中国会经受不住民族独立的世界影响，西藏、新疆会独立。在中国确立社会主义市场经济体制目标模式之后，西方学者又断言：市场经济将埋葬人民民主专政政权。香港回归之后，曾有人预言香港会成为“死港”。20 世纪 90 年代末东南亚金融危机之后，又有人预言中国顶不住金融危机的冲击。

然而，铁的事实是：中国不仅没有像苏联东欧社会主义国家那样崩溃，反而打破了制裁重返国际社会；中国不断推进改革开放，加速市场化改革，最终加入了世界贸易组织，成为经济全球化的重要影响因素；中国经济并没有衰退，不仅顶住了东南亚金融危机的压力，而且维持了较高的经济增长速度；成功地实现了“一国两制”，香港回归之后，澳门顺利回到祖国的怀抱；保持了国家领土完整，西藏、新疆紧紧团结在祖国的大家庭之中。

在西方学者的预测失败之后，面对快速发展的中国，又有人抛出了所谓“中国威胁论”。多年来，西方一直认为中国的巨变是“威胁”。在这种思想的支配下，他们早期对中国采用各种围堵政策，遏制中国崛起。但显然，这些政策并没有奏效。现在中国崛起已成事实，但一些人仍然认为中国的未来充满“不确定性”。西方认为，西方世界基本上有着共同的价值体系和相似的政治制度，西方文化往往有着很强的使命感和扩张性，他们很珍惜自己的那套价值，并想当然地觉得全世界各个国家都应该接受这套价值体系，于是极力向发展中国家推销。而中国崛起的价值取向和西方的并不一样，政治制度更有着非常大的差别。因此，西方感觉到“威胁”不仅仅是因为“中国模式”的崛起，更重要的是西方模式的失灵，担心被“中国模式”所取代，所以恐惧感顿时油然而生。德国一位主管亚洲外交政策的官员就曾对笔者直接表达过这种担忧，他表示自己非常担心中国的价值理论会取代西方的制度。这种看法在西方世界相当普遍。

从“中国威胁论”的演变历史看，其作用有限，无论炒作多么厉害，终究未能撼动中国国际关系发展大局。一方面，在渲染“中国威胁论”的团体之外，还有一大批严肃的学者在认真地关注中国的发展，并得出相对公允的结论。比如，同样看待中国的崛起，著名中国问题专家、布鲁金斯学会的尼古拉斯·拉迪就理智得多，他说：“对亚洲所有国家来说，面对实力如此强大的中国，唯一理智的反应就是想方设法与其合作。”马丁·费德斯坦不久前表示，中国经济发展是有目共睹的事实，“中国崩溃论”是站不住脚的。中国的发展并没有带来威胁，威胁来自“中国威胁论”的制造者。不难看出，制造“中国威胁论”的目的是遏制中国的发展，树立假想敌，为自己行使军事干涉、发展军工产业牟取暴利制造借口。近年来日本与美国修改《日美防卫合作指针》，扩大军事合作范围，这才是对邻国乃至东北亚地区的真正威胁。宣扬“中国威胁论”的那些玩意，靠的是虚张声势、无中生有，因而大都不得善终，像《即将到来的美中冲突》一书现在已成了路人喊打的“不严肃读物”，《考克斯报告》在美国也臭不可闻，“李文和案”已公认是一桩冤假错案。

近年来，还有另一变种的“中国威胁论”也不时涌动，包括所谓“中国不行论”、“中国崩溃论”、“中国发展掺水论”等，不一而足。前几年的《外交》杂志上刊登伦敦战略研究所学者西格尔的文章《中国真有那么重要吗?》认为“中国并没有人们想象的那么重要，没有必要过分重视中国和发展同中国的关系”，以“中国不行论”开启了另类“中国威胁论”的先河。2000 年，“中国崩溃论”的始作俑者美国匹兹堡大学罗斯凯教授先后发表《中国 GDP（国内生产总值）统计出了什么问题》、《中国的 GDP 统计：该被警告?》，质疑中国经济增长统计数据的真实性，认为中国经济增长是虚假的，认为中国经济增长率只有 2% 左右。还有论证认为，中国经济发展很快，但是单位能源消费下降，这在世界经济增长历史上是没有出现过的，因而认为中国在造假。该论调被西方媒体炒作，使“中国发展水分论”大行其道。稍后，美国经济记者戈登·尚出版耸人听闻的《中国即将崩溃》一书，“中国崩溃论”逐渐流行，对中国过分“关注”起来。他们观察中国的角度虽然不一样，但得出的结论是一致的，即中国的崛起对美、日等国构成威胁，中国的衰落或者崩溃更对美、日等国构成威胁。这些谬论与“中国威胁论”如出一辙，但更荒唐可笑，根本不值一驳。

然而，中国历经 1998 年亚洲金融危机和 2008 年的全球经济危机之后，依然能保持比较稳定和快速的发展趋势，中国不仅没有崩溃，而且发展得很好；中国的发展不仅不是威胁，而且为世界和平增添了更多的保障。这使得这些言论不攻自破，也使得他们不得不重新审视中国的发展战略和发展模式，以致美国和欧洲最近对金融市场的干预都被认为是在学习中国。

中国高举和平与发展的旗帜，主张走和平发展道路，倡导建立和谐世界。和平发展是“中国模式”在对外关系上的体现。中国的发展不走苏联对外扩张、

霸权主义的道路，也不走西方发达国家通过对外掠夺和殖民，在经济、政治和文化上控制别国的道路，我们走的是一条中国特色的和平发展道路。我们认可世界文明的多样性，提倡国际关系民主化，尊重世界各国发展模式的多样性，主张不论大国、强国还是小国、弱国，都应该相互尊重、平等互利在和平共处五项原则的基础上发展相互间的友好关系。

中国不仅没有威胁世界和平，反而成为世界和平的最主要维护者之一。进入21世纪，中国改革开放的成绩进一步彰显出来，中国的软实力进一步增强，国际影响力进一步扩大，许多国家开始举办“中国年”、“中国文化周”。伴随着“孔子学院”在世界诸多地方的设立，不少国家掀起了“汉语风”。在这种情形之下，我们又看到近来国际主流媒体流行“中国辉煌论”、“中国机遇论”和“中国崛起论”等新的观点。

嗅觉灵敏、思想敏锐且拥有丰富资讯的西方学者开始注意到，一个具有五千多年文明、13亿人口的大国，经济持续增长了近30年，堪称“中国奇迹”。建设社会主义的“中国模式”的成功实践，为繁荣世界社会主义事业作出了重大贡献。历史的车轮已经行驶到世纪的交汇点。现在中国共产党正高举邓小平理论伟大旗帜，把建设中国特色社会主义事业全面推向21世纪。建设社会主义的“中国模式”以其特有的魅力穿越时空必然具有深远的历史影响和重大的世界意义。

中国的经济崛起既有可能帮助其他贸易依赖国赚钱，也有可能影响他们的财富积累。中国的经济像磁铁一样，把其他国家的经济利益与自己的利益紧密相连。对中国来说，真正全球化的多边世界能提供更加强有力的安全保障。中国希望通过参加上海合作组织以及东盟10+3机制，并利用新的睦邻政策，建设一个和平的区域环境来保障其经济发展，使“中国威胁论”失去市场而代之以“中国机遇论”。面对种种预言的破产，西方学者开始分析破产的原因，开始关注“中国之谜”，开始研究“中国模式”。

四　研究“中国模式”有利于深化对“中国特色社会主义”内涵的认识

新中国成立以来长期的探索和实践，特别是改革开放30年的伟大实践，中国已经形成了相对完整的发展思路，积累了非常丰富的成功经验。我们应该在深化中国特色社会主义理论体系研究过程中，对新中国成立以来，尤其是改革开放以来的历史经验进行全面系统的提炼和概括，并在此基础上，对中国特色社会主

义道路的科学内涵、主要特征进行深入的研究。

实践告诉我们，中国人必须走自己的路。中国必须创造一种适合自己国情的政治经济发展模式，照搬照抄别国的模式，是不可能成功的。过去北洋政府照搬西方民主模式，没有成功。新中国成立后，照搬苏联模式，也遭受了挫折。中国共产党和中国人民历经千辛万苦才找到了正确的发展道路和发展模式。早在改革开放初期，邓小平同志就强调说，“把马克思主义的普遍真理同我国的具体实际结合起来，走自己的道路，建设有中国特色的社会主义，这就是我们总结长期历史经验得出的基本结论。”“中国的事情要按照中国的情况来办，要依靠中国人民自己的力量来办。”① 新中国成立以来，世界多极化和经济全球化都在发展，中国国内和国际环境不断变化，前进的道路绝非一帆风顺。我国能够战胜一个又一个困难，绕过各种激流险滩，在各个领域都取得了显著成绩，经济总量和进出口总额跃居世界前列，人民生活发展到总体小康，最根本的原因在于，我国毫不动摇地坚持中国特色社会主义道路，坚持“走自己的道路”。

胡锦涛在中共十七大报告中概括地指出：“中国特色社会主义的理论体系，包括邓小平理论、‘三个代表’重要思想以及科学发展观等重大战略思想。它作为一个科学理论体系，既坚持了科学社会主义的基本原理，又扎根于我国国情并具有时代赋予的鲜明中国特色。我们坚信，这一理论体系作为当代真正的马克思主义，将与我国国情更加密切结合，与时代发展同进步、与人民群众共命运，日益焕发出更加强大的生命力、创造力和感召力。中国特色社会主义同苏联模式的社会主义是截然不同的，它是马克思主义与我国具体情况紧密相结合、具有时代赋予的鲜明中国特色的社会主义道路和理论体系。”② 所以，现在世界上有越来越多的有识之士认识到了这一点，并将它称为“中国模式”。

在上述事实和潮流面前，中国学者和中国学术界应该自信地、郑重地说出我们的话语：中国特色社会主义，就是“中国道路”；中国特色社会主义，就是“中国模式”，而不是属于其他任何模式。中国特色社会主义道路和“中国模式”的内核或精华实际上基本相同。首先，二者都集中回答了中国怎样在新的时代、新的形势下，清醒地判断自身方位，正确地选择发展路径，从而解决一个面向现

① 《邓小平文选》第三卷，人民出版社，1993，第3页。

② 胡锦涛：《高举中国特色社会主义伟大旗帜为夺取全面建设小康社会新胜利而奋斗——在中国共产党第十七次全国代表大会上的报告（2007年10月15日）》，人民出版社，2007，第1页。

代化、面向世界、面向未来的社会主义中国巍然屹立在世界东方的问题。其次，二者都强调中国的特色不同于世界其他民族国家的独特的发展道路，这是二者最大的共同价值。最后，二者的形成和发展的过程既是一个主动的过程，也是一个同一的过程。探索中国特色社会主义道路的过程就是“中国模式”逐步成形并为世人瞩目的过程。将二者紧密关联的必要性在于：中国特色社会主义道路在中国具有强势的话语权，不理解中国共产党和中国政府始终强调的中国特色社会主义，不研究中国共产党和中国政府在深刻理解本国历史传统、社会条件和国际环境基础上业已梳理出的理论成果，而仅以所谓局外人的视角或西方社会的视角来审视，就根本无法理解“中国模式”的精华和内涵。因此可以说，“中国模式”的发展道路，就是坚定不移地坚持和发展中国特色社会主义。

可以看出，“中国模式”这一概念实际上与“中国特色社会主义”所指代的内容大致相同，都是邓小平理论的集中反映，只是二者的研究角度不同。毫无疑问，“中国特色社会主义”的成功经验构成了“中国模式”的主要内容，只是在考察角度上，“中国特色社会主义”概念着眼于政治和意识形态取向，而“中国模式”概念着眼于社会发展，更便于人们在全球化的宏观背景下，从世界视野考察中国的现代化。因此，有必要通过研究“中国模式”，进一步揭示中国特色社会主义的内涵和特征。

第二节　中国道路的生成过程

2009 年 7 月 27 ~ 28 日，中美战略与经济对话在美国华盛顿举行，美国总统奥巴马在致辞中用英语讲了孟子之言：

> “Thousands of years ago, the great philosopher Mencius said: ‘A trail through the mountains, if used, becomes a path in a short time, but, if unused, becomes blocked by grass in an equally short time.’”

直译为现代汉语是：

> “几千年前伟大哲学家孟子说：‘这好比人在杂草丛生的地方走路，总走，路就走出来了；不走，杂草就会丛生，就不成路了。”

《孟子》的原文是：

“孟子谓高子曰：‘山径之蹊间，介然用之而成路；为间不用，则茅塞之矣。今茅塞子之心矣。’”

鲁迅也说过，“希望是本无所谓有，无所谓无的，这正如地上的路。其实，地上本没有路，走的人多了，也便成了路。”事实就是如此，人类居住的地球早期杂草丛生，没有道路，走的人多了就走出了道路。国家的发展也是这样的。中国道路就是中国人前赴后继走出来的发展之路。

中华人民共和国的60年是一个整体，这不仅仅是同一块天地，同一片国土，同一国人民，更重要的是同一个国体和政体，即同一个中国共产党领导下的社会主义国家。60年来，新中国犹如一艘在波澜壮阔的海洋中航行的巨轮，有时候风平浪静，有时候惊涛骇浪，有时候逆转，有时候抛锚，有时候触礁。但她终归在波澜壮阔的海洋中一往无前而没有翻沉。我们探索新中国60年的发展道路和发展模式不能只选择“风平浪静”的那一段，而把“惊涛骇浪”、“逆转”、“抛锚”、“触礁”的时段统统扔掉不要了。就好像一个人，首先是出生，这是人生的起点和奠基，之后有健康成长，其中有生病、有治疗、有跌倒、有站立、有步行、有跑步等。我们研究一个人的成长史，总不能只研究一个人健康成长的那段历史，而把其他各段都甩掉。因此，从新中国60年的整体上研究中国道路，才是公正、客观、正确的思路。

这里还有必要界定“道路”与“模式”的含义。什么是“道路”，什么是“模式”？二者既相通，又相异。相通是指意义有相近的一面，可以互相替代或近似替代；相异即差别和不同。本文的理解是，“道路”是“模式”的基础和前提，“模式”则是“道路”的具体表现形式。如果说“道路”属于“主义”层面的东西，“模式”则属于形式和方法层面的东西。本章开宗明义所说的“中国道路”，就是指中国所走的社会主义道路。而后面几节论述的“中国模式”，则指的是“中国道路”的具体实现形式。

一 “改朝换代”奠基中国道路

中国作为世界上最古老的大国，其人口和经济总量居世界之首的位置曾长达2000多年，1820年的人口总量和GDP总量约占全世界的三分之一。但自此，由

于大清帝国夜郎自大，闭关自守，愚昧腐朽，对加速兴起的西方列强和东洋日本不知世情，麻木不仁，无论在思想上、还是在国力上，已经加速走下坡路了。1840 年鸦片战争一声炮响，中国彻底转盛为衰，逐渐沦为半殖民地半封建社会。经历了两次鸦片战争、甲午中日战争、八国联军入侵，中国从“天朝上国”衰落成为“劣等民族”和“东亚病夫”。

顽强的黄帝传人不认命，不服输，要图强，先后发生了太平天国起义、辛亥革命、北伐战争、抗日战争。但中国并没有获得新生，而是军阀割据，一盘散沙，民不聊生。成立于 1921 年的中国共产党，以马克思主义为指导思想，以苏俄为师，以社会主义社会为目标，领导人民武装革命，终于在 1949 年取得了全面解放。

漫长的中国历史曾经有过“夏、商、周、春秋、战国、秦、两汉、三国、两晋、南北朝、隋、唐、五代、宋、元、明、清、民国”等多次“改朝换代”，而 1949 年 10 月 1 日中华人民共和国的成立则是中国历史上一次最重要、最伟大的“改朝换代”——“改”半殖民地半封建社会之朝，“换”社会主义之代。新中国成立后，经过短暂的新民主主义的过渡，走上了社会主义道路。“社会主义”是新中国、新道路的起点。新中国走过许多弯路，受过许多挫折，但总是在社会主义道路的探索。改革开放则是中国社会主义道路持续而成功的新探索。如果离开中华人民共和国成立走上了社会主义道路这个起点，研究和论述“中国道路”就是无本之木、无源之水、无母之体。从这一点说，中华人民共和国的成立和社会主义制度的建立，是“中国道路”的奠基礼。

二　“中苏关系”反思中国道路

研究新中国 60 年的道路，中国与苏联的关系是一个绝对不能忽略和回避的问题。第一次是对前 30 年中苏关系的反思，这主要是从中华人民共和国成立时的“中苏蜜月”到 20 世纪 60 年代初的“中苏决裂”。第二次则是对后 30 年中苏关系的反思，这主要是从改革开放初到“苏、东剧变，苏联解体”。两次反思对中国道路的形成和发展有着重要的意义。

1949 年 10 月 1 日新中国成立的初始条件是：一方面，以美国为首的西方资本主义列强对新生的中华人民共和国采取敌视政策；另一方面，苏联作为世界上第一个社会主义国家和新生世界社会主义阵营的“老大哥”，于 10 月 2 日第一个承认中华人民共和国政府，第一个与新中国建立外交关系。1950 年 2 月，两国签订了《中苏友好同盟互助条约》，结成了友好同盟。苏联援助中国建设了156项大型工业项目。因此，包括新中国在内的社会主义国家都别无选择地向苏联“一边倒”，实行一切向苏联学习的政策，走上了苏联式的社会主义道路。中国也在国际舞台上大力支持苏联。这在当时是必然的，而且在新中国成立后的10年中，对新中国的建设和发展确实起到了积极的促进作用。

从历史的角度来说，对于刚刚结束抗日战争和解放战争、对社会主义建设没有任何实践经验的新中国，积极学习借鉴苏联式的社会主义建设经验是必然的，也是有着积极意义的。但中国在学习中也发现和感受到了苏联经济管理体制存在的如中央管理权限过于集中等问题，逐步考虑从中国国情出发，走符合中国自己国情的社会主义的道路。而随着赫鲁晓夫的上台和苏联大国主义、大党主义的膨胀，中苏两国在意识形态上发生严重分歧和公开化争论；苏联全部撤回援助中国的专家、中止了建设项目，中苏经济合作关系也中止，中苏关系恶化以至决裂，最后发展到政治对抗和军事冲突。

中苏决裂迫使中国只能独立自主地思考和选择走自己的社会主义道路。但是也产生极大的“副产品”，即中国共产党一整套“反修防修”政治、理论和政策的形成，这对“左”的指导思想的形成起到了推波助澜的作用。比如一整套关于“阶级斗争为纲”和“文化大革命”理论，无不与“反修防修”、“警惕赫鲁晓夫式的人物”密切相连，这对中国经济的持续健康发展起到了严重的破坏作用。

中国有句俗语：30年河东，30年河西。历史发展到新中国成立后30年。

20世纪70年代末和80年代初，中国对“阶级斗争为纲”和“文化大革命”的反思，必然要反思搞了近20年的“反修防修”。我们打开国门“第三只眼睛看苏、东”，发现所谓的苏联、东欧的“修正主义”，大多是一些诸如发展非公有制经济、开放自由市场、实行奖金制度等与扩大市场机制有关的经济体制改革举措。随后，中国派出了大量考察团到苏联和东欧各国考察，苏联、东欧改革经验的大量文字材料从内部传阅到大量出版发行。当中国的改革开放刚刚开始还没有多少经验的时候，苏联、东欧的改革就成为我国必不可少的“参照系”和“参阅件”，以至于我们自己一谈起改革，就“言必称南斯拉夫”、“言必称匈牙利”，甚至也“言必称苏联”等。当中苏间党和国家关系尚未正常化时，它们的改革经验已成为我国学习的重要参阅资料。可以说，在新中国成立后30年伊始，中国又微妙而谨慎地出现了“向苏联东欧学习借鉴经济体制改革”的情况。

然而，当中苏两党两国都反思历史、努力改善两党两国关系，都承认对方是

社会主义国家，实现了两党两国关系正常化，中国与东欧各社会主义国家关系正在深入发展的时候，当苏联、东欧的改革经验正在中国广泛传播和借鉴的时候，突然爆发了“东欧剧变、苏联解体”的重大事件，对于同属共产党领导下的社会主义中国来说，肯定受到极大的思想冲击。

对于这个惊天动地的政治剧变，西方某些政治家、预言家幸灾乐祸地从中发现了一个“客观规律”，这就是：市场化的改革必然为共产党掘墓，必然为社会主义掘墓。改革已经为苏联、东欧共产党和社会主义掘墓了，下一个必将为中国共产党和中国社会主义掘墓。然而西方政治家、预言家始终没有等到中国被改革掘墓的那一天，看到的却是中国社会主义市场经济体制的改革越来越深入，经济日益高速持续增长，中华民族不可遏止地走向复兴。西方政治家的预言失灵了，无可奈何花落去。

中国则在对“东欧剧变、苏联解体”中，处变不惊并迅速进行了反思，牢牢站稳了脚跟，这就是：不管社会主义事业在世界上处于什么样的波动或低潮，我们坚信这是暂时的现象，未来的前途是光明的。因此，中国坚定不移地坚持中国共产党的领导不动摇，坚定不移地坚持中国特色的社会主义道路不动摇，坚定不移地坚持改革开放不动摇，坚定不移地建设社会主义市场经济体制。

同时，坚决不走苏联、东欧那种“休克式”、“激进式”的改革道路，而坚持走中国特色的“渐进式”改革道路。这在后面将专门论述。

三　“60年改革”探索中国道路

但凡谈起中国经济体制改革，大部分人都把目光锁定在1978年12月党的十一届三中全会之后。实际上，新中国的前30年已经进行过4次经济管理体制改革，与后30年的改革开放一起，共同构成了探索中国自己的发展道路的历史。

1953～1956年，我国实行了第一个五年计划和过渡时期总路线。这个时期，我国以苏联的经济体制为改革蓝图，对中国经济体制进行了一系列变革：第一，在所有制结构上，从国有经济领导下的多种经济成分并存，逐步向国营和集体两种社会主义公有制过渡；第二，在中央与地方的关系上，迅速实现了从地方分散管理体制向高度集中的管理体制转变；第三，在国家与劳动者个人的关系上，从多种渠道就业，多种计酬形式，逐步向国家统一管理城镇劳动力和统一规定工资制度过渡；第四，在国民经济的调节机制上，从国家计划控制与指导下广泛存在的市场调节，逐步向单一的指令性计划管理过渡。

这一系列变革，使我国从新民主主义的经济体制过渡到高度集中统一的计划经济体制。这种高度集中的计划经济体制造成了两大矛盾：一是中央“条条”管理为主，抑制了地方的积极性、主动性和创造性；二是一切权限掌握在国家手中，抑制了企业的积极性、主动性和创造性。

应该肯定的是，当时建立这样一种高度集中的计划经济体制还是必要的。因为我们当时面临着实现全国财政经济统一、对资本主义工商业进行社会主义改造和开展有计划的大规模经济建设的繁重任务，没有必要的集中，就不可能完成这些任务。但是，随着我国社会主义改造的基本完成和经济建设进一步发展，这种高度集中统一的经济体制的弊端，就逐步显露出来。

1956 年 4 月，毛泽东在《论十大关系》中指出：“把什么东西都统统集中在中央或省市，不给工厂一点权利，一点机动的余地，一点利益，恐怕不妥”；“各个生产单位都要有一个与统一性相联系的独立性，才会发展得更加活泼。”毛泽东在读苏联《政治经济学教科书》的笔记中说，高度集中的指令性计划经济是违背“人民群众创造历史”的原理的。①

同年 9 月党的第八次全国代表大会是一个改革的大会。刘少奇在政治报告中指出：“应当保证企业在国家统一领导和统一计划下，在计划管理、财务管理、干部管理、职工调整、福利设施等方面，适当的自治权利。”陈云的发言提出了“三个主体，三个补充”的主张，即：“在工商业经营方面，国家经营和集体经营是工商业的主体，个体经营是国家经营和集体经营的补充；在生产计划方面，计划生产是工农业生产的主体，按照市场变化而在国家计划许可范围内的自由生产是计划生产的补充；在社会主义统一市场里，国家市场是它的主体，国家领导的自由市场是国家市场的补充。”1957 年 11 月，陈云主持起草了《关于改进工业管理体制的规定》和《关于改进商业管理体制的规定》，这标志着我国第一次经济体制改革的开始。然而，这次改革的主张，还没有付诸多少实践，就被 1958 年的“左”倾错误中断了。

1958 ~ 1960 年，伴随着“大跃进”和“公社化”运动，我国又进行了第二次经济体制改革。这个时期，一方面在经济建设和生产关系变革上急躁冒进，广大农村迅速实行“人民公社化”，城镇集体和个体性质的商店和手工业生产迅速

① 许多研究中国经济的中外学者认为，中国的经济体制改革是从 1956 年《论十大关系》开始的。这体现了中国经济体制改革的历史继承性和连续性。

转为国营；另一方面，又不讲分寸地扩大地方的权力，把一些本应由中央掌握的、关系到国民经济命脉的大型骨干企业下放给地方，国家的计划、财力、物力，基本建设、劳动管理权力也层层下放。这样，我国的经济体制不仅部门自成体系，而且地方自成体系，使得国民经济失去了必要的宏观控制。这次经济体制改革是不成功的。

1961～1965 年，配合经济调整，我国又进行了第三次经济体制改革。这个时期，一方面纠正在生产关系变更等方面急躁冒进的错误，在农村，稳定了“三级所有，队为基础”的体制；在城镇，一部分合并或上升为国营的商业和手工业又退回到集体或个体。另一方面，又重新强调中央集中管理，收回了下放给地方的企业，强调“全国一盘棋”。同时，也开始注意利用价格、税收、信贷等经济杠杆的某些作用，注意利用市场调节农副产品的生产和流通，开放了集市贸易，也注意利用工资、奖金等经济手段调动劳动者的积极性。在全国试办了 13 个工业托拉斯组织。这次改革，对于推动经济调整，促进国民经济的迅速恢复和好转起了积极的作用。

1970 年，我国又开始了第四次经济体制改革。这次改革，是和“文化大革命”中“左”的错误交织在一起的，鼓吹“穷过渡”，大割所谓“资本主义尾巴”，取消城乡个体经济、社员家庭副业和集市贸易，否定市场调节和价格规律的作用，排斥经济手段和物质利益原则，废除了奖金制度，大搞平均主义。而在工业企业管理等方面，又进一步扩大地方管理经济的权限，再次进行企业下放。

如果对新中国的前后两个 30 年的改革过程进行比较，显然，前 30 年的改革是初级的、狭窄的、不连续的。首先，四次改革都是不完整的，主要局限于国家对国有企业“经济管理体制”中“条条与块块的关系”；其次，各次改革都是松散和零碎的，没有一个明确统一和一贯的指导思想，也不断地被“左”的指导思想和种种政治运动所打断；最后，是没有明确提出对外开放问题。而后 30 年的改革开放，第一，明确提出了“社会主义市场经济体制”的改革目标模式；第二，明确提出了“以公有制为主体，多种所有制共同发展的社会主义基本经济制度”；第三，把建立家庭联产承包责任制作为农村经济体制改革以致整个经济体制改革的基石；第四，不断扩大对外开放；第五，改革引申到社会、法制、民主建设等一系列问题。可以说，新中国成立后 30 年的改革开放相对前 30 年的经济管理体制改革是不可同日而语的。正因为如此，所以人们一谈中国改革总是谈后 30 年。

任何历史问题的发生都有着它深刻和必然的历史根源。但历史总有它的承接性和连续性。如果从新中国的60年整体的角度来看，后30年的改革是前30年改革的继续和发展，后30年改革开放的正确指导思想是在认真总结前30年的经验教训基础上形成的。从一个国家一个社会的发展全过程来看，前期的教训更多些，后期的成功更多些，这是必然的。就像一个人，小时候摔的跤多，而长大了走路稳健，这是人生成长的必然过程，总不能因此而自我否定摔跤多的童年。从改革的全过程来看，邓小平和陈云都是整个60年各次改革的主要领导者，邓小平在前30年所称赞的“猫论”，陈云在前30年所提出的“三个主体，三个补充”，经过前30年一系列挫折，显得更加正确和重要，因而在后30年的改革开放中发挥了更加重要的指导作用。同时还要看到，邓小平和陈云这两位中国共产党第一代领导集团的主要成员，由于经历了前30年的种种挫折和教训，对中国经济和各方面的体制才有了更加深刻的体会和认识，也积累了更加强有力的政治资本和政治能力来发动和领导后30年的改革开放，理顺和扶正中国道路。

四 “学习借鉴”补充中国道路

中华民族是一个勤于学习和善于学习的民族，可以说中华民族本身就是在勤于学习和善于学习中形成的。远古的华夏族与周边各民族相处中，一方面不断地学习和借鉴其他各民族的长处；另一方面也开放地展示着自身的优势和特点，从而融合成了一个兼容各民族优点的中华民族。

马克思主义者历来对本阶级之外的优秀文明成果给予高度肯定，并积极认真地学习和借鉴。马克思在谈到资产阶级的时候说：“资产阶级在它不到一百年的阶级统治中所创造的生产力，比过去一切世代所创造的全部生产力的还要多，还要大。”① 新中国的领导人都继承了马克思的这一优秀传统。

毛泽东就是一位努力学习和善于学习的领袖。1953年2月7日，毛泽东在全国政协一届四次会议闭幕会上的讲话中重点讲了向外国学习问题：“我们这个民族，从来不拒绝接受别的民族的优良传统。在帝国主义压迫我们的时候，特别是中日战争我国失败到辛亥革命那一段时间，就是说从一八九四年到一九一一年那一段时间，全国学习西方资本主义的文化，学习资产阶级的民主主义，学习他们的科学，有一个很大的高潮。那时，我们的先辈（在座的也有）很热诚地参

① 《马克思恩格斯选集》第一卷，人民出版社，1995，第277页。

加学习西方的活动，许多留学生到日本、西洋去。那一次学习，对我们国家的进步是有很大的帮助的。”不断地学习外国包括资本主义国家的一切优秀的文明成果，并努力运用到中国自己的实践中去，是新中国60年特别是后30年探索中国道路和中国模式的重要途径。

中国经过20世纪70年代后期的“拨乱反正”，下一步怎么干？邓小平把目光投入到学习和借鉴外国先进的管理经验方面。1978年10月10日，邓小平在会见奥尔格·内格韦尔为团长的西德新闻代表团时鲜明指出：“现在是我们向世界学习的时候了”，“要实现四个现代化，就要善于学习，大胆取得国际上的帮助。”① 邓小平在党的十一届三中全会前夕的党的工作会议上所作的《解放思想，实事求是，团结一致向前看》讲话中说：“我们要学会用经济方法管理经济。自己不懂就要向懂行的人学习，向外国的先进管理方法学习。”② 提出向外国的先进技术和先进管理经验学习，就是承认中国与外国的差距，只有这样，才能够真正把国外先进的东西引进中国，消化吸收并加以运用。

学习外国特别是学习资本主义国家先进的东西，不是要中国完全照搬国外的一切，使中国走上资本主义道路，而是要通过消化吸收为中国社会主义制度补充营养。所以，邓小平指出：“我们实行开放政策，吸收资本主义社会的一些有益的东西，是作为发展社会主义社会生产力的一个补充。”③

应该说，改革开放越是深入，中国对外交流和学习越多，派出去的留学生越多，同时越来越多学业有成的留学生回到国内工作，无论是搞自然科学的，还是搞社会科学的。而且，许多领导干部也都轮流到美国学习。这些学习，使我们越来越多、越来越深地感受到中国有哪些不足，应当积极大胆学习引进；同时，我们越来越多、越来越深地感受到那些不合中国国情的，绝不能简单引进。

这些学习、选择、借鉴、消化、吸收，不断地促进着中国经济发展，同时对中国道路的完善和优化也起着积极的补充作用。

五 “渐进式改革”成就中国道路

在世界各国探索中国道路成功经验时，一个基本的共识是“‘渐进式改革’

① 《邓小平年谱》（1975－1997）（上），中央文献出版社，2004，第398页。

② 《邓小平文选》第二卷，人民出版社，1993，第150页。

③ 《邓小平文选》第三卷，人民出版社，1993，第181页。

成就了中国道路”。

新制度经济学把制度变迁分为两种基本类型：“强制性制度变迁”和“诱致性制度变迁”。运用在改革的分析上，就是“激进式改革”和“渐进式改革”。强制性制度变迁和激进式改革具有很强的刚性，就好似要把一座旧城一下子彻底摧毁夷为平地，在短期内再建一座新城，这极容易引发社会矛盾；诱致性制度变迁和渐进式改革则具有较大的柔性，它在改革过程中建立起了一个个缓冲带，这有利于缓冲和化解社会矛盾。其具体操作方式是：新体制增量推进。就好像修一条水渠，土一点一点挖，石头一块一块砌，最后水到渠成。

回顾新中国60年，无论是前30年的国民经济和国有企业管理体制改革，还是后30年的改革开放，都走的是“渐进式改革”的道路。可以说是“渐进式改革”成就了中国道路。

渐进式改革的基本特点和做法是，改革切忌“硬碰硬”、“针尖对麦芒”，切忌“多少事，从来急；天地转，光阴迫”。不要从最难处入手，而要从最易处入手；不要从争论最大处入手，而要从争论最小处、最好是无争论处入手；不要从最敏感处入手，而要从不敏感处入手；不要从牵动利益最大最多处入手，而要从牵动利益最小处入手。而何处是“最难处”、“争论最大处”、“最敏感处”、“牵动利益最大处”，这就是原有体制的“存量处”。为了使改革易于进行，尽量不搞体制“存量改革”，而搞体制“增量改革”。

例如，对公有制特别是国有制企业的改革，涉及产权变动和现有人员利益的变动，容易产生甚至激化矛盾。如果在改革早期社会保障制度尚未健全和人们社会心理承受能力还比较脆弱的情况下，强行和硬性在国有企业搞资产重组并购和职工下岗分流，势必会使千百万职工利益受损，可能激化矛盾从而可能产生难以设想的灾难性后果。因此，对公有制特别是国有企业的改革不搞“雪崩式”私有化，而是渐进式多元化。当国有企业改革改不动时，先不要硬碰硬急于改革。一方面，逐步在国有企业内注入新体制因素，让新体制因素逐步“蚕食”旧体制因素，促进新体制因素在“随风潜入夜，润物细无声”中成长；另一方面，在国有企业旁边发展起来一批非国有和非公有经济，形成强有力竞争，以内在压力和外部示范双重力量推进国有企业改革。

中国的改革以马克思主义为指导，而意识形态是一个十分敏感的问题。因此，在改革过程中，我们不去“硬碰硬”、“针尖对麦芒”地强调某个原理过时或不合实际，而是强调实事求是，强调创新。改革刚刚开始时，涉及对新中国成

立后30年特别对毛泽东评价等敏感问题，而“恢复实事求是的马克思主义思想路线”、“解放思想，实事求是，团结一致向前看”、“不争论”，都是极具政治智慧的口号，避免了许多矛盾，较容易把人们的思想统一起来，从而为改革减少阻力。随着改革开放的不断深入，实践与理论的矛盾和冲突越来越多，而“马克思主义具有与时俱进的理论品格”成为另一个极具政治智慧的口号，同样减少了思想统一的交易成立，从而为进一步深化改革开辟了道路。这些都是“渐进式改革”、“增量改革”道路的拓展。

六 “逼迫机制”逼出中国道路

从我国整个改革开放的原始起因来说，改革首先是由农民的贫穷逼出来的。农民整体上的长期贫穷，必定生乱。改革伊始，中央自觉地、正确地把农村改革作为起点。但开始怎样改，中央虽没有拿出明确的、具体的方案，但“分田单干”还是一条绝对的红线。安徽省凤阳县小岗村18户农民在揭不开锅的情况下，冒着坐牢、杀头的危险，签下“死亡之约”搞起了“分田包产到户”。一个小小的小岗村，在中央、在全国掀起了轩然大波，“逼迫”出来一个影响全国的大体制，最终被党中央国务院承认，成就了偌大中国农村改革的基本形式和基本途径。

国有企业经济效益每况愈下促使领导人“穷则思变”，解开捆绑国企的“绳子”。到1976年，全国工业企业资金利润率只及1965年的一半，1/3的企业亏损，亏损额达到73亿元。继1978年10月四川省领导层提出先行解开高度集权、捆绑企业自主经营的“绳子”之后，中央出台五个扩权文件、“打破大锅饭”、“砸破铁饭碗”、转换经营机制、建立现代企业制度等，国有企业改革在渐进过程中不断深化和提高。

“上山下乡”运动结束后涌回城市的“知识青年”的就业问题，“逼迫”当时的城市管理者对非公有制经济发展网开一面。1979年“上山下乡”运动彻底结束，返城知识青年的就业问题成为城市的头号社会问题。现实问题迫使决策者突破计划经济的惯性思维，鼓励和扶持城镇个体经济的发展，广开就业门路。大大小小的个体和私营企业促进了经济发展，繁荣了市场，增加了社会财富，“倒逼”决策层不断解放思想、更新观念，出台“宪法修正案”和《中华人民共和国物权法》，制定了“以公有制为主体，多种所有制经济共同发展”的“社会主义基本经济制度”，坚持了“两个毫不动摇”和两个“平等保护”，“倒逼”出了非公有制经济的半壁天下。

改革开放30年，逼迫机制发挥作用的领域不断变化和深化，方式不断更新和提高。比如，宏观调控逼迫产业结构调整“步步高”，要素制约逼迫增长方式加快转变，资源集约利用逼迫循环经济加速发展，微利时代到来逼迫加速自主创新，市场机制作用逼迫政府职能转型。非公有制经济发展，对国有企业发展也产生了一种“逼迫机制”。

“逼迫机制”为何能创出新天地？凤凰涅槃，浴火重生。凤凰经历烈火的煎熬和痛苦的考验，获得重生，并在重生中达到升华，以生命和美丽的终结换取人世的祥和与幸福。对于个人、民族、国家，乃至人类而言，患难与困苦是磨炼人格的最高学府，逆境和磨难中被激发出的力量是异常巨大的。

从经济社会发展规律来看，“逼迫机制”的存在也是推动取得社会进步的关键因素。比如，进入21世纪，我国一些地区土地资源稀缺的压力，能源价格上涨的压力，劳动力成本上升的压力以及国际收支失衡、环境成本内部化的压力，都在迅速增长。这些压力汇集在一起，实际上向社会传递了一个重要的信号，那就是依赖要素低成本，靠拼资源、拼劳力，无视环境的发展模式已经无法继续。这样，就自然产生了“逼迫机制”，逼迫企业转变传统经济增长方式，走自主创新的道路。

中文的“危机”分为两个字，“危”意味着危险，“机”意味着机会。此次金融危机，逼迫中国政府加快推进改革开放和经济发展方式转型，化“危”为“机”。之前，中国经济有庞大的外部市场可以依赖，而启动内需所面对的诸多旧有制度又很难突破，因此导致了重外轻内的增长格局。而危机到来后严峻的形势必将对内部制度改革形成“逼迫”之势，进而从根本上形成利于内需启动的社会和经济环境。从这个角度看，“危机”中确实蕴含了中国经济的“转机”。

金融危机形成的“逼迫机制”，为我国加快发展方式转变，形成利于内需启动的社会和经济环境，推动又好又快发展提供了难得机遇。我们可以利用危机带来的压力，调整经济结构，加快企业技术改造，增强自主创新能力，推进节能减排，促进科学发展。同时，借助金融危机扩大内需之际，我们可以加快就业、社会保障、医疗卫生、住房等关系民众切身利益的改革。

中国人历来信奉“塞翁失马，焉知祸福”，即好事和坏事总是相伴相生。金融危机，是一个重塑自我、找到新生活的契机。善用“逼迫机制”的激发效应，体现了“变压力为动力”的辩证法，是一种努力实现经济又好又快发展的觉悟，是树立和落实科学发展观的紧迫感和责任感的体现。

七　"摸着石头过河"摸出中国道路

改革开放以来，有一句与"猫论"齐名的"摸论"，即"摸着石头过河"。

"摸着石头过河"本来是民间一句俗语，而被中国共产党以毛泽东为首的第一代领导集体、以邓小平为首的第二代领导集体的重要成员陈云引用来，上升寓意为领导工作的一种思想方法，其含义是做工作犹如过着一条不知深浅、礁石和湍流的河，需要慢慢地摸索着才能安全走过河来。

1950年4月7日，陈云同志在政务院第27次政务会议的发言中指出："物价涨不好，跌亦对生产不好。要'摸着石头过河'，稳当点为好"。1951年7月20日，陈云同志在《做好工商联工作》一文中再次强调指出："办法也应该稳妥，这叫摸着石头过河。搞急了是要出毛病的。毛毛草草而发生错误和稳稳当当而慢一点相比较，我们宁可采取后者。尤其是处理全国经济问题，更须注意这点。"①

改革开放以来，陈云把"摸着石头过河"运用到探索中国道路和中国模式的高度上来。1980年12月在中央工作会议上，他指出："我们要改革，但是步子要稳。……随时总结经验，也就是要'摸着石头过河'。"②

最后一次是1988年5月12日，陈云在杭州同浙江省负责人谈话时指出："做工作，不能只想快。慢一点，稳一点，少走弯路，走弯路的损失比慢一点的损失多。"③ 这是陈云生前最后一次谈对"摸着石头过河"的态度，这大概也是他唯一一次对那些误解甚至批评"摸着石头过河"方法的人的反批评。

邓小平对陈云提出的"摸着石头过河"方法完全赞同，他说："我们现在所干的事业是一项新事业，马克思没有讲过，我们的前人没有做过，其他社会主义国家也没有干过，所以，没有现成的经验可学。我们只能在干中学，在实践中摸索。"④

"摸"者，探索也。从哲学意义上说，就是探索自然和社会发展的客观规律。一个"摸论"，陈云从新中国的前30年讲到后30年，就是探索中国道路和中国模式。这表明中国道路和中国模式都是"干中学"出来的，是典型的"内生"制度创新。这个学习也包括虚心学习世界各国的成功经验，或者是汲取别

---

① 《陈云文选》第二卷，人民出版社，1995，第152页。

② 《陈云文选》第三卷，人民出版社，1995，第279页。

③ 中央文献研究室编《陈云年谱》下卷，中央文献出版社，2000，第412～413页。

④ 《邓小平文选》第三卷，人民出版社，1993，第258～259页。

国的失败教训，但最终形成的发展战略和经济政策完全都是在“内化”这些经验和教训基础上的“中国造”。

八 “对外开放”坚持和平发展道路

在中国，“改革”与“开放”总是紧紧连接在一起的。新中国的前20年，不是中国闭关锁国不开放，而是以美国为首的西方列强四面封锁我们。1971年10月25日中国恢复在联合国的席位，1972年2月中美关系解冻，“我们的朋友遍天下”。1978年12月拉开改革开放帷幕，“改革”与“开放”不可分割地凝结在一起。改革开放促进了中华民族伟大的复兴和崛起，中华民族伟大复兴和崛起对世界经济增长和繁荣作出了积极贡献，增进了人类的福利。因而绝大部分国家的人民对中国改革开放和崛起抱着积极欢迎和支持的态度。

我国加入世界贸易组织后，进一步融入经济全球化进程，中国经济和世界经济的相互联系越来越紧密，相互影响也越来越深，全球经济中的“中国因素”受到越来越多的关注。由于近200年来一些国家的崛起总是伴随着侵略、扩张、殖民和奴役，所以，世界上一些人循着这一历史思路，判断中国也会走上这条老路，因而对中国的改革开放和崛起怀有恐惧心理。也有一些人，或者总是戴着“贫穷落后”、“东亚病夫”的灰色眼镜“酸溜溜”地看中国，或者对西方列强蹂躏中国的历史怀有留恋的病态心理。于是乎，在地球上弥漫起了一阵阵“中国威胁论”、“中国崩溃论”、“中国未来不确定论”、“谁来养活中国论”等荒诞的臆测。对于这些，崛起之后胸襟越来越博大的中国把这些言论当做“他山之石，可以攻玉”，使之成为坚决走和平发展之路的不竭动力。

2003年12月10日，温家宝总理在访问美国期间在哈佛大学发表了题为《把目光投向中国》的演讲：“昨天的中国，是一个古老并创造了灿烂文明的大国；今天的中国，是一个改革开放与和平崛起的大国；明天的中国，是一个热爱和平和充满希望的大国。”首次全面阐述了“中国和平崛起”的思想。

2005年12月，中华人民共和国国务院新闻办公室发布了《中国的和平发展道路》白皮书，指出：

> 实现和平发展，是中国人民的真诚愿望和不懈追求。自上个世纪70年代末实行改革开放以来，中国成功地走上了一条与本国国情和时代特征相适应的和平发展道路。通过这条道路，中国人民正努力把自己的国家建设成富

强、民主、文明、和谐的现代化国家，并以自身的发展不断对人类进步事业作出新的更大的贡献。

和平、开放、合作、和谐、共赢是我们的主张、我们的理念、我们的原则、我们的追求。走和平发展道路，就是要把中国国内发展与对外开放统一起来，把中国的发展与世界的发展联系起来，把中国人民的根本利益与世界人民的共同利益结合起来。中国对内坚持和谐发展，对外坚持和平发展，这两个方面是密切联系、有机统一的整体，都有利于建设一个持久和平、共同繁荣的和谐世界。

中国的和平发展道路是人类追求文明进步的一条全新道路，是中国现代化建设的必由之路，是中国政府和中国人民的郑重选择和庄严承诺。

2006年8月21日，胡锦涛总书记在中央外事工作会议发表重要讲话："高举和平、发展、合作的旗帜，坚持独立自主的和平外交政策，坚定不移地走和平发展道路，统筹国内国际两个大局，全方位开展外事工作，维护和用好重要战略机遇期，维护国家主权、安全、发展利益，努力为我国改革开放和社会主义现代化建设营造良好国际环境和有利外部条件，为推动建设持久和平、共同繁荣的和谐世界作出贡献。"

九 "中国道路"是对"卡夫丁峡谷"创造性的成功跨越

"卡夫丁峡谷"典故出自古罗马。公元前321年，萨姆尼特人在古罗马卡夫丁城附近的卡夫丁峡谷击败了罗马军队，并迫使罗马战俘从峡谷中用长矛架起的形似城门的"牛轭"下通过，借以羞辱战败军队。后来，人们就以"卡夫丁峡谷"来比喻灾难性的历史经历"耻辱之谷"的代名词，也可以引申为人们在谋求发展时所遇到的极大的困难和挑战。

1867年《资本论》第1卷出版后，正值俄国废除奴隶制，开始向资本主义发展之际，俄国学者和政论家对《资本论》中所提出的由封建生产方式向资本主义生产方式转变的历史必然性和俄国农村公社的命运以及俄国社会的发展道路等问题展开了激烈的争论。1881年2月16日，俄国的革命民主主义者查苏利奇致信马克思，希望马克思能说明"对我国农村公社可能有的命运以及世界各国由于历史必然性都应经过资本主义生产各阶段的理论的看法。"

1881年2~3月，马克思给查苏利奇复信，指出："俄国可以不通过资本主

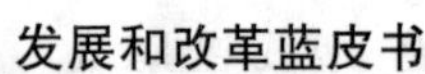

义制度的‘卡夫丁峡谷’，而把资本主义制度的一切肯定的成就应用到公社中来。”① 显而易见，马克思没有教条主义，并不把自己对人类社会发展一般规律分析和预见强加给任何国家和任何革命者。

中国共产党在革命战争年代不搞对马克思和列宁的教条主义，不搞“城市中心论”，而走中国特色的人民战争和“农村包围城市”的道路，最后夺取了全国政权。在新中国建立以后，前30年不迷信苏联和任何“社会主义老大哥”，后30年不相信“华盛顿共识”和“新自由主义”的神话，而是一心一意探索“中国道路”，从而取得了巨大成功。我们完全可以说，“中国道路”是对“卡夫丁峡谷”创造性的成功跨越。

第三节　中国模式的理论支柱与实践框架

“模式”是实现“道路”的具体形式。那么，新中国是以什么模式实现社会主义道路的呢？这里需要指出的是，“模式”的形成是一个过程，即动态的形式。我们对模式的论述不是要描述其整个形成过程，而是论述截至写作之日所呈现的“定型”形式。就经济体制而言，我们不去描述20世纪50年代建成的计划经济体制，也不去描述1984年“有计划的商品经济”，而是截至此时此刻的体制现状。而新中国今日的发展模式，既与60年的发展密切相关，更是后30年的改革开放直接形成的。也可以说，“中国模式”是中国改革开放迄今为止成功经验的理论凝结。

一　中国模式的五大理论支柱

“实事求是”、“区别对待”、“循序渐进”、“摸着石头过河”、“以人为本”等朴素思想是中国模式的方法论基础，而以这些方法论为核心的理论体系则为中国道路和中国模式提供了坚实的理论支柱。这个理论体系就是毛泽东思想和中国特色社会主义理论体系，中国特色社会主义理论体系则是包括邓小平理论、“三个代表”重要思想以及科学发展观等重大战略思想在内的科学理论体系。这个理论体系又包括以下五个主要的理论支柱。

（一）理论支柱之一：毛泽东关于社会主义革命和社会主义建设的理论

新中国的成立标志着我国社会主义革命阶段的开始。毛泽东和中国共产党

① 《马克思恩格斯全集》第19卷，第436页。

人，采取社会主义工业化和社会主义改造同时并举的方针，实行逐步改造生产资料私有制的具体政策，从理论和实践上解决了在中国这样一个经济文化落后的大国中建立社会主义制度的艰难任务。毛泽东同志还提出了人民民主专政的理论。

在社会主义制度建立以后，毛泽东提出人民内部要实现团结，在共产党党与民主党派的关系上实行“长期共存，互相监督”，在科学文化工作中“百花齐放，百家争鸣”，在经济工作中实行对全国城乡各阶层统筹安排和兼顾国家、集体、个人三者利益等一系列正确方针。他多次强调不要机械搬用外国经验，而要以农业为基础，正确处理重工业同农业、轻工业的关系，走出一条适合我国国情的中国工业化道路。他强调在社会主义建设中要处理好经济建设和国防建设，大型企业和中小型企业，汉族和少数民族，沿海和内地，中央和地方，自力更生和学习外国等各种关系，处理好积累和消费的关系，注意综合平衡。

（二）理论支柱之二：中国特色社会主义理论

胡锦涛在党的十七大上的报告：“改革开放以来我们取得一切成绩和进步的根本原因，归结起来就是：开辟了中国特色社会主义道路，形成了中国特色社会主义理论体系。高举中国特色社会主义伟大旗帜，最根本的就是要坚持这条道路和这个理论体系。”中国特色社会主义理论，酝酿于以毛泽东为核心的党的第一代中央领导集体，提出于以邓小平为核心的党的第二代中央领导集体，继续于党的第三代、第四代领导集体，凝结了几代中国共产党人带领人民不懈探索实践的智慧和心血。

中国特色社会主义具有十分丰富的内容。市场经济是中国特色社会主义的经济制度基础，只有坚持和不断完善社会主义市场经济体制，才能解放和发展生产力，才能使我国获得硬实力，不断增强我国参与国际竞争的核心竞争力。改革开放是中国特色社会主义的自我完善手段与全球视野。由发展是硬道理到科学发展是中国特色社会主义的发展路径。

在世界社会主义运动史上，曾经有过形形色色的社会主义理论。在当代西方世界，新自由主义和“第三条道路”成为影响较大的思想理论体系，在中国也有着广泛的市场。我们的立场是既不盲目接受，也不简单排斥。只有植根于“中国国情”的“主义”，才能在中国生根、发芽、长成参天大树。中国特色社会主义理论体系，就是从“中国国情”中土生土长、又面向世界和未来、指引中国成功发展和转型、实现中华民族的伟大复兴的旗帜。

中国特色社会主义理论包含着十分丰富的内容，其中中国特色的民主政治理论和中国特色的文化理论具有十分重要的地位。

关于中国特色的民主政治理论，首先与民主密切相连，因为民主是共和国的生命。中华人民共和国成立以来，建立了人民民主专政的国体，人民代表大会制度是我国的根本政治制度，中国共产党领导的多党合作和政治协商制度是我国的一项基本政治制度，民族区域自治则是党和国家解决民族问题的基本政策，也是具有中国特色的一项重要的政治制度。

权威政党与有为政府和谐互动的有效政治在中国的发展和转型中发挥了极为重要的作用，发展和转型必需的几个因素——权威、秩序与活力，无一不和它相关。法治保障了大转型时代的稳定与发展，共和与协商的有序民主保障了改革的合法性和有效性，政府从高度集权到适度柔化为经济和社会发展带来了巨大活力。但权威政党与有为政府不等于代替市场和包办一切，我国政府职能重点已逐步转到国家安全稳定、宏观决策和调控上来，政治体制改革还在深化。2002 年党的十六大提出了“社会主义政治文明”建设的任务，2004 年“社会主义政治文明”入宪，为加快政治体制改革奠定了坚实的理论和法律基础。

中国特色社会主义文化理论与一个国家占指导地位的意识形态和核心价值体系密切关联。数十年来，我们坚持以马克思主义为指导，以培育有理想、有道德、有文化、有纪律的公民为根本任务，坚持为人民服务、为社会主义服务和百花齐放、百家争鸣的方针，坚持立足当代又继承民族优秀文化传统，立足本国又充分吸收世界优秀文化成果，发展面向现代化、面向世界、面向未来的，民族的科学的大众的社会主义文化，加强思想道德建设和教育科学文化建设，为中国的发展和转型提供智力支持、精神动力和思想保证。

党的十六届六中全会提出要建设社会主义核心价值体系。胡锦涛同志在党的十七大报告中指出：“建设社会主义核心价值体系，增强社会主义意识形态的吸引力和凝聚力。”就社会主义核心价值体系而言，马克思主义指导思想是其灵魂，中国特色社会主义共同理想是其主题，民族精神和时代精神是其精髓，社会主义荣辱观是其基础。

阿玛蒂亚·森认为，只有建立在一定道德伦理基础之上的制度，才能“使达成的契约行之有效”，为经济增长提供充分激励；互信和守诺是确保市场成功的一个非常重要的因素。从我国的实践来看，文化和意识形态的确发挥了重要的社会动员、社会激励、社会整合和社会控制的作用。

（三）理论支柱之三：社会主义市场经济理论

世界各国的实践证明，市场经济体制是最具效率和活力的经济运行载体，它既包含了刺激微观活力的成功实践，也包含了完善市场规则和宏观调控的成功实践。市场经济的灵活有效性、公平竞争性和法规有序性等特征，决定了它对各种不同的国家和民族都是可以接受和适应的，具有较大的制度弹性、意识形态弹性、文化弹性和地域弹性。市场经济具有极强的吸纳能力和兼容能力。它既可以吸纳伊斯兰文化，也可以吸纳基督文化；既可以兼容欧美文明，也可以兼容大东亚华夏文明。

从迄今为止的世界经济体制发展史来看，虽然计划经济体制在某个时期曾经促进过经济高速发展，但尚没有在计划经济体制实现经济持续稳定繁荣的先例；虽然古典的市场经济曾经给人类社会带来过种种罪恶和弊端，但当代世界上所有的发达国家，统统都实行市场经济体制。现在，世界各国都明白，谁拒绝建立市场经济体制，谁就不可能进入现代化行列和参与国际竞争，谁就不可能迅速实现物质文明和真正实现精神文明。

1979 年 11 月 26 日，邓小平会见美国和加拿大客人时说："说市场经济只存在于资本主义社会，只有资本主义的市场经济，这肯定是不正确的。""社会主义也可以搞市场经济。"1984 年 10 月 20 日，党的十二届三中全会作出的《中共中央关于经济体制改革的决定》确定的改革目标是"公有制基础上的有计划的商品经济"，这是把社会主义经济只看做"计划经济"的重大突破，也是向"社会主义市场经济体制"的重要迈进。

邓小平在 1992 年春视察南方的谈话中指出："计划多一点还是市场多一点，不是社会主义与资本主义的本质区别。计划经济不等于社会主义，资本主义也有计划；市场经济不等于资本主义，社会主义也有市场。计划和市场都是经济手段。"1992 年 10 月党的十四大第一次明确提出了建立社会主义市场经济体制的目标模式。1993 年 11 月党的十四届三中全会通过了《中共中央关于建立社会主义市场经济体制若干问题的决定》。2003 年 10 月党的十六届三中全会通过了《中共中央关于完善社会主义市场经济体制若干问题的决定》。社会主义市场经济理论围绕社会主义市场经济体制的建立和完善而不断充实和发展。

在建立社会主义市场经济理论的过程中，对所有制理论的探索贯穿于经济体制改革的全过程。第一，重新确立了生产力标准，否定把"一大二公"作为判断所有制先进与否的标准，为所有制问题研究清除了思想障碍。第二，突破了社会主义只能是单一公有制的传统观念，提出要发展多种经济成分，发展非国有经济特别是非公有制经济。党的十五大报告确定公有制为主体、多种所有制经济共同发展是我国社会主义初级阶段的基本经济制度，非公有制经济是社会主义市场经济的重要组成部分。第三，突破了公有制只有国家所有制和集体所有制两种形式以及公有制的实现形式只是国有企业和集体经济组织的传统观念，提出公有制可以有多种形式；同时公有制与公有制实现形式也应区别开来，股份制应成为公有制的主要实现形式。第四，突破了主要从国有经济的数量比重上去考虑国有经济主导作用的传统观念，主张应主要从国有经济的控制力与质量上去考虑国有经济的主导作用，认为国有经济应主要控制关系国民经济命脉的重要产业和关键领域，在此基础上提出从战略上调整国有经济布局。第五，突破所有制改革的教条主义，借鉴西方经济学理论建立现代企业制度和现代产权制度，深入研究了国有企业产权制度改革和国有资产管理体制改革问题。从中共十四届三中全会提出建立现代企业制度开始，我们义无反顾地走上了产权改革之路；十六届三中全会明确“产权是所有制的核心和主要内容”，“建立归属清晰、权责明确、保护严格、流转顺畅的现代产权制度”；十七大提出，“以现代产权制度为基础，发展混合所有制经济。”第六，突破所有制的“优越程度排座次论”，形成、发展和完善各种所有制经济平等竞争、相互促进、共同发展的新格局。随着改革的深入，党的十六大进一步提出两个“毫不动摇”，即“毫不动摇地坚持公有制经济为主体，毫不动摇地鼓励、支持和引导非公有制经济的发展”；党的十七大要求“平等保护物权，形成各种所有制经济平等竞争、相互促进新格局”。

在探索建立社会主义市场经济理论过程中，分配理论取得了突破性进展，主要反映在由否定按要素分配到确认按劳分配与生产要素按贡献参与分配相结合。改革开放后，理论界再次掀起了关于按劳分配的大讨论，特别是集中讨论了商品经济条件下能否实现按劳分配和按劳分配的特点等问题。党的十三大报告提出了“以按劳分配为主体，其他分配方式为补充”的分配原则。此后，理论界将研究的焦点转向从理论上阐明以按劳分配为主的多种分配形式，特别是研究了非劳动要素参与收入分配的问题。随着社会主义市场经济体制的建立，市场经济中通行的按生产要素分配的主张得到越来越多的认同。党的十四届三中全会通过的《关于建立社会主义市场经济体制若干问题的决定》，确立了“以按劳分配为主体、多种分配方式并存”的分配制度，明确提出允许属于个人的资本等生产要素参与收益分配。十五大报告进一步提出允许和鼓励资本、技术等生产要素参与收益分配，同时提出把按劳分配和按生产要素分配结合起来。十六大报告确立了劳动、资本、技术和管理等生产要素按贡献参与分配的原则。这是社会主义分配

理论的重大突破，它打破了长期以来将按生产要素分配与按劳分配对立起来的观点，对生产要素参与收入分配给予了肯定。

（四）理论支柱之四：社会主义初级阶段理论

社会主义初级阶段理论是改革开放以来经济理论研究最重要、最突出的成果之一，是对马克思主义经济学关于社会主义发展阶段理论的重大贡献和发展。它使我们对我国的基本国情有一个准确的把握，从而成为现阶段我国各种经济问题研究和经济政策制订的重要理论依据。

20 世纪 70 年代末 80 年代初，经济理论界对我国社会主义所处历史阶段的研究趋于活跃，提出了我国社会主义处于初级阶段即不发达阶段的论点，产生了重大社会影响。1981 年，党的十一届六中全会通过的《关于建国以来党的若干历史问题的决议》第一次提出了“我们的社会主义制度还是处于初级的阶段”的论断，并对我国社会的主要矛盾作了规范的表述：“在社会主义改造基本完成以后，我国所要解决的主要矛盾，是人民日益增长的物质文化需要同落后的社会生产之间的矛盾。”1982 年党的十二大报告正式提出“我国的社会主义社会现在还处在初级发展阶段”，并首次将“物质文明还不发达”作为社会主义初级阶段的基本特征。1987 年党的十三大报告全面阐述社会主义初级阶段的基本含义、基本特征和基本任务，标志着社会主义初级阶段理论作为一个比较完整的理论体系正式提出。党的十三大之后，社会主义初级阶段理论成为经济学界研究的一个重大课题，一些有价值的研究成果先后问世。从党的十四大到十七大，都重申和强调了社会主义初级阶段问题，并不断丰富和发展这一理论。

社会主义初级阶段的基本依据是我国现实的国情。中国的基本国情是人口多，底子薄。虽然中国的经济总量已居世界第三位，但按人口平均远远落后于发达的资本主义国家，也落后于世界上大部分发展中国家。这就决定了我们必须经历在一个很长的时间内仍然要大力促进生产力的发展，实现中华民族的伟大复兴。

（五）理论支柱之五：社会主义和谐社会理论

中国的改革开放是一场空前的社会变革，整个社会的阶层、利益、结构都必然会发生一系列广泛、深刻和巨大的变化，这必然会打破原有的社会“均衡”和“稳定”状态，出现新的社会失衡，影响社会和谐。

党的十一届三中全会作出了党和国家工作重心转移的重大战略部署，强调以经济建设为中心，不断解放和发展生产力。随着社会利益格局的深刻变动，随着

人口、资源、环境压力的增大，随着伦理原则逐步被纳入发展的视野，越来越多的学者开始关注社会结构与社会问题，关注代际协调问题，关注人的自由发展、人的能力提高和人的潜力发挥问题。这样，由以物为中心到以人为中心，由单一经济发展向包括经济发展、社会发展、人与自然关系协调发展以及人自身全面发展在内的“四位一体”发展拓展，关于发展内涵的认识不断深化。

围绕如何发展的问题，经济理论界注重从国际发展理论和各国发展实践中寻找工业化和城镇化的一般规律，研究产业结构高度化进程，研究劳动力转移和人口集聚过程，探索从二元经济结构向现代经济结构转变的路径。与发展理念的转变相呼应，理论界论证了从“又快又好”到“又好又快”的经济发展方式转变，研究了经济发展方式如何由粗放向集约、由不平衡向平衡、由不可持续向可持续转变，特别是经济增长如何由主要靠生产要素（包括自然资源）的大规模投入转向依靠经济结构和资源配置的优化，以及技术创新和人力资本的积累。经过长期探索，我们党提出了科学发展观。

保持社会稳定是经济发展的前提和基础，这是我国现代化建设的一条极其重要的经验。邓小平同志曾经指出：“中国的问题，压倒一切的是需要稳定。没有稳定的环境，什么都搞不成，已经取得的成果也会失掉。”同时，提高城乡居民的物质和文化生活水平和生活质量，既是发展经济的出发点、根本目的和归宿，也是推动经济发展的内在动力。发展必须以人为本，发展必须为了人民，依靠人民发展，让人民共享发展成果。这是社会主义的本质要求。

党的十六大把“社会更加和谐”作为一个重要目标鲜明地提到全党全社会面前，党的十六届四中全会把构建社会主义和谐社会的能力确定为加强党的执政能力建设的重要内容。2006 年 10 月 11 日党的十六届六中全会通过了《中共中央关于构建社会主义和谐社会若干重大问题的决定》。和谐社会不是一种社会形态，而是一种社会状态。构建社会主义和谐社会，是中国的改革开放事业主要从经济体制改革和经济发展向社会全面发展和进步的重要标志。

我们所要建设的社会主义和谐社会，是民主法治、公平正义、诚信友爱、充满活力、安定有序、人与自然和谐相处的社会。我们正按照这些总要求，坚持以科学发展观统领经济社会发展全局，以解决人民群众最关心、最直接、最现实的利益问题为重点，着力发展社会事业、促进社会公平正义、建设和谐文化、完善社会管理、增强社会创造活力，走共同富裕道路，努力推动社会建设与经济建设、政治建设、文化建设协调发展。

二 中国模式的实践框架

实践中国模式对于中国来说是一项前无古人、规模空前艰难的事业，这一实践是在错综复杂的国际环境和国内经济社会矛盾中进行的，如履薄冰，充满着风险。当改革开放的帷幕刚刚拉开的时候，以改革开放总设计师邓小平为核心的中央高层领导集团，只是下定决心非改不可，但当时并不可能有一揽子改革蓝图，就提出了“摸着石头过河”的务实思想。由于是“摸着石头过河”，因而新中国60年特别是后30年的改革，是在高一脚低一脚，在退一步进两步的过程中走出来。开始时有人讽刺这是“瞎子摸象”，但正是“摸着石头过河”摸出了门道，到达了胜利的彼岸。

（一）中国存在一个强有力的政党以及在这个党领导下的强有力的政府，尤其有一个富有权威的中央政府，这是中国改革开放走向成功的重要政治前提

政府在经济中的作用也是经济学家们争论的一个焦点问题，政府与市场的安排问题对于任何国家都至关重要，政府的失败既可能是由于他们做得太多，也可能是由于他们做得太少。“新自由主义”和“华盛顿共识”的一个基本观点是反对权威政府，认为计划官僚机构一退出，市场马上就会繁荣起来。因此，政府应当尽快地退出经济生活领域，政府的规模越小越好，仅仅成为“守夜人”，除了保护产权，制定竞争规则外，不应当管更多的事情。在这种思想的指导下，发展中国家和转型国家的政府迅速退出了许多领域，但是结果却非但未如萨克斯所言马上繁荣起来，而且政府作用的过度削弱还带来了严重的经济衰退和社会混乱。而中国的经济改革之所以能取得举世瞩目的成功，其重要原因之一在于它在体制改革中实现国家与市场并举的政策，既在使用市场机制的同时又保持国家对经济运行的包括行政命令在内的调控和管理，中国道路和中国模式是对西方新古典学派“管理最少的政府是最好的政府”的教条的一种否定。①

社会心理学的研究表明，经济发展水平较低的计划经济国家向市场经济转轨，国民心理往往是离散的。具有一个强有力的政府，这对国民的团结奋斗具有心理上的强化和凝聚作用，也是确保社会长期稳定的政治前提。中国是一个多民族国家，一个强有力的政府也是维护国家独立、统一、稳定的重要力量。在国内情况错综复杂的条件下，如果没有一个长期稳定的社会，中国的改革开放和崛起

---

① 高鸿业等：《中国经济体制改革和西方经济学研究》，中国经济出版社，1996，第113页。

是不可思议的。

自从有了“世界”以来，各国之间实际上总是根据实力大小不平等地交织在一起的。在愈演愈烈的国际竞争中，某些强国总希望把“祸水”和“不幸”引向别的国家，特别是自己的竞争对手。在这种世界格局中，每个国家既不能闭关自守，又不能完全开放，必须以强有力的国家主权来保护本国公民和国家的利益。只有强有力的国家政党及其政府才具有这种国际力量，这是为本国公民提供的最重要服务。

（二）经济改革“理性超前（激进）”和政治改革“理性滞后（保守）”的非对称组合

改革开放以来，中国在政治体制改革方面持非常谨慎的态度，不搞经济政治齐头并进的一揽子改革，改革首先在经济领域开辟战场。31年来，不断地有国内外人士批评和指责这是“保守主义”，呼吁政治改革和经济改革齐头并进，甚至政治改革还应该超前进行，为经济改革开辟道路。殊不知，正是这种“保守”才是中国改革理性和成熟的表现，我们不妨把其称为“理性保守”。既定的政治体制比既定的经济体制具有更大的刚性和惯性。而且，经济体制可以实现“帕累托改进”，政治体制则很难实现“帕累托改进”，世界各国的改革和发展历史都表明，对政治改革不能“图痛快、图风光”。想当年，苏联戈尔巴乔夫的政治改革是多么风光，东欧社会主义集团紧步跟随，西方资本主义国家普遍喝彩，瑞典皇家科学院授予戈尔巴乔夫“诺贝尔和平奖”，中国的某些人也被搞得眼花缭乱，有不少学生给戈尔巴乔夫发“致敬电”。但戈尔巴乔夫还没有把“诺贝尔和平奖杯”捧热，苏联东欧的执政党和国家就分崩离析土崩瓦解，戈尔巴乔夫自己也被人民和历史永远抛弃。现在俄罗斯人民普遍把戈尔巴乔夫视为历史罪人而鞭打。

社会不稳定是一个国家改革和发展的第一大天敌，因为社会不稳定必然导致改革的社会成本骤增，一旦社会不可承载这个成本，必然会使改革停滞甚至逆转。改革的风险特别是政治风险是不可逆的，一旦形成就是全局性的，就可能造成灾难性的后果，收拾残局都措手不及，还谈何改革。正是经济改革的“理性激进”和政治改革的“理性保守”的非对称组合，确保了中国的长期稳定，从而促成中国改革开放取得了巨大的成功。随着经济改革的巨大成功和人民生活水平的提高，无论是从世界民主化潮流推动的角度，还是中国进一步改革攻坚的客观要求，中国的政治改革不可避免地要推向前台。但可以预见，今后中国的政治体制改革也必将走一条渐进式的道路。

（三）坚定不移地坚持市场化的改革方向，但又高度警惕和反对市场原教旨主义

中国“社会主义市场经济体制”的改革目标虽然是在1992年10月中共十四大提出的，但自1978年12月中共十一届三中全会拉开改革开放帷幕以来，改革或明或暗、或快或慢、曲曲折折总是向着市场化逼近的。中国坚持“社会主义市场经济”这个提法，在西方国家来看，是怪怪的、不可思议的；国内也曾有人认为：市场经济就是市场经济，何必要不伦不类地加个“社会主义”呢？而中国正是要以“社会主义”原则来约束和抵制原教旨的完全自由竞争自由放任市场机制的负面作用，这个原则就是国家主导和整体利益、社会目标和伦理道德。无论是效率目标，还是对外开放，都必须服从社会主义原则。

（四）坚持以公有制为主体，多种所有制共同发展的社会主义基本经济制度

中国的改革开放早已打破了公有经济一统天下的计划经济旧体制，大力发展非公有制经济，但坚持不搞全盘私有化。特别是有关国民经济命脉的巨型产业和行业，必须由国有或国有控股公司控制，以防止私人寡头和巨头操纵国民经济甚至操纵国家政治和政权现象的出现。

（五）坚持马克思主义的指导地位，促进马克思主义中国化，继承和发扬中国的优秀文明传统，同时学习和借鉴世界上一切优秀文明成果

马克思主义文化话语体系与普通民众的亲和力日益显现，多元文化的碰撞、交流和相得益彰正成为文化领域的主要现状。中国传统文化倡导包容，容忍各种形式的社会制度，尊重选择和尝试，关注团体利益，强调社会利益优先于个人利益；重义轻利的价值诉求没有在市场经济的冲击下荡然无存，市场经济带来“市场至上”文化的同时，趋利避义的价值取向并没有为所有大众所接受和推崇。同时越来越多的思想精英、理论精英开始引导民众进行发展目的的反思，以人为本、“和谐社会”这些中华文化的根基，中华文明被日益增多的有识之士看做拯救现代文明根本性缺陷的良方。这些思想会替代冷战时期的对抗思维而成为21世纪的主流。

第四节　中国道路与中国模式的成功经验

新中国60年的发展道路是极其艰难曲折又极其辉煌的，有惨痛的教训，也有成功的喜悦；付出了巨大的代价，也取得了举世瞩目的巨大成就。新中国60年历程的成功经验内容极其丰富，我们仅从经济发展的视角加以总结。

一 从社会制度层面来看，建立和完善社会主义制度，是新中国经济大发展的制度基石和起点

1949年之前的中国经济为什么长期落后而且与世界平均水平越拉越大？因为帝国主义侵略不断强化、国内阶级矛盾不断深化和长期战乱，不仅仅是严重影响更是直接阻碍了中国生产力的发展。

中华人民共和国的成立，结束了1840年以来的半封建、半殖民地的旧中国历史，推翻了帝国主义、封建主义和官僚资本主义三座大山，结束了连续几十年的战乱，中国进入了一个全新的、和平建设的社会主义新中国时代，这必然极大地激发了全国人民建设社会主义新中国的积极性。

新中国成立之后，中国共产党实行的新民主主义政策，轰轰烈烈搞土改，解决了中国几千年来大多数农民没有和缺少土地、农村阶级矛盾尖锐、农业生产发展缓慢这个大问题，极大地促进了农业生产的发展。土改之后，继而实施了“社会主义过渡时期的总路线”，对农业、手工业和资本主义工商业进行社会主义改造。

新中国建立初期社会主义过渡时期的总路线的实施，一是逐步实行了资源配置的全面计划，资源配置的市场机制逐步退出；二是对劳动者生产劳动积极性“双重激励”——政治激励与物质激励。改朝换代的社会主义新中国对于劳动人民来说，既有生活水平提高的物质激励，也有新中国当家做主的主人翁精神的政治激励。在这“双重激励”中，物质激励是基础，政治激励是主导。这“双重激励”使大家“建设新中国”的积极性普遍高涨，很快促进了新中国国民经济的恢复和快速增长。这就是新中国20世纪50年代前中期经济快速发展的真实记录。

二 从资源配置的基础来看，以社会主义市场经济体制为目标的经济体制改革，为经济持续高速发展提供了持久的体制动力

新中国60年经济发展的历史清楚地表明，前29年是在大起大落的波动中发展的，而后31年的发展则是持续高速增长。其基本原因就是我国从1978年中共十一届三中全会拉开了经济体制改革的帷幕，以社会主义市场经济体制为目标的改革，为经济持续高速发展提供了经久不息的体制动力。尽管社会主义市场经济体制的改革目标是邓小平视察南方谈话促成的中共十四大正式提出的，但实际上自1978年开启的改革或清或朦、或明或暗、或快或慢、或多或少总是向着市场化的方向迈进的。例如，改革早期的放开农贸市场和土地家庭联产承包责任制，

国有企业承包经营和颁发奖金等，都是资源配置的市场化调整，不过那个时候“市场”还属于洪水猛兽般的资本主义政治概念而已。整个 31 年的改革，都是向着市场化方向挺进的过程，而 1992 年 10 月中共十四大关于“社会主义市场经济体制”，与其说是“提出”，不如说是一次重要的思想解放，撕去了羞羞答答姓“资”姓“社”的面纱，堂堂正正地承认了市场对资源配置的基础性作用而已。

如果从新中国的 60 年看改革，20 世纪 50 年代中期至 70 年代，针对各个时期经济体制存在的弊端，也进行过多次调整和改革。尽管那些改革是在资源计划配置基础上，主要着眼于调整中央和地方、条条和块块的管理权限，与 1978 年以后的资源配置市场化改革不可同日而语，但一定程度上解决了当时存在的问题，在一定时期内促进了经济发展。因此，资源配置市场化的经济体制改革总是促进经济发展的持久动力。①

以上两点从中国改朝换代建立社会主义制度和资源配置市场化的经济体制改革来分析新中国 60 年经济发展的基本经验，前者与后者虽然具有密切联系，但又不是同一个层面的问题。社会主义制度虽然有着旧的剥削制度不可比拟的优越性，但这种优越性不可能自发地发挥出来。剥削制度的消灭，社会主义制度的建立，只为社会主义优越性的发挥提供了可能性，而要把这可能性转变为现实性，就必须使经济体制合理化。

经济体制合理化的核心有两大问题：一是资源配置的基础方式，二是劳动者积极性激励的基础方式。在中国这样一个经济基础十分薄弱、人民生活水平还十分低下、社会尚处于一盘散沙的状态下改朝换代建立社会主义新中国，开始建立强有力的计划经济体制，实行政治激励和物质激励的“双重激励”且以政治激励为主导的激励机制，对于新中国成立初期条件下国民经济的恢复和在较短时期内超常规发展，是必要的也是必需的。而一旦新中国新社会的建立和经济发展走向长期、常态和正轨，资源配置方式单一的计划调节就会逐步失灵，激励机制的过强政治化则会逐步衰弱。

这就是说，从长期的、常规的和自动发挥积极作用的资源配置基础方式，只能是市场机制；从长期的、常规的和自动发挥积极作用的激励机制，主要应该是物质激励机制。以经济利益为导向的、社会主义市场经济体制为目标的经济体制

① 邹东涛：《我国计划经济体制形成、演变和改革的历史回顾及其经验教训》，邹东涛：《中国经济体制创新》上卷，人民出版社，2003。

改革，正好是解决了“资源配置基础”和“劳动者积极性激励基础”这两个核心问题。这就是说，新中国以社会主义市场经济体制为目标的经济体制改革，为经济持续高速发展提供了持久的体制动力。

三　国家的领土完整、主权独立和社会的长期稳定，是中国经济持续高速发展的充分必要条件

中国是一个多民族的大国，无论中国历史还是世界历史都证明，大国要能够发挥大国效应和大国优势，实现长期经济增长和崛起，第一，必须高度统一，而不能分裂，也不能名义上统一而实际上是诸侯经济；第二，必须独立自主，自立于世界民族之林，而不能成为其他强国的附庸；第三，社会必须长期稳定，而不能动乱。

这三条都是充分必要条件，缺一不可。理由非常简单，如果中国不统一，改革免谈，发展也不可能；如果中国不独立，改革免谈，发展也不可能；如果中国社会不稳定，改革免谈，发展也不可能。那么，还有什么“改革开放和经济持续高速增长的伟大成就”呢？

回顾新中国60年的历程，确保了自己的长期统一、独立，这固然是确保中国经济发展的前提，但如果国内什么时候政治、社会不稳定，经济发展就会出现挫折和波动。例如，“文化大革命”的十年动乱，经济发展就受到严重影响。1989年政治风波后，就出现了经济发展的三年低迷。正因为如此，国家有时候不得不把“稳定”放在压倒一切的地位。

那么，确保中国长期统一、独立、稳定的基本因素是什么？

中国自古就是一个大国，凡大国都有其独特的统一、独立、稳定的发展道路。秦朝结束东周春秋战国的战乱，再度统一中国之后，在西汉以来的大多数时间里，中国大势，久分为次，久合为主，在“经济分权＋政治集权＋儒家伦理＋政权开放”① 这四位一体的治理结构下，基本成功地维持了国家的统一、独立和稳定，在经济持续发展的基础上，中华文明和文明古国世代相传。新中国成立以后，四位一体的治理结构仍然被第一代领导集体作为基本有效的大国治理结构。

① 钱穆等学者认为，中国古代的政治制度中政权是向民众开放的，皇帝和贵族没有完全垄断政治权力，考试和选举两项制度在政府和社会之间打通一条路，普通百姓可以通过这些渠道进入到统治阶层。钱穆：《中国历代政治得失》，生活·读书·新知三联书店，2005。

社会心理学和发展经济学的研究也表明，经济发展水平较低的国家特别是大国在走向发达国家的历程中，客观上需要一个强有力的政府在前面引导，这对国民的团结奋斗具有心理上的强化和凝聚作用。

中国半个多世纪以来，历史地形成了中国共产党在中国的领导地位。在这个过程中，中国共产党有过这样或那样的失误甚至严重错误，正因为如此，国内外都一直或明或暗、或强或弱地存在着不同声音，把以中国共产党领导为核心的“四项基本原则”看做某种“紧箍咒”。但中国共产党不断地总结历史经验，不断调整和改进执政方式，增强党的执政能力，坚持以人为本，加强民主制度和法制建设，完善社会主义市场经济体制，构建社会主义和谐社会，逐步形成了中国特色的“刚柔相济”的领导方式，已经成为维护中国长期统一、独立和稳定的坚强政治力量。

四　坚持生产力标准和社会主义初级阶段理论，经济决策不可盲目跟着政治风向跑

“社会主义革命的目的是为了解放生产力”①。无论是新中国成立之初的“三大运动”（土地改革、镇压反革命和抗美援朝），还是国民经济恢复之后的对农业、资本主义工商业和手工业的“三大改造”，都是为了促进国民经济的恢复和发展，始终服从和服务于经济建设这个中心，所以，广大人民群众对运动和改造的积极性很高，不仅运动和改造取得了显著的效果，而且国民经济得到了较快发展。

《论十大关系》和党的八大的核心与实质，是要解决以经济建设为中心和如何以经济建设为中心的问题。新中国成立后的第一次党代会，即 1956 年 9 月召开的中共第八次全国代表大会，虽然没有明确提出社会主义初级阶段理论，但刚刚进入社会主义社会的新中国不言而喻是社会主义初级阶段，并正确分析了这个阶段的主要矛盾和根本任务。社会主义改造已经取得决定性的胜利，“我们国内的主要矛盾，已经是人民对于建立先进的工业国的要求同落后的农业国的现实之间的矛盾，已经是人民对于经济文化迅速发展的需要同当前经济文化不能满足人民需要的状况之间的矛盾。这一矛盾的实质，在我国社会主义制度已经建立的情况下，也就是先进的社会主义制度同落后的社会生产力之间的矛盾。党和全国人

① 《毛泽东文集》第 7 卷，人民出版社，1999，第 1 页。

民的当前的主要任务，就是要集中力量来解决这个矛盾，把我国尽快地从落后的农业国变为先进的工业国。”“由于社会主义革命已经基本上完成，国家的主要任务已经由解放生产力变为保护和发展生产力”。[①] 为此，大会作出了党和国家的工作重点必须转移到社会主义建设上来的重大战略决策。

然而，“大跃进”把国民经济搞得“筋疲力尽”，1960 年仍不顾当时面临的严重挫折，清楚地显示了经济决策盲目跟着政治方向走带来的恶果。[②] 后来，由于“以阶级斗争为纲”的“左”的指导思想的滋生，严重冲击了经济建设，虽然“以经济建设为中心”的指导思想并没有被取消，即便是在十年“文化大革命”中，也强调“抓革命，促生产”和“把国民经济搞上去”，但我国的经济发展遭受了巨大的损失，没有取得本来应该取得的更大成就。

1978 年中共十一届三中全会在思想上、理论上实现了拨乱反正，恢复了实事求是的思想路线，果断停止使用“以阶级斗争为纲”的口号，再次强调生产力水平的落后、确立“以经济建设为中心”的指导思想，坚持改革开放 31 年不偏离。

1981 年 6 月中共十一届六中全会通过的《关于建国以来党的若干历史问题的决议》，首次提出了“我们的社会主义制度还是处在初级的阶段”。随着改革全面展开，对于社会主义初级阶段问题的认识逐步深化，1987 年中共十三大、1997 年中共十五大和 2007 年中共十七大，继续全面深入论述了中国共产党在社会主义初级阶段的基本路线、建设的基本纲领、阶段性特征，形成了社会主义初级阶段理论。

坚持生产力标准理论、社会主义初级阶段理论和以经济建设为中心的理论，对我国经济持续高速增长，在指导思想上起到了方向盘和主心骨作用。

五　国内改革与对外开放的相互配合与推进

回顾历史，中国的落后恰恰与历史上长期的闭关锁国有关。新中国成立之初，西方世界与新中国在政治上、意识形态上全面对立，对新中国实行全面封锁，20 世纪 50 年代，中国的被迫对外封闭状况比新中国成立之前更为严重。

进入 20 世纪 60 年代，由于中苏关系的交恶，中国进一步被迫从全球视野开

---

① 《中国共产党第八次全国代表大会关于政治报告的决议》，1956 年 9 月 28 日《人民日报》。

② 薄一波：《若干重大决策与事件的回顾（修订本）》下卷，人民出版社，1997，第 1313 页。

拓自己的国际空间。同时，国际社会也越来越认识到，不能把一个世界上最古老的、占世界人口四分之一的中国长期排斥在国际社会之外。1971 年 10 月联合国恢复了中华人民共和国一切合法权利，1972 年 2 月美国总统访华，1974 年 2 月毛泽东提出划分“三个世界”理论。中国陆续与一大批国家建立外交关系，中国已经成为世界不可忽视的重要政治大国。

中国在经济体制、贸易、教育和文化方面的全面开放，是在 1978 年拉开经济体制改革帷幕之后。在改革的指导思想上，中国把改革和开放作为一个不可分割的整体。在国内开设了 5 个经济特区、14 个对外开放城市和上海浦东、天津滨海两个新区。香港、澳门的回归，海峡两岸关系的解冻和扩大交流，中国加入世界贸易组织，都从各个方面大力推进了中国的对外开放。中国迅速全面融入全球化浪潮，全面利用全球资源，对外贸易飞速增长，成为世界上最重要的贸易大国之一。

在某些情况下，对外开放比国内改革更加重要，因为有的时候当国内某个方面的改革改不动时，对外开放则对国内改革起着“倒逼”作用。

国内改革与对外开放相互依存，通过国内改革，创造对外开放的条件和环境，提升了对外开放的广度和深度；通过对外开放，积极参与全球化进程，可以借鉴国外发达市场经济的有益经验，可以充分利用国际资本和国外市场。中国的对外开放，成为中国经济持续快速稳定增长的动力源。

六 正确处理改革和发展中的利益关系

1956 年，毛泽东在《论十大关系》中初步总结了我国社会主义建设的经验时就提出，在国家、生产单位和生产者个人的关系问题上，三者的利益必须兼顾，不能只顾一头，既要提倡艰苦奋斗，又要关心群众生活；在中央和地方的关系问题上，要在巩固中央统一领导的前提下，扩大地方的权力，让地方办更多的事情，发挥中央和地方两个积极性①。

改革开放之后，中央政府把制定经济发展政策的权力下放到了地方政府，使得地方的经济政策能够较好地适应现实的需要。在财政制度上，地方政府拥有分享财政收入的权利，从而为地方政府制定有利于经济发展的政策提供了激励。渐进改革过程中，中国将改革对于既得利益的损害降到最低的程度，从而避免了改

① 毛泽东：《毛泽东著作选读》下册，人民出版社，1986，第 726 ~ 731 页。

革推进的阻力。高度重视妥善处理改革、发展和稳定的关系，恰当选择关系人民群众利益的改革措施出台的力度和时机，努力把改革的力度、发展的速度和社会可承受的程度统一起来。发展为改善人民生活服务，实行适合生产力发展水平的富民政策。始终坚持注重改革程序和效果的公平公正，注重以最广大人民的根本利益作为改革的基点和决策的依据，从解决人民群众最关心、利益最直接、最现实的问题入手，努力使改革兼顾到各方面利益，使人民群众共享改革的成果。老百姓在改革中得到了实惠，逐步分享了改革成果，成为支持经济体制改革的坚强后盾。

七　中国宏观调控体系不断臻于完善和成熟

调控，顾名思义，就是调整和控制。宏观调控是社会主义市场经济的题中应有之义。市场经济活动是一个永不休止的变量系统，宏观调控则永远没有终点，任何国家的宏观调控都是一个永远的长期任务：经济波动→宏观调控→经济再波动→再进行宏观调控→……这个过程永远不会完结。在这个过程，会存在着方方面面利益主体的博弈，其中“中央与地方的博弈”是我国所有博弈关系中最重要的内容。但这种博弈又不是要“谁战胜谁”，也不是要“战”成平局，更不是两败俱伤，而是要建立起一种科学的调控和协商机制，使各个方面的利益都有所增进，实现全社会的共赢。

新中国成立60年来，特别是改革开放31年来，我国在宏观调控方面积累了丰富的实践经验，理论方面也更加成熟了：第一，把治理性调控和预防性调控有机结合起来；第二，实施宏观调控“组合拳”，即经济手段、行政手段和法律手段相结合，紧缩和扩张相结合，供给管理和需求管理相结合，总量调控和结构调控相结合，不搞“一刀切”；第三，把宏观调控政策的战略转型和发展政策的战略转变结合起来；第四，把加强和改善宏观调控与深化经济体制改革结合起来。中国宏观调控体系不断臻于完善和成熟，是中国经济持续快速健康发展的重要条件。

第五节　中国道路与中国模式赢得未来

电视连续剧《因为爱你》中有一句台词：“那，早已是昨日黄花了！”“昨日黄花”源于对宋·苏轼《九日次韵王巩》诗“相逢不用忙归去，明日黄花蝶也愁”和《南乡子·重九涵辉楼呈徐君猷》词“万事到头都是梦，休休，明日黄

花蝶也愁”的误用，但因俗而正而成为固定成语了，比喻“过去的辉煌”。每个人、每个国家都会为过去的辉煌而自豪和骄傲，但更重要的在于现在和未来的辉煌。

中国有过5000年的辉煌，有过新中国60年的辉煌，更有过改革开放30年的辉煌，因而有了影响世界的“中国道路”与“中国模式”的盛誉。但这都是“昨日黄花”。“中国模式”并不是一个完美的模式。经济上的成就虽有目共睹，社会政治等方面存在的问题难以因为经济的发展而顺理成章地得到解决。一种新模式从产生到成熟，需要很长的过程。西方的民主模式已运转200多年，至今仍然问题不少，何况我们才几十年呢？“中国模式”的发展道路也不会是平坦的，它需要全国人民的关心、耐心与呵护，需要一段较长的时间不断加以完善。

《三国演义》中有“关羽大意失荆州”的故事。当13亿中国人和中国的所有朋友们都津津乐道“中国道路”与“中国模式的时候，千万不可掉以轻心，千万不可松懈，逆水行舟，不进则退，更重要的是开拓进取，让中国道路和中国模式赢得未来。要让中国道路与中国模式赢得未来，就必须使中国道路与中国模式可持续发展。中国道路与中国模式的魅力不仅在于它已经取得的成功，更在于是否具有可持续性。可持续性是中国道路与中国模式在当今世界能否真正站稳脚跟并产生广泛和持久影响的关键所在，也是中国道路与中国模式的生命力所在。

让完美的持续完美和更加完美，让不完善的尽快完善和持久完善，这是中国道路与中国模式赢得未来的关键。中国道路与中国模式赢得未来，既有国内的含义，也有国际的含义。就国内而言，如何克服现阶段的“中国模式”的缺陷，赢得最大多数民众的支持，能更高效、更有质量、更节约、更公平、更科学地发展，让改革开放和发展的成果惠及更多的老百姓是赢得未来的关键。而在国际上，中国道路与中国模式赢得未来表现为中国的和平崛起、中国的国际地位的提升，中国的发展理念和发展道路为越来越多的国际人士所认同，也为各个国家的发展尤其是发展中的国家打破强权，破除世界发展单一道路的迷信，积极依照独特的国情探索自身发展道路提供强有力的实例支持。

一　坚决维护中国的统一、稳定和长治久安，是“中国道路”和“中国模式”继续存在和持续发展的基石

中国历史上虽然经历了多次久分必合与久合必分的震荡，但久分必合始终是历史的主流。所以，在世界四大文明古国中，中华文明成为唯一延续至今而不断

的文明。新中国60年来，特别是改革开放30年来，中国道路与中国模式促成了中国复兴和中国崛起。

统一、稳定和长治久安则“中国道路”和“中国模式”存，否则“中国道路”和“中国模式”亡。中国国家的统一、稳定和长治久安是中华民族和中国人民的最高利益和核心利益。在60年前的反法西斯战争中，中国人民以2100万人的牺牲、整个社会发展滞后几十年的代价，在悲愤与血泪中认识到国家的安全和领土完整的重要性。

中国的统一、稳定和长治久安已经是维护世界稳定和发展的重要力量之一。但世界上一些反对中国的国家、组织和反华人士，总是“亡中国之心不死”，他们极不情愿一个富裕、强大、稳定的中国在世界上出现，总希望中国崩溃和解体。一方面，在理论上不断地诋毁“中国道路”与“中国模式”，不断制造和渲染“中国崩溃论”、“中国威胁论”、“中国经济水分论”等“妖魔化中国”的论调；另一方面，则在行动上千方百计地培植和支持分裂中国的势力。

近几十年来，美国始终是世界上颠覆他国和肢解他国的主要力量，其目的是试图全世界都“美国化”和“西方化”，都成为美国或者西方列强的势力或者附庸。美国通过输出“华盛顿共识”和新自由主义，先后搞乱了拉丁美洲、非洲和亚洲的一些国家。近几年来，又如“多米诺骨牌”似的在苏联加盟共和国搞颜色革命，颠覆这些国家的政权，培植亲美政权。

在冷战期间和冷战后，号称以民主理念立国的美国一直采用非政府组织的形式推广美式民主，“美国国家民主基金会（又译为“国家民主捐赠基金会”，简称NED）及其下属四大机构，即共和党的国际共和研究所、民主党的全国民主研究所、美国商会国际私营企业中心及劳联－产联的国际劳工团结美国中心等，是其重要运作工具。NED打着“加强其他国家的民主团体和机构的力量”的旗号，在全球100多个国家和地区开展所谓“民主”援助活动。

在中国不断走向复兴和崛起的过程中，美国NED图谋颠覆和肢解中国的行动从来没有停止过。NED频频资助“民运”、“藏独”、“东突”等各种反华势力，仅2007年，其涉华资助总额就达到600万美元，其中“民运”250万美元，“藏独”45万美元，“东突”52万美元。[①] 对此，我们绝不可以掉以轻心。

由于国际上“极端民族主义”抬头的大气候的影响，国内的少数民族主要

① 2008年10月6日《环球时报》。

是藏族、维吾尔族中的少数顽固分裂分子与国外的分裂主义组织和势力内外勾结，时不时制造事端，破坏国家统一、稳定和安定团结的良好局面。西藏2008年“3·14事件”和新疆“7·5事件”则是其突出表现。中国依靠自己的经济实力、政治实力和政策实力及时有效地平息了骚乱。但民族团结和国家统一、稳定和长治久安的任务还任重道远。

台湾自古就是中国一个省，只要台湾没有回归一个中国大家庭，中国不仅不能说“完全统一”，而且更是中国国家安全面临的重大不稳定因素。而影响台湾统一的因素又涉及以美国为核心的国际因素和台湾岛内政治因素的变动。台湾回归一个中国大家庭，既是涉及中国国家主权的核心利益，又是全体中国人民的共同愿望和迫切心愿。只要台湾问题没有最终解决，“中国道路”和“中国模式”就是不完善和不完整的。而这一问题的最终解决，不仅有待国家经济实力、政治实力、军事实力的进一步增长，也需要高超的政治智慧。

中国幅员辽阔，有20多个邻国，与15个国家领土接壤。虽然20世纪90年代以来，与不少邻国的领土边界问题逐步得到解决，但由于复杂的历史原因，与一些国家的领土争端还没有完全妥善解决。与印度边界问题的解决还需要一段时间。中国与日本在钓鱼岛和东海上的争端不时激化。

领海和领土，都是国家核心利益。争端，尤其是海洋权益争端，对我国主权和安全的影响在增大。中国南海疆域的一些岛礁不断被东南亚一些国家“占领”进行所谓的“经济开发”。而美国不断以各种手段插手南海事务，试图把南海问题“国际化”。要解决这些问题，如同台湾问题一样，不仅有待国家经济实力、政治实力、军事实力的进一步增长，也需要高超的政治智慧。

面对国内外的挑战，中国人民唯一的对策，就是坚持和平发展，增强自己的力量，不但要有经济上、技术上、军事上的硬实力，而且要有政治上、文化上、心理上、价值观上的软实力。要始终明确自己国家民族最重要的战略利益之所在，不被霸权主义吓倒，不被扑朔迷离的国际环境左右，不被外界各种战略动作迷惑，也不被国内外谬论误导。我们的主动地位是建立在立足于应付严峻挑战情况下的抓住机遇，以保卫国家稳定、安全和统一。

在全球化的时代，保卫国家主权、维护国家独立、统一和完整的意义已经多元化，这就是由国家的地理疆域和政治文化疆域构成的完整国家理念。“中国道路”和“中国模式”在融入世界中不能迷失自己，民族精神和民族凝聚力不容许受到挑战，以“大一统”为核心的爱国主义传统永远承传。

二　完善社会主义市场经济体制，践行科学发展观，努力提升中国道路和中国模式的内在凝聚力

中国道路与中国模式要赢得未来，首先要赢得国内、赢得现在、赢得民心。为此，必须首先努力把国内的事情搞好，让中国道路和中国模型更具有内在凝聚力。

新中国 60 年的发展，特别是改革开放 30 年经济持续高速增长，中国取得了举世瞩目的巨大成就，这是中国道路和中国模式取得巨大成功的基本物质内容。但同时也产生了一系列负面问题：城乡和地区经济社会发展水平差距扩大；贫富差距的拉大，以致产生了两极分化，并发劳资矛盾的尖锐化；贪污腐败的滋生并恶性蔓延，严重损害了干部特别是领导干部的信誉和党群、干群关系；社会信誉普遍下降，市场秩序混乱，假冒伪劣坑蒙拐骗严重；资源过度开发，环境污染严重，严重损害了人民群众的生存空间；教育、医疗领域的改革过度市场化，社会保障制度改革的滞后，造成人民群众的严重不满；等等。

由于这些问题的存在，严重加剧了社会矛盾，严重损害了改革开放和社会主义市场经济体制的信誉，使得许多人“端起碗吃肉，放下碗骂娘”，甚至妖魔化党，妖魔化政府，妖魔化官员，妖魔化改革。这些问题的存在，正是前几年在社会上形成“反思改革”大争论的基本原因，也是近两年及当前不断爆发各种“群体性事件”的基本原因。因此，尽快解决当前人们最关注的社会问题，是首先在国内完善中国道路和中国模式的关键。

第一，要从严治党和从严治政，坚决打击和清除腐败，不断增强党的执政能力建设，建立严政和善政，构建严治和善治，努力恢复党群、干群之间的雨水关系。

第二，进一步完善社会主义市场经济体制，严格执法，健全市场经济法制体系，坚决打击假冒伪劣坑蒙拐骗，坚决打击和消灭各种社会丑恶现象，努力恢复市场和社会信誉，规范各种劳资关系，推进企业实施社会责任。

第三，进一步贯彻科学发展观，统筹城乡发展、地区发展和行业发展，努力缩小城乡差距、地区差距、行业差距和贫富差距，把城市和农村、工业与农业、市民与农民作为一个整体纳入国民经济学发展的统一规划，重点着眼于在城乡一体化协调发展框架下解决农民社会地位、农民增收、农民生存环境等问题。

第四，加快推进民生建设，这涉及就业、教育、社会保障、医疗卫生、住

房、社会管理、生存环境等各个方面。就业是民生之本，教育是民生之基，社会保障是民生之盾，医疗是民生之需。努力解决这些问题，让全体人民共享经济和社会发展的成果。

第五，切实贯彻又好又快发展的方针，更加关注经济发展的质量，努力进行“两型社会”（“资源节约型社会”和“环境友好型社会”）的建设。坚决控制“三高”（高投资、高消耗、高污染）、“两低”（低质量、低效益）和“一依赖”（能源和矿产资源依赖海外），在经济实力、政治势力、军事实力、文化实力不断崛起中，确保中华民族健康生存和有序发展的绿地蓝天。

三　努力营造中国和平崛起的国际环境，是“中国道路”和“中国模式”不断发展和完善的重要外部环境

在全球化和世界经济一体化日益发展的时代，中国的和平崛起离不开一个良好的国际环境。新中国的60年，无论是前30年，还是后30年，都不断地在为构建一个和平的国际环境不懈努力。

在1840～1949年先后遭受外国七次大的侵略、受尽了磨难的中国，梦寐以求的就是需要一个和平的国际环境。因此，“反对霸权主义，维护世界和平”，是新中国60年一贯的基本方针。20世纪50年代初，当以美国为首的联合国军把战火烧到中国东北大门口时，中国不得已坚决进行了抗美援朝战争，在极度困难、代价极大的条件下打出了在国际战场的威风。20世纪60～70年代中苏对抗，促使中国大幅度调整外交政策和国际关系，实现了与美国关系的解冻。毛泽东于1974年首次提出“三个世界”理论，使中国的国际关系得到全方位的发展。

改革开放伊始，邓小平就从全球的视野上思考中国的改革开放和发展问题，提出了一系列适应新时期现代化建设需要的国际新战略，并在实践中为中国的改革开放和现代化建设创造了一个良好的国际环境。

邓小平首先看到了和平与发展是时代的主题，立足新的历史阶段，面对变化了的“国情”和“世情”，对时代特征进行了重新审视和判断，得出了“在较长时间内不会发生大规模的世界战争是有可能的”重要论述，精辟地指出：“现在世界上真正大的问题、带全球性的战略问题，一个是和平问题，一个是经济问题或者说发展问题。”同时，把“较长时期不发生大规模战争”的时间段设定“希望至少有70年的和平时间。我们不要放过这段时间。”这“70年和平期”，正好

是中国1980～2050年这个历史时期，就是中国现代化建设“三步走”发展战略的胜利实现时期，也就是中国和平崛起的关键历史阶段。

在对国际战略形势正确估计的基础上，中国始终坚持以经济建设为中心，集中精力解放生产力，一意一心谋发展；在国际上建立不结盟、不对抗、不针对第三国、谋求与世界各国的互利合作、共同发展的新型国际关系。

20世纪80年代末、90年代初，针对当时苏联解体、东欧剧变等复杂多变的国际局势，顶住西方国家对我们的施压和制裁，邓小平提出了坚持“韬光养晦、决不当头”和的战略方针。“韬光养晦”就是面对复杂多变的国际形势，要冷静观察，稳住阵脚，沉着应付，审时度势，量力而行。要收敛锋芒，含而不露，善于守拙，避免张扬。要埋头苦干，抓住时机，发展自己。“决不当头”是从中国的基本国情和国际力量对比的现实出发，永远不当第三世界和社会主义国家的“头”。这在当时使中国摆脱了大量可能引起对抗和冲突的矛盾和摩擦，从而赢得了和平发展的宝贵时间和空间。

20世纪90年代，因“苏东剧变、苏联解体”，持续了半个世纪“两个超级大国”争霸世界的格局以和平而非战争的方式解体。虽然有资格、有能力打世界大战的只有单边主义美国，而美国也受到世界各种力量的钳制，大规模世界战争的危险程度大大降低，人类可望在总体和平、局部战争，总体缓和、局部紧张，总体稳定、局部动荡的战略形势下，逐步走向全面的和平与发展，和平与发展成为世界的主题。

世界人民越来越关爱和平的大趋势极大地影响了世界大国之间的相互关系，一改冷战对抗、非敌即友、泾渭分明的结构状况，总体趋向缓和。对外战略选择各自以国家利益为基轴，表现为摆脱冷战、多边对话、相互制衡、争取合作、尽可能避免对抗与“零和”游戏的结局，在“与狼共舞”中寻求“双赢”或“多赢”。

伴随着世界格局的大变动，新经济兴起，经济全球化时代到来并向纵深发展。虽然全球化的起始首先源自美国和西方强国主导的美国化和西方化，如基辛格直截了当所说：“全球化实质上意味着全球采纳美国的模式。”其实质是通过全球化利益流向美国等强国，而代价则留在第三世界。但时代不同了，世界各国追求平等的力量越来越大，联合国以及各种国际组织规则的完善化，全球化一旦形成潮流，世界所有国家都以捍卫自身利益纳入其中，并不以美国等强国的意志为转移。

20 世纪后期到 21 世纪初，世界上走向崛起的不只是一个中国，而是一个“大国崛起群”。特别是当代世界的“金砖四国”——中国、印度、俄罗斯、巴西，以及欧洲、日本等，都奉行和平崛起的道路，成为世界多极化和平崛起的格局。和平已经是世界的主潮流，关爱生命与爱好和平已经成为 21 世纪世界各国人民突出强调的核心价值。如果谁要干扰、破坏、遏制中国的和平崛起，也是对所有“大国崛起群”的挑战。

世界格局的大变动，特别是中国加入世界贸易组织成为全球化世界的重要成员，为中国和平崛起带来了更的大机遇。这就是，中国有可能通过和平方式和市场途径获得国际分工的重新选择和战略资源的重新配置。中国也可以在全球范围内灵活自如地开展多边外交关系，努力营造中国和平崛起的国际环境，并作为新崛起的负责任的大国充分发挥构建和谐世界的积极作用。

实际上，中国的这一积极作用已经凸显。例如，“博鳌亚洲论坛”自 2002 年在中国举办以来，已成为亚洲以及其他洲有关国家政府、工商界和学术界领袖就亚洲以及全球重要事务进行对话的高层次平台。现在，这一论坛的有关专业会议已经走出国门，迈向世界。世界重要经济论坛“达沃斯论坛”在瑞士达沃斯举办了 36 届冬季会议之后，从 2007 年起在中国举办夏季论坛。中国在世界各个重要平台上的话语权日益提高。世界和平发展的历程表明，中国营造和平崛起的国际环境，不仅可以通过积极开展国家之间的双边关系，也可以通过各种政府的或者非政府的、工商界的或者学术界的舆论平台推进。

四 世界金融和经济危机是中国模式转型和改革深化的契机

2008 年由美国引发而迅速蔓延全球的金融和经济危机，是经历了上世纪“30 年代大萧条”以来最严重的动荡时期，受国际金融危机的影响，全球性经济迅速衰退。

中国是世界上少数的没有原生金融和经济危机的国家之一。但作为已经融入经济全球化的中国，不可能单方面“独善其身”。世界金融和经济危机首先严重冲击了中国的外向性企业，在外需和国内就业等方面蒙受了严重损失，并辐射到全国所有经济。面对突如其来的世界经济灾难，中国没有逃避也不可能逃避，没有作“壁上观”，而是以负责任的新兴崛起大国的姿态“兼济天下”，站在国际前沿与美国、欧洲、日本等重灾区国家共商反危机对策，并首先尽国力出台了一系列有利于中国也有利于世界的反危机措施，成为世界反危机的重要领军国家之一。

作为中国自己来说，更需要认真思考和探索的是，中国经济发展的模式如何化危机为契机，化挑战为机遇、变被动为主动，应对金融危机，确保国民经济平稳较快发展，也进一步优化和提升中国道路和中国模式。

金融危机使中国出口受阻，挑战中国长期以来靠投资和出口为导向的发展模式。“中国模式”的成功在于30年持续的高速增长，用短短30年解决了世界上人口最多的国家贫困问题。但这种以投资和出口为导向的发展模式一方面面临环境和资源的巨大压力，另一方面因民生领域欠账不少，又造成内需不振，越来越难以维持中国经济高速发展。这种模式，无论是否发生金融危机，在其边际收益最大化之后，调整的周期迟早都会到来，金融危机不过将这种周期大大提前，并成为“逼迫”中国进行经济转型的一个外在的契机。所以，表面看来，金融危机冲击是出口产业，但是它冲击的实质是传统的经济增长方式，冲击的是传统产业结构，冲击的是我国微观基础结构和体制性障碍。

在金融危机背景下，践行科学发展观、切实推进中国发展模式的创新，绝非不疼不痒的一句口号，必须是真正触动某些利益集团的切肤之痛甚至伤骨之痛，这场被称之为“二次革命”的改革其难度绝不亚于30年前启动的改革。包括构建与科学发展观和科学政绩观相一致的政府官员考评机制、进一步深化资源产权、资源价格、生态环境补偿的市场化改革，理顺其价格体制，加快财税、金融体制以及宏观调控体制的改革。

金融危机的冲击也再次拷问我国自主创新能力。自主创新能力不强带来的问题就是国际竞争力比较弱。从实践中看到，凡是自主创新有自我品牌的企业都发展很好，逆势飘红。目前我国企业还是普遍重生产轻研发，重引进轻消化，重模仿轻创新。创新的层次较低，高端、首创性、集成性创新较少，创新没有成为大多数企业的内在动力。现有的用人制度、激励制度不健全，风险投资机制不成熟，是制约制度创新的因素。“中国模式”的创新也必须顺应发展潮流，建立现代企业制度，建立以企业为主体的自主创新体系，完善科技管理体制，提升企业用于自主创新的比例。

过去30年的改革改变了中国国力贫穷积弱的局面，为中国创造了非凡的器物文明，但过去的发展模式是“生存型”的发展模式，“生存型”的发展模式为尽快摆脱贫穷落后过分关注物质财富的增长，而忽视经济社会的全面协调发展。我们只用30年时间走过西方社会上百年走过的路程，既会面临与其他社会转型类似的共性问题，也会产生属于自己的独特挑战，各种矛盾和问题往往比较集中地凸显出来。快速跨越的历程，必然是一个机遇不断涌现、问题层出不穷，传统的痼疾、时代的痛楚叠加交织的过程。

因此，“生存型”的发展模式不可避免地带有人类早期工业文明重增长轻发展的烙印，即发展中难以避免急功近利，单纯以物质财富为本，发展不顾资源与环境代价，为增长而增长。“生存型”的发展模式没有把增长只作为发展的手段，而是把劳动者本身也作为增长的工具异化了，我们把它称为以物为本的发展模式。以物为本的发展模式导致了产能的相对过剩。

目前，我国已经由“生存型”阶段向“发展型”阶段转变，在发展模式上也应该与阶段性特征相适用。进入新世纪以来，无论是我国经济增长方式还是社会公共需求、政府职能都面临日益突出的转型压力。金融危机的影响更全面地加剧转型压力，中国未来能否在产业升级、财富分配、制度文明等方面实现实质性跃迁，能否让经济发展更加惠及普通民众，让普通民众分享更多繁荣，对后30年的中国改革发展无疑是一个战略性的挑战。

Exploration of China's Path, Practice of China's Model

Abstract: The research and discussion about and China's Model is one of vital parts of the 60th anniversary celebration of People's Republic of China. China's Path refers to the socialist road that China goes, and China's Model refers to the concrete form of China's Path. China's Path has gone through an exploratory historical course. If we can overcome the shortcomings of China's Model, more and more people all over the world will be for our development idea and development road, and certainly, our China's Path and China's Model will gain a brilliant future.

Key Words: China's Path; China's Model; Opening -up and Reform

专题报告

第二章
苏联模式与社会主义道路的探索

周新城　汪亭友*

摘　要：苏联模式是苏联在长期的社会主义实践中形成的制度、体制以及建设社会主义的方针、政策。在社会主义的本质特征这一层次上，中国特色社会主义与苏联模式是相同的，而在社会主义本质特征的具体实现形式层次上，中国特色社会主义与苏联模式是两种不同的模式。苏联演变是一种以和平方式实现了资本主义制度的复辟，是社会形态逆规律更替的特殊历史事件，不能改变人类社会发展的历史规律。改革要坚持社会主义的基本制度不动摇，不能把改革变为“改向”，这是我们应从苏联演变中吸取的深刻教训。

关键词：苏联模式　苏联演变　中国特色社会主义　历史教训

* 周新城，中国人民大学马克思主义学院教授，博士生导师，从事苏联东欧问题、中国特色社会主义、民主社会主义等研究；汪亭友，中国人民大学马克思主义学院副教授，硕士生导师，研究科学社会主义理论与实践、当代世界社会主义理论与实践。

1917年十月革命的胜利，标志着俄国从此走上了社会主义道路，马克思主义实现了由理论向实践的伟大飞跃。在苏联探索社会主义建设道路的过程中形成了苏联模式。这是马克思列宁主义基本理论与苏联实践相结合的产物，是苏联共产党领导苏联人民在实践中创造的第一个社会主义模式，是社会主义实践的第一次伟大实验。

第一节 苏联模式及其评价

一 苏联模式的内涵

所谓苏联模式，即指苏联在长期的社会主义实践中形成的制度、体制以及建设社会主义的方针、政策。这个模式形成于斯大林时期，并不断得到强化和固化，延续至20世纪80年代中期。[①] 对于苏联模式的内涵，有各种各样的概括。总起来看，应包含两个层面：一是社会基本制度的层面，一是具体体制、机制的层面。

社会基本制度是一种社会制度区别于另一种社会制度的最基本方面。它是一种社会制度内在所固有的质的规定性的最一般反映，涉及基本政治制度、基本经济制度、基本文化制度等领域。而具体体制、机制则是一个社会的基本制度的具体实现形式，是为基本制度的完善与发展服务的。两者之间既有区别也有联系。基本制度居于主要的方面，并占据主导地位，而体制、机制与政策居于次要方面，并处于从属地位。从状态上看，基本制度是相对稳定的，而体制与机制则是灵活易变的，要根据需要进行调整和更新。

从社会基本制度的层面看，在经济领域，苏联建立了全民所有制和集体所有制这两种形式的社会主义公有制，使之在国民经济中占统治地位，并在此基础上实行了按劳分配原则；在政治领域，苏联确立并坚持苏联共产党在苏联社会中的领导地位，形成了以工人阶级为领导、以工农联盟为基础的苏维埃政权，对无产阶级和其他劳动人民实行广泛的民主，依靠无产阶级专政来保卫社会主义制度；

① 1985年3月，戈尔巴乔夫上台后推行人道的民主社会主义改革，全盘否定并抛弃了苏联模式。这是苏联模式急剧瓦解、苏联社会急速向资本主义演变的时期，也是导致苏共亡党、苏联亡国的时期。显然不能把戈尔巴乔夫时期纳入苏联模式的范畴。

在意识形态领域，苏共坚持无产阶级世界观——马克思列宁主义在苏联意识形态中的指导地位。

应该说，社会基本制度的层面反映了苏联模式的本质，贯穿于苏联模式形成、发展的整个过程，带有稳定性、根本性的特点。这是苏联共产党运用马克思主义的基本原理使之与苏联实践相结合的产物。它体现了社会主义的本质，符合生产力社会性质的客观要求，反映了历史发展的必然趋势。这是苏联社会生产力在相当长的历史时期里保持快速发展并在反法西斯主义战争的严酷环境中取得胜利的制度根源。从这个意义说，苏联模式是社会主义性质的社会发展模式。坚持而不抛弃马克思主义基本原则是该模式的本质特征。

需要指出的是，在概括苏联模式的特征时，有人根本否定苏联模式的这个基本方面。戈尔巴乔夫的看法就很有代表性。当他还担任苏共总书记时，就把苏联模式概括为“极权官僚模式的社会主义”、严重“变了形的社会主义”、“曲解了的社会主义”、“专制的”社会主义①，认为苏联过去搞的不是真正科学的社会主义，还把苏联模式看成阻碍苏联经济与社会发展的根源。苏联解体后，他依然认为：“在苏联占上风的是僵硬的甚至残酷的极权主义制度”，这种制度“在斯大林死后，它的残酷性略有削弱，变得缓和了些。但实质依然故我”，“苏联所实现的‘模式’不是社会主义社会的模式，而是极权主义的社会模式”②。

苏联模式的极权性体现在苏联社会中存在异化与垄断。苏联的“极权社会主义”，引起了“人与政治、政权，人与生产资料、财产，人与文化的异化”。政治上共产党的领导，意味着共产党“对政权的霸占”，造成政治垄断，形成人与政治、政权的异化；经济上公有制占统治地位，排除了人们对所有制的选择，造成经济垄断，形成人与生产资料、财产的异化；思想上马克思主义居于指导地位，妨碍了“吸收世界上一切进步的思想”，造成精神垄断，形成人与文化的异化。所有这些的关键，是共产党对一切权力的垄断，这是产生异化的根源。因此，要克服异化，就必须消除各个领域的垄断，尤其是共产党的垄断权，根本改造我们的整个社会大厦——从经济基础到上层建筑。具体说，改革就是要政治上取消共产党的领导，实行西方式的多党轮流执政、议会民主、三权分立；经济上取消公有制，实行私有化，建立资本主义市场经济；思想上取消马克思主义的指

① 〔苏联〕米·谢·戈尔巴乔夫1988年6月28日在苏共第十九次全国代表会议上的讲话。

② 〔俄罗斯〕米·谢·戈尔巴乔夫：《对过去和未来的思考》，新华出版社，2002，第19页。

导，实行听任资产阶级思想自由泛滥的多元化。

戈尔巴乔夫彻底否定苏联模式的社会主义性质的目的，就是要全盘否定苏联的社会主义实践，以便推行根本否定社会主义制度的改革路线。他们借口反对苏联社会主义模式，实际上是反对社会主义制度本身，要求恢复资本主义的政治、经济、文化制度。

就具体体制与机制的层面而言，苏联模式有着多方面的内容与特征。一般认为，苏联模式总的特征是过度集权。具体讲，在经济领域，国家所有制占据绝对的统治地位；指令性、法治化、统得过死的计划经济管理体制；权力过度集中的部门管理体制；过分运用行政手段的经济管理方法。这种过度集权的经济管理体制，使得所有制结构单一，公有制经济占据了绝对的统治地位，没有适应多层次的生产力水平及其发展需要，充分发挥非公有制经济的作用；企业的经营管理权过分集中于中央或地方，而且绝大部分企业都由中央或地方政府直接管理，导致企业与农庄缺乏经营自主权，职工也缺少民主管理的权利，存在大锅饭等严重弊端；在资源配置方式上，只看到计划经济的长处，排斥甚至否定市场经济的作用。

在政治领域，过分集中的党和国家领导体制；自上而下的干部委任制；软弱而低效的监督机制；地位特殊的国家安全机关。其中，过分集中的党和国家领导体制，是指国家的权力集中于党，党的权力集中于中央，中央的权力集中于中央政治局和书记处，中央政治局和书记处的权力集中于少数人或个人。这种国家权力集中于党，党集中到中央政治局和书记处进而集中到少数人乃至个人的领导体制，造成了党政不分、以党代政、个人权力凌驾于党和国家之上的过度集权的严重局面。其结果党的代表大会和中央委员会的权力受到削弱，党的中央委员会和政治局的会议不能按期召开，党内民主受到限制，中央监察委员会的职权被削弱，形成由总书记个人或少数几个人专权的局面。

在文化领域，过分集中的思想文化管理体制，只强调指导思想的一元化，一元化指导下的各种思想、观点并存的多样性不足，同时，领袖言论成为真理与错误的唯一标准。这种舆论高度一律的思想文化管理体制，使思想文化领域的管理权集中于党。文化管理机构的集中化和社会文化团体的行政化，使领袖的思想和言论被绝对化和神圣化，用行政和高压手段解决思想认识问题和学术争论问题，结果是限制了正确意见的表达，不利于创新思想、创新风气的形成。勃列日涅夫时期形成的思想僵化保守、整个社会不思进取的局面，就是苏联过分集中的思想

文化管理体制的弊端长期累积而导致的严重后果。

此外，苏联在民族问题上，还存在大俄罗斯主义以及极端的地方民族主义。对外关系领域，还存在苏共不能平等对待兄弟党的大国主义，以及苏联不能平等对待社会主义国家及其他弱小国家的大国主义与霸权主义。

在理解苏联模式的内涵时，有一种看法值得商榷和警惕。有些人认为，所谓苏联模式即是指苏联的具体体制、机制与政策。谈苏联模式不必包括苏联的基本制度。苏联模式即是苏联体制、机制与政策的特指。这种把基本制度与具体体制、机制和政策截然割裂开来，并把基本制度从苏联模式的内涵中抽离掉，进而为全盘否定苏联模式提供依据的观点，其实是不能成立的。

我们在谈一种社会模式时，总要讲基本制度与具体体制、机制和政策这两个层面。如同上文在分析苏联模式的内涵时所说，基本制度规定了一种社会模式的性质，具体体制、机制和政策是基本制度的具体实现方式，两者是密切联系、缺一不可的。其中，基本制度是决定该模式社会性质的方面。比如，我们在谈论瑞典模式时，总要讲瑞典模式既有联系又有区别的两个层面：一是社会的基本制度，即以私有制为基础的经济制度，多党制、议会民主与三权分立的政治制度，维护资本主义的思想文化制度，这是瑞典作为资本主义国家而与其他西方国家相同的共性方面。这是决定瑞典模式社会性质的基本的、主要的方面。二是为基本制度服务并作为其实现途径的具体制度、体制与政策，这是反映瑞典国情而使瑞典区别于其他资本主义国家的地方，集中体现在社会领域推行了高福利政策。当人们谈到瑞典或瑞典模式时，总要提及它的高福利政策，就是这个道理。应当看到，瑞典的福利政策与福利体制，是为瑞典的社会制度服务的，是垄断资产阶级维护自身统治、缓和国内矛盾而被迫实行的一项社会政策。因此，概括地说，瑞典模式即是指瑞典社会民主党执政时期形成的社会制度、体制与政策。

奇怪的是，一些人在谈论西方模式、美国模式时，总要从西方国家以及美国的基本制度说起，总离不开多党制、议会民主、三权分立、私有制、意识形态多元化等反映资本主义社会本质特征的方面，不谈或很少谈及西方社会的具体体制、机制和政策。然而，具体体制、机制和政策恰恰是我们可以结合国情学习和借鉴的方面。而一说苏联模式、中国模式时，总要剥离这些模式的制度属性，只谈具体体制、机制和政策，在这些方面中国与西方国家往往有相同或相似的地方，比如都搞市场经济。同样，在谈论社会模式时，却有两种截然不同的态度。隐藏在背后的，无非是作祟的政治意图。

谈论西方模式、美国模式时，只讲或大讲它的制度属性，显然是要诱导人们学西方主要是要学它的社会基本制度。而说苏联模式、中国模式时，不讲或少讲这些模式的制度属性，就苏联模式而言，是为了全盘否定苏联模式以及苏联的社会主义实践，因为苏联模式的弊端主要是具体体制、机制和政策层面的问题（当然有些问题还要具体分析）；就中国模式而言，是为了回避或弱化中国制度模式的优越性，因为在一些人看来，中国改革的成功主要是借鉴西方国家的经验即借鉴西方体制与机制中对我有用的方面的结果，比如，引入西方世界长期推行的市场经济，因而与中国的社会基本制度是没有多少关系的。其实，中国的市场经济如果不与公有制占主体的基本经济制度有机地结合与统一，是很难发挥市场在配置资源的基础性作用，市场取向的改革很难取得成功。其他国家尤其是发展中国家搞私有化基础上的市场经济的失败的教训，充分说明了制度优势在中国改革与发展中的主要的、决定性的作用与贡献。

二　如何评价苏联模式

在明确了苏联模式的内涵后，还要进一步评价苏联模式。这是我们在分析苏联模式时不容回避的重要问题。

如何评价苏联模式，首要的一点，即对于苏联社会主义模式中带有根本性质的层次的内容，即它坚持的科学社会主义的基本原则所体现的社会基本制度，我们必须充分肯定。关于苏联模式中社会基本制度层面的内容，前文有比较详细的论述。我们党曾把这些内容概括为苏联社会主义革命和建设的基本经验，指出这些经验是“放之四海而皆准的马克思列宁主义的普遍真理”，“反映了人类社会发展长途中的一个特定阶段内的关于革命和建设工作的普遍规律”，是“每个国家的革命和建设的过程”的“共同方面”，即任何国家只要建设社会主义，都必须坚持这些东西。①

为什么对苏联社会主义模式的根本性质层次必须充分肯定呢？因为它反映了社会发展规律，符合历史发展的必然趋势。大家知道，马克思主义提出社会主义问题，并不是出于善良愿望的主观臆想，而是基于对资本主义客观存在的矛盾进行分析而得出的科学结论。与从伦理道德观念出发研究社会主义的空想社会主义者不同，马克思恩格斯认为，“这种诉诸道德和法的做法，在科学上丝毫不能把

① 毛泽东：《再论无产阶级专政的历史经验》，1956 年 12 月 29 日《人民日报》。

我们推向前进；道义上的愤怒，无论多么入情入理，经济科学总不能把它看做证据，而只能看做象征。”任务在于，从资本主义“经济运动形式内部发现未来的、能够消除这些弊病的、新的生产组织和交换组织的因素。”① 所以，正如列宁所说的，他们提出未来的社会制度问题的根据是：“共产主义是从资本主义中产生出来的，它是历史地从资本主义中发展出来的，它是资本主义所产生的那种社会力量发生作用的结果。”②

随着资本主义的发展，社会分工的加深、经济联系的密切化，使得生产越来越具有社会的性质。生产力的这种性质，客观上要求由社会来占有生产资料并调节整个国民经济。但是，生产资料的资产阶级私有制妨碍了生产力社会性质的这种客观要求的实现，因而生产社会性与私人资本主义占有之间的矛盾就成为资本主义的基本矛盾。为了解决这个矛盾，必须用生产资料公有制取代资本家的私有制。生产资料公有制的建立，就有可能实行按劳分配原则，为消灭剥削、消除两极分化、逐步实现共同富裕奠定经济基础。然而建立公有制、“剥夺剥夺者”，势必引起资产阶级的殊死反抗，因此，代表先进生产力的无产阶级必须在共产党领导下，进行社会主义革命，推翻资产阶级政权，实行无产阶级专政。所有这一切都必须在无产阶级世界观——马克思主义指导下才能做到。可见，苏联社会主义模式，从根本性质这一层次上说，是符合社会发展规律的历史必然性，不能否定。

对于苏联社会主义模式的第二个层次，即社会主义本质特征的具体实现形式，我们需要作具体分析。这一层次的内容，在制度上就是具体的体制、运行机制。在评价苏联社会主义模式的具体体制、运行机制这一层次时，我们应该把握以下方法。

首先，应该全面地分析，既看到存在弊病的一面，也看到有正确的一面。我们党在批评赫鲁晓夫全盘否定斯大林的错误时，曾经指出，苏联的社会主义制度，不仅基本制度应该充分肯定，而且对具体体制也应该作具体分析，其中有的是正确的，有的是错误的，有的则是在苏联条件下是正确的，但不能搬到条件不同的别的国家去。对这些具体制度（即具体的体制、机制），不能简单地一概否定。我们举一些例子来说明这一点。经常有人把民主与集中对立起来，用民主来

---

① 《马克思恩格斯选集》第3卷，人民出版社，1995，第492页。

② 《列宁全集》第31卷，人民出版社，1985，第81页。

否定集中，以此为依据否定苏联的体制。其实，现代社会的管理是不能没有集中的。正如恩格斯指出的："把权威原则说成是绝对坏的东西，而把自治原则说成是绝对好的东西，这是荒谬的。权威与自治是相对的东西，它们的应用范围是随着社会发展阶段的不同而改变的。"他预见未来社会必须允许权威的存在。①

苏联的体制强调集中是有一定道理的，尤其是在当时国际国内的形势下，更是如此，但集中得过分了，搞得党政不分、个人专权，这是需要批判和纠正的。有人着力谴责苏联的肃反扩大化，把苏联的政治生活描述得阴森恐怖，从而引申出完全否定苏联的政治体制的结论，甚至进而攻击无产阶级专政。他们不顾事实地断言肃反错杀了几百万甚至五千万人，而事实是，根据1992年1月27日的《参考资料》报道的苏联内务部1954年报给赫鲁晓夫的材料，在1921～1954年的33年时间里，因反革命罪总共判处了3777380人，其中判处死刑的642980人②。这些人为了攻击社会主义制度，不惜捏造材料，欺骗群众。问题还在于，在国内外阶级斗争十分激烈的年代，为了巩固苏维埃政权，肃反是必要的。但正如我们党所判断的：苏联在肃反工作中，一方面惩办了很多必须惩办的反革命分子，基本上完成了这条战线上的任务；另一方面却冤枉了许多忠诚的共产主义者和善良的公民，造成了严重的损失。③ 这种错误显然是与体制上缺乏民主程序、集权过多，以致出现违反甚至破坏法制的现象分不开的。然而绝不能抓住扩大化的错误完全否定苏联的肃反工作，进而完全否定苏联的政治体制。

其次，应该历史地分析，即把苏联社会主义革命和建设的各项制度、方针、政策放到当时的国际国内的政治经济环境中进行评价，切忌从现在的、已经变化了的条件出发来评价历史上的事情。社会主义社会是不断变化、发展的社会，随着出现新的形势、新的问题，需要不断调整社会主义建设的具体的制度、方针、政策。有许多事情，如果用现在的眼光来看是不尽合理的，然而就当时的具体条件而言，却是必要的。例如，有人谴责计划经济体制，把它说成是万恶之源，断言苏联就是因为搞了计划经济才垮台的。然而计划经济同市场经济一样，只是发展生产的方法、调节经济的手段，用不用计划经济这种手段，要根据生产力发展的需要来定。

---

① 《马克思恩格斯选集》第3卷，人民出版社，1995，第226页。

② 周新城：《如何看待苏联社会主义模式》，《思想理论教育导刊》2008年第6期。

③ 毛泽东：《再论无产阶级专政的历史经验》，1956年12月29日《人民日报》。

20世纪20年代末30年代初，苏联的经济技术十分落后，而当时国际上帝国主义发动侵苏战争的阴影日益迫近，国内又面临着为社会主义社会奠定物质技术基础的艰巨任务，苏联不得不开足马力，加快社会主义工业化的步伐。适应这一战略的需要，苏联实行高度集中的计划经济体制，把有限的人力、物力、财力集中起来，建设规模宏大的重工业企业尤其是国防工业企业。苏联仅仅用12年就完成了资本主义国家50～100年才完成的工业化任务，凭借本国的经济实力和军事实力打败了法西斯德国，这些历史性事件证明了当时实行的计划经济体制有其历史的由来，并起过积极作用，不容否定。

战后，随着经济规模的扩大、经济联系的复杂化，尤其是随着经济增长方式从粗放发展转向集约发展，计划经济体制逐渐不适应甚至束缚生产力的发展，改革提上了日程。苏联社会主义建设一大教训，就是在客观经济发展进程提出改革经济体制要求的情况下，由于种种原因没有及时进行改革，以致70年代中期以后经济发展速度下降、经济效益增长缓慢，引起了群众的不满，从而为敌对势力攻击社会主义提供了借口。然而这不能成为否定历史上实行计划经济体制的必要性及其积极作用的理由。一切依时间、地点、条件为转移，这是马克思主义分析问题的基本要求。脱离具体历史条件抽象地对历史上的事物说三道四，那是反历史主义的错误做法。

最后，应该将苏联社会主义模式作为人类历史上把社会主义理想变为现实的第一个试验来对待。马克思恩格斯总结人类社会发展的一般规律，特别是深入分析了资本主义社会存在的矛盾，发现了唯物史观和剩余价值理论，使社会主义从空想变成科学。他们对未来的社会主义社会提出了一些原则性的设想，但如何实现这些原则，需要无产阶级在取得政权以后进行探索。苏联是第一个社会主义国家，如何建设社会主义，建立什么样的体制、机制来具体实现社会主义的基本原则，没有现成的经验可资借鉴，只能根据马克思、恩格斯提出的一些理论设想进行探索。在探索过程中出现一些错误是很难避免的。列宁曾经说过："在这样崭新、艰难和伟大的事业中，缺点、错误和失误是不可避免的。""对这些缺点采取讥笑（或幸灾乐祸）态度的，除了维护资本主义的人以外，就只有那些毫无头脑的人了。"① 应该看到，这种探索，无论是成功的经验还是挫折的教训，都是国际共产主义运动宝贵的财富，都为后来的社会主义国家进行革命和建设提供

① 《列宁选集》第4卷，人民出版社，1995，第130页。

了丰富的借鉴材料。对前人在探索过程中出现的失误和弊病，我们应该采取宽容的态度。人类总是不断发展的，成年人对青年时代犯下的错误甚至看来是幼稚可笑的错误，不应苛求。重要的是要总结经验，在前人的基础上纠正错误，继续前进。轻易地把第一个社会主义实验贬为“失败”，予以否定和咒骂，这不是马克思主义的郑重的态度。

把苏联社会主义模式两个层次综合起来，我们该怎样评价呢？在社会制度这个系统中，基本制度是第一位的，它决定一种社会制度的根本性质；具体体制、运行机制只是基本制度的具体实现形式，它是第二位的。苏联社会主义模式中的基本制度是正确的，必须肯定；具体的体制、运行机制则是有对有错，不能完全否定，还有的是在特定的历史条件下是对的，随着条件的变化则需要进行改革。综合起来，应该说，苏联社会主义模式基本是正确的，局部是错误的。

20世纪50年代中期，我们党针对打着批判“斯大林主义”旗号的反共反社会主义浪潮，曾经指出：“如果一定要说什么‘斯大林主义’的话，就只能说，首先，它是共产主义，是马克思列宁主义，这是主要的一面；其次，它包含一些极为严重的、必须彻底纠正的、违反马克思列宁主义的错误。”① 我们对待苏联社会主义模式也可以这样讲：首先，它是社会主义，它坚持了科学社会主义的基本原则，这是主要的一面；其次，它包含了许多弊病，必须纠正，绝不能照搬。

如何评价苏联社会主义模式，毛泽东是一个典范。毛泽东在国际共产主义运动中第一个指出苏联社会主义模式的弊端，反对照搬，主张根据中国的具体国情进行探索，走自己的路，中国特色社会主义就是发轫于此；然而在赫鲁晓夫全盘否定斯大林时，又是他坚持实事求是地评价苏联的社会主义实践，提出应该“三七开”。这种全面的、辩证的分析方法是值得我们学习的。他指出：“任何一个民族，不可能不犯错误，何况苏联是世界上第一个社会主义国家，经历又那么长久，不发生错误是不可能的。苏联发生的错误，像斯大林的错误，它的性质是什么呢？是部分性质的，暂时性质的。虽然听说有些东西有二十年了，但总是暂时的、部分的，是可以纠正的。苏联那个主流，那个主要方面，那个大多数，是正确的。俄国产生了列宁主义，经过十月革命变成了第一个社会主义国家。它建设了社会主义，打败了法西斯，变成了一个强大的工业国。它有许多东西我们可以学……对斯

---

① 毛泽东：《再论无产阶级专政的历史经验》，1956年12月29日《人民日报》。

大林要‘三七开’。他们的主要的、大量的东西，是好的，有用的；部分的东西是错误的。”[①] 过了近40年，我们党中央在分析苏联演变的原因时，又重申：我们对斯大林的评价是功大于过，前苏联对斯大林的否定引起了全面的思想混乱。

实践也证明了这一结论是正确的。苏联在七十年的社会主义时期，根本改变了国家的面貌，在帝国主义包围并饱受两次世界大战蹂躏的恶劣条件下，经济发展速度远远快于资本主义国家，把一个经济文化十分落后的国家建设成为一个世界上仅次于美国的两个超级大国之一，并在希特勒法西斯挟大半个欧洲的经济军事实力疯狂进攻面前，凭借自己的力量打败了德国，保卫了祖国，改变了整个世界的格局。这些伟大成就是大家公认的客观事实，而苏联的社会主义制度（包括基本制度和具体体制）正是取得这些成就的根本保证。试想一下，如果苏联社会主义模式是错误的，怎么能够把“老牛破车的俄国”变成一个“拥有原子武器”的国家？怎么能够在帝国主义包围、制裁和军事进攻面前捍卫国家独立并得到迅速发展呢？

这里，我们还不得不说明一点。如何评价已有的社会主义实践，不仅是学术问题，而且是关系共产党和社会主义国家的前途命运的重大的政治问题。苏联演变的惨痛教训表明，敌对势力从彻底否定苏联社会主义实践出发，提出“彻底抛弃斯大林模式”，“要根本改造整个社会大厦：从经济基础到上层建筑”，“形象地说，要炸毁过去的一切”等，搞乱了广大党员和人民群众的思想，在此基础上进而制造政治动乱、乱中夺取政权，最后复辟了资本主义制度。试问，在社会主义实践一无成就的舆论成为主流的情况下，敌对势力宣布解散共产党、推翻社会主义制度，还会有谁能站出来捍卫共产党和社会主义呢？这正是当戈尔巴乔夫、叶利钦等人宣布取缔苏联共产党、解散苏联的时候，几乎没有遭到任何有组织的反抗的根本原因。总结这一教训，我们对已有的社会主义实践（包括苏联的社会主义模式）进行评价时，必须慎之又慎，应该严格依据事实，科学地进行分析和判断，不要轻易地断言“失败”。类似的“断言”不仅不符合实际，而且会带来严重的政治后果。

三　苏联模式与苏联演变的关系

经常有人提出一个问题，20世纪80年代末90年代初苏联出现的政局演变、

---

① 《毛泽东文集》第7卷，人民出版社，1999，第91页。

社会制度演变，根本原因是苏联社会主义制度存在的弊病和错误，社会主义搞得不好，所以被颠覆了，它证明苏联社会主义模式是失败的。因此，有一个说法比较流行：戈尔巴乔夫的改革只是苏联演变的直接原因，是浅层次的现实因素；只有历史上的问题如僵化的苏联模式，才是苏联演变的深层根源。这就涉及另一个问题：苏联演变与苏联社会主义模式究竟是什么关系。

在这里，首先在方法论上要明确一个概念，什么是苏联演变的主要的、决定性的因素。马克思主义哲学告诉我们一个基本道理，即事物内部及事物之间的因果联系是普遍而复杂的。在因果联系中，有的原因与结果之间存在必然联系，也就是说，有这个原因是一定要发生那样的结果，这是不以人的意志为转移的。这是反映事物发展、变化的本质的因果联系。有的原因与结果之间就不是必然的联系，也就是说，有这个原因并不必然产生那样的结果。有可能引起这样的结果，也有可能引起别样的结果。这是事物发展、变化的现象上的联系。我们的认识，就是要透过现象看本质。

所谓主要的、决定性的因素，顾名思义，就是相对于其他因素而言，在引发整个事件的过程中起了主要的、决定性的作用。有两个表现：第一，这一因素与整个历史事件有着本质的联系。有这个因素的存在，就必然要产生这样的结果。这是一定要发生的不可逆转的趋势。第二，相对于其他因素而言，由于这个决定性因素的存在，使得其他因素由可能状态变成现实因素并相互作用，共同引发整个事件。如果没有这个决定性因素的存在，其他因素即便存在也会处于潜在状态，不会直接导致某一历史事件的发生。

按照以上的逻辑，很难简单地把戈尔巴乔夫的改革归结为苏联演变的不起决定作用的所谓的直接原因。因为戈尔巴乔夫改革是在性质与方向上根本违背了马克思主义，彻底否定了科学社会主义基本原则，实质上是资本主义化的改革。执政的共产党自己都不搞社会主义了，这个国家里的社会主义制度怎么还能继续存在下去呢？东欧国家因为紧跟戈尔巴乔夫的改革，相继也发生演变，无一幸免，就说明了这个道理。相反，改革如果坚持社会主义方向，坚持共产党的领导，即便实践中还有这样那样的困难，通过解放思想，实事求是，执行一条正确的改革路线，改革事业就会有大的发展，这已为当今社会主义国家的改革成就所验证，至少不会在那么短的时间发生那样性质的悲剧。因此，把戈尔巴乔夫的改革看做苏联演变的非主要的决定性的原因，而仅仅是所谓的“直接”原因，还是停留在现象上看问题，没有看到两者之间的本质联系。

就苏联模式与苏联演变的关系而言，总体看，苏联模式的弊端所引起的种种问题，确实是苏联演变的重要因素。比如在经济上，经济结构没有及时调整，重工业比重过大，忽视了农业、轻工业的发展，经济体制没有根据生产力发展的需要及时进行改革；政治上，党政不分，机构重叠，权力过于集中，对领导人缺乏监督和制约，法制不够健全；思想上，理论僵化，缺乏生动活泼的学术环境；在民族关系上，存在大俄罗斯民族主义，等等。如果罗列起来，那是很多的。

但如果把两者看成是必然的联系，认为苏联演变是因为苏联搞了苏联模式，或者说是因为推行苏联模式的结果，这就不能成立了。要探讨两者是什么联系，需要弄清楚两个问题：一是苏联模式是不是社会主义性质的。只要它还是社会主义性质的，就很难把两者必然地联系在一起。因为社会主义与资本主义是两种根本对立的社会制度，并不存在一脉相承、由此及彼的联系。如果没有其他因素的存在，社会主义制度就不会演变成资本主义制度。二是苏联模式的弊端在社会主义条件下，能否通过正确的改革途径逐步予以革除。如果能够改掉，表明苏联模式并不必然导致苏联演变。相反，如果这些问题如某些人所言积弊太深，积重难返，不管后来改不改，也不论怎样改，苏联难逃厄运，则表明苏联模式与苏联演变有必然联系。

应该承认，苏联模式尽管还不完善，还有许多需要克服的弊病，但从性质上说，还是一种社会主义的模式，是马克思主义的基本原理与苏联实践相结合的产物。关于这一点，前文有较多的论述。既然苏联模式是社会主义性质的，如果没有一个中介因素的存在，苏联不会自动发生向资本主义的演变。这个中介的起桥梁作用的因素，就是人道的、民主的社会主义改革路线。这个因素是决定性的。

至于第二个问题，则需要做点推论，要参照中国等当今社会主义国家的改革经验。因为苏联自身的改革实践，总体上是失败的，还不能直接提供“苏联模式的弊端能否改掉”这个问题的答案。从中国等社会主义国家的改革经验看，苏联模式的弊端不是顽症。苏联、中国等社会主义国家的改革，面临的基本问题以及所要完成的任务大体相同。从历史上积聚的问题对改革的影响看，应当承认，由于我国经历了“文化大革命”的十年浩劫，改革开放初期面临的问题远比戈尔巴乔夫改革初期要严重。然而，我们党在邓小平理论、“三个代表”重要思想以及科学发展观的指导下，不仅克服了重重困难，而且改革取得举世瞩目的巨大成就。

实践证明，历史上的问题包括改革中新产生的问题并不可怕，只要有正确的改革路线、方针与政策，是可以在改革中逐步克服与解决的。关键不在于苏联模式有无弊病，而在于对待问题的态度与方法，对待改革的态度与方法。如果因为有问题，就彻底否定了社会主义制度，把改革变成“改向”，犯了这样的原则性方向性错误，改革就不可避免要失败。这是我们应从苏联演变中吸取的最为深刻的教训。正如江泽民2001年4月2日在全国社会治安工作会议上的讲话中所说的，“东欧剧变、苏联解体，最深刻的教训是：放弃了社会主义道路，放弃了无产阶级专政，放弃了共产党的领导地位，放弃了马克思列宁主义，结果使得已经相当严重的政治、经济、社会和民族矛盾进一步激化，最终酿成了制度剧变、国家解体的历史悲剧。”①

总起来说，在看待苏联模式的弊端与苏联演变的关系上，要把握以下三点。

第一，毋庸讳言，苏联模式的问题是客观存在的，孤立来看，有的问题极其严重。然而正如上面分析过的，如果从整体上进行评价，应该说成绩是基本的，问题是第二位的，不能说苏联社会主义模式是失败的。这些问题只是说明了改革的必要性，即必须通过改革来消除弊端，进而推动社会主义事业发展，而不能证明苏联社会主义垮台的必然性。

第二，这些失误和弊病是出在社会主义建设的具体体制、机制、方针、政策层面上的，而不是由社会主义基本制度产生的，因此纠正失误、克服弊端，只需要改革体制、改进工作，不需要抛弃社会主义基本制度。应该在坚持社会主义基本制度的前提下进行改革，而不是推翻社会主义，向资本主义演变。戈尔巴乔夫正是把改革的矛头指向社会主义基本制度，从而葬送了社会主义事业。

第三，社会主义实践中出现的失误和弊病与苏联的演变是有一定关系的，因为这些失误和弊病引起了群众的不满，为敌对势力利用社会矛盾、制造动乱提供了可乘之机。但是，这只是一种潜在的可能性，它能不能变为向资本主义演变的现实因素，取决于党的路线。如果执政的共产党有一条马克思主义路线，完全可以通过改革纠正错误，把社会主义事业推向前进。

第二节 中国特色社会主义与苏联模式的关系

新中国成立以后，通过没收官僚资本以及生产资料所有制进行社会主义改造，建立了社会主义制度。当时，我们缺乏社会主义建设的经验，基本上照搬

① 《江泽民文选》第3卷，人民出版社，2006，第230页。

了苏联模式。在实践中我们很快就发现了苏联模式的弊病，提出要以苏联为借鉴，走自己的路，探索具有中国特色的社会主义道路。毛泽东的《论十大关系》就是最好的证明。但是当赫鲁晓夫在苏共二十大上作全盘否定斯大林的秘密报告，引发了全世界的反共反社会主义浪潮的严峻时刻，我们党又力挽狂澜，接连发表《关于无产阶级专政的历史经验》和《再论无产阶级专政的历史经验》，捍卫苏联革命和建设的基本经验，总结了十月革命道路，指出苏联模式中反映社会主义基本制度的内容是正确的，是任何国家进行社会主义建设都必须坚持的。回顾这一段历史，我们可以清楚地看到中国特色社会主义与苏联模式的关系。

有人认为，“从大的趋势看，中国特色社会主义与斯大林模式是渐行渐远，与欧洲社会党的社会主义越走越近。”还有人认为，“中国特色社会主义已经在理论上与斯大林—苏联模式划清了界限”，“邓小平的改革开放和中国特色社会主义理论，从根本上突破并基本否定了斯大林体制和苏联模式”。更有甚者，甚至直截了当地说，中国特色社会主义就是民主社会主义，不过由于意识形态的原因，没有说出来。这就涉及一个原则问题：中国特色社会主义的性质是什么？它与苏联模式是什么关系？它是否就是欧洲社会党的社会主义？

这个问题的实质是什么叫社会主义？怎么理解社会主义的不同模式？我们应该怎样对待苏联模式和民主社会主义？回答这些问题，在方法论上关键是要把社会主义的本质特征同它的具体实现形式区分开来，也就是要把社会主义基本制度同具体的体制、运行机制区分开来，分别进行研究，然后综合起来分析。

一　在社会主义本质特征层次上

在社会主义的本质特征这一层次上，中国特色社会主义与苏联模式是相同的，而与民主社会主义有着根本的区别。社会主义制度作为一种与资本主义制度相对立的社会制度，必须具备哪些必不可少的本质特征，马克思、恩格斯、列宁、斯大林、毛泽东都有过许多阐述。我们党在20世纪50年代中期批评赫鲁晓夫的错误观点时，曾经把社会主义必须具备的本质特征概括为五条，并称之为“十月革命的道路”，指出它是“反映了人类社会发展长途中的一个特定阶段内关于革命和建设工作的普遍规律。”① 这是“放之四海而皆准的”，也就是说，任

① 毛泽东：《再论无产阶级专政的历史经验》，1956年12月29日《人民日报》。

何国家搞社会主义都必须坚持的。后来毛泽东又在《关于正确处理人民内部矛盾的问题》一书中把它概括为社会主义必须坚持的六条标准，其基本意思是一样的。但是，应该说，邓小平同志提出的四项基本原则是对社会主义本质特征的最简明、最准确的概括。

四项基本原则反映了社会主义制度必须具备的本质特征：政治上，必须由无产阶级政党掌握政权，实行无产阶级专政；经济上，建立生产资料公有制，实行按劳分配原则，消灭剥削，消除两极分化，逐步实现共同富裕；思想上，以无产阶级世界观——马克思主义为指导。这是任何国家的社会主义制度共同的东西。维护四项基本原则，就是坚持了社会主义；抛弃四项基本原则，就是否定了社会主义。正如邓小平同志指出的："如果动摇了这四项基本原则中的任何一项，那就动摇了整个社会主义事业"。①

提出四项基本原则是社会主义的本质特征，并不是人们主观想象出来的，而是从历史发展的逻辑中必然得出的结论。四项基本原则并不只是中国的特殊条件下的产物，它表达了社会主义的共性。四项基本原则体现在制度上，就是社会主义的基本制度。是否坚持四项基本原则，也就是说，是否坚持社会主义基本制度，是判断一个国家的社会制度是不是社会主义性质的标志。任何社会主义国家在任何情况下都必须坚持四项基本原则、坚持社会主义基本制度，不能有丝毫动摇。如果说十月革命胜利后的苏联、东欧、亚洲、拉丁美洲各社会主义国家尤其是我国的社会主义实践从正面证明了这一点，那么20世纪80年代末90年代初苏联东欧国家政局的剧变、社会制度的演变，则从反面证明了这一点。这些国家实现资本主义复辟的过程无一不是从否定这四项基本原则开始的。

从社会主义的本质特征的角度看，中国特色社会主义与苏联的社会主义制度（即所谓的"苏联模式"）是相同的。十月革命胜利后，苏联建立了以工人阶级为领导（通过共产党）、以工农联盟为基础的苏维埃政权，对广大人民实行广泛的民主，保证人民政治平等和当家做主，而对敌对阶级实行无产阶级专政；建立了全民所有制和集体所有制两种形式的社会主义公有制，消灭了剥削和两极分化现象；建立了以马克思主义为指导的文化制度，建设新型的思想道德文化。对此，应该充分肯定。中国和苏联实行的都是社会主义，在社会制度的根本性质上，中国特色社会主义与苏联模式没有什么区别。

---

① 《邓小平文选》第2卷，人民出版社，1994，第173页。

正因为这样，我们不赞成完全否定苏联模式，更不赞成对苏联模式“否定得越彻底越好”，因为这种说法意味着在批评斯大林模式的弊病的同时，连社会主义的本质特征也否定了；我们也不赞成把中国特色社会主义同苏联模式对立起来，不赞成把我国的改革简单地理解为反对和否定苏联模式，中国特色社会主义是在总结苏联社会主义建设的经验教训（即“以苏联为鉴戒”）的基础上，根据中国的具体国情进行的探索，它有与苏联模式不同的地方，但从社会主义基本制度的角度来说，两者原则上是没有区别的。就这一层次而言，说中国特色社会主义与苏联模式渐行渐远，实际上表明论者企图把中国特色社会主义引向逐渐抛弃社会主义基本制度、实行资本主义的路子。

从社会制度的本质特征角度看，中国特色社会主义与社会党执政的西欧国家的民主社会主义是对立的，两者有着根本的、原则性的区别。民主社会主义虽然打着“社会主义”旗号，但实质上搞的不是社会主义，而是做若干改良的资本主义。社会主义不是某种标签，往哪儿贴哪儿就是社会主义。自称为社会主义的，并不一定就是社会主义。历史上存在过“封建社会主义”、“小资产阶级社会主义”、“资产阶级社会主义”，马克思恩格斯曾在《共产党宣言》里揭露了它们的阶级本质。这些自称为“社会主义”的思想，本质上并不是社会主义。当代的民主社会主义也是如此。民主社会主义反对工人阶级政党掌握政权，主张多党轮流执政，实行议会民主、三权分立那一套资产阶级政治制度；维护雇佣劳动制度，主张实行以私有制为主体的“混合经济”，反对把消灭剥削和两极分化的共产主义制度作为目标；主张意识形态多元化，听任资产阶级思想泛滥并占主导地位。一句话，它反对四项基本原则，反对社会主义的基本制度，因而它不是社会主义的一种模式。它也批评资本主义，但只是要求对资本主义进行改良，而不触及资本主义基本制度本身。必须指出，只有代表工人阶级根本利益的思想和制度，才能称之为社会主义。维护资本主义制度，只要求对它做点改良，无论如何也不能叫做社会主义。国内有的学者承认民主社会主义“对资本主义是认同”的，却又说它是社会主义的一种模式，这不是自相矛盾吗？

在实践上，连社会党自己也承认，它们执政几年、几十年的某些西欧国家，实行的仍是资本主义制度，而没有因为它们执政而变成社会主义国家了。它们从不讳言，它们的执政并没有把资本主义制度改造成为社会主义制度。恐怕没有人会同意，布莱尔的工党执政以来，英国的社会制度已经由资本主义变成了社会主义。而苏联东欧国家在戈尔巴乔夫等的人道的民主社会主义指导下，政局发生剧变，社会制度迅速由社会主义演变成为资本主义，这一事实也从反面说明了民主社会主义的资本主义实质。

鼓吹中国特色社会主义应该与“社会党的社会主义越走越近”甚至就是民主社会主义的人，实质上是要求中国放弃社会主义的本质特征，否定四项基本原则，即抛弃社会主义道路，转为走西欧社会党那样的资本主义道路。

二　在社会主义本质特征的具体实现形式层次上

在社会主义本质特征的具体实现形式层次上，中国特色社会主义与苏联模式是两种不同的模式。在这一层次，我们也可以向资本主义国家（包括社会党执政的国家）学习对我们有用的东西。

与“什么是社会主义”相关联的，还有一个怎样理解社会主义的不同模式的问题。谈到模式问题，必须区分两个不同层次。上面提到，就社会主义的本质特征即社会主义基本制度这一层次来说，社会主义没有不同模式。这一层次只有搞社会主义还是搞资本主义的问题。否定了社会主义的本质特征，不搞社会主义了，哪里还会有什么社会主义的不同模式？这一层次是社会主义的共性。另一个层次是如何建设社会主义的问题，即社会主义本质特征的具体实现形式。反映在制度上就是具体的体制、运行机制。在这一层次上，每个社会主义国家必须根据时代的特点和本国的具体国情进行探索，应该有而且客观上也有不同的模式，这就是社会主义的特殊性。任何国家进行社会主义建设都是社会主义的共性与特殊性相结合的过程。

从毛泽东开始到邓小平初步形成完整系统的中国特色社会主义，在坚持社会主义基本制度方面同苏联模式是相同的，但在具体体制、运行机制方面又是在总结苏联社会主义建设的经验教训的基础上，从中国所处的时代特点和本国具体国情出发进行探索的产物，因而与苏联模式是有区别的。这就形成了社会主义的两种不同的模式。苏联是第一个社会主义国家，我们是后来者。我们完全可以也应该在前人经验的基础上做得更好。中国特色社会主义与苏联模式相比较，除了国情不同因而各具特色外，理应更加成熟、更加完善。这种优势不能成为否定苏联模式的资本，不能把我国的实践作为批评苏联模式的标准，相反，我们应该尊重前人的探索，把它看做社会主义向前发展的一个阶段，认真吸取他们成功的经验和失败的教训，推动中国特色社会主义事业的发展。

中国特色社会主义与民主社会主义的关系则是另一种性质。民主社会主义反

对社会主义的本质特征，攻击社会主义基本制度，它维护资本主义基本制度，只是要求对资本主义做若干改良，因而从根本性质来说，民主社会主义是资本主义的一种模式，社会党是资产阶级性质的政党。我们必须同民主社会主义划清界限，不能模糊我们同民主社会主义的原则区别，更不能吹捧社会党的改良主义理论和政策，竭力使现实社会主义制度变成民主社会主义，使共产党社会民主党化。这种情况在社会主义国家曾经出现过。戈尔巴乔夫就是这样干的。他说："我国对外部世界是开放的，为的是研究和利用他人经验中一切有价值的东西。在社会民主党的理论研究和实践活动中，我们看到了许多有意义的、富有启发的内容。我确信，由于社会主义国家中深刻的变化以及社会民主党内的进程，我们正变得彼此接近起来。""今天，在社会党人和共产党人之间，已不再存在从前使他们分裂的鸿沟。"共产党正在批判自己的错误，对十月革命、共产主义运动进行重新思考和改造，因而共产党与社会党之间"不仅在政治立场上而且在世界观立场上都接近了。"① 戈尔巴乔夫通过向社会党学习，放弃了马克思列宁主义，迈过了"思维鸿沟"，提出了"新思维"，也就是社会党的思维。正是在"新思维"的指导下，苏联发生了从共产党到社会民主党、从社会主义到资本主义的急剧变化。这一教训，难道不应该让热衷于吹捧民主社会主义的某些人引以为戒吗！

当然，社会党执政的国家推行民主社会主义的某些具体政策、措施，我们是可以借鉴的。建设中国特色社会主义，需要吸收人类文明的一切优秀成果，包括发达资本主义国家中先进的经营方式、管理办法。邓小平把这一点作为社会主义赢得对资本主义的相对优势的一个重要条件。毛泽东曾经指出："社会主义经济与资本主义经济在现象上是没有区别的，只在本质上有区别，这就是内部的区别。"② 社会主义与资本主义，在根本制度上是对立的，相互之间是一种取代关系。在运行层次上有许多共同的地方，例如，社会主义经济和资本主义经济都是社会化大生产，都需要按照社会化大生产的一般规律进行管理；都是商品经济，都要按照价值规律的要求组织经济的运行。在这一层次上，社会主义国家与资本主义国家是可以相互学习和借鉴的。我们在具体运行层次上既然可以学习美国的某些做法，当然也完全可以借鉴社会党执政的国家中对我们有用的东西。更何况

① 戈尔巴乔夫、勃兰特等著《未来的社会主义》，中央编译出版社，1994，第21页。
② 《毛泽东著作专题摘编》，中央文献出版社，2003，第80页。

社会党在资本主义范围内属于左翼，它们在不触动雇佣劳动制度、资产阶级政治统治这一资本主义基本制度的前提下，一定程度上维护劳动人民的利益，这是它们与保守党不同的地方。它们在执政期间为加强执政地位的某些具体做法，也是值得我们借鉴的。所以，我们主张在党际关系四项原则的基础上，同社会党、社会民主党建立广泛的联系和多方面的合作交流。当然，这种学习和借鉴，必须在坚持社会主义基本制度的前提下进行，绝不允许借口学习社会党的经验而动摇甚至放弃社会主义基本制度。

总之，我们同民主社会主义的关系可以概括为两条。第一，在社会基本制度、指导思想等根本原则问题上，我们必须同民主社会主义划清界限，绝不能借口借鉴学习民主社会主义的经验而放弃自己的基本路线、基本理论，放弃社会主义基本制度，那样做，对中国人民来说，将是一种历史的倒退。第二，在具体的运行机制、具体政策措施方面，我们可以也应该认真研究社会党执政国家的一些对我们有用的东西，这对建设中国特色社会主义事业是有利的。

第三节　苏联演变的性质与历史教训

谈到苏联模式及其评价的问题，人们不能不联想到苏联演变的性质及其教训。因为两者是有着密切的联系。

对于苏联演变这样重大的历史事件，不同的阶级、不同的政治派别以及不同思潮的代表人物，看法截然不同。站在劳动人民的立场上，运用马克思主义的世界观，应该如何看待这一事件的性质？它有没有改变马克思主义所揭示的人类社会发展的历史规律？今天回头看这一历史事件，应该从中吸取什么样的历史教训？诸如此类的问题需要我们从理论上予以回答。

一　苏联演变的性质

我们知道，苏联演变意味着世界上第一个社会主义国家，在实行了70多年的社会主义制度后，重新退回到资本主义时代。苏联解体后新独立的国家无一例外。从性质上讲，苏联演变是一种以和平方式实现了资本主义制度的复辟，是社会形态逆规律更替的特殊历史事件。为什么这样说呢？

从人类社会发展的基本规律来看，一般来说，在一个民族国家中，一种社会制度取代另一种社会制度，通常主要有两种性质。一种是先进的社会制度取

代落后的社会制度。如封建制度替代奴隶制度、资本主义制度代替封建制度、社会主义制度取代资本主义制度，都属于这种形式的制度取代。这是不以人的意志为转移的客观规律，体现的是人类社会发展的总趋势，是社会形态更替的普遍方式。一种是落后的社会制度逆规律更替先进的社会制度，即旧制度的复辟。这样制度更替形式在人类历史长河中也屡见不鲜，特别是在新制度取代旧制度的初期表现得尤为明显。比如在近代欧洲，资本主义取代封建主义就经历了数百年的斗争，在某些国家的历史上，复辟与反复辟的斗争就发生过多次。由于这种方式的存在，使得人类社会的发展不会是一帆风顺的，而是充满着曲折与反复。"所以，从一定意义上说，社会制度的某种暂时复辟也是难以完全避免的规律性的现象"①。当然，暂时的曲折并不能改变人类历史发展的总趋势。

无论何种形式的社会制度的更替，都是复杂而尖锐的阶级斗争的结果，核心都是政权问题。因为无论哪个阶级只有占据统治地位，才能推行符合它们利益要求的社会制度。这是任何国家的社会制度得以演变的前提与基础。从政权更迭的途径看，也主要有两种。一是通过暴力的方式，即某个阶级的代表势力，通过武装斗争夺取政权，然后推行新制度或复辟旧制度。这是阶级社会中比较普遍的一种方式，也是一种直接有效的方式。因为它能够在较短时间内使政权的归属与性质发生根本变化，实现某个阶级的政治愿望。另一种是非暴力的和平方式。这是政权更替与制度演变过程中比较特殊的一种方式。往往是统治集团利用手中掌握的政权力量，以渐进的改良方式自上而下地实现，或推行新制度，或复辟旧制度。比如某些国家资本主义制度的确立，主要是通过封建统治阶级自上而下的改革方式实现的。

苏联演变属于以和平的改良方式实现旧制度复辟的历史事件。从社会性质上说，它由原来先进的社会制度退回到落后的社会制度。从这个意义上说，尼·伊·雷日科夫在《大动荡的十年》中，认为苏联演变是一场"反革命"，是"弥漫性的反革命"②，是一种背叛，是"背叛改革、背叛社会制度、背叛国家、背叛人们希望的历史"③ 并不为过。从演变的途径看，虽然在演变的过程中也有一

① 《邓小平文选》第3卷，人民出版社，1993，第383页。

② 〔俄罗斯〕尼·伊·雷日科夫：《大动荡的十年》，中央编译出版社，2006，第370页。

③ 〔俄罗斯〕尼·伊·雷日科夫：《大动荡的十年》，中央编译出版社，2006，第377页。

些流血冲突事件，但总体上仍然属于和平过渡的方式。具体说，在新旧力量对比中，虽然先进的力量原来是占据统治地位的，但由于统治集团内部极少数掌握国家政权的人的变质，他们背叛了原来的信仰，使得原本落后的弱小的政治力量有了重新发展的机会。这些掌握政权的演变力量与敌对势力相互配合、相互勾结，当他们的力量发展到足够大的时候，以和平的方式共同窃取了国家政权，从而使政权的性质发生变异，社会制度也随之发生逆变。这是国际国内两个根本对立的阶级进行阶级斗争的结果。斗争的结局出现了不利于政治上属于先进阶级的无产阶级的逆转，以致无产阶级的政权被颠覆。这是苏联演变的性质与实质，也是我们研究苏联演变的基本结论。

然而，在这个基本问题上也出现了一些不同的声音与看法。客观地说，对于苏联演变这样复杂的历史事件有不同看法是正常的。因为分析的依据与角度的不同，结论自然也会不一样。倒是有一种似是而非的观点，需要进一步讨论。在西方有一种似乎是主流的观点认为，苏联演变是“历史的进步”，“人民的选择”。“在社会主义国家一旦给人民真正的民主和自由，人民就会废除社会主义而建立资本主义”①。这个说法是没有理论与事实依据的。

从理论上说，社会主义制度在苏联的确立，符合人类社会发展的一般规律与要求。生产资料公有制取代生产资料私有制，解决了资本主义制度自身无法克服的基本矛盾，消除了人剥削人的制度根源；无产阶级政权的建立，为实现最广大人民的根本利益奠定了政权基础；作为人类优秀文化的代表的马克思列宁主义在意识形态领域的确立，为人类社会的健康发展提供了强大的精神动力与智力支持。实践证明，社会主义制度比资本主义制度更具有优越性与生命力。这不仅表现在苏联时期的社会主义建设成就，是同期其他性质的社会制度的国家无法比拟的，而且也是苏联演变后苏联境内新独立的任何国家所无法比拟的。

就苏联解体而言，我们姑且不论在苏联时期，苏联人民是多么热爱自己的祖国，衷心拥护苏共领导的社会主义事业，即便在人民生活遭受重大影响的苏联演变期间，广大的苏联人民还是拥护社会主义制度，主张维护苏联的团结与统一。1991 年 3 月 17 日苏联曾就“是否赞成保持苏维埃社会主义共和国联盟”这一问

① 〔美国〕大卫·科兹：《一个美国学者对苏联解体的分析》，载中共中央政策研究室信息研究局编《政研内参》2000 年第 124 期。

题进行全民公决，参加投票的人数为1.47亿，结果显示76.4%的人赞同保持苏联[①]。然而，可悲的是，在1991年3月的民意调查后仅9个月，叶利钦等人就强行解散苏联。1991年5月（即苏联解体前7个月），美国一个民意测验机构在苏联进行了一次1000人规模的民意测验，其中一项内容是："你是否赞成在苏联实行美国式的自由市场经济？"只有17%的人表示同意，83%的人表示不赞成。然而，演变苏联的政治力量还是强行推行了私有化基础上的自由市场经济。

即便在苏联演变后广大的俄罗斯人民也不赞成苏联解体。2001年12月8日，即解散苏联的《别洛韦日协议》签订10周年之际，在俄罗斯举行的民意测验结果显示，72%的俄罗斯人对苏联解体感到遗憾，只有10.4%的人赞同解散苏联。至于对1991年6月，美国一个社会问题调查机构在莫斯科作了一次关于意识形态问题的调查，得出"76.7%的人认为应当实行资本主义"这个结论，要作分析。这显然与已经主导苏联政局的各种反共反社会主义势力竭力丑化社会主义、美化资本主义的片面宣传有关，不少人被似是而非的蛊惑性论调所蒙骗。在这种极不正常的特殊背景下产生的所谓"民意"，还不能真实地反映广大苏联人民的意愿。另外，对1989年前后苏联国内做过的一个"苏联共产党究竟代表谁"的调查结果[②]也要进行分析，还不能简单地以此作为苏共被广大的苏联人民所抛弃的结论的依据。

如前所述，1988年6月苏共第十九次代表会议之后，苏联的社会制度开始全面地向资本主义方向演变，苏共也在逐渐社会民主党化。在这样的背景下，苏联人民以及广大党员认为此时的苏共不再代表他们的利益显然是正确的。因为这时的苏共只是在名称上未变，而其性质已经发生了根本性的变化，而且苏联的社会主义也在向人道的民主社会主义方向转变。因此，这个调查结果不但不能作为

① 1991年3月17日，苏联举行了全民公决。投票者赞成保留联盟的占76.4%。除立陶宛，拉脱维亚、爱沙尼亚、亚美尼亚、格鲁吉亚和摩尔达瓦抵制外，其余的加盟共和国都参加了公决。各加盟共和国参加投票和投赞成票的比例为：乌克兰分别为83%和70%；白俄罗斯分别为83.5%和83%；乌兹别克斯坦分别为95%和93.7%；哈萨克斯坦分别为89%和94%；阿塞拜疆分别为75%和93%；吉尔吉斯斯坦分别为92.9%和94.5%；塔吉克斯坦分别为94%和96%；土库曼斯坦分别为97.7%和98%；俄罗斯分别为75.31%和71.34%。（1991年3月22日第六版《人民日报》。）

② 1989年前后，苏联国内曾经作过一个"苏联共产党究竟代表谁"的调查，结果显示：认为苏共代表劳动人民的只占7%，代表工人的只占4%，代表全体党员的只占11%，而认为代表官僚、干部、机关工作人员的竟达85%。（金鑫：《中国问题报告》，中国社会科学出版社，2001，第8页。）

苏共被广大的苏联人民抛弃这个结论的依据，反而从另一个方面表明，如果共产党不再是马克思主义的政党，不再是工人阶级的先锋队，不再是代表广大人民利益的政党，那么这样的党要被广大人民抛弃则是必然的。

如果说单纯从民意调查这个方面，还不能充分说明苏联演变是不是“历史的进步”、“人民的选择”这个问题的话，那么，从苏联解体后俄罗斯人民对现行制度的反应，则可以从另一个角度较大程度地回答这个问题。从苏联演变后十多年的情况看，苏联解体对俄罗斯的社会发展进程来说，也谈不上是“历史的进步”、“人民的选择”。叶利钦等推行的资本主义化非但没有给广大人民带来实质性的好处，反而把俄罗斯引向灾难，这是有目共睹的事实。所谓的政治民主化实质是权力体制上的极度专制化，总统权力不受任何限制。俄共领导人久加诺夫曾在抨击叶利钦时代的总统制时说：“现在的权力结构和1917年前夕的俄国一模一样。我们的总统不受任何人监督，议会不能决定任何问题，政府不向任何人汇报工作，而且也没有一个统一的政府。”“现政权是‘一窝贼’”。[①] 1999年，根据全俄社会舆论研究中心的资料，对“您感到自己在我们社会是自由人吗?”这一问题的回答，35.1%的人说是，51.5%的人说不是。2000年，有75%～80%的俄罗斯公民表示，为了整顿得有秩序，宁可不要“民主派”的这种强盗的自由。[②]

在经济上，私有化改革的直接后果就是导致了大多数人贫穷背景下的财富过度集中，两极分化严重。1991年12月19日，叶利钦发布总统令，批准《1992年国有及市有企业私有化纲要基本原则》，决定从1992年1月2日起，实行大规模的私有化运动。俄罗斯的私有化分为“小私有化”和“大私有化”两类。小私有化是指小型企业通过出售、租赁等方式实现的私有化；大私有化是指大中型企业通过先改造成为股份公司，然后再出售股份公司的股票的方式实现的私有化。小私有化到1993年底基本完成。

私有化的结果如何呢？据1998年10月15日俄《论坛报》报道，记者在采访由俄罗斯杜马专门成立的一个“私有化结果分析委员会”的委员弗·利西奇金时，他的结论十分悲观。他对私有化点的评价是：私有化“存在着掠夺俄罗

---

① 〔俄罗斯〕根纳季·久加诺夫：《十二个历史教训》，载《社会主义论坛》1999年第2期。

② 郭值京摘译《叛逆与破坏——俄罗斯著名学者A. 奥格涅夫对苏联解体十年的回顾和反思》，载《政治学研究》2001年第2期。

斯、把我国人民变成国际金融寡头的奴隶这种犯罪事实。”私有化“破坏了国家统一的国民经济体系”，当权者“将大批财富据为己有，使经济陷入严重的危机。”据美国记者莫蒂默·朱克曼在访问莫斯科后认为，“90年代俄罗斯的生产衰落比大萧条时期的美国更严重。在俄罗斯，实际人均收入下降80%，国内生产总值下降55%以上。俄罗斯政府一年的收入还不到美国财政部一周的收入。由于缺少投资，俄罗斯的工业大大衰落。石油产量下降50%。基础设施——电力、核电厂、铁路和下水道系统——已解体。这是过去几年实际基本建设投资下降90%的结果”。①

私有化不仅没有使俄罗斯出现经济快速发展、效益迅速提高的景象，相反导致社会两极分化，引起了强烈的社会反响。据利西奇金估计，在改革中，“所有‘民主派’人士（70至90万人）都得到了好处，这是总数。得到最大利益的人不超过一两千人，现在他们都在台上。对他们来说，权力就是进一步窃取人民财产，把人民财产据为己有的工具。”这些靠改革发财的新贵统称为“新俄罗斯人”，他们是资本主义化改革的支持者、推行者。他们的奢侈糜烂的生活，令俄罗斯人民怒目而视。与此相对照，在私有化过程中，90%以上的居民都受到损失，他们的生活每况愈下，至少70%的俄罗斯人仅能糊口，目前有4000多万人生活在官方规定的贫困线（每月不足40美元）之下。

社会问题也同样严重。在俄罗斯，人民生活水平倒退了几十年，大批人口相对贫困化，人口出生率急剧下降，人均寿命缩短。1997年俄罗斯的人口出生率比1991年下降了30%，男性人均寿命从1991年的63.5岁，降到1996年的59.6岁。② 因此，广大的俄罗斯人民对俄罗斯现状极为不满。1997年，全俄社会舆论研究中心在研究社会舆论时，曾提出一个问题：“您认为什么样的政治制度更好?”42%的老百姓回答：苏联。只有9%的人肯定今天的制度。几乎50%的老百姓赞同即使是在改革初期（1985年以前），国家的状况也比现在好。2000年，约80%的俄罗斯居民认为，即使在“勃列日涅夫停滞时期”，人们的生活也比现在舒服得多。2000年，在全国11个区的2050个居民中进行民意测验，80%的人以否定的态度对待苏联的垮台，77.5%的人以否定的态度对待国有财产私有化。③ 不可

---

① 本课题组：《科学社会主义理论是颠扑不破的真理》，《求是》2000年第21期。

② 〔俄罗斯〕2001年3月22日《独立报》，载《国外理论动态》2001年第5期。

③ 郭值京摘译《叛逆与破坏——俄罗斯著名学者A. 奥格涅夫对苏联解体十年的回顾和反思》，载《政治学研究》2001年第2期。

否认，自普京总统执政以来，俄罗斯经济出现了恢复性增长，也不排除俄罗斯通过资本主义道路，在将来重新成为世界强国的可能。但即便有那么一天，我们也认为，那只是垄断资产阶级掌权的国家，而不是广大劳动人民掌权的国家，对于俄罗斯人民来说也绝不是幸事。

持苏联演变是“历史的进步”的观点的人，还有一个理由，即认为摆脱苏联模式，对苏联人民而言，是一种“解脱”或“解放”，因此，苏联演变“在这些国家的社会发展历史进程中是个进步”。这个理由是站不住脚的。苏联模式确实存在一些问题，需要纠正与克服，但克服弊端有不同的方式。如果说是在坚持社会主义制度的前提下，通过改革的途径从根本上克服苏联模式的弊端，从而推动社会生产力的发展和社会主义制度的完善，这种意义上的“摆脱”自然是历史的进步。因为它既坚持了社会主义制度，又摆脱了僵化的传统模式，更好地发展了社会主义事业。当今社会主义国家就采取了这种方式。但采取苏联演变的方式去“解脱”与“解放”，绝不是可取的。相反，它给苏联人民套上了新的“枷锁”与“锁链”——资本主义的“枷锁”与“锁链”。因为苏联演变意味着解体后的国家重新退回到资本主义，垄断资产阶级重新掌握了国家政权。这种所谓的“摆脱”是以苏联 70 年社会主义成果的彻底丧失为代价，完全违背了马克思主义所揭示的人类社会发展的规律，这是严重的历史倒退。

总之，不能认为苏联演变是“历史的进步”、“人民的选择”。相对于历史上实行的社会主义制度而言，苏联重新退回到资本主义时代，这是违背人类社会发展规律的历史倒退；相对于广大的前苏联人民而言，这样的制度选择既不是他们真实意愿的体现，也不符合他们的根本利益，实际上是对广大人民自由、民主权利的严重侵害。

二　苏联演变不能改变人类社会发展的历史规律

苏联演变是国际共产主义运动遭遇的重大挫折，标志着世界社会主义运动从此跌入低潮。这说明了社会主义取代资本主义道路的曲折性与艰巨性，但终究改变不了人类历史发展的基本规律。马克思主义揭示的人类社会发展的普遍规律并没有过时，依然在发生作用。苏联演变只是人类历史发展长河中出现一个“旋涡”，它不能改变人类社会发展的总趋势。

要看到社会主义制度在本质上优于资本主义制度，社会主义社会必然代替资本主义社会、最终必然发展为共产主义社会，是不以人们意志为转移的客观规律。这个结论的得出，不是出于人们主观上的想象，而是马克思、恩格斯通过对资本主义社会基本矛盾的分析而得出的科学原理。马克思主义认为，生产力发展的日益社会化，越来越要求生产资料占有的社会化。而在资本主义制度内部，生产资料不仅私有化，而且越来越集中在少数人手里。生产社会化与私人资本主义占有之间的矛盾就成为资本主义自身无法克服的基本矛盾，并由此引发周期性的经济危机、贫富差距悬殊与社会的两极分化以及无产阶级与资产阶级在政治上的根本对立等严重问题。为了解决这个矛盾和由此产生的种种问题，适应生产力发展不断社会化的客观需要，用生产资料公有制代替资本主义私有制，创立新型的社会制度——社会主义制度，已经成为人类社会发展不可逆转的总趋势。

不可否认，当代资本主义不仅在新科技革命的推动下生产力得到较快发展，而且在抵抗经济危机、缓解社会矛盾等方面的能力也在不断增强。但是我们要看到，这是资产阶级出于维护自身统治的需要，适应新的形势进行内外政策调整的结果。这一方面反映了资本主义制度还有包容生产力发展的空间，另一方面这些新情况的出现也并不表明资本主义制度的基本矛盾已经消失。当代资本主义在政治、经济与社会领域依然存在很多问题。这些问题与弊端的表现形式虽然不同于过去，但在本质上没有区别，依然是资本主义基本矛盾发生作用的结果。生产力发展状况是推动人类社会制度更替的决定力量。资本主义社会的生产力越发展，就越积聚着促使自己灭亡的物质因素。当前由美国金融危机引发的世界性经济危机就充分说明了这一点。关于这个问题，连资本主义国家的学者也意识到了。比如德国著名思想家马克斯·舍勒，在谈到“资本主义的未来”时，就明确说：“眼光只需稍微敏锐一点，便可看到我们已经满帆地驶进了社会主义体制国家的最初阶段，我们不得不在通往目标的道路上继续前行。”①

社会主义国家在实践中取得的巨大成就，也进一步说明了社会主义制度具有优越性。世界上第一个社会主义政权是建立在经济文化落后的俄国。然而，只经过几十年的发展，苏联就一跃成为世界强国。第二次世界大战后新建立的其他社会主义国家，在各方面的建设中也取得类似苏联的成就。苏联、东欧剧变后，即便在不利的国际国内背景下，中国、越南等当今社会主义国家在改革开放实践中取得更令世人瞩目的历史性成就。这表明，社会主义相对于资本主义的优越性依然存在。

---

① 〔德国〕马克斯·舍勒：《资本主义的未来》，生活·读书·新知三联书店，1997，第64~65页。

当然，社会主义优越性的充分体现、社会主义完全取代资本主义，是一个漫长复杂的历史过程。社会主义的发展是前进性与曲折性的统一。虽然社会主义终将取代资本主义，共产主义终将在全人类得到实现，是人类社会发展的一般规律，但这个规律的实现过程与自然发展规律的实现过程却有着原则的不同，要受到各种主客观因素的影响。从本质上讲，社会发展规律与自然发展规律都是客观的，不依人们意志为转移，但自然规律的实现往往不需要人们实践活动的参与，因而其实现过程一般不会有曲折和反复。社会发展规律则不一样，它是人们实践活动的合力所表现出来的一种趋势，它必须通过人们的实践才能实现。在任何社会里，人们的利益总是有差异的，因而他们实践活动的方向往往是不一致的。在存在阶级的社会里，对立阶级之间的利益冲突表现为阶级斗争。因此，社会发展规律必然是通过阶级斗争实现的。在阶级斗争中，由于各种主客观因素的存在，阶级力量的对比会发生这样或那样的变化，这就决定了社会发展规律的实现过程不是直线的，必然会发生曲折。但不管在实践中出现多大的曲折，由社会规律所决定的发展趋势是不会改变的，它将在漫长曲折的过程中最终得到实现。

150 多年国际共产主义运动的实践也充分说明了这一点。自《共产党宣言》发表以来，国际共产主义运动由无到有、由小到大、由理论到实践、由一国到多国、由西欧一隅到波及全球。但在发展的过程中，社会主义事业不断地经历着许多曲折，经历着低潮与高潮。高潮与低潮交替出现。而每一次低潮的出现总是孕育着新的高潮的到来；每次高潮的出现总会伴随着理论的新突破、实践的新发展。1848 年欧洲革命的失败，国际共产主义运动遭受了第一次挫折。经过短暂沉寂，在 19 世纪六七十年代又出现新的高潮。1864 年第一国际的诞生，1872 年法国巴黎公社革命的爆发，令欧洲的资产阶级大为恐慌，使当时的资本主义统治遭受重创。虽然巴黎公社革命后来失败了，第一国际也随之不久解散，但处于低潮的革命形势很快发生扭转。1889 年第二国际的诞生，标志新的革命浪潮的到来。新的国际组织发挥更大的作用，马克思主义也在世界范围内产生更大的影响。1914 年第一次世界大战爆发后，第二国际虽然在组织上有延续，但是由于第二国际大多数领袖背叛社会主义的行为意味着第二国际在思想上、政治上的破产，国际共产主义运动又经历了挫折。

1917 年俄国十月革命的胜利，1919 年第三国际的成立，使世界社会主义运动的局面实现了历史性的跨越。世界上第一个社会主义国家的建立，不仅使科学社会主义由理论变为现实，而且在实践中诞生了列宁主义。随后的苏联在曲折中发展，并在经济建设与反法西斯斗争中取得辉煌胜利。第二次世界大战结束后，国际共产主义运动迎来了新的春天。科学社会主义实践由一国向多国拓展，在欧亚和拉美地区相继诞生了十几个社会主义国家。社会主义国家在探索自己的社会主义道路的过程中，虽然相互之间也有矛盾、分歧，甚至还有斗争与分裂，但总体上改变了资本主义一统天下的世界格局，在人类社会以及社会主义发展史上留下了光辉的一页。

本来社会主义国家完全可以通过总结教训，实行正确的改革，继续推进社会主义事业向前发展。遗憾的是，由于苏联东欧等国在改革问题上犯了原则性、方向性的错误，改革变成"改向"，这些国家相继发生演变与解体，世界社会主义运动出现新的低潮。即便如此，在当今世界上仍有五个共产党执政的国家坚守社会主义阵地，在实践中取得显著成就，在关键时刻扭转了世界社会主义形势，极大地坚定了世界各国众多人士的社会主义信念和信心，开创了世界社会主义运动的新局面。黑夜过去是白昼，严寒过去是春天。如同自然规律一样，世界社会主义运动以及国际共产主义运动必将迎来新的发展、新的高潮。正如江泽民指出的那样："历史经验反复证明，低潮孕育着高潮。从国际共产主义运动的发展历史看，低潮将预示着马克思主义的新发展，预示着社会主义事业的新胜利"，"当前，世界社会主义事业遇到严重挫折。但是，这只是历史长河中的暂时现象"①。

总之，社会主义由理论变为实践的80多年来，虽然各国在发展的过程中出现了曲折，但社会主义的理论和实践在探索保证全体人民的政治平等和当家做主，消灭人剥削人的制度，消除两极分化、贫富悬殊，建设新型的思想道德文化等方面，取得了巨大的进步，也积累了丰富的经验。实践已经证明并将继续证明，社会主义是指引世界上处于剥削制度压迫之下的无产阶级和劳动人民改变自己命运、获得社会解放、建设幸福生活的正确道路。展望未来，我们对社会主义的前景以及我们所从事的中国特色社会主义事业充满信心。

三　苏联演变的历史教训

从辩证法的角度看，任何事情都有它的两面性。在一定条件下，好事可以变

---

① 江泽民：《论党的建设》，中央文献出版社，2002，第30、31页。

成坏事，“坏的东西可以引出好的结果”[①]，“坏事也可以转变成为好事”[②]。所谓“祸兮福所倚”、“前事不忘，后事之师”即是这个道理。苏联演变是20世纪国际共产主义运动史上的最大历史悲剧，这自然不是一件好事，但也不见得完全是件坏事。只要我们认真总结苏联演变的原因与教训，引以为戒，以史为鉴，是可以更好地促进世界社会主义事业的发展。尤其是正在建设有中国特色社会主义的我国人民，总结苏联演变的教训，更为重要。从这个意义上说，苏联演变又不失为一件好事。邓小平曾经说过：“一些国家出现严重曲折，社会主义好像被削弱了，但人民经受锻炼，从中吸取教训，将促使社会主义向着更加健康的方向发展。”[③]这番话道出了苏联演变这件坏事所具有的积极性的一面。总结苏联演变的历史教训，自然要联系苏联演变的原因。苏联演变是由多种因素综合作用的结果，因此可吸取的教训也是多方面的。但总起来看主要有以下几条。

第一，社会主义必须改革。社会主义社会还存在矛盾，在实践中不可避免会出现失误与弊病。因此，必须进行改革。要深入社会，了解矛盾与问题，及时解决。从苏联演变的教训看，由于社会主义体制的弊端还没有及时地根除，以至于这些矛盾与问题长期累积与激化，从而成为苏联演变的历史因素，成为国内外敌对势力攻击和否定社会主义制度、反对和取消共产党执政地位的借口，为苏联演变创造了条件。因此，只有不断进行改革，及时解决社会主义实践中的问题，不给敌对势力的可乘之机，不断赢得最广大人民的拥护与支持，社会主义才能立于不败之地，才能在与资本主义的竞争与较量中赢得主动，最终实现共产党人的目标与理想。

当然，解决社会主义实践中的矛盾与问题是一个长期的历史过程。这些矛盾与问题会伴随着社会主义改革与建设进程的始终。旧的矛盾与问题解决了，新的矛盾与问题还会产生。这是历史发展的辩证法。社会主义也正是在解决这些矛盾与问题的过程中前进。那种希望一劳永逸地解决所有矛盾与问题，或者认为社会主义作为一种先进制度不应该有矛盾与问题，都是不切实际的幻想。从这个意义上说，矛盾与问题会始终存在，社会主义将不断地通过改革获得发展。因此，为了正确地进行改革，还必须正视这些矛盾与问题，必须如实地对待社会主义实

① 《毛泽东文集》第7卷，人民出版社，1999，第238页。

② 《毛泽东文集》第7卷，人民出版社，1999，第238页。

③ 《邓小平文选》第3卷，人民出版社，1993，第383页。

践，既不能掩饰矛盾，又不能全盘否定。

从苏联演变的教训看，要正确对待社会主义实践中的问题，必须有科学的态度与方法。首先，认识实践中的问题的目的是为了推进社会主义事业，发展社会主义，而不是相反。其次，在这个基础上，还要有正确的分析方法。总的来说，要实事求是地看待社会主义实践中的问题。既要全面地、一分为二地作出评价，同时也要分清哪些是主流、主要的方面，哪些是支流、次要的方面。对于正确的方面必须予以肯定，对于错误的方面也要揭露。但不能因为有错误，就全盘否定历史。苏联的社会主义实践虽然也确实存在这样或那样的不足与失误，但从总体上讲，成就与功绩占主流，是第一位的，错误与失误是支流，是第二位的。

遗憾的是，戈尔巴乔夫对待苏联社会主义实践中的问题，采取了另一种态度与方法。戈尔巴乔夫重新评价历史问题的基本出发点，不是为了完善和发展社会主义制度，不是为了更好地推进社会主义事业，而是为了推行与马克思主义的科学社会主义截然对立的人道的民主社会主义。而为了达到这一政治目的，他采用以偏概全、混淆是非甚至捏造事实等手法，完全否定苏共与苏联的历史。这样做的后果是严重的，使得苏共及其创建和领导的苏联失去赖以生存的历史基础，苏共垮台、苏联解体就无法避免。从这个意义上说，如何科学对待社会主义实践中的问题，成为社会主义国家的执政党必须慎重考虑的重大问题。这个问题如果处理得好，就能够从中吸取有益的教训，避免再犯类似的错误，从而更好地发展社会主义事业；如果处理不当，像苏联东欧国家那样，不加区别地全盘否定自己的历史，不但不能吸取教训，反而会葬送社会主义事业。

第二，改革必须坚持社会主义制度不动摇，绝不能背弃马克思主义的基本原则。这是我们从苏联演变中吸取的最根本的教训。苏联演变的根源，在于戈尔巴乔夫的改革放弃了社会主义制度，背离了马克思主义的基本原则，犯了原则性方向性的错误，从而导致苏共亡党、苏联亡国这样的悲剧。

坚持改革的社会主义方向不动摇，并不是一句空话。关键要坚持生产资料社会主义公有制的主体地位不动摇，坚持共产党领导的无产阶级专政不动摇，坚持马克思列宁主义在意识形态领域的指导地位不动摇。从理论上说，这三条原则并不孤立，而是相互联系，相辅相成，共同构成了社会主义大厦的基本框架。这些原则反映了人类社会的发展规律，具有一定的历史必然性。因为从理论上说，“共产主义是从资本主义中产生出来的，它是历史地从资本主义中发展出来的，它是资本主义所产生的那种社会力量发生作用的结果。”①

随着资本主义的发展，社会分工的加深、经济联系的密切化，使得生产越来越具有社会性质。生产力的这种性质客观上要求由社会占有生产资料并调节整个国民经济。但是，生产资料的资产阶级私有制妨碍了生产力性质的这种客观要求的实现，因而生产的社会性与私人资本主义占有之间的矛盾，就成为资本主义的基本矛盾。为了解决这一矛盾，必须用生产资料的公有制取代资产阶级私有制。然而建立公有制、“剥夺剥夺者”，势必引起资产阶级的殊死反抗，因此，代表先进生产力的无产阶级必须在共产党领导下，推翻资产阶级政权，实行无产阶级专政。

生产资料公有制的建立，消灭了人剥削人的经济基础，就有可能实行按劳分配，消除两极分化，逐步实现共同富裕。所有这一切都必须在无产阶级世界观——马克思列宁主义的指导下才能做到。因此，坚持社会主义基本制度不动摇，是确保改革沿着社会主义方向前进的前提与基础。其核心就是要坚持共产党的执政地位不动摇。因为共产党是社会主义革命、改革与建设事业的领导核心，肩负着伟大而光荣的历史使命。只要把执政党的建设搞好，确保共产党内部不出事，政权掌握在人民手中，就能从容应对改革和建设事业中不可避免要出现的各种困难与挑战，“就可以放心睡大觉”②。

第三，要不断加强和推进党的建设。把党建设成为能经受各种风险考验的坚强堡垒，是社会主义事业健康发展的前提和关键。从苏联演变的教训看，关键还是共产党的内部出了问题。以戈尔巴乔夫为首的党内人道的民主社会主义分子借“革新”之名，否定共产党的领导，将一个马克思主义的政党演变成民主社会主义性质的政党。这方面的教训是深刻的。因此，社会主义执政党一方面要高度重视组织工作，要把好关，看好门。一定要使党的各级领导班子尤其是中央一级的班子牢牢地掌握在忠诚于马克思主义、坚定地走社会主义道路的人手里，严防蜕化变质分子、投机钻营分子、社会民主主义者甚至反共反社会主义分子混入党内，篡夺党的领导权③。另一方面，还要重视和加强思想政治工作，要让马克思列宁主义、社会主义思想牢牢地占领意识形态的阵地，要铲除反马克思主义、反

① 《列宁全集》第31卷，中文第2版，人民出版社，1985，第81页。

② 《邓小平文选》第3卷，人民出版社，1993，第381页。

③ 吴雄丞：《苏联剧变的原因和教训》，当代中国研究所编《国史研究参阅资料》2002年第23期。

社会主义的言论在党内滋生的土壤，不断提高各级领导干部的理论水平和政治敏锐力，善于辨别并敢于揭露形形色色的投机分子的“政治伪装”与“理论伪装”，使社会主义的创新事业始终运行在更好地坚持和发展马克思主义、更好地坚持和完善社会主义制度的轨道上。

总之，一方面要坚持改革，通过改革不断消除社会主义实践中的矛盾与问题，另一方面改革要坚持社会主义方向，确保改革的社会主义性质。只要始终做到这两点，社会主义事业就会不断前进，就会取得更大、更新的发展。

参考文献

[1] 李慎明等：《〈居安思危——苏共亡党的历史教训〉解说词》，载《2006 年世界社会主义跟踪研究报告》，社会科学文献出版社，2007。

[2] 陈之骅主编《勃列日涅夫时期的苏联》，中国社会科学出版社，1998。

[3] 吴雄丞：《苏联剧变的原因和教训》，载当代中国研究所编《国史研究参阅资料》2002 年第 23 期。

[4] 李慎明主编《历史的风——中国学者论苏联解体和对苏联历史的评价》，人民出版社，2007。

[5] 吴恩远：《苏联史论》，人民出版社，2007。

[6] 周新城：《世纪性悲剧——苏联演变原因和教训》，中国人民大学出版社，2000。

[7] 汪亭友：《克里姆林宫的红旗因何坠地——苏联剧变的根源研究》，当代世界出版社，2004。

[8] 刘书林：《社会主义的“苏联模式”与中国特色社会主义》，载《思想理论教育导刊》2009 年第 3 期。

[9] 中央马克思恩格斯列宁斯大林著作编译局译《联共（布）党史简明教程》，人民出版社，1975。

[10]〔俄〕米·谢·戈尔巴乔夫：《戈尔巴乔夫回忆录（全译本）》，上下册，社会科学文献出版社，2003。

[11]〔俄〕戈尔巴乔夫、〔日〕池田大作：《20 世纪的精神教训》，社会科学文献出版社，2004。

[12]〔俄〕罗伊·麦德维杰夫：《苏联的最后一年》，社会科学文献出版社，2005。

[13]〔俄〕瓦列里·博尔金：《戈尔巴乔夫沉浮录》，中央编译出版社，1996。

[14]〔俄〕弗拉基米尔·卡尔波夫：《大元帅斯大林》，社会科学文献出版社，2005。

[15]〔俄〕尼·伊·雷日科夫：《大动荡的十年》，中央编译出版社，1998。

[16]〔俄〕弗·克留奇科夫：《个人档案（1941～1994）》，东方出版社，2000。

The Soviet Pattern and the Exploration of the Socialist Road

Abstract: The Soviet Pattern is the system and mechanism formed in the long-lasting Soviet socialist practice, and the guideline and policy of the building of socialism. We should have a scientific attitude to the Soviet Pattern. The basic socialist system which is the embodiment of cardinal principles of scientific socialism and the essential content of the Soviet Pattern must be affirmed, and the concrete systems and mechanisms which are the realizing methods of scientific socialist cardinal principles must be based on concrete analysis. There is not a certain and inevitable relation between the Soviet Pattern and the Soviet Evolution. The essential characters of scientific socialism are the same, but the realizing methods of cardinal principles are different between the Chinese characteristic socialism and the Soviet Pattern. The Soviet Evolution is a peaceful restoration of the capitalist system in essence. It neither means the failure of socialism nor changes the general trend of historical development of the mankind. Socialism needs reform, but the reform must adhere to the basic principles of Marxism with no vacillation, which is the radical historical lesson drawn from the Soviet Evolution.

Key Words: the Soviet Pattern; Soviet Evolution; Chinese Characteristic Socialism; Historical Lesson

第三章
中国特色社会主义道路的艰辛探索

李 楠*

摘 要：新中国成立之初，以毛泽东为主要代表的第一代中央领导集体，对中国社会主义发展道路进行了初步的探索，建立起社会主义基本制度，提出要建设一个伟大的社会主义现代化强国的目标和“两步走”的发展战略，提出要进行经济体制改革和实行对外开放，初步建立了独立的、比较完整的工业体系和国民经济体系，从而为改革开放以后我国走上中国特色社会主义发展道路提供了思想先导和实践基础。改革开放30年来，我们党提出了“一个中心、两个基本点”的基本路线，制定并不断完善“三步走”基本实现现代化的发展战略，逐渐形成“四位一体”的社会主义建设的总体布局，取得了巨大成就。中国共产党人在推进中国特色社会主义发展道路的形成中逐渐积累了坚持以科学的态度对待马克思主义、坚持马克思主义与中国国情相结合、坚持马克思主义与关注民生问题相结合等经验。

关键词：中国特色社会主义道路 中国特色社会主义发展道路 马克思主义中国化 探索和创新 基本经验

新中国成立60年来，中国共产党领导全国人民探索社会主义发展道路的历程，以十一届三中全会为界划分为前后两个时期。第一个时期是中国社会主义发展道路的探索时期。这一时期，我们党确立了社会主义基本制度，建立了独立的、比较完整的工业体系和国民经济体系。第二个时期是改革开放和社会主义现

* 李楠，女，经济学博士、博士后，武汉大学政治与公共管理学院教授、博士生导师，全国马克思列宁主义经济学说史学会理事，全国《资本论》学会理事。长期潜心于马克思主义经济学基本理论及其中国化、中国特色社会主义理论体系与当代中国的研究。

代化建设的新时期。这一时期，我们党作出我国正处于并将长期处于社会主义初级阶段的论断，确立了“一个中心、两个基本点”的基本路线，实施“引进来”与“走出去”的对外开放战略，加入世界贸易组织，大大加快了我国现代化建设的步伐。

第一节　中国社会主义道路的初步探索

新中国成立之初，以毛泽东为主要代表的第一代中央领导集体，领导全党全国各族人民，对中国社会主义发展道路进行了初步的探索，其最为核心的思想和实践是：建立起社会主义基本制度，为当代中国的一切发展进步奠定了根本政治前提和制度基础；分析各个时期的主要矛盾，制定党的基本路线；建立起独立的、比较完整的工业体系和国民经济体系；提出要建设一个伟大的社会主义现代化强国的目标和“两步走”的发展战略；提出要进行经济体制改革和实行对外开放；等等。这些探索成果，都是党和人民宝贵的精神财富和历史遗产，为改革开放以后我国走上中国特色社会主义发展道路提供了思想先导和实践基础。

一　社会主义基本制度的全面确立

1. 中国社会主义政治制度的确立

旧中国是一个半封建半殖民地的国家。1949 年我国建立起了无产阶级领导的以工农联盟为基础的人民民主专政的共和国。我国的人民民主专政的政权在阶级构成上具有最广泛的群众基础，实现了共产党领导与多党合作的统一、民主与专政的统一，并以人民代表大会的政权组织形式和民主集中制的政权组织原则实现了最广大人民的民主。

1949 年 9 月 21 日，中国人民政治协商会议第一届全体会议在北京举行，宣告了中华人民共和国成立。会议通过的《中国人民政治协商会议共同纲领》（简称《共同纲领》），成为 1954 年宪法颁布以前的根本大法，规定了人民民主专政的国家政权性质和人民代表大会的根本政治制度。1954 年 9 月 15 日，全国人民代表大会第一次会议召开，标志着人民代表大会制度在全国范围内自下而上系统地建立起来了。大会通过的《中华人民共和国宪法》充分肯定了人民代表大会制度，明确规定：人民代表大会是国家最高权力机关，代表由真正的民主选举产生，接受人民监督，选民或选举单位有权罢免不称职的人民代表；国家的行政机

关、司法机关及其他职能部门都由人民代表大会产生，对它负责并受它监督，议行合一，不搞三权并立与制衡的分权制度；人民代表大会实行民主集中制的组织原则；等等。此外，根据各民主党派在新民主主义革命和社会主义革命中的历史贡献和我国多民族国家的特点，我国还确立了中国共产党领导的多党合作制和政治协商制度、民族区域自治制度。

以毛泽东为主要代表的第一代中央领导集体确立的社会主义政治制度，既根本区别于资本主义的政治模式，又有别于苏联的社会主义政治模式，具有鲜明的中国特色，奠定了中国特色社会主义民主政治制度的坚实根基。

2. 过渡时期总路线的提出与社会主义经济制度的确立

由半殖民地半封建社会，经过新民主主义社会进入到社会主义初级阶段，是我国社会发展的特殊道路。中华人民共和国成立之后，我们究竟要建设一个什么样的国家和社会？党和毛泽东最初的选择是“先建设，后改造”的思路，即：利用私人资本主义有利于国计民生和发展生产力的一面，先搞一段时间的新民主主义建设，然后在国家初步工业化的基础上再进行社会主义改造。但是，经过两年多的实践和深思之后，党中央于1952年提出了过渡时期的总路线。

把工业化和社会主义改造同时并举的思想，既不同于原来“先建设，后改造”的思路，也不同于先搞社会主义革命再进行社会主义建设的苏联模式，是介于两者之间的又一种选择。其特点和优点是“以改造促建设”，在当时中国的条件下，只有社会主义才能发展中国，只有国有经济和计划经济才能适应大规模工业化建设的需要。

党的总路线也称基本路线或总任务，是党在一定社会历史时期制定的总的指导方针和行动纲领，是党制定各项具体方针、政策的依据。新中国成立初期，我们党根据我国从新民主主义社会向社会主义社会过渡的实际情况，开始酝酿党在过渡时期的总路线。1953年6月15日，毛泽东在中央政治局扩大会议上较完整地提出了党在过渡时期的总路线。1953年12月，中共中央宣传部编写的《为动员一切力量把我国建设成一个伟大的社会主义国家而斗争——关于党在过渡时期总路线的学习和宣传提纲》，完整地表述了党在过渡时期的总路线。从中华人民共和国成立，到社会主义改造基本完成，这是一个过渡时期。党在这个过渡时期的总路线和总任务，是要在一个相当长的时期内，逐步实现国家的社会主义工业化，并逐步实现国家对农业、手工业和资本主义工商业的社会主义改造。这一总路线被简称为“一体两翼”，即：工业化建设是主体，对农业、手工业和对资本主义工商业的社会主义改造为两翼。

1954 年 2 月，中共七届四中全会正式批准了这条总路线；同年 9 月，第一届全国人民代表大会把党在过渡时期的总路线作为总任务写进了《中华人民共和国宪法》。至此，总路线成为指导我国经济社会发展的总纲。党在过渡时期总路线的实质是要使社会主义公有制成为国家和社会的经济基础，目的是要实现社会主义工业化。到 1956 年底，以社会主义改造基本完成为标志，社会主义制度在我国得到基本确立。这既是我国历史上最深刻、最伟大的社会变革，也是我国后来一切进步和发展的基础。

社会主义基本制度的全面确立，极大地促进了生产力的发展。1949 ~ 1957 年是农村经济顺利发展的繁荣时期；农业总产值、粮食总产量和农民人均纯收入平均每年递增分别为 8.9%、7.0% 和 6.6%。1953 ~ 1957 年，农业合作化推动了农业生产的迅速发展。1952 年与 1949 年相比，农业总产值增长 53.4%；粮食和棉花分别增长 44.8% 和 1.9 倍，平均每年增加 1691 万吨和 28.7 万吨。1957 年与 1952 年相比，农业总产值增长 28.7%，平均每年增长 5.2%；粮食平均每年增加 623 万吨，以 3.5% 的速度递增；棉花每年平均增长 4.8%；其他经济作物也有很大的增长，猪、羊年末存栏数分别增长 62.5% 和 59.6%，大牲畜存栏头数增长近一成；水产品产量增长 87%。在生产发展的基础上，1957 年农民人均收入比 1952 年增长 28%。

二　党和国家工作重点的转移

社会主义改造基本完成后，我国进入全面建设社会主义时期。如何建设社会主义，如何巩固和发展社会主义，成为党和国家面临的历史性课题。新生的社会主义中国无论在基本制度上，还是在基本建设上，都照搬了苏联的做法。根据“一五”计划实施的经验、教训和苏共二十大中苏联暴露的错误和缺点，毛泽东和他的战友们决定“以苏为戒”，走一条中国式的社会主义发展道路，并明确提出马列主义基本原理同中国具体实际“要进行第二次结合，找出在中国怎样建设社会主义的道路”①。

1. 提出社会主义社会两个阶段的思想

我国进入社会主义社会后，对所处的社会主义的历史阶段的判断是关系到社

① 吴冷西：《忆毛主席——我亲身经历的若干重大历史事件片段》，新华出版社，1995，第 9 页。

会主义建设目标和发展思路的重大理论问题。1956 年，毛泽东首次提出我国的“社会主义社会已经进入，尚未完成”的思想。1957 年，毛泽东进一步指出：“我国的社会主义制度还刚刚建立，还没有完全建成，还不完全巩固”①，并首次区分了“建立社会主义制度”与“建成社会主义社会”两个不同发展阶段。他还指出，之所以说我国还没有建成社会主义社会，是因为我国社会主义制度的“物质基础还很不充分”。他强调，只有经过“社会生产力的比较充分的发展，我们的社会主义的经济制度和政治制度，才算获得了自己的比较充分的物质基础（现在这个物质基础还很不充分），我们的国家（上层建筑）才算充分巩固，社会主义社会才算从根本上建成了。”②

1959 年底至 1960 年初，毛泽东在读苏联《政治经济学教科书》时进一步指出：“社会主义这个阶段，又可能分为两个阶段，第一个阶段是不发达的社会主义，第二个阶段是比较发达的社会主义。后一阶段可能比前一阶段需要更长的时间。”③ 其后，毛泽东又多次讲到，在我们这样的国家，完成社会主义建设是一个艰巨的任务，建成社会主义特别建成强大的社会主义需要 100 年，或者更多的时间。上述论断构成毛泽东关于社会主义社会分两阶段发展的思想，为社会主义初级阶段论断的形成提供了重要的理论依据。

2. 工作重点的转移

基于对我国社会主义社会发展阶段的正确认识，毛泽东多次指出，社会主义改造高潮的到来和胜利，新中国开始了由阶级斗争到向自然斗争、由革命到建设、由过去的革命到技术革命和文化革命的转变，因而，“我们的根本任务已经由解放生产力变为在新的生产关系下面保护和发展生产力。”④

1956 年 9 月 15 日至 27 日，中共八大在北京召开。八大正确分析了当时我国社会的主要矛盾是人民对于建立先进的工业国的要求同落后的农业国的现实之间的矛盾，人民对于经济文化迅速发展的需要同当前经济文化不能满足人民需要的状况之间的矛盾，这一矛盾的实质是先进的社会主义制度同落后的社会生产力之间的矛盾。这一主要矛盾决定了当前党和全国人民的主要任务是要集中力量发展社会生产力，实现国家工业化，逐步满足人民日益增长的物质和文化需要，因

---

① 《毛泽东文集》第 7 卷，人民出版社，1999，第 214 页。
② 《建国以来毛泽东文稿》第 6 册，中央文献出版社，1994，第 549 ~ 550 页。
③ 《毛泽东文集》第 8 卷，人民出版社，1999，第 116 页。
④ 《毛泽东著作选读》（下），人民出版社，1986，第 771 页。

此，党和国家的工作重点应转移到集中力量解决这个矛盾上来。八大还系统提出了要实现将中国改变成为一个先进的工业化的国家的战略发展目标而制定的经济建设、国家政权建设、民主法制建设和执政党的建设等方面的正确方针。

八大之后，党继续探索中国发展社会主义的道路。苏共二十大后，面对国内外严峻的形势，1957 年 2 月 27 日，毛泽东在扩大的最高国务会议上发表《关于正确处理人民内部矛盾的问题》的讲话，提出必须正确区分和处理社会主义社会两类不同性质的社会矛盾，把正确处理人民内部矛盾作为国家政治生活的主题。

尽管中共八大及其前后党对我国社会主义改造完成后的主要矛盾和任务作了较正确的论述，但是，由于受“左”的思想的影响，1958 年 5 月 5 日至 23 日，中共八届二次全体会议接受了毛泽东的意见，修改了中共八大一次会议上关于国内主要矛盾的正确论断，提出了当前我国社会的主要矛盾仍然是无产阶级和资产阶级、社会主义道路与资本主义道路的矛盾，通过了“鼓足干劲、力争上游、多快好省地建设社会主义”的社会主义建设总路线，并在此过程中相继发动了“大跃进”和“人民公社化”运动。

“大跃进”破坏了各种必要的规章制度，造成人力和物力的巨大浪费，使整个国民经济比例严重失调；“人民公社化”运动实质是大刮以“一平二调”为特征的“共产风”的过程，严重破坏了农业生产力。“大跃进”和“人民公社化”运动是党在探索中国社会主义发展道路过程中出现的一次严重失误。

1958 年秋冬之间，党中央开始采取一系列措施纠正在“大跃进”和“人民公社化”运动中的“左”的错误，提出了一些重要的理论观点和政策。从 1959 年至 1960 年，毛泽东在《读苏联〈政治经济学教科书〉的谈话》、《十年总结》等文中较系统地回顾了新中国成立 10 年来经济建设走过的道路，对“大跃进”以来的经验教训进行了初步的总结。1961 年初召开的八届九中全会决定从 1961 年起对国民经济实行“调整、巩固、充实、提高”的八字方针，使国民经济转入调整的轨道。特别是 1962 年召开的七千人大会，党开展了批评和自我批评，初步总结了“大跃进”中的经验教训。

但是，1962 年 9 月，中共八届十中全会在“左”的思想的影响下，作出了在社会主义阶段还存在着阶级矛盾和阶级斗争、存在着社会主义同资本主义两条道路的斗争、存在着资本主义复辟的危险性的错误判断，提出“以阶级斗争为纲”的指导思想和坚持无产阶级专政下的继续革命的错误路线，进而在 1969 年召开的九大上，将其正式确定为“党在整个社会主义历史阶段的基本路线”，犯了严重的全局性错误。

当然，毛泽东在“文化大革命”中并非始终轻视经济建设。《关于无产阶级文化大革命的决定》（十六条）中明确规定，要“抓革命，促生产”。1974 年 11 月，毛泽东还发出了“把国民经济搞上去”的指示①。正因为如此，“文化大革命”期间，我国工农业生产仍有所发展，如：1976 年与 1966 年相比，工业总产值平均每年增长 8.8%，工业净产值平均每年增长 7.5%，能源生产总量平均每年增长 9.2%；农业总产值和粮食总产量分别增长 39.1% 和 33.8%，平均每年增长 3.4% 和 3.0%。

新中国成立到改革开放前，尽管我国经济发展出现过曲折，但总体来说经济发展速度还是比较快的。第一，从社会总产值看，1949 年我国社会总产值为 557 亿元，1976 年达 5433 亿元，增长近 10 倍。其中“一五”时期（1953 ~ 1957）年均增长 11.3%，“二五”时期（1958 ~ 1962）年均增长 -0.4%，1963 ~ 1965 年年均增长 15.5%，“三五”时期（1966 ~ 1970）年均增长 9.3%，“四五”时期（1971 ~ 1975）年均增长 7.3%。② 第二，从工业总产值看，1976 年我国工业总产值为 3262 亿元，是 1949 年的 23.3 倍，占当年社会总产值的 60%，其中重工业占 56.3%、轻工业占 43.7%。国家基建投资的 60% 以上投在了内地，布局得到极大改善，从而兴起了一大批新的工业基地，形成了工业门类日益健全、独立完整的工业体系。第三，从工业增长率看，1949 ~ 1977 年，工业增长率年平均值为 14.55%，最低增长年份为 -38.19%，最大波动幅度达 93 个百分点。第四，从工业内部轻重工业增长波动看，重工业增长率的波动幅度明显大于轻工业。1949 ~ 1977 年，重工业的年均增长率为 19.44%，其中最高增长率为 78.79%，最低增长率为 -46.5%，波动幅度高达 125.29%，而轻工业最大波动幅度为 57.49%。

三　中国式社会主义工业化道路的探索

1. 中国式工业化道路的理论

毛泽东对中国社会主义发展道路的探索，集中反映在关于中国式工业化道路的一系列重要思想上，中国式工业化道路的理论基本上反映了毛泽东的社会主义经济建设思想。毛泽东对中国式工业化道路思想的突出贡献是，提出了正确处理重工

---

① 《毛泽东文集》第 7 卷，人民出版社，1999，第 218 页。

② 国家统计局编《光辉的三十五年》，中国统计出版社，1984，第 8 页。

业、轻工业和农业关系的思想，提出了一系列坚持“两条腿走路”的正确方针。

苏联、东欧一些国家走的是片面强调重工业发展的道路，在一定程度上牺牲了轻工业和农业，导致了严重的后果。毛泽东在借鉴苏联经验教训的基础上，开始探索有别于苏联工业化模式、适合中国国情的社会主义工业化道路。鉴于苏联靠牺牲农业和轻工业片面追求重工业发展而造成国民经济畸形发展、市场供应长期短缺的教训，毛泽东强调，我们的经济建设要从我国是一个大农业国的实际出发，正确处理好重工业和轻工业、农业的关系。一方面，他在《论十大关系》中指出：“重工业是我国建设的重点。必须优先发展生产资料的生产”。[①] 另一方面，他在《关于正确处理人民内部矛盾的问题》中又指出：“我国是一个大农业国，农村人口占全国人口的百分之八十以上，发展工业必须和发展农业并举，工业才有原料和市场，才有可能为建立强大的重工业积累较多的资金。”[②] 1959 年 7 月，毛泽东提出了以农、轻、重为序来安排国民经济计划的思想，认为把衣、食、住、行安排好是关系六亿五千万人安定不安定的问题。他指出：“我们现在的问题，就是还要适当地调整重工业和农业、轻工业的投资比例，更多地发展农业、轻工业。”[③]

毛泽东的正确处理农、轻、重的关系理论中关于“走出一条用多发展一些农业和轻工业的办法来发展重工业的路子”的思想，后来在中共八大二次会议上进一步发展为党的“两条腿走路”的方针，成为中国式工业化道路理论的主要内容。毛泽东还提出了一整套“两条腿走路”的方针，主要包括：在集中领导、全面规划、分工协作的条件下，中央工业和地方工业同时并举，大型企业和中小型企业同时并举，洋法生产和土法生产同时并举；要正确处理沿海工业和内地工业的关系，经济建设与国防建设的关系，中央和地方的关系；等等。

此外，对于经济建设上的综合平衡的问题，第一代中央领导集体还提出了经济建设要实行综合平衡、稳步前进的方针，如陈云、周恩来等呼吁全党要保持头脑冷静，从实际出发，按照经济规律办事。1957 年 1 月 18 日，陈云在中央召开的省、市、自治区党委会议上的讲话中指出：“建设规模的大小必须和国家的财力物力相适应。”[④] 但是，由于党和国家的主要领导人头脑发热，1958 ~ 1960 年

① 《毛泽东文集》第 7 卷，人民出版社，1999，第 24 页。

② 《毛泽东文集》第 7 卷，人民出版社，1999，第 241 页。

③ 《毛泽东文集》第 7 卷，人民出版社，1999，第 24 页。

④ 《陈云年谱》中卷，中央文献出版社，2000，第 363 页。

的“大跃进”破坏了国民经济的综合平衡，造成了严重的后果。毛泽东在1959年庐山会议上，在总结“大跃进”教训时将“综合平衡”问题放到首位。进入国民经济调整时期后，毛泽东明确提出“以农业为基础，以工业为主导”的发展国民经济的总方针，进一步深化了关于中国工业化道路的认识。

2. 计划经济体制时期的中国式工业化道路

早在1949年3月，毛泽东在中共七届二中全会上首先发出了把中国由落后的农业国变成先进的工业国的伟大号召，要求把党的工作重心由农村转移到城市，强调城市的一切工作都要围绕生产建设这一中心工作并为这个中心工作服务。新中国成立前夕，他又说，要“使中国稳步地由农业国转变为工业国，把中国建设成一个伟大的社会主义国家。”新中国成立后，围绕如何实现国家工业化和经济快速发展这一时代主题，毛泽东和他的战友们进行了长期的、艰苦的探索和实践，既取得了丰富的经验，又有着深刻的教训。

工业化道路的选择与新中国成立初期经济社会发展水平密切相关，我国工业化的起点是中华人民共和国的成立。新中国成立初期我国工业化水平很低，按照七届二中全会报告的说法，当时中国的现代工业产值只占国民经济总产值的10%左右；1949年底到1950年5月，燃料工业部、重工业部统计我国重工业生产总值仅为37亿元。毛泽东曾形象地指出：“现在我们能造什么？能造桌子椅子，能造茶壶茶碗，能种粮食，能磨成面粉，还能造纸，但是，一辆汽车、一架飞机、一辆坦克、一辆拖拉机都不能造。”①

中国的工业化是从学习苏联工业化模式开始的。这种模式以高度集中的计划经济体制为基础，通过工农产品价格剪刀差完成工业积累，优先发展重工业和基础工业，充分发挥了社会主义国家集中力量办大事的优势，在很短的时间内迅速建立起门类齐全的工业体系。1953～1957年的“一五”计划总的来说进行得比较顺利，工业生产提前一年完成5年计划，超额完成预定计划，工业总产值年均增长18%，改变了旧中国工业门类残缺不全、工业布局严重失衡的状况，初步奠定了我国社会主义工业化的基础。随着“一五”计划的实施，逐步形成了高度集中的计划经济体制。这种高度集中的计划经济体制虽然有利于保证重点建设项目的顺利进行和人民生活水平的提高，但随着经济发展的规模越来越大，问题也日益显露出来，特别是农轻重的比例、沿海工业和内地工业的关系、国防工业

① 《毛泽东文集》第6卷，人民出版社，1999，第329页。

和民用工业的关系等重大问题，开始困扰社会主义建设的顺利发展。

“一五”计划完成后，由于“左”倾冒进思想在中央决策层占了上风，一场轰轰烈烈的“大跃进”运动在全国展开，在“超英赶美”、“以钢为纲”、“全民大办钢铁”等不切实际口号的鼓励下，工业发展遍地开花，以“爆发式”的速度扩张，工业化率从1958年的37%迅速提高到1960年的44.5%。1952～1960年，我国工业增加值的年均增长速度高达21.48%，在三次产业结构中的比重蹿升。从1960年冬开始，中央对国民经济实行“调整、巩固、充实、提高”的方针。1961～1965年，经济结构得到调整。

毛泽东和他的战友们在探索中国式的工业化道路中，十分重视工业在地区间的协调发展。新中国成立之前，工业布局极不合理，70%以上的工业集中于东部沿海地区，其中，重工业主要集中在辽宁，轻工业主要集中在上海、天津、青岛、广州等少数大城市。除武汉、重庆外，广大内地特别是边疆少数民族地区，几乎没有现代工业。新中国成立后，党和国家一直采取得力措施协调工业特别是现代工业在地区间的发展，取得较大的成效。1967年以后，国家进一步加强了西南和西北地区的工业建设，建成了以攀枝花钢铁公司为中心的新的工业基地，建成了黄河干流上的几个大型水电站和一批有色金属基地。与此同时，在沿海地区开发了胜利、大港、辽河、冀中等油田，新建了一大批石油化工基地。1977～1979年，又在上海新建宝山钢铁总厂，在山西、内蒙古等地区新建一批大型的煤炭基地。改革开放之前，全国逐渐形成了以钢铁、电力、石油等资源为基础的综合性工业基地。

可见，从新中国成立到改革开放之前，以毛泽东为主要代表的第一代中央领导集体在领导全国人民进行社会主义工业化的过程中，在社会主义工业化的道路、速度、资金来源以及处理与资本主义国家关系等方面突破了斯大林的工业化模式，走出了一条中国式的社会主义工业化道路。

四　赶超型发展战略和四个现代化的战略发展目标

1. 赶超型发展战略的提出和调整

1958年5月，八届二中全会通过的总路线所确定的基本点是：调动一切积极因素，正确处理人民内部矛盾；巩固和发展社会主义的全民所有制和集体所有制，巩固无产阶级专政和无产阶级的国际团结；在继续完成经济战线、政治战线和思想战线上的社会主义革命的同时，逐步实现技术革命和文化革命；等等。尽快把我国建设成为一个具有现代工业、现代农业和现代科学文化的伟大的社会主义国家。这条总路线成为中国经济社会发展赶超战略的理论依据。辩证地说，这条总路线有其历史的和现实的合理性的一面，但是，在政策的实际制定和施行中，由于它过分强调人的主观积极性，忽视甚至抹杀了经济规律的客观性，其弊端也是明显的，提出了许多不切合实际的战略目标。如 7 年超过英国、15 年赶上美国的赶超战略；再如把“二五”规划纳入了“大跃进”的轨道，直接导致了“大跃进”运动和“人民公社化”运动。

中央提出赶超战略的初衷是顺应当时“只争朝夕”的现实要求，但是，由于脱离了我国的实际国情、违背了经济发展规律，最终导致既强烈推动我国经济社会向前发展、又极大地阻碍了我国经济社会的发展的双重后果。直至 1960 年，在“大跃进”运动严重碰壁之后，赶超战略才得以调整。1961 年 1 月 14 ~ 18 日，中共八届九中全会通过了对国民经济实行“调整、巩固、充实、提高”的八字方针，表明我国已由全面“大跃进”转向调整阶段。

2. 四个现代化战略目标的提出

毛泽东在七届二中全会上，首次提出要把中国由落后的农业国变为先进的工业国的思想。1953 年，毛泽东在修改、审阅中宣部起草的《关于党在过渡时期总路线的学习和宣传》提纲时，提出要促进农业和交通运输业的现代化问题。1954 年，毛泽东在一届人大一次会议的开幕词中向世人宣告，要将我们现在这样一个经济上文化上落后的国家，建设成为一个工业化的具有高度现代文化程度的伟大的国家。1956 年 9 月，中共八大将建设现代化工业、农业、交通运输业和国防的任务写进《中国共产党章程》。1957 年，毛泽东在中共八届三中全会上提出要“将我国建设成为一个具有现代工业、现代农业和现代科学文化的社会主义国家”① 的三个现代化目标。

1959 年底，毛泽东在《读苏联〈政治经济学教科书〉的谈话》时进一步指出：“建设社会主义，原来要求是工业现代化、农业现代化、科学文化现代化，现在要加上国防现代化”②，成为四个现代化目标的基础。这是四个现代化目标的第一次完整表述。四个现代化战略目标的提出，为中国发展树立了具体、明确的战略目标，对中国经济社会的发展具有重要的现实意义和深远的历史意义。

① 《毛泽东文集》第 7 卷，人民出版社，1995，第 207 页。

② 《毛泽东文集》第 8 卷，人民出版社，1995，第 116 页。

为了实现四个现代化战略目标，党中央和毛泽东在调整赶超型战略的基础上提出了分“两步走”的战略部署。1963 年 9 月，中共中央工作会议提出要分“两步走”实现四个现代化，即：第一步，建立一个独立的、比较完整的工业体系和国民经济体系，使我国工业接近世界先进水平；第二步，使我国工业走在世界前列，全面实现农业、工业、国防和科学技术的现代化。1964 年 12 月，根据毛泽东的提议，周恩来在全国人大三届一次会议的《政府工作报告》指出：“要在不太长的历史时期内，把我国建设成为一个具有现代农业、现代工业、现代国防和现代科学技术的社会主义强国”①。从此，实现社会主义现代化，就成为中国共产党和全国人民的共同奋斗目标。

1975 年 1 月 13 ~ 18 日，四届人大一次会议召开，周恩来在《政府工作报告》中重申三届人大一次会议提出的我国实现社会主义现代化的两步设想：第一步，用 15 年的时间，即 1990 年以前，建成一个独立的比较完整的工业体系和国民经济体系；第二步，在 20 世纪内，全面实现农业、工业、国防和科学技术的现代化，使我国国民经济走在世界的前列。他还强调，为了实现这个奋斗目标，必须贯彻党的社会主义建设总路线，贯彻执行“以农业为基础、以工业为主导”的方针和一系列“两条腿走路”的政策。

四个现代化战略目标的提出，树立了具体、明确的战略目标，对中国经济社会的发展具有重要的现实意义和深远的历史意义。可惜的是，这一正确的思想和战略后来被“左”倾路线的盛行打断了，特别是由于“文化大革命”运动的开展，这一战略目标的实现被大大推迟了，我国经济和社会发展受到了严重破坏。

五　对外开放思想的提出

新中国成立初期，我国在政治上提出了“一边倒”的方针，同时把对外经济交往的重点放在苏联和东欧国家。新中国成立不久，毛泽东亲率代表团与苏联政府谈判，中苏签订了《中苏友好同盟互助条约》和苏联给予中国贷款 3 亿美元的协定，签订了创办包括中苏民用航空公司、中苏大连修造轮船公司等的经济协定。同时，与东欧国家在平等互利的原则下，开展贸易往来、兴办合营公司等经济合作与交往。

基于新中国经济建设的需要，毛泽东在坚持独立自主、自力更生原则下，抛

① 《周恩来经济文选》，中央文献出版社，1993，第 563 页。

开意识形态的分歧和社会制度的差别，采取了果断而灵活的政策，不管是否为建交国家，只要尊重中国的独立和主权，都积极争取与之发展贸易来往。1954 年 8 月，毛泽东会见英国工党代表团时向客人呼吁：我们走的是两条路，让我们做朋友吧，不仅经济上合作，而且在政治上也合作。他倡议中英两国之间，“一要和平，二要通商。”同年 10 月，毛泽东会见印度总理尼赫鲁时再次强调同样的原则。毛泽东在《论十大关系》一文中专辟一节，即第十节“中国和外国的关系”，较全面地论述了对外开放的客观依据、对象、内容、方针、原则。

1957 ~ 1966 年，是我国对外开放思想进一步发展的时期。中国首倡和平共处五项原则，已成为处理国与国之间关系的准则。法国于 1964 年同我国建交，在帝国主义阵营封锁我国的链条中打开了缺口。这一时期，尽管美国继续封锁我国，但已进行中美大使级会谈。1964 年 1 月，毛泽东提出，在一定时候，如果需要，可以让日本人进来开矿、办厂，也可以让华侨投资建厂。

1965 年 9 月 30 日，毛泽东在同印度尼西亚客人谈到现代科学技术已不为帝国主义所垄断时兴奋地说：是嘛。全部开放，全部交流，不要垄断。这里，毛泽东用了“全部开放”的提法，虽然是指科学技术而言，但也可以理解为包括经济方面的“全部开放”。显然，“全部开放”，已接近于今天我们所说的“对外开放”的用语。到 1966 年，中国同世界上 49 个国家建立了外交关系，同更多的国家发展了经济文化交流和合作关系。在此期间，中苏关系由友好而恶化，与之相联系，我国与东欧各国关系也受到严重影响。

“文化大革命”期间，国内经济受到很大破坏，对外关系也一度受到严重影响，但总的说来损失较国内工作要小。我国外交和外贸工作在这一时期还在继续发展。尽管“文化大革命”对于发展对外经济交往带来了消极影响，但是，在对外关系方面，毛泽东在指导思想上并没有改变，因而我国外交和外贸工作在这一时期是在曲折中继续发展。这一时期，面对苏美两大势力的对峙，毛泽东提出了“三个世界”划分的理论，为我国活跃于国际政治舞台提供了理论依据。

我国在政治上同第三世界国家建立了紧密联系，对外经济也转向了第三世界，同第三世界国家构建起广泛的贸易关系。1972 年中美建交不仅是政治外交的里程碑，而且是我国对外经济振兴的起点。1973 年 1 月，国家计委向国务院提出《关于增加设备进口，扩大经济交流的请示报告》，决定大规模引进国外的先进机器设备，这是新中国成立以来的第二次大规模引进。

1973 ~ 1977 年，我国从日本、西德、美国以及英国、法国、荷兰等 14 个西

方国家引进成套设备 222 项，包括化工、冶金、矿山、电子、精密机械、航空、光学等项目，填补了我国工业的许多空白。在此期间，联合国恢复了中国合法席位，中日实现了邦交正常化。1976 年同中国建交的国家猛增到 111 个，进出口总额达到 134.33 亿美元（1960 年为 38.09 亿美元）。

1. 利用外资规模不断扩大

新中国成立以来，我国利用外资工作大体经历了两个阶段。第一阶段是 20 世纪 50 年代。在这个阶段，我国正处于恢复和发展国民经济时期，苏联以低息向我国贷款 74 亿旧卢布（折合 19 亿美元），我国利用这些贷款在第一个五年计划期间搞了 156 个建设项目；我国还与苏联、波兰、捷克等国兴办了合资经营公司。第二阶段是 20 世纪 60 年代初至 70 年代后期。我国利用外资的主要方式是靠中国银行在港澳吸收存款，并在对外贸易中使用延期付款，如 20 世纪 60 年代曾用 2.8 亿美元从西方发达国家引进一些急需的石油、化工、冶金、电子和精密机械等技术和设备；20 世纪 70 年代用 31.5 亿美元从日本、联邦德国、美国等 10 余个国家引进包括 13 套化肥、4 套化纤、2 套石油化工、武钢 1.7 米轧机在内的 22 项技术及成套设备和 43 套综合采煤机，其中有 12.6 亿美元使用延期付款方式支付。

2. 对外贸易活跃

20 世纪 50 年代的最初三年，我国经济处于恢复时期，进出口总额停留在不到 20 亿美元的低水平上。20 世纪 50 年代中期到 60 年代末，我国实行了几个五年计划，国民经济有了发展，但我国的经济基础仍很薄弱，再加上有些西方国家对我国实行封锁禁运政策，我国对外贸易主要是同苏联和东欧等少数国家进行，贸易量较小，每年进出口总额一直徘徊在 30 亿 ~ 40 亿美元的水平上。进入 20 世纪 70 年代后，随着数个大油田建成投产，我国石油出口量逐年增加，对外贸易逐渐活跃，同西方发达国家和第三世界国家的贸易往来有所开展，进出口贸易总额由 1970 年的 45.9 亿美元增加到 1978 年的 206.4 亿美元。

总之，从新中国成立到改革开放前的 30 年，以毛泽东为主要代表的第一代中央领导集体对中国社会主义发展道路进行了艰辛的探索，取得了丰硕的成果：制定了“党在过渡时期的总路线”，提出了“以苏为鉴”，走中国式的社会主义道路；最大限度地调动一切积极因素，“把我国建设成为一个强大的社会主义国家”；强调正确处理人民内部矛盾问题，统筹兼顾各个方面的发展需要和利益关系；初步探索出中国社会主义发展道路的客观规律；等等。但是，由于我国实行社会主义的时间不长，加上受“左”的思想路线的影响，特别是

“文化大革命”的爆发，这一时期，党对我国社会主义发展道路的探索也有严重的失误和挫折。

第二节　中国特色社会主义道路的成功开辟

新中国成立60年来，中国在探索社会主义发展道路的风风雨雨中一路走来，既有“三十功名尘与土”的感慨，更有“八千里路云和月”的豪情。改革开放30年的横空出世造就了60年最美的风景，其成就有目共睹，其辉煌举世公认。1978年底的中共十一届三中全会因而成为中国特色社会主义发展道路的历史起点。在这次会议上，党中央所作出的把党和国家工作重点转移到社会主义现代化建设上来等一系列重大决策，既反映了党对过去探索社会主义发展道路的反思，又表明了党重新思考关于中国社会主义发展道路的问题。从此，我国进入成功开辟中国特色社会主义发展道路的新时期。

一　“一个中心、两个基本点”的基本路线

1. 社会主义初级阶段的历史定位

社会主义初级阶段理论是对马克思主义关于社会主义发展阶段思想的创新和发展，为我国的社会主义发展阶段作了正确的定位，成为党制定路线、纲领、方针、政策的根本出发点，也成为每次中央全会和党的全国代表大会的重要内容。如十一届六中全会的历史决议和十二大报告中，有“我国的社会主义社会现在还处于初级发展阶段”这样的论断；十二届六中全会通过的《中共中央关于社会主义精神文明建设指导方针的决议》，开始把社会主义初级阶段作为社会主义道德建设理论的基础。

在十三大召开前夕，邓小平明确提出：“我们中共十三大要阐述中国社会主义是处在一个什么阶段，就是处在初级阶段，是初级阶段的社会主义。社会主义本身是共产主义的初级阶段，而我们中国又处在社会主义的初级阶段，就是不发达的阶段。一切都要从这个实际出发，根据这个实际来制订规划。”① 关于社会主义初级阶段的含义，十三大指出：“我国正处在社会主义的初级阶段。这个论断，包括两层含义。第一，我国社会已经是社会主义社会。我们必须坚持而不能

① 《邓小平文选》第3卷，人民出版社，1993，第252页。

离开社会主义。第二，我国的社会主义社会还处在初级阶段。我们必须从这个实际出发，而不能超越这个阶段。”①

十三大报告把社会主义初级阶段作为整个报告立论的基础，标志着社会主义初级阶段理论的形成。以邓小平为代表的第二代中央领导集体对社会主义初级阶段的含义、理论依据、主要矛盾、历史任务和历史地位等作了全面而系统的论述，第一次提出经济文化落后的中国在社会主义制度确立后，必须经历一个很长的初级阶段的观点，为我们正确认识自身所处的发展阶段、基本国情提供了理论依据。在此基础上，第二代中央领导集体完整概括了党在社会主义初级阶段的基本路线，并进一步提出必须搞清楚什么是初级阶段的社会主义，在初级阶段怎样建设社会主义。

十三届四中全会以后，江泽民一再强调，我国的社会主义初级阶段是逐步摆脱不发达状态、基本实现社会主义现代化的历史阶段，是整个建设中国特色社会主义的很长历史过程中的初始阶段。中共十五大对社会主义初级阶段的理论，尤其是对它的基本特点从九个方面作了更为具体深入的论述。这九条体现了社会主义初级阶段是一个长期的发展过程，是一个从不发达的社会主义国家到中等发达的社会主义现代化国家的转变过程。十五大报告指出：“十一届三中全会以来，党正确地分析国情，作出我国还处于社会主义初级阶段的科学论断。我们讲一切从实际出发，最大的实际就是中国现在处于并将长时期处于社会主义初级阶段。”② 实践证明，十一届三中全会以来我们党的路线、方针、政策之所以对社会的发展和进步产生巨大的推动作用，归根结底就是因为它立足于社会主义初级阶段的客观现实。

2003 年 11 月，十六届三中全会通过的《中共中央关于完善社会主义市场经济体制若干问题的决定》指出：目前中国社会面临的“经济结构不合理、分配关系尚未理顺、农民收入增长缓慢、就业矛盾突出、资源环境压力加大，经济整体竞争力不强等问题，其重要的原因是我国处于社会主义初级阶段，经济体制还不完善，生产力发展仍面临诸多体制性障碍”。因此，“为适应经济全球化和科技进步加快的国际环境，适应全面建设小康社会的新形势，必须加快改革，进一步解放和发展生产力，为经济发展和社会进步注入强大动力。”这里，中国共产

① 《十三大以来重要文献选编》（上），人民出版社，1991，第 9 页。

② 《十五大以来重要文献选编》（上），人民出版社，2000，第 14 页。

党在新时期的改革和发展的思路仍源于初级阶段的现实国情。

中共十七大从经济实力、经济体制、生活水平、发展方式、政治建设、文化建设、社会建设、对外开放八个方面，阐明了新世纪新阶段我国新的阶段性特征，并强调这些阶段性特征是“社会主义初级阶段基本国情在新世纪新阶段的具体表现”① 的重要论断，深刻揭示了当前我国发展的阶段性特征与社会主义初级阶段基本国情的关系，进一步深化了对社会主义建设规律的认识，既为我们在新的历史起点上更好地坚持党的基本路线、基本纲领提供了理论和实践的基础，也为我们深入贯彻落实科学发展观提供了理论和实践的基础。可见，社会主义初级阶段理论已经成为中国共产党制定正确路线、方针、政策的出发点和基本依据。

2. 党的基本路线的提出及拓展

党在社会主义初级阶段基本路线的确立，关系中国特色社会主义发展道路的方向是否正确和最终能否取得成功。十一届三中全会作出了党和国家工作重点转移的战略决策，摒弃“以阶级斗争”为纲，提出把全党工作的重点和全国人民的注意力转移到社会主义现代化建设上来，提出必须实行改革开放。由十一届三中全会确立起来的“一个中心、两个基本点”的基本路线，成为十三大概括的在整个社会主义初级阶段要始终坚持的党的基本路线的核心内容。党在社会主义初级的基本路线的主要内容可以简明概括为“一个中心，两个基本点”，即：以经济建设为中心，坚持四项基本原则，坚持改革开放。这条基本路线则是中国特色社会主义发展道路的主体。

1979 年 3 月，针对当时思想领域比较混乱的情况，邓小平在理论务虚会上发表了《坚持四项基本原则》的讲话，强调要坚持党的领导，坚持社会主义道路，坚持人民民主专政，坚持马列主义、毛泽东思想。1981 年，邓小平主持起草的《关于建国以来党的若干历史问题的决议》，重申了党和国家工作的重点必须转移到以经济建设为中心的社会主义现代化建设上来，大力发展社会生产力，还强调必须坚持四项基本原则，坚持改革开放。这样，党的“一个中心、两个基本点”的基本路线开始形成。1982 年 9 月，十二大提出党在新时期的总任务是：“团结全国各族人民，自力更生，艰苦奋斗，逐步实现工业、农业、国防和科学技术现代化，把我国建设成为高度文明、高度民主的社会主义国家。”

---

① 《中国共产党第十七次全国代表大会文件汇编》，人民出版社，2007，第 14 页。

1987 年 10 月，十三大对党在社会主义初级阶段的基本路线作了比较完整的概括和阐发，即“领导和团结全国各族人民，以经济建设为中心，坚持四项基本原则，坚持改革开放，自力更生，艰苦创业，为把我国建设成为富强、民主、文明的社会主义现代化国家而奋斗。”至此，党在社会主义初级阶段的基本路线正式形成。1992 年 10 月，党的十四大重申了这条基本路线，并将它正式载入了党的章程。

1997 年 9 月，十五大在全面论述社会主义初级阶段理论的基本点以后，明确提出了党在社会主义初级阶段的基本纲领，即建设中国特色社会主义的经济、政治、文化的基本目标和基本政策。它是社会主义初级阶段党的基本路线在经济、政治、文化等方面的展开，是党的基本路线的具体化。党在社会主义初级阶段的基本纲领是：建设有中国特色社会主义的经济，就是在社会主义条件下发展市场经济，不断解放和发展生产力。建设有中国特色社会主义的政治，就是在中国共产党领导下，在人民当家做主的基础上，依法治国，发展社会主义民主政治。建设有中国特色社会主义的文化，就是以马克思主义为指导，以培育有理想、有道德、有文化、有纪律的公民为目标，发展面向现代化、面向世界、面向未来的，民族的科学的大众的社会主义文化。上述建设有中国特色社会主义的经济、政治、文化的基本目标和基本政策，有机统一，不可分割，构成党在社会主义初级阶段的基本纲领。

2007 年 10 月，十七大对十一届三中全会后近 30 年我们所走过的道路做了理论性的概括：中国特色社会主义道路，就是在中国共产党领导下，立足基本国情，以经济建设为中心，坚持四项基本原则，坚持改革开放，解放和发展社会生产力，巩固和完善社会主义制度，建设社会主义市场经济、社会主义民主政治、社会主义先进文化、社会主义和谐社会，建设富强民主文明和谐的社会主义现代化国家。

3. 党的基本路线的基本内容

（1）坚持以经济建设为中心。社会主义初级阶段的特点决定了我们必须以经济建设为中心，大力发展生产力，为进入社会主义更高一级的发展阶段奠定基础。改革开放以来，党的历代中央领导集体始终坚持以经济建设为中心，把中国特色社会主义事业推向前进。十一届三中全会之后，我们党吸取教训，把全党全国的工作重心从“以阶级斗争为纲”转移到经济建设上来，确定了一心一意搞建设的方针。邓小平在改革开放之初就明确指出：“近 30 年来，经过几次波折，

始终没有把我们的工作着重点转到社会主义建设这方面来，所以，社会主义优越性发挥得太少，社会生产力的发展不快、不稳、不协调，人民的生活没有得到多大的改善。十年的“文化大革命”，更使我们吃了很大的苦头，造成很大的灾难。现在要横下心来，除了爆发大规模战争外，就要始终如一地、贯彻始终地搞这件事，一切围绕着这件事，不受任何干扰。就是爆发大规模战争，打仗以后也要继续干，或者重新干。”① 在1992年的南方谈话中，他在总结我国社会主义建设经验教训的基础上，提出“发展才是硬道理”的著名论断，强调这是解决中国所有问题的关键。

十三届四中全会以来，江泽民坚定地指出，要像邓小平反复告诫我们的那样，“除了爆发大规模战争外，全党同志必须贯彻始终地集中力量进行经济建设，一步一步地实现我们的战略目标。我们一定要把这个雄心壮志在全党全社会牢固地树立起来，扭着不放，毫不动摇。经济发展了，综合国力提高了，人民生活不断改善了，国家更加强大了，社会主义制度的巨大优越性就会更加充分地显示出来”。他反复强调：“坚持党的基本路线不动摇，关键是坚持以经济建设为中心不动摇。”②“三个代表”重要思想把发展作为党执政兴国的第一要务，强调用发展的办法解决前进中的问题，“全面开创中国特色社会主义事业的新局面”把中国特色社会主义发展道路推进到了一个新阶段。

以胡锦涛为总书记的新一届党中央从新阶段的实际出发，遵循经济发展规律，着眼于丰富发展内涵、创新发展观念、开拓发展道路，提出了“以人为本，全面、协调、可持续”的科学发展观。科学发展观是对“以经济建设为中心不动摇”发展观的深化，其中，“以经济建设为中心不动摇”是核心。胡锦涛更是一再强调，我们要始终牢记发展是第一要务，坚持以经济建设为中心不动摇，聚精会神搞建设，一心一意谋发展。十六届四中全会总结了50多年来我们党执政的六条主要经验，其中的一条是“坚持抓好发展这个党执政兴国的第一要务，把发展作为解决中国一切问题的关键”。

以经济建设为中心，其实质就是坚持发展理念，在发展中解决问题。1978～2008年，我国国内生产总值由3645亿元增长到300670亿元，由世界第十一位跃升至世界第三位；主要农产品和工业品产量及外汇储备跃居世界第一；我国财政

① 《邓小平文选》第2卷，人民出版社，1994，第249页。

② 《江泽民论有中国特色社会主义》，中央文献出版社，2002，第31页。

收入由940亿元发展到6.13万亿元；进出口总额从206亿美元提高到25616亿美元，已经成为世界第三贸易大国；粮食产量由3亿吨发展到5.285亿吨；城镇居民全年人均可支配收入由343元增加到15781元，农村居民全年人均收入由134元增加到4761元，人民生活已经摆脱贫困、解决温饱，达到了总体小康水平，正在向全面小康水平迈进。改革开放30年来，我国的发展不仅是我国历史上最快最好的时期，发展速度也是全世界最快的，经济增长速度是同期世界经济年均增长率的3倍多。事实证明，要发展中国就必须走中国特色社会主义道路。

（2）坚持四项基本原则，坚持改革开放。坚持四项基本原则是经济建设和改革开放的可靠政治保证，同时它又是以经济建设为基础。“两个基本点”是一个统一的有机整体，我们既不能离开四项基本原则来谈改革开放，又不能离开改革开放来谈四项基本原则。只有坚持四项基本原则，才能使改革开放顺利进行；只有在改革开放取得的伟大成就中，社会主义才能显示勃勃生机，四项基本原则才能更好地坚持。

一方面，必须毫不动摇地坚持四项基本原则。坚持四项基本原则，科学而完整地回答了当代中国社会的发展道路和发展方向问题，是发展中国特色社会主义的政治保证。道路，首先意味着是对一个国家社会制度的选择。四项基本原则就是中国特色社会主义的基本制度的集中体现。换言之，坚持四项基本原则，就是坚持中国特色社会主义的基本制度。邓小平强调：“我们要在中国实现四个现代化，必须在思想政治上坚持四项基本原则。这是实现四个现代化的根本前提。”①

另一方面，必须毫不动摇地坚持改革开放。对外开放是中国改革开放事业的重要组成部分。30年的对外开放不仅成为现代化建设的重要动力，促进了综合国力的大幅提升，而且有力推动了思想解放和观念转变，促进了社会主义市场经济体制的建立和完善。十一届三中全会确立了以经济建设为中心、实行改革开放、加快社会主义现代化建设的路线，指出要在自力更生的基础上积极发展同世界各国平等互利的经济合作、努力采用世界先进技术和先进设备。十二大确定实行对外开放，按照平等互利的原则扩大对外经济技术交流，是我国坚定不移的战略方针。十二届三中全会通过的《中共中央关于经济体制改革的决定》把对外开放作为长期的基本国策。自此，我国对外开放不断向广度和深度拓展。

1979年7月，党中央、国务院决定对广东、福建两省的对外经济活动实行

① 《邓小平文选》第2卷，人民出版社，1994，第164页。

特殊政策和灵活政策。1980 年 5 月国家决定在深圳、珠海、汕头、厦门设立经济特区。这四个经济特区的举办，参照了国外的出口加工区、自由贸易区的成功经验，同时又坚持从国情出发，具有社会主义的本质和特征。四个经济特区的设立和发展，是中国对外开放进程取得突破的关键步骤。

20 世纪 80 年代中期至 90 年代初，对外开放的范围由特区逐步扩大到沿海开放地带和部分内地地区，初步形成从沿海向内地推进的格局。1984 年 5 月，开放大连、秦皇岛、天津、烟台、青岛、连云港、南通、上海、宁波、温州、福州、广州、湛江、北海 14 个沿海港口城市。1985 年 2 月，分两步开放长江三角洲、珠江三角洲、闽南厦漳泉三角洲和辽东半岛、胶东半岛。1988 年 4 月，党中央和国务院作出重大决定，设立海南省，同时兴建我国最大的经济特区——海南经济特区，并给予其较大的政策倾斜。1990 年 4 月，国家决定开发和开放上海浦东新区，实行经济技术开发区和某些经济特区政策。1991 年，开放满洲里、丹东、绥芬河、珲春 4 个北部口岸。

2001 年 12 月，中国加入 WTO，标志着中国的对外开放进入了新的阶段。十七大报告中指出从沿海到沿江沿边，从东部到中西部，对外开放的大门毅然地打开了。这场历史上从未有过的大开放，使我国成功地实现了从封闭半封闭到全方位开放的伟大历史转折。对外开放已经成为一种体制性安排，使我们真正告别了封闭半封闭经济，成功实现了向开放型经济模式的转变。

1979～2007 年，我国对外贸易额由 109 亿美元增加到 21738 亿美元，成为世界第三大贸易国；累计吸收国内直接投资 7745 亿美元，吸引外资规模连续 14 年居发展中国家首位。目前我国已经成为美国、欧盟和东盟的第四大出口市场、日本的第二大出口市场、韩国的第一大出口市场。

二 “三步走”与基本实现国家现代化的发展战略

1. “三步走”发展战略的制定和完善

改革开放以来，我们党坚持从我国的国情出发，科学制定、不断完善“三步走”的发展战略，继续推动着社会主义现代化目标的实现。如前所述，对于社会主义现代化建设的战略步骤，我们党在改革开放前曾有过深入的思考，提出分“两步走”到 20 世纪末实现现代化的设想。

“文化大革命”结束后，第三次复出的邓小平对我国能否在预期的 20 世纪末实现现代化充满忧虑。1980 年 1 月，他指出，我们要在 20 世纪实现现代化，

"只有二十年，就是八十年代和九十年代"[①]，因而，提出分"两步走"达到"小康"的战略设想。同年12月25日，在中央工作会议上，他更加明确地提出"经过二十年的时间，使我国现代化经济建设的发展达到小康水平，然后继续前进，逐步达到更高程度的现代化"[②] 的战略设想。

1982年，中共十二大将我国经济建设的战略目标概括为：从1981年到20世纪末的20年，在不断提高经济效益的前提下，力争使全国工农业的年总产值翻两番，即第一步，实现国民生产总值比1980年翻一番，解决人民的温饱问题；第二步，到20世纪末，国民生产总值再翻一番，使人民生活达到小康水平。就是说，前10年打好基础，积累力量，创造条件，后10年进入一个新的经济振兴时期。

邓小平在毛泽东关于中国现代化问题的"两步走"的思考基础上，初步提出了分"三步走"基本实现现代化的战略步骤和目标。1987年4月，邓小平明确提出了"三步走"的战略目标：我们原定的目标是，第一步在八十年代翻一番。以1980年为基数，当时国民生产总值人均只有250美元，翻一番，达到500美元。第二步是到20世纪末，再翻一番，人均达到1000美元。实现这个目标意味着我们进入小康社会，把贫困的中国变成小康的中国。那时国民生产总值超过1万亿美元，虽然人均数还很低，但是国家的力量有很大增强。我们制定的目标更重要的还是第三步，在21世纪用三十到五十年再翻两番，大体上达到人均4000美元。做到这一步，中国就达到中等发达的水平。这是我们的雄心壮志。

中共十三大在此基础上进一步指出，我国经济建设的战略部署大体上分三步走：第一步，实现国民生产总值比1980年翻一番，解决人民温饱的问题。这个任务已经基本实现。第二步，到20世纪末使国民生产总值再增长一倍，人民生活达到小康水平。第三步，到21世纪中叶，人均国民生产总值达到中等发达国家水平，人民生活比较富裕，基本实现现代化。

1997年，我们党提出了新的"三步走"发展战略。中共十五大明确提出："展望下世纪，我们的目标是，第一个十年实现国民生产总值比二〇〇〇年翻一番，使人民的小康生活更加宽裕，形成比较完善的社会主义市场经济体制；再经

① 《邓小平文选》第2卷，人民出版社，1994，第241页。
② 《邓小平文选》第2卷，人民出版社，1994，第356页。

过十年的努力，到建党一百年时，使国民经济更加发展，各项制度更加完善；到21世纪中叶建国一百年时，基本实现现代化，建成富强民主文明的社会主义国家。"① 新"三步走"战略是在实现"三步走"战略前两步基础上产生的，也是前两步实现后的必然选择，是实现"三步走"战略第三步的具体化。

2. 全面建设小康社会的战略目标

社会主义现代化发展战略是中国特色社会主义道路的核心内容。改革开放以来，党的几代领导集体围绕这一核心内容进行了不懈的探索。以江泽民为主要代表的第三代中央领导集体，在邓小平分"三步走"基本实现现代化的战略构想的基础上，提出了"新三步走"发展战略和全面建设小康社会的奋斗目标。1995年，中共十四届五中全会通过的《中共中央关于制定国民经济和社会发展"九五"计划和2010年远景目标的建议》，确定2010年实现国民生产总值比2000年翻一番，形成比较完善的社会主义市场经济体制，为实现第三步战略目标奠定坚实的物质技术和经济体制基础。

1997年的十五大明确提出了"新三步走"的发展战略，即：第一步，21世纪第一个10年实现国民生产总值比2000年翻一番，使人民的小康生活更加宽裕，形成比较完善的社会主义市场经济体制；第二步，再经过10年的努力，到建党100周年时，使国民经济更加发展，各项制度更加完善；第三步，到21世纪中叶建国100周年时，基本上实现现代化，把我国建设成为富强民主文明的社会主义国家。

2002年，中共十六大全面勾画了中国全面建设小康社会的宏伟蓝图，标志着全面建设小康社会战略目标的正式形成。十六大提出的全面建设小康社会的目标是：在21世纪头20年，集中力量，全面建设惠及十几亿人口的更高水平的小康社会，使经济更加发展、民主更加健全、科教更加进步、文化更加繁荣、社会更加和谐、人民生活更加殷实。这一新的任务，使中国特色社会主义发展的近期目标鲜明具体，使中国特色社会主义的目标更为全面、科学。

所谓全面建设小康社会，就是要实现一个更高水平的、全面的、发展平衡的小康社会；所谓"更高水平"，是指不仅要有更高水平的物质文明建设，而且要有更高水平的政治文明建设和精神文明建设；所谓"全面发展"，是指发展的内容包含着经济更加发展、民主更加健全、科技更加进步、文化更加繁荣、人民生

① 《十五大以来重要文献选编》（上），人民出版社，2000，第4页。

活更加殷实等多方面的内容；所谓“发展平衡”，是指各种发展因素要能够相互促进和协调发展，它既包括人与自然的协调发展，也包括社会内部经济、政治和文化等方面的协调发展，还包括人自身的思想道德素质、科学文化素质、健康素质与他们的物质文化生活水平的提高能够协调发展。

十六大以来，以胡锦涛为总书记的新一届党中央，面对复杂多变的国际形势和艰巨繁重的改革发展任务，带领全国人民不断开创社会主义现代化建设的新局面。中共十七大提出了实现全面建设小康社会奋斗目标的新要求：一是增强发展的协调性，努力实现经济又好又快发展。二是扩大社会主义民主，更好地保障人民权益和社会公平正义。三是加强文化建设，明显提高全民族文明素质。四是加快发展社会事业，全面改善人民生活。五是建设生态文明，基本形成节约能源资源和保护生态环境的产业结构、增长方式、消费模式。循环经济形成较大规模，可再生能源比重显著上升。全面建设小康社会的奋斗目标及其新要求，既是全体人民的理想追求，也是团结奋斗的精神动力。

3. 走新型工业化道路

各个国家必须根据本国的国情及当代国际国内环境探索本国特色的现代化道路。在经济全球化的背景下，我国在学习和总结西方发达国家和我国工业化经验教训的基础上，结合我国的国情，逐渐探索出一条有中国特色的新型工业化道路。

中共十六大报告明确提出，我国在新世纪头二十年经济建设的主要任务之一，是基本实现工业化，并郑重提出要“走新型工业化道路”。走什么样的工业化道路，是新时期新阶段我们面临的重大课题。十六大报告指出：“坚持以信息化带动工业化，以工业化促进信息化，走出一条科技含量高、经济效益好、资源消耗低、环境污染少、人力资源优势得到充分发挥的新型工业化路子。”党中央的这一界定，内涵极其丰富，是加快实现我国工业化、现代化的重大战略部署。

十六大报告还强调，走新型工业化道路，必须发挥科学技术作为第一生产力的重要作用，注重依靠科技进步和提高劳动者素质，改善经济增长质量和效益，必须把可持续发展放在十分突出的地位，坚持计划生育和保护环境的基本国策。十六大特别地强调了信息化的重要性，指出：“信息化是我国加快实现工业化和现代化的必然选择”，要“坚持以信息化带动工业化，以工业化促进信息化，走出一条科技含量高、经济效益好、资源消耗低、环境污染少、人力资源优势得到充分发挥的新型工业化路子。”

新型工业化道路，是在新的历史条件和时代进步背景下，加快实现中国工业化、现代化的重大战略部署，是走经济建设新路子的根本指导方针。新型工业化道路的提出，是针对我国经济中出现的一些不协调因素提出的解决方案。目前，我国还处在工业化中期，实现工业化仍然是我国现代化进程中艰巨的历史性任务决定了我国只能选择有一定历史跨度的新型工业化道路。

中共十七大报告重申了十六大报告提到的到2020年基本实现工业化的历史任务，并继续强调："要坚持走中国特色新型工业化道路"。我们完全可以设想，在一个十几亿人口的发展中大国，用大约70年的时间基本实现工业化，届时，我国经济实力、综合国力将迈上新的大台阶，这必将是载入世界史册的伟大事业。

三 "四位一体"的社会主义建设的总体布局

1."四位一体"社会主义建设总体布局的形成

中国特色社会主义总体布局的形成经历了一个"两位一体"—"三位一体"—"四位一体"的发展过程。

1979年，在中共十一届四中全会通过的叶剑英关于庆祝中华人民共和国成立30周年的重要讲话中，明确提出："我们要在建设高度物质文明的同时，提高全民族的教育科学文化水平和健康水平，树立崇高的革命理想和革命道德风尚，发展高尚的丰富多彩的文化生活，建设高度的社会主义精神文明。"这表明，党在把国家重心转移到经济建设上来的同时，也把社会主义精神文明建设提到了同等重要的位置，实现了"两大文明"的确立。十二大制定了全面开创社会主义现代化建设新局面的奋斗纲领，把建设高度的物质文明和精神文明作为奋斗目标，提出把我国建设成为高度文明、高度民主的社会主义国家。

中共十二大以后，中国特色社会主义事业的总体布局在探索中逐步明朗。1986年，中共十二届六中全会通过的《关于社会主义精神文明建设指导方针的决议》指出："我国社会主义现代化建设的总体布局是：以经济建设为中心，坚定不移地进行经济体制改革，坚定不移地进行政治体制改革，坚定不移地加强精神文明建设，并且使这几个方面互相配合，互相促进。"《决议》第一次提出了"总体布局"这一概念，提出在进行经济体制改革的同时，也要推动政治体制改革，这表明了我们党在探索总体布局上已开始从"两位一体"逐步地向"三位一体"转变。1987年的十三大，把"富强、民主、文明"作为建设中国特色社会主义的"三位一体"的奋斗目标，第一次写进党在社会主义初级阶段的基本路线。

十三届四中全会以来，以江泽民为主要代表的第三代中央领导集体，强调要从建设中国特色社会主义的目标出发安排战略布局，制定了党在社会主义初级阶段的基本纲领，把社会主义物质文明、政治文明、精神文明协调发展和促进人的全面发展纳入总体布局之中，是党的基本路线在经济、政治、文化等方面的展开。2002 年的十六大报告提出了“社会更加和谐”的要求，强调要“形成全体人民各尽所能、各得其所而又和谐共处的局面”。

2004 年，中共十六届四中全会通过的《中共中央关于加强党的执政能力建设的决定》，明确提出了构建社会主义和谐社会的战略任务，把中国特色社会主义事业的总体布局由社会主义市场经济、社会主义民主政治、社会主义先进文化的“三位一体”，发展成为社会主义经济建设、政治建设、文化建设和社会建设的“四位一体”。2005 年，胡锦涛在省部级主要领导干部专题研讨班的重要讲话中提出：“随着我国经济社会的不断发展，中国特色社会主义事业的总体布局更加明确地由社会主义经济建设、政治建设、文化建设‘三位一体’发展为社会主义经济建设、政治建设、文化建设、社会建设四位一体。”在这里，第一次明确地提出“社会建设”的概念。

2006 年召开的十六届六中全会，将“把我国建设成为富强民主文明的社会主义现代化国家”的表述修改为“把我国建设成为富强民主文明和谐的社会主义现代化国家”。这预示着我国社会主义现代化建设的总体布局更加明确地由社会主义经济建设、政治建设、文化建设的“三位一体”发展为社会主义经济建设、政治建设、文化建设与和谐社会建设的“四位一体”。把社会建设纳入这一总体布局之中，并把它与经济、政治、文化建设相提并论，强调它们共同服务于建设富强、民主、文明、和谐的现代化国家的目标，是对中国特色社会主义事业总体布局的新拓展，也是对中国特色社会主义理论和基本路线的丰富和完善。2007 年的十七大，再次明确了“四位一体”的总体布局。

从提出物质文明和精神文明“两手抓，两手都要硬”的“两大文明”建设，到提出“建设社会主义政治文明”，再到提出要加快推进以改善民生为重点的社会建设，反映我们党对中国特色社会主义发展规律认识的不断深入。从这个意义上说，中国特色社会主义事业“四位一体”的总体布局，是对中国特色社会主义道路的进一步开辟。中国特色社会主义事业总体布局是一个有机统一整体，其中，经济建设是中心，它为政治建设、文化建设和社会建设提供物质基础和物质保证，政治建设、文化建设和社会建设同经济建设相互联系，发挥着各自不可或缺、不可替代的重要功能；政治建设为经济建设、文化建设和社会建设提供制度保障，规定经济建设、文化建设和社会建设的政治方向；文化建设为经济建设、政治建设和社会建设提供精神动力和智力支持，同时也为经济建设、政治建设和社会建设提供思想理论先导、舆论支持和思想保证；社会建设则为经济建设、政治建设和文化建设提供和谐的社会环境和社群支撑。

总之，全面推进中国特色社会主义经济建设、政治建设、文化建设和社会建设，把我国建设成为一个富强、民主、文明、和谐的社会主义现代化国家，是中国特色社会主义发展道路的宏伟目标。

2. 改革开放以来中国特色社会主义事业所取得的巨大成就

改革开放以来，我国经济建设、政治建设、文化建设、社会建设等各项事业也取得重大进步，人们的精神面貌、整个社会的面貌都发生了巨大变化。

一是经济建设取得了辉煌的成就。我国在经济建设上所取得的成就，主要得益于社会主义市场经济体制的确立和发展。改革开放30年来，伴随着对计划与市场关系认识的深化，我国经济体制改革的不断推进均体现在有关党代会正式文件对于经济体制改革的重大决策中。从十一届三中全会到十四届三中全会，我国经济体制改革目标模式的确立经历了一个曲折的过程。十一届三中全会率先提出计划与市场相结合；十一届六中全会提出“必须在公有制基础上实行计划经济，同时发挥市场调节的辅助作用”；十二大提出“计划经济为主、市场调节为辅”的原则；十二届三中全会强调“我国社会主义经济是公有制基础上的有计划的商品经济”；十三大提出有计划的商品经济是计划与市场内在统一的体制，国家调控市场，市场引导企业；十四大确立了社会主义市场经济体制的改革目标；十四届三中全会通过的《中共中央关于建立社会主义市场经济体制若干问题的决定》，十六届三中全会通过的《中共中央关于完善社会主义市场经济体制若干问题的决定》，标志着我国经济体制已实现从计划经济体制向社会主义市场经济体制的根本转变。30年来，我国GDP年均增长接近10%，目前经济总量位居世界第四，进出口额为世界第三；人民生活从温饱不足发展到总体小康，城镇居民可支配收入和农村居民纯收入增长了6.7倍；贫困人口从1978年的2.5亿人减少到2006年的2148万人；利用外资累计达到2575亿美元，从1993年开始我国已经连续14年成为吸收外商直接投资最多的发展中国家。

二是政治建设不断取得进步。改革开放30年来，我们既积极推进经济体制改革，又积极推进政治体制改革，发展社会主义民主政治，建设社会主义法治国家，保证人民当家做主，使社会主义民主政治展现出更加旺盛的生命力。改革开放30年来，我国政治体制改革的稳步推进主要表现在发展了社会主义民主政治。邓小平指出："进行政治体制改革，就是要兴利除弊，建设有中国特色的社会主义民主政治。"江泽民在中共十四大、十五大、十六大报告中指出："积极推进政治体制改革，使社会主义民主和法制建设有一个较大的发展。""发展社会主义民主政治，建设社会主义政治文明，是全面建设小康社会的重要目标。"2008年2月，胡锦涛在中共十七届二中全会上的讲话指出，以什么样的战略思想来谋划和推进我国社会主义民主政治建设，是管根本、管方向、管全局、管长远的。

三是文化建设不断开创新局面。国家对文化事业的投入大幅增加，中国文化在世界的影响力进一步增强。人民精神生活丰富多彩，文化创作活跃繁荣。体育事业不断发展，我国已成为世界体育大国。加强文化建设，明显提高全民族文明素质。社会主义核心价值体系深入人心，良好思想道德风尚进一步弘扬。覆盖全社会的公共文化服务体系基本建立，文化产业占国民经济比重明显提高、国际竞争力显著增强，适应人民需要的文化产品更加丰富。

四是社会建设不断展开。各级各类教育迅速发展。我国已经普及九年制义务教育，农村免费义务教育全面实现；初中升高中的升学率也由1980年的45.9%提高到2006年的75.7%。现阶段，我国现代国民教育体系更加完善，终身教育体系基本形成，全民受教育程度和创新人才培养水平明显提高；社会就业更加充分；覆盖城乡居民的社会保障体系基本建立，人人享有基本生活保障；合理有序的收入分配格局基本形成，中等收入者占多数，绝对贫困现象基本消除；人人享有基本医疗卫生服务；社会管理体系更加健全。

第三节　中国特色社会主义道路的基本经验

新中国前30年对中国社会主义发展道路的探索，为后30年中国特色社会主义发展道路的形成作了开拓性的贡献。中国特色社会主义发展道路是从改革开放开始的，不包括前30中国社会主义发展道路的探索，但是，并非说前30年同后30年没有关系。如果我们把中国特色社会主义发展道路的形成看作是一个经过了长时间酝酿和准备过程的话，那必须承认前30年为中国特色社会主义发展道路的开创曾经作出的开拓性的工作。

早在社会主义改造基本完成之前，毛泽东就以苏联的经验教训为戒，积极思考如何找到中国发展社会主义的具体道路的问题。毛泽东在《论十大关系》、《关于正确处理人民内部矛盾的问题》等著作中提出了一系列具有战略意义的正确思想和方针，其中包括：关于社会主义社会仍然存在着矛盾，基本矛盾仍然是生产力和生产关系之间的矛盾、上层建筑和经济基础之间的矛盾，必须严格区分和正视敌我矛盾和人民内部矛盾的思想；关于人民内部要在政治上实行“团结—批评—团结”，在共产党与民主党派之间的关系上实行“长期共存、互相监督”，在科学文化工作中要实行“百花齐放、百家争鸣”的方针；要正确处理工业同农业、轻工业的关系，充分重视农业和轻工业，走出一条适合我国国情的中国工业化道路；在社会主义建设中要处理好经济建设和国防建设、大型企业和中小企业、汉族和少数民族、沿海和内地，中央和地方、自力更生和学习外国等各种关系，处理好积累和消费的关系，注意综合平衡等；要造成一个又有集中又有民主、又有纪律又有自由、又有统一意志又有个人心情舒畅，生动活泼的政治局面；等等。

上述关于中国发展社会主义的重要观点，涉及政治、经济、文化、国防、外交等各个方面，对中国特色社会主义发展道路的形成有不可低估的贡献。可惜的是，由于在中国发展社会主义是一项崭新的实践，人们对如何走适合中国国情的社会主义道路还缺乏正确的认识，加上受当时严峻复杂的国际环境的影响，毛泽东对国际、国内阶级斗争的形势估计过分，党在指导思想上犯了“左”的错误，社会主义发展道路的探索发生了曲折，甚至还出现了像“文化大革命”这样严重的错误。

我们必须承认，正是在第一代中央领导集体的领导下，我们不仅建立起独立的比较完整的工业体系和国民经济体系，而且还积累了在中国这样的社会生产力水平十分落后的东方大国发展社会主义的重要经验。作为中国特色社会主义发展道路最早的探索者，无论是他们在探索中取得的初步成果，还是所积累的经验教训，对后来者都具有基础性、铺垫性的作用。从某种意义上说，没有中共第一代领导集体对社会主义发展规律的探索，就不可能有改革开放以来中国特色社会主义建设事业的巨大成就，也不可能有中国特色社会主义理论体系的科学总结。

一　坚持以科学的态度对待马克思主义

要以科学的态度对待马克思主义，首先要正确地理解和把握马克思主义，深刻领会马克思主义的精神实质，学会运用马克思主义的立场、观点和方法分析问题、解决问题。同时，要坚持和发展马克思主义，善于运用马克思主义的基本原理指导中国革命和建设的具体实践，推进马克思主义中国化与马克思主义理论的创新。

新中国成立60年来，我们党之所以能够不断地推进中国特色社会主义发展道路的探索、形成和拓展，是因为能够以科学的态度对待马克思主义，这种基本经验具体体现在以下两点。

一是要坚持马克思主义的基本原理。以科学的态度对待马克思主义，必须以坚信而不迷信马克思主义为前提。坚持以马克思主义为指导是中国共产党和中国人民的历史选择；马克思主义的基本原理是中国特色社会主义理论体系的理论基础，是引领我们立党兴国的旗帜，无论何时都不能丢。但是，坚持马克思主义，绝不能采取教条主义、本本主义的态度，而应该采取实事求是、与时俱进的科学态度，坚持一切从发展变化着的实际出发，把马克思主义看作不断发展的科学。

二是要注意区别马克思主义的基本原理和具体结论。马克思主义的具体结论是马克思主义者把马克思主义基本原理运用于实践得出的论断。其正确与否，要看它是否符合它所反映的特殊对象，而这只能借助具体实践的检验。

二 坚持马克思主义与中国国情相结合

走中国特色社会主义发展道路，必须从中国的基本国情出发。历史和现实的经验证明，马克思主义理论的指导意义是以各个国家和民族革命和建设的实际为依托的，马克思主义基本原理只有与具体国情相结合，才能转变为巨大的推动力。因此，坚持马克思主义基本原理与中国国情相结合是中国共产党一贯的思想。中国革命、建设和改革的实践一再证明，凡是马克思主义基本原理与中国国情结合得好的时候，我们党的事业就发展，就胜利；反之，我们党的事业就会遭到挫折，就会失败。

在我国取得了新民主主义革命在全国的胜利、建立起社会主义基本制度之后，中国的社会主义建设应该怎么搞？马克思主义经典著作里没有写。在我国社会主义改造基本完成时，毛泽东就向全党提出，要探索马克思主义同中国实际的“第二次结合”，走出中国自己的社会主义建设道路。在中共十一届三中全会以前的20多年间，我国尽管取得了很大的成就，但也遭到过严重挫折。十一届三中全会前，我们建设社会主义过程中出现失误的根本原因之一，就在于提出的一些任务和政策超越了社会主义初级阶段。挫折和失败教育了中国共产党人，使我们党在社会主义发展道路上更加成熟起来。

在改革开放和社会主义现代化建设的新时期，以邓小平为代表的中国共产党人，提出我国正处于并将长期处于社会主义初级阶段的科学论断，进而在这一最大国情基础上，初步回答了社会主义的发展道路、根本任务和发展动力以及社会主义建设的政治保证、外部条件、战略部署、依靠力量和基本路线等一系列重大现实问题，开创了一条有中国特色社会主义发展道路。30 年改革开放和现代化建设取得成功的根本原因之一，就是克服了那些超越阶段的错误观念和政策，在坚持马克思主义关于未来社会发展阶段理论的基础上又结合中国的基本国情。

三　坚持马克思主义与关注民生问题相结合

中国共产党始终坚持人民群众是历史主人的唯物史观，始终依靠人民，全心全意为人民服务，强调执政为民是党的唯一宗旨。在开辟中国特色社会主义发展道路的历程中，我们党始终坚持人民利益至上的原则。维护和实现最广大人民群众的根本利益，不断提高人民群众的生活水平，是我们党一切工作的根本出发点和归宿。在整个社会生产和建设发展的基础上，让人民群众享受到改革发展的成果，不断维护和发展人民群众的经济、政治、文化权益，始终是中国共产党人的神圣职责。

实践证明，人心向背是决定政党兴亡的根本性因素，全体执政党的根基在于取得人民群众的支持和拥护。要做到这一点，就必须不断地为人民群众带来实实在在的利益，就必须致力于关注民生、保障民生、改善民生。我们党在开辟中国特色社会主义发展道路的历程中，之所以始终得到人民群众的拥护和爱戴，是因为我们始终坚持一切为了群众、一切依靠群众，坚持立党为公、执政为民，不断实现好、维护好、发展好最广大人民的根本利益。

我国在经济社会发展的各个环节、各项工作中都要体现和保障人民群众的利益。经济建设，着眼于创造更丰富的社会物质财富，改善人民生活、提高人民生活水平；政治建设，着眼于保障人民当家做主的权利和合法利益，不断发扬社会主义民主、健全社会主义法治；文化建设，着眼于满足人民精神文化需求，提高人民精神生活质量，不断丰富人们的精神世界、增强人们的精神力量；社会建设，着眼于协调好各方面的利益关系，增强全社会的创造活力，不断建设全体人民各尽所能、各得其所而又和谐相处的社会。

中国共产党从其诞生之日起，就把解决人民的疾苦问题作为其奋斗的目标。新中国成立之后，通过实施1949～1952年的三年国民经济恢复计划，中国人民的贫困生活基本得到了转变。"一五"计划时期，我国居民的生活继续得到改善。1957年与1952年相比，中国农民的粮食消费和农副产品消费都有一定程度的提高；中国城镇居民的食物消费结构得到了改善，粮食消费比重下降，而农副产品的消费明显上升。"三步走"的发展战略步骤，每一步目标的实现都有与之相对应的改善民生问题的指标，如"温饱"、"小康"和"比较富裕生活"等。

总之，1949～2009年，中国走过了不平凡的60年。我们用"天翻地覆"、"沧海桑田"来形容60年的变化是十分贴切的。60年过去了，社会主义的中国经历了波澜壮阔的路程。或许，在人类历史的长河中，60年只是短暂的一瞬。但是，这振兴中华民族、改变中国人命运的60年将永远镌刻在历史的丰碑上。今天，我们在历史的记忆中徜徉，为的是站在新的历史起点上继往开来，开启明日的灿烂辉煌。

参考文献

［1］国家统计局编《1949～1984光辉的三十五年统计资料》，中国统计出版社，1984。
［2］国家统计局编《奋进的四十年》，中国统计出版社，1989。
［3］魏礼群主编《中国经济体制改革30年回顾与展望》，人民出版社，2008。
［4］韩保江：《中国奇迹与中国发展模式》，四川出版集团·四川人民出版社，2008。
［5］李楠：《中国共产党推进马克思主义中国化的基本经验》，《江汉论坛》2008年第7期。

The Arduous Exploration of the Socialist Road with Chinese Characteristics

Abstract: Since the foundation of the new China in 1949, the first generation of leading group with Mao Zedong as the core had been exploring the construction of socialism in China and fundamental socialist systems. They put forward the objective to build a great socialist power and the "two steps" development strategy, the economic system reform and the opening-up policy, and a relatively independent and complete industry system and national economy system, all of which were served as ideological guide and practice base of the later construction of socialism with Chinese characteristics since the reform and opening-up policy. In the past 30 years since the reform and opening-up policy, the Party declared the "one central task and two basic points" guideline, designed and improved the "harmonious development of economy, politics, culture and society" general layout of socialist construction, and the achievements were more than obvious. In the past 30 years since reform and opening-up policy, during the process of developing the socialism with Chinese characteristics members of Chinese Communist Party have been accumulating the basic experience of the scientific attitudes toward Marxism, advocating the integration of Marxism and China's status quo, and persisting the integration of Marxism and people's welfare.

Key Words: Socialist Road with Chinese Characteristics; Socialist Development Road with Chinese Characteristics; Domestication of Marxism in China; Explore and Innovate; Basic Experience

第四章
中国宏观经济与调控

李克穆[*]

摘　要：本文通过对60年来中国经济发展历程的回顾，展现中国运用宏观经济政策调控经济运行的轨迹。财政和金融体制改革完善了中国宏观调控的基础，逐步形成了适应市场经济的财政政策和货币政策，使宏观调控从过去主要依靠行政、计划手段转变为主要依靠经济、法律手段，辅之以必要的行政手段。中国宏观调控逐步积累了一些宝贵的经验。

关键词：宏观调控　财政政策　货币政策

新中国成立直到改革开放的30年间，我国实行的基本上是苏联式的计划经济体制，对西方经济学及其引申的宏观经济、市场经济理论只停留在研究层面，没有从实践上直接运用西方宏观经济学参与制定经济发展的方针政策。因此长期以来人们对宏观经济这个概念似乎是陌生的。回顾经济发展进程，在“一五”时期恢复经济、建立财政经济及货币金融制度、实施综合平衡，“二五”时期实行“调整、巩固、充实、提高”八字方针的过程中，国家调控经济，除了运用行政手段外，也运用了若干经济手段，而无论行政手段还是经济手段都属于国家运用经济政策调控经济运行，实际上就是现阶段实施宏观调控的过程。其中，许多政策取向与宏观经济和宏观调控原理是趋于一致的。

在西方经济学中，“宏观调控”（macro-control）这个概念出现的并不多，发达国家通常表述为用“宏观经济政策”（macroeconomic policy）干预经济运行，

---

* 李克穆，研究员，现任中国保险监督管理委员会党委副书记、副主席，兼任中国社会科学院研究生院博士生导师，曾任中央财经领导小组办公室副主任兼宏观经济组组长，享受国务院政府特殊津贴，长期从事宏观经济研究，特别是金融业的改革与发展研究。

目的是稳定经济，这种宏观经济政策有时被称为“稳定政策”。我国实行计划经济时期，经历了无数次经济“增长—过热—衰退”循环，老一代的经济工作领导人和经济学家将经济学理论和中国的经济实践结合在一起，成功地抑制了多次通货膨胀，数次使经济渡过危机。此间，频繁经历的经济调整、整顿、改革，都属于运用宏观经济政策调控和稳定经济的过程。任何社会制度和经济体制的国家，都需要从宏观经济、微观经济角度审视和研究经济发展问题。在我国历经坎坷，最终走上中国特色市场经济道路的今天，从宏观经济和宏观调控的角度，把我国经历的计划经济时代和市场经济时代联系起来进行研究，从中寻求经济发展的规律性，是有益的尝试。

本文将我国经济发展进程分为四个阶段：恢复发展时期（1949～1957年）、动荡发展时期（1958～1976年）、经济转型时期（1977～1990年）、全面建立健全社会主义市场经济体制时期（1991年至今）。文章通过对60年来我国经济发展历程的回顾，展现我国政府在计划经济与市场经济条件下宏观调控的轨迹。

第一节　恢复发展时期（1949～1957年）

中国共产党人在新中国成立前期的经济工作为新中国经济的起步和发展奠定了重要基础。新中国的成立标志着经济建设拉开帷幕，面对旧中国留下的极其罕见的通货膨胀、衰败的工商业、全面崩溃的经济，恢复经济从何着手呢？

概括地讲，当时恢复和发展全国的经济，从经济全局层面首先涉及以下重大问题：第一，如何确立所有制关系；第二，如何改造私营工商业；第三，如何治理通货膨胀，恢复生产，稳定经济；第四，如何建立经济制度。

“一五”计划的诞生标志着中国确立了计划经济体制。“一五”时期的快速发展使经济发展从市场经济参与调节供求关系，迅速转变为由国家计划进行资源配置，对私营工商业过急过快的社会主义改造预示着中国将进入计划配置需求的短缺经济时代。

一　过渡时期的总路线和总任务

1949年的中国是一个工业占比不到10%，分散的个体农业经济和手工业经济超过90%的农业国。刚刚掌握政权的中国共产党根据马克思主义理论，结合中国革命的实际情况，经过独立思考确立了新中国成立初期的所有制关系：社会

主义性质的国有经济，半社会主义性质的合作社，以及私人资本主义、个体经济、国家和私立合作的国家资本主义。然而在20世纪50年代的社会变革中，资本主义经济很快在“公私合营”中消亡，个体经济也日渐衰落。

1952年底，毛泽东提出了过渡时期的总路线和总任务，主要内容是：从中华人民共和国成立到社会主义改造基本完成，这是一个过渡时期。党在过渡时期的总路线和总任务，是要在一个相当长的时期内，逐步实现国家的社会主义工业化，并逐步地实现对农业、手工业和资本主义工商业的社会主义改造。总路线明确指出：“中华人民共和国的成立标志着从新民主主义到社会主义过渡时期的开始，而不是在完成新民主主义革命后，再经过相当长时期逐步过渡到社会主义。”

到1956年，已经基本上完成了对农业、手工业和资本主义工商业的社会主义改造。农民、手工业者劳动群众个体所有的私有制，基本上转变为劳动群众集体所有的公有制，资本家所有的资本主义私有制基本上转变为国家所有制。社会主义改造的完成标志着过渡时期的结束，即社会主义制度已经建立起来。但是由于对资改造过于迅猛，超过了生产力发展的要求，背离了客观经济规律的生产关系。新中国成立初期，存在严重的通货膨胀，为此，中央财经委员会具体领导了平抑物价、稳定经济的斗争，通过“统一财经”、“调整工商业”等重要措施，对当时混乱的经济进行了有力的治理。在这次稳定物价过程中，国家不仅能够主动地对付物价波动，而且能够有计划、有步骤地达到预定的要求，无论是物价总指数，还是主要商品的价格都平息在预计的水平上。国家平息物价波动、治理通货膨胀的举措取得了极大的成功，显示了新生政权的执政者已具备了利用货币和价格运行的规律治理通货膨胀、稳定经济的能力。这是新中国成立后，中国经济发展史上第一次运用宏观调控手段治理经济的举措。

二　国家开始建立与经济发展相适应的经济制度

首先，过渡时期总路线从政治上标定了经济发展的主要格局和方向；其次，通过对工商业的社会主义改造，建立了最初的计划经济体制，即“政府主导型经济体制”；最后，在稳定经济的过程中，中央财经委员会和有关部门建立和提出了一系列适合当时经济发展状况的经济制度和有关政策规定。

1. 统一和建立国家财政经济制度

新中国成立初期，国家财政负担沉重，支出大于收入。为扭转被动局面，

1950 年 3 月，陈云主持制定了《关于统一国家财政经济工作的决定》，主要内容为：统一全国财政收支，国家财政收入的主要部分集中到中央；统一全国物资调度，清理全国仓库物资，所有库存物资由中财委统一调度，合理使用；统一全国现金管理，指定人民银行为国家现金调度的总机构。与此同时，建立一系列与上述制度相适应的经济运行的政策和规定。

2. 建立金融货币制度

具体表现在：统一全国信贷资金与调拨资金结算方式。中国人民银行建立了调节货币、稳定金融、调控国民经济的统一健全的货币制度。灵活运用货币信贷政策手段，对活跃金融市场、集中资金、支持经济建设发挥了重要作用，1949～1952 年，中国人民银行先后 7 次调整存贷款利率，基本统一了全国利率。通过完善货币制度，稳定人民币币值。

3. 对私营金融业的改造

国家在改造私营金融业的过程中，采取了如下措施：没收、改组金融官僚资本；建立金融货币制度，加强新组建的国家银行；提供存款利率、开办特种储蓄、折实存款，再加上保值、保息存款等灵活的吸收存款的业务，增加国家银行的私人存款；改造私营行庄。通过经济恢复时期对金融业的改造，国家经济决策和管理部门对金融业的特性及其在宏观经济中的地位和作用已具有相当程度的认识，金融业开始在国家的完全控制下运行。

4. 实行财政收支、信贷收支、物资供需和外汇收支平衡

“一五”计划期间，陈云提出了“综合平衡”理论，被称为调节控制国民经济内部关系的“四大平衡”。此后，陈云又对他的综合平衡理论不断完善。1957 年，陈云指出，建设规模的大小，必须与国家的财力、物力相适应，财政收支和银行信贷必须平衡，而且应该略有节余。只要财政收支和信贷是平衡的，社会购买力和物资供应之间，就全部来说也会是平衡的。陈云关于综合平衡的观点，在国家对经济运行进行宏观调控过程中发挥了极为重要的作用。

三　第一个五年计划

编制国家中长期发展规划的目的，是对经济发展的规模、范围和质量等方面作出指导性安排，通过控制经济的总量比例关系，促使国民经济保持持续协调稳定发展。1951 年 2 月，国家根据国民经济已趋于稳定的实际情况，决定编制第一个五年计划，并从 1953 年起实施。这样，第一个五年计划期限即定为 1953～

1957 年。1955 年 7 月 30 日，第一届全国人民代表大会第二次会议审议通过了第一个五年计划。

“一五”计划的内容主要包括：（1）第一个五年计划的任务；（2）第一个五年计划的投资分配和生产指标；（3）工业；（4）农业；（5）运输和邮电；（6）商业；（7）提高劳动生产率和降低成本的计划指标；（8）培养建设干部，加强科学研究工作；（9）提高人民的物质生活和文化生活的水平；（10）地方计划问题；（11）厉行节约，反对浪费。

“一五”计划对经济发展作出了全面安排。第一个五年计划的基本任务，一是集中主要力量，进行以苏联帮助我国设计的 156 个建设单位为中心的工业建设，由此建立社会主义工业化的基础；二是发展部分集体所有制的农业生产合作社，并发展手工业生产合作社，建立对农业和手工业的社会主义改造的初步基础；三是基本上把资本主义工商业分别纳入各种形式的国家资本主义的轨道，建立对私营工商业的社会主义改造基础。

“一五”计划的特点：计划编制过程受苏联政治经济体制影响比较大；“一五”计划的编制正式确立了计划经济体制；“一五”计划也有“非计划”的举措，考虑具体国情，把一部分适于地方政府管理的职能下放给地方；促使国民经济进入全面发展的轨道。

“一五”计划的成绩：“一五”时期的计划指标到 1956 年基本完成，其中一部分超额完成。到 1957 年底，全国国民生产总值比“一五”计划前的 1952 年底增长 57.3%，“一五”时期国民生产总值年均增长 9.5%。

四　“一五”时期的经济政策

在编制“一五”计划过程中，新中国的执政者开始考虑经济发展方面的一系列全局性问题。“一五”时期，集中研究和确定了一系列国民经济发展过程中的重大比例关系，这些比例关系涉及生产、分配、消费和积累核算，涉及国民收入和财政收入以及投资的比例关系。这是国家运用经济政策调控经济运行的开端，实际上就是运用宏观调控的最初尝试。“一五”时期的经济政策方面着重把握了以下几点。

一是把握适当的经济发展速度。所谓“适当”就是发展中要保持相应的经济效益，切忌盲目发展。处理好速度和效益的关系，从新中国成立伊始就是一个难题，是一个始终伴随我国经济发展进程的突出问题。新中国成立后，在经

济需要全面发展的局面下，加快发展成为各行各业的强烈愿望，形成一种“发展冲动”。这些愿望和要求显然是脱离国情和不切实际的。当时的生产能力、原材料供应和技术力量都是十分有限的，供给能力远远跟不上需求。在当时全国性的“发展冲动”环境下，一个体现正常的速度和效益的五年计划是难以产生的。

二是把握积累和消费的关系。在我国经济发展过程中，正确处理积累和消费的关系，是处理财政收支平衡、把握国民经济发展进度、控制宏观经济大局的重要环节。在新中国成立初期，经济快速发展的局面下，尤其需要处理好积累和消费的比例关系。薄一波在1956年党的八大上提出了“二、三、四”比例关系，即：积累占国民收入的20%左右，财政收入占国民收入的30%左右，基本建设投资占财政支出的40%左右。这一著名的“二、三、四”方针，是对当时国民经济进行宏观调控的重要政策措施。“二、三、四”方针是宏观调控的“大盘子”，这一方针在我国长期以来制定宏观政策的过程中，一直具有重要影响。

三是进行合理的经济发展布局。1952年，我国沿海各省的工业产值约占全国工业总产值的70%，其中，钢铁80%在沿海，纺织70%在上海、天津、青岛。讨论新中国成立初期的经济发展布局问题，实际上并不是关于现有布局是否平衡的问题，而基本上是从头做起，进行全面规划。

四是调整农轻重关系。“一五”计划制定了优先发展重工业的方针，重工业与轻工业的比例为1∶7.3。旧中国遗留下来的官僚资本中，重工业相当薄弱，轻工业也不发达，因此，谈不上极端不平衡问题。但作为基础工业，重工业滞后会直接影响轻工业和整个国民经济的发展。因此，在研究农轻重发展比例关系时，“一五”计划强调了优先发展重工业的方针。采取这一方针的另一个原因，是中国领导人要从基础工业入手，逐步建立起自己的工业体系，减少对外来资本和技术的依赖。

五是我国适当地把握了争取外援的问题。在苏联援助过程中，中央政府保持了清醒的认识，始终注意处理好外来援助和自力更生的关系。

上述分析，基本上概括了“一五”时期经济政策的研究和运用，即与宏观调控相关的几个问题，围绕这些问题产生了最初的关于宏观经济和宏观调控问题的讨论。总的来看，“一五”时期，我国经济增长较快，效益较好，为我国以后的工业化发展打下了基础。周恩来曾指出，第一个五年计划基本上是正确的，成绩很大，但是错误不少。所谓错误，除计划经济体制本身对经济发展的负面影响外，主要是指全力发展工业，对农业的重视和安排不够，以及经济增长出现“冒进”现象。“一五”时期经济快速增长的势头表明，中国经济正在进入一个全面发展的阶段，遗憾的是这一稳定发展的局面未能持续下去。

第二节　动荡发展时期（1958～1976年）

“大跃进”和“文化大革命”是动荡发展时期的主题。背离经济发展规律和非经济因素的影响是这一时期经济发展的明显特征。这一特殊的历史时期给中国经济造成了灾难性损失。

频繁调整的“二五”计划，集中体现了急于求成倾向和“冒进”思路。“反冒进”、“反反冒进”的争论以及“调整、巩固、充实、提高”八字方针的出台和七千人大会、西楼会议是这一时期发生的重大经济事件。

贯穿于“文化大革命”的“三五”计划和“四五”计划，在政治口号中难以实现，一系列宏观经济政策发生严重扭曲，宏观经济指标残缺不全，难以进行有效的统计分析。

一　频繁调整的“二五”计划

“二五”计划期间，随着“大跃进”的进程以及其后进行的经济调整，可大致分为两个阶段：一是1958～1960年；二是1961～1962年。

“二五”时期的经济是在“大跃进”热潮中进行的，各项宏观经济政策需要支持经济发展，因此，经济决策是随着人的“热气”变化而升温—降温、降温—升温。宏观决策几乎没有多少规律可言，随意性极大。从数据上看，“二五”时期的发展，大起大落，经济增长极不稳定。“二五”期间，国民经济年均增长0.56%，最高年增长32.2%，最低年增长-31%。

“二五”计划在执行过程中，大致经历了如下几次大的调整：国家计委的主动调整、在“反反冒进”局势下的调整、编制“二五”计划的“两本账”、“大跃进”中重新编制“二五”计划、编制“三本账”、庐山会议后要求提前完成“二五”计划、三年补充计划。在这样一个时期，编制和实施工作始终处于一种极不正常的状态，计划没有起到应有的作用。

二 “二五”进入调整时期

第一，以多变的计划调控经济发展进程。一系列修改计划的举措都是被迫进行的，这些计划调整主要是做“加法”，制定“多本账”和“前三年”、“后两年”计划指标，是这一时期计划工作的一大特征。

第二，放弃了综合平衡的调控手段。在当时计划经济体制下，经济计划是依据综合平衡的方式编制的，根据预先的设计，拟对关系国计民生的重要经济指标进行综合平衡，合理安排各种经济总量的比例关系，促进国民经济的协调发展，实现社会生产和社会需求的平衡。综合平衡思想对于克服“二五”时期经济发展的困难局面曾起到重要作用，但是在“反反冒进”的批评声中，综合平衡的思想难以贯彻实施。作为综合平衡重要手段的银行信贷等一系列经济管理制度，被当做生产发展的“绊脚石”予以破除和取缔，这是造成比例失调、经济发展失控的重要原因。国家计划制定部门为适应“大跃进”的形势，适应“十五年赶上英国”的口号，被迫改变制定“二五”计划的初衷，将“赶英超美”和“大跃进”的热度作为编制经济计划的依据，根据“温度”制订计划。

第三，把经济管理权力下放给地方。通过下放管理权限，实行“以地区综合平衡为基础的、专门部门和地区相结合的计划管理制度”。当时，建立了东北、华北、华东、华南、华中、西南和西北七个协作区，以此种形式促进国民经济计划的实施和发展。当时的这种管理权限下放，不是从计划经济向市场经济转轨，而是为了推进“大跃进”，其结果是导致地方各自为政、自成体系、盲目发展、投资规模迅速膨胀，最终加剧国民经济发展计划和比例的全面失调。

“二五”计划，教训深刻，损失惨重，也给后人留下了一笔宝贵财富。其一，必须按照经济发展客观规律制定和实施经济发展计划。其二，要从国情和国力出发，实事求是地对经济发展进行决策。在经济发展比较落后的时期，要特别防止急躁和冒进情绪。其三，要坚持综合平衡思想，要从全局出发考虑问题。其四，制订计划只搞一本账，不搞计划外的东西。

1958～1960年的“大跃进”、“人民公社化”，使国民经济遭受了新中国成立以来最严重的挫折。通货膨胀、经济衰退、财政连年赤字，使人民生活陷入最困难的时期。加上1959年起连续三年的自然灾害，国民经济更是雪上加霜。从1961年起，国家开始被迫进入经济调整时期。“调整、巩固、充实、提高”的“八字方针”，就是在这种状况下出台的。

“八字方针”是我国经济发展史上出台的一项重要的经济政策。当时的调整，就是国家运用宏观经济政策对严重受损的经济进行调整，避免整个国民经济继续向无序甚至崩溃发展。这一调整难度极大，其难度在于既要调整又要把握分寸，即不能明显地否定“大跃进”。

国家计委的《关于1961年国民经济计划控制数字的报告》提出，1961年国民经济计划的方针应以整顿、巩固、提高为主，增加新的生产能力为辅助。周恩来将“整顿”改为“调整”，并增加了“充实”两字。“八字方针”以调整为主，实际上强调国民经济进入调整时期。“八字方针”的基本内容是：以调整为中心，调整国民经济在各部门之间失衡的比例关系，巩固生产建设取得的成果，充实新兴产业和短缺产品的项目，提高产品质量和效益。调整的内容不仅包括产业结构，实际上也包括生产关系。这一调整实际上持续到1965年，持续到“文化大革命”前夕。这一调整是“二五”时期宏观调控的成功之举，基本上达到了预期目的。

在1963~1965年三年的调整过程中，到1964年，国家财政经济情况开始出现根本性好转，各项经济指标逐步恢复到正常水平。周恩来在1964年《政府工作报告》中宣布，调整时期基本结束，国家进入新的发展时期。持续数年的所谓调整时期都是针对“大跃进”带来的后果而言的。1965年，我国工农业总产值恢复到1957年的水平，与1962年相比，年均增长15.7%，农轻重关系基本实现了平衡发展。积累和消费的比例关系基本上恢复正常，国家财政收入开始好转，1965年已实现收支平衡并略有节余，市场供应显著改善，物价趋于稳定。国家终于摆脱困境，迎来了全面发展国民经济的新局面。但是，随之而来的“文化大革命”使国民经济建设再次遭受重创。

三 “文化大革命”时期的中国经济

始于1966年的“文化大革命”涵盖了“三五”计划（1966~1970年）和“四五”计划（1971~1975年）两个时期。

这10年的大规模的政治运动，使国家长期处于经济衰退、社会动荡之中。从宏观经济政策角度看，伴随着“文化大革命”一同起步的“三五”计划经历了以下三个阶段：针对“大跃进”造成的全国性经济困难，提出以“吃穿用”为中心的“三五”计划；针对国际环境的恶化，提出“三五”在解决“吃穿用”的同时，大力推进“三线建设”加强战备的内容；随着国际局势紧张，“吃穿用”加“三线建设”的“三五”计划指导思想又调整为以“战备”为中心的战略决策。在“战备”建设高潮下，“三五”计划基本完成。“三五”期间，存在基建规模过大、积累率偏高、消费与积累比例失调等问题。

“四五”计划是在“文化大革命”进程中制定和实施的，在此期间，经济管理部门已“政治化”，一系列规章制度被废止，生产企业处于无政府状态。由于国民经济主要比例严重失调，经济效益不断下降，经过修订的“四五”计划纲要规定的主要经济指标有近一半没有完成计划。“四五”期间，国内生产总值由1970年的2253亿元增加到1975年的2997亿元，年均增长5.87%，“四五”计划能够勉强完成，主要是依靠这一时期建成的骨干企业、重点项目和基础设施，这些工程使国家的经济总量有了较大增长。

“二五”期间和“文化大革命”时期，一系列宏观经济政策发生严重扭曲，分析“四要素”为主要标志的宏观经济指标，即：经济增长率、通货膨胀率、失业率、贸易余额，其应有的经济意义已十分有限，和“一五”相似，分析这些指标仍然缺乏必要的统计数据的支持，缺乏可比性。

第三节　经济体制转型初期（1977～1990年）

党的十一届三中全会标志着中国进入改革开放的时代。解放思想，冲破长期以来“左”倾思想的束缚，按照客观经济规律发展经济，推进从计划经济走向市场经济的转轨进程，是这一时期的主题。

在工业领域，强调经济发展要以提高经济效益为中心；在农业领域，坚定地推进联产承包责任制；与此同时，以价格改革为重点，全面推进各行各业的改革进程。通过宏观调控，多次治理经济过热，宏观调控手段不断完善，逐步从直接调控转为间接调控。

经济转轨过程中带有计划经济体制色彩。在中国现有国情下，要把握好以行政手段、法律手段和经济手段调控的度，促使经济朝着遵循客观经济规律的方向发展。

一　经济改革酝酿时期（1977～1979年）

1978年12月，中共十一届三中全会召开，作出了“把工作重点转移到社会主义现代化建设上来”的战略决策。

1979 年 4 月，中共中央召开工作会议，正式提出了“调整、改革、整顿、提高”的新八字方针。这是这一时期对经济运行作出的一次重大的宏观调控。中央决定，从 1979 年起用三年时间进行调整，改变国民经济比例严重失调的状况。从 1980 年底开始，国民经济主要比例关系逐步改善，经济发展趋于稳定。

十一届三中全会前后，一批杰出的经济学家把经济理论与中国的国情结合在一起，提出了最初的发展商品经济的设想。年近八旬的薛暮桥深入研究并提出了关于发展商品经济的一系列主张，从“计划经济为主、市场调节为辅”，到按照客观经济规律发展“社会主义商品经济”，是最早提出发展商品经济和市场经济的学者之一。这些理论的出现为计划经济向市场经济转轨奠定了重要的理论基础。

二　改革开放的初始阶段（1980～1990 年）

1. 强调经济发展以提高经济效益为中心

新中国成立后，在我国经济发展过程中，始终存在着重速度、忽略经济效益的状况。“六五”计划初期，国务院明确提出经济发展以提高经济效益为中心，改变过去制订计划一味追求高速度、高指标、高积累的做法，这是宏观经济决策的重大调整。十条方针是：第一，依靠政策和科学，加快农业发展；第二，把消费品工业的发展放到重要地位，进一步调整重工业的服务方向；第三，提高能源的利用效率，加强能源工业和交通运输业的建设；第四，有重点有步骤地进行技术改造，充分发挥现有企业的作用；第五，分批进行企业的全面整顿和必要改组；第六，讲究生财、聚财、用财之道，增加和节省建设资金；第七，坚持对外开放政策，增强我国自力更生的能力；第八，积极稳妥地改革经济体制，充分有效地调动各方面的积极性；第九，提高全体劳动者的科学文化水平，大力组织科研攻关；第十，从一切为人民的思想出发，统筹安排生产建设和人民生活。十条方针充分体现了调整和改革的思想，为进一步创造条件促使国民经济结构的调整和经济体制改革打下了坚实的基础。

2. 推进农业改革，实行联产承包责任制

经历了“大跃进”和“文化大革命”阵痛的广大农村，亟须新的有生命力的发展途径。“三农”问题关系国家经济全局，关系国家稳定。“六五”期间，就农村经济问题，中央连续发了五个一号文件，在广大农村全面推行联产承包责任制。1983 年底，实行联产承包责任制的生产队已占到生产队总数的 99.5%，

其中，实行包干到户的占97.8%。联产承包责任制，极大地改善了广大农民的生活，是改革的一项重要成果。

3. 1984年的经济过热和宏观调控

在改革的推动下，“六五”计划顺利实施，1984年的国民经济发展相当快，工农业总产值达到10627亿元，年均增长14.2%；进出口贸易总额达到1201.2亿元，年均增长39.7%。在此情况下，导致第四季度经济发展出现过热。薛暮桥认为，这一时期我国经济发生了前所未有的宏观失控。1985年初，国务院召开会议强调加强宏观调控，连续召开省长会议，纠正失误，严格控制信贷和工资奖金等发放，实行财政和信贷双紧政策，对通货膨胀应积极进行抑制的观点得到了广泛的赞成。

4. “七五”期间的经济过热和宏观调控

1986~1990年的“七五”计划，是在体制转轨的过程中制定和实施的。“七五”计划的方针是：遵循建设有中国特色的社会主义的总要求，遵循对内搞活经济、对外开放的总方针，继续推进经济发展战略和经济管理体制由旧模式向新模式的转变。“七五”时期的主要任务：一是进一步为经济体制改革创造条件，努力保持社会总需求平衡；二是保持经济持续稳定增长，在控制固定资产投资总额的前提下，大力加强重点建设、技术改造和智力开发；三是在发展生产和提高经济效益的基础上，继续改善城乡人民生活。

从总体看，1986年经济发展相对平稳，从当年年底起，固定资产投资规模偏大，消费需求增长过快，企业经济效益偏低，国家财政和外汇收支不平衡现象又逐步抬头。为此，1987年国家采取了严格控制固定资产投资总规模等一系列宏观调控措施。与此同时，为了稳定市场物价、维持市场秩序，国家出台了《关于加强物价管理、保持市场物价基本稳定的通知》，提出坚持改革、稳定前进、保持物价基本稳定的方针。但是由于持续几年的过热，固定资产投资和消费双膨胀，总供给与总需求不平衡，经济结构不合理，企业经济效益不高，加上持续的通货膨胀和物价上涨，1988年，经济严重过热，对经济发展和人民生活产生了严重影响。

当时，在认识和应对通货膨胀方面，存在不同观点，由此关系到不同的政策取向。在实行双紧政策的过程中，加上企业原本存在的原材料、能源及流动资金缺乏等原因，从1986年起工业生产速度有所下降。为此，经济界有人提出经济出现滑坡，主张保持适当的通货膨胀来刺激经济起飞，并引用国外有些经济学家

曾提出过的通过温和的通货膨胀刺激经济发展的观点。薛暮桥、马洪、刘国光等学者则认为经济过热和通货膨胀形势已很严重，必须采取措施，要降温，要坚决抑制通货膨胀。

当时，经济改革和发展面临两种选择：一是坚决制止通货膨胀，通过理顺价格，抑制物价猛涨，由此，继续推进改革；二是忽略通货膨胀，试图绕过价格改革，用推广企业上缴税利包干的办法，继续保持经济高速增长。1988 年 9 月，国务院开始实施“治理整顿、深化改革”的方针。这一整顿持续了三年，整顿的过程实际是对“七五”计划进行调整。治理整顿的主要内容是：其一，压缩全社会固定资产投资规模；其二，控制消费基金的过快增长，压缩社会集团购买力；其三，采取系列措施稳定金融，严格控制货币发行；其四，克服经济过热现象，降低工业增长速度。通过这一时期的治理整顿和宏观调控，市场零售物价趋于稳定，流通秩序实现好转，通货膨胀得到有效抑制；固定资产投资有所回升，投资结构进一步得到调整；经济继续增长，社会总供给增加；城乡居民收入增加，人民生活继续改善；1990 年进出口贸易实现顺差，全年进出口货物总额达 1154. 1 亿美元，比上年增长 3. 3%；国际收支状况有所改善，国家现汇结存增加到 110 亿美元，对外支付能力有所增强。这是实行改革开放后的又一次重大的宏观调控。在治理整顿过程中，改革的步伐有所放慢，这是经济过热付出的代价，需要通过治理整顿、稳定经济促进改革回到既定的轨道。这一轮宏观调控体现了国家对经济的直接控制向间接控制转变，这是改变宏观调控方式的重要尝试，实际上，是计划经济向市场经济转轨的一项重要内容和步骤。

在改革方面，“七五”计划期间主要在以下领域迈出了新的步伐：其一，农村改革继续完善以家庭为单位的联产承包责任制；其二，以公有制为主体、多种经济成分并存的所有制结构得到发展；其三，企业活力进一步增强，横向经济联合发展，一批大型国有企业开始向生产经营型转变，企业之间的兼并、联合发展较快；其四，市场体系逐步建立和完善，市场调节作用加强，工业生产的计划管理范围缩小，城乡集市贸易市场形成网络，价格体系改革由以调为主转为调放结合；其五，对外开放，国民经济逐步从封闭型向开放型转变。

5. 国家宏观管理和调控开始从直接调控为主向间接调控为主过渡

20 世纪 80 年代初，特别是 1984 年后，国家对计划、财政、信贷、物价、工资等方面的管理全面进行改革。1984 年党的十二届三中全会通过的《关于经济体制改革的决定》提出：“建立自觉运用价值规律的计划体制，发展有计划的商品经济”。注重价值规律的作用，正式提出发展有计划的商品经济，这是将经济拉回到尊重客观经济规律轨道上的重大举措。国家逐步缩小指令性计划范围，实行指导性计划，这是计划体制上的一次重大宏观调控。随着投资体制、金融体制、财政体制的改革，国家开始尝试运用经济手段和法律手段调控经济。这一时期，一系列重大改革措施陆续出台。财税制度在1980年实行的“划分收支、分级包干”的基础上，1985年开始实行“划分税种、核定收支、分级包干”政策。中国人民银行行使中央银行职能，成立工商银行、农业银行、中国银行、建设银行四大商业银行。建立了存款准备金制度，增加了中央银行对信贷规模的间接控制，开始运用利率的杠杆作用。这一系列改革大大强化了宏观调控的手段，使宏观调控进一步向市场化转变，逐步告别了依靠行政命令管理经济的方式。

随着商品经济的发展，生产资料所有制发生变革，逐步形成了多种经济形式共同发展的新局面。“六五”期间，在所有制结构上，逐步改变了过去单一的公有制，在全民所有制经济占主导地位的前提下，积极发展城乡经济和个体经济，并在一定范围内，允许中外合资企业、外国独资企业发展。

6. 价格双轨制与价格改革

实行价格双轨制是宏观调控的一项重要举措。其对我国的政治经济生活产生了深远的影响。1985年3月，国务院废止了计划外生产资料的价格控制，价格双轨制改革正式实施。价格双轨制是指我国经济体制向市场经济过渡中的一项特殊的价格管理制度。20世纪80年代初，国家逐步允许在完成计划的前提下企业自销部分产品，其价格由市场决定，这样就产生了国家指令性计划的产品按国家规定价格统一调拨，企业自行销售的产品价格根据市场决定的双轨制。在当时情况下，价格双轨制是改革的产物，体现了价值规律的作用。价格双轨制具有两重性，既有积极作用，又有消极作用。一方面，它是实现中国价格模式转换的一种很好的过渡形式，开辟了在经济体制转轨时期进行生产资料价格改革的道路，推动了价格形成机制的转换，把市场机制逐步引入了国有大中型企业的生产和交换中，促进了主要工业生产资料生产的迅速发展。另一方面，在经济过热、供求矛盾尖锐、计划价格与市场价格之间悬殊时，一些单位和个人钻空子，大搞钱权交易，时而将平价商品转为市场价销售，时而又将市场价的商品转为平价商品。

价格双轨制的进程大致分为几个阶段：第一阶段是1985～1988年，在这一时期，价格改革迈出了相当大的步伐，出台了一系列调价政策，直到1988年“价格闯关”后，整个经济进入整顿阶段。第二阶段是1989～1991年，这一时期价格改革以治理整顿为主，物价总水平涨势得到了控制。第三阶段是 1992 ~ 1997 年，这一时期的价格改革，使原有的价格双轨制发生了很大变化，从总体看，表现为在土地、劳动力、资金等要素价格远未市场化的情况下，商品和服务价格已经高度市场化了。

在同一时期，宏观调控还包括以下方面：从 20 世纪 70 年代末 80 年代初开始，国家实行放权让利，扩大企业经营管理自主权，使企业逐步成为具有经营管理自主权和独立的经济效益的、具有内在动力的经济单位，这是企业发展方面的一个革命性的转变。在此基础上，扩大企业自主权的变革逐步完善，为企业全面实行市场机制打下了基础。国家先后采取了利润留成、盈亏包干、以税代利等方法，最终出台了利改税制度。

1978 年底，党的十一届三中全会以后，国家提出了社会主义现代化建设要利用国内资源和国外资源这两种资源，打开国内市场和国际这两个市场。从此，对外开放作为一项基本国策成为宏观战略的一个重要支点。回顾改革开放以后到 1990 年的经济发展，我国从计划经济体制向市场经济体制的转轨迈出了坚实的步伐。但这一转轨是一个长期复杂的过程。

第四节 建立健全社会主义市场经济体制时期（1991 年至今）

随着市场经济进程，经济计划的制订趋于规范化，经济发展也逐步进入协调、稳定的步调。从“八五”计划起，连续几个五年计划的制定和实施逐步改变了过去存在的那种计划编制反复无常、难以实施的状况，并进一步将计划制定从直接的指令性计划向间接的指导性计划转变。一些经济专家将“八五”计划后的几个五年计划称为市场经济取向的新一轮五年计划。

“八五”计划以来，国家运用宏观经济政策对经济运行进行了几次重大的宏观调控，事实说明，中央政府驾驭经济的宏观调控能力不断增强，宏观调控效果显著，国民经济保持了稳定较快增长。

一 新一轮的经济过热与宏观调控

“八五”时期的中国经济，在改革开放和经济转轨的推动下，经过治理整顿，经济发展迎来了全新的局面。但在大好形势下，经济过热的毛病又开始复发。新一轮的经济过热发生在20世纪90年代初，其主要原因归结为以下几方面：其一，计划经济向市场经济的转轨，经过改革开放后10年的发展初见成效，市场经济的体制机制逐步建立健全，各行业的经济建设蓄势待发，特别是在邓小平南方谈话的鼓舞下，党的十四大提出了建立社会主义市场经济体制的目标，预示着社会主义市场经济建设的大幕已经拉开；其二，“七五”末期的治理整顿抑制了通货膨胀，经济发展趋于稳定，经济建设具备良好环境；其三，一些地区和行业在改革开放的推动下，经济建设成效显著，各行业都有获取改革开放成果的急切心情。

实际上，上一轮经济过热还没有完全冷下来，新一轮过热已开始显现。新一轮过热和新一轮改革是密切相关的，在改革的若干领域中，一些经济改革在没有建立完善的制度、机制的情况下，推进过快，特别是房地产开发、金融创新、拓展开发区等经济活动在一定程度上处于一种失控、失调状况，几年发展下来，积累了大量问题。为适应快速发展需要，乱集资、乱拆借成风，导致金融秩序混乱，投资规模迅速扩张，社会总供求关系失衡。同时，物价上涨过快，通货膨胀压力不断显现。

1992年10月，党的十四大明确提出要“使市场在社会主义国家宏观调控下对资源配置起基础性作用”。1993年召开的党的十四届二中全会强调，发挥市场的积极作用离不开国家的宏观调控。这次会议提出了“深化金融、财税体制改革，加大结构调整力度，防止经济过热”的指导思想。体现了新一届党中央在宏观调控方面正在不断总结经验，迅速提高驾驭经济全局的能力。宏观调控主要采取了以下措施：一是着力整顿金融和财税秩序；二是加强对固定资产投资的宏观调控；三是抑制需求，增加供给，促进总量平衡。

这一时期的宏观调控没有过多采取强制性的行政性措施，比较注重采用市场化的办法，指令性计划明显减少，指导性计划增多，初步形成了以市场调节为基础的宏观调控体系。宏观调控体系的这一变化是经济转轨的重要成果。

二　建立市场经济体制是完善宏观调控体系的基础环节

1991年2月，国家体改委出台的《经济体制改革“八五”纲要和十年规划》提出了20世纪90年代中国经济体制改革的总目标是初步建立起有计划商品经济的新体制和计划经济与市场调节相结合的运行机制。围绕这个总目标提出了相互关联的五个方面的主要任务：一是建立以社会主义公有制为主体、多种经济成分共同发展的所有制结构；二是建立适应社会化大生产发展的企业制度，除少数非竞争性企业外，大部分企业应自主经营、自负盈亏、自我发展、自我约束，成为既有生机活力，又规范自身行为的商品经营者和生产者；三是建立统一开放、平等竞争、规则健全的社会主义市场体系；四是建立间接调控与直接调控相结合、以间接调控为主的，中央和省（直辖市、自治区）两级调控、以中央调控为主的宏观调控体系；五是建立以按劳分配为主体、其他分配方式为补充的个人收入分配制度和社会保障体系。从这一改革思路看，新的经济体制正在打破传统的计划经济体制，计划与市场的争论仍在继续，邓小平的改革思想是推动改革的关键动力。

1993 年 11 月，中共十四届三中全会通过的《关于建立社会主义市场经济体制若干问题的决定》指出，除继续抓住国有企业这个建立社会主义市场经济体制的中心环节，深化改革，转换经营机制外，还要考虑到我国当前宏观经济存在一定程度的失控，改革的焦点已逐步转向政府职能的转变和宏观管理体制的建立。在这一时期，国家一方面加强治理经济过热，一方面从 1994 年初开始，重点推进财税、金融、外汇、外贸、计划和投资方面的配套改革，实现了外汇并轨，由此进一步改善和加强宏观调控体系。

从 1995 年起，国家将改革的重点转向国有企业，促使市场经济体制全面向前推进。“八五”时期的改革开放进一步发展了要素市场，推进了价格和流通体制改革。在宏观经济体制改革方面，取得重大突破：一是适应市场经济的财税体制框架基本形成，即把原来地方财政包干制改为在合理划分中央与地方事权基础上的分税制，改革和完善了税收制度；推行以增值税为主体的流转税制度，对少数商品征收消费税，对大部分非商品经营继续征收营业税；建立政府公共预算与国有资产经营等其他预算分立的复式预算制度。二是金融改革迈出了重要步伐，即建立了中央银行宏观调控体系，政策性金融与商业性金融分离；不断引导非银行金融机构稳步发展；改革外汇管理体制。三是投融资体制改革迈出重要步伐（当时的改革方案主要是围绕投资体制）。四是计划体制改革加快，计划管理职能逐步转变。这一改革主要体现在：从偏重于行政手段直接管理微观经济活动，转向研究发展战略和制定中长期规划；从偏重于关心全民所有制经济活动和工业生产建设的管理，转向引导和调控全社会经济活动，重视生产、分配、流通、消费全过程面向市场，调节供求。“八五”计划以来，我国在深化改革，推进市场经济体制方面迈出了坚实的步伐。

三　实行经济“软着陆”

发生在“八五”期间完成于“九五”期间的经济“软着陆”，是宏观调控方面的一次关键举措。针对“八五”时期经济过热、通货膨胀的状况，国家决定通过宏观调控稳定经济局势。国家计委 1992 年首次以“四要素”为主要内容提出了宏观调控的方针：一是保持经济增长，二是保持货币稳定，三是扩大就业，四是外汇平衡。

当时经济过热主要反映在以下几个方面：一是货币投放过量，金融秩序混乱。1993 年上半年，货币净投放量比上年同期多投放 549 亿元。居民储蓄 1993 年 3 月比上年减少 44 亿元，乱集资、乱拆借、乱贷款情况严重。二是财政困难加剧，1992 年财政赤字比 1991 年增加 340 亿元。三是投资需求和消费需求出现双膨胀。四是工业增长速度过快，基础设施建设的瓶颈制约进一步强化。五是外汇结存下降，人民币贬值严重。六是物价上涨加快，通货膨胀加速。为此，1993 年 6 月，国家提出了宏观调控的 16 条措施。在抑制经济过热，治理通货膨胀过程中，国家提出了“软着陆”的思路，避免经济的大起大落。采取“软着陆”的方式抑制经济过热，是这一时期宏观调控的一大特点。这与 20 世纪 80 年代治理通货膨胀有着明显区别。

在经济“软着陆”的过程中，主要采取了以下做法：一是在保持经济快速发展的情况下，适当降温，对效益好的工业企业，尽可能帮助解决资金周转困难。固定资产投资贷款集中用于国家重点建设项目。二是确定物价调控目标时，既考虑降低物价涨幅的需要，又考虑保持经济适度增长的需要，恰当把握宏观调控力度。三是抑制需求过旺，增加有效供给，促进经济总量平衡。国家在坚持从紧的货币政策同时，保证重点项目，增加农业投入，适时较大幅度地提高粮食、棉花等主要农产品收购价格。1994 年，固定资产投资增幅回落 30 个百分点，生产资料价格也继续回落。1995 年固定资产投资继续回落 12 个百分点，达到正常水平。1997 年，国内生产总值比上年增长 8.8%，商品零售价格总水平仅比上年增长 0.8%，居民消费价格比上年上涨 2.8%，分别比上年回落了 5.3 和 5.5 个百分点。

在成功“软着陆”同时，我国供求关系在这一时期开始发生了根本性的改变。一系列数据表明，我国已开始告别“短缺经济”和卖方市场，这是中国经济发展过程中的一个重大变化。

四　实行积极的财政政策

从1997年10月份起直到1999年7月，物价指数连续下降22个月。中国经济出现了通货紧缩现象。由此，引发了我国历史上第一次针对通货紧缩的宏观调控。1998年，国家决定采取扩大内需的方针，推行扩张性的宏观调控政策，即积极的财政政策。国家强调扩大内需应坚持以下原则：一是以市场为导向，以效益为中心，不生产积压产品，不搞重复建设；二是扩大国内需求，与调整产业结构结合起来，淘汰技术落后、超过市场容量的过剩生产能力；三是扩大国内需求与深化改革相结合；四是坚持和完善适度从紧的财政货币政策，既要促进经济适度快速增长，又要避免引发新的投资过热和通货膨胀；五是扩大国内需求要讲究实效。这几项原则体现了国家在宏观调控方面从全局出发，适度把握经济发展"热与冷"的关系。其后，随着通货紧缩状况不断延续，逐步加大了积极的财政政策的实施力度。

所谓积极的财政政策，在我国主要是通过减税和增加财政支出等措施，达到增加和刺激社会总需求的目的。我国实行的积极的财政政策，一是向国有商业银行增发国债，对用途作出严格限定，专项用于基础设施建设。二是调整税收政策，分批提高部分产品的出口退税率，对部分项目实施税收减免。三是推进费改税政策，减轻企业和农民负担。四是提高公务员工资以及增加对下岗职工的社会保障支出。从总体看，这一时期实施的积极的财政政策，对拉动社会需求发挥了比较明显的作用。

在实施积极财政政策同时，政府在货币政策方面也相应做出了安排：一是较大幅度增加货币供应量，尤其是扩大中央银行基础货币投放。二是下调法定存款准备金率和完善准备金制度，增强金融机构支持经济增长的能力。三是下调利率和加快利率市场化相结合。这一时期，为应对通货紧缩，连续七次下调利率。

中国经济发展从1998年起进入了扩大内需，促进经济持续稳定增长的时期。实行扩大内需的方针，正值亚洲金融危机爆发之际。当时，亚洲金融危机的影响使我国依靠扩大出口刺激经济增长的难度加大，扩大内需成为经济发展的必由之路。"十五"计划提出，改善宏观调控，保持经济稳定增长，要综合运用计划、财政、金融手段，发挥价格、税收、利率、汇率等杠杆作用。宏观调控总的要求是：把扩大国内需求作为经济发展的基本立足点和长期战略方针，努力扩大对外贸易，保持经济总量平衡，引导和促进经济结构升级，实现经济稳定增长，扩大就业规模，保持价格总水平基本稳定和国际收支基本平衡。扩大内需就是要通过财政、货币等相关政策的调整，促使国内消费需求升温，投资需求扩大，保持经济持续增长。

第五节　十六大以来的宏观调控

到2003年1月，居民消费价格指数出现正增长，初步走出亚洲金融危机以来通货紧缩的阴影。非典型肺炎过后，我国经济出现过热苗头。2003年第四季度GDP比2002年同期增长超过11%，创1997年以来的新高，固定资产投资率持续上升，煤、电、油、运的紧张问题日趋严重，我国宏观经济形势发生了根本性变化。

为适应变化，2004年4月，中央陆续出台了一系列宏观调控措施，清理钢铁、电解铝、水泥等部门的投资项目，加强信贷控制，整治土地市场。在保持稳健的货币政策的同时，2004年5月，财政部宣布将积极的财政政策转为中性的财政政策，即稳健的财政政策，实际上是一种偏紧的财政政策。2004年12月召开的中央经济工作会议第一次明确提出要实行稳健的财政政策和货币政策。将积极的财政政策转向稳健的财政政策，需要调整财政支出规模，优化支出结构；完善税收体系，推进税制改革。同时，严控两道闸门，以控制经济增速过快、固定资产投资增速过高、信贷投放过多等问题，这标志着新一轮宏观调控的开始，标志着已实行了接近7年的积极财政政策的结束。会议强调要实行稳健的财政政策和货币政策，继续控制固定资产投资规模的过快增长。在落实加强和改善宏观调控的各项措施时，要充分体现区别对待、有保有压的原则；要发挥市场配置资源的基础性作用，更加注重运用经济手段和法律手段；要不断调整投资和消费的关系，提高城乡居民的消费能力，增强消费对经济增长的拉动作用。

这一轮宏观调控主要针对投资过热的状况，抑制通货膨胀苗头，重点是管住土地和信贷两个闸门。随着经济的持续快速增长，经济效益不断提高，经济运行总体趋于活跃，但投资增长过快、货币信贷投放过多、外贸顺差过大等问题比较突出。

为此，国家采取了如下措施：一是加强土地调控，从紧控制建设用地，严肃查处违法违规用地行为；二是加强货币信贷管理，多次上调人民币贷款基准利率，上调金融机构存款准备金率；三是加强财政税收对经济运行的调节作用。这些措施收到了明显成效。从2006年开始，固定资产投资增幅回落，银行信贷投放增速放缓，防止了经济增长由偏快转为过热。这一阶段的调控持续到2008年夏季，有效地缓解了我国经济出现局部过热的压力。

2008年秋，由美国次贷问题引发的全球金融危机蔓延开来，并影响到我国的经济发展。为应对这种外因造成的冲击，党中央、国务院及时调整宏观政策，把2008年宏观调控的首要任务从年初的“两防”调整为年中的“一保一控”，即保持经济平稳较快增长、控制物价过快上涨。

2008年11月5日国务院常务会议确定实行积极的财政政策和适度宽松的货币政策，并进一步推出扩大内需、促进经济增长的十项措施，提出在两年内投入4万亿元刺激经济增长。

自2008年以来，我国相继出台了一系列支持外贸增长的政策措施，连续多次提高部分产品的出口退税率。

为扩大内需，2009年1~2月，国务院相继审议通过了汽车、钢铁、纺织、装备制造、船舶、电子信息、轻工、石化、有色金属、物流十项重点产业调整和振兴规划。2009年2月，中央财政预算安排250亿元补贴资金支持的家电、汽车摩托车下乡工作向全国推开。5月19日，中央财政安排补贴资金70亿元鼓励汽车、家电“以旧换新”。

2009年中央财政安排用于“三农”方面的资金达7161.4亿元，同比增长20.2%。2009年中央财政预算安排就业资金420亿元，同比增长66.7%，重点支持大学生和农民工就业。

2009年中央财政安排保障性安居工程的资金增加到493亿元，增长1.7倍。2009年1月1日起，调整企业退休人员基本养老金政策，关闭破产的国有企业退休人员也将全部纳入城镇职工医疗保障体系。此外，包括农民工工伤、医疗、养老在内的保障体系也逐步健全，养老保险和转移接续制度正在逐步确立。同时在全国10%的县（市、区）启动新型农村社会养老保险试点工作。

国家统计局发布数据表明，2009年1~5月，我国社会消费品零售总额为48770亿元，同比增长15%。我国外贸出口值为4261.4亿美元，同比下降21.8%，下滑趋势放缓。

截至2009年4月底，全国城镇新增就业人数365万，扭转了2008年第四季度以来持续下滑的态势。经济运行中的积极因素持续增加，我国采取的一系列宏观调控措施的成效不断显现。

第六节　宏观调控综述

一　贯穿于中国经济发展全过程的永恒主题

“增长—过热—衰退”循环。在改革开放前的每一轮五年计划时期，基本上都发生过“冒进”或“过热”，随之发生经济衰退。究其原因，主要有三：一是从新中国成立到改革开放前，经济建设的主要决策者急于求成，制定的政策无视客观经济规律；二是国家长期实行计划经济制度，使经济发展严重偏离市场经济体制；三是非经济因素的干扰。改革开放后，我国经济发展也不同程度出现多次经济过热，有几次还比较严重，究其原因，亦主要有三：一是缺乏处理改革、发展和稳定三者关系的经验；二是计划经济向市场经济转轨具有极大难度；三是部分时期在宏观经济政策制定和实施过程中依然不同程度存在急于求成的现象。图4－1是1952～2008年中国经济增长率与通货膨胀率的对比数据。

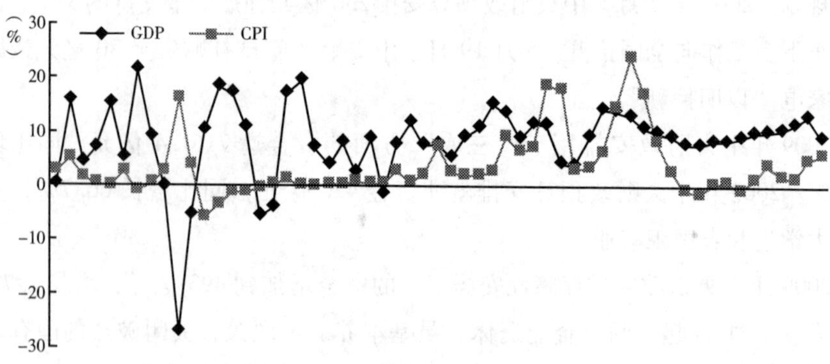

图4－1　1952～2008年中国经济增长率与通货膨胀率

资料来源：根据统计局资料编制。

“增长—过热—衰退”循环、生产资料所有制、计划经济与市场经济，伴随着我国经济发展的整个过程。每当按客观经济规律对待这三个问题时，经济便正常或快速发展，社会趋于稳定；反之，则相反。

一些专家和实际经济工作者认为，要防止历史上出现过多次的“增长—过热—衰退”循环，对策有三：一是经济政策决策层和执行层、中央和地方都必须遵循科学发展观，坚持按客观经济规律办事；二是继续坚持和深化改革，义无

反顾地建立社会主义市场经济体制；三是在经济全球化和推进我国市场经济的进程中，不断提高宏观调控水平，增强驾驭宏观经济的能力。

二 金融业在宏观调控中的作用

金融业在宏观调控中的作用日益突出，金融业对宏观经济发展的影响主要可归纳为以下方面：其一，历次世界性或区域性的经济危机大都源于金融业，或以金融风险为导火索，在金融全球化局势下，金融业往往是产生系统性风险进而引发经济危机的主要因素，此次美国的金融危机就是典型例子。其二，金融作为现代经济的核心，对宏观经济运行具有直接的制约作用。改革开放以来，货币政策在宏观调控中发挥着灵敏而有力的作用。其三，金融业与社会稳定密切相关，金融风险会给投资者带来极大的心理冲击。银行业、证券业和保险业均与人民群众的切身利益息息相关，是老百姓最关注的经济范畴。金融业产生的任何风险和波动都会迅速地在经济和老百姓的生活中表现出来。其四，国外金融资本对我国经济发展的影响和冲击正在显现。从长远看，外资银行、证券、保险机构对我国市场的挑战可能会进一步加剧。

金融监管是我国宏观调控的重要组成部分。加强和完善监管，建立良好的金融秩序，促使宏观经济继续保持稳定运行的态势，是金融监管机构的职责。在宏观调控过程中，金融监管机构应采取如下措施：一是强化金融业的稳健运行，抑制“增长冲动”等倾向。二是坚持深化金融业改革，优化金融结构，提高我国金融业的整体水平。三是加强和完善监管，防范风险，建立良好的金融秩序，不断增强监管手段的针对性和约束力，增进监管机构的权威性，维护良好的市场环境，保护投资者权益，把维护国家金融安全放在更为突出的位置。

2009 年 G20 金融高峰论坛认为，2008 年国际金融危机发生的重要原因之一是全球金融监管存在严重失误。随之，美国、欧盟均对金融监管作出重大改进，提出了一系列新的监管举措。

三 外部经济环境的影响

1997 年的亚洲金融危机、2001 年我国加入 WTO，以及 2008 年发生的美国金融危机，是对我国经济发展产生重要影响的国际因素。随着经济全球化进程的加快和我国综合国力的提升，中国在国际上的地位和影响力日益增强，中国经济与世界经济的联系日趋密切，国际经济对我国的影响也越来越显著。在全球化进程中，需要从宏观层面把握全球化对国家经济的近期影响和中长期影响，要充分认识全球化进程中可能出现的新问题，可能对本国经济造成的各种负面影响和冲击，从而有针对性地建立预警机制，提前提出应对策略。在参与全球化的同时，要从国情出发，坚持制定相对独立的发展计划和规划。

四　我国宏观经济的周期性波动

一般认为，经济周期反映的是一个国家经济运行的扩展和衰退的周期性波动，其涉及若干综合性指标，经济增长率、失业率、通货膨胀率等通常被作为反映经济周期的具有代表性的指标，总供给与总需求的相互作用是导致经济发生周期性波动的重要根源。实际上，在大多数国家，还存在“政治性周期”作用。我国经济尤其是改革开放以来的周期性波动，与政策环境密切相关，可以反映出宏观调控的力度和改革的推进轨迹。

新中国成立以来，从1953年开始大规模的建设起到现在，经历了十次经济波动。其中，1953年到1976年“文化大革命”结束，经历了五次波动，其间有三次大的波动，增长率的波峰达20%左右。峰谷落差较大，反映出在特殊的历史时期，宏观调控难度很大。

改革开放后，我国经济发展进入一个崭新的阶段，各行各业展现出全面恢复和发展的态势，1978~1990年，国内生产总值经历了一个比较典型的周期性波动。当时，处于对传统计划经济体制的改革阶段，经济比较短缺，宏观调控的主要任务是治理通货膨胀，调控手段主要是行政和计划手段，同时引进了财政和货币政策的措施。

1978年，GDP为3645.2亿元，同比增长11.7%，这一高增长率体现了“四人帮”倒台后经济的反弹。1979~1983年，GDP保持稳定增长，在此期间，国家大力推进改革，在生产资料所有制方面，实行以公有制为主体、多种经济成分共存的所有制结构，私有经济开始获得更大的发展空间，工业企业实行放权让利，计划调节逐步由指令性向指导性转化，商品经济和市场经济在发展中的作用逐步得以强化，在改革的推动下，市场机制体现出强大的活力，经济快速发展。然而，从高增长的1984年起，经济进入了总需求大于总供给的时期，从支持GDP增长的三要素（投资、消费和出口）看，呈全线下滑状态，1990年增长率跌至3.8%，如图4-2所示。

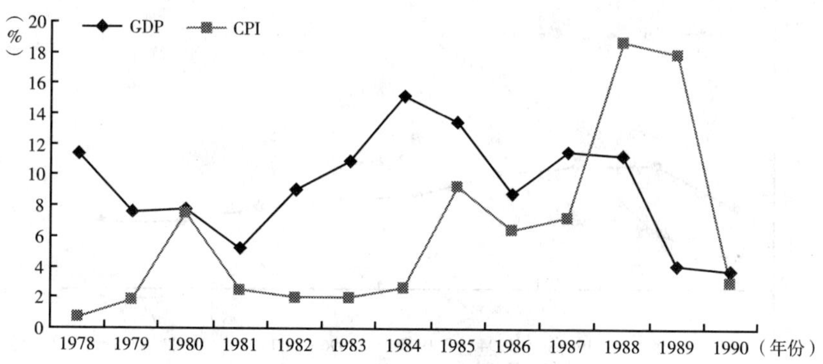

图 4-2　1978～1990 年中国经济增长率与通货膨胀率

资料来源：根据国家统计局数据编制。

与此同时，工资基金和消费需求均迅速扩张，物价也呈现快速上涨趋势，生活消费品开始出现供不应求的状况，供求矛盾日益突出。1984 年，居民消费品价格指数，即通货膨胀率为 2.7%，1985 年增至 9.3%，1988 年通货膨胀率从 1987 年的 7.3%猛增至 18.8%。图 4-2 大致显示了经济增长率与通货膨胀率的关联趋势，从 1978 年开始，在改革开放因素的作用下，两者经历了一个极其相关的过程，最终于 1990 年双双回落，这一结果体现了宏观调控的力度。值得注意的是，1984～1987 年，在经济高速增长的同时，并没有出现严重的通货膨胀，说明当时的供求关系尚可稳定在合理的限度内，1988 年后，随着改革的进程，特别是经营自主权的不断扩大和放权让利政策的效应，消费、投资需求迅速增长，投资和消费双双出现跟不上 GDP 的局面，出现“双缺口”，这是引起 1988 年和 1989 年高通货膨胀的重要原因。

1978 年我国的失业率为 5.3%，其后逐年下降，1990 年为 2.5%，失业率的降低与当时推进市场经济的大环境密切相关，广开门路、充分就业的做法发挥了积极作用。

从总体看，1978～1990 年，经历了一个以 1984 年、1985 年为顶峰的发展时期。1989 年开始的宏观调控主要通过压缩社会总需求、调整结构、整顿经济秩序和厉行节约使宏观经济回到了正常的轨道上。

这一阶段的经济波动与经济体制改革密切相关，1978 年的“拨乱反正”、1984 年的信贷体制改革、1988 年的“价格闯关”改革，在一定程度上推进了经济增长与通货膨胀。

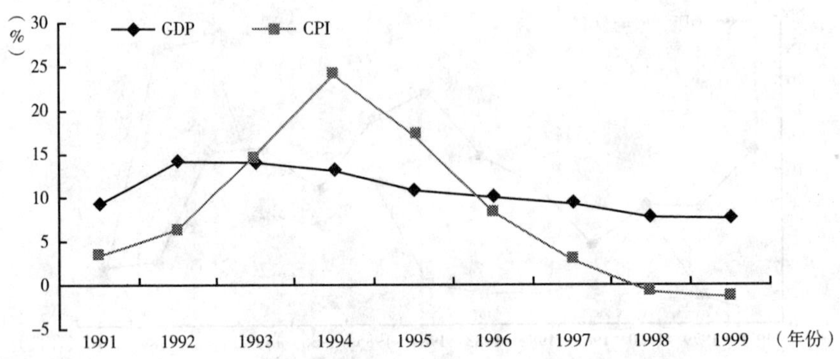

图4-3 1991~1999年中国经济增长率与通货膨胀率

资料来源：根据国家统计局数据编制。

在改革开放进一步深化的激励下，经济又开始表现出过热的趋势。1992年起，我国社会主义市场经济体制初步确立，经济建设进入一个新阶段，逐渐告别了经济短缺，甚至在某些方面出现了过剩现象，这使我国经济既要面对通货膨胀的压力，又存在通货紧缩的可能性（期间经历了1993~1996年的通货膨胀，1997~1998年的亚洲金融危机），见图4-3所示。

为此，1993年6月，国家出台了宏观调控的16条措施，强调执行适度从紧的货币和财政政策，寻求总供给与总需求平衡，即适度控制需求、增加有效供给。这一轮宏观调控没有采取全面紧缩的方式，宏观调控的方式和力度把握得比较适度。1994年，国家又实施了计划、财税、金融、外贸、物价等方面的一系列新的改革措施，使宏观调控体系逐步从计划经济模式转为市场经济模式，经济成功实现“软着陆”。

在亚洲金融危机的影响下，1998年开始，我国出现了经济增长减速、物价下降情况，遭遇了改革开放以来第一次通货紧缩。为此，我国采取了积极的财政政策和稳健的货币政策，积极扩大国内需求，着力扭转通货紧缩。

2000年以来，我国经济已连续数年在8%以上的适度增长区间内平稳较快运行。这一新的平滑发展轨迹在新中国成立以来的经济发展史上还是从未有过的，这既是经济发展进入新阶段的表现，同时表明我国政府宏观调控经验的丰富和水平的提升。

综上所述，从宏观经济角度审视，目前中国经济显示出持续稳定发展的趋势。宏观调控的过程可归类于控制论系统，即通过不断的反馈调节控制系统，使

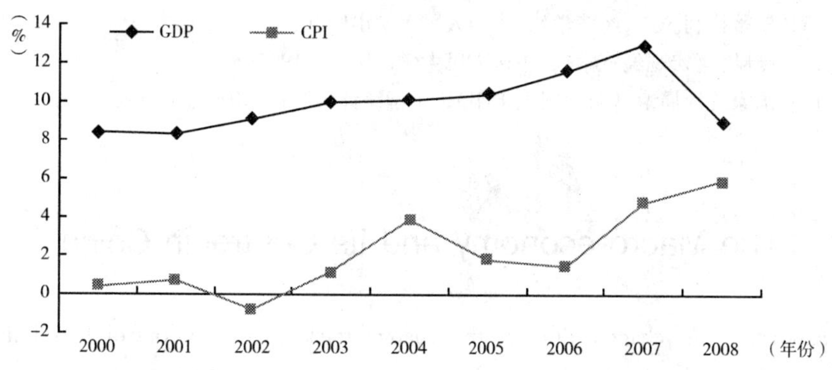

图 4－4　2000～2008 年中国经济增长率与通货膨胀率

资料来源：根据国家统计局数据编制。

控制对象即经济运行趋于最优化。历史经验告诉我们，经济发展形势越好，越要有忧患意识，要居安思危，求真务实，以科学发展观和客观经济规律制约经济发展进程，运用宏观调控把握经济发展的方向和节奏，努力防止经济运行发生新的“大起大落”，促使国民经济又好又快地发展，见图 4－4 所示。

参考文献

[1] 薛暮桥主编《中国社会主义经济问题研究》，人民出版社，1979。

[2] 薛暮桥：《薛暮桥回忆录》，天津人民出版社，1996。

[3] 薛暮桥：《论中国经济体制改革》，天津人民出版社，1990。

[4] 马洪：《建立社会主义市场经济新体制》，河南人民出版社，1992。

[5] 王梦奎主编《中国经济发展的回顾与前瞻》，中国财政经济出版社，1999。

[6] 刘国光主编《中国十个五年计划研究报告》，人民出版社，2006。

[7] 孙尚清：《孙尚清选集》，山西人民出版社，1987。

[8] 吴敬琏：《计划经济还是市场经济》，中国经济出版社，1992。

[9] 周叔莲：《周叔莲经济理论文选》，经济科学出版社，2005。

[10] 张卓元：《张卓元文集》，上海辞书出版社，2005。

[11] 郭树清：《经济体制转轨与宏观调控》，天津人民出版社，1992。

[12] 李晓西：《宏观经济学》，中国人民大学出版社，2005。

[13] 中共中央文献研究室编《陈云传》，中央文献出版社，2005。

[14] 中共中央文献研究室编《薄一波》，中央文献出版社，2005。

[15] 斯蒂格利茨：《经济学》，中国人民大学出版社，1997。
[16] 曼昆：《宏观经济学》，中国人民大学出版社，1992。
[17] 国家统计局编《新中国五十年》，中国统计出版社，1999。

The Macro-economy and Its Control in China

Abstract: This chapter displays the change track of macro-control in China by reviewing the economy development in the past 60 years. The financial restructing makes the macro-control foundation more steady in China, and the finance policy and currency policy adapting to the market economy have come into being. Methods of macro-control has transformed from depending on administration and plans to economy and law primarily, but the indispensable administration method still must be adopted. Our macro-control has accumulated much valuable experience.

Key Words: Macro-control; Fiscal Policy; Currency Policy

第五章
中国农村发展与改革道路

党国英*

摘　要：本章回顾了新中国成立后农村社会经济变革的主要历程。这一历史时期以1978年为界，分为改革开放前30年和改革开放后30年。在改革开放前30年，中国农村资源大量向城市输入，成为支撑国家经济发展的重要源泉。改革开放后，新一代国家领导人开始重视经济规律的作用，推动了市场关系为主导的农村经济体制改革，并取得了巨大成绩。今后深化农村改革应继续坚持市场化道路。

关键词：中国农村发展与改革　农村计划经济时期　农村改革开放

中国农村发展60年，是一个由农业大国迈向工业大国的过程，也是一个奠定中国走向现代化强国的过程。60年的历程可分为前30年和后30年两个时期，但我们不应简单地将它们规定为性质完全不同的两个时期。后30年对前30年的部分承袭和部分否定创造了中国农村乃至整个中国经济的辉煌；前30年形成的根深蒂固的体制弊端在后30年里并没有完全消除，由此决定了今后深化改革的基本任务。

第一节　“计划经济”时代的中国农村

一　20世纪上半叶的中国农村社会

中国作为一个大国，其农业经济状况在不同地区有很大的差异，20世纪上

* 党国英，经济学博士，研究员、博士生导师，现任中国社会科学院农村发展研究所宏观经济研究室主任，主要从事农业制度变迁和经济发展研究。

半叶也是如此。

综观旧中国农村的社会经济关系，如果说各地之间还有某种相似性的话，那就是官方对农村社会的高度控制。这种控制在交通不发达的地方较为松弛，而在交通发达的地方则较为严密。中国过去有“王权不下县”的说法，但这并不表明官方对农村社会的控制很弱。

20世纪上半叶的华北，官方力量对农村的渗透已经相当深入。官方试图建立一种对提高征税效率有更大作用的社会结构，但官方目标客观上没有能够替代传统的乡村宗法关系，最后形成的实际的乡村社会的权威结构是一种宗法关系和官僚控制系统的结合体。在这个结合体中，哪一种因素更为强大，主要取决于当地的经济发展程度和某些历史因素。中国社会的这种历史基础对后来的农村社会结构转变有长远影响。

官方对农民的掠夺主要是下述两个渠道。第一，农村地主和城市工商业资本与官方权力相结合，使权力渗入地主与农民的租佃交易和工商业主与农民的商品交易和服务交易，农民在交易中受到掠夺。中国20世纪前半叶农村的地租率是比较高的，全国一般水平在30%～50%之间，这个水平比欧洲国家要高3～5倍。第二，官方通过赋税直接掠夺农民。民国时期对农业征收的土地税称为“田赋”，分为正赋和附加两个部分。这方面的情况缺乏可靠的资料，主要是隐蔽的赋税不很清楚，但在中国工业不发达的情况下，可以肯定农村田赋是政府的主要收入。

国民党统治时期曾在农村推行保甲制度作为基层政治制度。1932年，国民党政府在河南、湖北和安徽三省颁布《各省编查保甲户口条例》，规定“保甲之编组，以户为单位，户设户长，十户为甲，甲设甲长，十甲为保，保设保长”，并实行各户相互监视、告发的连坐办法。

总体来看，在20世纪上半叶的很长时期内，中国处于内外战争之中，国民党政府并没有实现对全国的有效统治，农村经济基本处于凋敝状态。当时的农业生产条件极为落后，农田耕作主要依赖人力和畜力，现代农业机械几乎没有被采用。当时主要农作物的单位面积产量大体是目前的1/4左右。由于长期的战争，1947年农业生产无论在总量上还是效率上，都明显地低于1936年的水平。

在中国共产党领导的革命根据地，先后实行过一系列土地改革政策，其中包括抗日战争时期的“减租减息”，以及其他时期没收地主土地分给无地和

少地农民的政策。这些政策提高了革命根据地的农业生产效率，使粮食得到了增产。

二　人民公社制度的建立

1949 年新中国成立以后，政府开始大规模没收地主土地，将土地分给无地和少地的农民，建立了一种分散的小农土地所有制。1950 ~ 1952 年，全国大约有 3 亿农民分得了 7.3 亿亩土地。

小农制度没有实行多久，到 1953 年底，政府开始在农村推动合作社运动，主要依靠行政命令建立大量农业合作社，形成了土地的集体所有制。到 1956 年，全国不再有分散占有土地的小农，几乎所有农民都成为集体合作社的成员。1958 年，又开始在农村大规模建立人民公社，从生产、交换和产品分配等方面全面控制了农村经济，农民不再有自主生产和交换的自由。

在人民公社制度之下，土地和其他重要生产资料归社区居民共同所有，但社区成员退出这个结构的权利受到极大限制；社区的共同财产没有在财务上归于每个成员的名下。社区大小在 1978 年之前的大部分时间被限制在一个或几个自然村落，社区之间的财产与产品不能无偿转让或调拨。农业生产合作社的产品分配部分地依据社区成员的劳动量，部分地依据社区成员的家庭人口数量。但由于集体生产活动中对社区成员的劳动贡献很难实现监督和计量，导致生产合作社中普遍存在“偷懒”现象。这是合作社产出效率低的主要原因。

上述制度在 1958 年开始的“人民公社运动”中有了一些变化，主要是打破了生产资料所有权原有的社区界限，扩大了分配核算的范围。在不少地方，一个县成了一个人民公社，容纳十几万以上的人口。到 1958 年底，全国 74 万个合作社被改组为两万多个人民公社。不少农村出现了“吃饭不要钱”的口号。农民还普遍按照军事化的原则组织起来从事炼钢等工业活动，以致许多粮食烂在地里没有被收获。一些省的领导人为了获得“政绩”，把本省的粮食产量加以夸大，向国家交了“过头粮”。由于这些原因，1959 年春，全国普遍发生了饥荒，出现了饿死人的情况。据茅于轼先生的测算，1959 年后的几年里，中国人口减少了 3800 万，其中大部分死于饥饿和营养不良。“人民公社运动”的极端政策直到 1960 年底才开始被纠正，各地农村陆续恢复了 1958 年前合作社经济制度，但人民公社这一名称被保留下来了。

人民公社改变了新中国成立初由国家法律确认的乡镇人民代表大会代表和乡

镇人民委员会组成人员选举的制度。1959 年开始，全国开始了人民公社社员代表大会代表的选举；由社员代表大会选举产生公社管理委员会，成为人民公社的领导机构。1978 年中共十一届三中全会以后，我国四川省开展了“改社为乡”的试点。1982 年 10 月，中共中央、国务院发出《关于实行政社分开建立乡政府的通知》，肯定了“改社为乡”试点的经验。当年全国有 12702 个人民公社摘掉了牌子。1992 年，我国《宪法》再次修订，正式将人民公社的提法从《宪法》中删除，这意味着我国农村人民公社制度彻底退出历史舞台。

三　粮食统制贸易的建立

1949 年以后，国家在农村的另一项重要经济政策是对粮食贸易的控制，即国家实行了所谓“统购统销”政策。

1951 年，全国粮食交易量约 2450 万吨，国有粮食企业的交易量达到 1025 万吨，占到总交易量的 41.8%。政府还通过粮食的吞吐来影响粮食的市场价格。[①] 1952 年，全国粮食总产量达到 1.64 亿吨，比 1949 年增长 44.8%，超过了历史最高水平 1936 年的 1.5 亿吨（含黄豆）。这一年，全国粮食市场价格比较稳定。这两年的形势比较好。1953 年的情况发生了变化。一方面，在 1952 年 7 月 1 日至 1953 年 6 月 30 日的粮食年度里，全国的粮食上市总交易量达到 1740 万吨，国营商业和供销社收购了其中的 70%，未能完成预定的收购计划。粮食商人采取投机行为，使粮食价格有了明显提高。

农产品的统购统销制度给农业生产带来了一定的消极影响。这个制度规定了农产品的价格，并使价格显著低于合理水平（影子价格）。这也是后来中国农业发展趋于停滞、农产品供应严重短缺的重要原因之一。据几位研究者的分析计算，1985 ~ 1989 年，国家通过粮食收购实现的城乡收入转移累计达到 686 亿元。[②]

四　建立适应巩固人民政权需要的乡村治理结构

1949 年，中华人民共和国成立，人民政府在全国各地陆续建立，乡一级政

---

① 邓一鸣：《粮食流通：市场主题运行与国家宏观调控》，经济管理出版社，1993，第 39 ~ 50 页。

② 科林·卡特、钟甫宁、蔡昉：《经济改革进程中的中国农业》，中国财政经济出版社，1991。

府成为国家的基层政府。村一级社区的实际领导机构是党在农村的基层组织，但在人民政府成立之初，农民协会发挥了重要作用。

新中国成立以后，全国农村开始普遍建立农民协会。1950 年 7 月 5 日，中华人民共和国政务院公布的《农民协会组织通则》以法律文件的形式提出了建立除中央以外的各级农民协会，规定了农民协会的性质是“农民自愿结合的群众组织”，要求建立从乡或相当于乡一级的行政村、县、区一直到省的农民协会。农民协会实际上完全是一种政治组织，而非经济上的合作组织。

在土地改革过程中，农民协会事实上已经被行政化，成为新生的政权体系的一部分。《农民协会组织通则》规定其任务包括：实行反封建的社会改革，保护农民利益；组织农业生产，举办农业生产合作社；保障农民的政治利益，参加人民民主政权的建设工作等。农民协会的经费主要由人民政府提供，所需要的办公设施也由人民政府拨给。这一时期发表的中央文告肯定了村级农民协会的行政管理职能，而村以上各级农民协会则被纳入政权体系建设。

农民协会会员主要是贫农和中农，富农按规定在土改完成后也可加入农民协会。农民协会会长多由共产党员担任。

随着政权的巩固和土地改革任务的迅速完成，急风暴雨式的阶级斗争基本结束，农民协会的政治使命也随之消亡。从 1954 年开始，各地陆续撤销了农民协会组织；到 1956 年，全国范围的农民协会组织基本不再存在。

在农村基层组织中，曾短时期存在过贫下中农协会（简称“贫协”）。1963 ~ 1965 年，在分批开展的社会主义教育运动中，根据《中华人民共和国贫下中农协会组织条例（草案）》，各地陆续在农村地区成立了“贫协”。“贫协”的基层组织设在生产大队，生产大队则设立了“贫协”小组。各级政府也建立了“贫协”组织，省市政府以下还召集有“贫协”代表大会。“文化大革命”期间，一些地方成立了“贫下中农代表会”（简称“贫代会”），取代“贫协”，并组织贫下中农宣传队，分别进驻城市的学校、机关等部门，开展“斗、批、改”，“清理阶级队伍”等政治活动。“贫代会”以及农村社队的“贫协”组织在 1976 年 10 月陆续在全国范围停止了活动，也有少数地方存续到 1980 年前后。“贫协”和“贫代会”仍然是国家实现对农村的政治控制的政治组织。

除了“农协”、“贫协”等组织外，农村还建立了妇女组织、共青团组织和民兵组织等。这些组织一般在 1949 年建立，并存在至今。民兵组织在特殊年代充当过阶级斗争的工具，但也在维护农村治安方面发挥一定作用。

革命形势稳定以后，中央政府开始通过法制途径组织农村基层政权。1953年2月，中央人民政府委员会第二十二次会议通过《中华人民共和国全国人民代表大会及各级人民代表大会选举法》，这部法律规定乡镇人民代表由选民直接选举。1954年9月，第一届全国人民代表大会第一次会议通过了《中华人民共和国各级人民代表大会和地方各级人民委员会组织法》，这部法律规定了乡镇一级人民委员会组成人员选举和乡镇长选举的有关事项。

五　城乡二元体制的确立

20世纪50年代以后，我国逐步建立了一种户籍制度，把全国人口分为城市居民和农村居民两种类型，并限制农民在城市自由择业和居住；城市经济部门吸收农民劳动力，严格在国家计划下进行；农民就业大部分限制在农业部门，也有少部分在农村工业和服务业中就业，这些农村工业和服务业都是由农民自己兴办的。

二元户籍制度是通过一系列法律或政令的调整逐步确立的。1954年，中国颁布实施第一部《宪法》，其中规定公民有“迁徙和居住的自由”。1955年6月，国务院发布《关于建立经常户口登记制度的指示》，规定全国城市、集镇、乡村都要建立户口登记制度，开始统一全国城乡的户口登记工作。1956年、1957年不到两年的时间，国家连续颁发四个限制和控制农民盲目流入城市的文件。1958年1月，以《中华人民共和国户口登记条例》为标志，中国政府开始对人口自由流动实行严格限制和政府管制。第一次明确将城乡居民区分为“农业户口”和“非农业户口”两种不同户籍，在事实上废弃了1954年《宪法》关于迁徙自由的规定。在1975年、1978年和1982年先后修订的三部《宪法》中就干脆取消了“公民有居住和迁徙的自由”的规定。

中国户籍制度的推行与过去国家推行计划经济、实行对全社会安全控制的施政方针有关。一开始，户籍制度也只是一般的人口登记制度，后来随着国家计划经济体制的加强，户籍制度便逐渐有了限制人口流动的作用。再后来，由于国家经济效率提高缓慢，可供分配的社会资源越来越紧张，天平便向着城市人口倾斜了。于是，户籍制度逐渐染上了一种对农业人口的歧视性色彩，它维持了一种社会不平等关系，把以农民为主体的一个庞大的人口群用户籍固定下来，并使他们事实上受到歧视。在20世纪70年代以后，城市户籍人口与农村户籍人口在利益关系上越来越处于严重不平等地位，农村户籍人口在就业、教育、社会保障甚至

在消费等方面，不享有城市居民所拥有的权利。

城乡二元体制实际上是一种对农民过度剥夺的社会利益结构，在这种结构之下，农民的土地财产权、自由迁徙权、民主自治权、生产经营自主权和基本公共服务平等享有权都受到极大侵害。发端于1978年的中国改革开放，反映到农村地区，就是要改变不合理的社会利益结构，将农民应有的权利归还农民。

第二节　经济增长奥秘："人口红利"与"土地红利"

对中国农村60年发展与改革的研究，很多学者习惯于分为前30年和后30年。这种区分是有道理的，也是必要的，但这种区分的局限性也很明显。后30年的农村发展的确成绩巨大，但后30年中国经济的增长离不开前30年积累的一些因素。认识不到这一点，恐怕不能真正搞明白后30年中国经济快速增长的原因。

一　中国经济的发展奇迹

1978年开始的改革开放不仅解决了中国人的吃饭问题，还大大丰富了中国人的生活，的确是一个奇迹。发展的奇迹也表现于农业，但如果细致分析，农业发展的奇迹实际上有前后两个阶段。

20世纪80年代初到90年代中期，中国农业获得了较快的发展，其中有几年农民收入增长的速度甚至快于城市居民。但这个时期的土地投入、劳动投入和资本投入是增长的，相应的农业产出也在增长。产出增长比要素增长快，就是"奇迹"。

20世纪90年代中期以后，我国农业领域资本投入在增长，但劳动投入和土地投入实际在下降。1996年之后，耕地出现净减少。2000年以后，农村劳动力也在稳定减少，减少的速率大约在1.6%左右，但这个时期的农业GDP却在稳定增长，1996年之后农业GDP平均增长约8%。这种变化也是一个奇迹，且比第一个奇迹更重要，因为这个奇迹是在两种要素投入减少的情况下发生的。我们还可以估计农民生产性固定资产投资的贡献。我用不充分的资料作了一个估算，1996年以后，农业对GDP增长的贡献率是5%左右，低于农业GDP的增长率。这就是说，第二个奇迹不能用资本的增长得到完全解释。

为什么会发生第二个奇迹？一可以归结为技术进步，二可以归结为分工水平的提高。而这两个因素可以进一步归结为市场化改革的进步，因为农业技术服务的市场化提高了效率、促进了分工。

二　农村要素对中国经济发展的贡献之一："人口红利"

"人口红利"近年已经成为经济学家解释中国经济长期发展趋势的"关键词"。其实，这也是理解中国农业发展的一个"关键词"。

中国经济发展得益于廉价劳动力，而廉价劳动力来自中国农村的巨大的人口存在。中国农民工的工资曾经长期保持不变，只是近几年才开始上涨。这种情况导致了中国工商业资本能够以低成本扩张，并向世界大量输出廉价商品。但仔细分析可以发现，农民工的主体是男性青壮年劳动力，而留在农村的妇女和老人更可以不计"工资"从事农业生产，并通过精耕细作来部分替代农业资本投入，节约了资本投入，产生了廉价的农产品。农业的低投入、农产品的低价格压缩了农业的 GDP，实际上低估了农业的增长。所以，总体上看，中国经济的高速增长没有伴随高通货膨胀，得益于农业生产的低成本。"人口红利"实际上是农民的"负收益"。

"人口红利"这个因素不是 1978 年以后创造的。这个因素的产生有两方面原因：一是中国农村人口的快速增长，二是城乡劳动市场的分割。农村人口的快速增长也与城市化进展缓慢、农村保持自给自足和半自给自足生产方式有密切关系。这是改革开放前 30 年的历史"遗产"。城乡分割的二元体制至今没有打破，这使得"人口红利"仍然是推动中国经济增长的显著因素。

三　农村要素对中国经济发展的贡献之二："土地红利"

经济学家在分析经济增长时似乎忘记了还有另一个"红利"，即"土地红利"。20 世纪农业合作化以后的很长一段时间里，我们国家的经济建设所需要的土地基本上是无偿取得的。改革开放以后逐步开始对农民实行征地补偿，但补偿费用一直很少，到目前为止也不超过 1 万亿元，而取走农民土地的总价值却远远大于这个数。我用国民收入分配的方法估算，取走农民的土地的总价值应该在 20 万亿元之上。

"土地红利"同样是中国经济低成本扩张的重要因素。土地要素所有者本应得到的收入转化成了其他经济利益集团的收入或再投资的资本，经济增长的成本就大大降低了。

60年来，“土地红利”和“人口红利”一样，为中国经济增长提供了绵延不断的动力。如果说后30年中国经济改革在整体上确立了市场化走向，那么在土地要素的利用上差不多是个例外。在城市土地方面，1950年前后的“土地革命”没收了“敌人”的土地，民族工商业主的地产通过“合作”的方式“改造”成了城市的公有土地，而一般的住宅用地产并没有变成公有土地。但1982年的《宪法》修订宣布了城市土地全部归国家所有。在农村土地方面，1953年后的合作化运动并没有规定农民不能退出合作社，就是说农村土地充其量是一种“按份共有”的公有土地，但后来也无声无息地变成了“共同共有”的公有土地。国家合法地成为最大的“地主”是后30年里的事情。

农民向中国经济贡献了“人口红利”和“土地红利”，为什么中国农业仍在发展，中国农民的收入仍在提高？其魔力在哪里？答案还是改革开放。只要有市场，哪怕是一个扭曲的市场，也比没有市场强。农民被放活了，他们贡献了劳动和土地，只要自己的收益比过去强，哪怕别人的收入增长更快，农民自己也会有所行动。中国农村的进步乃至整个中国经济的增长，其奥秘正在这里。

第三节　30年中国农村改革的两个模式

从农村改革开始到2003年前后，农村改革以“减弱控制”为主要特征；2004年以后，农村改革以调整国民收入分配结构、扩大农村公共品供应为主要特征。

一　1978～2003年：以“减少控制”为主的农村改革模式

这一时期改革的核心是通过农民家庭承包经营制度确立农民的土地使用权。家庭联产承包制与集体经济制度相比所具有的制度优势是农村改革成功的关键因素。（1）从根本上说，家庭联产承包制适合现阶段我国农业生产力的性质。农业生产本身的特点使家庭联产承包制改革具有较大的可操作性。（2）家庭联产承包制直接把家庭收入与家庭的生产投入结合在了一起，在较大程度上克服了集体共同生产条件下的农民的“搭便车”行为，产生了制度的激励功能。改革前我国农村生产在管理中也有某些责任制形式，但一般没有实行“联产”制度，或者“联产”仅止于作业组，其激励功能极为有限。（3）家庭联产承包制大大降低甚至取消了某些农业集体生产的监督管理成本。（4）农民在相当大的程度上获得了生产自主权，为农业生产实现资源合理配置创造了重要条件。这一时期还在农村劳动力转移、农村民主自治制度的建立等方面出台了改革措施。

农村家庭承包经营制大大解放了农业生产力。1978～1984 年，粮食平均每年增产达 4.8%，总产量增长和前 15 年比较起来翻了一番，农业生产水平上了一个新台阶，真正解决了中国人吃饭的问题。农民生活水平也迅速提高，1987～1990 年，农民人均消费水平增长速度达到 5.6%，超出城市水平 1.1 个百分点。

二　2004 年后的改革：以调整国民收入分配格局为主的综合改革模式

从 2004 年开始，中央连续 5 年发布“1 号文件”，提出了关于促进农民增收、农业增产和农村发展的一系列新政策。新政策的主要原则被概括为“多予、少取、放活”。

2006 年中央决定开始全面取消农业税，农民交纳“皇粮国税”的日子从此一去不复返。国家还确立了“以城带乡、以工促农”的统筹城乡发展的思路，开始加大对农村社会经济发展的投入。这一年中央还提出了建设社会主义新农村的任务，确立了“生产发展、生活宽裕、村容整洁、乡风文明和管理民主”的具体工作目标。2008 年中央和地方对农村的投入总量达到 8000 亿元，国家对农民的生产生活补贴达十多项，农村新型合作医疗制度和最低生活保障制度全面建立，一个制度化的支农体系已经形成。

2008 年 10 月，中共中央召开了十七届三中全会，会议通过的《中共中央关于推进农村改革发展若干重大问题的决定》（以下简称《决定》）全面总结了近 30 年农村改革的基本经验，提出了未来一个时期农村改革发展的基本任务，明确提出了破除城乡二元结构、实现城乡社会经济一体化的发展战略。《决定》确立了以“产权明晰、用途管制、节约集约、严格管理”为原则的深化农村土地改革的思路，提出了关于土地承包权长期稳定并永久不变、逐步建立统一的城乡建设用地市场等重要改革措施。这次会议对于我国农村社会经济更快、更好的发展将产生长远积极的影响。

近几年，我国农民收入增长率持续保持在 7% 左右，粮食产量又超过了 1 万亿斤，农村基础设施建设水平上了新台阶。

三　两种改革模式的局限性及其外部制约

两种改革模式都是特定历史条件下的选择。“减少控制”的一系列政策是在粮食供应紧张的压力之下作出的选择。这种选择在党内高层有一定的共识作为基础。从20世纪60年代开始，党内一部分高级官员就主张减少对农民的控制，并在1965年出台了具体的政策。直到20世纪80年代，党内政治力量的对比发生变化，“减少控制”的政策才得以出台。从总体上看，“减少控制”改革模式的主导者是中央政府，这个特点在改革的中后期越发明显。

“分配调整”改革模式则是中国经济实力大大增强以后才出现的。到2004年，农业税（不包括契税和耕地占用税）占国家财政收入的比重大约为2%，且农业税为地方税种。而国家财政对农业的资金支持规模已经达到2000亿元，超过了农业税总量的3倍。国家对粮棉油价格补贴的总量在2003年略大于农业税收入。这种背景下，在取消农业税的同时逐步减少国家的补贴（特别是减少粮食风险基金）并不会对国家财政运行造成明显负担。

1.“减少控制”改革模式所受的制约及其局限性

“减少控制”改革模式的主要决策者是中央政府。当“减少控制”达到一定程度后，政策的进一步实施会遇到阻力，阻力主要来自三个方面，分别是地方政府的消极态度、某些利益集团的反对和市场结构的缺陷。

在劳动力流动方面，随着人民公社制度的解体，农民进城务工成为不可阻挡之势。但农民真正想在城市特别是大城市定居下来，会遇到一些难以克服的障碍。我们在2005年上半年的调查中发现，即使经济发达地区的私营企业，业主给工人交纳医疗保险的比率也在30%以下。一些地方政府虽然制定了有关农村社会保障的制度，但在招商引资的压力之下并不能认真推行这种制度。总体上看，单靠中央政府的“减少控制”在目前阶段对促进农村劳动力流动已经不再有明显作用。

以中央政府推动为主的“减少控制”改革模式在农村土地改革方面受到制约也很明显。第一，地方政府特别是土地资源紧张地区的地方政府对中央政府提出的“增人不增地，减人不减地”的政策有抵触，以致这项政策在地方很难落实。第二，工业部门和建筑业部门不支持国家的征地制度改革，而地方政府在利益驱动之下往往站到了工业和建筑业利益集团一边，致使征地改革举步维艰，中央政府的政策难以得到有效执行。在土地产权制度进一步改革还没有形成共识的情况下，中央政府希望通过稳定承包权或将承包权的物权化来解决土地资源的有效配置问题遇到很大困难。

改革开放前20年，农村金融市场的改革也乏善可陈。改革的深层制约仍然是市场结构的缺陷。农业的小规模经营难以产生有效的大规模的资金需求，致使农村金融市场的交易成本比较高。国有大型商业银行未能在农村资本市场提供有效服务，在不同程度上退出了农村市场。曾经兴起的农村合作基金会因为依赖农村“经管站”，缺乏有效的产权基础，产生了严重的腐败问题，不得不由中央政府出面叫停。

以中央政府为主导的“减少控制”改革模式未能自动产生市场主体间的公平关系，未能自动形成有效的产权基础，也未能产生足以降低交易成本的市场结构。

2. “分配调整”改革模式的制约因素

2004年提出的深化农村改革的目标主要还在于通过调整国民收入分配结构来支持农村的发展。但“分配调整”改革模式受到的制约也是明显的。

首先，国家财力的限制。减免农业税的资金来源一部分是经济发达地区的地方收入，另一部分是中央政府的粮食风险基金。这些资金来源并不构成对农业支持的充分保障。2004年支农资金占国家财政收入的比重并没有达到历史最高水平。2005年的情况也不很乐观，免征农业税220亿元，再加上几项直接补贴，总共达到251.4亿元，相当于2004年的56%。所以从财政情况看，要通过大的分配调整来支持农业，国家的财力似乎并不充裕。换一个角度看，国家（包括地方财政）对农业支持的总量2008年约为1万亿元左右，这并不是一个小数目，但对于中国庞大的农民总量来说，这个量就微不足道了。依靠财政力量来帮助农民增加收入是多数西方国家的做法，但这种做法颇受争议，一些国家还正在调整这种持续已久的政策。

其次，农村社会承接“分配调整”改革模式的系统还未能很好发育。2004年开始实行对种粮农民的直接补贴以后，政策贯彻所遇到的困难是补贴资金发放的成本比较高，有的地方甚至出现资金发放成本大于资金数量本身的情况。从发达国家的经验看，政府对农业的支持往往依赖农民的合作组织系统，这种系统可以大大降低政府支持农业的成本。显然，我们的这种系统还远没有形成。

再次，当前实行的“分配调整”改革模式的重要方面应该是涉及进城务工农民的“劳资关系”，而这种关系的调整难以一蹴而就，甚至可以说这种调整还没有真正受到地方政府的高度重视。目前我国农民的工资性收入已经占到总收入的35%左右，以后这个比例还会缓慢上升。农民在城市兼业的数量增长和兼业工资水平的上升将成为决定农民收入增长越来越重要的因素。但从市场结构看，兼业农民在劳资关系中还处于不利地位。劳动时间过长，成为影响扩大农民兼业和兼业工资上升的重要因素。所以，在这个关键地方，“分配调整”改革模式会遇到困难。

最后，实施“分配调整”改革模式不能不涉及农村社会保障事业的发展，但在目前条件下，还不易找到一条使得农村社会保障与城市社会保障相统一的办法，而统一问题不解决，“分配调整”改革模式就不能说获得了成功。这将是我们要长期面对的一个老大难问题。

第四节 坚持农村改革的市场化方向

发达国家农村发展的历史经验证明，农村改革必须归结为权利关系的变革。过去我国农村的最大问题是不尊重农民的基本权利，用控制性政策把农民束缚在土地上。30年前开始的改革，大体上是确立农民基本权利的过程；所有农村改革的成就，都可以归结为农民基本权利得以逐步确立所产生的积极成果。同样的道理，农村各种尚待解决的问题，也将寄希望于农民基本权利的进一步确立。新的中央领导集体提出了以人为本的发展观，将为确立农民各项基本社会权利提供意识形态的支持，有利于深化农村改革，促进农村发展。

从长远看，今后农村改革的主攻方向还是加快市场化的步伐，为此要做好四方面的工作。

一是要通过改革使农民成为有活力的市场主体，为农村市场经济发展提供最基本的动力。首要任务是以更大的力度改革农村土地关系，确立农民的土地财产权。2008年召开的十七届三中全会提出的农村土地制度改革意见已经朝着市场化方向迈出了很大一步，今后的法律修订要贯彻本次会议的意见。

二是要加强政府对农村经济发展的支持力度，并在“市场失灵”的领域发挥政府服务的作用。鉴于目前农业资金多头投入、效率有限的局面，应改善国家农业政策性银行的服务，进一步增强农业政策性银行的服务功能。可以考虑加强我国农业发展银行与农业部之间的协调互动，把目前各种分散的农业支持资金适度集中，由农业部做好资金使用的规划，由农业发展银行做好资金的具体使用和调度，以提高农业资金的使用效率。

三是要改善农村基层社会的治理结构，进一步改革村级社区管理机构和乡镇政府，采取更有力的措施加快农村基层的民主制度建设。

四是要着力实现城乡统筹发展，逐步建立城乡统一的要素市场、产品市场和公共服务体系，在体制机制上消除城乡二元结构。

参考文献

[1] 弗兰茨·奥本海：《论国家》，商务印书馆，1999。

[2] 布莱尔·希尔：《不列颠的早期政党与政治，1688～1832》，载《政党比较研究资料》，中央编译出版社，2002。

[3] 巴林顿·摩尔：《民主和专制的社会起源》，华夏出版社，1987。

[4] 布罗代尔·费尔南：《资本主义的动力》，三联书店出版社，1997。

[5] 陈吉元、韩俊等：《人口大国的农业增长》，上海远东出版社，1996。

[6] 陈锡文：《资源配置与中国农村发展》，《中国农村经济》2004 年第 1 期。

[7] 崔传义、潘耀国：《加强进城农民工权益保护，深入改革城乡二元管理制度》，载韩俊主编《中国农村政策调查报告》，山西经济出版社，2004。

[8] 邓一鸣：《粮食流通：市场主题运行与国家宏观调控》，经济管理出版社，1993。

[9] 胡必亮：《中国的跨越式发展战略》，山西经济出版社，2003。

[10] 何成军：《中国财政转移支付的基本情况》，载全国人民代表大会常务委员会预算工作委员会调研室编《中外专家论财政转移支付》，中国财政经济出版社，2003。

[11] 农业部软科学委员会：《中国农业和农村经济规律性问题研究》，中国农业出版社，1998。

[12] 鲜祖德主编《小城镇建设与农村劳动力转移》，中国统计出版社，2001。

[13] 中国社会科学院农村发展研究所、国家统计局农村社会经济调查部队：《2004～2005 年：中国农村经济形势分析与预测》，社会科学文献出版社，2005。

[14] 诺斯：《经济史上的结构与变革》，商务印书馆，1992。

[15] 帕特南：《使民主运转起来》，江西人民出版社，1992。

[16] 陈锡文：《统筹城乡发展的五大方面》，2005 年 9 月 26 日《中国经济时报》。

[17] 国家统计局：《贫困监测报告——2003》，中国统计出版社，2003。

[18] 国家统计局：《中国统计摘要（2005）》，中国统计出版社，2003。

[19] 全国人民代表大会常务委员会预算工作委员会调研室编《中外专家论财政转移支付》，中国财政经济出版社，2003。

[20] 杰弗里·萨克斯、胡永泰和杨小凯：《经济改革和宪政转轨》，《经济学（季

刊)》2003 年第 3 期。
[21] 竹内宏:《日本现代经济发展史》,中信出版社,1993。
[22] 戴维·赫尔德:《民主的模式》,中央编译出版社,1998。
[23] 奥斯特罗姆:《制度安排和公用地两难处境》,载国际经济增长中心编《制度分析与发展的反思》,商务印书馆,1992。
[24] 廖洪乐等:《中国农村土地承包制度研究》,中国财政经济出版社,2003。
[25] 拉尼斯:《政策变化下的政治经济对比》,载《制造奇迹》,上海远东出版社,1996。
[26] 拉尼斯:《发展经济学:下一步迈向何处?》,载《发展经济学的新格局》,经济科学出版社,1987。
[27] 林毅夫:《集体化与中国 1959~1961 年的农业危机》,载《制度、技术与中国农业发展》,上海三联书店,1994。
[28] 林毅夫、杨健平:《健全土地制度,发育土地市场》,《中国农村经济》1993 年第 12 期。
[29] 骆友生、张红宇:《家庭承包责任制后的农地制度创新》,《经济研究》1995 年第 1 期。
[30] K. N. 雷吉:《农村经济的动员——亚洲的经验》,载《发展经济学的新格局》,经济科学出版社,1987。
[31] 米格代尔:《农民、政治与革命》,中央编译出版社,1996。
[32] 农业部软科学委员会办公室:《农民收入与劳动力转移》,中国农业出版社,2001。
[33] 秦晖、苏文:《田园诗与狂想曲》,中央编译出版社,1996。
[34] W. 威尔科克斯:《美国农业经济学》,商务印书馆,1987。
[35] 王贵宸、魏道南、秦其明:《农业生产责任制的建立和发展》,河北人民出版社,1984。
[36] 周其仁:《中国农村改革:国家和所有权关系的变化》,《中国社会科学(季刊)》1994 年夏季卷。
[37] 赵冈、陈钟毅:《中国经济制度史》,中国经济出版社,1991。
[38] 财政部税政司编《中国税收制度》,中国财政经济出版社,1995。
[39] 世界银行:《中国战胜农村贫困》,中国财政经济出版社,2001。
[40] 杨万江、徐明星:《农业现代化测评》,社会科学文献出版社,2001。
[41] 赵冈:《农业经济史论集》,中国农业出版社,2001。
[42] 张志华:《我国中央对地方的分税制及其财政转移支付制度》,载全国人民代表大会常务委员会预算工作委员会调研室编《中外专家论财政转移支付》,中国财政经济出版社,2003。
[43] 中国社会科学院农村发展研究所、国家统计局农村社会经济调查部队:《2002~2003 年:中国农村经济形势分析与预测》,社会科学文献出版社,2003。

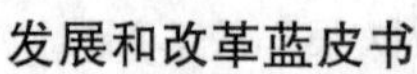

[44] 中国社会科学院农村发展研究所、国家统计局农村社会经济调查总队：《2003～2004年：中国农村经济形势分析与预测》，社会科学文献出版社，2004。

[45] North, Douglass C. and Robert Paul Thomas, *The Rise of the Western World, A New Economic History*, Cambridge University Press, 1973.

[46] Goldsmith, A. A., "Democracy, Property Rights and Economic Growth", *The Journal of Development Studies*, Vol. 32, December 1995, pp. 157－174.

The Road of Development and Reform in the Rural Areas of China

Abstract: This chapter reviews the major rural social and economic history which covers 1949 to 2009. This historical period can be divide into two phases, with the watershed of the reform and opening up in 1978. The author believes that during the first 30 years before the reform and opening up, China's rural development and institutional change were subject to the goal of the revolutionary regime consolidation, which reflected the characteristics of military communism. In this stage, a large number of rural resources flowed to city economic sectors, and much supported the country's economic development. With the start of reform and opening-up, a new generation of state leaders payed attention to the role of economic laws, and promoted the market-oriented reform of the rural economy and has made great achievements. The future to deepen the rural reform should continue to adhere to the market-oriented road.

Key Words: China's Rural Development and Reform; Rural Areas during the Planned Economy; Rural Reform and Opening-up

第六章
中国的工业化道路

汪海波　刘立峰*

摘　要： 本章首先界定了工业化、工业化道路和中国工业化道路等概念。接着论述了中国传统工业化的提出和实施过程及其客观必然性以及实施的重大成就和造成的严重后果。最后分析了新型工业化道路的形成过程、主要内容及其提出的客观依据，同时分析了实施取得的重要进展以及继续推行这条道路的可行性和艰巨性及其战略。

关键词： 工业化道路　传统工业化道路　新型工业化道路

第一节　工业化及工业化道路

一　工业化概念

在论述工业化道路之前，有必要简要分析一下工业化概念。这不仅因为对工业化概念的分析是分析工业化道路的逻辑前提，而且因为我国当前学界有的论著对这个概念的阐述是不清楚的，或者是不全面的。

作者认为，从比较完整的意义上说，工业化概念包括三个相互联系而又相互区别的内容。第一，从作为区分经济时代的主要标志的劳动手段①来看，人类社

---

* 汪海波，教授、博士生导师，中国社会科学院荣誉学部委员、工业经济研究所研究员，研究生院原副院长，国家行政学院经济学教研部兼职教授，《中国经济年鉴》总编辑；刘立峰，国家发展和改革委员会宏观经济研究院投资研究所研究员、战略研究室主任，中国社会科学院研究生院教授、博士生导师。

① 马克思说过："各种经济时代的区别，不在于生产什么，而在于怎样生产，用什么劳动资料生产。劳动资料不仅是人类劳动力发展的测量器，而且是劳动借以进行的社会关系的指示器。"参见《马克思恩格斯全集》第23卷，人民出版社，1972，第204页。

会已经和正在经历三个时代。一是以手工工具作为主要劳动手段的时代；二是以大机器工业作为主要劳动手段的时代；三是以知识经济为基础形成的现代工具作为主要劳动手段的时代。第二，就农业、工业和服务业在社会生产中占主要地位的变化情况来看，人类社会也经历和正在经历三个时代。一是作为物质生产的农业在社会生产中占主要地位的时代；二是作为物质生产的工业占主要地位的时代；三是作为物质生产的服务业占主要地位的时代。第三，就作为生产关系和生产力的统一的农业经济、工业经济和服务业经济在社会经济中占主要地位的变化情况来看，人类社会也已经和正在经历三个时代。一是农业经济在社会经济中占主要地位的时代；二是工业经济在社会经济中占主要地位的时代；三是服务业经济在社会经济中占主要地位的时代。

从上述三方面观察，工业化都是由第一个时代转变为第二个时代的过程。这里需要说明两点：一是之所以做上述说明，就是因为我国当前学界的一些论著在谈到工业化概念时，其含义是不清的，或是不全面的。其中有些论著并没有明确区分上述三重既有联系又有区别的工业化含义；有些论著只是注重工业化道路的第一重含义，而忽视第二、三重含义，而更多的则只是着重第一、二重含义而忽视第三重含义。二是本章在论述工业化道路时，是包括了以上三重含义的。

二　工业化道路概念

计划经济时期，在我国广为流行的苏联政治经济学教科书在论到工业化道路时有这样两种观点：或者从工业化的产业结构着眼，把资本主义工业化道路归结为优先发展轻工业，把社会主义工业化道路归结为优先发展重工业；或者是从工业化的资金来源着眼，把资本主义工业化道路归结为除了剥削本国劳动人民以外，就是掠夺殖民地和通过战争索取战争赔款等；把社会主义工业化道路归结为依靠社会主义国家的内部积累。这些观点无疑都有一定的道理，但似乎并不完全符合工业化（包括资本主义国家、社会主义国家和“二战”以后新兴国家的工业化）的历史事实，在理论上也有许多值得推敲之处。

但并不能把这一点归结为仅仅是概念之争。它涉及全面总结整个工业化的历史，涉及全面建立工业化理论，特别涉及正确认识 1978 年以来，主要是 2003 年中共十六大以来提出并不断完善的新型工业化道路的理论及其实践。因此，比较完整地探索和阐述工业化道路概念问题，就不仅是一个单纯的理论问题，而是直接涉及当前我国正在进行的新型工业化的实践。

显然，研究这个问题的出发点不是已有的教科书，而是包括资本主义国家和社会主义国家以及“二战”以后新兴工业化国家在内的工业化的历史和实践。这是辩证唯物论的基本要求。这里还要提到：关于工业化的历史，国内外（主要是国外，其中有些重要著作已经出版了中译本）已经出版了大量的著作。其中有些著作对工业化道路问题已经做了很有价值的描述性（当然也有一定的分析）阐述或分析性阐述（当然也有一定的描述）。这些著作对我们研究工业化道路问题，颇有值得借鉴的意义。本章吸收了其中适合我国情况的有益成分，但限于篇幅，本章并没有具体注明其出处。

按照唯物论的认识论，人类认识世界事物的规律总是从特殊到一般，再由一般到特殊。据此，我们从资本主义国家、社会主义国家以及“二战”后新兴工业化国家的整个工业化的具体历史和实践中可以抽象出来工业化道路的一般内容。这些内容包括以下一些最重要的方面。

第一，就产业结构看。首先是优先发展轻工业还是优先发展重工业的问题。这是所有国家实现工业化首先遇到的最重要、最基本的问题。但同时需要指出，即使就产业结构来看，工业化道路问题也不只包括这一点。就所有国家的整个工业化过程来看，它还包括正确处理劳动密集型产业、资金密集型产业和技术密集型产业之间的关系，传统产业和新兴产业之间的关系，乃至实体经济和虚拟经济之间的关系。

第二，就生产要素投入看。任何社会生产都离不开生产要素的投入。工业化的实现亦是如此。但在这方面，相对以往的社会生产来说，工业化却呈现出一系列的特点。重要的有以下几方面：一是工业化的实现是与商品经济（包括资本主义条件下的商品经济和社会主义条件下的商品经济）在社会经济中逐步取得主要地位密切相关的。这样，工业化过程中的要素投入除了采取物质形态以外，还采取货币的资金形态。需要说明的是：在这里，工业化的特点不只在于投入要素实现了由物质形态向货币的资金形态的转变，而且资金形态在各项要素投入中取得了支配地位。显然，一切要素的投入却需要依靠资金的购买。二是工业化的实现是与近代科学技术在社会生产中的广泛运用紧密相连的。这样，科学技术就作为最重要的生产要素在工业化中发挥愈来愈大的作用，以致马克思依据对资本主义工业化经验的总结，把科学技术称作生产力。三是在工业化条件下，企业劳动者的构成发生了重要的质的变化，即除了体力劳动者以外，出现了在生产方面起重要作用的脑力劳动者，主要包括工程技术人员和企业经营管理人员。整体上

说来，无论是资本主义条件下的工业化，还是社会主义条件下的工业化，都是通过上述各种生产要素的变化、发展和提高来实现的。

第三，就工业增长方式看。一般说来，与科学技术发展程度和企业管理水平提高等因素相联系，各种经济类型国家的工业化，都长短不一地经历了由粗放增长方式到集约增长方式的过程。但相对说来，在推进粗放增长方式向集约增长方式的转变方面，市场经济体制比计划经济体制的作用要大得多。因而前者经历这个转变的时间比后者也要短得多。

与工业增长方式不同相联系，各种经济类型国家的工业化也都经历过低效益的数量扩张模式和高效益的质量提高模式。基于上述相同的原因，在不同的经济体制下，其经历的时间也有长短的差别。

第四，就企业组织和产业组织看。伴随大机器工业的产生和发展，人类历史上产生了一种全新的作为社会生产基本单位的组织——企业；而且这种企业组织本身也经历了一个由单个企业为主、合伙企业到公司制企业的发展过程。伴随工业化的发展，生产的集中度也在提高。但需要着重指出的是，这种企业组织和产业组织的产生和发展，又反过来成为推动工业化的强有力杠杆，以致成为工业化道路的重要组成部分。

第五，就工业与农业以及城市与乡村的关系看。各种经济类型的国家在工业化过程中都程度不同地、时间长短不一地经历了由农业哺育工业到工业反哺农业的过程，以及由城乡差别逐步扩大到城乡差别逐步缩小的过程。

第六，就市场结构看。由于各国国情和政策选择的差异，在工业化的过程中，有些国家实行内向型经济，有些实行外向型经济。这在一般意义上说，是一种理论抽象。在实际经济生活中，无论是哪个国家，其产品销售都包括内需和外需两个部分，区别只是在于二者的比重不同。但这种内向选择或外向选择也成为推动工业化发展的一个很重要因素。与此相联系，“二战”后一些国家分别和先后实行过出口导向和进口替代战略。这些战略也成为这些国家工业化道路的重要构成因素。

第七，就物资消耗和环境污染与治理看。由于科学技术和管理等客观因素的限制，从某种共同意义上说，无论是资本主义条件下的工业化或者是社会主义条件下的工业化，在一定时限、一定程度和一定范围内都经历过由主要依靠物资消耗增加到主要依靠科学技术提高的过程，由环境污染到环境治理的过程。在这个限度内可以说，这是工业化的一条共同道路。当然，在社会生产力发展水平等相关因素相等的条件下，社会主义制度在这方面比资本主义制度可以有更大的作为。这里且以环境治理为例，对此作进一步的分析。

在中共十一届三中全会以前那些“左”的路线占主要地位、唯心主义盛行、形而上学猖獗的年代，流行着一种观点，即资本主义制度下走的是一条“先污染、后治理”的道路，在社会主义制度下，可以不走这条路。那时流行这种观点并不奇怪。但在改革以后有的媒体登载文章又在宣传类似观点，这就值得注意和商榷了。

实际上，这种观点暗含着四个错误。一是把“先污染、后治理”仅仅归结为资本主义社会的特有现象。但在实际上，从我国社会主义初级阶段已有的情况来看，尽管政府在治理环境上下了很大的工夫，并且取得了显著的成效，但环境污染也达到了很严重的程度。二是把“污染、治理”看做一次性过程。实际上，无论是资本主义社会，还是社会主义社会，在工业化和现代化的过程中，都要经历多次“污染、治理”、“再污染、再治理”的过程。因为，在工业化和现代化过程中，不断地有新污染源出现，而对每一种新污染源的认识以及它的解决办法的提出和消除污染条件的创造（如需要一定的资金和技术等），都需要经历一个过程。三是把“先污染、后治理”过程发生的原因仅仅归结为一定的社会制度，这是不全面的。实际上，这个过程的发生除了一定的社会制度这个重要因素以外，还有认识过程、技术发展水平和资金供应能力等客观条件的限制。此外，政府政策选择在这方面也能发生很大的正面影响或负面影响。1958 年开始实施的“大跃进”这种“左”的路线就曾严重破坏了我国的生态环境。四是再进一步具体说，即使就制度根源而言，把“先污染、后治理”过程发生的原因，仅仅归结为资本主义制度，也是片面的。就我国社会主义初级阶段的具体情况而言，无论是国有企业和集体企业，或者是非公有制企业，都可以成为污染环境的制度根源。特别是在社会主义市场经济形成的过程中，各种特有矛盾的作用尤其是地方保护主义在破坏环境方面的作用是很大的。农村某些集体企业和非公有制企业在满足生存需要的沉重压力下造成的环境污染也绝不可低估。

以上的分析并不否定社会主义政府在治理环境方面可以有更大的作为。实际上，社会主义制度可以凭借其本身的优越性，借鉴发达国家的经验，并发挥后发效应，在这方面发挥重大的作用。

以上的分析也不否定社会主义政府在治理环境方面具有更大的责任。实际上，“二战”后，现代的市场经济（有国家干预的市场经济）在全世界上普遍发

展，其原因是多方面的，其中的一个因素就是治理环境的需要。现在，经济发达国家在这方面发挥的作用愈来愈大。社会主义国家更需要这样做，而且在同等条件（包括资金和技术等）下应该做得更好。就我国当前的情况来看，政府的一项重要的紧迫任务，就是通过改革（主要是环境治理费用的改革）和强有力的经济法律和行政手段，把由企业生产造成的外部性（包括环境污染）降低到最低限度，并把这种外部性转化为内部性（把治理环境的费用转化为企业的生产成本）。

以上分析更不否定社会主义初级阶段各种所有制企业在治理环境方面应该承担的责任。市场经济的重要特征就是法制经济，政府固然需要依法行政，企业也要依法（包括环境保护法）经营。

以上的分析是就总体情况而言的。它并不否定许多项目在条件允许的情况下完全可以而且必须做到先治理、后投产。

以上的分析是就我国社会主义初级阶段的情况而言的。至于将来随着社会主义制度的大大完善和社会生产力的高度发展，能否避免“污染、治理”、“再污染、再治理”这个客观过程的制约，需要留待以后的社会实践来证明。

但是，提出这个问题来讨论，有利于全面认识环境污染的原因，有利于认识治理环境任务的艰巨性和长期性。

第八，就经济体制看。一般说来，作为社会生产资源配置方式的经济体制，在一定条件下，可以是推动工业化的最重要因素。资本主义条件下古典的自由放任的市场经济体制曾经是推动工业化的主要因素。但20世纪30年代资本主义经济大危机的爆发，突出显示这种体制的弊病，因而需要实现向现代的有国家干预的市场经济体制的转变。1933年，美国总统罗斯福实行的新政从实践上宣告了从古典的市场经济到现代的市场经济体制的转变。1936年，英国著名经济学家凯恩斯发表《就业、利息和货币通论》，从理性上揭示了这种体制的转变。这种体制虽然不能从根本上解决资本主义制度的基本矛盾，但却在资本主义制度的范围内大大提高了它所能容纳的社会生产力的高度，从而成为推动经济社会发展的主要力量。就我国的情况来说，计划经济体制在它建立后的一段时间内也曾经成为推动工业化的主要因素。但伴随社会生产力发展，它成为工业化的桎梏，因而必须实现向社会主义条件下市场经济的转变。而这种转变又成为继续推动工业化的主要力量。总之，从一定意义上说，经济体制及其改革是工业化赖以实现的主要依托，从而成为工业化道路的基本组成因素。

以上八点就是抽象了各种社会经济制度的本质区别而仅从一般意义上来说的工业化道路概念的主要内容。但由于篇幅的限制，本章在下面论述中国工业化道路时，不可能全面分析上述全部内容，而只能涉及其中的一些最重要方面。

三 中国工业化道路

我国大机器工业在19世纪60年代就开始出现。但直到1949年新中国成立时，其进展甚微。在抗日战争以前（这是旧中国民族工业发展水平最高的年代），中国大机器工业产值只占工农业总产值的10%左右，农业和手工业的产值却占到90%上下。[①] 按照英国著名经济史学家安格斯·麦迪森的计算，1933年工业（包括现代制造业、矿业和电力业）增加值为11.3亿元（当年价格），仅占国内生产总值的3.8%。[②] 这个历史表明：半殖民地半封建的中国是不可能实现工业化的。据此，在论述中国工业化道路时，是可以舍弃这段历史的。

这样，本章只是论述新中国成立以后的工业化道路。作者将这条工业化道路分为两个历史阶段：一是计划经济体制时期实行的传统工业化道路。这是指苏联和中国先后走过的工业化道路。就新中国来说，其时限就是1949~1978年。二是以建立社会主义市场经济体制为目标的经济体制改革时期实行的新型工业化道路，其时限是1979年至今。当然，这条工业化道路是在改革以后逐步形成和实施的。而且直到现在，这条道路还在进一步完善和实施过程中，预计要到2020年才能基本实现（详见后述）。

此外，还要提到，本章所说的中国的工业化道路，其范围只包括中国内地，不包括香港特别行政区、澳门特别行政区和台湾地区。

本章就是按照上述的工业化、工业化道路和中国工业化道路的内涵及其所囊括的范围进行论述的。

第二节 中国的传统工业化道路

优先发展重工业在传统工业化中具有特殊重要的地位和作用，这方面的其他

① 汪海波：《中国工业经济问题研究》，云南人民出版社，1984，第17~20页。

② 〔英〕安格斯·麦迪森：《中国经济的长期表现（960~2030）》，伍晓鹰、马德斌译，上海人民出版社，2008，第167页。

特点在不同程度上都是与这一点相联系的。据此，本节第一、二、三部分均论述优先发展重工业的问题。只是在第四部分才集中论述传统的中国工业化道路的其他内容。第五部分是对中国的传统工业化道路的小结。

一 传统工业化道路的提出和实施

1949 年 9 月，由中国人民政治协商会议第一次全体会议通过的，并在新中国成立初期起临时宪法作用的《中国人民政治协商会议共同纲领》就明确提出："中华人民共和国必须……发展新民主主义的人民经济，稳步地变农业国为工业国。""应以有计划有步骤地恢复和发展重工业为重点……以创立国家工业化的基础。"这是中国的传统工业化道路的最重要、最基本的特点，当然，还有其他众多与此相关的特点（详见后述）。

在上述政策指导下，国民经济恢复时期重工业以较高速度得到了优先发展。1949～1952 年，重工业产值和轻工业产值年均增速分别为 48.5% 和 29.0%，二者占工业总产值的比重分别由 26.6% 上升到 35.6%，由 73.4% 下降到 64.4%。① 可见，即使在国民经济恢复时期，优先发展重工业就已经迈出了重要步伐。

"一五"时期（1953～1957 年）进一步提出和实施了优先发展重工业的计划。按照"一五"计划的规定，其首要的任务就是集中主要力量进行以苏联帮助我国设计的 156 个建设单位为中心的，由限额以上的 694 个建设单位组成的工业建设，建立我国的社会主义工业化的初步基础。其中实际施工的为 150 项。在这 150 个项目中，由能源工业、原材料工业和机器制造业（包括军用机器制造工业和民用机器制造工业）组成的重工业就占了 147 项，而轻工业只有 3 项，二者分别占总额的 98% 和 2%。② 可见，优先发展重工业，是"一五"时期的基本任务。

在"大跃进"时期（1958～1960 年），在"左"的盲目追求高速度的社会主义建设总路线指引下，提出了"以钢为纲"的方针，把优先发展重工业推到一个极端，由此造成了经济的严重失衡。于是在 1961 年及 1965 年被迫进行了经济调整。但在"三五"时期（1966～1970 年）和"四五"时期（1971～

① 数据来源于《中国统计年鉴》（有关各年）。

② 汪海波：《中华人民共和国工业经济史（1949.10～1998）》，山西经济出版社，1999，第 215～216 页。

1975 年），由于对当时国际形势作了过于严重的估计，提出了积极备战、准备打仗的指导思想，作出了关于加快“三线”建设的战略决策。于是，“三线”建设就成为这两个五年计划的建设重点。这期间的生产和建设都转向了以备战为中心、以“三线”建设为重点的轨道。这意味着这期间继续坚持了优先发展重工业的战略。因为就“三线”建设项目来说，主要也就是钢铁工业、煤炭工业、电力工业和机械工业（包括军用、民用两个方面）以及相关的交通运输业。在“文化大革命”结束后的两年（1977～1978 年），由于继续推行了盲目追求经济高速增长的“左”的路线，又掀起了一次以快速大量引进国外先进技术设备为特征的“洋跃进”。其发展重点仍然是燃料、动力、钢铁、有色金属、化工和相关的交通运输设施。于是，优先发展重工业的这条道路，就一直延续到 1978 年。

这样，在 1953～1978 年，轻工业产值和重工业产值年均增速分别为 9.3% 和 13.8%；二者占工业总产值的比重分别由 64.4% 下降到 43.1%，由 35.6% 上升到 65.1%。[①] 这段历史表明：中国在长达 26 年的时间内，走过了高速优先发展重工业的道路。

可见，如果仅就这方面来说，我国传统的工业化道路的一个根本性特点，并不只是一般意义上的优先发展重工业，而是在特殊意义上的长期的、片面的、高速的优先发展重工业。

二 优先发展重工业的客观必然性

第一，历史经验的科学总结和现实情况的迫切需要。中国在 1840 年到新中国成立百年的时间里，屡次遭受了帝国主义列强的侵略和压迫。这在中华民族历史上是一段极为屈辱的经历。造成这一点的原因，主要是封建的和半封建半殖民地的腐朽社会经济制度。但就社会生产的物质基础来说，主要是由工业生产落后以及与此相联系的军事工业生产落后造成的。而且，在新中国成立时，尽管已经形成了强大的社会主义阵营，但仍然面临着帝国主义的严重侵略和威胁。事实上，1950 年美国就打着联合国的旗号，裹挟十多个国家，发动了侵朝战争，并把军事斗争矛头直接指向新生的中国人民政权。我国的民族独立和国家主权又遭到了严重的挑战。

① 数据来源于《中国统计年鉴》（有关各年）。

可见，历史经验和现实情况都表明：中国要从根本上改变以往的屈辱历史，捍卫新生的人民政权，实现中华民族的复兴，除了实现新民主主义革命和社会主义革命以外，在社会物质基础方面就是要坚定不移地加速推行工业化，舍此并无他途。为此，要优先发展重工业以及与此相关的军事工业。如果再走资本主义国家曾经走过的先发展轻工业、再发展重工业的老路要经历很长的时间①，不能迅速改变屈辱历史，也不能在新中国成立以后有效地捍卫国家的独立和主权。

第二，工业化过程中推进技术进步的客观需要。一般说来，工业化过程就是将手工工具为主的生产转变为大机器工业为主的过程。而我国工业化起步很晚，有必要（原因见前述）也有可能在这个过程中加快技术进步的进程。这种可能性的一个重要方面，就是新中国成立初期得到了已经基本实现了工业化的苏联的援助（包括资金、技术设备和工程人员的支持等方面）。而工业化过程中的技术进步，就意味着要优先发展主要提供生产资料的重工业。

关于这一点，列宁说过："马克思的扩大再生产公式并未注意技术进步。显而易见，如果把这种变化（指技术进步）纳入公式中，那一定是生产资料比消费品增长得更快。"他还进一步指出："即使没有马克思在《资本论》第二卷中所做的研究，根据不变资本有比可变资本增长得更快的趋势的规律，也能得出上面的结论，因为所谓生产资料增长最快，不过是把这个规律运用于社会总生产时的另一种说法而已。"②

作者也曾与周叔莲合作把与技术进步相联系的劳动生产率提高的因素纳入马克思扩大再生产的公式。在作了这样的研究之后得出结论："生产资料的优先增长，是在技术进步条件下实现扩大再生产的客观要求。随着技术进步和劳动生产率的提高，必然使得同一活劳动量同越来越大的劳动手段相结合，必然使得同一活劳动量加工的劳动对象量越来越大；因而必然使得社会生产的技术构成（生产资料量与使用它们的活劳动量的比例）不断提高，必然使得社会生产基金的有机构成（生产资料的补偿基金与劳动报酬基金的比例）不断地提高。这样，

---

① 这里需要说明两点：第一，在实现这条工业化道路方面，英国最早也最典型。英国大约是在18世纪中叶到19世纪中叶实现工业化的，用了近百年的时间。第二，这条工业化道路是就英法德美这些主要资本主义国家的情况来说的。但作为后来实现工业化的日本来说，在这方面就有特点。适应其发动侵略战争的需要，日本在发展轻工业的同时，较早地把发展与军事工业相关的重工业提到了工业化的日程。

② 《列宁全集》第一卷，人民出版社，1963，第69～71页。

就必然要求生产资料的优先增长。同时，联系到扩大的再生产的公式来看，Ⅰ（v+m）>Ⅱc既是技术不变条件下扩大再生产的基本前提，也是技术进步条件下扩大再生产的前提。Ⅰ（v+m）>Ⅱc这个公式本身并不一定就意味着生产资料生产的优先增长。但是，要使得这个基本前提条件不断地当作技术进步条件下扩大再生产的结果被保持下来，并不断地成为扩大再生产的新的出发点，从而使得扩大再生产能够不断地进行，这就要求生产资料的优先增长。否则，在技术不断进步的情况下，Ⅰ（v+m）=Ⅱc，甚至Ⅰ（v+m）<Ⅱc的情况都可能出现。如果是这样，就会没有追加的生产资料，就会使扩大再生产成为不可能。”[①]

第三，以俄为师基本国策的题中应有之义。毛泽东在总结中国整个革命（包括旧民主主义革命和新民主主义革命）的基本经验以后，在作为建国纲领的《论人民民主专政》中明确提出：“走俄国人的路——这就是结论。”又说：“他们（指苏联共产党人）已经建设起来了一个伟大的光辉灿烂的社会主义国家。苏联共产党就是我们的最好的先生，我们必须向他们学习。”[②] 诚然，这里虽然明确提出要走苏联优先发展重工业的道路，但从上述的《中国人民政治协商会议共同纲领》的有关规定中，可以明确看出包括了这一点。

优先发展重工业，最先是列宁在俄国十月社会主义革命胜利以后提出的。但由于他于1924年就逝世了，并没有来得及将这条道路付诸实践。这个实践是由斯大林来完成的，并且取得了伟大成就。其突出表现就是：正是由于推行了这条道路，才为赢得反法西斯战争奠定了物质基础。1940年，苏联生产资料工业占工业总产值的比重由1913年的33.3%上升到60%以上，机器制造业占工业总产值的比重由6%上升到30%。[③] 完全可以设想，如果没有建立这个强大的物质基础，苏联在“二战”中就很难粉碎德国希特勒法西斯的军事机器，苏联的社会主义制度也就很难保得住。显然，优先发展重工业这样一条具有重要意义并已取得巨大成就的工业化道路，在当时的国际形势下，中国人是不可能不走的。

第四，计划经济体制为优先发展重工业提供了体制保证。新中国成立初期就建立了计划经济体制。到1956年生产资料私有制的社会主义改造基本实现时，

---

① 汪海波：《社会主义经济问题初探》，湖南人民出版社，1981，第319～320页。

② 《毛泽东选集》第四卷，人民出版社，1991，第1471～1481页。

③ 苏联科学院经济研究所编《政治经济学教科书》，人民出版社，1955，第374页。

计划经济体制就基本上建立起来。正是这种以行政指令为主要特征的计划经济为优先发展重工业创造了各种条件，特别是通过工农业产品的不等价交换以及压低工业品价格和工资，为优先发展重工业提供了巨额资金来源。

第五，人口大国也是推行优先发展重工业的一个重要条件。1949 年中国人口就达到了 5.49 亿，1978 年增加到 9.63 亿。这就能够说明：尽管当时中国社会生产力发展水平很低，每个劳动力能够提供的资金很有限，但全部劳动力提供的资金总额仍然很大。

第六，半殖民地半封建中国轻重工业发展的极端不平衡性。旧中国工业化不仅从一般意义上遵循了资本主义工业化首先发展轻工业的规律，而且由于帝国主义在经济上的垄断地位，竭力阻挠并扼杀对实现民族独立具有特殊作用的重工业。这样，旧中国轻重工业比例关系就显得特别畸形。据统计，直到 1949 年，主要生产生产资料的重工业只占工业总产值的 26.4%，主要生产消费资料的轻工业占 73.6%。而在民族工业的总产值中，重工业产值只占 18.5%，轻工业占 81.5%。① 这一点在一定期限内为优先发展重工业留下了较大的空间。

可见，我国优先发展重工业，不仅具有极端重要性，而且具有众多有利条件，因而具有客观必然性，但经济改革以来，却有人依据资本主义国家工业化的经验，根本否定我国优先发展重工业的道路。这显然是照搬国外经验、忽视中国国情、根本违反辩证唯物论的论点。毛泽东曾经引证并肯定列宁讲过的话："马克思主义最本质的东西，马克思主义的活的灵魂，就在于具体地分析具体的情况。"②

三　优先发展重工业的重大成就

1953～1978 年，我国在优先发展重工业的带动下，经济发展取得了重大成就。

第一，工业和经济的高速增长。1953～1978 年，国内生产总值和第一、二、三产业增加值的年均增速分别达到 6.14%、2.07%、11.5% 和 5.40%。在第二产业中，工业和建筑业的增加值的年均增速分别达到 11.50% 和 7.20%。在工业总产值中，轻工业和重工业产值和年均增速分别达到了 9.3% 和 13.8%。工业和

---

① 汪海波主编《新中国工业史（1949.10～1957）》，经济管理出版社，1994，第 59 页。

② 《毛泽东选集》第一卷，人民出版社，1991，第 312 页。

经济的这种高速增长，不仅是半殖民地半封建的中国无法比拟的，也是许多工业化国家所不及的。

第二，工业和经济结构的重大变化。1952～1978年，第一、二、三产业增加值占国内生产总值的比重，分别由51.0%下降到28.2%，由20.8%上升到47.9%，由28.2%下降到23.9%。在第二产业中，工业和建筑业增加值的比重分别由17.6%上升到44.1%，由3.2%上升到3.8%。

在工业内部的部门结构中，在这期间除了重工业和轻工业的比例关系发生了重大变化（见前述）以外，重工业内部和轻工业内部的比例关系也发生了显著变化。重工业中，采掘工业、原材料工业和制造业的产值占重工业产值的比重分别由1952年的15.3%下降到1978年的12.0%，由242.8%下降到35.5%，由41.9%上升到52.5%。在轻工业中，以农产品为原料的轻工业和以非农产品为原料的轻工业产值占轻工业产值的比例，分别由1952年的87.5%下降到1978年的68.4%，由12.5%上升到31.6%。在这期间，能源工业产值占工业总产值的比重也由4.4%上升到12.3%。

工业的技术结构取得了重大进展。新中国成立初期，我国工业的技术水平落后于经济发达国家近百年。但在苏联援助下，“一五”计划完成时，我国工业的一些最重要部门的技术水平已经提高到20世纪40年代末的水平。其后又有进一步提高。这里需要着重指出：尽管这期间我国工业的主体还是技术水平不高的传统工业，但在某些方面也进入了世界的前列。其突出表现是：在核技术、火箭技术和空间技术方面连续取得了突破性进展。继1964年10月成功发射了第一颗原子弹之后，1966年10月又成功地完成了导弹核武器试验；1967年6月又成功地进行了第一颗氢弹爆炸试验；1970年9月第一颗人造卫星——“东方红”一号发射成功；1971年第一枚洲际火箭飞行试验基本成功，第一艘核潜艇也安全下水。

工业的地区布局有了显著改善。沿海地区和内地的工业产值占工业总产值的比重分别由1952年的70.84%下降到1978年的63.32%，由29.16%上升到36.68%。半殖民地半封建中国留下的工业地区布局极不平衡的状况有了较大改善。

第三，社会生产的物质技术基础大大加强。比如，在国民经济中居于主体地位的国有单位，每个职工使用的固定资产原值由1952年的2100.7元增长到1978年的9689.3元，平均每万名职工中的专业技术人员由103.8人增加到214.5人。

第四，居民生活水平有了较大改善，1978 年，全体居民消费水平由 1952 年的 91 元增加到 184 元，其中，农村居民由 65 元增加到 138 元，城镇居民由 154 元增加到 405 元。按可比价格计算，这期间三者年均增速分别为 2.3%、1.8% 和 3.0%。

第五，我国工业在国际上的地位大大提升。比如，钢产量由 1949 年的 26 位上升到 1978 年的第 5 位，煤由第 9 位上升到第 5 位，原油由 27 位上升到第 8 位，发电量由第 25 位上升到第 7 位。①

第六，概括起来说，在这期间，我国已经初步建立了独立的、比较完整的工业体系和国民经济体系。就中国的情况来说，大体上可以认为我国的工业化已经进入了初级阶段（详见后述）。

需要指出，那种根本否定优先发展重工业的观点的片面性，就在于根本忽视了上述的工业化的重大成就。

四　长期片面高速优先发展重工业的严重后果

如前所述，我国曾经走过的优先发展重工业的道路，并不是一般意义上的优先发展重工业，而是特殊意义上的长期片面高速优先发展重工业。走这条道路，尽管已经取得了重大成就，但同时也产生了严重后果。

第一，重工业的长期高速增长，必然导致经济总量的严重失衡。其具体表现就是许多年份经济过热。经济冷热反映的是社会总需求和社会总供给的关系。其冷热程度就是社会总需求小于或大于经济总供给的程度。在这方面，衡量经济冷热唯一的无可替代的指标，就是现实经济增长率小于或大于潜在经济增长率的差距。就我国的具体情况来看，潜在经济增长率就是在不引发通胀和促进就业的条件下，各种生产要素能够得到充分发挥所能达到的生产率。

计算潜在经济生产率的一个较为简单而又可靠的办法，就是较长时期的年均经济增长率。按不变的价格计算，1953～1978 年，我国国内生产总值年均增长率为 6.14%。作者依据我国的经验数据，将现实的经济增长率超过潜在两个百分点的年份认定为经济过热年份。据此计算，1953～1978 年的 26 年中，经济过热年份就有 6 年，即 1953 年（经济增速为 15.6%）、1956 年（15.0%）、1958

① 以上数据资料来源于《中国统计年鉴》（有关各年）和《中国工业经济统计年鉴》（有关各年）。

年（21.3%）、1959年（8.8%）、1970年（19.4%）和1978年（11.7%）。[①] 这些数据表明：这期间经济总量失衡的情况是很严重的。

第二，重工业的长期片面高速增长，必然导致经济比例关系的严重失衡。按照马克思的扩大再生产理论，经济中最基本的比例关系就是积累基金与消费基金的比例关系，以及生产资料生产与消费资料生产的比例关系。按照现实具体情况，前者可以具体化为投资率和消费率，后者可以具体化为第一、二、三产业之间的比例关系。而在1952～1978年，最终消费率由78.9%大幅下降到62.1%，投资率由22.2%大幅上升到38.2%。在这期间，第一产业增加值占国内生产总值的比重下降得过大，由51.0%下降到28.2%，第二产业的比重上升得过快，由20.8%上升到47.9%，第三产业的比重则很不正常，也由28.2%下降到23.9%。其中，第二产业比重的上升，则主要是工业比重的上升。在这期间，工业增加值占国内生产总值的比重，由17.6%急剧上升到44.1%。

第三，经济总量和经济结构的严重失衡必然导致经济周期的强烈波动。作者依据我国的历史经验，把经济周期中的波峰年份与波谷年份的落差在5个百分点以内的称作轻波周期，把落差在6～10个百分点的称作中波周期，把落差超过10个百分点的称作强波周期，把落差超过20个百分点的称作超强波周期。这样，1953年以后，就经历了4次波动。（1）作为波峰年的1953年（经济增速为15.6%）与作为波谷年的1954年（经济增速为4.2%）的落差为11.2个百分点，是一次强波周期。（2）1956年（经济增速为15.0%）与1957年（经济增速为5.1%）的落差为9.9个百分点，近乎强波周期。（3）1958年（经济增速为21.3%）与1961年（经济增速为－27.3%）的落差为48.6个百分点，是一次超强波周期。（4）1970年（经济增速为19.4%）与1976年（经济增速为－1.6%）的落差为21个百分点，又是一次超强波周期。这样，在这期间就经历了两次强波周期和两次超强波周期。

第四，长期片面高速发展重工业极易导致粗放经济增长方式的普遍化（低水平重复建设的普遍发展）和凝固化（粗放经济增长方式向集约增长方式的

① 资料来源于《中国统计年鉴》（有关各年）。说明：1963年、1964年、1965年、1966年、1969年和1975年这6年的经济增速超过了潜在经济增长率两个百分点。但由于这6年的前一年或两年的经济增速都较低，甚至为负数，带有恢复性质，故未列入经济过热年份。

转变过程很慢)。这就意味着经济增长主要是依靠生产要素投入的增长，而不是技术的进步。按现价计算，1953～1978年，国内生产总值年均增长6.7%，而作为各项生产要素货币表现形态的全社会固定投资年均增长率达到17.4%，二者的比率为1:2.6。这突出地反映了这期间的经济增长主要是依靠生产要素的投入。

第五，由于多次发生经济周期的强烈波动和粗放经济增长方式的普遍化和凝固化，必然导致经济效益低下。这里还需要着重指出，新中国成立以后的一个长时期内，由于过于强调政治的意义，忽视了经济效益的提高。特别是在“大跃进”和“文化大革命”中先后提出了“政治挂帅”口号，并把提高企业利润当做“修正主义”来批判。这也是导致期间经济效益低下的极其重要的政治因素。按现价计算，1953～1978年，投资效果系数仅为0.30，比后续的1979～2008年的投资效果系数要低0.13。按可比价格计算，1953～1978年，社会劳动生产率年均增速仅为3.15%，比后续的1979～2008年社会劳动生产率年均增速要低4.31个百分点。[①] 据英国安格斯·麦迪森计算，1952～1978年，中国全要素生产率为-1.37%，比美国低2.65个百分点，比日本低4.69个百分点，比韩国低2.85个百分点。[②] 可见，无论是与中国改革后这个历史阶段比较，或者与同期的经济发达国家和新兴工业化国家比较，1953～1978年，中国的经济效益都是很低的。

第六，粗放的经济增长方式长期的普遍化和凝固化，必然使环境遭受严重污染和生态遭受严重破坏。因为，在这种情况下，经济增长主要是依靠自然资源的过度消耗。1953～1978年，按可比价格计算，国内生产总值年均增长6.14%，而作为主要能源的原煤产量年均增长竟高达12.7%。还要指出，在这期间生产和建设中盛行大搞群众运动，也是自然资源和环境受到严重破坏的一个重要因素，特别是1958年大炼钢铁的群众运动，是新中国成立以后对自然资源和环境的一次极为严重的破坏。

第七，长期片面高速优先发展重工业，主要是依托农业在很低的生产水平下提供的积累实现的。这就必然会造成城乡差别的扩大。其中的表现是：1953～

① 以上数据资料来源于《中国统计年鉴》（有关各年）和《中国工业经济统计年鉴》（有关各年）。

② 〔英〕安格斯·麦迪森：《中国经济的长期表现（960～2030）》，伍晓鹰、马德斌译，上海人民出版社，2008年，第167页。

1978 年，城镇居民平均消费由 154 元增加到 405 元，而农村居民仅由 65 元增加到 138 元；二者年均增速分别为 3.0% 和 1.8%。可见，尽管这期间城镇居民的平均消费水平的年均增速也不高，但比农村居民还是要高得多。显然，这是很不利于城乡关系的协调发展的。

第八，长期片面高速优先发展重工业，是以计划经济体制以及与此相联系的城乡的社会经济二元体制为依托的。这些情况必然造成极不正常的城市化严重滞后于工业化。1952 ~ 1978 年，农业和工业的增加值占国内生产的比重分别由 51.0% 下降到 28.2%，由 17.6% 上升到 44.1%。但在这期间，农村和城镇就业的劳动力占全国从业人员的比重只是分别由 83.5% 下降到 73.8%，由 16.5% 上升到 26.2%；乡村人口和城镇人口占全国人口的比重只是分别由 87.5% 下降到 82.1%，由 12.5% 上升到 17.9%。

第九，长期片面高速发展优先发展重工业，归根结底，是靠压低人民消费水平实现的。1953 ~ 1978 年，全国居民消费水平由 91 元增加到 184 元，年均增速仅为 2.3%。这个增速只及同期年均经济增速（6.34%）和年均社会劳动率增速（3.15%）的 37.5% 和 73.0%。[①]

第十，长期片面高速优先发展重工业，使得我国社会经济发展水平（不是指的社会经济制度）与经济发达国家的差距又进一步拉大了。本来经过经济恢复时期和“一五”时期生产建设的发展，我国社会经济发展水平与经济发达国家的差距已经趋于缩小。但 1958 ~ 1976 年，这种差距又扩大了。其主要原因是“大跃进”和“文化大革命”的破坏，但与长期片面高速优先发展重工业也有重要的联系。

五 传统的中国工业化道路的主要内容

依据前面的分析，可以对我国传统的工业化道路的主要内容作一个简要概括：第一，最重要、最基本的特征就是优先发展重工业。实现这一点，有其客观必然性，并且取得了重要成就。集中起来说，就是初步建立了独立的比较完整的工业体系和国民经济体系。第二，长期的、片面的、高速度的优先发展重工业是经过经济周期的强烈波动、经济增长方式的长期普遍化和凝固化、降低经济效

① 以上数据资料来源于《中国统计年鉴》（有关各年）和《中国工业经济统计年鉴》（有关各年）及国家统计局网，2009 年 2 月 26 日。

益、过度消耗自然资源、与严重污染自然环境、恶化城乡关系和降低人民生活水平等途径实现的。第三，从根本上说，这条优先发展重工业的道路又是以建立和强化计划经济体制为依托的。以上各点就是传统的中国工业化道路的主要的内容和特征。

第三节　中国的新型工业化道路

一　中国新型工业化道路的形成过程及其主要内容

我国新型工业化道路的形成经历了一个很长的过程。它的实施更是如此。但在1978年底召开的中共十一届三中全会提出了改革开放的方针以后，这条道路就发端了。在这一形成过程中，具有里程碑意义的发展阶段可以大致表述如下。

（1）1981年，党中央、国务院依据改革开放以前实现工业化经验教训的总结，明确提出："要切实改变长期以来在'左'的思想指导下的一套老的做法，真正从我国实际情况出发，走出一条速度比较实在、经济效益比较好、人民可以得到更多实惠的新路子。"[①] 这是针对以前在"左"的路线指导下形成的盲目追求不切实际的高速度、经济效益比较差、人民得的实惠不多的传统（包括工业化道路在内）的发展经济的路子提出的，可以看做是包括新型工业化道路在内的发展经济的新路子的开端。1982年，中共十二大重申了这一指导思想："从一九八一年到本世纪末的二十年，我国经济建设总的奋斗目标是，在不断提高经济效益的前提下，力争使全国工农业总产值翻两番。实现了这个目标，要使人民的物质文化生活可以达到小康水平。"[②]

（2）1987年，中共十三大进一步强调："必须坚定不移地贯彻执行注重效益、提高质量、协调发展、稳定发展的战略。归根结底，就是要从粗放经营为主逐步转上集约经营为主的轨道。"[③] 这里明确提出了实现经济增长方式的转变问题。

---

① 《中国经济年鉴》（1981年），经济管理出版社，第8～9页。

② 《中国共产党第十二次全国代表大会文件汇编》，人民出版社，1982，第15页。

③ 《中国共产党第十三次全国代表大会文件汇编》，人民出版社，1987，第15～16页。

（3）1992年，中共十四大强调“调整和优化产业结构，高度重视农业，加快发展基础工业、基础设施和第三产业。”①

（4）1997年，中共十五大重申了要“真正走出一条速度较快、效益较好、整体素质不断提高的经济协调发展的路子。”并明确提出了“实施科教兴国战略和可持续发展战略。”②

（5）2002年，中共十六大明确而又完整地提出，要“走新型工业化道路。坚持以信息化带动工业化，以工业化促信息化，走出一条科技含量高、经济效益好、资源消耗低、环境污染少、人力资源优势得到充分发挥的新型工业化路子。”③

（6）2007年，中共十七大又进一步明确提出和阐述了科学发展观。“科学发展观，第一要义是发展，核心是以人为本，基本要求是全面协调可持续，根本方法是统筹兼顾。”④需要指出，科学发展观是包括发展工业在内的整个经济发展的根本指导思想。

依据1978年以来的中共历史文件的分析，似乎可以对新型工业化道路的要点作以下的概括：以人为本；经济增长速度实在；经济结构优化；科技含量高；经济效益好；资源消耗低；环境污染少；人力资源优势得到充分发挥；各种经济社会关系（包括投资与消费关系、内需与外需关系、城乡关系、地区关系以及经济与社会关系）以及人与自然关系的协调发展。所有这些都是以“科学发展观”为统领、以建立社会主义市场经济体制为依托的。

二　提出新型工业化道路的客观依据

第一，实行传统工业化道路的经验教训的科学总结。如前所述，我国过去实行的传统工业化道路尽管也取得了重大成就，但也造成了严重后果，经验教训深刻。可以毫不夸张地说，新型工业化道路的主要内容都是针对以往在这方面的教训。

尽管过去也讲社会主义生产的目的是提高人民的物质文化生活水平，但实际上由于长期片面高速发展重工业，导致严重存在重生产、轻生活的错误倾向，以

① 《中国共产党第十四次全国代表大会文件汇编》，人民出版社，1992，第27页。

② 《中国共产党第十五次全国代表大会文件汇编》，人民出版社，1997，第20~21、28页。

③ 《中国共产党第十六次全国代表大会文件汇编》，人民出版社，2002，第21页。

④ 《中国共产党第十七次全国代表大会文件汇编》，人民出版社，2007，第14页。

致1953～1978年居民平均消费水平的年均增速显著低于社会劳动生产率的年均增速，更是大大低于年均经济增速（数据见前述）。这种情况是与以人为本的思想大相径庭的。

如前所述，长期片面高速发展重工业，导致经济总量和经济结构严重失衡，从而造成经济周期的强烈波动；导致粗放经济增长方式的普遍化和凝固化；造成经济效益低下、环境污染和生态破坏、城乡关系和区域关系不协调等。显然，新型工业化道路在以人为本思想指导下提出的各个要点（见前述），都是针对传统工业化道路的这些弊病的。

第二，反映了工业化共同规律的客观要求。毫无疑问，我国的社会经济制度根本区别于资本主义的社会经济制度。但这并不妨碍从经济发达国家和新兴国家的工业化实践中，抽象出工业化共同的客观规律。这并不是混淆两种社会经济制度的本质区别，而是遵循了辩证唯物论的基本要求。按照这种要求，我们可以从资本主义国家的工业化实践中总结出工业化的共同规律（一般内容）。这一点，我们在本章第一节已经作过详细分析，这里不再重复。但需指出：从一般意义和最重要方面来说，我国提出的新型工业化道路正是反映了工业化共同规律的要求。

第三，反映了我国实现工业化的迫切需要。如前所述，直到改革开放以前，我国还只进入了工业化的初级阶段。要实现工业化还有很长的路要走。但推行传统工业化道路造成的严重后果（详见前述）使得我国继续推行工业化处于难以为继的地步。在这种情况下，如果不逐步开辟新型工业化道路，我国工业化是很难顺利实现的。所以，我国新型工业化道路的提出和逐步形成并不单纯是人们意志的产物，从根本上来说，是我们继续实现工业化的迫切需要。

第四，反映了知识经济时代的特征。当代是以信息化为主导的知识经济时代。在这样的时代，我国不能再走经济发达国家曾经走过的先工业化、后现代化的老路，可以而且必须将二者结合起来。正是适应这一时代特征的要求，我国在新型工业化道路中提出了“坚持以信息化带动工业化，以工业化促进信息化”的要求。

这个要求不仅正确反映了知识经济时代的特征，而且大力推进了信息化与工业化的融合。当今世界，信息化是一个在农业、工业、服务业和科学技术等社会生产和社会生活各个方面应用现代信息技术、加速现代化的过程。信息技术在国民经济各个领域的普遍应用极大地提高了劳动生产率、降低了资源消耗、减少了环境污染，已经成为社会生产力和人类文明进步的新的强大动力。信息技术及其产业正在成为国际经济竞争的制高点。而且信息化又为加速推进工业化提供了有利条件。因此，大力推进信息化、以信息化带动工业化，是中国发挥后发优势，实现生产力跨越式发展、加速工业化和现代化的十分重要的契机。但是信息化是工业化发展到一定阶段的产物。信息基础设施的建设、信息技术的研究和开发、信息产业的发展，都是以工业化为基础的。工业化为信息化提供物质基础，对信息化发展提出了应用需求。因此，离开了信息化的工业化，先工业化后信息化的道路，在当代并不可取。但是，离开了工业化的信息化，将缺乏必要的物质基础，片面发展信息化的道路也行不通。只有坚持以信息化带动工业化，以工业化促进信息化，使信息化与工业化逐步融为一体，才能真正有效加快工业化、现代化的进程。

三　推行新型工业化道路的重要进展

1979 年以后，我国逐步提出和实施了新型工业化道路，并开始取得了重要进展，成为推动我国经济发展的重要因素。当然，这期间经济发展的成就有多方面因素的作用。[①] 特别是作为经济发展根本动力的改革开放的重要作用，但同推行新型工业化道路也有重要联系。下面就以这种联系的意义论述实施新型工业化道路所取得的成就。

第一，工业和经济的增速继续提升。1979～2008 年，国内生产总值年均增长速度为 9.78%，比 1953～1978 年的年均经济增速提高了 3.64 个百分点；第一、二、三产业增加值年均增速分别为 4.60%、11.40% 和 10.75%，分别比 1953～1978年年均增速提高了 2.57 个百分点、0.35 个百分点和 5.35 个百分点；在第二产业中，工业和建筑业增加值年均增速分别为 11.56% 和 9.9%，分别比 1953～1978 年年均增速提高了 0.6 个百分点和 2.79 个百分点。在工业总产值中，轻工业和重工业年均增速分别为 16.1% 和 15.9%，分别比 1953～1978 年提高了 6.8 个百分点和 2.1 个百分点。

第二，包括工业在内的产业结构趋于协调和优化。第一、二、三产业增加值在国内生产总值中的比重分别由 1978 年的 28.2% 下降到 11.3%，由 47.9% 上升到 48.9%，由 23.9% 上升到 40.1%。在工业总产值中，资本和技术密集型的重工业和轻工业占的比重分别由 1978 年的 56.9% 上升到 2007 年的 70.5%，由

① 汪海波：《中国经济发展 30 年（1978～2008）》，中国社会科学出版社，2008，第 82～99 页。

43.1%下降到29.5%。尽管在这些产业结构中还程度不同地存在失衡状况，但总的说来，是符合工业化趋势的，而且相对1978年以前的情况来说，是有改善的。而且，工业的技术结构也有很大的变化。总的说来，工业的生产技术水平与世界先进水平的差距已经由1978年的20年以上缩短到当前的10年左右。其中，石油开采、钢铁和发电设备等重型机械制造、电子通信设备制造和数控机床制造等行业的大型企业的生产技术水平正在接近世界先进水平，航天工业的生产技术水平已经居于世界前列。

第三，经济周期实现了由超强波周期到轻波周期（或近乎轻波周期）的转变。1978～2008年，经历的经济周期共有5次。作为波峰年的1978年的经济增速（11.7%）与作为波谷年的1981年的经济增速（5.2%）的落差为6.5个百分点，1984年经济增速（15.2%）与1986年经济增速（8.8%）落差为6.4个百分点，1987年经济增速（11.6%）与1990年经济增速（3.8%）落差为7.8个百分点，1992年经济增速（14.2%）与1999年经济增速（7.6%）落差为6.6个百分点。按照前述的标准，这4次经济周期都是中波周期。2007年经济增速高达13.0%。预计这轮经济周期的波谷年经济增速可能是8.0%左右。如果这个预计是准确的，那么这轮经济周期波峰年和波谷年的落差将为5个百分点左右。这样，就可能是一次轻波周期，或略微超过轻波周期的上限，近乎一次轻波周期。

第四，经济增长方式以较快的速度实现向集约增长方式转变。如前所述，按现价计算，1953～1978年，国内生产总值年均增速为6.7%，而全社会固定资产投资年均增速为17.4%。这样，二者增速对比关系为1∶2.59。但1979～2008年，仍按现价计算，前者年均增速为15.8%，后者为20.2%，二者对比关系为1∶1.36。按可比价格计算，每亿元工业增加值消耗的标准煤由1978年的24.8万吨下降到4.54万吨，下降了81.7%。这些数据集中反映了1978年以来经济增长在很大程度上依靠投入的生产要素的节约。

第五，经济效益有了较大提高。按现价计算，1979～2008年，全社会固定资产投资效果系数为0.43，比1953～1978年投资效果系数提高了0.13。按可比价格计算，社会劳动生产率年均增速为7.46%，比1953～1978年年均增速提高了4.31个百分点。[①] 据安格斯·麦迪森计算，1978～2003年，我国全要素生产

① 以上数据资料来源于《中国统计年鉴》（有关各年）和《中国工业经济年鉴》（有关各年）及国家统计局网，2009年2月26日。

率为2.95，比1953~1978年提高了4.32个百分点，比同期美国、日本和韩国分别高出2.26个百分点、2.59个百分点和2.02个百分点。①

第六，城乡关系已经开始迈向协调发展的道路。新中国成立以后长期实行农业哺育工业的战略，再加上实行城乡二元社会经济体制，致使城乡差别愈拉愈大。但在20世纪末，开始提出并实施工业反哺农业的战略，再加上有关经济改革的推行，当前虽然没有遏制城乡差别扩大的走势，但其扩大的速度趋缓。

第七，地区关系也开始迈上了协调发展的道路。新中国成立以后在发展地区经济方面长期推行非均衡战略。20世纪50年代建设重点放在内地。1960年中期到1970年中期建设重点放在“三线”。由于这种非均衡战略本身的局限性，再加上其他多种政治和经济因素的作用，它不可能从根本上解决地区之间经济协调发展问题。20世纪70年代末期直到90年代，经济发展的重点转移到东南沿海等经济发达地区。从总体上说，这对加速发展整个国民经济是必要的，但却进一步拉大了经济发达的东部地区与经济欠发达的西部地区、东北等老工业基地和中部地区的差距。但从20世纪末先后提出了西部大开发、中部地区崛起和东部地区率先实现现代化，从而形成了总体地区协调发展战略，并已付诸实施，虽然还没有来得及从根本上扭转地区之间经济差别拉大的趋势，但拉大的速度也已趋于减缓。

第八，城市化率有了很大的提高。1978~2008年，农村和城镇就业劳动力占全国就业人口的比重分别由73.8%下降到61.1%，由26.2%上升到38.9%；乡村人口和城镇人口占全国人口比重分别由82.1%下降到54.3%，由17.9%上升到45.7%。

第九，居民消费水平和收入水平显著提高。1978年全体居民消费水平由1952年的91元增加到184元；按可比价格计算，年均增速为2.3%。到2006年，全体居民消费水平由1978年的184元提高到6111元；按可比价格计算，年均增速为7.5%，比1953~1978年年均增速提高了2.26倍。1978~2008年，城镇居民家庭人均可支配收入由343.4元增加到15781元，按可比价格计算，增长6.9倍；农村居民家庭人均纯收入由133.6元增加到4761元，按可比价格计算，增

① 〔英〕安格斯·麦迪森：《中国经济的长期表现（960~2030）》，伍晓鹰、马德斌译，上海人民出版社，2008，第66~67页。

长了6.7倍。其增速也大大高于1953~1978年的增速。

第十，在治理受到严重污染的环境方面已经开始收到成效。2000~2006年，工业污染治理完成投资由2347895万元增加到4839485万元，环境污染直接经济损失由17809.9万元减少到13471.1万元。

第十一，实现了由农业大国到工业大国，由人口大国到经济大国的转变。根据有关研究单位按当年价格计算，1978年，中国工业增加值占世界工业的比重为2.39%，居世界第10位；到2004年，比重上升到8.16%，居世界第3位。2004年，中国制造业占世界制造业的比重也上升到9.06%，居世界第3位。其中，钢铁、煤炭、化肥和棉布等172类制造业产品的产量居世界第1位。制造业产品在世界市场上的占有率由1978年的不到2%，上升到目前的90%以上。①1978~2008年，我国国内生产总值由3645.2亿元增加到300670亿元，折合美元计算，由世界的第10位上升到第3位；进出口贸易总额由206.4亿美元增长到14285亿美元，由居世界第27位上升到第3位。实际利用外资总额由1979~1980年的181.87亿美元增长到2008年的924亿美元，多年居世界前列。②同时需要指出：当前我国还不是工业强国的和经济强国。

第十二，总结起来说，1978~2008年，我国在实现新型工业化道路方面取得的重要进展可以归结为：由1978年的工业化初级阶段进入到工业化中期阶段。但有项研究对这一点做了进一步具体分析。这项研究选择人均GDP，第一、二、三产业产值比，制造业增加值占比，人口城市化率，第一产业就业占比为基本指标，并主要参照钱纳里等的划分方法，将工业化过程分为前工业化时期、工业化时期、工业化中期、工业化后期以及后工业化时期五个大的阶段，而工业化初期、中期和后期又分别为前半阶段和后半阶段，再结合相关理论研究和国际经验估计确定了工业化不同阶段的标志值。在此基础上构造一个工业化水平综合指数。如果一个国家工业化综合指数为0，则表示该国家处于前工业化阶段，综合指数值大于0小于33则表示处于工业化初期，综合指数值大于等于33小于66则表示处于工业化中期，综合指数值大于等于66小于等于99则表示处于工业化后期，综合指数值大于等于100则表示处于后工业化阶段。在工业化初期、中期和后期三个阶段，如果综合指数未超过该阶段的中间值，则表示处于相应阶段的

① 《中国工业发展报告（2008年）》，经济管理出版社，2009，第8、33~34页。

② 《中国统计年鉴》（有关各年），国家统计局网，2009年，2月26日。

前半阶段，而综合指数超过该阶段中间值，则表示处于相应阶段的后半阶段。根据这种方法计算，我国 1978 年工业化水平综合指数仅为 6.6，处于工业初期的前半阶段，1995 年工业化水平综合指数达到 18，刚刚步入工业化初期的后半阶段，2002 年工业化水平综合指数为 33，进入工业化中期阶段。2005 年，中国的工业化水平综合指数达到 50，已经进入工业化中期的后半阶段。①

四　继续推行新型工业化道路的可行性和艰巨性

尽管我国在推行新型工业化道路方面，已经取得了重要进展，但在这方面仍然面临着严峻的任务。但从 20 世纪 70 年代末至 21 世纪上半期，我国经济发展面临着一个历史上很难得的长期持续快速发展的战略机遇期。这个战略机遇期并不是由临时的偶然因素形成的，而是由长期的基本因素决定的。主要是：（1）经济全球化条件下的改革开放效应；（2）知识经济时代的科技进步效应；（3）工业化中期的阶段效应；（4）人口大国、工业大国和经济大国效应；（5）中国仍然可以在长时间内巩固社会政治稳定局面；（6）中国还可以赢得一个长期的国际和平环境。

诚然，2007 年第三季度由美国次贷危机引发的世界性的金融危机和经济危机已经并正在对我国经济发展形成巨大冲击，但它并没有也不可能从根本上改变上述的基本因素，因而也不会从根本上改变我国经济长期持续快速发展的基本面。这个基本面就是保障我国继续推行新型工业化道路的主要条件。继续走这条道路也就具有良好的可行性。有关研究也表明："十五"期间（2001 ~ 2005 年）我国工业化水平综合指数的年均增长速度为 4 ~ 5，再经过 10 ~ 13 年的加速工业化进程，到 2015 ~ 2018 年，我国工业化水平的综合指数将达到 100，中国工业化将基本实现。② 这样，就可以实现中共十六大提出的在 21 世纪头 20 年，基本实现工业化的伟大目标。③

但同时也必须清醒地看到：继续推行新型工业化道路，任务是十分艰巨的。问题在于：第一，经济总量严重失衡以及由此引起的经济过热的状况，比 1953 ~ 1978 年虽有改善，但并没有根本改变。在 1979 ~ 2008 年的 30 年间，经济过热的

① 《中国工业发展报告（2008 年）》，经济管理出版社，2009，第 22 ~ 23 页。

② 《中国工业发展报告（2008 年）》，经济管理出版社，2009，第 22 页。

③ 《中国共产党第十六次全国代表大会文件汇编》，人民出版社，2002，第 20 页。

年份就有6年，即1984年（经济增速为15.2%）、1985年（3.5%）、1992年（14.2%）、1993年（14.0%）、1994年（13.1%）和2007年（13.0%），都超过潜在经济增长率两个百分点①，因此都是经济过热年份。

第二，经济结构失衡的改善状况也远没有到位。在这方面大体上有四种情况：

一是结构已有改善，但还没有达到协调的地步。比如，这期间第一、二、三产业的关系就是这种情况。三者之间的比例关系已有改进，但农业基础薄弱和第三产业发展滞后的情况并未根本改变。

二是在1979~2008年的前一段时间内，比例关系趋于改善，后一段时间又发生逆转。工业中的轻重工业的比例就是如此。1979~1998年，轻工业产值占工业总产值中的比重由1978年43.1%上升到49.3%，重工业比重由56.9%下降到50.7%。这种变化大体上可以看做是对1953~1978年重重轻轻偏向的纠正，是轻重工业比例趋于协调的表现。但在1999~2007年间，轻工业产值占工业总产值的比重又由1998年的49.3%下降到29.5%，重工业比重由50.7%上升到70.5%。可以认为，在这段时间内，由于重工业发展速度过快，轻工业发展速度过慢，又造成了二者的比例关系的某种不协调。而且，这期间，重工业发展又成为这一轮经济周期上升阶段有些年份经济偏热（2006年经济增速为11.1%）和经济过热（2007年经济增速为13.0%）的重要因素。

这方面有两种观点值得商榷。一种观点认为，在我国进入重化工业阶段以后，重工业以较快的速度发展是必须的，重工业比重上升是正常的。这种观点有其合理性。在这个阶段，伴随消费结构的升级（由吃穿用到住行）、支柱产业（住房和汽车业等）的发展以及基础设施的发展，重工业发展速度可以而且必须快一些。但任何问题都有一个作为质和量的统一的度。这里的问题恰恰不是重工业发展速度可以而且必须快一些，而是发展速度过快。这种过快导致经济偏热甚至过热，就是最好的证明。还有一种观点认为，在现代条件下，我国根本没有必要再走资本主义工业化曾经走过的重化工业阶段的老路。如果这种观点指

① 这里需要说明：1. 如前所述，较长时期的年均经济增长率，可视为这个时期的潜在经济增长率。1979~2008年年均经济增长率为9.78%，所以10.0%可视为这期间的潜在经济增长率。2. 如前所述，现实经济增长率超过潜在经济增长率两个百分点，即为经济过热。3. 作者在以往的论著中，依据国家统计局初步数字，2007年经济增长率为11.9%，认定这年是经济偏热或接近过热的边缘。现在依据该局的核实数字，2007年经济增速为13.0%，视为经济过热。

的是在现代条件下我国没有必要再走资本主义工业化过程中重化工业阶段的那种高能耗、高物耗、高污染的老路，无疑是正确的。但如果指的我国工业化可以不经过重化工业阶段，那就完全脱离了中国作为发展中社会主义经济大国的基本国情。

三是有的经济比例关系不仅没有改善，而且进一步恶化。改革以来，投资率的继续上升和消费率的继续下降，就属此例。1978～2007 年，投资率由 38.2% 进一步上升到 42.3%，消费率由 62.1% 进一步下降到 48.8%。

四是新产生了一些失衡的比例关系。内需和外需比例关系的失衡就是如此。2005～2007 年这 3 年，货物和服务净出口占国内生产总值比重分别高达 5.5%、7.5% 和 8.9%。这是新中国成立以后从来没有发生过的内需和外需失衡的状况。形成这种失衡状况，有国内国际多种因素的作用，但主要是由国内经济失衡首先是投资方消费关系失衡造成的。

第三，与上述经济总量失衡和经济结构失衡的状况相联系，经济周期虽然实现了由超强波周期到中波周期、再到轻波周期的转变，但经济周期波动仍然多次发生，频率仍然很高。数据见前述。

第四，虽然加快了粗放经济增长方式向集约增长方式转变的步伐，但这方面的情况并没发生根本转变。特别是粗放经济方式普遍化（低水平的重复建设的扩张）在某些领域甚至有所发展。

第五，经济效益虽有较大提高，但经济效益较低的面貌也没根本改观。

第六，城乡关系不协调状况虽然从 20 世纪开始趋向协调，但从大体上说，改革以来，这种不协调状况有了进一步发展。其集中表现是改革以来城乡居民平均消费水平之间的差距进一步拉大了。1952 年，农村居民和城镇居民的平均消费水平分别为 65 元和 154 元，二者之比为 1∶2.37；1978 年，二者分别为 138 元和 405 元，二者之比为 1∶2.93；2006 年，二者分别为 2848 元和 10359 元，二者之比为 1∶3.63。

第七，地区经济发展不协调状况虽然从 20 世纪末开始趋向缓和，但从总体上说，改革以来这种不协调状况也有进一步发展。其最主要的表现就是：我国各地区的工业化水平差异扩大。2005 年，我国东部地区综合指数为 78，整体进入工业化后期；东北地区工业化综合指数为 45，处于工业化中期；中部地区和西部地区的工业化综合指数分别为 30 和 25，整体处于工业化初期。就省级地区看，上海、北京、天津、广东、浙江、江苏 6 个省市已经达到工业化后期阶段，其中上海、北京已经率先实现了工业化，进入后工业化社会，而西藏还处于前工业化阶段（见表6－1）。

表6－1　2005年我国4大经济地区和31个省市区工业化阶段的划分

<table>
<tr><th colspan="2">阶　段</th><th>四大经济地区</th><th>31省市区</th></tr>
<tr><td colspan="2">后工业化阶段(五)</td><td></td><td>上海(100)、北京(100)</td></tr>
<tr><td rowspan="2">工业化后期(四)</td><td>后半阶段</td><td></td><td>天津(96)、广东(83)</td></tr>
<tr><td>前半阶段</td><td>东部(78)</td><td>浙江(79)、江苏(78)</td></tr>
<tr><td rowspan="2">工业化中期(三)</td><td>后半阶段</td><td>全国(50)</td><td>山东(66)、辽宁(63)、福建(56)</td></tr>
<tr><td>前半阶段</td><td>东北(45)</td><td>山西(45)、吉林(39)、内蒙古(39)、河北(38)、湖北(38)、黑龙江(37)、宁夏(34)、重庆(34)</td></tr>
<tr><td rowspan="2">工业化初期(二)</td><td>后半阶段</td><td>中部(30)
西部(25)</td><td>陕西(30)、青海(30)、湖南(28)、河南(28)、新疆(26)、云南(21)、甘肃(21)、江西(26)、安徽(26)、四川(25)、海南(17)</td></tr>
<tr><td>前半阶段</td><td></td><td>广西(17)、贵州(13)</td></tr>
<tr><td colspan="2">前工业化阶段(一)</td><td></td><td>西藏(0)</td></tr>
</table>

资料来源：陈佳贵、黄群慧、钟宏武、王延中等：《中国工业化进程报告——1995～2005年中国省域工业化水平评价与研究》，社会科学文献出版社，2007，第24页。

说明：括号中的数字为相应的工业化综合指数。

第八，城市化水平虽然有显著提高，但仍然是滞后的。前面列举的数据已经表明：直到2008年，我国城镇人口占全国人口的比重仍然低于第二、三产业增加值在国内生产总值的比重，而第二、三产业主要集中在城市。

第九，相对当代经济发达国家来说，我国自主创新能力很弱。这是我国继续推行新型工业化道路面临的最大挑战。国际经验表明：自主创新能力是最核心的竞争力，而我国当前在这方面处于劣势。据统计，2005年，我国大中型工业企业的研究开发经费占工业增加值的比重仅为2.6%，而美国为8.3%（2000年），德国为7.4%（2000年），日本为8.6%（1998年）。与此相联系，当前我国技术对外依存度在50%以上，而美国和日本都在5%以下。当前我国的科技创新能力在全世界49个国家中居第28位，不仅低于经济发达国家，而且低于巴西和印度等新兴工业化国家，处于中等偏下的水平。① 这样，经济发达国家就可以凭借他

① 汪海波：《中国经济发展30年（1978～2008）》，中国社会科学出版社，2008，第143页。

们拥有的先进的科技优势、强大的自主创新能力以及与之相联系的在生产链和销售链中的高端地位，在与我国的经贸联系中获取大得惊人的垄断利润和超额利润，而我国由于在这方面处于劣势，还不得不接受当前经济发达的“文明剥削”。据报道，2005 年，我国出口一件衬衣的平均利润只有 30～40 美分；出口 8 亿件衬衣的价格才能抵得上一架空客 380 飞机。

第十，尽管改革开放以来人民生活水平有了显著提高，但人民并没有充分享受到经济发展的成果。只要把我们前面列举的经济增速与全体居民平均消费水平作一下对比，就可以清楚看出：后者的增速大约要比前者低两个百分点。

第十一，自 20 世纪末以来，在治理环境污染方面已经取得一些进展，但当前环境污染问题仍然很严重。依据世界银行 2007 年《中国环境污染损失》报告的资料可知，室外空气和水污染给中国经济造成的损失总和相当于 GDP 的 5.8%。

上述种种情况表明：继续推行新型工业化道路，尽管具有充分的多种有利条件，但同时又是一项十分艰巨的任务。

五　继续推行新型工业化道路的战略

（一）继续推行新型工业化道路的战略的基础理念：科学发展观

这个基础理念在这方面具有极端重要性。因为新型工业化道路就是在这个基础理念指导下形成的，是这个基础理念结合工业化实际的产物。据此，拟在这里作深入的分析。

1. 科学发展观形成的条件

综观经济理论发展的历史，任何一个重大理论的提出，都有它赖以形成的经济思想来源、经济发展的历史经验以及现实经济发展环境的需要等方面的条件。科学发展观这一重大理论的提出也如此。

（1）继承了马克思主义。第一，把经济发展作为无产阶级夺取政权以后的首要任务，是马克思主义一以贯之的一个基本观点。马克思、恩格斯在 1848 年发表的《共产党宣言》中早已指出：在无产阶级夺取政权以后，要剥夺全部资本，“并且尽可能快地增加生产力的总量。”[①] 列宁在“十月革命”以后不久也曾指出：无产阶级在取得政权以后，应当解决双重的任务。一是领导被剥削劳动群众粉碎资产阶级的反抗；二是组织社会主义的大生产。列宁强调第二个任务比第

① 《马克思恩格斯选集》第 1 卷，人民出版社，1972，第 272 页。

一个任务“更困难”，也“更重要”。因为归根结底，“只有用社会主义大生产代替资本主义生产和小资产阶级生产，才能是战胜资产阶级所必需的力量的最大泉源，才能是这种胜利牢不可破的唯一保证。”①

第二，可以毫不夸张地说：马克思主义从它产生的第一天起，就把人的全面发展作为共产主义社会发展生产的根本目的。恩格斯在 1847 年撰写的、作为《共产党宣言》初稿的《共产主义原理》中写道：在共产主义社会，“把生产发展到能够满足全体成员需要的规模”，“使社会全体成员的才能得到全面的发展。”②

第三，马克思对共产主义社会的节约劳动时间规律和按比例发展规律做过这样的表述：“如果共同生产已成为前提，时间的规定当然仍有重要意义。社会为生产小麦、牲畜等等所需要的时间越少，它所赢得的从事其他生产，物质的或精神的生产的时间就越多，正如单个人的情况一样，社会发展、社会享用和社会活动的全面性，都取决于时间的节省。一切节约归根到底都是时间的节约。正如单个人必须正确地分配自己的时间，才能以适当的比例获得知识或满足对他的活动所提出的各种要求，社会必须合理地分配自己的时间，才能实现符合社会全部需要的生产。因此，时间的节约，以及劳动时间在不同生产部门之间有计划的分配，在共同生产的基础上仍然是首要的经济规律。这甚至在更加高得多的程度上成为规律。”③ 可见，马克思在这里既论证了节约劳动时间规律，又论述了按比例发展规律。但是如果现在据此来论证计划经济体制存在的必要性，那就十分不妥。这不仅违反了马克思主义的方法论，也根本脱离了中国社会主义初级阶段的实际。但据此来说明按比例发展规律，从而说明要求社会生产各部门需要协调发展，则是完全可以的。这既符合原意，也符合马克思主义方法论，更符合中国社会主义初级阶段的实际。

以上三点说明：科学发展观具有多么深远的思想渊源。

科学发展观，不仅继承了马克思主义的发展，还继承了中国化的马克思主义。

毛泽东在新民主主义革命即将在全国取得胜利的 1949 年 3 月曾经着重提出：

① 《列宁全选》第 4 卷，人民出版社，1972，第 12 ~ 13 页。

② 《马克思恩格斯选集》第 1 卷，人民出版社，1972，第 223 ~ 224 页。

③ 《马克思恩格斯选集》第 46 卷，人民出版社，1972，第 120 页。

“从接管城市的第一天起，就要把生产建设作为中心任务，城市的其他工作都是为这个中心工作服务的。”① 在这个时期，他还强调：“新民主主义国民经济的指导方针，必须紧紧地伴随着发展生产、繁荣经济、公私兼顾、劳资两利这个总目标。一切离开这个总目标的方针、政策、办法，都是错误的。”② 在这里，既指出了发展生产、繁荣经济的重要性，又指出了公私兼顾、劳资两利的重要性。在体现了毛泽东思想的《中国人民政治协商会议共同纲领》中，这些思想又得到了进一步的发展。《共同纲领》规定：“中华人民共和国经济建设的根本方针，是以公私兼顾、劳资两利、城乡互助、内外交流的政策，达到发展生产、繁荣经济之目的。”

诚然，无论是在新民主主义革命，或者社会主义革命时期，毛泽东的上述思想都带有时代的特点，都有特定的内涵，并有某种局限性（比如没有摆脱计划经济体制的框框），而且由于各种因素的作用，其中有些思想并没有得到完全实现。但从方法论的角度，这些思想对形成科学发展观无疑起了指导作用。

邓小平依据“大跃进”和“文化大革命”两次“左”的错误的教训，深刻地指出：“社会主义的首要任务是发展生产力，逐步提高人民的物质和文化生活水平，从1958～1978年这20年的经验告诉我们：贫穷不是社会主义，社会主义要消灭贫穷。不发展生产力，不提高人民的生活水平，不能说是符合社会主义要求的。”他强调：“中国还有个台湾问题要解决。中国最终要统一。能否真正顺利地实现大陆和台湾的统一，一要看香港实行‘一国两制’的结果，二要看我们经济能不能真正发展。中国解决所有问题的关键是要靠自己的发展。”他还发出过铿锵有力、震撼人心的名言：“发展才是硬道理。”③

还要指出，在发展问题上，邓小平还提出了许多重要的指导思想。诸如，在速度和比例、效益的关系问题上，他提出：“我国的经济发展，总要力争隔几年上一个台阶。当然，不是鼓励不切实际的高速度，还是要扎扎实实，讲求效益，稳步协调地发展。”“现在，我们国内条件具备，国际环境有利，再加上发挥社会主义制度能够集中力量办大事的优势，在今后的现代化建设长期过程中，出现若干个发展速度比较快、效益比较好的阶段，是必要的，也是能够办到的。”在

① 《毛泽东选集》第4卷，人民出版社，1991，第1428页。

② 《毛泽东选集》第3卷，人民出版社，1991，第1256页。

③ 《邓小平文选》第3卷，人民出版社，1993，第116、265、377页。

经济发展与科学、教育的关系上，他提出：“经济发展得快一点，必须依靠科技和教育。”“科学技术是第一生产力。”① “教育是一个民族最根本的事业。”②

但在发展问题上，从根本上和整体上来说，还在于：在中共十一届三中全会以后，以邓小平为核心的第二代中央领导集体制定了“一个中心、两个基本点”的党在社会主义初级阶段的基本路线，提出了社会主义现代化建设分三步走的战略目标，开辟了中国特色的社会主义道路，为中国特色的社会主义理论体系奠定了最重要的基础。

可见，处于改革开放时代，并作为改革开放总设计师的邓小平的理论，对形成科学发展观起了极重要的指导作用。

继第一代和第二代中共中央领导集体之后，以江泽民为核心的第三代中共中央领导集体在形成科学发展观方面作出了更为直接的贡献。摘其要者有：进一步提出了把发展作为党抓政兴国的第一要务，要坚持用发展解决前进中的问题，要建立完善的社会主义市场体制，要实施科教兴国战略、可持续发展战略和西部大开发战略，要坚持依法治国和以德治国相结合，要坚持不断推进社会主义的物质文明、政治文明和精神文明建设，以促进社会的全面进步和人的全面发展等。总之，坚持并发展了党在社会主义初级阶段的基本理论、基本路线、基本纲领和基本经验，进一步拓展了建设中国特色的社会主义道路和中国特色的社会主义理论体系。

（2）借鉴了国外的适合我国情况的有益经验。如果把第二次世界大战前后经济发达国家的经济发展情况作一下对比，就可以清楚看到这期间发生的重大变化。主要是：在经济周期方面，实现了由战前多次发生的强波周期到战后向轻波周期的转变；在提高剥削率方面，实现了由战前先后发生的以提高绝对剩余价值率为主和以提高相对剩余价值率为主，到战后的这两种剩余价值率的双双下降；在城乡关系方面，实现了由战前的城乡对立到战后的城乡差别的逐步消失，甚至在一定范围内发生了“逆城市化”；在社会保障方面，实现了由战前很薄弱的基础到战后的相当完善的社会保障体系的建立；在环境方面，由战前的严重破坏到战后的逐步恢复；在科技教育方面，继续发展在这方面的优势，支撑了其在经济方面的优势。这些重大变化使经济发达国家在战后实现了长达60多年的经济持

① 《邓小平文选》第3卷，人民出版社，1993，第274、375、377页。

② 中央财经领导小组办公室编《邓小平经济理论》（摘编），中国经济出版社，1997，第258页。

续发展。

这些变化并不是偶然的，主要是由下列条件决定的。第一，“二战”前长期进行的剧烈的阶级斗争已经产生了深远影响。这些影响除了“二战”后在欧亚两洲出现了一大批社会主义国家以及帝国主义殖民体系瓦解以外，就是迫使经济发达国家在资本主义基本经济、政治制度的范围内，有限度地放松剥削和发展民主。第二，经济发达国家普遍实行了在维护资本主义基本经济制度的前提下的经济体制的变革，实现了由古典的自由放任的市场经济到现代的有国家干预的市场经济的转变。这是资本主义经济条件下经济周期发生重大变化和经济获得持续发展的主要原因。第三，“二战”后多次发生的新的科技革命极大地推动了社会生产力的发展。这样，在“蛋糕”做大的条件下，为经济发达国家在某种限度下放松剥削、发展社会保障和环境保护事业提供了极重要的物质基础，先进的信息技术也是推动资产阶级民主的一个重要手段。总之，上述重大变化是“二战”后资本主义物质文明、政治文明和精神文明发展的结果。

因此，这些变化绝不意味着资本主义的基本经济、政治制度及其本质有什么根本变化，不过是这些制度和本质在新的历史条件下的一种特殊表现。

上面讲的只是“二战”后国际经验的一个方面，与此同时存在的还有另一个方面。“二战”后在帝国主义殖民体系瓦解的基础上，亚洲、拉丁美洲和非洲产生了一大批新型工业化国家。其中有的国家在经济高速增长过程中，注意了各项社会事业的发展，社会都比较稳定，经济持续发展。而有的国家在经济高速增长过程中，贫富差别急剧扩大，导致政治、经济危机的发生，引起经济的停滞和倒退。

毫无疑问，我国基本的经济、政治制度，不论是与经济发达国家，或者是与新型工业化国家都是有本质区别的。但在发展现代市场经济和推进工业化、现代化等方面，又不同程度地存在某些共同点。因而这两类国家的经验和教训对我国都是有警示和启示作用的。事实上，这些经验和教训对科学发展观的形成也起了有益的作用。

（3）吸收了我国优秀历史文化传统中的精华。在我国历史的优秀文化中，以人为本或类似以人为本的思想屡见不鲜。诸如“民为邦本，本固邦宁”；“天地之间，莫贵于人”等，古已有之。

这里的问题是：按照唯物论的观点，任何思想都不是凭空产生的，都是有其根源的。那么，这种反映人民（主要是劳动人民）利益的思想为什么会在古代社会（包括奴隶社会和封建社会）产生呢？按照作者的理解，最重要的原因有两个：一是物质资料的生产和再生产是人类社会存在和发展的基础；二是人的本身的生产和再生产，又是物质资料生产和再生产的主要要素。而这两点都主要依靠人民（主要是劳动人民）。以人为本的思想正是这些客观情况在古代优秀思想家头脑中的反映。

但这些思想家是在脱离具体的社会经济条件的情况下提出以人为本的思想的，他们看不到（也不可能看到）与体现人类社会共同利益①的以人为本思想同时存在的还有阶级利益和体现阶级利益的思想。按照辩证法的观点，这种共同利益和阶级利益是一个矛盾统一体，既有矛盾的一面，又有统一的一面。而且在矛盾的两方面中，阶级利益是矛盾的主要方面，处于支配的地位。这样，在阶级社会中，以人为本的思想就不可能得到广泛的社会认同。不要说统治阶级不会认同这一点，就是劳动人民（由于受到统治阶级思想的影响）也很难广泛认同这一点。至于在阶级社会中以人为本思想的实施，从根本上和整体上说，是不可能的。当然，任何事情都不是绝对的。在特定情况下（比如在中国封建社会，有贤明君主主政）也可能在一定的领域、时间和程度上实施。

这样，以人为本的思想不仅在古代社会的经济发展中起过一定的积极作用，并且成为作为科学发展观核心的以人为本的思想的重要来源。

当然，科学发展观以人为本的思想与中国古代社会朴素的以人为本思想相比，发生了根本性的变化。第一，科学发展观以人为本的思想，是建立在历史唯物主义的基础上的。历史唯物主义正确地阐述了人民群众是历史的主要创造者，是推动社会发展的决定性力量。第二，在社会主义初级阶段，不仅社会的共同利益，而且与社会主义基本经济、政治制度相联系的根本利益，都要求实现以人为本，从根本上和整体上说来，二者是统一的。第三，在这个阶段，以人为本的思想是科学发展观的核心，是作为执政党的中国共产党的基本发展理念，是能够比较完全和充分实施的。

（4）反映新中国成立以后社会主义建设的经验、社会主义初级阶段的客观实际和现阶段经济社会发展的迫切需要。从根本上说来，科学发展观的提出全面

① 从古至今，人类社会的共同利益主要表现为：物质资料的生产、人口的生产、抗御自然灾害和治理环境等。

地反映了新中国成立以后社会主义建设的经验、社会主义初级阶段的客观实际和现阶段经济社会发展的迫切需要。

科学发展观是新中国成立以后社会主义建设经验的全面、整体、高度的概括。这样，我们只要把科学发展观涵盖的内容与新中国成立以后经济社会发展的实际作一下对比，就不难看出：什么时候我国经济社会发展状况比较符合科学发展观的要求，其发展就比较顺利，成就也比较大；反之，就会遭受严重挫折，成就也比较小。

关于科学发展观真切地反映了社会主义初级阶段的客观实际和现阶段经济发展的迫切需要，中共十七大作了很深刻的分析。

“科学发展观，是立足社会主义初级阶段基本国情，总结我国发展实践，借鉴国外发展经验，适应新的发展要求提出来的。进入新世纪新阶段，我国发展呈现一系列新的阶段性特征，主要是：经济实力显著增强，同时生产力水平总体上还不高，自主创新能力还不强，长期形成的结构性矛盾和粗放型增长方式尚未根本变化；社会主义市场经济体制初步建立，同时影响发展的体制机制障碍依然存在，改革攻坚面临深层次矛盾和问题；人民生活总体上达到小康水平，同时收入分配差距拉大趋势还未根本扭转，城乡贫困人口和低收入人口还有相当数量，统筹兼顾各方面利益难度加大；协调发展取得显著成绩，同时农业基础薄弱、农村发展滞后的局面尚未改变，缩小城乡、区域发展差距和促进经济社会协调发展任务艰巨；社会民主政治不断发展，依法治国方略扎实贯彻，同时社会主义民主法制建设与扩大人民民主和经济社会发展的要求还不完全适应，政治体制改革需要继续深化；社会主义文化更加繁荣，同时人民精神文化需求日趋旺盛，人们思想活动的独立性、选择性、多变性、差异性明显增强，对发展社会主义先进文化提出了更高要求；社会活力显著增强，同时社会结构、社会组织形式、社会利益格局发生深刻变化，社会建设和管理面临诸多新课题；对外开放日益扩大，同时面临的国际竞争日趋激烈，发达国家在经济科技上占优势的压力长期存在，可以预见和难以预见的风险增多，统筹国内发展和对外开放要求更高。

这些情况说明，经过新中国成立以来特别是改革开放以来的不懈努力，我国取得了举世瞩目的发展成就，从生产力到生产关系、从经济基础到上层建筑都发生了意义深远的重大变化，但我国仍处于并将长期处于社会主义初级阶段的基本国情没有变，人民日益增长的物质文化需要同落后的社会生产之间的矛盾这一社会主要矛盾没有变。当前我国发展的阶段性特征，是社会主义初级阶段基本国情

在新世纪新阶段的具体表现。”①

这里所说的两个“没有变”，正是科学发展观赖以提出的客观基础，同时也说明了正是中国现阶段经济社会发展的迫切需要。

2. 科学发展观的内涵及其伟大意义

关于科学发展观的内涵，2005 年 11 月召开的中共十六届五中全会首次明确提出，并作过阐述。中共十七大对此作了更精辟的概括和阐述。

“科学发展观，第一要义是发展，核心是以人为本，基本要求是全面协调可持续，根本方法是统筹兼顾。

必须坚持把发展作为党执政兴国的第一要务。发展，对于全面建设小康社会、加快推进社会主义现代化，具有决定性意义。要牢牢扭住经济建设这个中心，坚持聚精会神搞建设、一心一意谋发展，不断解放和发展社会生产力。更好实施科教兴国战略、人才强国战略、可持续发展战略，着力把握发展规律、创新发展理念、转变发展方式、破解发展难题，提高发展质量和效益，实现又好又快发展，为发展中国特色社会主义打下坚实基础。努力实现以人为本、全面协调可持续的科学发展，实现各方面事业有机统一、社会成员团结和睦的和谐发展，实现既通过维护世界和平发展自己又通过自身发展维护世界和平的和平发展。

必须坚持以人为本。全心全意为人民服务是党的根本宗旨，党的一切奋斗和工作都是为了造福人民。要始终把实现好、维护好、发展好最广大人民的根本利益作为党和国家一切工作的出发点和落脚点，尊重人民主体地位，发挥人民首创精神，保障人民各项利益，走共同富裕道路，促进人的全面发展，做到发展为了人民、发展依靠人民、发展成果由人民共享。

必须坚持全面协调可持续发展。要按照中国特色社会主义事业总体布局，全面推进经济建设、政治建设、文化建设、社会建设，促进现代化建设各个环节、各个方面相协调，促进生产关系与生产力、上层建筑与经济基础相协调。坚持生产发展、生活富裕、生态良好的文明发展道路，建设资源节约型、环境友好型社会，实现速度和结构质量效益相统一，经济发展与人口资源环境相协调，使人民在良好生态环境中生产生活，实现经济社会永续发展。

必须坚持统筹兼顾。要正确认识和妥善处理中国特色社会主义事业中的重大关系，统筹城乡发展、区域发展、经济社会发展、人与自然和谐发展、国内发展

---

① 《中国共产党第十七次全国人民代表大会文件汇编》，人民出版社，2007，第 13 ~ 14 页。

和对外开放，统筹中央和地方关系，统筹个人利益和集体利益、局部利益和整体利益、当前利益和长远利益，充分调动各方面积极性。统筹国内国际两个大局，树立世界眼光，加强战略思维，善于从国际形势发展变化中把握发展机遇、应对风险挑战，营造良好国际环境。既要总揽全局、统筹规划，又要抓住牵动全局的主要工作、事关群众利益的突出问题，着力推进、重点突破。”①

科学发展观的伟大意义，主要包括两个方面：一是在理论方面，概括地说，“是马克思主义关于发展的世界观和方法论的集中体现。”② 按照作者的认识，这个命题包括三层意思：（1）说它是马克思主义关于发展的世界观的集中体现，就在于它集中体现了作为唯物论的基本要求的实事求是，具体说来，就是反映了中国社会主义初级阶段的这个基本国情；（2）说它是马克思主义关于发展的方法论的集中体现，在于它集中地反映了作为辩证法的主要内容之一的主要矛盾，具体说来，就是反映了中国社会主义初级阶段的主要矛盾，即人民物质文化需要同落后的社会生产之间的矛盾；（3）说它是马克思主义关于发展的集中体现，在于它概括地回答了为什么发展、为谁发展、怎样发展、如何分配发展成果这样一些有关全局的问题。二是在实践方面，科学发展观是我国社会主义初级阶段关于经济社会发展的根本指导思想，是各项经济社会发展战略的基础理论和总纲。所以，科学发展观是马克思主义（包括中国化马克思主义）关于发展理论一个历史性的重大发展。这里需要着重指出的是：科学发展观也是中国推行新型工业化道路的根本指导思想，是实现这条道路的各项战略的总纲。

（二）继续推行新型工业化道路的战略的主要内容

这个战略的主要内容似乎可以归结为一个轴心和九个轮子。一个轴心，即提高自主创新能力。九个轮子，即转变经济发展方式，调整产业结构，调整投资和消费的关系，调整第一、二、三产业的关系，统筹城乡发展，统筹区域发展，统筹经济社会发展，统筹人与自然和谐发展，以及统筹内需和外需关系。其中，一个轴心是我国推行新型工业化道路的核心战略；九个轮子是推行新型工业化道路的战略体系的主要组成部分。但这些问题涉及的方面很宽，这里只分别就推行这些战略需要采取的主要措施作些提要式的阐述。

关于提高自主创新能力。为此，需要在深化整个经济体制改革的同时，深化

① 《中国共产党第十七次全国人民代表大会文件汇编》，人民出版社，2007，第14～16页。

② 《中国共产党第十七次全国人民代表大会文件汇编》，人民出版社，2007，第12页。

科技体制改革，构建体制基础；需要推进科教兴国、教育优先战略，夯实理论基础和培养人才队伍；营造自主创新的生态环境，包括建立和完善自主创新能力提高所需要的市场、财政、金融、法律、激励和道德规范等方面的体系；构建自主创新的技术基础，包括大力开发高新技术，支持开发重大产业技术，以及制定重要技术标准等。

关于转变经济方式。当前在这方面最重要的就是优化社会生产要素投入结构，逐步实现由主要依靠物质资源和劳动的投入，向主要依靠科技进步、提高劳动者素质和管理创新的转变。

关于调整产业结构。为此，要大力推进工业化与信息化的融合，着力发展装备制造业和高技术产业，加快发展现代服务业，以及加强基础产业和基础设施建设；还要正确处理发展传统产业和高技术产业、资金技术密集型产业和劳动密集型产业，以及实体经济与虚拟经济的关系。

关于调整投资和消费的关系。为此，需要提高对当前投资率过高、消费率过低这个问题严重性的认识，提高投资和消费这个预期指标在宏观经济调控中的战略地位及其科学性，建立实现这个指标的保证体系。

关于调整第一、二、三产业的关系。这个问题本来也属于上述产业结构调整的范畴，但因其具有特殊重要性，故单独提出分析。在这方面，除了上述的作为第二产业主体的工业内部的结构调整以外，就是要加强农业，夯实国民经济的基础。还要针对第三产业严重滞后的情况，优先发展第三产业。为此，需要从速度和比重两方面合理设置优先发展第三产业的目标；需要为第三产业的优先发展创造有利的宏观经济环境；需要加大对第三产业的投入，并加快提高其劳动生产率；要优化第三产业的内部结构和布局；要加快提高城镇化率；要从根本上把改革开放推进到以加快第三产业改革开放为重要特征的阶段。

关于统筹城乡发展。为此，当前我国需要大力贯彻统筹城乡经济社会发展战略；积极推进城镇化；全面深化农村经济体制，进一步塑造农村市场主体；着力推进农业和农村经济结构的战略调整；加强政府对农业和农村经济的保护和支持力度；在全面繁荣农村经济和提高农业生产率的基础上，大幅提高农民的收入水平。

关于统筹区域经济发展。为了实现区域经济协调发展的任务，需要完善社会主义市场经济体制，构建并实施完整的四大区域的战略布局，按照功能区构建区域发展格局，把发展功能区与生态功能区紧密结合起来，完善相关法律法规，强化管理机构和营造文化氛围等。

关于统筹人与自然的和谐发展。为此，需要提高环境保护在国家的经济社会发展中的战略地位；在全社会树立生态文明的观念；根本转变经济发展方式；按照社会主义市场经济的要求，在继续推进经济改革的同时，充分发挥政府在治理环境中的主导作用。

关于统筹经济社会发展。为了改变当前我国社会事业发展严重滞后于经济发展的状况，首先需要改变社会事业改革严重滞后于经济改革的状况；需要加大这方面的投入；需要提高发展社会事业在整个社会经济发展的战略地位；需要提高全民对发展社会事业重要性的认识。

关于统筹内需和外需的关系。当前，最重要的就是：一方面，作为社会主义的经济大国必须坚持以内需为主、积极扩大内需的基本方略，以确保经济社会的稳定发展和国家的主权独立，并为扩大外需创造有利条件。另一方面，在经济全球化和知识经济时代，在推行经济改革的条件下，必须坚持对外开放的基本国策，积极拓展外需，使其为增强综合国力和发展内需服务，以促进经济的持续稳定快速发展。

尽管我国在继续推行新型工业化方面面临着严重困难，任务十分艰巨。但在中国特色社会主义理论的指引下，并按照科学发展观的要求行事，这个任务一定能够实现，对此应该充满信心。

参考文献

[1]《马克思恩格斯全集》第24卷，人民出版社，1972。

[2]《列宁全集》第1卷，人民出版社，1958。

[3]《毛泽东选集》，人民出版社，1991。

[4]《邓小平文选》，人民出版社，1993。

[5]《江泽民文选》，人民出版社，2006。

[6]《中国工业通鉴——中国工业五十年》（20卷），中国经济出版社。

[7]《中国经济发展报告》（2001～2008），经济管理出版社。

[8] 汪海波主编《新中国工业经济史》，经济管理出版社，1986。

[9] 汪海波：《中华人民共和国工业经济史（1949～1998）》，山西经济出版社，1999。

[10] 汪海波：《中国现代产业经济史（1949～2004）》，山西经济出版社，2006。

[11] 汪海波：《中国经济发展30年（1978～2008）》，中国社会科学出版社，2008。

[12]〔英〕安格斯·麦迪森：《中国经济的长期表现（960～2030）》，上海人民出版社，2008。

The Road of Industrialization in China

Abstract: In this chapter, the author firstly defines the notions of industrialization, the road of industrialization and the road of industrialization in China. And then, the author expounds how the traditional industrialization of China is proposed and carried out. Its objective practicality, the great achievement and the serious consequences are also dealt with. Lastly, the author analyses the forming process and the main content of the new road of industrialization in China. This chapter also analyses the objective evidence, the progress, the practicality, the difficulty and the strategy of the road of industrialization in China.

Key Words: The Road of Industrialization; The Traditional Road of Industrialization; The New Road of Industrialization

第七章
中国财政现代化道路

马海涛　任　强*

摘　要：本章以新中国成立以来我国税收制度改革、财政体制改革、财企关系改革和预算管理制度改革为主线，回顾了60年来我国在上述领域的重大改革措施，总结归纳了我国60年财政现代化模式的四条经验，即实事求是，不断总结经验教训；不断改革，推动财政现代化进程；稳字当头，奠定财政工作前提；促进减贫，向共同富裕道路迈进。结合中国经济体制改革的目标模式，提出了未来一段时期内我国在税收制度、财政体制和预算管理制度领域进一步改革的思路与措施。

关键词：财政现代化　税制改革　财政体制　预算管理

国外对于现代化问题的研究始于20世纪50年代。1951年6月，在美国社会科学研究会经济增长委员会主办的学术刊物《文化变迁》杂志编辑部举办的学术讨论会上，大家讨论了贫困、经济发展不平衡等问题，与会者认为，使用“现代化”一词来说明农业社会向工业社会的转变是比较合适的。1958年，丹尼尔·勒纳出版《传统社会的消逝：中东现代化》一书，认为传统社会向现代社会的转变就是现代化。我国最早出现“现代化”一词是在1964年12月第三届全国人民代表大会第一次会议上。周恩来根据毛泽东的建议，在政府工作报告中首次提出，在20世纪内，把中国建设成为一个具有现代农业、现代工业、现代国防和现代科学技术的社会主义强国。这就是我们通常所说的“四个现代化”。

* 马海涛，经济学博士，教授、博士生导师，现任中央财经大学财政学院院长、全国高校财政教学研究会会长，主要研究领域为政府采购、公共财政、财税制度；任强，经济学博士，讲师，从事财政学研究。

这里，我们将现代化定义为发展中的社会为了获得发达的工业社会所具有的一些特点，而经历的文化与社会变迁的过程。那么，什么是财政现代化呢？可以这样认为，财政现代化就是符合市场经济要求的，在市场配置资源的基础上，政府调控经济的财政形式。事实上，可以把财政现代化理解成为建设“公共财政”。因此，财政现代化模式探索的基本历程，可以理解为从建设型财政和吃饭型财政到公共财政的转型。公共财政的特征，首先就是要以满足公共需要为主要的目标和工作的重心。公共财政要求要恰当处理政府和市场的关系，即市场配置资源是基础，政府与市场在资源配置中相互搭配，政府既不能越位也不能缺位。公共财政理“公共之财”，因此，应以权力制衡且规范的公共选择作为决策机制。朝向这个特征，本章探讨了新中国成立以来财政现代化模式探索的基本历程、特点和发展趋势。

第一节　新中国财政现代化的基本历程

作为对财政现代化道路探索的分析基础，我们以1978年为界限，回顾了我国税收制度改革、财政体制改革、财企关系改革和预算管理制度改革的基本历程。

一　新中国税制改革的基本历程

（一）改革开放前的税收制度

新中国税收制度的初步建立源于1949年11月的首届全国税务会议。会议讨论研究统一全国税政，建立新税制和加强税务工作，最终形成了《全国税政实施要则》，并于1950年1月由政务院发布施行。《全国税政实施要则》要求统一全国税政，迅速整理全国各地税种、税目和税率不一致的情况，以达到全国税政的统一；依据合理负担的原则，适当平衡城乡负担，以改变农民负担超过工商业负担的情况；明确规定公营企业、合作社以及外侨企业一律照章纳税。《全国税政实施要则》确定全国税收为14种，分别是货物税、工商业税（包括坐商、行商、摊商的营业税及所得税）、盐税、关税、薪给报酬所得税、存款利息所得税、印花税、遗产税、交易税、屠宰税、房产税、地产税、特种消费行为税（包括筵席、娱乐、冷饮、旅店）和使用牌照税。

新税收制度的贯彻执行使城市工商税收收入呈现迅速增长的态势。1950年上半年税收收入就达到了与公粮收入相等的地步，完全改变了以往国家财政收入主要依靠农村公粮收入的局面。1950 年 7 月，根据毛泽东在中共七届三中全会上“调整税收，酌量减轻民负”的原则，我国对工商税收进行了调整，将地产税和房产税合并为一种，暂不开征薪给报酬所得税和遗产税，同时，简化合并了一些税目，降低了若干税种的税率，改进了征收管理方法。

自 1953 年起，我国进入了有计划的大规模经济建设新时期。新中国成立初期所建立起来的税收制度，与这一时期经济发展的形势开始出现了一些不相适应的地方。国有经济已经占据主导地位，私营经济相对缩小，国家要求从原材料供应和产品销售方面加强计划管理，对国有企业实行经济核算。基于此，我国对税制进行了修正，试行商品流通税，修订货物税和工商税等；对卷烟、烟叶、酒、麦粉、皮毛、棉纱、火柴、唱片、酸、碱、化肥、盘纸、报纸、轮胎轮带、原木、水泥、平板玻璃、有色金属、生铁、钢材、焦炭、矿物油等 22 种产品，将原来在生产和销售各个环节缴纳的货物税、工商营业税、工商营业税附加和印花税等合并为商品流通税，一次征收；将生产制造应税货物的工厂原来缴纳的印花税、营业税及营业税附加合并在货物税内征收，相应调整货物税税率；将工商企业原来缴纳的营业税、营业税附加和印花税并入营业税内缴纳，相应调整营业税税率。

为在基本保持原税负的基础上进一步简化税制，国务院决定对工商税制进行重大改革。1958 年 9 月 13 日，国务院制定公布了《工商统一税条例（草案）》，同月 17 日，财政部公布了《工商统一税条例施行细则（草案）》，将原来实行的货物税、商品流通税、营业税和印花税四种税合并成工商统一税。此外，商业零售环节再纳一次税，把原来货物税、商品流通税分别按国家规定调拨价和国营商业批发牌价计税，改为一律按实际销售收入的金额计税，对工业企业自己制造的用于本企业连续生产的“中间产品”，除棉纱、皮革、白酒保留征税外，对其他产品不再征税。

为了在集体经济和个体经济之间，以及在经营不同业务的不同集体企业之间适当调整税负，国务院按照“限制个体经济，巩固集体经济”的政策精神，于 1963 年对工商所得税进行了再一次调整，提高了个体工商业的所得税负担，调高了合作商店的所得税负担，调整了手工业和交通运输合作社的所得税负担。这次调整，限制了个体经济在缴纳所得税以后的收入水平，要求集体经济在发展壮大的基础上，向国家提供更多的积累，并实行合作商店重于其他合作经济的政策，以平衡集体经济之间的税收负担。由于当时对个体经济和合作商店限制过严、过死，税收负担过重，一定程度上影响了它们对国民经济应有的补充作用。

1973 年，由于受“左”的错误思想影响，人们一般认为社会主义税收除了在积累国家资金方面仍然能够发挥重要作用以外，在调节经济方面的作用已较前大为减弱，有必要进一步简化税制，对国有企业只课征一种税，把工商企业缴纳的工商统一税及其附加、城市房地产税、车船使用牌照税、屠宰税等合并为工商税。合并以后，国有企业只需缴纳一种工商税，集体所有制企业只要缴纳工商税和工商所得税两种税。同时，进一步简化税目、税率，税目由过去的 108 个减少为 44 个。这次税制改革，由于过分强调简并税种，简化征收办法，实行一个企业一般只缴纳一种税，只适用一个税率，使税收的作用进一步削弱。

（二）改革开放后的税收制度

1980 年 9 月到 1981 年 12 月，第五届全国人民代表大会先后通过并公布了《中外合资经营企业所得税法》、《个人所得税法》和《外国企业所得税法》。同时，对中外合资企业、外国企业和外国人继续征收工商统一税、城市房地产税和车船使用牌照税，初步形成了一套大体适用的涉外税收制度，适应了我国对外开放初期引进外资、开展对外经济合作工作的需要。

作为国有企业改革和城市经济改革的一项重大措施，1983 年，国务院决定在全国试行国有企业利改税，即第一步利改税改革，将新中国成立之后实行了 30 多年的国有企业向国家上缴利润的制度改为缴纳企业所得税，并取得了初步的成功。从理论上和实践上，这一改革是国家与国有企业分配关系的历史性转折。

为了加快城市经济体制改革的步伐，经第六届全国人民代表大会及其常委会批准，国务院决定从 1984 年 10 月起在全国实施第二步利改税和工商税制改革，发布了关于国有企业所得税、国有企业调节税、产品税、增值税、营业税、盐税、资源税的一系列行政法规，成为我国改革开放之后第一次大规模的税制改革。

此后，国务院又陆续发布了关于征收集体企业所得税、私营企业所得税、城乡个体工商户所得税、个人收入调节税、城市维护建设税、奖金税（包括国有企业奖金税、集体企业奖金税和事业单位奖金税）、国有企业工资调节税、固定资产投资方向调节税（其前身为 1983 年开征的建筑税，1999 年减半征收，2000 年暂停征收）、特别消费税、房产税、车船使用税、城镇土地使用税、印花税、

筵席税等税收法规。1991年，第七届全国人民代表大会第四次会议将《中外合资经营企业所得税法》与《外国企业所得税法》合并为《外商投资企业和外国企业所得税法》。

改革开放后的上述税制各个措施使我国税制逐步转化为多种税、多环节、多层次的复合税制，初步完善了税收体系，使税收成为调节经济的重要杠杆。这一时期所确立的以商品课税为主体的税制结构，不仅突破了长期封闭型税制的约束、逐步向开放型转变，而且突破了改革开放前历次税制改革所遵循的“合并税种，简化税制”的改革原则，彻底摒弃了“非税论”和“税收无用论”，确立了税收的经济杠杆作用，为1994年全面税制改革奠定了基础。

为了适应市场经济的发展，1994年我国进行了一场自1949年以来规模最大、范围最广、内容最深刻、力度最强的结构性改革。这次改革的指导思想是：统一税法，公平税负，简化税制，合理分权，理顺分配关系，保障财政收入，建立符合社会主义市场经济要求的税制体系。这次税制改革全面改革了流转税，以实行规范化的增值税为核心，相应设置消费税、营业税，建立新的流转税课税体系，对外资企业停止征收原工商统一税，实行新的流转税制，对内资企业实行统一的企业所得税，取消原来分别设置的国有企业所得税、国有企业调节税、集体企业所得税和私营企业所得税。同时，国有企业不再执行企业承包上缴所得税的包干制。同时，统一了个人所得税，取消原个人收入调节税和城乡个体工商户所得税，对个人收入和个体工商户的生产经营所得统一实行修订后的个人所得税法。另外，还调整、撤并和开征其他一些税种，如调整资源税、城市维护建设税和城镇土地使用税；取消集市交易税、牲畜交易税、烧油特别税、奖金和工资调节税；开征土地增值税、证券交易印花税；盐税并入资源税，特别消费税并入消费税。我国税制改革之后，税种设置由原来的37个减少为23个，初步实现了税制的简化、规范和高效的统一。

1994年的工商税制改革确定了市场经济条件下我国税收制度的基本格局，在此后的十几年间，结合国内、国外客观经济形势的变化，国家又推行了以取消农业税、内外资企业所得税合并、增值税的转型为主要内容的补充和完善。

为了切实减轻农民负担，中央决定自2000年开始在农村开展农村税费改革。在农村税费改革的过程中，已经根据“减轻、规范、稳定”的原则对农（牧）业税和农业特产税进行了调整，同时也明确在五年内将逐步取消农业税，截至2005年底，全国有28个省、市和自治区及河北、山东、云南3省的210个县

（市）已经全部免征农业税。2005 年 12 月 39 日十届全国人大常委会第 19 次会议通过从 2006 年 1 月 1 日起废止农业税条例的草案。2006 年 3 月 14 日，十届人大四次会议通过决议，庄严宣布在全国范围内彻底取消农业税。

2007 年 3 月 16 日，十届全国人大五次会议审议通过了《中华人民共和国企业所得税法》。这是我国税制现代化建设进程中的一件大事，是适应我国社会主义市场经济发展进程的一项制度创新，是我国社会主义市场经济制度走向成熟的重要标志。随着 2008 年 1 月 1 日该法的正式实施，我国将结束企业所得税法律制度对内外资分立的局面，逐步建立起一个规范、统一、公平、透明的企业所得税法律制度。

2008 年 11 月 10 日，国务院发布修订后的《中华人民共和国增值税暂行条例》，并于 2009 年 1 月 1 日起实施。在维持现行增值税税率不变的前提下，允许全国范围内（不分地区和行业）的所有增值税一般纳税人抵扣其新购进设备所含的进项税额，未抵扣完的进项税额结转下期继续抵扣，实现了增值税由生产型向消费型的转型。不仅如此，《中华人民共和国消费税暂行条例》和《中华人民共和国营业税暂行条例》也于 2008 年底修订，从 2009 年 1 月 1 日起实施。另外，自 2009 年 1 月 1 日起，根据《国务院关于实施成品油价格和税费改革的通知》，取消了公路养路费等收费，同时提高了成品油消费税单位税额。

二　新中国财政体制改革的基本历程

财政体制是处理中央政府与地方政府之间以及地方各级政府间财政分配关系的一项基本制度，其核心问题是明确各级政府之间的支出责任和收入划分，以及转移支付制度等。

（一）改革开放前的财政体制

“高度集中”是改革开放前财政体制的主要特征。在这种背景下，财政权力主要集中在中央政府，地方政府和企业的自主权很小。为了有效地利用有限的财政经济资源，保证国家的军需民用，中央人民政府成立不久，即于 1950 年 3 月 3 日颁布了《关于统一国家财政经济工作的决定》。其基本内容是：统一全国财政收支，统一全国物资调度，统一全国现金管理。根据《关于统一国家财政经济工作的决定》，一切财政税收制度、人员编制和各项开支标准均由中央制定；所有财政收入全部收归中央，只有极少数地方捐税划归大区和省政府留用；一切开支均需列入预算，地方需按月、按季报中央政府核定执行，并在年度终了报请中央审查；建立全国统一的财政预决算制度和严格的审计、会计及财政监察制度，只有地方级收入的超收分成部分才由各地方机动使用。我国高度集中的财政体制自此初步形成，这对于促进经济恢复和支持抗美援朝战争，以及初步建立我国的工业化基础都发挥了积极作用。

为了调动地方政府和企业的积极性，从第一个五年计划开始，我国财政体制进行了一些改革和调整的探索。但是，在整个经济体制高度集中的环境下，财政体制的调整与改革始终是以维护集中型体制为前提，基本上是在“收权”和“放权”之间循环，对集中型体制没有实质性突破。1954 年，中央制定了财政管理六条方针，提出“支出包干使用”的方针。“包干”主要是对中央各部门和地方大区政府而言，目的是为了让“条条”和“块块”共同负起责任，防止突破预算。在强调责任的同时，各部门和地方在包干范围内拥有了比过去更大的自主权。

1958 年，我国实行了较大规模的经济管理体制改革，将大部分的中央企业下放给地方管理。在财政体制方面，中央对地方实行“以收定支，一定五年”的办法，将地方收入划为地方固定收入、固定比例分成收入和调剂分成收入三个部分。在划定的收入范围和分成比例之内，地方自求收支平衡，多收多支，少收少支。基本建设支出、重大灾荒救济费、大规模移民垦荒支出等，中央专案拨款解决。收支范围和分成比例一定五年不变。1958 年的财政体制改革首次对统收统支体制实现了较大突破，地方政府在中央划定的收支范围内完全拥有自主权。然而，1958 年实行下放经济管理权限的改革后，地方上出现了“瞎指挥”和“共产风”，宏观经济秩序混乱，出现了严重的经济困难。因此，1959 年 6 月，这一改革就被停止执行。在财政体制方面，取代“以收定支，一定五年”体制的是“总额分成，一年一定”的体制，即根据核定的收支总额，在中央与地方之间实行收入分成，这一体制一直实行到 1970 年。

1970 年，国家再次将大批中央企业以及基建和物资管理权下放给地方。在此基础上，1971 年实行了“财政收支大包干”体制，即根据每年国民经济发展计划核定财政收支总额，收大于支，包干上缴，收小于支，补助包干。到 1974 年，这一体制进一步发展为“收入固定比例留成，超收另定分成比例，支出按指标包干”。1974 年的财政体制仍然是一种典型的“大锅饭”体制。在这种体制下，地方支出按核定的年度预算指标包干，收入不足部分由中央补助。执行结果是超收的地区少，短收的地区多，地方政府实际上包支不包收。所以人们称它是让地方财政“旱涝保收”的体制。与此同时，中央财政却因缺乏足够的调剂能力而显得比较被动。为了改变这种局面，中央于1976年又恢复了“总额分成，一年一定”的办法。

总体来看，1978年以前，我国财政体制的基本特征是集中型体制，虽然这一时期也进行了一些分权式改革的探索，但是，囿于当时特定的历史条件，财政体制改革和调整始终没有摆脱集中型体制的束缚。

（二）改革开放后的财政体制

1978年中共十一届三中全会后，我国开始对经济体制进行全面改革。适应经济体制转轨的需要，政府财政管理体制于1980年、1985年、1988年和1994年进行了重大改革与调整。

从1980年起，国家再次下放财权，在预算管理体制上实行“划分收支，分级包干”的办法，俗称“分灶吃饭”体制。其基本内容是：按经济管理体制规定的隶属关系，明确划分中央和地方的收支范围，收入实行分类分成，分为中央固定收入、地方固定收入、固定比例分成收入和调剂收入，中央和地方的支出范围按企事业单位的隶属关系划分；地方的预算支出首先用地方的固定收入和固定比例分成收入抵补，有余者上缴中央，不足者从调剂收入中解决，并确定相应的调剂分成比例，若三项收入仍不足以平衡地方预算支出的，由中央按差额给予定额补助；中央与地方对收入的各项分成比例或补助定额确定后，原则上五年不变，地方在划定的收支范围内，自求平衡。此外，广东和福建两省实行地方自主权更大的“定额包干，五年不变”的体制。为保证中央财政收入的稳定性，京、津、沪三大城市仍实行“总额分成，一年一定”的体制。由于在改革过程中出现许多新的问题，如中央预算收支难以平衡，地方企业收入下降使地方固定收入减少，全国投资规模失控、重复建设严重等，使这一体制很难严格执行，在实践中有许多调整，1983年将收入分类分成包干改为总额分成包干办法。

随着我国经济体制改革的推进，尤其是经过两步“利改税”，税收成为国家财政收入的主要形式。因此，中央决定从1985年起实行“划分税种，核定收支，分级包干”的预算管理体制，其主要内容包括：按税种将收入分为中央固定收入、地方固定收入、中央和地方共享收入；按隶属关系划分中央财政支出和地方财政支出，对不宜实行包干的专项支出，由中央专项拨款安排；按基数核定的地方预算收支，凡固定收入大于支出的，定额上解中央，固定收入小于支出的，从中央和地方共享收入中确定一个分成比例留给地方，地方固定收入和中央地方共享收入全留地方仍不足以抵补其支出的，由中央定额补助。收入分配办法确定以后，一定五年不变，地方多收多支、少收少支、自求平衡。此外，广东、福建两省继续实行财政大包干办法，民族自治区和视同民族自治区的省，中央给予的定额补助数每年递增10%。在实践中，由于种种变动因素影响着这一体制的执行，特别是中央与地方的职责划分不清、税制不健全。为了稳定中央与地方之间的分配关系，又规定1985年和1986年内，除了中央固定收入不参与分成外，把地方固定收入和中央地方共享收入加在一起，与地方预算支出挂钩，确定一个分成比例，实行总额分成。

针对原定体制存在的问题，1988年中央决定对各地区实行不同形式的包干办法，主要的包干形式有：一是收入递增包干，即以1987年的决算收入和地方应得的支出财力为基数，参照各地近几年收入增长情况，确定收入递增率（环比）和地方留成、上解比例，在递增率以内的收入，实行中央与地方固定比例分成，超过递增率的收入，全留地方，地方收入达不到递增率影响上解中央的部分，由地方自有财力补足。实行这种包干办法的有北京等10省（市）。二是总额分成，即根据核定的收支基数，以地方支出占总收入的比重，确定地方留成、上解比例。实行这种包干办法的有天津等3省（市）。三是总额分成加增长分成，具体做法是基数以内部分按总额分成比例分成，实际收入比上年增长部分另计分成比例，以使地方从增收中得到更多的利益。采用此法的有大连等3个计划单列市；四是上解额递增包干，以收入上解中央的基数，每年按一定的比例递增上缴。广东、湖南实行这种办法；五是定额上解，即按固定数额向中央上解收入。上海等3省（市）采用这种办法；六是定额补助，即中央按固定的数额补助地方。吉林等16省（自治区）实行这种办法。

中央财政收入在整个财政收入增量中所占的份额越来越少，造成国家财力过于分散，中央财政收入占全部财政收入的比重不断下降。于是，借鉴市场经济国家的通行做法，我国在1994年启动了分税制财政体制改革。从改革目标上看，分税制财政体制，是指在划分事权的基础上，按税种划分中央、地方财政收入的一种分级预算管理体制，即划分中央与地方两级的事权，按照财政与事权相统一的原则，明确各级政府的支出范围；在此基础上按税种划分中央与地方的财政收入范围，明确各级政府的税收管理权限，使中央和地方财政都有稳定的收入来源，建立独立的分级预算。分税制改革后，中央财政收入占政府财政收入的比重大大提高，增强了中央的宏观调控能力，见图7－1所示。

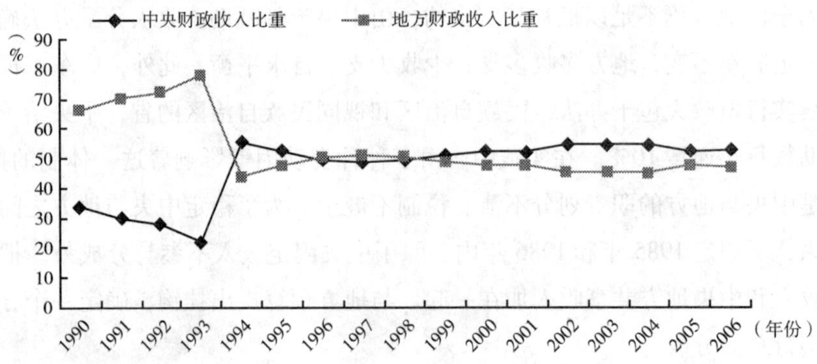

图 7-1　1994 年分税制前后中央和地方收入比重变化

三　新中国财政和企业关系变迁的基本历程

财政和企业间的关系仅仅是政府和企业间关系的一个侧面，然而，必须将“财企”关系放在“政企”关系的大框架中才能把这一错综复杂的关系说清楚。

（一）改革开放前的“财企”关系

新中国成立后，政府大力推动企业制度变革，政府通过新建国有企业和将私有企业转变为国有企业等措施，壮大国有企业力量。

新中国成立初期，政府将国有企业纳入高度集中统一的计划管理体系，使这些企业成为政府部门的附属单位。政府组建行政主管部门，对国有企业实行统一管理，统一资金、物资调拨、计划管理和成本核算管理，统一劳动用工管理和等级工资管理。国有企业没有独立的经营决策权和发展目标，只是隶属于主管部门的生产单位。企业厂长是国家干部，由上级行政部门任命。企业活动过程和结果完全受国家控制。企业所有生产和经营活动，包括要素投入、产品生产和销售、人事调整和发展计划等生产经营行为，都要接受国家或上级主管部门下达的各项计划指令。

20 世纪 50 年代末期，政府尝试在中央和地方重新划分企业经营管理权。1957 年 11 月国务院全体会议第 61 次会议通过了《关于改进工业管理体制的规定》、《关于改进商业管理体制的规定》和《关于改进财政管理体制的规定》，开始国有企业改革。除少数重要的、特殊的和实验性的企业外，其他中央所属企业层层下放，归各级地方政府管理，将原来由国家计划委员会统一平衡、逐级下达计划的制度改为地区为主，自下而上逐级编制进行平衡的制度；对基本建设实行投资包干制度，在包干范围内地方自主决定、自我增值、自行决定各种项目；减少国家计委分配的和主管部门管理的物资的品种和数量，各种物资由地方先自行平衡，上级计划机关只对各地供求进行差额平衡；下放企业内部管理权，减少指令性计划指标，工业企业的指令性计划指标减少到主要产品产量、职工总数、工资总额和利润四个。除厂长、副厂长和主要技术人员外，企业的其余管理人员由企业自行调配。在国家和企业之间实行全额利润分成，分成按"一五"期间拨付给企业的费用加上企业奖励基金再加 40% 超计划利润计算。因价格、税收等因素影响企业利润的调整分成比例，影响不超过 5% 的不予调整。

1959 年 7 月全国第八届八中全会后，中央政府决定收回下放的部分权力。基本建设审批权坚决收回中央，成立国家物资总局（后改为物资部），对地方物资管理系统实行垂直领导，增加统配和部委管理的物资种类，上收一批工业企业管辖权，对财政信贷实行集中管理。加强国有企业收益的集中管理。

20 世纪 70 年代再次尝试将企业经营管理权在中央和地方政府之间重新划分，国务院要求把大部分各部直属企业下放地方管理；少数由中央和地方双重领导，以地方为主；极少数大型或骨干企业，由中央和地方双重领导，以中央为主。短短几个月，大批国有企业不加区别下放给地方管理。中央直属企事业单位由 1965 年的 10533 个下降到 500 多个。

"文化大革命"之后，中央政府又开始上收企业管理权；按照统一领导、分级管理原则，调整一部分企业的隶属关系；将在"文化大革命"期间下放给地方政府的国有企业收归中央政府。同时，政府又改革基本折旧基金全部留给企业和主管部门的做法，国家财政集中一部分企业折旧基金，纳入预算管理，恢复企业基金制度。自 1978 年起，凡全面完成国家下达的八项年度计划考核指标和供货合同的企业，可按职工全年工资总额 5% 提取企业基金。企业基金主要用于职工福利和奖励。通过这些调整，企业基本回到"文化大革命"之前的状态。

总体来看，传统经济体制下政企关系是层级制式的上下级隶属关系。虽然政府对企业进行了两收两放的管理体制调整，企业所有制结构、经营形式、调节手段和决策程序等方面有所变化，但仍在原体制框架内对企业实行高度集中统一的行政管理。传统体制下国有企业是执行国家计划的生产单位，是兼有生产、社会保障和社会福利等多种功能的社区组织，而不是以追求利润为目标的经济组织。企业分别隶属于不同的上级政府机关，政企职责不分。

（二）改革开放后的"财企"关系

1978 年 12 月召开的中共十一届三中全会指出，我国经济管理体制的一个严重缺点是权力过于集中，应该有领导地大胆下放，让企业有更多的经营管理权，应该大力精简各级行政机构，重视价值规律的作用。1979 年 7 月，国务院下发了《关于扩大国营企业经营管理自主权的若干规定》、《关于国营企业利润留成的规定》等 5 个扩权文件，从多个方面下放企业经营自主权。

1980 年，政府调整利润留成方法，改全额利润留成为基数利润留成加增长利润留成的方法，使企业获得更多的留利，刺激了企业的生产积极性。此后的改革重点转到了体制和环境方面。1980 年出台了允许价格浮动和禁止封锁市场的政策。1981 年开始试行合同工、临时工制度，还颁布了《经济合同法》，企业的交易行为开始纳入法制化的轨道。1982 年开始重视清理企业的负担。

为了确保国家的财政收入，划清政府财政收入与企业可支配收入的界限，明确政企关系和企业的地位，政府于 1983 年和 1984 年实行了两步"利改税"的改革措施。从 1984 年起，政府开始重视市场体制建设，对价格管理体制和比价体系进行局部改革，市场范围逐步扩大。

1987 ~ 1991 年，我国在全国范围内的国有企业中普遍推广了承包制。这一时期，我国在理论认识上突出了政府职能的转变，计划体制的改革比前一阶段有进展，并着手探索加强宏观控制的途径。

1992 年 7 月，国务院颁布了《全民所有制工业企业转换经营机制条例》，强调企业必须自负盈亏，提出政府必须转变职能，政企分开，消除政府对企业的直接干预。上述条例同时要求调整企业的产品结构和组织结构，通过企业的转产、停产整顿、合并、分立、解散、破产等方式，实现国有资产的高效率运营和重组。1992 年 10 月，中共十四大会议召开，提出了建立社会主义市场经济体制的目标，要求完善市场环境，转换企业经营机制，使企业真正成为以市场经济为导向的资源配置主体。

1993 年 11 月，中共十四届三中全会通过了《中共中央关于建立社会主义市场经济体制若干问题的决定》，明确指出，建立适应社会主义市场经济要求的产权清晰、权责明确、政企分开、管理科学的现代企业制度，是我国国有企业改革的方向。其核心是要建立新的国有企业产权制度，使企业拥有全部法人财产权，真正成为自主经营、自负盈亏、自我发展、自我约束的法人实体，在市场上独立地从事商品生产和经营活动，实现市场在资源配置中的基础性作用。

中央十五大提出的国有经济战略性结构调整是改革开放以来的第三次思想大解放，为国有企业姓“公”姓“私”作了结论，使国有资产流动与流失的争论趋向一致。其重点是立足于“三个有利于”，正确对待改革时期的权力、利益调整，有针对性地着重解决主管怕失权、厂长经理怕失职、国有职工怕失去其身份的三个问题。而这三个方面的担心，恰好触及了经济体制改革中亟待解决的三个层次问题，即企业主管部门通过企业改制落实政资分开，实现政企分开，职工通过投资持股获得直接选举企业负责人的权力，这是企业干部管理体制的重大改革。

2002 年中央十六大决定完善国有资产管理体制，深化国有企业改革。一是建立健全国有资产管理和监督体制。坚持政府公共管理职能和国有资产出资人职能分开。国有资产管理机构对授权监管的国有资本依法履行出资人职责，维护所有者权益，维护企业作为市场主体依法享有的各项权利，督促企业实现国有资本保值增值，防止国有资产流失。建立国有资本经营预算制度和企业经营业绩考核体系，完善授权经营制度。二是完善公司法人治理结构。按照现代企业制度要求，规范公司股东会、董事会、监事会和经营管理者的权责，完善企业领导人员的聘任制度。企业党组织要发挥政治核心作用，并适应公司法人治理结构的要求，改进发挥作用的方式，支持股东会、董事会、监事会和经营管理者依法行使职权，参与企业重大问题的决策。要全心全意依靠职工群众，探索现代企业制度下职工民主管理的有效途径，维护职工合法权益。三是加快推进和完善垄断行业改革。对垄断行业要放宽市场准入，引入竞争机制。有条件的企业要积极推行投资主体多元化。继续推进和完善电信、电力、民航等行业的改革重组。加快推进铁道、邮政和城市公用事业等改革，实行政企分开、政资分开、政事分开。有效监管自然垄断业务。

2007 年 10 月 15 日，中国共产党第十七次代表大会指出，深化国有企业公司制股份制改革，健全现代企业制度，优化国有经济布局和结构，增强国有经济活力、控制力、影响力；深化垄断行业改革，引入竞争机制，加强政府监管和社会监督；加快建设国有资本经营预算制度；完善各类国有资产管理体制和制度。

四　新中国预算管理制度变迁的基本历程

（一）改革开放前的预算管理制度

预算管理包括整个国家财政资金的管理，主要包括财政收入和财政支出的管理，财政管理的目标在于提高管理效率，要体现政府职能。预算管理制度的外延涉及很多内容，包括预算外资金管理、部门预算、政府采购、收支分类改革和国库集中收付制度等。

预算外资金是政府财政资金的重要组成部分，主要是指国家机关、事业单位和社会团体为履行或代行政府职能，依据国家法律、法规和具有法律效力的规章而收取、提取和安排使用的未纳入国家预算管理的各种财政性资金。从“一五”计划起，许多企业实行经济核算制。为了解决某些特殊需要，预算外项目逐渐增多，主要是：由企业管理的专项基金（企业奖励基金、福利基金、大修理基金）、事业收入（工商税附加、公路养路费、养河费、育林费、中小学校的杂费等）、行政事业单位的零星杂项收入。至1957年，全国预算外收入为26.33亿元，占当年全国财政收入的8.68%。在“大跃进”运动时期，中央政府下放了财权和管理权，大批国有企业下划地方，并实行利润留成制度，分成的利润放在预算外管理。各地区、各部门以自筹资金兴建企业的利润在一定时期可以不纳入国家预算管理。由此，预算外资金有了较大的发展。1961年国家对财政体制进行了调整，对国民经济按“调整、巩固、充实、提高”方针进行调整，重新实行集中统一的经济体制，对预算外资金进行“纳、减、管”，要求地方管理的预算外收支作为整个国家预算的附属部分逐级上报至财政部，预算外资金的比重逐步下降。然而，1966年以后，对预算外资金主要有两项新规定，一是从1967年开始，企业折旧基金留给企业用于企业的固定资金和设备更新改造；二是从1970年开始，县办“五小企业”在两三年内将实现利润的40%留作预算外资金管理。这期间由于各项规章制度和财经纪律受到严重破坏，预算外资金迅速膨胀。

政府收支分类是财政资金管理的基础性因素。传统上，我国政府主要依据财政功能和具体支出项目对支出进行分类。按财政功能分类，财政支出可以分为经济建设费、社会文教费、国防费、行政管理费和其他支出；按支出用途分类，可以将财政支出分为基本建设支出、流动资金、挖潜改造资金和科技三项费用、地质勘探费、工交商业部门事业费、支援农村生产支出和各项农业事业费、文教科学卫生事业费、抚恤和社会救济费、国防费、行政管理费和价格补贴支出。这种模式是参照苏联财政管理模式设计的，是与计划经济体制下的建设型财政管理体制相适应的。作为反映政府职能活动的预算收支科目，如基本建设支出、企业挖潜改造支出、科技三项费用等仍然是按照过去政府代替市场配置资源的思路设计的。使用这种分类方法，从科目上看不出政府究竟办了什么事，很多政府的重点支出如农业、教育、科技等都分散在各类科目中，无法形成一个完整的支出概念，支出预算不透明、不清晰，往往造成“外行看不懂，内行说不清”的局面。根据改革开放前不同时期财政经济运行的情况和特点，这种分类方法也经历了一些小的调整，但基本分类方法和体系没有大的改变。

改革开放前，财政部门一般是将财政资金按性质“切块”分配给主管部门。例如，对教育、农业、科技、精神文明、综合治理、基本建设等支出，都是按性质切块分配给有关部门管理使用。这种“资金切块”式分配模式的直接后果是：使众多部门共同履行财政职能，严重肢解了财政的分配职能，大大削弱了政府的综合调控能力；部门取得切块资金后，对预算编制却没有严格的审核程序，各项经费安排难以避免人为因素影响。例如，用于科技创新的资金却被安排投入了企业的日常市场经营，专项经费成为弥补公用支出的资金等；预算执行缺乏相应的监督管理，主管部门经常改变资金的使用方向，资金不能及时到位以及挪用和占用款项现象时有发生。

（二）改革开放后的预算管理制度

改革开放后很长一段时间，预算管理都沿用改革开放前的制度。1994 年的分税制财政体制改革基本上确立了中央与地方之间规范的事权与财力划分关系，随着中国特色社会主义市场经济体制的逐步发展与完善，构建公共财政框架体系提上改革议程。1998 年末全国财政工作会议上李岚清正式提出要积极创造条件建立公共财政框架，从而将财税体制改革集中于以支出管理改革为重心的构建公共财政框架体系上来。

1. 2000 年开始的部门预算改革

传统的预算编制方法是一个部门没有一个完整的预算，而是各部门的经费按功能分成若干类，同时编制多个预算分别向财政业务部门申报。由于经费管理渠道的分散，各类经费预算编报程序和编报途径各有不同，不可避免地出现预算编报的时间不统一和编制内容、形式不规范的问题，在资金使用上也无法统筹安排。实行部门预算改革后，一个部门所有的收入和支出都按照统一的编报内容和形式在一本预算中完整地反映出来，增强了预算的完整性和统一性。自 2000 年财政年度开始，财政部开始推行中央部门预算改革，即一个部门一本预算，是政府部门依照国家有关政策规定及其行使职能的需要，由基层预算单位编制，逐级

上报、审核、汇总，经财政部门审核，经政府同意后提交立法机关，依法执行的涵盖部门各项收支的综合财政预算。部门预算改革主要内容包括以下四个方面：第一，改革预算的编制形式，初步实现了“一个部门一本预算”。第二，改革预算编制方法，按照基本支出和项目支出编制部门预算。第三，深化“收支两条线”的改革，初步实现综合预算。第四，规范预算编制程序，初步建立起财政部和中央内部的预算编制规程。

2. 2001 年“收支两条线”改革的进一步深化

“收支两条线”是指政府在对财政性资金的管理中，取得收入与发生支出相脱钩，即收入上缴国库或财政专户，支出由财政根据各单位完成工作任务的需要审核批准，对收入、支出分别进行核定的资金管理方式。2001 年底，国务院办公厅转发了《财政部关于深化收支两条线改革，进一步加强财政管理意见的通知》，以综合预算编制为出发点，以预算外资金管理为重点和难点，以强调收支脱钩为中心，以国库管理制度改革为保障，明确提出进一步深化“收支两条线”改革的步骤与相关措施，成为新时期加强财政资金管理方面的纲领性文件。以这个文件为指导，2002 年财政部进一步加大和深化了“收支两条线”管理工作。这一改革针对中央部门区分不同情况，分别采取将预算外资金纳入预算管理或实行收支脱钩管理等办法，编制综合预算。一是将公安部、最高人民法院、海关总署、国家工商总局、国家环保总局 5 个行政执法部门按规定收取的所有预算外收入（不含所属院校的收费）全部纳入预算，全额上缴中央国库。其支出由财政部按该部门履行职能的需要核定，确保经费供给。二是对国家质检总局、外经贸部、中国证监会、中国保监会等 28 个中央部门的预算外资金（不含所属院校的收费），实行收支脱钩管理。其预算外收入缴入财政专户，财政部按核定的综合定额标准，统筹安排年度财政支出，编制综合财政预算。三是改变国税系统、海关系统按收入比例提取经费的办法，实行“预算制”。从 2002 年起，按照部门预算的统一要求核定经费支出。同时，取消缉私、缉毒办案经费同缉私罚没收入挂钩的做法，缉私经费统一纳入海关总署部门预算，缉毒经费分别纳入公安部部门预算和中央补助地方支出预算，根据支出的实际需要予以核定，实行彻底的“收支两条线”。

3. 2003 年政府采购制度的全面实施

政府采购，也称公共采购，是指各级政府及其所属机构为了开展日常政务活动或提供社会公共服务，在财政等部门的监督下，以法定方式、方法和程序采购货物、工程和服务的行为。政府采购制度改革贯穿预算编制到资金支付的全过程，与其他财政预算改革密切相关。其中，预算编制细化是推行政府采购制度的前提，采购资金实行财政直接拨付是推行政府采购制度的保障，政府采购制度改革对预算编制和国库集中支付改革具有不可替代的促进作用。2003 年 1 月 1 日，《政府采购法》正式实施，我国政府采购制度进入了全面推行阶段。政府采购制度实施以来，对于规范政府采购行为，加强财政支出管理，提高政府采购资金的使用效益，保护政府采购当事人的合法权益，维护国家利益和社会公共利益，促进廉政建设均发挥了重要作用。

4. 2001 年国库管理制度的配套改革

国库管理制度改革是一项涉及整个财政管理的基础性改革，贯穿于财政预算执行的全过程，是预算执行制度的创新。同时它也是在分税制改革取得显著成效、财政收支规模不断扩大、部门预算编制改革取得进展的基础上，针对多年来我国财政资金管理弱化、财政支出管理改革滞后的状况，对预算执行制度的一次重大改革。预算执行改革的目标是，建立以国库单一账户体系为基础、资金缴拨以国库集中收付为主要形式的现代国库管理制度，亦称为“国库单一账户制度”。我国传统的财政国库管理制度的基本特征是预算单位多重设置账户，财政资金分散收付，这种国库运作方式已经不适应社会主义市场经济和公共财政的发展要求。财政部从 1998 年开始全面系统地研究国库集中收付制度，在借鉴市场经济国家经验的基础上，逐步建立了适合我国政治经济体制的国库单一账户和财政资金集中收付制度。根据党中央、国务院的要求，借鉴国际先进经验，结合我国实际情况，财政部会同中国人民银行制定了《财政国库管理制度改革方案》。2001 年 2 月 28 日，国务院第 95 次总理办公会议原则同意改革方案，并决定从 2001 年起在中央实施改革试点，“十五”期间在中央和地方全面实施国库集中收付制度。

第二节　财政现代化模式探索的基本经验

财政现代化服从于我国政治和经济全局的现代化，财政现代化模式的探索充满坎坷，意味深长。财政现代化的改革既有经验，又有教训。纵观新中国成立以来我国财政改革的基本历程，可以总结出我国财政现代化以下几个经验，即实事求是，不断总结经验教训；不断改革，推动财政现代化进程；稳字当头，奠定财政工作前提；促进减贫，向共同富裕道路迈进。

一　实事求是，不断总结经验教训

实事求是的含义，毛泽东同志早已作过精辟的阐述：“‘实事’就是客观存在着的一切事物，‘是’就是客观事物的内部联系，即规律性，‘求’就是我们去研究。”马克思、恩格斯创立了辩证唯物主义和历史唯物主义的思想路线，毛泽东同志用中国语言把它概括为“实事求是”四个大字。实事求是也是邓小平理论的精髓。正是在这一思想的指导下，中国财政制度随着整个经济制度的变革不断前进。新中国成立以来，中国根据经济和社会发展的实际需要，改变传统计划经济条件下的传统理财观念，牢固树立改革创新意识，弘扬改革创新精神，初步建立起适应社会主义市场经济发展需要的公共财政体系。

计划经济时期，曾经有“税收无用论”的说法。“税收无用论”是“非税论”在税收作用方面的反映。它认为税收对财政和经济的特殊作用，都是在它所具有的强制分配特性的基础上产生的。在社会主义公有制条件下，社会主义国家向国有企业征税，已失去税收所固有的强制转移所有权关系的特性，使基于这一特性的税收对财政和经济的特殊作用不再存在。或者说，它完全可以被诸如计划价格和上缴利润等其他分配范畴所取代。“税收无用论”的一个特殊表现形式是“关税无用论”。改革开放前，“关税无用论”盛行。改革开放后，国务院恢复了海关总署的独立地位并开征关税。同时，调整了关税工作的指导思想，确定了“促进与保护”并重的开放型关税政策，改革关税征管制度，实施关税优惠政策，促进了中国经济与世界多边经济贸易体制接轨，学术界也形成了有中国特色的关税理论。伴随着我国改革的推进，特别是国有企业改革和城市经济改革逐渐拉开序幕，1983 年，国务院在全国试行国有企业利改税，即第一步利改税改革，将新中国成立之后实行了 30 多年的国有企业向国家上缴利润的制度改为缴纳企业所得税，并取得了初步的成功。这一改革从理论上和实践上突破了国有企业只能向国家缴纳利润、国家不能向国营企业征收所得税的禁区，成为国家与企业分配关系的一个历史性转折。之后，我国的税制建设经历了一个漫长的探索和不断完善的过程，目前已基本形成了适应社会主义市场经济发展要求的以流转税和所得税为主体、其他税种辅助配合、多税种、多层次、多环节调节的复合税制体系。

改革前，中国经常以“既无内债，又无外债”而自豪。实际上，“无债论”并不符合现代市场经济的要求，这是小农经济的自给自足的封闭式的温饱理论。

改革开放以来，中国突破了“无债论”，不仅在国内举债，也向国外举债，充分动员国内外两种资金，保证了现代化建设对资金的需求。至2008年中期，我国国债余额已经达到52385.86亿元，见表7-1所示。

表7-1 2008年6月末国债余额及品种结构

国债品种	余额(亿元)	比重(%)	国债品种	余额(亿元)	比重(%)
主权外债	606.79	1.16	记账式国债	44690.1	85.31
储蓄国债	7088.97	13.53	普通国债	26487.82	50.56
凭证式	6809.59	13	特别国债	18202.28	34.75
电子式	279.38	0.53	合　计	52385.86	100

资料来源：财政部网站。

二 不断改革，推动财政现代化进程

制度改革是不断前进的动力。尽管1978年之前和之后我国经历了两种不同的经济体制，事实上，我国一直在不断地通过改革探索向前发展的道路。1978年之前，财政改革一直在计划经济体制的框架下进行。如1953年起，我国进入了有计划的大规模经济建设新时期，将《全国税政实施要则》中不适应新形势要求的税收政策，即货物税、工商营业税、工商营业税附加和印花税等合并为商品流通税，一次征收。之后，我国税制又经过了1958年和1973年两次大的改革，尽管改革的最终后果是弱化税收的作用，然而，通过改革谋求发展的探索一直在进行。对于财政体制改革，从1950年的“统一全国财政收支”到1958年中央企业下放给地方管理，再到1970年的“总额分成”。中央和地方间的财政关系一直在高度集权的模式下不断探索。

1978年之后，改革突破了原有计划模式的束缚，在更大的空间内不断前进。我国重新界定了政府和企业的关系，即企业不再是政府的附属，而是独立的市场主体。为此，1983年和1984年实行了两步“利改税”，同时，扩大企业自主权、对国有企业进行股份制改造，抓大放小，保持国有经济的主导地位。借鉴西方经验，同时结合中国实际，我国自1994年开始实行了新的分级分税财政管理体制。通过改革实行部门预算、收支两条线和国库集中收付制度，加强预算外资金管理。初期在1994年税制改革的基础上，不断探索税收制度的完善路径。21世纪，分别进行了农村税费改革、企业所得税改革、增值税转型和燃油

税费改革。总而言之，财政改革的进程始终未有停顿，正在向财政现代化的模式迈进。

三 稳字当头，奠定财政工作前提

1987年3月8日，邓小平在接见外宾时指出，保持“国内安定团结的政治局面”，“有领导有秩序地进行社会主义建设”，是实现“三步走发展战略”的重要条件之一。党的新一代中央领导集体产生后，更将“稳定”、“改革”、“发展”作为我国改革开放和社会主义现代化建设事业三个有机统一的组成部分进行考虑：稳定是前提，改革是动力，发展是目标。

新中国成立之初，国家财政面临着严峻的困境。为肃清残敌，解放全国，巩固新生的人民政权，人民解放军的队伍不断扩大，人民政府必须支出巨额的军费。同时，财政收入增加缓慢，收支脱节，赤字过大，通货膨胀，物价上涨。不仅如此，投资资本还掀起四次物价大波动，为此人民政府集中财政力量，采取一系列措施给投资资本以沉重的打击。在财政经济存在严重困难、财政收入一时不能有较大增长的情况下，为弥补1950年的财政赤字，稳定金融物价，人民政府采取了发行公债的办法，发行了人民胜利折实公债。1950年通过了《关于统一国家财政经济工作的决定》。这一决定要求统一全国财政收支管理，统一全国物资管理，统一全国现金管理。这些措施都为新中国成立初期财政经济工作的稳定奠定了基础。

保证中央宏观调控地位是保持稳定的重要前提。就财政来看，保持中央宏观调控能力，就要恰当处理财政集权与分权的关系，也即财政管理体制的核心问题。20世纪90年代中期，我国财政收入占GDP的比重一度从改革开放初期的30%强降到了1995年的10.3%，反映出政府在国民收入初次分配中的汲取能力急剧下降。与此同时，中央财政占整个政府财政收入的比重下降至20%左右，这反映出中央财政分配财政资源能力的下降。自1994年起，中央政府提出了提高“两个比重”的目标，即提高财政收入占GDP的比重和中央财政收入占全国财政收入的比重。经过调整，到2008年，我国税收收入为57862亿元（不包括关税、耕地占用税和契税），占当年GDP的近20%。而中央财政收入占全国财政收入的比重从1993年的22%一跃达到1994年的55.7%后，虽然曾有反复，但一直保持在50%上下。进入21世纪以来，则一直稳定在50%以上。这对于稳定中央地方财政关系，提高中央宏观调控能力起到了重要作用。

四　促进减贫，向共同富裕道路迈进

按照经济学的一般理论，贫困是经济、社会、文化贫困落后现象的总称。但首先是指经济范畴的贫困，即物质生活贫困。新中国成立初期，物价飞涨，人民生活极其贫困，经济社会处在崩溃的边缘。这种情况一直持续到新中国成立以后。1950 年，中国的人均国民收入只相当于美国人均国民收入的 1.8%、苏联的 9.1%。中国的贫困主要是农村和农民的大面积贫困，应当说，农民没有摆脱贫困，就是我国没有摆脱贫困。新中国成立初期，农民平均营养水平常常达不到保证人体营养需要的标准，农民处于普遍贫困状态。相关资料显示，农民每日营养素摄入量 1954 年为 1984.31 千卡，1956 年为 2136.27 千卡，1957 年为 1991.73 千卡，没有达到 2100 千卡的最低热量标准。到改革开放之初，农村贫困人口为 2.5 亿人，占农村总人口的 30.7%。我国政府在致力于经济和社会全面发展的进程中，在全国范围内实施了以解决农村贫困人口温饱问题为主要目标的有计划、有组织的大规模扶贫开发。尤其是改革开放之后，扶贫工作经过体制改革推动扶贫阶段（1978～1985 年）、大规模开发式扶贫阶段（1986～1993 年）和扶贫攻坚阶段（1994 年后）三个阶段。以 1994 年《国家八七扶贫攻坚计划》的公布实施为标志，中国的扶贫开发进入了攻坚阶段。该计划明确提出，集中人力、物力、财力，动员社会各界力量，力争用七年左右的时间，基本解决农村贫困人口的温饱问题。这是新中国历史上第一个有明确目标、明确对象、明确措施和明确期限的扶贫开发行动纲领。经过多方努力，到 2000 年底，国家“八七”扶贫攻坚目标基本实现，中国的扶贫开发取得了巨大成就。自 1980 年以来，中国的脱贫人口在发展中国家脱贫人口中占 75%，中国的减贫成就举世瞩目。按 2008 年农村贫困标准 1196 元测算，2008 年末我国农村贫困人口减少至 4007 万人。新中国成立后中国的贫困程度之深，发展难度之大，前所未有，然而通过中国人民的艰苦奋斗，特别是改革开放以来，经济的增长和扶贫开发的大规模开展，中国的贫困人口大规模减少，中国的扶贫成就得到了国际社会的广泛赞誉，中国人民正朝着小康社会迈进。

第三节　中国财政现代化的展望

展望财政现代化，我国应使财税体制的目标模式适应社会主义市场经济的总

体规定性，依据不断变化的国际和国内经济环境，强化财政在经济发展中的资源配置、收入分配、宏观调控三大职能，实现国民经济的可持续发展。

一　将新一轮税制改革向纵深推进

1994 年，在初步建立社会主义市场经济体制的进程中，税制改革曾作为一项重要举措在整体改革的推进过程中发挥了重要作用。在完善市场经济体制这一系统工程中，税制改革又要充当突击队，为改革向纵深挺进铺路搭桥。2003 年 10 月 14 日中国共产党第十六届中央委员会第三次全体会议通过的《中共中央关于完善社会主义市场经济体制若干问题的决定》提出，“按照简税制、宽税基、低税率、严征管的原则，稳步推进税收改革。改革出口退税制度。统一各类企业税收制度。增值税由生产型改为消费型，将设备投资纳入增值税抵扣范围。完善消费税，适当扩大税基。改进个人所得税，实行综合和分类相结合的个人所得税制。实施城镇建设税费改革，条件具备时对不动产开征统一规范的物业税，相应取消有关收费。在统一税政前提下，赋予地方适当的税政管理权。创造条件逐步实现城乡税制统一。”

改革的车轮到了今天，应当说，新一轮税制改革的几项任务已部分完成。内外两套企业所得税制实现合并，增值税成功转型，农村税费改革基本完成。今后的任务应当是将新一轮税制改革向纵深推进。

（一）增强税收对收入分配的调节力度

税收制度中的各税种对收入分配的调节作用有不同的功能和机制。税收对收入分配调控作用的发挥在很大程度上取决于一个国家税收制度中的税制结构。流转税对市场活动直接起作用，其着眼点主要在于实现效率，但对实现公平尤其是结果公平，作用有限。所得税由于直接对所得进行征税，是一种直接税，这决定了所得税对调节收入分配具有天然的优点。因此，就税制结构来看，以所得税为主体的税制结构更容易实现公平。目前西方发达国家大都实行以所得税为主体的税制，发展中国家多实行以流转税为主体的税制。我国目前实行的是以流转税为主体的税制结构，并且，流转税所占比重过高，所得税比重过低。2007 年，我国流转税收入总额为 30552.98 亿元，所得税收入总额为 12859.92 亿元，[①] 流转税收入为所得税收入总额的 2.38 倍。提高所得税比重的着眼点应当是个人所得

① 国家税务总局网站：www.chinatax.gov.cn。

税的改革，对于综合和分类相结合的个人所得税制，我国已经有所行动。但是，仍然迟迟没有进入近期改革的议程。通过个人所得税制的完善，强化个人所得税制的征收管理，可以大大提高个人所得税和整个所得税收入的比重，这应当是税制改革深化的要点之一。

（二）完善地方税体系，确定地方税主体税种

建立较为独立的地方税体系，就要科学地划分地方主体税种、辅助税种。我国地方税由营业税、所得税和财产税三税鼎立构成，以营业税和所得税为主体税种，以财产税类为辅助税种。一般说来，地方税主体税种的选择没有一个固定的模式，应根据经济发展水平、税种的变化而有所变化，随着税制改革的不断深化，地方税制结构的变化，经济发展水平的提高，以及税收政策的变化，地方税的主体税种地位也会有所改变。根据我国的税收经济实际，结合国外的经验，在建立健全地方税体系时，应本着“局部调整，扩大税源”的思路，仍维持其地方税的主体税种地位。随着我国经济的发展和人民生活水平的提高，要提高财产税在地方税体系中的地位。

（三）适应经济环境变化，适时开征新税种

对于采取社会保险税还是社会保险费的形式为社会保障支出筹资的问题，官方和理论界已经争论很久。应当说两者各有优缺，我国目前社会保障制度中的养老保障、失业保障和医疗保障的筹资方式是社会统筹和个人账户相结合的统账结合。为了使社会统筹方式规范化、法制化，提高社会统筹方式的管理效率，确保这部分资金及时、足额收缴上来，应从全局和制度的可持续性出发，加强税费征管力度，建立适应中国国情的税费征管模式。环境保护税是发展循环经济，实现经济可持续发展的良税。可考虑改革污染费为环保税，进一步提高环境保护的法律意识，实现可持续发展。

二　进一步完善政府间财政关系

政府间财政关系改革不单纯是财政管理体制的自我完善，还受制于行政管理体制等相关领域改革以及诸多国情因素，因此，理顺政府间财政关系需要一个长期、渐进的过程。

（一）进一步明晰政府和财政级次

政府间事权划分的前提是政府级次及财政级次的划分问题。中国目前实行五级政府，同时按照1994年颁布的《中华人民共和国预算法》，国家实行一级政

府一级预算，设立中央，省（自治区、直辖市），设区的市、自治州，县（自治县、不设区的市、市辖区），乡（民族乡、镇）五级预算。部分学者认为，中国目前县乡财政出现困难的根本原因在于分税制没有进行到省以下，而之所以分税制进行的不彻底，原因在于目前中国已有的20多个税种不便在五级财政之间进行分配。一个可行的措施应该是推行“省直管县”和“乡财县管乡用”。三级财政级次的划分对提高政府支出效率、建立财力与事权相匹配的财政体制有重要作用，不少省都为此进行了相应的试点改革。然而，到底是“三级”还是“五级”好，都需要不断总结其实施效果，目标都在于建立健全财力与事权相匹配的财税体制。

（二）结合中国实际，动态调整各级政府事权

进行政府间事权划分的理论依据是公共需要和公共服务的层次性，而公共需要和公共服务的层次性的基本标准是其受益原则。全国性的公共服务的受益范围覆盖全国，凡本国的公民或居民都可以无差别地享用它所带来的利益，因而由中央政府提供比较合适。区域性和地方性的公共服务的受益范围局限于某一区域和某一地方之内，适于由地方政府提供。按照受益范围区分公共服务的层次性也符合资源配置的效率原则，因为受益地区最熟悉本地区的情况，同时也最关心本地区公共服务的质量和成本。上述原则是比较清楚的，然而具体到财政实践，还是比较复杂的事情，需要在动态调整中合理划分中央和地方政府的事权。目前来看，义务教育、社会保障等关乎民生的公共服务，中央和省级财政应当负担较大比例的支出。

（三）合理划分各级政府收入

划分各级政府收入的原则应当是将维护国家权益、实施宏观调控所必需的税种划为中央税；将同经济发展直接相关的主要税种划为中央与地方共享税；将适合地方征管的税种划为地方税，并充实地方税税种，增加地方税收收入。目前来看，中央财政收入比较充足，而省以下各级财政的收入相对不足。应当赋予地方税权、完善地方税制和培育与各级财政相对应的主体税种。改革营业税的征税办法，将目前增值税征税范围的交通运输、邮政、电信、建筑业及无形资产的转让等商品销售和劳务调整为现行营业税的征税范围。根据当前转变经济增长方式要求，加快推进资源税改革，改进资源税的征收办法，实施从价定率与从量定额的征收办法，同时，提高资源税税率，扩大资源税的征收范围。改革房地产税制。将资源税和财产税作为县级财政的主要收入来源。

（四）完善转移支付制度，推动基本公共服务均等化

从长期来看，在改革和完善转移支付方面，可以考虑从以下几个方面着手：

一是取消税收返还、体制性补助等资金拨付形式。二是整合财力性转移支付制度。将民族地区转移支付、调整工资转移支付、农村税费改革转移支付、“三奖一补”转移支付等纳入一般性转移支付的范围。三是科学界定专项转移支付的标准和规模，加强对专项转移支付项目的监督检查和绩效评估控制。四是试行纵向转移与横向转移相结合的转移支付模式。通过上述措施，实现基本公共服务的均等化。

三　加强财政支出领域改革，完善公共财政框架体系

（一）尝试编制中长期预算

传统的预算理念往往侧重于强调预算的年度性，然而，从增强政府承诺的可信度方面考虑，年度预算是不够的，需要中长期预算框架作为补充。因此，需要从国家和部门的长远目标着眼，构建中长期预算框架，实现真正的“滚动预算”。中长期预算框架的基本功能在于建立中期财政约束基准，具体包括了两年或两年以上的开支需求的预算决策。编制中长期预算，打破预算编制以一年为期限的局限，为政府全面掌握财政未来的走势提供了初步资料，为财政政策的连续性和稳定性提供了保证，有利于充分发挥财政政策对经济的宏观调控作用；提高预算的可预见性，减少测算的盲目性，避免部门预算忽高忽低的情况，也有利于细化预算管理。结合我国国情，在现有条件下，可以考虑根据国民经济发展计划、国家经济政策及发展目标、财政收支状况及发展趋势，区分政策性因素、经济性因素和管理性因素，对以后年度的收支预算进行分类分析预测，先试编两到三年的中长期部门预算框架，待时机进一步成熟后，再逐步延伸预测的前瞻性。

（二）推进部门预算支出绩效考评工作

随着效率观念的深入人心，公众也开始用效率的眼光来看待政府部门的活动，不仅关注政府提供公共产品和公共服务的数量，而且关注政府提供公共产品和公共服务的质量。这就要求在今后的财政工作中更多的关注公共资源使用的影响和效果，在加强投入控制的同时，不断探索提高财政资金使用效益的新途径。

（三）继续推进预算管理的各项基础性工作

在进一步完善政府收支分类改革方案的基础上，借鉴国际经验，推动我国的政府会计体系改革。推进政府会计改革可采取渐进式的改革思路，立足于中国国情，建立全面、完整、准确地反映政府财政财务状况、资金运行情况的政府会计管理体系，为财政管理和宏观经济调控服务。

参考文献

[1] 马海涛、肖鹏:《中国财税体制改革30年经验回顾与展望》,《中央财经大学学报》2008年第2期。

[2] 中华人民共和国国务院新闻办公室:《中国的农村扶贫开发白皮书》,2001年10月15日。

[3] 国务院扶贫办:《〈中国农村扶贫开发纲要(2001~2010年)〉中期评估政策报告》。

[4] 国务院扶贫办:《中国农村扶贫开发概要》。

[5] 罗国亮:《30年来我国政企关系的演化》,《中国国情国力》2008年第10期。

[6] 谢海平:《我国国有企业改革中的政府行为探讨》,华中师范大学硕士论文,2008。

[7] 项怀诚:《中国财政通史(当代卷)》,中国财政经济出版社,2006。

[8] 项怀诚:《中国财政50年》,中国财政经济出版社,1999。

[9] 杨圣明:《中国对外经贸理论前沿》,社会科学文献出版社,1999。

[10] 肖捷:《新中国财政体制改革五十年》,www. xjds. gov. cn。

[11] 刘佐:《新中国税制改革五十年》,www. xjds. gov. cn。

The Road of the Financial Modernization in China

Abstract: This chapter recalls major reform measures in tax reforms, financial restructuring, the relationship between the government and enterprises, and the budget management. Then the author sums up experiences of road of exploration to the fiscal modernization in China, namely, seeking truth from facts by summing up experiences and lessons constantly, keeping up with the reform by promoting the fiscal modernization process, considering the stablity as a prerequisite for fiscal jobs, reducing the poverty to realize the common prosperity. Lastly, the author sets out the future for the tax reforms, financial restructuring, the relationship between the government and enterprises, and the budget management.

Key Words: Fiscal Modernization; Tax Reforms; Financial Restructuring; Budget Management

第八章
中国金融业制度变迁

郑新立　胡继晔*

摘　要：本章通过对新中国60年来金融业发展的制度变迁分析，运用西方经济理论特别是最新的法律金融理论，论述中国金融业的发展和创新，探究金融业发展与中国经济增长之间的内在关系。法律制度的改进可以为中国这样的发展中国家金融发展提供制度保障，通过债权人和投资者的法律保护机制确保微观经济运行稳定，从而促进宏观经济增长和金融稳定。正是由于对投资者权益保护的加强，使中国经济、中国金融成为全球金融危机下难得的亮点。

关键词：金融发展　经济增长　法律金融理论

世界银行在2001年出版的《金融与增长》报告中指出：经济增长和消除贫困取决于一国金融体系的有效运行。自20世纪90年代以来，金融业的发展在我国治理严重的通货膨胀和缓解通货紧缩、化解历史形成的金融风险和应对国际金融危机、支持经济稳定增长等方面发挥了非常重要的作用。中国金融业的发展已成为推动中国在世界和平崛起中的核心经济力量，因此，在当前全球金融危机的大背景下研究中国的金融模式的变迁并展望未来的发展，具有重要的现实意义。

---

* 郑新立，研究员，中国社会科学院研究生院、中国人民大学、中央财经大学兼职教授、博士生导师，历任国家计委政策研究室主任、副秘书长、新闻发言人，中共中央政策研究室副主任，2009年4月任中国国际经济交流中心常务副理事长。长期从事经济理论和经济政策研究，在计划和投资体制改革、宏观经济调控、中长期发展政策等领域，都有较深的研究和独到见解；胡继晔，经济学博士，中国政法大学法和经济学研究中心副教授、硕士研究生导师，从事法和经济学、社会保障研究。

第一节　新中国金融业的发展轨迹和特征

一　改革开放前30年中国金融业的发展

1948年12月1日，在解放战争胜利在望之时，为统一货币、促进物资交流、支持生产恢复和发展，中共中央开始着手创建完整的金融体系。当时华北解放区的华北银行、北海银行、西四农民银行合并为中国人民银行，同日发行中国人民银行十元、二十元、五十元三种钞券（简称人民币），揭开了新中国金融史上崭新的一页。1949年2月2日，中国人民银行由石家庄迁入北平。根据“边接管、边建行”的方针，在接管官僚资本银行的同时，迅速建立起中国人民银行的各分支机构，开展各项业务工作。因此，从严格意义上说，中国人民银行是中华人民共和国中央政府所有部委机关资格最老的一个，也的确在新中国的经济生活中起着中流砥柱的作用。

在新中国成立前夕的1949年9月29日，中国人民政治协商会议第一届全体会议通过《中国人民政治协商会议共同纲领》（以下简称《共同纲领》），其中关于金融政策的规定为：鼓励储蓄，便利侨汇，引导游资投入生产；金融事业应受国家严格管理；货币发行权属于国家；禁止外币在国内流通；外汇、外币和金银的买卖应由国家银行经理；依法营业的私人金融事业，应受国家的监督和指导；凡进行金融投机、破坏国家金融事业者，应受严厉制裁。

1950年3月3日，中央人民政府政务院第二十二次政务会议通过并发布《关于统一国家财政经济工作的决定》，指出：必须有计划地供售物资，回笼货币，每日销售现金必须解缴国库。中国人民银行是国家现金调度的总机构，代理国库；外汇牌价与外汇调度由中国人民银行统一管理。一切军政机关和公营企业现金，一律存入国家银行，同日通过并发布《中央金库条例》。当年的4月7日，政务院通过《关于实行国家机构现金管理的决定》，政务院总理周恩来、中国人民银行行长南汉宸联署发出对国家机关实行现金管理的命令，开始对新中国的金融体系建规立制。

1952年2月4日，政务院公布《中华人民共和国金银管理暂行条例》，规定：中国人民银行为管理金银的主管机关；金银买卖由中国人民银行及其委托代理机构经理；严禁金银走私、贩卖、私相买卖、计价、行使、借贷抵押、私自熔炼等行为，以维护金融秩序。到1952年国民经济恢复时期结束时，我国已经建立了以人民银行为核心，在人民银行统一领导下的几家专业银行和其他金融机构并存的金融体系格局；对各类金融机构实行了统一管理，有效调控了市场货币供求。新中国金融体系制止了存在多年的通货膨胀，稳定了金融体系；通过贯彻统一财经工作的决定和《共同纲领》的金融政策，便利了城乡物资交流，支持了国有经济和农业生产的发展，国民经济逐步从战争中恢复和发展。中央政府通过制度和法规来约束金融行为参与者，这些制度和法规对日后金融业的稳定发展、国民经济的恢复都起到重要作用，即使在后来的“文化大革命”时期，金融机构的作用仍是重大的。

第一个五年计划中，与高度集中的计划管理体制相适应，各类金融机构按照苏联银行模式进行了改造，建立起一个高度集中的国家银行体系，即“大一统”的银行体系模式，并于1953年开始建立了集中统一的综合信贷计划管理体制，实行“统存统贷”的管理方法，银行信贷计划纳入国家经济计划，为经济建设进行全面的金融监督和服务。1955年2月21日，国务院发布《关于发行新的人民币和收回现行的人民币的命令》，决定责成中国人民银行自1955年3月1日起发行印有汉、藏、蒙古、维吾尔四种文字的新版人民币（简称新币），以收回当时的人民币（简称旧币）。新旧币的比率，定为新币1元等于旧币1万元。凡伪造、变造人民币，借兑换新旧币之际从中渔利者，依法严惩。此后，人民币一直保持币值的长期稳定，并逐步成为全球金融体系中不可或缺的重要货币之一。

在苏联计划经济模式的特定环境下，“大一统”的金融体制的确有利于统一指挥，便于政策贯彻和全局控制。在第一个五年计划期间和20世纪60年代初的三年经济调整期间，这种金融体制曾十分明显地表现出自己的效率和优点。但是，高度集中的计划经济模式与社会生产力发展的要求不相适应，突出的一点是统得过多，忽视商品和市场的作用，尤其是基层金融机构，更无法发挥主动性、积极性。因此，金融在国民经济中发挥的作用不够充分，正如邓小平多次所讲：过去的银行不是真正的银行，是会计出纳，是货币发行公司。当发展社会主义商品经济和发挥社会主义企业活力的方针提上日程的时候，克服这种缺点的金融体制改革才有现实性和迫切性。

“文化大革命”开始之后的1969年7月，中国人民银行总行与财政部合署办公，共同成为那个特殊历史时期国家国民经济体系的重要核心政府部门，一直到1978年1月，中国人民银行才与财政部正式分开办公，中国人民银行总行的内

设机构恢复到14个司局，到1978年末，中国人民银行的统一体制全面恢复。

中国人民银行从1948年成立一直到1978年底全面恢复的30年间，中国金融业主要就是银行业，在计划经济体制下运行，中国人民银行不仅是中国的中央银行，也是从事接受存款和发放贷款业务的主要商业银行，大一统的“全能”银行体制成为改革开放之前的重要特征。那个时期，甚至在偏远的山村，都有中国人民银行的标志存在，算是大一统银行体系留下的一段空前绝后的历史。

二 1978年以来中国金融业的改革、开放、发展

1978年中国开始了史无前例的改革开放，经济体制改革遵循了增量改革的模式，即先从农村起步，然后是乡镇企业的崛起，国有企业改革远远落后。从制度变迁的角度来看，先易后难的改革模式使改革遇到的政治、经济阻力比较小，使改革的受益者成为改革的推动者。金融业大一统的格局注定其改革甚至晚于普通的国有企业改革，因为金融业具有保证国家宏观经济平稳发展的重要功能，改革的慎之又慎因此而成为题中之义。

1979年10月，邓小平同志提出“要把银行作为发展经济、革新技术的杠杆，要把银行办成真正的银行”，从而开始了恢复金融、重构金融组织体系的工作。经济体制改革的深化自然对金融体系提出了改革的要求，尤其是中国人民银行不仅承担中央银行的政府职责也从事商业银行业务的双重身份在职能上发生冲突，如果中国人民银行仍然一身兼二任，就会削弱其统管金融全局的地位。1983年9月17日，国务院发布《关于中国人民银行专门行使中央银行职能的决定》，由中国人民银行专门行使中央银行的职能，并具体规定了人民银行的性质、地位与职责，即作为发行的银行、政府的银行、银行的银行，是领导和管理全国金融事业的国家机关，应主要用经济办法对各金融机构进行管理。同时，分设四大专业银行：中国工商银行1984年1月1日正式成立，主要经营原由人民银行承担的储蓄和工商信贷等业务；中国人民建设银行作为国家专业银行，主要经办国家基本建设拨款，管理和监督使用国家计划确定的基本建设资金；中国银行以涉外信贷为主；中国农业银行主要服务于农业开发和建设。这样，逐步形成了以中央银行为核心，以专业银行为主体的中国银行体系。中国人民银行完全摆脱具体的商业银行业务，专门行使中央银行职能，成为我国金融机构体制改革的一项标志性转折。

1984年中国人民银行发布了《信贷资金管理试行办法》，并决定于1985年

初开始正式实行“统一计划，划分资金，实贷实存，相互融通”的办法，将中国人民银行与专业银行的资金往来由计划指标分配关系改为借贷关系，其进步意义是明显的。但是，这一办法在客观上却造成了1984年底的信用膨胀和货币发行失控，从而成为1985年热胀的重要原因。针对这一情况，国家动用了一系列紧缩手段对经济降温。同时，中国人民银行开始建立一套综合运用经济的、行政的和法律的调控手段，如1984年建立了存款准备金制度，并于1985年将各类存款上缴的法定准备金比率统一降为10%。这一间接调节杠杆的启用，增强了中央银行的宏观调控能力，也标志着健全金融宏观调控体系的时机成熟了。不过，这次调控虽然也用到了利率等间接手段，但计划手段仍然居于主导地位。

20世纪80年代中后期，随着城市经济体制改革的深入，新的商业银行及非银行金融机构纷纷成立。一些新成立的商业银行获准提供全国性的商业银行服务，而另外一些地方性商业银行只获准在本地市场经营。1986年国务院颁布《中华人民共和国银行管理暂行条例》，明确规定“专业银行之间的资金可以互相拆借”，这些政策促进拆借业务在全国的迅猛发展，同业拆借中介机构也在一些大中城市先后成立。经过几年的发展，到90年代初我国初步形成了一个以中心城市或经济发达城市为依托，跨地区、跨系统的资金融通网络，同业拆借市场也逐步发展成为我国货币市场中范围最广、规模最大的部分。

1992年邓小平南方讲话之后，当年的中共十五大正式确定了建立“社会主义市场经济”体制的目标，金融领域作为市场化比较落后的经济领域，开始了深层次的改革。商业银行要作为独立的市场经济主体参与市场竞争，这在西方发达国家早就不证自明的论题成为中国国有商业银行改革的目标——因为在此之前国有商业银行承担了不少政府职责，比如地方政府的指令性贷款、违规担保等。获得市场经济主体地位的商业银行由于新一轮经济过热的出现而“大干快上”，使得1993年央行不得不采取了带有行政色彩的严厉的信贷计划来控制信贷规模，并于5月和7月两次提高存贷款利率。除此之外，央行还采取了诸如整顿信托业、加强金融纪律、限制地区间贷款等措施，在宏观上收紧了银根，整顿了金融秩序。这在另一方面造成了金融机构更多的不良资产，损害了非国有经济，暴露出央行调控能力不足的缺点。在这一时期，中央银行开始注意发挥利率调节资金供求的杠杆作用，并开始通过再贷款和再贴现政策实施间接调控，再贷款逐渐成为调控基础货币的主要货币政策手段。

1993年12月，国务院作出《关于金融体制改革的决定》，提出要建立三大体系：国务院领导下独立执行货币政策，能够对经济运行进行有效调控、具有一定权威的中央银行宏观调控体系；政策性金融和商业性金融分离，以国有商业银行为主体、多种金融机构并存的金融组织体系；统一开放、有序竞争、严格管理的金融市场体系。这之后的改革，都是按照这个决定进行的，特别是提出的银行业改革保持“摸着石头过河”的循序渐进原则，避免大起大落，为以后的渐进式改革提出了指导方针。

由此可见，1978~1993年的15年间，中国的金融体系改革经历了从高度集中的计划调控体系到市场化调控体系的初步建立，在此期间，中国证券市场正式建立，保险业开始进入新的发展时期，中国特色的金融业模式初露端倪。

1993~1994年，中国经历了一次改革开放以来最为严重的通货膨胀。1993年居民生活费用价格增长14.7%，1994年上升到24.1%，其中副食品价格增长31.8%。1993年6月，中央采取严格控制货币发行、严格控制信贷总规模等十六条措施，取得明显成效。1994~1998年，中国人民银行一直实施适度从紧的货币政策。一是控制基础货币和贷款规模，加强现金管理。二是提高存贷款利率，增加存款。1995年7月1日开始，把一年期存款利率提高到10.98%，对三年期、五年期、八年期定期储蓄存款实行保值。三是继续整顿金融秩序，纠正违章拆借资金，完善有价证券发行和规范市场管理。四是推进金融体制改革。到1995年，通货膨胀率下降到11.1%，1996年以后下降到4%~5%。应当说，这一波通货膨胀是对中国金融市场最严格的一次检验，也是从计划经济到市场经济的一次洗礼。经历了通货膨胀之后的中国金融界更坚定了市场化改革的信心，中央政府也逐步学会了利用货币政策和金融市场本身来进行宏观调控、抑制通货膨胀，同时加强了金融法治建设的步伐。

市场化改革的重要一环是汇率改革。从1994年1月1日起，中国实现人民币官方汇率与外汇调剂市场汇率并轨，消除了事实上长期存在的汇率“双轨制”，建立了以市场供求为基础的、单一的、有管理的浮动汇率制度，揭开了汇率市场化的序幕。此后的金融体制也进入全面深化改革的关键时期，我国金融业在已有的基础上继续发展，并初步建立起社会主义市场金融体制的基本框架。这一阶段的改革目标是：建立适应社会主义市场经济发展需要的以中央银行为领导、政策性金融和商业性金融相分离、以国有独资商业银行为主体、多种金融机构并存的现代金融体系。在具体实施中，主要是围绕贯彻“分业经营、分业管理”原则推进的。为解决四大商业银行前期承担部分政府职能而导致的包袱过重的问题，1994 年中央政府决定成立三家政策性银行，承接原四大国有商业银行的大部分政策性贷款职能，使得四大国有银行真正向自负盈亏、自我约束的商业银行方向发展。

1995 年 3 月全国人大正式通过《中国人民银行法》，中国人民银行作为国家的中央银行，其性质、地位、职能有了坚实可靠的法律保障。该法还确定了央行的主要职能、主要货币政策工具，规定中国人民银行不再对非金融部门发放贷款，促进了货币政策真正走向间接调控。为确保中央银行履行职责的独立性，《中国人民银行法》规定中国人民银行在国务院领导下依法独立执行货币政策，履行职责，开展业务，不受地方政府、各级政府部门、社会团体和个人的干涉。

1995 年，全国人大在通过《中国人民银行法》后又相继通过《商业银行法》、《票据法》、《保险法》及《关于惩治破坏金融秩序犯罪的决定》，从根本上改变了我国金融领域欠缺基本法律规范的局面，初步形成了我国金融法体系的基本框架。

借鉴美联储在全美 50 个州设立 12 家联邦储备银行的模式，自 1998 年底开始，中国人民银行按经济区划在全国设置 9 大跨省、区、市的分行（外加两个营业管理部），彻底改变了我国几十年来按行政区划设置分支机构的框架，这对减少行政干预、推进区域经济和金融发展、加强中央银行的金融监管，显然有着深远的意义。

在这一段时间里，与中国人民银行相关的监督管理职能的归属又发生了一些变化。1997 年 11 月，原来由中国人民银行监管的证券经营机构划归中国证监会统一监管。1998 年 11 月，中国保险业监督管理委员会成立，负责监管全国商业保险市场，将原来由中国人民银行履行的对保险业的监管职能分离出来，中国人民银行主要负责对银行、信托业的监管。

在 1999 年颁布《金融违法行为处罚办法》之后的三年里，《国有独资商业银行考核评价办法》、《外资金融机构管理条例》、《商业银行中间业务管理办法》、《网上银行管理办法》等一系列监管法规的陆续出台，更是使监管有法可依；人民银行适应国内外宏观金融环境的变化，在加大了监管力度的同时，提高了监管技巧。

2001 年，金融业首次实现国有资产独资商业银行不良贷款比率和余额下降的目标。2001 年底中国加入 WTO 之时承诺“入世”后立即全面开放金融租赁业，在五年后即 2006 年底对金融业全面开放。2002 年 2 月，中共中央、国务院召开第二次全国金融工作会议，提出金融监管是金融工作的重中之重；银行业全面实行贷款质量五级分类制度；人民银行牵头制定监管体制、国有独资商业银行综合改革、农村信用社改革等监管方案。

2003 年 4 月，中国银行业监督管理委员会成立，统一监管银行、金融资产管理公司、信托投资公司等金融机构。从此时起，中国人民银行作为国务院组成部门，主要职能转变为制定和执行货币政策，不断完善有关金融机构的运行规则，更好地发挥中央银行在宏观经济调控和防范与化解系统性金融风险中的核心作用。2003 年 12 月 27 日，第十届全国人大常委会第六次会议通过了《关于修改〈中华人民共和国中国人民银行法〉的决定》和《中华人民共和国银行业监督管理法》（以下简称《银行业监管法》），成为中国金融业改革的新的里程碑。《银行业监管法》从法律上明确了银监会对全国银行业金融机构及其业务活动进行监督管理的职责，为银监会依法履行监管职责、依法加强对银行业的监督管理、依法行政提供了法律保证。它是我国颁布的第一部关于银行业监督管理的专门法律，对于加强银行业的监督管理，规范监督管理行为，防范和化解银行业风险，促进银行业健康发展具有重大的意义。

2003 年，中共十六届三中全会文件着重提出在金融宏观调控方面，要稳步推进利率市场化，建立健全由市场供求决定的利率形成机制，中央银行通过货币政策工具引导市场利率。2004 年 1 月 1 日起中国人民银行再次扩大金融机构贷款利率浮动区间，这次利率浮动范围的调整将有利于营造公平竞争的市场环境，有利于推进金融机构改革和经营管理水平的提高。2005 年 1 月 31 日，央行发布的《稳步推进利率市场化报告》指出，要加强金融机构的利率定价机制建设，按照风险与收益对称原则，建立完善的科学定价制度。同时，要加强中央银行利率管理制度建设，逐步建立健全利率调控体系。央行在《2008 年第四季度货币政策执行报告》中将“加快货币市场基准利率体系建设，完善中央银行利率体系，提高金融机构风险定价能力和水平，更大程度发挥市场在利率决定中的作用”列为未来主要政策思路之一，并独立于利率手段之外提出。这意味着我国推动利率市场化的进程可能在不久的将来再度推进。由此可见，银行业的改革以市场化为核心稳步推进，利率市场化离我们越来越近。

银行业的大发展意味着风险的聚积，在利率市场化改革的同时，商业银行自身也应加强风险管理，增强抵御市场风险的能力。自 2006 年开始，银监会开始实施《商业银行风险监管核心指标》，该指标作为商业银行实施风险监管的基准，是评价、监测和预警商业银行风险的参照体系，要求商业银行按照规定口径同时计算并表的和未并表的风险监管核心指标，由银监会对商业银行的各项风险监管核心指标进行水平分析、同组比较分析及检查监督，并根据具体情况有选择地采取监管措施。在该指引中将商业银行风险水平类指标具体划分为流动性风险指标、信用风险指标、市场风险指标和操作风险指标四大类，给商业银行的贷款风险管理提出了挑战，需要商业银行不断加强利率定价基础信息系统和内部风险管理系统的建设。

在银行业改革和发展的同时，证券、保险业也成为金融业改革和发展的亮点。

改革开放以来，我国证券业积极创新、从零起步，在满足企业和投资者的投融资需求、优化资源配置、推动金融创新等方面发挥了重要作用，为推动资本市场的发展作出了重要贡献，已经成为推动我国资本市场发展必不可少的一支重要力量和国民经济不可或缺的新兴产业。特别在1998年12月29日通过《证券法》并于1999年7月1日开始实施后，证券业坚持了市场化取向的改革，加大了改革的力度，如大力培育开放式基金，改善投资者结构；发挥主承销商勤勉尽责的作用，把好发行关；推行券商增资扩股的核准制，壮大机构实力；发展网上交易，扩大投资者规模；实施证券公司综合治理，化解行业风险，完善证券公司规范运作的基础性制度；大力发展机构投资者，拓宽合规资金入市渠道等，各项改革都取得了较大进展。证券业始终把发展机构投资者作为战略性任务加以实施，即使在市场最艰难的时期也从未动摇和犹豫。

改革开放30年来，保险业自觉将行业发展融入经济社会发展全局，逐步成为服务民生、改善民生和保障民生的重要手段，成为支持投资、扩大消费和保障出口的重要因素，成为优化金融结构、提高金融市场资源配置效率的重要力量，成为促进社会管理和公共服务创新、提高政府行政效能的重要方式。所有亲历过灾难的人都有一个共识：风险意识的提高，不应以灾难的发生为代价。事实上，面对频频发生的灾难，仅仅依靠个人自觉完成自我的风险教育，提高对保险保障的认知程度，显然是不够的。作为以风险补偿为核心的保险企业必须承担起风险教育的社会责任。

面对2003年的“非典”疫情和2008年四川“汶川”地震这样的重大自然灾害，保险业就较好地发挥了经济补偿和保障功能。在保险监管方面，1980年保险机构恢复之初，其管理体制基本上沿袭20世纪50年代的总、分、支公司垂直领导形式。1995年《保险法》的颁布实施使整个保险业进入法治的轨道，随着1998年11月原中国人民保险公司分拆成立中国人民保险公司和中国人寿保险公司后，成立了中国保险监督管理委员会（简称保监会）。保监会为国务院直属事业单位，根据国务院授权对中国保险业履行行政管理职能，并实施市场监管。这是保险监管体制的重大改革，标志着我国保险监管机制得到了进一步完善。

中国金融业的改革和发展，为我国改革开放和经济社会的长期稳定发展，为我国国际地位空前提高作出了重大贡献。2009年6月末，中国外汇储备余额为21316亿美元，居世界第一；2008年末，银行业总资产已经突破了60万亿元，税后总利润达5834亿元，比上年增加30.6%，资本回报率高达17.1%，显著高于世界平均水平。证券业从1990年底开始起步，上市公司数量沪深从最初的“老八股”、“老五股”发展到2008年底的1625家，沪深两地股票市值达12.1万亿元。保险业几乎从零起步，到2008年底总资产已达3.3万亿元。

三　金融海啸中的中国金融模式特征

中国金融体制30年来的改革成果之一就是在很多方面已经和国际金融领域接轨，在增强自身力量的同时也不可避免地受外来的影响。在这次金融危机开始的2007年，中国工商银行的市值就曾一度超过当时市值最大的花旗银行，位居全球第一，而当时工行的市值得益于中国当时前所未有的大牛市。在金融危机深重的今天，截至2009年6月的全球金融业上市公司估值大排名中，工商银行、建设银行、中国银行雄踞全球市值最大银行排行榜的前三名。当然，我国三大商业银行市值规模居首具有一定的偶然性，主要是由于欧美银行在金融危机中遭受巨大的冲击，相当一部分倒闭或者被拆分，股价大幅下跌，导致市值严重缩水，对此我们不可以沾沾自喜。

20世纪80年代全球按市值计算的前20名大银行中，日本占了一大部分，但这并不能抵消日本银行的严重问题。中国金融业一直面临着脆弱性问题，尽管这一问题现在掩盖在经济快速增长的光环下，一旦中国实体经济周期进入衰退，金融业危机肯定会像洪水般袭来。这些成就和问题使我们不禁要问：中国独特的金融模式在未来世界金融秩序重建过程中能够扮演一个什么样的角色？这就不得不对中国独特的金融模式进行一斑窥豹式的描述。

第一，中国的独特金融模式体现在政府的应变能力和应对举措上，这些举措在对实体经济刺激的同时也促使了金融业的发展。与世界主要国家相比，中国政府的信心感染和影响着全球，在应对国际金融危机中的表现举世瞩目。面对国际金融危机，我国政府迅速出台了扩大国内需求的十项措施，形成了系统完整的促进经济平稳较快发展的一揽子计划。广为世界所知并得到广泛好评的是我国推出了以政府财政支出带动社会投资、总额达4万亿元的两年计划，主要投向保障性安居工程、农村民生工程、铁路交通等基础设施、社会事业、生态环保建设和地震灾后恢复重建。

进入2009年，国家又陆续出台了汽车、钢铁、船舶、石化、纺织、轻工、有色金属、装备制造、电子信息、现代物流等十大重点产业振兴规划，旨在提高我国支柱产业和重点产业应对国际金融危机的能力。我国政府针对金融危机采取的诸多措施，温家宝总理“信心比黄金更重要”所表现出的自信和厚重的国家风范和底蕴，不仅对本国而且对世界都产生着积极影响。

第二，中国金融模式受虚拟经济的影响程度相对较小，中国有相对稳固的金融安全防火墙。当国际上虚拟经济泡沫破裂引发的金融危机骤起并再次爆发时，由于中国经济目前基本上以实物经济为主体，虚拟经济发展还处于初级阶段，躲过了金融衍生品暴跌的巨大风险。大多数中国商业银行的业务主要是依靠国内的，只要中国的市场没有大问题，贷款质量就不会有太大影响。与此同时，我国拥有世界上数量最大的外汇储备，我们要考虑的问题焦点是如何使2万亿美元的外汇储备投资组合更为合理，而不是像亚洲金融危机中的韩国那样外汇储备太少而受IMF要挟的问题。

金融业对外开放中，我国只实行了经常项目下的资本开放，资本项下实行严格监管，外国资本不能随意进出中国，而在经常项目下的外汇进出又较为自由灵活。已经实施的QFII（合格境外投资者）制度使得外资进入我国资本市场处于可控、逐步进入的状态。外商投资更多以直接投资方式进入我国，主要表现为固定资产、生产设备和日常运营资本的投入，不会出现像泰国、墨西哥一夜之间外资撤离爆发金融危机的问题。

第三，中国的金融模式立足于拥有13亿人口的广阔国内市场，在国际金融危机造成需求大幅下降的情况下，我国通过拉动国内需求，用国内需求部分替代国际需求，形成一个相对完整的国内循环市场，有效规避贸易保护主义对我国经济的冲击。央行根据国际国内经济形势的变化，适时调整货币政策，综合运用多种货币政策工具调节货币信贷总量，2008年全年人民币贷款增加4.9万亿元，同比多增1.3万亿元，2009年预计新增贷款5万亿元，1月份即完成贷款1.62

万亿元，2 月份完成 1.07 万亿元，创造了新的历史纪录。随着我国各项社会保障制度的逐步建立，13 亿人口的消费意愿和购买力水平将得以释放，最终消费需求被拉动起来产生的巨大国内市场需求，不仅可以抵消外需下降造成的影响，使我国经济尽早走出阴霾，而且从长远看，将实现我国经济拉动力的逐步转换和替代，形成更为直接和持续的经济运行动力。

由于中国正处于工业化、城镇化的高速发展期和人民生活水平的快速提升期，同时地域广阔、差异性很大，目前形成的东、中、西部不同区域的发展战略布局，为我国在应对国际金融危机中实现经济结构调整升级、实行梯度性产业转移提供了较大的空间。广阔的发展空间和强大的内需，不仅支撑中国经济持续快速发展，对缓解世界金融危机也将发挥重要作用。

第四，中国金融业“分业经营、分业监管”的模式构筑了商业银行和证券业之间的“防火墙”。曾经屡禁不止的银行资金非法流入股市的问题逐步得到遏制，特别在 2007 年初，根据当时资本市场的情况，银监会要求各商业银行进一步防范银证业务往来带来的相关风险，多次清查信贷资金违规挪用进入股市的问题，并且处罚了一批违规的银行，点名通报了 20 多家大型企业。随后又发布了有关规定，严禁银行为企业发行债券，以及为各种金融衍生产品提供担保，切断了金融风险从债市等其他市场向信贷市场转嫁的渠道。同时进一步加强对大型商业银行的并表监管，加强跨业、跨境风险的监管。证监会推出的证券保证金必须第三方存管的措施，也有效构筑了券商挪用客户资金的“防火墙”。这样，在金融业内部、不同的金融行业之间风险传递的渠道被有效截断，市场风险、操作风险处于可控的范围之内。

第五，严格规范房地产金融业务，审慎对待资产证券化等金融创新。在中国房市风起云涌的时候，银监会很早就提出对居民购买首套自住的房子和其他性质房产严格实施不同的房贷政策，积极防范房地产的金融风险。这主要表现在预付款成数要求不同，利率要求不同，管理要求也不同。2007 年 9～12 月，中国人民银行、银监会两次联合发布通知，加强商业性房地产的信贷监管，坚持采用审慎的最低首付比例的要求和提高利率风险定价水平，同时开展房地产贷款的专项调查和检查，要求商业银行开展房地产贷款压力测试，对规范和引导住房信贷起到了积极的作用，也使银行的房贷风险减小。与此同时，银监会一直审慎对待资产证券化的业务，通过规范和监管，引导中国的金融机构在审慎的前提下开展资产证券化，严禁把房地产、不良贷款打包进行证券化，防止房地产信贷风险通过证券化被放大。

除了我们的优势之外，还应当看到中国的经济增长和金融模式本身就存在着不少缺陷。中国从20世纪50年代开始从苏联引进的经济增长模式是靠大量的资源特别是资本资源的投入来驱动经济增长的，银行体系只起到了出纳的作用。改革开放后，我们又实施了出口导向战略，用旺盛的出口需求来弥补国内需求的不足，支持经济的高速增长，并逐步形成了“出口创汇”第一的金融发展模式。

虽然中央政府一再号召要转变经济增长方式，向由效率提高驱动的集约增长方式转变，但现在仍未得到根本性改变，从而造成经济体系的内外失衡现象。中国经济的内部失衡，主要表现为投资过度和消费不足：投资占GDP的比重从改革开放初期的30%提高到现在的45%左右，这在世界经济发展史上前所未有，最终造成了消费不足、需求不足、劳动者的收入水平和生活水平提高过慢、收入差距拉大等问题。外部失衡则是国际贸易和国际收支的双顺差使中国外汇存底大量增加，中国人民辛辛苦苦主要依靠劳动密集产品换回的外汇促使中国成为世界第一外汇储备大国，但这些外汇并不是硬通货的黄金或者石油储备等资源，大部分只是美元钞票。

美联储在2009年3月18日表示将购买价值超过1万亿美元的政府担保债券，努力使美国经济走出衰退。美国政府此举将导致美国国债的收益降低，美元也将贬值，意味着中国2万亿美元的外汇储备面临失血的风险。这就充分表明了温家宝总理在“两会”答记者问时对持有美国国债的担忧不无预兆，但这样残酷的现实还是出现了。美联储这种赤裸裸的行为再次给中国政府敲响了警钟：在国际舞台上只有本国的利益才能决定一个国家的政策走向，作为全球最大的美元储备国，中国所面临的困境也是前所未有的，中国应该以自身利益最大化为一切方针政策的出发点，通过必要的手段，把巨额的外汇储备包袱变为手中的武器。

由于受国内外各种因素的共同影响，从总体上看我国经济已经进入下行周期，而2009年很可能是最为艰难的一年。在实体经济信贷需求萎缩、商业银行贷款投放趋于谨慎的情况下，要在2009年维持金融体系的稳定增长，中国的金融模式面临较大压力，在国际金融危机尚深不见底的情况下断言中国可以独善其身，为时过早。中国金融模式主要的问题是创新不足，而不是创新过度，所以尽管美国爆发了金融危机，但不代表中国就要压抑金融创新。

相对其他领域而言，我们的金融创新一直是个短板。美国金融创新太多，核心就是逃避监管，结果导致对风险的估计不足；而我们是谨慎有余、发展不足、创新不足。这次金融危机也是我们对美式金融自由化进行反思的一次机会，也给了我们学习和借鉴的机会。尽管中国的金融市场比美国要落后很多，但绝不能把美国的经验完全套到中国头上，美国做的东西中国不一定都要做，美国没有做的东西不一定中国就不能做。中国金融模式雏形初现，需要的是不断借鉴、完善。

第二节　法律金融理论：金融发展模式研究新角度

中国金融模式鲜明的特色引起全球的关注，那么从金融理论上分析，这样的模式是否具有理论上的可行性？是否能够独树一帜，创新金融发展理论呢？

一　法律金融理论：关于金融研究的国外学者的观点

金融发展和经济增长之间的关系是20世纪经济学家关注的焦点之一。诺贝尔经济学奖得主约翰·希克斯详细考察了金融对工业革命的刺激作用后认为，工业革命不是技术创新的结果，而是金融革命的结果。因为工业革命早期使用的创新技术大多数在工业革命之前就已经被发明、发现。工业革命只有在金融革命发生之后，才有可能发生。在希克斯看来，法律和货币制度是市场经济的两大基石。[①] 戈德史密斯（Goldsmith，1969）根据几十个国家近100年的金融相关比率（某一时点上现存金融资产与国民财富之比）的实证研究发现：金融的发展水平在很大程度上反映了一国经济发展所处的阶段，一国的金融发展与经济增长水平之间是正相关的。[②]

麦金农（McKinnon，1973）提出的金融深化理论认为：发展中国家生产要素市场扭曲，人为的低利率抑制了储蓄的增长并导致资源配置的低效率。如果解除对实际利率的限制从而使其反映储蓄的稀缺性以刺激储蓄并提高投资水平，就可以为经济发展提供一个高效率的金融体系。[③] 肖（Shaw，1973）也同样认为：一国经济中的金融部门在经济发展中举足轻重，健全的金融体系能够有效地动员储蓄和投资，从而促进经济发展；经济发展反过来会提升对金融服务的需求从而促进金融业的扩张。[④]

---

① 〔英〕约翰·希克斯：《经济史理论》，商务印书馆，1998。

② 雷蒙德·戈德史密斯：《金融结构与金融发展》，上海三联书店、上海人民出版社，1994。

③ 罗纳德·I. 麦金农：《经济发展中的货币与资本》，上海三联书店，1988。

④ 爱德华·肖：《经济发展中的金融深化》，上海三联书店，1988。

金和列文（King & Levine，1993）利用80个国家1960～1989年的统计数据进行了计量分析，结果显示：金融发展的程度越高，经济增长越快，金融中介发展和经济发展之间存在较强的正相关关系，金融部门的发展在相当程度上具有引导作用，金融发展是经济增长的预报器。[①] 由此引出的疑问是：为什么有些国家的金融制度比较发达并推动了经济增长，而其他国家则缺乏这样的金融制度？

希克斯关于法律和货币制度是市场经济基石的思想强调了法律的重要作用，另外一个诺贝尔奖获得者哈耶克则进一步认为由于普通法国家中的政府对经济自由和其他个人自由干涉得更少，以普通法为代表的自发秩序比理性主义和构建主义的大陆民法更能促进个人自由，果如是，普通法国家理应享受更高的经济增长。[②]

肇始于20世纪60年代的法律经济学运动则提供了更进一步的解释。法律经济学应用经济理论和计量经济学方法考察法律和法律制度的形成、结构、程序和影响，强调法学的“效益”，即要求法律制度的制定和执行要有利于社会资源配置，[③] 而资源的优化配置在经济增长中发挥着基础性作用，每一项市场交易都是当事人双方在作出成本—收益分析之后决定对自己有利可图的自愿行为。法律经济学作为法学和经济学的交叉学科，关注的是经济增长背后的法律逻辑。而法律金融理论借助法律经济学的研究思路和研究框架，学术界通常将其看做是法律经济学运动的延伸和发展。

1997年，来自美国哈佛大学、芝加哥大学的四位年轻学者La Porta、Lopez-de-Silance、Shleifer和Vishny（以下沿用学术界对他们的简称LLSV）发表了《决定外部融资的法律因素》，并于次年发表了《法律和金融》这篇奠基性文献。他们在研究中发现：外部投资者保护机制来源于法律及其实施系统，只有法律体系对于投资者利益的有效保护才能够维护金融市场的诚信，降低委托代理的成本和金融市场运行的成本，从而有利于经济的长期增长。而投资者保护的性质深深地根植于每个国家的法律结构及其法律渊源之中，按照法律的起源，LLSV把世界各国的公司法、商法、证券法区分为四种类型：英国普通法系、法国式大陆法系、德国式大陆法系和斯堪的纳维亚国家法律体系，根据他们创建的分别反映股

---

① King，Robert G.，and Ross Levine，“Finance and Growth：Schumpeter Might Be Right”，*Quarterly Journal of Economics*，August 1993.

② 哈耶克：《自由秩序原理》，邓正来译，上海三联书店，1997。

③ 理查德·A. 波斯纳：《法律的经济分析》，蒋兆康译，中国大百科全书出版社，1997。

东权利、债权人权利与法律实施质量的指标，发现不同法律起源的国家存在着统计上显著的差距，起源于普通法传统的国家强调“信义义务”，对投资者的保护程度要明显高于那些法律起源于大陆法（尤其是法国式大陆法）传统的国家，德国式的大陆法国家和斯堪的纳维亚国家对投资者的保护程度居中，但具有较高的法律实施质量。[①]

LLSV 同时研究了不同法律起源以及法律实施质量与股权集中度的关系，以便探讨法律的公司治理意义。此后，他们又陆续推出了一系列关于投资者和债权人保护的实证研究，形成法律金融理论的完整体系。债权人和投资者保护是建立与完善资本市场的必要条件，如果没有一个良好的债权人和投资者保护环境，那么资本市场将处于一种瘫痪状态，也就无法发挥其对经济发展的促进作用。法律金融理论在强调法律制度对于投资者保护重要性的同时，也揭示了其他一些对投资者保护不足时的一些制度安排，其中良好的公司治理和适当的金融监管就成为一种替代，为投资者免受外部股东侵害提供了保护功能。[②]

LLSV 的相关研究最终都指向了一个命题：不同的法律起源塑造了不同的法律体制、政治制度和监管规则，并进一步塑造了不同的金融体系，最终导致了不同的经济绩效。在历史的演进中，普通法和大陆法形成了不同的理念、目标和解决社会问题的策略：普通法倾向于依靠市场力量和私人诉讼解决问题，大陆法则强调政府对市场的控制和干预。这种分歧持续存在，并通过具体的法律规则和制度深刻地影响着各个国家的金融发展程度和经济表现。在解释金融发展的国别差异时，法律金融理论的重点是法律制度的作用，在法律体制强调私人产权、支持私人契约安排并保护投资者合法权益的国家，金融市场就会更为活跃，反之亦然。

根据法律金融理论，法律的不同起源及其对债权人和投资者保护程度的不同，是解释金融发展和经济增长不同绩效的关键因素。LLSV 不仅发现了法律在资本市场发展方面的重要性，还在比较法的视野下发现了法律渊源与金融发展模

① La Porta, R., F. Lopez-de-Silanes, A. Shleifer, and R. W. Vishny, “Legal Determinants of External Finance”, *Journal of Finance*, 52, pp. 1131 – 1150, 1997. “Law and Finance”, *Journal of Political Economy*, 106 (6), 1997, pp. 1113 – 1155.

② La Porta, R., Lopez-de-Silanes, F., Shleifer, A., Vishny, R. W., “Investor Protection and Corporate Governance”. *Journal of Financial Economics*, 58, pp. 3 – 27, 2000, 2002; “Investor Protection and Corporate Valuation”, *Journal of Finance*, 57, pp. 1147 – 1170.

式之间的因果关系，不仅给金融学同时也给比较法学、金融法学研究带来了一股清新的风气，法与金融学本身也成为国际学术界普遍关注的研究热点。

基于LLSV的研究范式，在对不同法系的经济增长的比较研究中，曼哈尼（Mahoney，2001）发现：1960～1992年，普通法国家比大陆民法国家每年人均GDP增长率大约高0.5%。[①] 针对法律的不同起源和向殖民地国家的扩散，阿西莫格罗等（Acemoglu et al，2001）的实证研究发现：欧洲殖民者所面对的地理禀赋决定其殖民化政策。在疾病较难发生的地区，欧洲殖民者选择在其中定居的殖民化政策，带来的是保护私人产权的长期制度的建立，有助于金融市场的发展。而在疾病容易发生的地区则选择了掠夺式的殖民化政策，带来的是允许少数精英分子利用其优势地位的长期制度的建立，私人产权得不到有效保护，从而不利于金融发展。[②] 施图兹和威廉姆森（Stulz & Williamson，2003）在其研究中更进一步发现不同的宗教对待债权人权利的态度不同，从而造成金融发展水平的差异。而16世纪的宗教改革使基督教（新教）对待金融的态度发生了转变，认为支付利息是正常的商业行为，从而在那些信奉新教的国家，债权人权利得到了有效的保护。

贝克等（Beck et al，2003）在上述研究成果的基础上，提出了私人信用、股票市场发展、产权三个指标来衡量金融发展。他们的实证研究表明：股票市场交易（而非银行机构）更依赖于运行良好的法律体系来保护单个投资者的利益。他们的统计计算结果可以用图8－1来直观地描述不同的法律起源在多大程度上解释不同国家金融发展水平的差异。[③] 此后他们用38个国家4000多个企业的实证数据进一步表明：一个国家的法律起源有助于解释其金融制度，具有法国民法传统的国家一般金融体系较弱，法律体系的适应性较差，并且司法部门的政治独立性较差。而具有普通法传统的国家，在这些指标中表现较强。[④]

---

① Mahoney，Paul G.，"The Common Law and Economic Growth：Hayek Might be Right." *Journal of Legal Studies*，30，2001，pp. 503－525.

② Acemoglu，Daron，Johnson，Simon，and Robinson，James A.，"The Colonial Origins of Comparative Development：An Empirical Investigation"，*American Economic Review*，91，2001，pp. 1369－1401.

③ Beck，Thorsten，Demirgüç-Kunt，Asli and Levine，Ross.，"Law，Endowments，and Finance"，*Journal of Financial Economics*，70（2），2003，pp. 137－181.

④ Beck，Thorsten，Demirgüç-Kunt，Asli and Levine，Ross.，"Law and Firms' Access to Finance"，World Bank Policy Research Working Paper，No. 3194，July 2003.

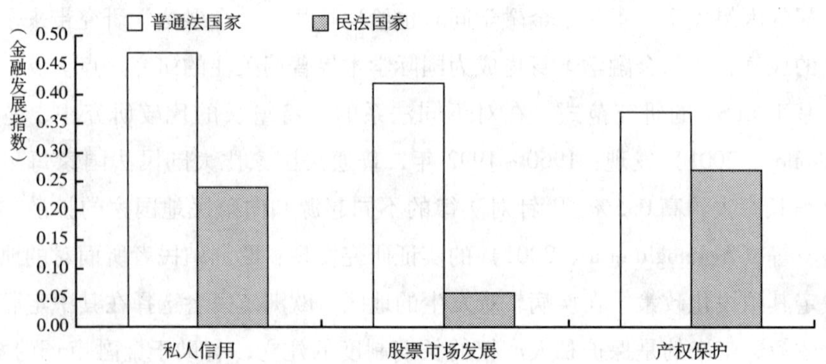

图 8-1　普通法国家和法国民法国家的金融发展指数比较

注：该图利用贝克等（Beck et al，2003）所计算的数据，利用 EXCEL 的图表功能生成。

1997～1998 年的亚洲金融危机中，东亚国家的金融体系遭受重创，约翰逊等在考察了亚洲危机期间 25 个国家和地区证券市场的衰退和货币贬值情况后发现：在投资者和债权人保护不力的国家和地区，一旦未来前景光明，内部人可能较好地对待外部投资者，有兴趣继续进行外部融资。然而，如果未来的前景恶化，内部人就加快对所有者权利的剥夺，股东和债权人等外部投资者对此都无能为力。权利剥夺的逐步升级导致证券价格下降，在投资者保护缺乏的国家尤其严重。①

法律对欺诈和掠夺投资者行为的处罚可以阻吓“坏的”证券发行者进入市场，避免由于逆向选择和道德风险导致的市场崩溃。法律体系对于投资者保护和股票市场的发展来讲是重要的，利用法律比仅仅利用私人融资合同更能提高经济效率。显然，当存在成文法规的时候，私人通过诉讼来实施这些成文法规的成本通常要比单纯执行合约和实施侵权诉讼来得更低。因此，对投资者来讲，对那些没有按照法律要求披露特定信息的公司进行诉讼的成本，远远低于不存在法规时他们要证明证券发行者有故意疏忽行为的成本②。

① Johnson, Simon H., Boone, Peter D., Breach, Alasdair., and Friedman, Eric., "Corporate Governance in the Asian Financial Crisis", *Journal of Financial Economics*, 58 (1-2), January 1. 2000.

② Djankov, S., La Porta, R., Lopez-de-Silanes, F., and Shleifer, A., "The New Comparative Economics", *Journal of Comparative Economics*, December 2003.

二　法律金融理论范式下的中国金融模式研究

以1998年LLSV《法律与金融》的发表作为标志，法律金融理论只走过了短短10多年的历史，虽然理论体系还有待完善，对上述来自法学家的质疑还没有能够完全回答，但已经成为比较金融法学领域不可忽视的重要创新理论，引起我国经济学界、法学界的广泛关注，并运用该理论分析中国的金融发展。不管是LLSV范式中法律起源决定了金融发展模式的理论还是科菲金融发展导致了法律变革的理论，都说明了一国的法律制度环境及约束条件是国家金融发展中必须密切关注的因素。关于法律金融理论的研究表明：政治、法律、社会、文化传统及其他制度都是重要的，正是这些因素造成了现实中金融法变革的“路径依赖”，造成全球千差万别的金融发展模式。中国改革开放以来在吸收国外先进技术的同时在金融法领域也大量借鉴了国外的立法思想和立法理念，法治不断完善的同时金融业取得长足发展，经济增长也创造了连续30年平均近10%的奇迹。

在法律金融理论的范式下，皮斯托和许成钢（Pistor & C. Xu，2002）在研究一般转型经济体的股票市场时发现：由于法律的低效、治理结构的不完备以及信息不对称的问题，这些国家的股票市场面临诸多困难。中国却是个特例：其法律体系并非完善，法律的实施也乏善可陈，但证券市场的发展在转型国家中却比较成功，IPO数量和筹资额都遥遥领先于所有转型国家。原因何在呢？他们的实证研究发现：在中国的股票发行中，行政规制（如20世纪90年代各省份的上市额度指标）可以部分替代法律规制的作用，政府的行政管理成为投资者保护的重要替代制度，促进了股票市场的发展。①

近年来国内学者按照LLSV范式，开始研究中国法律制度对投资者的保护问题。例如平新乔和李自然（2003）建立了一个数学模型来考察上市公司信息披露以及证监会再融资政策的法律效果，结果表明，在上市公司质量服从正态分布的前提下，若证监会按经验估计的净资产收益率的均值来确定上市公司再融资资格危险很大，它会增加虚假的信息披露频率。②

---

① Katharina Pistor and Chenggang Xu，“Governing Stock Markets in Transition Economies：Lessons from China”，Columbia Law School，The Center for Law and Economic Studies，Working Paper，No. 262，2002.

② 平新乔、李自然：《上市公司再融资资格的确定与虚假信息披露》，《经济研究》2003年第2期。

沈艺峰、许年行和杨熠（2004）认为法律制度的制定是一个历史实践过程，并且有着由弱到强的普遍特点，在这个实践过程中，随着法律制度进程的发展，投资者法律保护可以得到逐步加强。他们计算了经过市场指数调整的中国上市公司 IPO 的初始收益率，并认为初始收益率的大小代表着投资者在法律保护不足时对市场保护的依赖程度。随着投资者保护的发展，IPO 的初始收益率逐渐降低，这表明随着法律制度的立法实施，投资者保护得以加强，因而对于原本依赖于市场保护的风险溢价得以降低。① 此后，沈艺峰、肖珉和黄娟娟（2005）采用同样的时间序列分析方法，考察了我国证券市场不同历史阶段中小投资者法律保护与公司权益资本成本关系的变化。研究结果表明，在我国证券市场发展的历史实践中，随着中小投资者法律保护措施的加强，上市公司的权益资本成本表现出一个逐步递减的过程；在控制公司特征和宏观经济变量的情况下，中小投资者法律保护程度与上市公司的权益资本成本呈显著的负相关关系。② 沈艺峰等人的系列研究验证了法与金融的基本观点，即法律制度的改善提高了投资者保护程度。

栾天虹（2004）基于 LLSV 法律金融理论，在对投资者法律保护的立法、司法进行分析后发现中国投资者法律保护较弱的主要因素有三：一是上市公司国有导致政府出现立法和执法困境；二是既得利益集团对法律改革的反对；三是没有相应扩展解释权和不独立于其他机关，尤其是地方政府的法官。中国保护投资者的法律规定散见于物权法、合同法、公司法、证券法、行政诉讼法、民法、刑法等一系列法律之中，可以从事前法律保护、事后法律救济和增加市场透明度三方面完善投资者法律保护的规定。③

唐英凯（2006）按照 LLSV 的法律金融理论计量模型验证了中国上市公司治理水平与大股东侵害小股东利益之间的关系。他设计了基于控制权私有收益的综合治理评价指标，应用法律金融理论中对法律的多维评价体系分析了中国的投资者保护法律制度，通过对 1995 ~ 2002 年的历史数据分析证明了随着法律制度的不断改进，投资者保护水平不断提高，大股东通过侵害小股东获得的控制权私有收益得到有效抑制。中国投资者法律保护的水平虽然低于英、美等普通法发达国

---

① 沈艺峰、许年行、杨熠：《我国中小投资者法律保护历史实践的实证检验》，《经济研究》2004 年第 9 期。

② 沈艺峰、肖珉、黄娟娟：《中小投资者法律保护与公司资本权益成本》，《经济研究》2005 年第 6 期。

③ 栾天虹：《投资者法律保护：理论与实证研究》，浙江大学经济学院博士论文，2004 年 4 月。

家，但仍然高于世界平均水平，并远远高于波兰、捷克等转轨经济国家。中国证券市场特殊的制度下，法律制度对于投资者保护的作用仍然重要，更好的公司治理能够更有效地约束大股东获取控制权私有收益。①

第三节　中国金融发展的制度性因素：法律的影响和作用

一　中国法律对投资者和债权人的法律保护

由上述研究可以发现，法律金融理论虽然产生的时间不长，但从理论和实证两方面的角度都可以提供对中国金融市场发展的解释。在法律金融理论的语境下，中国并不那么“特殊”，基本上符合 LLSV 范式下的法律金融理论：越来越好的投资者保护促进了金融特别是证券市场的发展。国内学者基于法律金融理论对中国的研究也多是从经济学角度的实证研究，从法学角度分析的不多，但已经开始认识到资本的本性、市场运作的规律和法治精神的内涵。② 实际上，改革开放以来中国金融业的发展和投资者法律保护的完善是相辅相成的，可以从我国证券市场的发展和《证券法》的颁布和修改方面发现这样的逻辑。

1990 年 12 月，中国分别在上海和深圳设立了证券交易所，上市公司数量从最初的沪市“老八股”、深市“老五股”发展到 2008 年底的 1625 家，沪深两地股票市值达 12.1 万亿元。由于法律制度的不完善，面对整体质量偏低的中国上市公司，投资者并不是进行价值投资，而是进行趋势投资，市场波动程度必然加大。1999 年 7 月 1 日开始实施《证券法》之后，这样的波动并未减轻，特别是最近三年波动更大，作为新兴股票市场的中国其波动率远远大于同期的成熟市场。③ 根据法律金融理论，上市公司的质量和投资者权利的保护程度是资本市场

① 唐英凯：《公司治理、法律制度与投资者保护：基于中国上市公司的法律金融理论研究》，天津大学管理学院博士论文，2006 年 12 月。

② 张建伟：《法律、投资者保护与金融发展》，《当代法学》第 19 卷第 5 期，2005 年 9 月。

③ 自 1990 年以来，上证综合指数年度收盘值变化巨大，特别是近三年来，2006 年相对上年增长 130.43%，2007 年在上年大幅增长的基础上继续增长 96.66%，而到了 2008 年创纪录地出现 65.39% 的下跌。经济学上衡量波动的重要指标是波动的标准差，根据笔者对上证指数收益率标准差的计算，1990～2008 年这 19 年间为 49.71%，而同期美国标准普尔 500 指数的标准差为 20.4%，伦敦金融时报 100 指数为 17.31%。

长期健康运转的基础。转轨国家新兴的证券市场缺乏有效的投资者保护制度，即使移植或者模仿成熟市场经济国家的经验建立了标准的投资者保护制度，这些制度安排也会由于各种因素的破坏而不能达到预期的效果。在证券市场发展的初始阶段，往往会由于上市公司侵害投资者利益而导致投资者丧失信心，最终会导致市场的崩溃，捷克就是这样一个例子，[①] 而我国在所有转型国家中资本市场的发展是最好的，同时有关投资者保护的法律体系也在不断完善之中。从这个意义上来说，LLSV 法律对投资者保护促进资本市场发展的理论和科菲资本市场发展促进法律变革的理论在中国都得到了验证。

中国相对集中的股权结构、国有股和法人股“暂不流通”的股权分置只是公司治理机制在法律制度不完善情况下的次优选择，而完善投资者法律保护才是促使上市公司形成有效公司治理结构，增加外部资金，促进证券市场健康发展的关键，深入挖掘中国投资者法律保护较弱的原因，采取有效措施增强投资者法律保护成为中国证券市场发展的重中之重。国务院于 2004 年 1 月 31 日下发的《关于推进资本市场改革开放和稳定发展的若干意见》表明：中国政府已经开始提高对证券市场发展的重视。2005 年，根据该意见和证券市场发展的现实，中国的两项具有重大意义的事件一是开始了一直困扰证券市场的股权分置改革，二是开始对《证券法》的修改。第一条开宗明义，立法目的就是保护投资者的合法权益，同时最大限度维护市场秩序。《证券法》通过设立法律责任条款对我国中小投资者的保护：在证券立法中采用公法手段和私法救济来维护投资者的合法权益，在法律责任中刑事责任起到威慑作用，防范和惩罚证券犯罪。民事责任则侧重对被损害利益的救济，追究侵害人的民事责任，切实维护投资人的利益。新《证券法》第 134 条规定的“国家设立证券投资者保护基金”，提供了投资者保护的制度性资金来源，在实践中将原来归证券发行人所有的发行期间冻结资金的利息划归投资者保护基金，通过制度效应恢复和提升投资者对证券市场的信心。

除了证券法之外，新修订的《公司法》也加强了对小股东的保护。《公司

---

① 1995 年，有 1716 个公司在布拉格证券交易所上市。到 1999 年初，上市公司数量暴跌 80% 多，只剩 301 家，其中至少还有十几家资不抵债。同时，布拉格证券交易所 50 种主要股票指数的投资价值也相应下跌 60%。交易枯竭，布拉格证券交易所自身的存在都受到威胁。详见 Coffee, John C. Jr., “Privatization and Corporate Governance: The Lessons from Securities Market Failure”, Columbia Law School, The Center for Law and Economic Studies, Working Paper, No. 158, 1999。

法》的核心是保护投资者和股东的利益，大小股东权利平等。新《公司法》禁止关联交易，大股东如因关联交易造成公司损失，要进行赔偿。修改后的《公司法》给予持异议少数股东退股权，在遇到严重困难的前提下，只要有10%的股东就可以向法院提出解散公司。与此同时还加强了对高管的监督：监事会可在股东会上提出罢免不称职的董事或高管；如果董事会不决议召开临时股东会，监事会可以召集；董事、高管如给公司造成损失，特别是违法犯罪造成损失，监事会可代表公司起诉。

根据理性选择理论，每个人都是主要考虑自身利益最大化的利己主义者。在选择对自己有切身利害关系的行为的过程中，每个人都会基于其所能掌握的信息，比较仔细地衡量不同选择的利弊得失，并采取他认为对自身最有利的行为。作为"内部人"的上市公司发起人和高级管理层，如果存在剥夺中小投资者的机会而不受任何惩罚，他的理性行为就是掠夺，这样的案例在中国证券市场已经屡见不鲜。[①] 而作为中小投资者的个体一旦发现其投资的企业无法给他带来预期的收益，他的利益无法得到保障，他的理性选择就是"用脚投票"，退出他所投资的企业，最终造成证券市场失去最基本的融资功能。由于中小投资者和"内部人"之间信息的严重不对称，使得二者的博弈胜负早定。在这样的情况下，法律能够发挥什么作用呢？根据美国联邦最高法院大法官霍姆斯的理论，法律的职能是帮助人们"预期"："法律上的义务不是别的，就是对一个人是否会因为做了或疏忽了某事将会以某种方式承受法院的判决而作出的预期。"[②] 而预期对于证券市场的重要性怎么强调都不过分：投资者购买股票并不是因为股票能够给他带来如商品和劳务那样即期的效用，对于经济活动而言，国家法律规定了合法活动的边界——或如自由主义者所主张的——违法活动的边界，因为他们认为所有的活动都应被允许，除非受到法律的明确禁止。证券法的存在一方面可以使"内部人"预期到侵害中小投资者的利益所付出的代价，另一方面可以使中小投资者的合法利益保障"有法可依"。

---

① 一个典型案例就是银广夏。1994年上市后，银广夏一度成为我国证券市场中的一只"绩优股"，受到大力追捧，2000年全年上涨440%。《财经》杂志2001年8月号发表封面文章《银广夏陷阱》，揭露其1999年、2000年度业绩绝大部分来自造假。随后中国证监会组织专案组进行调查确认银广夏及其相关中介机构存在严重的欺诈行为，银广夏被暂停交易。2001年复牌后经过史无前例的15个连续跌停板，近68亿元的流通市值化为乌有。

② 霍姆斯：《法律的道路》，《研究生法学》2001年第4期。

我国对中小投资者的法律保护呈现了一个不断加强和逐步完善的趋势，对信息披露要求的不断明确和提高，以及对批准要求的不断严格化与独立化，对中小投资者的法律保护力度得以不断加强，中小投资者对股票市场融资的信心不断增加，对法律的依赖性也逐步提高。但我国的法律制度的规范与完善尚有很长的路要走，且立法仅是法律保护的一个方面，特别是对一个转型国家来说，法律的执行质量对金融的发展有着相当的重要性，因此，我国法律该提供怎样的公共执行与私人执行的制度环境，对我国出现的大量的正式融资市场之外的非正式融资又该采用如何的治理机制等问题都需要进一步思考与研究。

二 法律：促进中国金融业的发展的制度性因素

经过改革开放30年的努力，中国金融业逐步建立起规范的法律制度，确保了金融业稳定快速发展。2009年6月末，中国外汇储备余额为21316亿美元，居世界第一。到2008年底，银行业总资产已经突破了60万亿元，税后总利润达5834亿元，资本回报率高达17.1%，显著高于世界平均水平。保险业几乎从零起步，到2008年底总资产已达3.3万亿元。① 中国金融业的发展成就在席卷全球的金融危机中成为难得的亮点，为我国国际地位空前提高作出了重大贡献。中国的经济增长和金融发展引起了全球学者的关注，麦金农曾经把中国在高财政赤字和高货币供给量的同时保持价格稳定的现象称为“中国之谜”，② 中国本土的经济学家如张维迎也感叹：“中国的经验表明，我们对制度变迁的真谛仍然知之有限。”③ 诞生不久的法律金融理论也许能够为我们研究“中国之谜”提供一个视角。

法律金融理论为我们提供了一个独特的视角：法律制度的改进可以为中国这样的发展中国家金融发展提供制度保障，通过对债权人和投资者的法律保护机制确保微观经济运行稳定，从而促进宏观经济增长和金融稳定。根据制度的内生性假设，一个有效的投资者保护制度框架的形成，必然需要经过一个金融市场长期演进的过程。不管是英、美普通法系国家还是法、德大陆法系国家，都已经历了漫长的法律制度构建过程。中国债权人和投资者保护相关的法律只有短短十几年

① 数据分别来自银监会、证监会、保监会的官方网站。

② 罗纳德·I. 麦金农：《经济市场化的次序》，上海三联书店、上海人民出版社，1996。

③ 张维迎、栗树和：《地区间竞争与中国国有企业的民营化》，《经济研究》1998年第12期。

甚至几年的历史，虽然法律制度尚需完善、实施机制尚待加强，但良好的开始是成功的一半，这些法律已经对金融发展产生了积极而深远的影响，作为重要的制度框架将继续推动经济增长。法律制度建设和金融业的同步发展使我们取得了举世瞩目的成就，美国知名的《福布斯》杂志2009年4月公布的针对全球127个经济体“2009最佳经商国家排名”中，中国内地和中国香港在“投资者保护”方面共同夺冠，这说明中国已经开始揭开神秘的面纱，至少部分验证法律金融理论——正是对投资者权益保护的加强，促进着中国经济、中国金融在全球金融危机的灰暗之中成为难得的亮点。

在2009年4月2日的伦敦20国金融峰会上，遭受金融危机打击相对较轻的中国被寄予厚望。从长远来看，世界经济重心的转移将给全球金融市场带来极为深远的影响。根据LLSV的法律金融理论，对外部投资者的法律保护在一国的金融发展中起着核心作用。在目前国际金融危机仍然前途不明的情况下，中国独特的金融模式是否能够独善其身并继续发展呢？我国微观经济环境的改善将带来宏观经济的继续向好，可以这样测算：2007年中国GDP占世界GDP总量的6.1%，假定今后10年内美国、欧洲、日本等主要经济体GDP平均增长率为2%，中国为7%，同时假定人民币币值稳定并有所升值，那么10年后，中国占世界GDP总量的比例将超过12%，比2007年的占比翻番，中国将在世界经济中发挥越来越重要的作用。在这次危机之后如果中国能够再平稳发展几十年，中国也许会取代美国而成为世界第一大经济体，世界格局将发生重大变化，中国将部分恢复清朝乾隆年间GDP占全世界1/4～1/3的历史荣耀。

中文“危机”这个词是两个字组成的，一个是问题和危险的“危”，另一个是机会和机遇的“机”，体现了周易中“否极泰来”的思想。英语“危机”一词来自于古希腊语，也有两个意思：其一是医学用语，是生病过程中的一个转折点，可能是变好，也可能是变坏；其二就是危急存亡之际，即决定性时刻。由此可见，不管是东方还是西方，都把已经到来的危急时刻看做一个转折点，如果能够化危机为契机，则完全有可能闯出一片新天地。1929年大危机之前，英国是世界头号经济强国，英镑是国际储备货币，但英国要维持它的“日不落”帝国的荣耀不得不从美国借钱。此后美国逐渐取代英国成为世界头号经济强国，并在苏联解体之后成为全球唯一的超级大国。中国作为正在崛起的发展中大国，今天的金融发展相对平稳，未来的中国能否实现“和平崛起”的梦想呢？当前的国际金融危机给发展模式独特的中国提供了各种可能性，我们期待着。

参考文献

[1] 爱德华·肖:《经济发展中的金融深化》,上海三联书店,1988。

[2] 哈耶克:《自由秩序原理》,邓正来译,上海三联书店,1997。

[3] 霍姆斯:《法律的道路》,《研究生法学》2001 年第 4 期。

[4] 理查德·A. 波斯纳:《法律的经济分析》,蒋兆康译,中国大百科全书出版社,1997。

[5] 雷蒙德·戈德史密斯:《金融结构与金融发展》,上海三联书店、上海人民出版社,1994。

[6] 〔英〕希克斯:《经济史理论》,商务印书馆,1998。

[7] 栾天虹:《投资者法律保护:理论与实证研究》,浙江大学经济学院博士论文,2004 年 4 月。

[8] 罗纳德·I. 麦金农:《经济发展中的货币与资本》,上海三联书店,1988。

[9] 罗纳德·I. 麦金农:《经济市场化的次序》,上海三联书店、上海人民出版社,1996。

[10] 平新乔、李自然:《上市公司再融资资格的确定与虚假信息披露》,《经济研究》2003 年第 2 期。

[11] 沈艺峰、肖珉、黄娟娟:《中小投资者法律保护与公司资本权益成本》,《经济研究》2005 年第 6 期。

[12] 沈艺峰、许年行、杨熠:《我国中小投资者法律保护历史实践的实证检验》,《经济研究》2004 年第 9 期。

[13] 唐英凯:《公司治理、法律制度与投资者保护:基于中国上市公司的法律金融理论研究》,天津大学管理学院博士论文,2006 年 12 月。

[14] 张建伟:《法律、投资者保护与金融发展》,《当代法学》第 19 卷第 5 期,2005 年 9 月。

[15] 张维迎、栗树和:《地区间竞争与中国国有企业的民营化》,《经济研究》1998 年第 12 期。

[16] Acemoglu, Daron, Johnson, Simon, and Robinson, James A., "The Colonial Origins of Comparative Development: An Empirical Investigation", *American Economic Review*, 91, 2001, pp. 1369 - 1401.

[17] Beck, Thorsten, Demirgüç - Kunt, Asli and Levine, Ross., "Law and Firms' Access to Finance", World Bank Policy Research Working Paper, No. 3194, July 2004.

[18] Beck, Thorsten, Demirgüç-Kunt, Asli and Levine, Ross., "Law, Endowments, and Finance", *Journal of Financial Economics*, 70 (2), 2003, pp. 137 - 181.

[19] Coffee, John C. Jr., "Privatization and Corporate Governance: The Lessons from Securities Market Failure", Columbia Law School, The Center for Law and Economic Studies, Working Paper, 1999, No. 158.

[20] Djankov, S., La Porta, R., Lopez-de-Silanes, F., and Shleifer, A., "The New Comparative Economics", *Journal of Comparative Economics*, December 2003.

[21] Johnson, Simon H., Boone, Peter D., Breach, Alasdair and Friedman, Eric., "Corporate Governance in the Asian Financial Crisis", *Journal of Financial Economics*, Vol. 58, No. 1-2, January 1, 2000.

[22] Katharina Pistor and Chenggang Xu, "Governing Stock Markets in Transition Economies: Lessons from China", Columbia Law School, The Center for Law and Economic Studies, Working Paper, No. 262, 2002.

[23] King, Robert G., and Ross Levine., "Finance and Growth: Schumpeter Might Be Right", *Quarterly Journal of Economics*, August 1993.

[24] La Porta, R., F. Lopez-de-Silanes, A. Shleifer, and R. W. Vishny, "Legal Determinants of External Finance", *Journal of Finance*, 52, 1997, pp. 1131-1150.

[25] La Porta, R., F. Lopez-de-Silanes, A. Shleifer, and R. W. Vishny, "Investor Protection and Corporate Valuation", *Journal of Finance*, 57, 2002, pp. 1147-1170.

[26] La Porta, R., Lopez-de-Silanes, F., Shleifer, A., and R. W. Vishny, "Investor Protection and Corporate Governance", *Journal of Financial Economics*, 58, 2000, pp. 3-27.

[27] Mahoney, Paul G., "The Common Law and Economic Growth: Hayek Might be Right", *Journal of Legal Studies*, 30, 2001, pp. 503-525.

[28] Stulz, René M., Williamson, Rohan., "Culture, Openness, and Finance", *Journal of Financial Economics*, 70, 2003, pp. 313-349.

The Change of the Financial System in China

Abstract: This chapter discusses the development and innovation of the financial system and explores the relationship between the development of financial sector and China's economic growth by using the western economic theory, especially the latest legal financial theory, and analysing the institutional changes of the financial system in the past 60 years. The improvement of the legal system can provide an institutional guarantee for the developing countries, just like China, maintain the stability of micro-economic operation through the legal protection mechanism for creditors and investors, and thereby contribute to macro-economic growth and financial stability. It is the enhancement of investors' protection that promotes the development of the economy of China, and makes China a rare bright spot in the darkness of global financial crisis.

Key Words: Financial Development; Economic Growth; Legal Financial Theory

第九章

中国开放式发展道路

于培伟[*]

摘　要：新中国成立60年来，我国的开放式发展道路历经曲折，从封闭到创新，取得了举世瞩目的成就。在计划经济时代，由于内困外迫，我国经济处于封闭半封闭的状态。1978年的改革开放，成为关系社会主义中国前途命运的重大抉择。这场“党在新的时代条件下带领人民进行的新的伟大革命”，使我国经济持续高速发展，人民的生活水平显著提高，国家的综合国力和国际地位大幅提升，从而开辟了中国特色社会主义的伟大道路，创造了举世公认的奇迹。在新的历史时期，我国经济发展面临诸多挑战，因而，我们需要总结成功经验，深化体制改革，创新发展方式，妥善应对各类挑战，积极抓住各种机遇，继续坚定不移地走中国特色的开放式发展道路。

关键词：对外开放　体制改革　创新　开放型经济

第一节　新中国成立以来对外开放的历史进程

一　对外开放思想的形成与发展

我国对外开放的成功实施与巨大成就，既是邓小平理论的伟大创新，也是马列主义和毛泽东思想在新的历史时期的继承和发展。

[*] 于培伟，商务部政策研究室副巡视员，中国国际贸易学会常务理事，长期从事对外经济与贸易研究。

（一）早期的对外开放思想

近代中国由于闭关自守而饱受欺凌的教训以及辛亥革命、五四运动的洗礼，让毛泽东等第一代领导人深刻体会到，现代世界早已不是封闭的世界，闭关自守只会更加落后。

早在1938年，毛泽东就在中共六届六中全会上明确指出，“中国无论何时也应以自力更生为基本立脚点。但中国不是孤立也不能孤立，中国与世界紧密联系的事实，也是我们的立脚点。我们不是也不能是闭关主义者，中国早已不能闭关。”① 在对外开放的范围和性质上，毛泽东也明确提出要向一切民族、国家学习的主张，“一切国家的好的经验我们都要学，不管是社会主义国家的还是资本主义国家的。”②

毛泽东的对外开放思想是在汲取马克思列宁主义和中国传统文化精髓的基础上，结合特定的国际环境和当时中国的实际情况，逐步形成和发展起来的。由于受到当时国际环境的严重制约和国内“左”的思想的影响，毛泽东等第一代领导人的对外开放思想未能得到很好的实践。但正是这些发展对外经济关系的思想和对我国社会主义建设实践的不断探索和思考，成为邓小平改革开放理论的先导，也是中国共产党关于对外开放的早期思想。

（二）对外开放思想的形成与发展

对外开放思想是邓小平理论的重要内容，是对中国社会主义建设进行长期探索的结果。在“文化大革命”期间，邓小平就多次提出要学习国外的先进经验，反对闭关自守并主张开放，但是没能得到有效实施。粉碎“四人帮”以后，邓小平提出了通过改革开放实现社会主义现代化的宏伟目标。他指出，“要实现四个现代化，就要善于学习，大量取得国际上的帮助。要引进国际上的先进技术、先进装备，作为我们发展的起点。”③ 1978年底，中共十一届三中全会上，邓小平做了《解放思想　实事求是　团结一致向前看》的讲话，提出了改革开放的任务、措施和方法。1980年，邓小平在《贯彻调整方针，保证安定团结》的讲话中指出，“要继续在独立自主、自力更生的前提下，执行一系列对外开放的经济政策，并总结经验，加以改进。”④ 从此，“对外开放”这一

① 《毛泽东军事文选》，中国人民解放军战士出版社，1981，第190～191页。

② 《毛泽东著作选读》，人民出版社，1986，第798页。

③ 《邓小平文选》第2卷，人民出版社，1994，第133页。

④ 《邓小平文选》第2卷，人民出版社，1994，第363页。

提法被广泛接受，并正式沿用至今。而对外开放的思想也正式形成，并作为国家政策得以实施。

（三）对外开放思想在新时期的发展和完善

在对外开放实践取得丰硕成果的基础上，中共第三代中央领导集体提出了进一步扩大对外开放的基本战略、方法步骤和重点任务。江泽民在中共十五大报告中提出要："完善全方位、多层次、宽领域的对外开放格局，发展开放型经济"①。1999年，江泽民提出研究实施西部大开发战略，积极推进西部开发开放，同时强调"继续办好经济特区、沿海开放城市和沿海经济开放区"，"以上海浦东开发开放为龙头，进一步开放长江沿岸城市"②，鼓励经济特区发挥对全国的示范、辐射和带动作用。江泽民还提出了"引进来"与"走出去"相结合的开放战略，在中共十六大报告中明确指出，"实施'走出去'战略是对外开放新阶段的重大举措"③。此外，中共第三代中央领导集体还提出了一系列掌握对外开放主动权的战略思想，如加入WTO，积极推进区域经济合作、注重维护国家经济安全等，都推动了新阶段的对外开放。

进入新世纪，站在新的历史起点上，以胡锦涛为总书记的党中央推进理论创新和实践创新，丰富和发展了中国特色对外开放理论：深入而系统地阐述了新时期要完善开放型经济体系；明确了新时期对外开放的主题，即统筹国内发展与对外开放；奠定了新时期对外开放的基调，即始终不渝地走和平发展道路；并指出要提升自主创新能力，实施互利共赢的开放战略等指导思想。中共十七大报告指出："拓展对外开放广度和深度，提高开放型经济水平。坚持对外开放的基本国策，把'引进来'和'走出去'更好结合起来，扩大开放领域，优化开放结构，提高开放质量，完善内外联动、互利共赢、安全高效的开放型经济体系，形成经济全球化条件下参与国际经济合作和竞争新优势。深化沿海开放，加快内地开放，提升沿边开放，实现对内对外开放相互促进。"④对我国开放型经济体系发展提出了新要求，为今后一个时期提高开放型经济水平指明了方向。

---

① 《江泽民文选》第2卷，人民出版社，2006，第26~27页。

② 《江泽民文选》第2卷，人民出版社，2006，第230页。

③ 《江泽民文选》第3卷，人民出版社，2006，第551页。

④ 胡锦涛：《高举中国特色社会主义伟大旗帜，为夺取全面建设小康社会新胜利而奋斗》，人民出版社，2007，第27页。

二　新中国成立60年对外开放曲折进程

（一）计划经济时代的封闭半封闭经济模式

以苏联为模本的社会主义阵营都建立了计划经济体制。在这样的政治历史背景下，新中国成立后、改革开放之前，与高度集中的计划经济相适应，中国也选择了封闭半封闭的经济模式。当时的社会主义阵营和资本主义阵营相互之间总体上也是封闭的。这一时期，我国的对外经济往来主要体现在有限的对外贸易方面。

1. 初步建立社会主义对外贸易体系，对外贸易以服务生产为主

新中国成立后，国家开始建立统一管理的以国营外贸企业为经营主体的社会主义对外贸易体系。进出口贸易基本上由外贸部及其所属各专业进出口公司统一经营。这种根据当时历史条件实行的高度集中的外贸体制，对于抗击帝国主义的经济封锁，发展独立自主的对外贸易，起了重要的历史作用。但是当时的对外贸易，主要是立足于国内生产发展需要，在自力更生为主的原则下，通过一部分出口创汇来进口国家建设必须的技术设备和重要物资。

2. 在外部压力下艰难开展的对外贸易

新中国成立初期，党中央并没有主动放弃同西方国家的经贸往来。但是从1950年开始，美国等西方国家对我国实行全面“封锁禁运”，我国的对外贸易不得不实行“一边倒”的政策，着重发展与苏联和东欧等社会主义国家的经济合作和贸易往来。与社会主义国家的贸易额20世纪50年代末之前，一直都保持在70%以上。① 在这段时间，我国也逐步开始同亚非民族独立国家建立贸易合作关系。同时，还借助同港澳地区的贸易来打破外部封锁，通过港澳市场，向一些对中国实行贸易限制和歧视政策的国家转销商品，并从西方国家买进一些禁运物资。这对于恢复和发展当时的国民经济，逐步开拓与西方资本主义国家的贸易往来起到了积极作用。20世纪60年代初期，中苏关系破裂，中国对苏联和东欧国家贸易急剧缩减，为满足社会主义经济建设需要，中国被迫尝试从日本和西欧寻求突破，并取得一定成效。

3. “文化大革命”期间进一步对外封闭

1966年开始的“文化大革命”令艰难前行的对外经济再次出现较大曲折。

---

① 沈觉人:《当代中国对外贸易》，当代中国出版社，1992，第19页。

对内以阶级斗争为纲，使国民经济发展严重受阻，处于崩溃边缘；对外，一切经济交往都被戴上“崇洋媚外”、“卖国主义”的帽子，进一步将中国与世界隔绝，使中国进一步对外封闭。

总体上看，在计划经济时代，我国经济基本上割断了同世界经济的联系，处于半封闭的状态。对外贸易也仅限于物资平衡和调剂进出口余缺以服务国内生产的功能。

（二）改革开放方针的提出带来伟大转折

“文化大革命”结束后，中共十一届三中全会把全党的工作重心转移到经济建设上来，并做出实行改革开放的重大决策。

20世纪70年代后期，国际政治局势总体趋于缓和，为我国实行对外开放创造了极为重要的外部条件。世界范围内新科技革命蓬勃兴起，发达国家纷纷进行后工业革命，许多发展中国家也抓紧向现代化社会转型。亚洲“四小龙”和其他一些新兴经济体走开放式工业化道路的做法和经验，也为我国实行对外开放提供了重要启示。

这场历史上从未有过的大改革、大开放，使我国成功实现了从高度集中的计划经济体制到充满活力的社会主义市场经济体制、从封闭半封闭到全方位对外开放的伟大历史转折。

（三）对外开放从试点推进到全方位纵深发展

改革开放作为一项“长期的基本国策”正式提出后，我国的对外开放在新中国成立30年后开始了前所未有的历史飞跃。

1. 特区先行尝试、沿海重点推进的起步探索（1978～1991年）

1979年，党中央国务院决定允许广东、福建两省兴办经济特区，作为我国对外开放的试验田和先行区。1980年，又决定设立深圳、珠海、汕头和厦门四个经济特区。在经济活动中实行特殊政策，并实行特殊的经济管理体制，以鼓励特区积极利用外资，发展多种经济成分并存的所有制经济，在经济活动中充分发挥市场调节作用。

借助政府给予的优惠政策和经济活动自主权，经济特区率先实现经济起飞，不仅成为引进外资、先进技术和管理经验的重要基地，更为对外开放在全国范围内的逐步推进起到了巨大示范作用。以基本上从零起步的深圳为例，1980～1984年，其地区生产总值每年以50%以上的速度增长。

从20世纪80年代中期开始到90年代初，对外开放的范围从特区逐步扩大到沿海、沿江、沿边地区。对外开放由点到线、由线到面逐步展开，到20世纪80年代末期形成了较为完善的沿海开放地带。这一时期，我国抓住“亚洲四小龙”产业结构升级、劳动密集型产业向外转移的机遇，发挥我国劳动力资源丰富的比较优势，大力发展劳动密集型出口加工业。这一阶段的对外开放为我国经济增长注入了活力，为经济体制改革提供了样板和经验，使经济发展度过了最为关键和艰难的时期。

2. 纵深推进、全方位开放格局基本形成（1992~2000年）

1992年，邓小平同志视察南方时，提出了生产力标准、三个“有利于”等一系列新的改革开放思路。1994年的十四届三中全会作出建立社会主义市场经济体制的战略部署，提出“发展开放型经济，与国际互接互补”的新要求。中央决定开放上海浦东新区。以上海浦东为龙头，实行沿海开放向沿江、沿边开放，使我国对外开放由沿海向内地纵深推进，进一步形成了全方位的区域开放格局。2000年，伴随西部大开发战略的实施，对外开放进一步扩大到广大西部地区，至此，全方位对外开放地域格局基本形成。这一时期，我国抓住发达国家以机电产业为代表的产业转移机遇，实施了一系列鼓励扩大开放的举措。跨国公司战略性投资的大量进入，使我国对外贸易持续增长，贸易结构不断优化，在国际分工序列中的地位逐步上升。

3. 加入WTO，进入对外开放历史新阶段（2001年至今）

2001年12月，我国加入了世界贸易组织，这标志着我国对外开放事业进入新境界。从此，我国的对外开放由有限范围、地域、领域内的开放，转变为全方位、多层次、宽领域的开放；由以试点为特征的政策性开放，转变为在法律框架下的制度性开放；由单方面为主的自我开放市场，转变为我国与世贸组织成员之间的双向开放市场；由被动地接受国际经贸规则的开放，转变为主动参与制定国际经贸规则的开放；由只能依靠双边磋商机制协调经贸关系的开放，转变为多、双边机制相互结合和相互促进的开放。为我国参与经济全球化开辟了新的道路，为国民经济发展开拓了新的空间。

这一阶段是新中国成立60年、对外开放30年来对外经济发展最快的时期。我国不仅顺利度过了WTO过渡期，而且综合国力大幅提升，社会主义市场经济体制更加完善，为新世纪、新阶段全面参与经济全球化奠定了坚实的基础。

第二节 对外开放的巨大成就

从实际情况来看，我国实施对外开放战略不仅带来了国际和国内两个市场、两种资源，引进了全新的理念、先进的经验、成熟的制度以及有效的管理技术，而且直接推动了我国经济体制改革、加快了经济的发展、提升了我国的综合实力和国际影响力。

一 国门开启，对外经贸实现历史性飞跃

（一）对外贸易跨越式发展，确立和巩固贸易大国地位

对外贸易是一国参与国际经济合作与竞争的重要方式和渠道，是我国对外开放的重要起点。新中国成立60年，特别是改革开放30年来，我国的对外贸易实现了历史性飞跃，取得了辉煌的成就，我国已成为举足轻重的世界贸易大国。

1. 进出口规模迅速扩大

2008年，我国进出口总额达到2.56万亿美元，是1978年的123倍，1950年的2250倍。进出口贸易的快速增长不断提升我国在世界贸易中的位次，我国在1978年还居于第32位，自2004年以来稳居第三位。我国在世界贸易总额中所占的比重也由1978年的不到1%提高到现在的9%左右。出口排名由全球第34位升至第2位，仅次于德国。我国已成为名副其实的贸易大国。

2. 贸易结构不断优化升级

（1）进出口商品结构不断升级。改革开放以来的30年间，我国出口商品结构完成了四次重大跨越。20世纪80年代实现了从农产品为主向工业品为主的转变；20世纪80年代中期实现了从初级产品为主向工业制成品为主的转变；20世纪90年代中后期实现了由轻纺产品为主向机电产品为主的转变；进入21世纪以来进一步向IT等高新技术产品为主的方向转变。（2）从货物贸易扩展至服务贸易。对外开放30年来，我国服务贸易取得长足发展。服务贸易总额由1982年的43亿美元增加到2007年的2509亿美元，25年增长了57倍，年均增长17.6%。2007年，服务贸易总额在我国全部对外贸易总额中所占的比重从1982年的9.4%上升到10.3%。（3）外贸市场结构多元化发展。目前，我国已初步形成市场多元化的格局，贸易伙伴已经由1978年的40多个发展到现在的220多个国家和地区。

3. 对外贸易方式灵活丰富

新中国成立后到改革开放初期，我国对外贸易处于初级阶段，贸易方式比较单一，主要是对西方国家的现汇贸易和对苏联及一些东欧国家的记账贸易。改革开放后，为促进进出口贸易发展，我国采用了灵活多样的贸易方式：补偿贸易、来料加工、来样加工、来件装配等。同时还积极引入外资，带动加工贸易的发展。

4. 外贸经营主体多元化

改革开放以前，全国有外贸经营权的企业仅12家，随着外贸体制改革的不断深入，外贸经营权不断放开，截至2008年底，全国对外贸易经营者超过74万家，其中国有企业约2.4万家，外资企业32万家，民营企业38.6万家，已形成各类企业平等竞争、共同发展的多元化格局。

5. 对外贸易的地位和作用日益增强

新中国成立60年来，我国对外贸易规模不断扩大，特别是改革开放30年来，对外贸易在我国国民经济中的地位和作用发生了根本性变化，成为其重要组成部分。(1) 推动了经济增长。改革开放前，出口占国内生产总值的比重不超过5%，2008年已经上升到30%以上。(2) 增加了国家税收。据统计，1992～2007年的15年间，关税和进口环节税收入累计40957.1亿元，年均增长22.1%。(3) 扩大了社会就业。据测算，每1亿美元出口可创造1.5万个就业岗位，所以2008年出口14285.5亿美元，可解决21428万人的就业。(4) 增加了外汇储备。2008年末，国家外汇储备达1.95万亿美元，居世界首位。

(二) 引进外资不断升级，推动全面对外开放格局的形成

新中国成立60年来，我国对外资的利用从无到有，特别是20世纪90年代以后，在我国经济持续增长、劳动力成本低廉和优惠政策措施等因素吸引下，外商直接投资纷纷涌入。1992年以前，我国对外资的利用主要是对外借款特别是政府贷款。1992年，利用外商直接投资占当年利用外资总额比重的57.32%，首次超过对外借款。此后，外商直接投资成为我国利用外资的最主要的方式。

吸收外资的规模不断扩大。1983年，我国吸收外商直接投资仅9.16亿美元，到2008年已达到924亿美元，25年增长100倍。截至2008年底，全国累计实际使用外资金额8711亿美元，对外资的吸收已连续16年在发展中国家中居首位。

吸收外资结构不断优化。外商投资的重点，已从纺织、轻工等劳动密集型产业发展到资本和技术密集型产业，尤其是近几年，外商投资于电子通信业、汽车制造业和化学工业的项目大幅增长。

利用外资的效益不断提高。引进外资不仅弥补了国内资金、技术、设备、管理等方面的不足，而且促进了资本、劳动力、技术、信息等要素市场的形成和发展，推动了开放型经济的迅速发展。同时，外商投资在带动国内产业升级以及在税收、就业、科技进步、体制创新等方面发挥的作用日益凸显。目前，外商投资企业的工业增加值占全国规模工业总产值的30%以上。

（三）走出去战略稳步推进，逐步融入全球化通道

实施“走出去”战略是对外开放新阶段的重大举措。近十年来，“走出去”的各项业务迅速发展，进一步拓展了我国利用外资的方式和对境外资源的利用。

1. 规模逐步扩大

2008年，我国对外直接投资突破500亿美元，达到521.5亿美元。截至2008年底，我国对外承包工程累计完成营业额2630亿美元；对外劳务合作累计完成营业额559亿美元，累计派出各类劳务人员462万人；对外设计咨询累计完成营业额26.7亿美元。

2. 领域日益拓宽

已由初期的简单从事进出口贸易、航运和餐饮等少数领域，逐步拓展到生产加工、资源开发、工程承包、农业合作和研究开发等众多领域。派出的劳务人员，从最初的普工、技工、农民发展到医护人员、工程师、会计师、律师、教师、软件开发人员等专业人才。

3. 层次不断提升

我国企业的对外直接投资也从早期的建点、开办“窗口”等简单方式发展到投资建厂、收购兼并、股权置换、设立境外研发中心、境外上市和建立战略合作联盟等国际通行的多种方式。对外工程承包的经营方式，从初期的土建分包逐步向总承包、项目管理承包、交钥匙工程、BOT等方式发展。

二　形式多样，经济合作深入推进

（一）全面融入多边贸易体系

加入WTO，是我国开放型经济进一步发展、参与世界经济全球化的重大历史事件。我国成功利用加入WTO的契机，实现了贸易自由化和与国际多边经贸规则的顺利接轨，同时加快推进了政府职能转变、行政体制改革和法律制度建

设，促进和推动了自身的改革与发展。

1. 深入参与多边贸易体制

加入WTO之后，中国充分享受了正式成员的权利，全面参与WTO的所有正式和非正式会议，维护了自身的经济利益。我国的整体贸易环境明显改善。可以说，加入WTO为我国更大范围、更广领域和更深层次的参与全球化构建了新的发展平台。

2. 进一步推动以开放促改革、促发展

加入世贸组织对我国经济体制改革的影响，是通过把世贸组织规则转化为我国法律法规来实现的。通过清理、修订和新颁布与国内外贸易、外商投资、对外经济合作、知识产权保护相关的法律、法规和规章，以及服务贸易领域的各项法律、法规和规章，我国初步建立了适应社会主义市场经济需要、统一、透明的涉外经济法律体系，促进了社会主义市场经济体制的完善，推动了行政管理体制改革和政府职能转变。

3. 应对贸易摩擦取得积极成效

过去应对贸易摩擦以政府间交涉为主，加入WTO后，则更多的依靠企业自身的积极应诉，同时还可综合运用各种反制手段和世贸组织争端解决机制。

（二）积极推进区域经济合作

区域经济一体化是当今世界经济发展的一个重要趋势。从20世纪80年代中期开始，我国就尝试积极参与区域经济合作，进入21世纪，我国多层次、多形式参与区域经济一体化，并取得重大进展。

1. 自由贸易协定

自2003年以来，我国自由贸易区的建设从无到有，取得了实质性进展。迄今为止，已与亚洲、大洋洲、拉丁美洲、欧洲、非洲的30个国家和地区建立了13个自贸区。

2. 优惠贸易安排

我国在2001年正式成为《亚太贸易协定》（前身为《曼谷协定》）的成员国。该协定是亚太地区第一个区域贸易协定。通过参与该协定，我国积极参与发展中国家间的贸易自由化过程，发挥作为亚太地区的大国作用，进一步深化与各发展中国家的经贸合作关系。

3. 区域经济合作论坛

20世纪90年代以来，我国积极参加各类区域经济合作论坛。1991年，我国正式加入亚太经济合作组织（APEC），这是我国迄今参加的规模最大、级别最高的区域经济合作组织。此外，我国还陆续与其他国家一起倡议成立亚欧会议、中非合作论坛等经贸合作论坛，为论坛成员国之间开展集体对话、发展经贸关系提供了务实合作的有效机制。

4. 周边区域经济合作

（1）区域经济合作。通过同周边区域的经济合作，我国同周边国家的经贸合作也取得有效进展。上海合作组织，是第一个由我国倡导建立、以我国城市命名的区域性组织，在协调推进周边区域经贸关系方面发挥了显著作用。（2）次区域经济合作。主要是大湄公河次区域经济合作和图们江次区域经济合作。经过十多年努力，我国与大湄公河次区域各国在基础设施建设、能源、旅游、环境保护、贸易与投资、人力资源等领域的合作不断深入。与图们江区各国的经济合作也在不断深入推进中。

（三）与各国经贸关系长足发展

1. 与欧盟、美国、日本等发达经济体的经贸关系从起步到迅速发展

2008年，我国与欧、美、日三大经济体的贸易规模突破1万亿美元，占全部进出口总额的40%（见图9-1）。欧盟自2004年起成为中国第一大贸易伙伴，中国也稳居欧盟第二大贸易伙伴地位，同时，欧盟还是中国吸收外资的重要来源

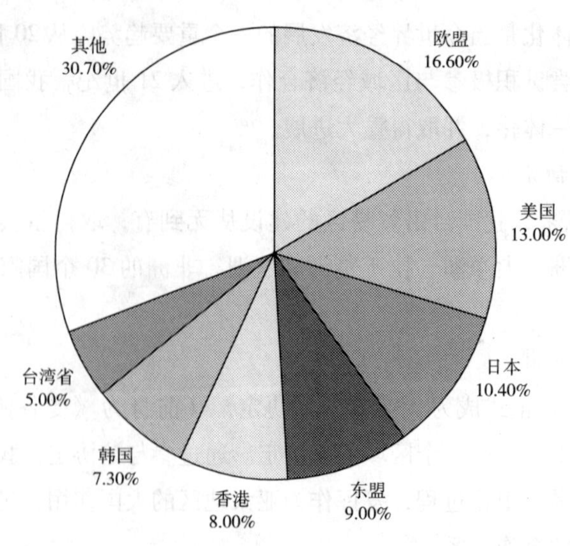

图9-1 2008年我国同部分主要贸易伙伴贸易额占比情况

资料来源：根据商务部统计资料绘制。

地和技术引进第一大来源地；美国是中国第二大贸易伙伴、第二大出口市场，中国也成为美国的第二大贸易伙伴、第三大出口市场；伴随改革开放，中日经贸关系从恢复、发展到快速发展，双方互为重要经贸合作伙伴，中国是日本第一大贸易伙伴和日企海外投资的重要对象国，而日本是中国第三大贸易伙伴、利用外资的第二大来源地。中美、中日、中欧等经贸关系继续发展，给经贸双方均带来了很大的实际利益，促进了我国与大国关系的稳定发展。

2. 与周边国家的经贸合作不断深化

我国前10大贸易伙伴中，周边国家和地区占到一半以上。我国对外贸易的50%以上发生在周边地区，吸收外资的70%也都来自周边地区，周边地区是我国开展对外承包工程与劳务合作的重要市场。近年来，我国与周边地区的经贸合作迅速发展，营造了更加和平、稳定的周边环境。

（四）对外援助形式内涵不断丰富

对外援助是促进我国与发展中国家友好合作的重要方式和渠道，也历来受到党和国家领导人的高度重视。早在新中国成立初期，我国就对蒙古、越南等国提供了相应援助，到1960年底，我国提供援助的国家包括朝鲜、柬埔寨、尼泊尔、伊拉克、叙利亚、埃及、阿富汗等一共22国。改革开放以后，随着我国经济实力和综合国力的不断提升，对外援助的形式和内涵也不断丰富。尤其是进入21世纪以来，我国领导人在联合国会议、中非合作论坛等场合，先后宣布了一系列对外援助政策措施，援外工作不断开创新局面。

近30年来，我国在“南南合作”的框架下，向亚非拉的120多个国家提供了力所能及的帮助。累计建成成套项目1021个；派出技术和管理人员40多万人次、医疗队队员1.8万人次、青年志愿者两百余名；对外培训人才5万余名；免除49个最不发达国家和重债穷国的债务376笔，并对外提供了一大批生产、生活物资。我国的对外援助有力地促进了受援国的经济和社会发展，赢得了国际社会的广泛赞誉。伴随着对外开放的进程，我国对外援助事业不断推进，为促进我国与广大发展中国家经济社会发展和建设和谐世界做出了重大贡献。

三　影响深远，经济社会出现根本性变化

新中国成立60年、改革开放30年来，我国经济建设从探索到创新，从创新到飞跃，不仅在对外经贸领域取得了巨大成就，更为重要的是经济与社会都发生的历史性变革。在开放的触动和催化之下，中国在大步走向世界的同时，内部的

经济结构、社会结构、生活方式乃至思想观念都发生了剧烈嬗变。开放已成为我国经济社会发展变化不可或缺的动力资源。

（一）推动经济增长

30 年的对外开放，使我国国力得到极大地提升。在融入全球经济一体化的同时，中国经济创造出连续数十年高增长的世界奇迹。

1. 对外贸易对我国经济增长的拉动作用不断提高

1978～2008 年，除个别年份外，我国出口年增长率均远远超过 GDP 的年增长率，这表明对外开放成为经济增长的重要源泉。“十五”期间出口对 GDP 的贡献度平均为50.8%，比“九五”时期的26%高出24.8 个百分点，比“八五”期间的15.4%高出两倍之多。

2. 吸收外资成为我国经济迅速发展的重要动力

1992～2008 年，实际使用外资在全社会固定资产投资中所占的比重始终保持在5%以上，而且不少年份都超过10%。1999～2008 年，外商直接投资企业的工业增加值所占全国比重始终保持在20%以上的水平。

（二）带动产业升级

对外开放之后，我国抓住了世界产业结构调整和东亚发达经济体产业升级的机会，成为全球产业链和价值链中的重要环节。通过引进先进技术、设备，主动承接国际产业转移，加速推动了传统产业的改造和新兴产业的发展。1980 年，我国工业增加值仅占世界比重的0.2%。通过大力发展加工贸易，现在我国已经成为世界主要的制造业基地之一，而且第二产业逐步向高附加值、高技术含量、拥有自主知识产权和自主品牌的高新技术产业发展。第三产业也不断深入，传统服务业正向着依托高新技术应用、高附加值的现代服务业转变，新兴服务业领域也蓬勃发展。

（三）扩大税收和就业

1. 对外开放使税收收入不断增加

据统计，1994～2003 年的12 年间，我国进出口税收占同期全国税收总额的7.7%。2003 年以来，我国海关税收和外资企业纳税年均增长23%以上。2008 年全国海关税收净入库再创新高，达9161.1 亿元，比2007 年增长20.8%；外资企业所得税比2007 年增长39%。

2. 对外开放对就业的带动作用也很明显

目前，我国外贸领域就业人员超过8000 万，据不完全统计，我国农轻纺等

劳动密集型产品的出口直接拉动就业5000万人。此外，“走出去”战略的实施扩大了对外劳务合作，也拓展了就业空间，到2008年末，我国在外劳务人员达74万人。

（四）满足国内发展需要

1. 繁荣消费品市场

从新中国成立初期到改革开放初期再到21世纪，我国社会商品经历了从短缺到丰裕，从品种单一到多样化、品质化，从供不应求到“随需应变”的转变，国内商品市场变得空前繁荣。

2. 增加外汇储备

随着净出口的快速增长和利用外资规模的扩大，我国成功破解了发展中国家在经济起飞阶段的外汇和资金短缺的瓶颈。1978年，我国的外汇储备仅有1.7亿美元，从20世纪90年代开始，外汇储备迅速增加，从2005年起跃居世界第一（见图9-2）。

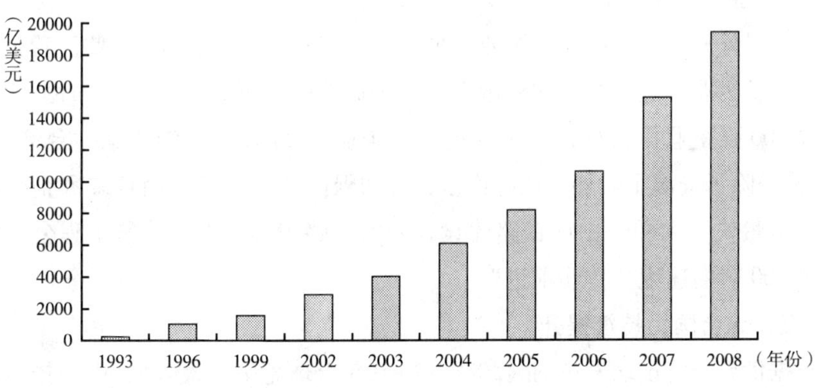

图9-2　1993~2008年外汇储备变化情况

资料来源：根据商务部统计资料绘制。

3. 缩小技术差距

1980~2008年，我国累计引进的技术合同超过10万项，金额超过2500亿美元。技术引进的“溢出效应”有效带动了我国产业的自主创新，我国同世界发达国家的技术差距也日益缩小。

4. 缓解能源压力

随着经济高速增长，我国能源短缺状况日益严重，通过增加进口资源能源类产品，充分利用“两个市场，两种资源”，我国能源资源供应矛盾得以缓解，也有利于国民经济可持续发展。如2008年，我国进口原油近1.8亿吨，铁矿砂及其精矿4.4亿吨，大豆3744万吨，进口量约占全国需求总量的35%～65%。

四　举世瞩目，国际影响力显著提升

对外开放内在地改变了中国对外部世界的态度，使中国成为世界市场和国际体系的积极参与者，显著提升了中国的国际影响力。

（一）经济实力大幅提高

我国国内生产总值在世界的排名已由1978年的第10位上升至2008年的第4位。人均GDP由1978年的190美元上升到2008年的2460美元。加入世贸组织以来，中国对世界经济增长的贡献率超过10%，对全球贸易增长的贡献率达12%左右，居世界前列。我国已成为世界制造业大国，集装箱、玩具、摩托车、体育用品等许多工业产品的产量占世界产量的一半以上。

（二）企业竞争实力增强

随着对外开放，我国大型企业由少到多、由弱变强，特别是一些民营企业已经初步成长为业务遍布全球的跨国企业。根据美国《财富》杂志公布的2008年度世界500强企业排行榜，我国内地上榜企业有25家，香港4家，台湾6家，共35家。除了资源企业外，还有许多银行和保险公司上榜，而且多家企业进入了“上升最快”名单。中国铁路建设、中国铁路工程、中国建筑工程公司等都以超过100名的速度“跑步前进”。

（三）综合国力持续提升

根据世界经济论坛发布的《2008～2009年全球竞争力报告》，中国排名已升至第30位，而2004年仅居第46位。我国在国际经济协调和规则制定中的影响力和话语权大大增强，在世贸组织、世界银行和国际货币基金组织等国际多边组织中的地位明显上升，在国际上树立了负责任、讲信用的大国形象。“中国因素”已成为影响世界经济格局走向的重要变量。

第三节　我国对外开放的创新模式

从1978年开始，从沿海到沿江沿边、从东部到中西部，对外开放的大门毅然决然地打开了。我国成功地实现了从封闭半封闭到全方位开放的伟大历史转

折。与其他新兴经济体相比，中国开放的速度更快、范围更广、程度更深。对外开放成为“中国模式”的最重要标志，走开放式发展道路的“中国模式”也成为广大发展中国家学习、模仿的对象。

比较各发展中国家和转型经济体从封闭、半封闭经济走向开放型经济的历程，不同的国家转型起点、目标和模式都各有不同。由于我国是发展中的社会主义大国，没有对外开放的成功先例可循。所以，我国的对外开放是在紧密结合中国国情和世界形势的基础上不断探索前行的，有很多独创之处，走的是具有中国特色的对外开放之路。

一　独立自主基础上的对外开放

新中国成立后逐渐开展、十一届三中全会以来全面推进的对外开放，不同于旧中国在帝国主义列强欺辱下的“门户开放”，是我国人民在党的坚强领导下，牢牢掌握着国家的政权和命运，在独立自主、自力更生的基础上，从国家和人民的根本利益出发，坚持平等互利的原则，来发展同世界各国的经贸往来及合作与交流，同时促进世界各国的共同繁荣。

60 年的社会主义建设和 30 年的对外开放实践证明，在对外开放的进程中要始终坚持独立自主、自力更生，只有把自力更生作为国家发展的立足点，才能有效地消化和吸收、利用别国先进的技术与经验来发展自己；同时，独立自主不是闭关自守，自力更生不是盲目排外，只有实行对外开放，发展对外经济交流与合作，才能在充分吸收人类文明共同成果的基础上，更具有独立自主、自力更生的能力与动力，实现我国社会主义建设的跨越式发展。

正是由于坚持了独立自主、自力更生基础上的全面对外开放，30 年的对外开放实践，使我国经济已经融入世界经济体系之中，并转化为其中的一个有机构成要素，但又自成体系地保持着自己的相对独立性，不断利用世界市场与国际体系更好地实现着国家利益。

二　由点到面，循序渐进

我国的对外开放经历了一个由点、线到面，从沿海、沿江到内地，由第二产业为主到第一、第三产业逐步推进，由单方位、低层次到全方位和深层次渐进式扩展的过程。实践证明，渐进式推进的开放模式带来了巨大的成就。渐进式推进对外开放，是我国根据特定历史时期的国情，在独立自主的基础上，逐步打破高度封闭的计划经济体制，将中国经济逐渐融入世界发展体系的开放模式。它不仅防止了激进式开放可能带来的负面效应，而且有效发挥了理论创新的先导作用，从而很好地把握了对外开放的方向，处理好对外开放与独立自主、深化改革、稳定发展的关系。可以说，渐进式稳步推进对外开放是走向开放型经济的“中国模式”的重要内容之一。

（一）布局由点到面

对外开放前期，在无法整体上推进贸易金融自由化的特定条件下，为冲破高度封闭的经济体制，选择沿海一些人文地理条件独特的区域创办经济特区，先行开放，是我国对外开放进程中的一大创举。通过特区的设立，在全国建立起率先吸收、利用国外资金、技术和经验来发展社会主义市场经济的试验场，这是我国对外开放早期最为关键的步骤。此后，我国的经济技术开发区、保税区、出口加工区等特殊功能区也不同程度地发挥了类似的开放先导作用。

1992 年，邓小平南方谈话以后，以上海浦东开发开放为标志，我国进入扩大开放阶段，我国更进一步参与经济全球化进程，在国际分工序列中的竞争地位明显上升，综合国力大为增强，这为我国加入 WTO、全面参与经济全球化积累了经验。

由此，我国区域开放得以由点到线、由线到面、由沿海向内地逐步推进，目前已经形成全方位、多层次、有重点的区域开放格局。2001 年，以加入 WTO 为主要标志，我国开始进入全方位开放的阶段。

（二）产业开放循序渐进

伴随对外开放的渐进发展，产业开放也循序展开。开放的范围从制造业逐步扩大到国民经济各主要领域，从以第二产业为主向第一和第三产业扩散，从发展对外贸易和引进外资起步到“引进来”和“走出去”相结合，我国各产业伴随着对外开放的进程逐步融入世界竞争中，在更大空间、更广领域和更高层次实现科学发展。

1. 从开放第二产业为主到全面推进

在对外开放之初的 20 世纪 80 年代，我国虽然对外资普遍采取鼓励政策，但也在加强对外资流向的管理，对第二产业优先开放，而第三产业则基本被列入限制范围。1991 年，第二产业吸收的外资占外商直接投资的 80% 多。从 20 世纪 90 年代开始，我国对第三产业的限制政策开始减弱，逐步扩大开放领域。加入 WTO 以来，我国逐步取消了对第三产业的限制性政策，而从 2002 年起，我国农

业也进入全面开放阶段，由此逐步实现了三大产业全面开放。

2. 渐进式金融开放取得重要进展

我国的金融开放更体现了渐进开放的特点，总体上采取了先开放直接投资、后开放间接投资即金融资本市场，先在部分区域进行引进外资金融机构的试点开放到加入世界贸易组织以后按多边安排开放，由单纯的“引进来”到“引进来”与“走出去”并重的模式。特别是加入世界贸易组织以后，中国进一步加快了金融开放与改革进程，并已全面履行了加入世界贸易组织扩大金融开放的承诺，金融开放水平明显提高。

三　对外开放与体制改革相互推进

我国的对外开放是同国内经济体制改革同步进行的，改革内在地包含着开放，开放本身就是一种改革。以渐进式开放成就了渐进式改革，减轻了改革的风险和阵痛，使我国经济体制转型得以顺利推进，开放取得的巨大成就也为持续改革提供了不竭动力。同时，经济体制改革的推进又为对外开放创造了重要条件。通过渐进式以开放促改革的路径，我国实现了开放与改革的良性互动，成为成功实现经济转型的范例。

（一）开放促进改革

我国经济体制改革与转型的一大特点，就是在全面推进改革之前，进行了以一系列以区域开放政策为先导的，通过开放促进改革的试验和探索。

1. 对外开放既是推动改革的基本动力，也是解决经济发展矛盾的基本手段

在改革开放之初，由于传统体制在意识形态方面拥有强大势力，以及长期“条块分割”所形成的部门与地方的独立利益，我国在引入市场经济体制的改革中，面临着重重阻力。而通过以区域开放政策为先导并持续扩大的对外开放，我国经济发展不断与国际市场经济体制接轨，使传统体制的领域不断受到外部市场经济体制的冲击和压缩，对外开放也就内在地成为推动中国经济体制改革不断深入的基本动力源。

2. 改革全面推进离不开对外开放

渐进式区域开放推动经济体制改革向纵深发展。对外开放从沿海到内地的推进，也实现了从沿海地区经济体制改革向内地的不断延伸；通过利用外资，建立一整套适宜外商投资的法律制度和政策措施，引入了市场经济的基本规范和国际通行做法，逐渐推进了全方位的制度改革与创新；加入世贸组织推动改革攻坚，

逐步实现与国际通行规则的全面接轨。实践表明，外向型经济的扩张，必然形成对国内整体经济的示范和传导作用，从而打破体制改革的“僵局”，推动经济市场化的进程。当代中国社会的变革如果不通过开放从外部世界吸取物质、信息和能量，并把它们转化为内在要素，那么这种社会变革即使发生了，也很难持续下去。正是以开放为先导，各领域的配套改革才能顺利推进，从而为我国经济发展创造了良好的体制和营商环境，实现了30年的持续快速经济增长。

（二）改革加快开放进程

我国实行的对外开放本身就是率先实施的体制改革，是对封闭起来、高度集中的计划配置资源方式的改革。

对外开放离不开改革带来的制度支撑。可以说，对外经贸体制的先行改革，正是早期对外开放的一项核心内容。对外开放初期，外经贸体制先行改革，实行一些特殊政策和灵活安排，下放外经贸权限。通过十几年的改革实践，中国外经贸体制朝着社会主义市场经济目标迈出了关键性步伐，并且朝着与国际惯例相一致的方向发展。我国外向型经济的大发展就是以这一时期的外经贸改革为基础的：一是利用外资法律制度的建立健全推动吸引外资的顺利起步和发展；二是外贸的先行改革。这一阶段的外经贸体制改革释放出了巨大能量，不仅促进了外向型经济的大发展，而且推动了整体市场化改革和思想观念转变，强化了按国际通行规则办事的理念。此外，涉外税收体制改革、外汇体制改革以及涉外经济法制体系的形成和完善等一系列向外向型经济转变做出的重大改革，为对外开放提供了必要的制度保障，有效促进了对外开放水平的提升和开放型经济的发展。

四　从政策性开放到体制性开放

在加入WTO以前，我国总体上选择了以自主性、政策性开放为主导的路径。以加入WTO为标志，中国对外开放成为全面的、受法律约束的、有时间框架的体制性开放，并进入到积极实践承诺、适应国际规则的阶段。

（一）政策性开放奠定实践基础

十一届三中全会以来，对外开放成为我国的一项基本国策，国家的开放性政策是我们实行渐进式对外开放的主要推动力。最初启动开放进程所采用的特殊政策体系以及针对特定地区和对象采取差别待遇和优惠措施，是开放经济体初期的一种必要的表现形式。

1980年，中央批准在深圳等地设置经济特区，给予特区政府一系列实施特殊经济政策的权利，包括可以给予外资企业优惠政策的权利，由此开启了中国的开放进程。在特区经验成功之后，中央延续这一“给予特殊政策启动开放”的思路与模式，将对外开放拓展到更多的地区和领域，如沿海开放城市、经济技术开发区和沿海经济开放区等。

这种以中央政府为主导，设定特定区域，实行特殊政策所产生的巨大激励作用极大地推动了对外开放的发展。我国的开放经济体制始于特区政策，没有一蹴而就地建立全面开放的体制，有其历史和现实的必然性。首先，当时的中国长期实行计划经济和中央集权管理体制，关于开放与社会主义制度之间关系的思想认识并未真正实现统一；其次，中国仍处于社会主义初级阶段，在缺乏足够的实践和经验基础的情况下，很难迅速实现全面对外开放，也无力在短期内从外部市场上获得急需的资源要素，并充分调动起国内闲置的资源要素。在特定区域实行特殊政策，可以使国内外资源要素充分结合起来，从而产生出巨大的资源配置效应和经济发展能量。

（二）体制性开放带来新飞跃

特区政策、贸易政策和外资政策中的激励在对外开放和经济体制改革中发挥了积极作用，但利用特殊政策优惠谋求开放发展利益的模式，又不可避免地造成土地、自然资源与劳动力价格的扭曲，这不但损害开放经济增长的质量效益，而且也并不符合 WTO 的规则。这促使我国开始从引致扭曲的制度根源上入手，进行一系列改革，努力构建完善的开放市场经济体制。

十六届三中全会通过了《完善社会主义市场经济体制若干问题的决定》，进一步要求按照市场经济体制的目标及 WTO 的规则，建立一个公平、透明和稳定的涉外经济管理体制，逐步消除原先外资外贸导向型的特殊开放政策的扭曲效应，实行内外资两税并轨以及反垄断法、调整加工贸易和出口退税政策等。

以加入 WTO 为契机，我国开始从政策性开放走向制度性开放。以制度创新为扩大对外开放的主要推动力，逐渐将促进开放的手段从原先创设竞争性特殊政策转变为建设稳定和良性的投资贸易发展环境。同时，开始注重“内外联动、以己为主”的发展目标，并更加关注体制建设对开放经济质量效益提高的重要作用。

以加入 WTO 为主要标志，从“政策性开放”向“体制性开放”的转变，是对外开放进程中一次质的飞跃。对外开放的主要手段、基础性机制和企业的主体地位都发生了重大变化。对外开放不仅是一项基本国策，还成为我国的一系列的法律制度和管理制度；不仅实现了贸易自由化与国际多边经贸规则的顺利接轨，还为中国经济发展提供了新的强大动力，带来了经济社会战略性、历史性的跨越式大发展。

五 全方位、宽领域、多层次对外开放

我国坚持和扩大开放、积极主动融入全球经济，受到了全世界的充分的肯定和好评。30 年的实践表明，我国的对外开放是对外部世界的全方位开放，不是局部的或有限的开放，而是全方位、多角度、大视野的开放；不仅沿海地区在开放，沿边、沿江和内地也在扩大开放；不仅是对国外市场开放，国内各地区之间也在相互开放；不仅对发达国家进行开放，也对其他社会主义国家和广大发展中国家进行开放；开放不仅是市场的开放，也是思想和观念的开放。

（一）实现贸易自由化，全面融入世界经济

在加入世界贸易组织之前，中国自主性的贸易开放已经取得了很大突破。加入世界贸易组织之后，我国全面履行开放市场的承诺，最终实现了贸易自由化。我国平均关税已降至 10% 以下，承诺取消的非关税措施已全部完成；服务贸易也按照承诺逐步开放，在世界贸易组织分类的 160 多个服务贸易部门中，我国已经开放了 100 多个，占 60% 以上，接近发达成员国的平均水平。特别是我国不仅按照多边规则对外贸管理体制进行了全面规范和调整，还根据履行各项承诺和多边义务的需要，推动了法制建设与法律转换、行政体制改革、加强知识产权保护以及强化涉外经济政策的统一性和透明度等领域的改革攻坚，顺利实现了与世界多边贸易体制的接轨，开启了我国全面融入世界经济的新进程。

（二）开放程度高于其他发展中国家

我国的开放程度不仅高于所有的发展中国家，而且也比许多发达国家更积极融入全球化，我国所取得的成功全都带有全球化的印记。如果说外国在华投资在 20 世纪 80 年代还带有试验性质，那么从 20 世纪 90 年代初开始，这一投资则进入战略性投资阶段。加入世贸组织以来，跨国公司与我国的合作进一步升级。截至 2008 年上半年，全球 500 强企业已有 480 家在华设立企业或投资机构，而且跨国公司在华设立研发中心 1200 多家，地区总部近 500 家。外电评论，在所有起飞的国家中，到目前为止还没有哪一个国家能像中国这样对外资充分开放。中国领导人具有非常开放的理念，想的是最大限度地利用新阶段的全球化，不仅要利用国外的资金，更要引进国外的先进技术、经营理念、管理方法、高端人才和营销网络。

第四节　新时期对外开放新挑战、新路径

对外开放推动了我国体制改革与制度创新，为经济增长注入了巨大活力和动力，加快了我国融入全球经济的步伐。但是随着融入经济全球化程度的加深，国际分工地位的提高，我国经济发展的外部环境也发生了一系列变化，同时，内在发展也面临一些突出矛盾和问题，为在新的历史时期扩大开放带来了新的机遇和挑战。这就需要积极调整对外开放的思路，提升对外开放水平，从而更好地推进国民经济持续发展，并为世界经济发展作出更大贡献。

一　环境变化、发展要求，带来新挑战

（一）国际环境变化带来新挑战

1. 加深融入全球经济挑战改革深化和规则运用

加入 WTO 既有利于我国利用经济全球化来坚持开放政策，也使我国在各项具体开放政策和发展战略的选择上受到外部推动。我们必须在履行承诺和遵守规则的基础上扩大开放，按照市场经济的原则推进改革，根据国民待遇原则促进发展。这就在一定程度上使我们不能完全从本国情况和需要出发选择开放路径与发展政策。

深化改革，适应全球化体制；利用规则，开拓新的发展空间，是我国下一步应对全球化的重点。将来，我国需要更加充分熟悉和利用 WTO 规则，使自己获得作为一个成员的更大利益，实现权利与义务的对等。同时，作为一个负责任的大国，我们还要在推动多边贸易体制谈判中发挥积极作用。

2. 战略相似性和新一轮产业转移挑战现行开放模式

（1）其他发展中国家的相似的开放式发展战略带来竞争压力。近 20 多年来，许多先后走上开放式发展道路的发展中国家普遍采用的也是鼓励外资流入和扩大劳动密集型产品出口的开放型发展战略。当我国的劳动密集型产品已经对世界造成压力的时候，更低成本的生产开始在其他国家出现。当我国力图提升外资结构与效益的时候，更多国家提高了引进外资的力度。这些挑战以及我国内在发展的需要挤压着现行的开放模式，迫使它在吸引外资和扩大出口上寻求新途径。

（2）新一轮产业转移机遇的有效把握。在上一轮传统产业和劳动密集型产业从发达国家和新兴市场经济体向发展中国家转移的高潮中，我国成功抓住机

遇，成为世界制造大国，承担起了“研发—生产分工”中的制造职能。但是，随着一批发展中国家的崛起和我国沿海劳动力成本的上升，在新一轮产业转移中，我国能否成功地将劳动密集型产业向内地转移而不是让其流向成本更低的国家和地区；同时，能否使高附加值价值链进一步转入我国已成为当前对外经济发展的核心问题。面对新的国际环境变化，我国的出路在于开放型战略的提升，而不是低水平开放模式的延续。

3. 国际金融风险日益增大挑战开放策略

近年来，全球经济发展使国际资金流量显著扩大，金融产品大量创新。此次始于美国次贷危机的金融危机表明，即使在现代最发达国家的金融体系中也存在着严重的风险，并会产生巨大的国际影响。

我国 30 年来的开放成就主要体现在生产与贸易领域中，而对于货币与金融市场的开放相对谨慎。即使在尚未完全开放的情况下，我国的金融业也仍然受到国际热钱的巨大冲击和国际金融市场动荡的影响。在本次金融危机中，由于我国存在较高的防火墙，金融等领域受到直接影响有限，远没有实体经济受到的冲击大，但我国不可能永远保持低水平的金融市场开放，所以，我国必须从这场金融危机中吸取深刻教训，更有序地建立自己的开放型金融体系，同时还要加强与世界各国合作，建设一个能够容纳不同发展水平国家的有序的国际金融体系。

4. 新贸易保护主义挑战参与国际分工形式

全球化的发展导致国际分工扩大和深化，贸易迅速增长。以中国为代表的发展中国家出口能力普遍提高，而在发达国家中，由于产业结构的进步不能容纳低端加工型劳动力，为维护就业导致保护主义上升。2008 年下半年以来，由于受金融危机的影响，各国在采取政策措施振兴本国经济时，更表现出贸易保护主义迹象。同时，近来世界贸易组织所倡导的多边协定的谈判由于各成员方在诸多议题上存在分歧与争端而一再受挫，多边贸易体系对全球贸易自由化的促进作用也受到影响。

贸易摩擦的增加使我国对外贸易困难增大。我国外贸发展的主题，需要从如何激励贸易量的增长，逐渐转变为如何减少贸易摩擦和国际压力。这就要求我国以多样化方式参与国际分工，从而减少与其他国家的低端产品竞争，形成更广泛的产业内贸易与互补性分工。

5. 全球资源环境瓶颈挑战可持续发展

科学发展既是国内战略问题，也是开放战略问题。近年来，资源环境约束与经济可持续发展问题的矛盾突出，引起全球关注。这一变化使我国目前发展所处的国际环境比30年前要困难得多。我国因经济总量大、以制造业为主的发展模式和发展阶段初级性等特点，成为这些全球性问题的焦点。同时，由于全球普遍的增长与发展，资源紧缺，我国发展的外部成本已经大大提高，国际贸易中的相对利益在缩小，财富积累速度在降低。所以，全球资源环境压力的不断增大，为下一步开放型经济发展战略提出新挑战。

6. 发展差距和新的国际政治经济格局挑战共赢模式

全球发展难题要求我国承担更多责任。由于总体规模大，我国的发展成就相对突出，部分地掩盖了人均水平依然低的事实。所以我们在全面解决国民贫困问题的同时，往往还被期待要作为一个负责任的大国来行事，需要承担更多发展援助的义务。在这样的外部条件下，在"走出去"战略实施和对外援助的实践中，需要继续探索和推进与东道国互利共赢的发展模式，提高东道国自身发展的能力。此外，在新的国际政治经济格局下，各国更关注中国的举动。由于冷战思维在部分地区依然存在，我国进一步开放发展也受到一些来自西方政治势力的阻力。这就要求我国倡导互利共赢的开放战略，以外交配合"走出去"，推动建设和谐世界。

（二）国内科学发展提出新课题

站在新的历史起点上，从国内发展的角度看，今后对外开放也面临着越来越艰巨的任务。经济社会可持续发展的任务更加繁重，国内市场、就业、资源和环境压力日渐突出，经济结构不甚合理、经济增长方式粗放、社会事业不够发达、政府职能转变仍不到位等问题不断凸现。同时，全面建设小康社会的总体目标也对开放型经济提出了更高要求。

1. 转变发展方式为对外开放提出新要求

我国是一个发展中大国，人均国民生产总值和现代化水平同发达国家相比还有很大差距，在亟待继续发展的同时还面临着国内能源资源和环境日益严峻的形势。我国目前GDP增长消耗的资源量巨大，资源环境问题在现阶段已经凸现。据有关部门预测，在我国已探明的45种主要矿产中，在2010年还能够满足国内需求的只有21种，到2020年，仅剩下6种。在国内能源资源供给日益紧张的情况下，外部资源供应的作用就越来越重要。从环境压力上看，我国工业品的单位能耗平均比发达国家高出30%～90%，主要污染物排放已位居世界前列，生态环境恶化还在继续，节能减排任务艰巨，经济发展方式迫切需要转变。这就要求新时期的对外开放要更充分地利用国际和国内资源，为国民经济可持续发展构建安全稳定的供给体系。

2. 国内产业结构不尽合理亟待借助对外开放调整升级

我国产业结构不尽合理的一个突出表现是服务业发展相对滞后。国际上服务业增加值占国内生产总值的平均比重约为70%，而我国目前还不到40%，不仅明显低于世界平均水平，甚至比发展中国家还低了12个百分点。服务业发展滞后的一个重要原因是服务业开放程度偏低。当前世界跨国投资的2/3以上是流向服务业，而我国服务业累计利用外资占全国吸收外资的比重不足28%。我国服务贸易仅占出口总额的10%，远低于世界20%左右的平均水平。

同时，我国制造业的国际竞争优势主要集中在中低端。世界产业正在从工业化向信息化、高科技化发展。我国追赶发达国家的任务从传统工业化扩展到高新技术产业的发展。今后我国应该在继续保持中低端国际竞争优势的基础上，通过进一步对外开放和承接国际产业转移，强化自主创新，走出一条从制造向研发扩展的道路，实现工业化与信息化的同步推进。

3. 区域经济协调发展需要优化对外开放布局

目前，我国地区经济发展差距依然较大。我国进出口贸易和吸收外资都集中于沿海发达地区，广大中西部地区所占比重仍然偏低。据有关部门统计，2008年的前5个月，东部地区进出口总额占全国比重的88%以上，仍是进出口贸易的主要发生地。截至2007年底，东部地区实际利用外资占全国比重的80%以上。尽管近年来中西部开发战略不断推进，但是这些地区的经济发展仍然滞后。要促进中西部地区发展，必须进一步优化对外开放布局，促进国内外投资向中西部的转移，不断提高中西部地区对外开放程度。

4. 实现全面小康社会目标需要对外开放与国内发展更紧密结合

我国人口众多，农村人口占大多数，人口要素结构极不平衡，而且总体资本形成能力较弱，人均占有资源远远低于世界平均水平，单靠国内经济发展，很难在较短时期内全面迈入小康行列，因此，迫切需要进一步协调好国内发展与对外开放的关系。首先，通过加大对外开放的力度，提升农业开放水平，以促进农业发展。其次，通过加大对外开放，在更高层次上促进劳动密集型制造业和服务业的发展，在向高新技术产业升级和吸纳就业中实现最佳平衡。最后经过几十年开放发展，我国国内市场充满巨大潜力，要通过提升对外开放水平，充分利用国际、国内两种资源，积极开拓国际、国内两个市场，进一步完善“内外联动、互利共赢、安全高效”的开放型经济体系。

5. 从经贸大国转向经贸强国需要对外开放的新转变

尽管中国已成为世界第三贸易大国，而且贸易额度在持续上升，但经济效益并不佳。首先，对外贸易规模与效益不平衡。目前我国外贸出口中，加工贸易占55.3%，处于产业链的低端，不仅获利少，而且易受世界经济的影响。其次，出口竞争力还不强。比如中国的纺织品、服装、皮革产品的国际市场份额，都在全球占到了第一位，但是国际竞争力均在第10位以后，而且拥有自主品牌的出口商品占比仅约10%，很多出口商品缺乏自主的国外营销网络。最后，对外投资与吸收外资发展不平衡。实施“走出去”战略的企业数量仍然较少，投资规模偏低，投资领域较窄，防范和应对各种跨国经营风险的能力较低，而且引进外资的利用效率和利用方式也有待提高。解决以上问题，要求对外开放在新时期完成新的转变。

二　坚定不移对外开放，积极探索新路径

实践证明，对外开放既符合我国经济发展的客观要求，也顺应了经济全球化条件下国际分工深化、国际竞争加剧、国际经济合作日益紧密的历史潮流。但是，在改革开放发展新时期，特别是开放型经济所遭遇的外部风险与挑战日益增加的情况下，对外开放的道路该如何走下去？

中共十七大报告提出“坚持对外开放的基本国策”，“拓展对外开放广度和深度，提高开放型经济水平”，明确了今后一段时期对外开放的政策导向。当今世界，经济全球化的趋势没有改变，我国融入世界经济发展的趋势也不可逆转，在新的历史时期，我们应该比过去更具备全球视野，更具备全球思维，更加主动吸纳整合全球资源，妥善应对各类挑战，积极化解各种矛盾，继续坚定不移地走中国特色的开放式发展道路。这既是中国和平发展的必由之路，也是应对全球化挑战的理性选择。要实现这一目标，就必须进一步深化改革，通过改革来拓展开放范围、提高开放层次，同时积极探索对外开放的新模式，完善开放型经济的体制机制。从原先单纯强调增长向强调以结构均衡为特征的发展目标转变，建立一个通过构建平等和透明的竞争环境，促进开放过程中国内要素的共同发展，从而推动内外经济平衡发展的高效的开放经济体制。

（一）完善外贸管理体制　促进对外贸易均衡发展

随着我国贸易顺差存量以及外汇储备的增加，我国贸易政策的目标应由单纯

追求出口规模和贸易盈余，转变为优化外贸结构、提高出口效益。这不仅有利于增加国内消费者福利，还可在一定程度上减轻外部压力，缓和与主要贸易伙伴的摩擦。为此，我国要对进出口制度进行全面整合，着眼于形成动态比较优势和提高产业国际竞争力，将合理的产业保护、规范的进口限制、温和的出口鼓励以及适度的贸易救济相结合，使我国贸易制度更加完善。

（二）积极转变外贸发展方式，从贸易大国转向贸易强国

一是提高出口科技含量，创造自主品牌。要充分利用科技要素全球流动的机遇，有效吸纳、利用、整合国际创新资源，在国际合作中改善创新机制，增强吸收再创新的能力。继续重点支持具有自主知识产权、自主品牌产品的出口，鼓励扩大高新技术产品出口，支持优势农产品出口。二是调整加工贸易政策。进一步引导加工贸易向中西部转移，向产业链高端发展。三是积极向承接国际高端制造业转移，促进国内产业结构升级。四是大力发展服务贸易，积极承接国际服务外包，在扩大传统服务出口的同时加大力度促进信息、金融、文化等新兴服务出口。

（三）创新利用外资方式，提高利用外资的质量

今后，应以提高利用外资的质量为首要目标，改善利用外资的结构。首先，加强对外资并购的监管，规范外资并购活动，引导外资并购，参与企业治理结构优化与产业升级；其次，以承接国际服务业转移为契机，鼓励企业开展软件、电信、金融、设计等服务外包业务，加快服务外包的人才培养，形成一批外包产业基地；最后地方政府要根据经济发展的环境、土地、能源指标，制定合理的“招商选资”标准，明确外资项目的进入条件。同时，还要完善相关法律法规的执法力度，维护外商投资的合法权益，有效遏止跨国公司的不正当竞争活动，并督促跨国公司践行其应尽的社会责任。

（四）加速“走出去”步伐，实现与东道国共赢

我国的“走出去”相对于“引进来”起步较晚，规模较小。今后，要充分利用经济、政治和外交手段为我国企业的海外发展创造条件，帮助企业预判和扫除国际关系中的障碍，促进资本的双向流动，全面提升我国在国际产业转移中的地位，形成全球化条件下参与国际经济合作和竞争的新优势。一是加快制造业和资源性企业“走出去”的步伐，促进产品原产地和原材料供应地的多元化；二是在通过对外援助等方式巩固传统市场的基础上，加强市场开拓，提高劳务输出和对外承包工程的质量和水平；三是积极鼓励有条件的企业开展跨国并购，参与

全球资源和价值链的整合，加快培育具有国际影响力的中国跨国公司；四是积极推进外经贸主管部门、地方政府、行业协会和驻外使（领）馆等机构的联动，建立完善且支持企业国际化经营的服务体系。

（五）加强自贸区建设，全面参与国际经济协作

近年来，世界范围内区域经济一体化进程明显加快，各国（地区）建立双边自由贸易协定（FTA）、推进区域经贸整合的热情高涨。十七大报告明确提出了实施自由贸易区的战略，建立自由贸易区有利于拓展我国对外开放的广度和深度。面对复杂多变的区域一体化形势，我国应坚持积极推进地区合作的战略方针，着手构建区域全面合作的制度框架，实现地区资源整合和利益共享，提高我国参与国际经济规则的制定以及国际事务议程设计的能力，为进一步对外开放营造更有利的外部环境。

（六）稳妥、有序地推进金融自由化，迈向更成熟的开放型经济

适应新时期的发展需要，积极有序地推进金融自由化、国际化进程，既是我国迈向比较成熟的开放型经济目标的必然选择，也是形成经济全球化条件下我国参与国际合作与竞争新优势的战略选择。

当然，推进金融自由化、国际化也有巨大风险和挑战，有些发展中国家和转型经济体由于开放步骤过急或配套改革不到位而出现的金融危机的前车之鉴足以引起我们的重视。但是也要看到，有序推进金融自由化是建立更加开放和充满活力的社会主义市场经济体制的长期目标，是发展中国家无法回避的选择。能否有效规避风险，关键还是开放步骤和方式方法的选择。我国要推进金融自由化、国际化，总体上仍然要坚持过去渐进式开放的成功经验，必须按照主动性、渐进性、可控性的原则有序推进。在逐步提高金融国际化水平的同时，也要注重维护金融安全，及时防范潜在风险。

参考文献

[1]《毛泽东军事文选》，中国人民解放军战士出版社，1981。

[2]《毛泽东著作选读》，人民出版社，1986。

[3]《邓小平文选》第2卷，人民出版社，1994。

[4]《江泽民文选》第1卷、第2卷、第3卷，人民出版社，2006。

[5] 胡锦涛：《高举中国特色社会主义伟大旗帜，为夺取全面建设小康社会新胜利而

奋斗》，人民出版社，2007。
[6]《当代中国丛书》编辑部：《当代中国对外贸易》，当代中国出版社，1992。
[7]陈德铭：《中国特色商务发展道路》，中国商务出版社，2008。
[8]郑凯捷：《从政策性开放到制度性开放的历史进程》，《世界经济研究》2008 年第 5 期。

The Opening Development Road in China

Abstract: Since the People's Republic of China was founded 60 years ago, the opening development road of China has gone through kinds of hardships, from closed to innovative, and has gained a lot of achievements. During the planning economy times, because of the pressure coming from home and abroad, the economy of China was closed and half - closed. But the reforming and opening up policy changes the fate of China. This revolution under the leadership of the Party, makes the economy of China develop quickly and continuously. People's living conditions are greatly improved, the national power and the international standing are also greatly promoted. And then a great socialism route with Chinese characteristics is established. In modern times, our economy is still facing many challenges, so we must sum up the experience, deepen the reform, innovate the development ways to meet the challenges properly, and also take hold of the opportunities and keep up our opening development road.

Key Words: Opening up; System Reform; Innovation; Opening Economy

第十章
中国区域经济协调发展的道路

戴宏伟*

摘　要：新中国成立60年来，中国区域经济发展的道路大致可以分为三个阶段。第一阶段是从新中国成立到改革开放前的30年，以内地建设为重点，实施区域均衡发展战略；第二阶段是从改革开放至“八五”时期，以东部沿海地区为重点，实施非均衡发展战略；第三阶段是“九五”时期至今，以西部大开发为重点，实施协调发展战略。本文结合新中国成立60年来中国共产党对区域经济发展道路的探索历程，对各个历史时期的区域经济发展战略的制定及转换进行了分析、总结，并得出几点启示。

关键词：区域经济　发展　战略

新中国成立60年来，中国区域经济发展与中国宏观经济一样经历过曲折和辉煌，也取得了巨大成就。但与中国宏观经济的发展相比，中国区域经济的发展走过了一条更为艰难曲折的道路，在发展战略上经历了几次大的调整，既走过弯路、有过惨痛的教训，也有过成功并积累了丰富的经验。总的来看，新中国成立60年来中国区域经济发展的道路大致可以分为三个阶段：第一阶段是从新中国成立到改革开放前的30年，以内地建设为重点，实施区域均衡发展战略；第二阶段是从改革开放至“八五”时期，以东部沿海地区为重点，实施非均衡发展战略；第三阶段是“九五”时期至今，以西部大开发为重点，实施协调发展战略。

---

* 戴宏伟，经济学博士，中央财经大学经济学院教授、科研处副处长，主要研究方向为区域经济、产业经济。主持完成国家社科基金项目等课题10余项，出版著作8部（含合著），发表论文百余篇。

第一节　新中国成立初至改革开放前的区域均衡发展阶段

1949年以前，由于地理、历史、生产条件等方面的原因，东部沿海地区是我国近代工业发展比较集中的地带，而中西部内陆地区的经济发展则与东部沿海地区有着较大的差距，广大西部地区几乎没有近代工业。据统计，旧中国70%以上的工业偏集于面积不到12%的东部沿海地区，而沿海工业绝大部分又集中在上海、天津和辽宁中南部、江苏南部等少数几个城市。1949年，工业产值最高的上海地区与最低的宁夏地区之间相差292倍。[①] 可见，新中国成立初期，我国的区域经济发展极不平衡。

从新中国成立到改革开放前的30年，在当时的计划经济体制和“随时准备打仗”的指导思想下，国家的区域发展战略总体上强调区域均衡发展，把有计划地平衡配置生产力、消灭地区间与城乡间的经济差别作为生产力布局的首要原则。新中国成立后至改革开放前的30年中，我国在生产力布局及工业投资中，以内地建设为重点，在投资上注重向中西部倾斜，注重区域均衡布局和国防建设的需要，在产业发展和生产布局等方面片面强调各地区协调发展、齐头并进。

我国这一阶段的区域均衡发展具体可分为以下几个时期。

1950～1952年是“三年经济恢复时期”。在新中国成立后的三年中，中央政府的主要任务是搞好国民经济恢复。由于新中国成立前原有的工业大多分布在东部沿海地区，因而经济恢复的重点最初也集中在东北、华东和华北地区，西部地区主要是进行一些交通设施建设。但中央政府也明确提出，要通过工业布局逐步改变旧中国遗留下来的生产力分布不平衡的状况。为改变工业生产过分集中在沿海地区的现象，国家逐步将沿海地区的部分电力、钢铁、机械制造和轻工企业内迁，使其更接近原料产地。1949～1952年，东部沿海地区的工业产值增加了1.43倍，内地工业产值则增加了1.5倍。[②] 总的来看，内地虽然开始加速发展，但仍落后于沿海地区，而且工业的空间布局也没有发生明显变化。

“一五”时期（1953～1957年），国家在优先发展重工业的总体战略下，为

---

① 骆许蓓：《论我国区域经济的现状、问题和发展战略》，《生产力研究》1998年第2期。

② 郭岚：《中国区域差异与区域经济协调发展研究》，四川出版集团巴蜀书社，2008，第88页。

改变区域经济发展不平衡的格局，也是出于备战的需要，加大了对内地尤其是中部地区的投资，以建设156项重点工程为重点，在内地建设了许多新的工业基地。“一五”时期我国区域的倾斜性发展政策，有力地推动了我国区域经济发展格局的改变，使区域发展的不平衡程度初步得到缓解，中西部地区的经济增长速度甚至一度超过东部地区。

“一五”时期，我国工业总产值的增长速度达到8%，其中东部沿海地区为16.8%，中西部地区为20.4%，中西部地区比东部沿海地区高出近4个百分点。[①] 在以项目为主体的694个投资达1000万元以上的工业项目中，472项在中西部，占总数的68%，其余222项在东部沿海地区，仅占32%；在全国基本建设投资总额中，沿海和内地分别占41.8%和47.8%（部分投资未分地区），内地比沿海高出6个百分点；在交通运输投资中，内地也占60%以上。[②]

与此同时，由于用于沿海工业的改造、扩建、新建的投资较少，沿海老工业基地的作用及潜力并未充分发挥出来。针对这些问题，1956年毛泽东同志在《论十大关系》中指出：“为了平衡工业发展的布局，内地工业必须大力发展”，“新的工业大部分应该摆在内地，使工业布局逐步平衡，并且利于备战”，但同时也指出“好好利用和发展沿海的工业底子，可以使我们更有力量来发展和支持内地工业。”[③] 这表明当时中央就已经认识到，一方面要以区域平衡发展为战略目标，以使我国地区生产力布局合理化，使内地工业得到大力发展；另一方面也必须充分发挥沿海老工业基地的作用，让沿海工业有一定程度的发展。

“二五”时期（1958~1962年），国家计划的制定总结了“一五”时期的经验教训，强调要兼顾内地与沿海的发展，提出要适当加大对沿海地区的投资。但这一部署被开始于1958年的“大跃进”运动打乱。1958年6月，中央将全国划分为东北、华北、华东、华南、华中、西南、西北等七个协作区，并要求各区尽快建立大型的工业骨干企业和经济中心。同时中央还将包括发行公债、审批大中型建设项目等经济管理权限下放给地方，并将中央各部委所属80%的企事业单位下放给地方管理。

在这种情况下，区域经济发展出现一定程度的紊乱：一方面国家总的投资依

① 胡晓鹏：《不平衡增长格局下中国区域产业发展的实证研究》，上海财经大学出版社，2006，第74页。

② 郭岚：《中国区域差异与区域经济协调发展研究》，四川出版集团巴蜀书社，2008，第88页。

③ 《毛泽东文集》第7卷，人民出版社，1999，第25~26页。

然偏重于内地尤其是内地的钢铁工业，另一方面由于各地片面追求工业自成体系，加上地方又有投资自主权，工业建设投资几乎处于失控状态，新上的工业项目数以万计，建设布局全面铺开，小型企业遍地开花，因而全国经济出现混乱，国民经济出现严重困难。1961 年，中央制定“调整、巩固、充实、提高”的方针，对国民经济进行全面调整，才使局势有所控制和好转。

总的来看，“二五”时期国家投资建设的重点仍向内地倾斜。这一时期，在全国基本建设投资中，内地所占比重进一步上升为 53.9%，而沿海地区的比重为 42.3%，内地高出沿海地区 11.6 个百分点。这一时期中西部地区工业平均年增长率为 5%，沿海则为 3.2%。至 1962 年，内地工业在全国工业总产值中所占比重进一步上升至 37.1%，比 1957 年又提高了 2 个百分点。①

“三五”时期（1966～1970 年），正值“三线建设”的高峰时期。20 世纪 60 年代中期，中苏关系恶化，台湾海峡形势紧张，鉴于国际环境和备战的考虑，1965 年召开的全国工业计划会议确定第三个五年计划的方针是“把国防建设放在第一位，加快三线建设，逐步改变工业布局”。因此中央政府当时作出了全国按一、二、三线进行战略整体和布局，集中力量建设三线战略大后方的决定，从而形成了我国生产力布局从沿海到内地的一次战略性大转移。具体来说，“一线”包括东北地区及沿海 12 个省（自治区和直辖市），“三线”包括内地的 11 个省（自治区）的全部或一部分，“二线”是介于“一线”和“三线”之间的区域。“三线”建设时期的工业布局和投资分配以备战为指导方针，呈极端向内地倾斜的态势，西南地区成为建设的重中之重。

“三五”期间，内地的基本建设投资占到全国的 66.8%，其中用于“三线”地区的占 52.7%。中央政府对“三线”建设先后投入 2000 多亿元资金，其中工业投资占 70% 以上。② 在集中向三线地区投资的同时，中央政府还有计划地将一批工业、企业和研究机构从沿海地区搬迁到“大三线”地区，主要迁出地是北京、上海、江苏和辽宁。这些措施使中西部地区的经济得到较快发展，基本上形成了以国防工业为重点，交通、电力、钢铁、有色金属、电子、化工等门类齐全的工业体系，有力地促进了中西部地区工业化的进程和工业布局的均衡发展。但

---

① 郭岚：《中国区域差异与区域经济协调发展研究》，四川出版集团巴蜀书社，2008，第 90 页。

② 陈宣庆、张可云：《统筹区域发展的战略问题与政策研究》，中国市场出版社，2007，第 28 页。

与此同时，对中西部地区的投资也存在投资效益较低的问题。据马泉山的计算，1966～1970年，“一线”地区的投资效果系数为14.2，而“三线”地区的投资效果系数仅为4.88。[①]

“四五”时期（1971～1975年），国家在区域布局上仍以“大三线”战略后方为中心。在1970年召开的全国计划工作会议上，中央政府提出“四五”期间要建立不同水平、各有特点、各自为战、大力协同的经济协作区，还根据经济发展及备战需要划分了10个经济协作区，要求每个区都要有步骤地建设冶金、国防、机械、燃料动力、化学等工业，并提出要将内地建设成为部门比较齐全、工农业协调发展的强大战略后方。

总的来看，“四五”前期的投资集中于“大三线”的强度已比“三五”时期有所减弱。“四五”后期，国际关系趋于缓和，中国对外关系不断改善，发生战争的可能性有所降低，工业区域布局再以国防安全为首要原则已不合时宜。与此同时，三线建设中的失误与困难也逐渐显现，因此我国开始逐步调整向西部地区倾斜的区域经济发展战略，对沿海地区的投资有所增加。“四五”后期，沿海地区在全国基本建设投资中所占比重已上升为41.5%。[②]

“五五”时期（1976～1980年），国家投资重点开始东移，国家加大了对沿海一些省份的投资。“五五”期间经历了由“文化大革命”至粉碎“四人帮”及拨乱反正的重大历史转折，对国民经济进行恢复和调整是“五五”计划实施的主线。“五五”期间，国家投资的重点开始从国防科技工业向民用工业为中心的经济建设转变，从向内地倾斜政策向均衡政策转变，东部及中部地区的主要城镇和工业集聚地区成为新项目布局的主要地区。这是我国区域经济布局在总结历史经验教训之后的重大进步。“五五”时期沿海地区的基本建设投资占全国的比重上升为42.9%，为新中国成立以来最高水平，这一时期沿海工业的增长速度开始超过内地，达到9.4%，比内地高出0.5个百分点。“五五”时期也是我国由区域经济均衡发展战略向非均衡发展战略转变的酝酿阶段。

总的来看，新中国成立后至改革开放前的几个计划时期，我国通过加强向中西部地区的投资，实施区域均衡发展战略，使内陆地区的经济发展尤其是工业发展明显加快。1953～1978年，我国内地工业产值及重工业在工业总产值中所占比重持续

---

① 金相郁：《中国区域经济不平衡与协调发展》，上海人民出版社，2007，第13页。

② 郭岚：《中国区域差异与区域经济协调发展研究》，四川出版集团巴蜀书社，2008，第91页。

上升，尤其是西北地区，成为全国工业净产值及国民收入增长最快的地区，而华东、华南地区的发展则相对缓慢。整个内地工业总产值在全国工业总产值中所占比重由1952年的31.7%上升到1980年的40.1%，提高近10个百分点。①

新中国成立后至改革开放前实施的区域均衡发展战略，着力于改变我国历史遗留的严重失衡的区域发展格局，有力地改变了区域经济空间布局不平衡的状况，促进了内地尤其是西部地区的发展和工业化进程，并为改革开放后实施沿海发展战略奠定了良好的基础。但总的来看，这一战略在制定和实施并未依据区域经济增长的规律进行，忽视了区域间在生产要素禀赋方面的差异和劳动地域分工的原则，而且把区域经济均衡目标和国际备战目标作为绝对化的原则，在中西部特别是西部地区经济技术尚不具备条件的基础上，盲目从外部引入的现代重化工、军工、机械电子等工业难以与传统落后的劳动力等生产要素相结合，现代化工业与传统农业的双层隔离运行，众多项目由于地处西部山区而导致生产和运营成本大大增加，经济效益低下。这一阶段全国基建投资向“三线”地区高度倾斜，既由于对东部地区投资较少而影响了东部沿海工业基地的建设及工业化的进一步发展，也由于对西部地区的投资超过了其客观条件而影响了投资效率，以牺牲投资效益为代价快速推动了内地边远地区工业化，导致了与当初的战略目标相违背的结果，并在一定程度上使区域经济发展格局又具备了“非均衡”的特征。

第二节　改革开放后至20世纪末的区域非均衡发展阶段

一　改革开放后我国区域经济的非均衡发展

中共十一届三中全会以后，我国开始实行经济体制改革和对外开放，对区域经济发展战略也做了相应调整。1978年12月，邓小平在中央工作会议上指出：“在经济政策上，我认为要允许一部分地区、一部分企业、一部分工人农民，由于辛苦努力成绩大而收入先多一些，生活先好起来……就必然产生极大的示范力量……带动其他地区、其他单位的人们向他们学习。这样，就会使整个国民经济不断的波浪式地向前发展，使全国各族人民都能比较快地富裕起来。”②

---

① 高国力：《区域经济不平衡发展论》，经济科学出版社，2008，第154页。

② 《邓小平文选》第2卷，人民出版社，1994，第152页。

1984 年，邓小平在视察深圳、珠海、厦门经济特区后，更坚定了让一部分地区先富起来的思想。1988 年，邓小平将沿海和内地之间的关系概括为“两个大局”思想，即“沿海地区要加快对外开放，使这个拥有两亿人口的广大地带较快地先发展起来，从而带动内地更好地发展，这是一个事关大局的问题。内地要顾全这个大局。反过来，发展到一定时候，又要求沿海拿出更多力量帮助内地发展，这也是个大局。那时沿海也要服从这个大局。”①

1992 年，邓小平在南方谈话中进一步提出，“走社会主义道路，就是要逐步实现共同富裕。共同富裕的构想是这样提出的：一部分地区有条件先发展起来，一部分地区发展慢点，先发展起来的地区带动后发展的地区，最终达到共同富裕。”② 邓小平同志的这些创造性的思想及观点，对我国当时区域经济发展战略的制定产生了很大影响。

具体到我国区域发展实践来说，改革开放后特别是进入 20 世纪 80 年代以后，为了适应对外开放的需要和弥补“均衡发展”的不足，并基于东南沿海地区率先对外开放的实际情况，我国开始摒弃地区均衡发展战略，重点实施非均衡发展战略，将发展重点转向沿海地区，并在财政、税收、外资利用、外贸、金融等方面，对沿海地区特别是沿海率先开放的经济特区、开放城市和经济开发区给予一定的政策优惠。这种区域非均衡发展战略承认区域经济发展不平衡存在的客观性，反对在生产要素的空间配置上对各地区采取平均主义做法，主张遵循并利用不平衡发展规律，根据各地区的要素禀赋特点和经济发展条件，实行有区别、有重点、有选择的不平衡发展战略。具体来说，这一阶段又可分为以下几个时期。

“六五”期间（1981～1985 年），国家计划专门列出地区经济发展计划篇，将全国分为沿海地区、内陆地区和少数民族地区，投资和布局重点向沿海地区倾斜。这一时期国家对东部的资金投入首次超过中西部，达到 47.7%，中、西部地区分别为 29.3% 和 17.2%，东部地区超过中、西部地区之和。③ 另外，中央于 1980 年 5 月正式作出了在深圳、珠海、汕头和厦门设立经济特区的决定。以此为起点，沿海地区的对外开放区域逐步扩展。1984 年 2 月，中央决定开放沿海

---

① 《邓小平文选》第 3 卷，人民出版社，1994，第 277 页。

② 《邓小平文选》第 3 卷，人民出版社，1994，第 373～374 页。

③ 郭岚：《中国区域差异与区域经济协调发展研究》，四川出版集团巴蜀书社，2008，第 93 页。

的天津、上海、大连、秦皇岛、烟台、青岛、连云港、南通、宁波、温州、福州、广州、湛江、北海共14个港口工业城市。1985年2月，珠江三角洲、长江三角洲和闽南三角洲区域又被确定为经济开放区。国家对东部地区的倾斜性投资，以及经济特区、沿海开放城市和沿海经济开放区及相应优惠政策的实施，为沿海地区的快速发展注入了活力。

“七五”期间（1986～1990年），中央进一步把区域经济发展的政策目标明确为由东向西推进、效率优先、非均衡发展的战略思想，目的是使东部地区利用自身在经济基础、地理位置等方面的优越性率先发展起来，并由东向西逐步梯度推进，最终带动区域经济的均衡发展。1987年12月，中央提出了沿海地区经济发展战略，并强调要以三个方面为重点：一是沿海地区大力发展外向型经济，积极参加国际交换和竞争，扩大产品出口；二是积极扩大劳动密集型产品与技术密集型产品的出口，大力发展三资企业；三是加强沿海与内地的横向经济联系，带动整个国民经济发展。

同时，国家进一步扩大沿海开放范围，设立海南经济特区，随后又作出了开发上海浦东的决定，全国生产力布局进一步向东部沿海地区倾斜。这一时期，全社会固定资产投资总额中，东部沿海省份占50.92%，沿海与内地的投资份额之比达到1:0.79。向沿海地区倾斜的区域政策，使沿海地区的比较优势得到充分发挥并快速发展，其经济增长率在全国持续保持领先水平。但与此同时，由于这一时期国家对中西部地区的投资及援助相对减弱，中西部地区发展速度缓慢，东部地区与中西部地区的差距逐步加大。

“八五”期间（1991～1995年），我国沿海发展战略布局的重点开始由“珠三角”向“长三角”转移，中央作出了“开发上海浦东，带动长江三角洲和整个长江流域地区经济发展”的重大战略决策，使沿海地区的对外开放由南向北推进，东部沿海地区出现了新一轮对外开放高潮，并形成了全方位对外开放的格局。同时，中央也开始注意地区差距逐步扩大的问题。1992年，中央提出并实施由沿海、沿江、沿边、沿线向内陆纵深推进的全方位开放布局，批准长江沿岸28个城市和8个地区以及东北、西南和西北地区的13个边境城市对外开放，内陆省会城市全部开放，形成了“经济特区—沿海开放城市—沿海经济开放区—沿江沿线沿边开放城市—内地经济特区”逐步推进的梯次开放开发格局。这一时期，中央虽然也扩大了中西部地区地方政府在外贸、财政、金融等方面的自主权，并开始酝酿制定国家扶贫开发政策和民族地区政策，但对东部地区的基本建设投资仍然远远超过中西部地区。另外，随着我国市场经济机制的初步建立，市场机制开始发挥作用，外商投资仍较多地向东部地区集中。在二者的共同作用下，中西部地区与东部沿海地区的差距进一步扩大。

我国改革开放后区域非均衡发展战略的实施，一方面确立了地方政府作为区域调控主体和区域利益主体的职能和地位，调动了地方发展经济的主动性和积极性，增强了沿海地区的经济活力，加快了沿海地区经济发展的步伐；另一方面也使我国区域经济发展重新陷入严重失衡的状态，使国民经济面临一系列的区域性问题和矛盾。这些矛盾主要表现为：空间比例失调、东中西三大经济地带间的差距进一步扩大，区域经济发展不平衡加剧；区域分工模糊，区域经济结构严重趋同；区域关系紊乱，区域间贸易摩擦和资源争夺战时有发生；地方政府行为失控，中央与地方之间矛盾加剧等。其主要矛盾集中表现为三大经济地带的经济增长趋于明显的不平衡，尤其是20世纪80年代以后，东部经济增长速度明显快于中西部地区。这种增长速度的差距，不仅导致了当时地区之间的差距，更重要的是还会进一步影响到以后地区间的发展，从而造成以后地区间更大的发展差距。

改革开放后至“八五”期间，三大经济地带的国内生产总值年均增长速度的对比见表10－1。

表10－1　1979～1995年三大地带国内生产总值年均增长速度

单位：%

	东部地区		中部地区		西部地区	
	年均增长率	相对增长率	年均增长率	相对增长率	年均增长率	相对增长率
1979～1980	8.25	1.00	9.13	1.11	8.61	1.04
1981～1988	10.81	1.00	9.65	0.89	9.87	0.91
1989～1991	5.08	1.00	3.09	0.61	5.35	1.05
1992～1995	16.93	1.00	14.09	0.83	11.40	0.67
1979～1995	10.87	1.00	9.42	0.87	9.26	0.85

资料来源：魏后凯等：《中国地区发展——经济增长、制度变迁与地区差异》，经济管理出版社，1997。

我国开始实行经济体制改革和对外开放以来，随着市场经济体制的确立和不断完善，市场对资源配置的基础性作用不断加强，东部和中西部地区在生产要素报酬上出现差异，导致西部地区资金、技术、劳动力等不断流向东部地区，生产力分布进一步向东部沿海地区集中，这使我国地区之间差距呈现出逐步扩大的态势。从三大经济地带国内生产总值在全国所占比重来看，20世纪80年代以来，中西部国内生产总值所占比重基本呈不断下降之势，而东部国内生产总值所占比重则呈逐渐上升之势，东部与中西部差距进一步扩大。三大地带国内生产总值占全国国内生产总值的比重见表10-2。

表10-2　三大地带国内生产总值占全国国内生产总值的比重

单位：%

年份	1978	1980	1986	1988	1990	1991	1992	1993	1994	1995	1996
东部	52.6	52.3	53.1	54.2	53.8	55.1	56.6	57.9	58.4	58.3	57.92
中部	31.1	31.4	30.9	29.9	29.9	28.7	27.7	27.2	27.2	27.5	27.98
西部	16.3	16.3	16.0	15.9	16.3	16.2	15.7	14.9	14.4	14.2	14.10

资料来源：根据魏后凯等的《中国地区发展——经济增长、制度变迁与地区差异》（经济管理出版社，1997）、刘建国的《我国地区差异扩大的成因及区域政策的协调》（中国人民大学复印报刊资料《区域经济、城市经济》1998年第6期）整理。

二　改革开放后关于区域非均衡发展战略的争论

改革开放后的30年是我国区域经济发展最快的时期，也是对区域经济发展战略的研究最为活跃的时期之一。围绕我国区域经济发展战略的制定及实施，在学术界涌现出很多曾经产生较大影响的观点及争论。总的来说，当时的非均衡发展战略主要以梯度推移论、反梯度推移论、点轴发展战略等为代表。① 这些观点，不但推动了我国区域经济的发展，而且丰富了我国区域经济的理论研究，其中的许多见解及研究中的经验教训，都值得我们认真学习、思考和借鉴。

梯度推移论是自20世纪80年代以来对我国区域政策和实践影响较大的区域经济发展理论之一。这种理论认为，中国的经济发展客观上存在着东部、中部和西部三大地带，这三大地带由于地理位置、劳动力素质、科技水平、经济基础的差异，形成一种经济技术梯度，有梯度就有空间推移，生产力的空间推移应从不同区域梯度的实际情况出发，首先让有条件的高梯度地区——东部沿海地区引进资金和先进技术，然后依次向第二梯度、第三梯度——中西部内陆地区转移。

① 李世华、孙钱章：《中国区域经济的现状与前瞻》，光明日报出版社，1996。

随着经济发展推移速度的加快，逐步缩小地区间差距，实现区域经济布局的相对均衡。梯度战略实际上是一种以“效率优先”为基本指导思想的区域发展战略，所以这一理论提出后在学术界引起广泛争论。尤其是伴随梯度推移战略的实施，从20世纪80年代末到90年代初，经济发展并未出现梯度推移理论所期望的那种由东部向西部推移的趋势，东部沿海地区与中西部内陆地区经济发展的差距反而进一步扩大，并成为困扰我国经济发展的一个突出问题，梯度推移论的影响逐渐减弱。

反梯度推移论从一开始就是作为一种与梯度推移论针锋相对的观点而产生的。该理论认为，我国生产力水平呈东、中、西三级梯度态势是客观的事实，但不是生产力布局必须遵循的规律。因为现有生产力水平的梯度顺序，不一定就是采用先进技术和经济开发的顺序。落后的低梯度地区，只要政策得当，措施有力，也可以直接引进、采用世界最新技术，发展自己的高技术，实行超越发展，然后向二级梯度、一级梯度地区进行反推移。这种观点认为，21世纪中叶前的这段时期，是我国原材料消耗量增长率最高的时期，巨大的矿物、原材料需求主要靠进口是不行的，国家产业结构发展必须向矿物、原材料工业倾斜，确保它的优先发展。我国内地能源、矿产资源丰富，产业发展向能源、原材料工业倾斜在客观上也要求区域发展向资源丰富的内地倾斜，而梯度推移论无论作为对中国生产力状况的实证性描述，还是作为中国工业发展的规范性指导，其局限性和片面性都是很明显的。这种观点还进一步指出，梯度推移论将投资重点放在东部沿海地区，将市场大幅度向该地区倾斜，必然阻碍全国统一市场的建立，并使区域市场壁垒有进一步强化之势。

点轴开发论认为，生产布局不但表现为各产业在各地的分布，而且还表现为产业在点、线、面上的分布与组合，从而形成多种类型的产业城市、产业基地、产业带、经济密集区和多层次的经济区域。自大机器工业出现以后，产业布局特别是第二产业布局的主要特征就是：由分散转向集聚，利用“集聚效益”，形成“生长点”，并通过辐射扩散，由“点”到“面”；各产业基点依靠水陆交通运输干线、输电线路和通讯网络，联“点”成“带”。产业带、城镇带纵横交织，进一步组成多层次的经济网络。按照上述途径，产业布局沿着分散—聚集—再分散的轨迹螺旋式展开。

除了上述几种理论外，还存在“一个半”重点论、“四沿”展开论、“T”形或“H”形布局论等区域发展理论。“一个半”重点论认为，我国生产力分布的现状可以分为四条线：一线为辽宁、河北、北京、天津、山东、江苏、上海、浙江、福建、广东、海南、广西12个地区，二线为黑龙江、吉林、内蒙古、山西、安徽、江西6个地区，三线为云南、贵州、四川、陕西、甘肃、湖南、湖北、河南、宁夏9个地区，四线为新疆、青海和西藏3个地区。这四线的生产布局呈波浪形态势，一线最高，二线较低，三线较高，四线最低，其中一线和三线是我国工业发展的主体骨架。因此东部和西部的三线部分是区域经济发展重点，应采取“一个半”重点的发展战略模式，逐渐展开。“四沿”展开论是指以沿海、沿江、沿京广线、沿陇海兰新线构成了四条纵横交错的经济地理带，我国生产力布局应以“四沿”地带为主体展开。“T”形战略是指以沿海和沿江作为经济发展主轴，组成国土开发和区域经济发展的“T”字形结构。“H”形战略是指以东部沿海地区作为右边一竖，西部的三线地区及兰新——北疆铁路沿线作为左边一竖，陇海线和长江流域之间的广阔地带作为中间的一横，构成一个“H”形架构，实现生产力的合理布局。

以上这几种非均衡区域战略主张尽管存在很大的差异，但都强调我国区域差异存在的客观必然性和我国生产力布局的基本特征，强调区域经济要非均衡地发展。我国改革开放前期在区域经济发展中实际上重点推行的是梯度推移战略，采取优惠政策促进东部地区开发，并通过东部地区的优先发展实现逐步向中、西部的推移。但从实际效果来看，这种非均衡发展战略在推动东部地区快速发展的同时，也带来了东西部地区差距扩大、区域经济封锁、地区间利益冲突和矛盾逐步加剧等一系列问题，这表明在我国这样一个地域辽阔的大国，不可能单纯靠区域非均衡发展战略来实现经济的整体发展。

第三节 “九五”后尤其是21世纪以来区域协调发展阶段

伴随着地区间发展差距的逐步扩大和矛盾的加剧，经济学界和政府有关部门开始反思区域非均衡发展战略的得失，在区域经济发展战略制定中开始更注重区域协调发展战略。区域协调发展战略吸收了新中国成立后30年均衡发展和改革开放后20多年非均衡发展两种战略的优点，并克服其缺点，在保证各区域协调发展的同时，突出重点，兼顾全局，对那些资源丰富、基础较好、对重点产业的发展具有优势的地区适度倾斜，把区域发展的公平与效率结合起来，实现区域之间的协调与互补。

早在1995年9月，中共十四届五中全会在《中共中央关于制定国民经济和社会发展“九五”计划和2010年远景目标的建议》中，就明确提出“坚持区域经济协调发展，逐步缩小地区发展差距”，这标志着我国区域发展战略由非均衡战略向均衡战略的正式转变。1997年9月，中共十五大报告指出，要“促进地区经济合理布局和协调发展。东部地区要充分利用有利条件，在推进改革开放中实现更高水平的发展……中西部地区要加快改革开放和开发，发挥资源优势，发展优势产业。国家要加大对中西部地区的支持力度……鼓励国内外投资者到中西部投资。进一步发展东部地区同中西部地区多种形式的联合和合作……从多方面努力，逐步缩小地区发展差距。”

1999年9月，中共十五届四中全会通过了《中共中央关于国有企业改革和发展若干重大问题的决定》，提出西部大开发战略，并提出“国家要通过优先安排基础设施建设、增加财政转移支付等措施，支持中西部地区和少数民族地区加快发展。国家要实施西部大开发战略。中西部地区要从自身条件出发，发展有比较优势的产业和技术先进的企业，促进产业结构的优化升级。东部地区要在加快改革和发展的同时，本着互惠互利、优势互补、共同发展的原则，通过产业转移、技术转让、对口支援、联合开发等方式，支持和促进中西部地区的经济发展。”2002年，中共十六大报告又提出，“促进区域经济协调发展”，“加强东、中、西部经济交流和合作，实现优势互补和共同发展，形成若干各具特色的经济区和经济带”。中央也逐步形成了区域协调、均衡发展的战略思路。

具体来说，为了加快区域协调发展，中央先后提出了西部大开发、振兴东北老工业基地、中部崛起、东部率先发展等战略。

一　西部大开发战略

1999年，中央明确提出对西部进行大开发的战略决策。2000年1月，国务院组成了以朱镕基总理任组长、温家宝副总理任副组长、国务院和中直19个相关部委主要负责人参加的西部地区开发领导小组。1月19～22日，国务院西部地区开发领导小组在京召开西部地区开发会议，研究加快西部地区发展的基本思路和战略任务。按照西部大开发的战略目标，经过21世纪最初的10年，要促进西部地区经济又好又快发展，人民生活水平持续稳定提高，基础设施和生态环境建设实现新突破，重点地区和重点产业的发展达到新水平；到21世纪中叶，从根本上改变西部地区相对落后的面貌。其具体措施包括：加快基础设施建设，加强生态建设和环境保护，积极调整产业结构，加快发展科技教育和人才培养，加快西部地区改革和对内、对外开放的步伐等。

开始实施西部大开发战略以后的五年中，中央财政性建设资金累计投入4600亿元，财政转移支付和专项补助累计5000多亿元。国家投入带动了社会投入，西部地区全社会固定资产投资年均增长20%左右。国民经济发展逐年加快。2005年，我国西部地区GDP达到3.33万亿，比2000年翻了一番，年均增长10.6%，但西部地区落后于东部地区的状况仍未改变。1978~2005年，东部GDP所占全国比重已提高了11.8个百分点，而包括西部在内的其他区域所占比重却均有不同程度的下降。

二　振兴东北老工业基地战略

2003年3月，按照中共十六大精神，国务院把加快东北地区等老工业基地调整、改造和振兴列入重要议程，根据"东西互动，协调发展"的思想，着手开展这项工作。振兴东北等老工业基地的主要任务包括：一要继续从战略上调整经济结构，包括调整产业结构、调整所有制结构、调整国有经济结构，这是振兴老工业基地的主线和基础；二要切实加强企业技术改造，这是振兴老工业基地的重要环节；三要努力实现全面、协调和可持续发展，这是振兴老工业基地的长远大计；四要积极搞好就业和社会保障体系建设，这是振兴老工业基地的重要保证；五要加快发展科技教育事业，这是振兴老工业基地的重要条件；六要大力推进改革开放，这是振兴老工业基地的强大动力。

振兴东北老工业基地战略实施以来，取得了突出的成就。东北地区国有企业产权制度改革迈出了实质性的步伐，企业改组取得了突破性的进展，非公有制经济发展势头良好。工业企业联合重组步伐加快、优势产业进一步发展壮大，振兴战略和确定的重要产业快速增长。资源型城市转型取得了新的进展，阜新以农产品加工为主的产业基本形成；大庆在发展石油产业的同时，大力发展非油经济产业，产业结构不断优化。对外开放进程加快，利用外资快速增长，外贸结构不断优化。基础设施建设成就明显。生态环境建设进展显著，矿区生态治理初见成效。东北地区经济社会发展出现了良好的态势，全面振兴东北老工业基地的政策开始显现成效。

三 中部崛起战略

中部崛起针对的是“中部塌陷”现象。2004年3月，温家宝总理在政府工作报告中，首次明确提出促进中部地区崛起。2004年12月，中央经济工作会议再次提到促进中部地区崛起。2005年3月，温家宝总理在政府工作报告中提出，“抓紧研究制定促进中部地区崛起的规划和措施。充分发挥中部地区的区位优势和综合经济优势，加强现代农业特别是粮食主产区建设；加强综合交通运输体系和能源、重要原材料基地建设；加快发展有竞争力的制造业和高新技术产业；开拓中部地区大市场，发展大流通。国家要从政策、资金、重大建设布局等方面给予支持。”

国家有关部门制定了多个方面的政策来支持中部崛起。一是加大对粮食主产区农业的投入力度，包括支持农产品生产基地和农业产业化体系的建设，加大对农田水利基础设施建设的投入，适当增加对粮食主产区粮食的风险基金的补助，支持粮食批发市场的建设等；二是指导和支持中部六省以中心城市和交通要道为依托，加快发展城市群、经济带等经济密集区；三是支持中部六省加快结构调整，促进新型工业化的进程；四是放宽对外开放的权限，统一对外开放政策，增加外商的选择余地；五是支持中部六省基础教育的发展，建立中央、省、县三级财政对农村基础教育投入的合理分担机制，在实行以县为基础的同时，中央和省要加大投入比重，加大对劳动力的培训力度，充分发挥中部劳动力资源的优势。

中部崛起战略实施以来，中部六省呈现竞相发展、活力增强的发展态势，中部地区的综合竞争力也不断增强。2005年，中部地区的GDP为3.7万亿元，占全国GDP的份额为20.3%；2008年，河南、湖南、湖北三省的GDP已经超过万亿元。在全国13个GDP过万亿元的省（区、市）中，中部占据三席。中部地区经济发展潜力有效释放，经济增长持续领先，城市化、工业化步伐加快，一直处于经济快速增长期，增速明显高于东部地区；面对国际金融危机，2008年，中部各省的GDP增速大都高于全国9%的平均增速，保持了较平稳的发展态势。与此同时，社会消费品零售总额、进出口总额、财政收入等反映区域竞争力综合绩效的关键指标的增幅均高于全国平均水平。①

① 佚名：《中部崛起取得积极成效》，http://paper.ce.cn/jjrb/html/2009-04/09/content_60733.htm。

四 东部率先发展战略

东部沿海地区区位优势明显，经济实力雄厚，基础设施比较完善，对外开放程度大，科技教育发达，人才资源丰富，具有继续率先发展的优势和条件。东部地区率先发展，再上一个新的台阶，有利于带动全国经济持续较快发展，有利于促进东中西互动，实现优势互补、共同发展。因此“十五”计划纲要中提出，“进一步发挥环渤海、长江三角洲、闽东南地区、珠江三角洲等经济区域在全国经济增长中的带动作用。”

中共十六届三中全会也进一步指出，“要加强对区域发展的协调和指导，鼓励东部有条件的地区率先基本实现现代化。”东部率先发展的重点，是东部地区要在体制创新、科技创新、对外开放和经济发展中继续走在前列，有条件的地方要争取率先基本实现现代化。优化产业结构，优先发展高新技术产业、现代服务业和出口产业。发展外向型经济，广泛参与国际经济竞争。促进经济特区和浦东新区的创新优势，进一步发挥环渤海、长江三角洲、闽东南地区、珠江三角洲等经济区域在全国经济增长中的带动作用。发展黄河三角洲高效生态经济。东部地区在率先发展的同时，要加强与中西部地区的全方位的经济技术合作，支持并参与西部开发，更好地发挥对中西部地区的辐射带动作用。

2003 年 10 月召开的中共十六届三中全会提出了科学发展观，提出了五个统筹，即“统筹城乡发展、统筹区域发展、统筹经济社会发展、统筹人与自然和谐发展、统筹国内发展和对外开放”。把统筹区域发展放在重要地位，标志着统筹发展已成为我国区域经济发展的重要指导思想。2005 年 10 月 11 日，十六届五次会议通过了《中共中央关于制定国民经济和社会发展第十一个五年规划的建议》，明确了促进区域协调发展的新思路和新机制，标志着我国区域协调发展进入了一个新阶段。该建议不仅提出要打破行政区域界限、健全市场机制与合作机制，而且提出要通过公共服务均等化、促进生产要素自由流动、加大对欠发达地区的扶持力度等手段，来实现区域协调发展。并提出了按功能区划来确定不同地区发展思路，即根据不同地区的资源环境承载能力和发展潜力，确定优化开发、重点开发、限制开发和禁止开发的不同要求，逐步形成经济社会与人口资源环境相协调的各具特色的区域发展格局。

2007 年 10 月，胡锦涛同志在中共十七大的报告中提出，要“推动区域协调发展，优化国土开发格局。缩小区域发展差距，必须注重实现基本公共服务均等化，引导生产要素跨区域合理流动。要继续实施区域发展总体战略，深入推进西部大开发，全面振兴东北地区等老工业基地，大力促进中部地区崛起，积极支持东部地区率先发展。加强国土规划，按照形成主体功能区的要求，完善区域政策，调整经济布局。遵循市场经济规律，突破行政区划界限，形成若干带动力强、联系紧密的经济圈和经济带。重大项目布局要充分考虑支持中西部发展，鼓励东部地区带动和帮助中西部地区发展。加大对革命老区、民族地区、边疆地区、贫困地区发展扶持力度……更好地发挥经济特区、上海浦东新区、天津滨海新区在改革开放和自主创新中的重要作用。”

可以看出，在科学发展观的指导下，我国区域经济协调发展战略更注重统筹区域效率与公平，更注重因地制宜、实现均衡与非均衡发展的合理结合，更注重中央政府的宏观调控及其在区域协调发展中的主导作用，做到了既突出重点，又兼顾全局，以实现区域经济协调发展。

第四节　我国区域经济发展的经验和启示

新中国成立60年来，我国区域经济发展战略经历了从区域均衡发展战略、区域非均衡发展向区域协调发展战略的转变。我国目前的区域经济发展格局，不仅表现为东部率先、西部崛起、东北振兴、西部开发四大板块的协调发展，而且形成了全国一盘棋、东中西部互动、优势互补、相互促进、共同发展的区域经济格局，这是党中央在科学发展观指导下，根据各地所处的不同发展阶段而提出的促进区域协调发展的战略。实践证明，上述战略的相继实施，在促进区域协调发展方面发挥了积极作用，使地区发展差距继续扩大的趋势得到了遏制。

但是也要看到，在我国区域经济发展中仍然存在各种困难与矛盾，包括区域经济差距的客观存在、地区要素禀赋与比较优势的不同、因为国土辽阔不可能实行“一刀切”的发展战略等。所以，我们必须审时度势、实事求是地分析区域经济发展中的实际情况，根据区域经济发展规律，对产业、财政、货币等政策适时进行引导与调整。一方面要通过区域规划和政策，引导和调动地方的积极性，形成各具特色的区域经济；另一方面要进一步打破行政分割，健全市场经济机制，努力促进公共服务均等化，完善区域合作机制，促进生产要素在区域间的自由流动，鼓励、支持各地区开展多种形式的区域经济协作和技术、人才合作，形成东中西共同发展的区域发展格局。

回顾新中国成立60年来区域经济发展的道路，我们可以得出以下几点启示。

一　必须坚定不移地实施区域协调发展战略

在中国这样一个人口众多、地域辽阔的发展中国家，地区发展的政策目标应是在兼顾公平的同时最大限度地保持国民经济的高速增长。因此，应给予各地区以平等竞争、平等发展的机会，充分发挥各地区的比较优势，促进各地区的发展。但是，也应适当调节区域间发展的差异，逐步缩小地区差距，体现公平原则，最终实现共同富裕。这就要求把非均衡发展与协调发展两方面相结合，做到两者的合理兼顾。在保持东部地区迅速发展势头的同时，在中西部地区培育新的增长极或增长带，采取有效措施促进中西部的发展。逐步在全国形成适应市场经济要求、具有高度生产力水平的点、线、面相结合的区域经济网络，以“全国一盘棋”的思想和布局，促进国民经济的协调发展。

具体来说，就是在继续发挥东部优势，促进东部地区率先发展的同时，在基础设施建设和投资等方面对中西部地区进行适度倾斜，优先在中西部地区安排资源开发和基础设施建设项目，引导资源加工型和劳动密集型产业向中西部地区转移，进一步加快中西部地区改革开放步伐，引导外资更多地流向中西部地区，并通过加强东部沿海地区与中西部地区的经济联合与合作，实现生产要素禀赋和产业结构等方面的优势互补和地区协调发展。

二　在区域经济发展中必须充分发挥各地区的比较优势

由于各地区在资金、劳动力、自然资源等方面有着极大的差别，经济基础和产业条件也不一样，因此在确定区域经济发展战略时不能搞“一刀切”，应该按照因地制宜的原则，根据当地实际情况找出自己的突出优势，以比较成本的高低作为确定发展战略的重要标准，根据当地比较优势的变化来不断调整发展战略。

东部地区具有地理位置优越、经济基础雄厚、产业结构层次较高和资金、人才、技术要素丰裕等优势，应以经济特区、开放城市、开放地带为依托，继续实行“外引内联”，不断吸收国外先进技术和管理经验，进一步调整、优化产业结构，大力发展高技术产业，利用先进技术改造传统产业，同时也要加强地区间的横向协作。

中西部地区矿产资源丰富、劳动力众多，应在合理规划的基础上，重点搞好

基础设施建设，开发能源、原材料工业，发展资源密集型、劳动密集型产业，提高资源加工能力和深度，并根据各地实际情况不断优化产业结构，提高产业技术水平；还要加快农牧业的发展和农业产业化进程，大力发展农副产品加工业和乡镇企业，通过政府组织、市场引导和农户自发组合等多种手段，提高农业的增值能力和比较利益；在提高自我资金积累能力的同时，积极加快对外开放步伐，充分利用投资区域逐步向西移的态势和各种有利机会引进资金、人才和技术，通过提高教育投入等措施大力发展文化教育事业，提高劳动力素质，促进整体竞争力的提高。

三　大力促进生产要素跨区域合理流动，推动生产要素在地区间的优势互补

劳动力、资金、技术等要素在地区的频繁流动是区域经济系统开放性的表现形式之一。这种流动对地区间的比较优势具有直接影响，要素流动改变了各地区生产要素的供求比例，从而使有关地区的要素赋存优势或劣势发生变化。由于极化效应和回程效应的作用，在区域经济发展的前期，生产要素会向发达地区聚集，从而会进一步削弱落后地区的竞争力。

我国改革开放以来出现的人才、资金大批流向东南部地区的现象，在很大程度上就是极化效应和回程效应共同作用的结果。为此，有些地区曾在劳动力流动等方面制定封闭性政策，如对外来劳动力就业收取各种名目的费用、不准技术人才流出等措施以阻止生产要素的流出或流入。但生产要素根据地区赋存和价格差异进行流动是市场经济条件下的必然规律，因此，在各种不合理政策的扼制下仍然有职工辞职到另一个地方就业，资金和技术在地区间流动等生产要素流动的现象仍然大量发生。

但是，我们应该看到，在存在极化效应和回程效应的同时还存在扩散效应，例如，发达地区向落后地区投资可以弥补落后地区的资金缺口，改善落后地区经济发展的基础条件；发达地区的人才、技术向落后地区扩散，也会进一步提高落后地区的发展条件。事实上，随着自对外开放以来外商在东部地区直接、间接投资数量的增加，东部地区尤其是东南部地区已开始不同程度地出现工人工资上升、土地费用提高、交通运输紧张等外部不经济的现象，外商投资也开始向中西部转移。

因此，应充分认识到生产要素流动对于缩小地区差距的重要意义，大力促进

生产要素在地区间的流动。改革开放以来，生产要素的流动比前些年有了较大增长，但从总体来看，还不成熟，主要表现为：流动规模小，流向较为单一，大多由中西部地区流向东南部地区，反向的流动则很少；生产要素市场发育不完善，地区保护主义严重，生产要素流动障碍重重等。应采取各种措施促进生产要素的双向流动，促进东西部地区的经济合作与交流，实现区域优势互换，在资源开发、技术创新、人才培养、资金流动、信息服务等方面形成优势互补，实现区域经济协调、共同发展的良性循环。

四　继续实施西部大开发战略，进一步扩大中西部地区的对外开放，并适度加大对中西部地区的政策倾斜

要缩小地区差距，不能靠扼制东部先进地区的发展，只能靠西部地区的加速增长。因此，在今后相当长的时期内应继续实施西部大开发战略，加大对中西部的投资力度，重点加强中西部地区的交通、通信、水利、能源等基础设施建设。基础设施是经济能否快速发展的重要条件，我国中西部地区交通不便，信息不灵，其资源优势难以发挥出来。所以，加快中西部地区发展首先要在基础设施上下工夫，目前应对金融危机、刺激内需的措施中，国家应继续加大对中西部地区的财力支持，除了国家财政的适当补助外，还要在投、融资和利用外资政策上给予优惠和扶持。在财政政策上，要在基本公共服务均等化的基础上，进一步加大对西部地区的中央财政转移支付制度，继续增加对中西部地区特别是贫困地区的财政支持，以逐步缩小中西部地区与东部地区的差距。

五　充分发挥中心城市作用，以特大城市为依托，形成辐射作用大的城市群

城市作为地区经济中心，往往是周围地区的增长极或增长点，对周围地区的发展起着明显的扩散效应。因此，区域经济发展的重点是以城市作为增长点带动周边地区发展，根据地域分工以城市为核心形成产业带。要大力推进区域城市化进程，充分发挥大、中城市的扩散作用。同时，在统筹城乡和区域发展、西部大开发中，要注重小城镇的作用，采取措施加快小城镇的发展。小城镇作为城市和乡村的结合点，一方面可以作为扩散对象从大中城市的扩散效应中受益；另一方面还会成为新一轮极化效应、聚集效应的增长极和聚集点，对周边农村发挥聚集效益和规模效益，在农村城市化和农业产业化进程中起到龙头作用。对于中西部

地区来说，应把城市化、工业化进程和城乡统筹结合起来，把工业化进程与乡镇企业的发展结合起来，选择一批经济基础较好、地处交通运输枢纽地位或资源产地的中等城市重点加以扶持，扩大、提高其扩散能力和带动能力；同时切实加强农村小城镇建设，合理规划、布局，以小城镇发展带动当地经济的起飞。

六 遵循市场经济规律，突破行政区划界限，积极推进区域经济合作

由于历史、地理、社会、文化、经济基础等方面的原因，各地在生产要素、产业结构方面具有很强的差异性和互补性，这就为地区间的协作提供了必要的条件和充分的机遇。在市场经济条件下，地区间合则共赢，分则共损。经济区域与行政区划的最大区别，是经济区域是基于市场作用由于各区域在地理位置的相邻性、生产要素的差异性和产业结构的互补性而形成的协作性经济系统，具有开放性的特征。加强地区间的相互协作是经济区域形成的基础和目的。

目前，东部地区正处于由传统的劳动密集型为主的产业向资本密集型、技术密集型产业转换的阶段，工业过度密集带来的能源不足、水资源短缺、原材料紧张等外部不经济的现象，已使东部地区失去其在劳动密集型产业方面的比较优势，迫使其必须将部分产业尤其是劳动密集型产业向中西部转移，以拓宽市场和发展空间。中西部地区矿产资源丰富、劳动力众多，与东部经济存在一定梯度，非常适合作为接力对象接受转移产业，进行产业结构升级。因此，东部与中西部地区可以通过经济合作，发挥各自优势，实现互惠互利，联动发展。国家应制定相关政策，支持和引导双方加强协作，鼓励东部地区向中西部投资，尤其要注重发挥企业集团在推动区域经济合作和发展中的主体性作用，通过企业的兼并、联合等多种手段，实现跨区域合作。

七 加快发展民营经济

从我国改革开放以来的经济发展历程可以看出，民营经济的迅速发展是推动地区经济高速增长的重要力量。广东、浙江等地区的县域经济之所以发展快，就是因为有一大批规模效益好、技术水平高、竞争力强的民营企业；而中、西部地区一些县市经济发展之所以落后，也是落后在民营经济发展缓慢上。改革开放以来，民营经济总体上有了较快发展，成为推动各地经济发展的一支重要力量。但总的来看，民营经济发展实力还不够强，企业规模还不够大，名牌产品还不够

多，技术水平还不够高。

因此，各地应进一步解放思想，毫不动摇地从政策上、体制上保护、鼓励、支持和引导民营经济的发展。紧紧抓住服务这个核心，全方位打造鼓励民营经济发展的良好环境，坚决治理视民营经济为“唐僧肉”的“吃拿卡要”行为，努力搞好设施服务、金融服务、信息服务、培训服务，积极帮助民营企业提高管理水平，逐步实现由家族式企业向现代公司制企业的过渡，把民营企业做大做强，使民营经济继续在区域经济发展中发挥重要作用。

参考文献

[1]《毛泽东文集》第7卷，人民出版社，1999。

[2]《邓小平文选》第2~3卷，人民出版社，1994。

[3] 陈宣庆、张可云：《统筹区域发展的战略问题与政策研究》，中国市场出版社，2007。

[4] 戴宏伟等：《城乡统筹与县域经济发展》，中国市场出版社，2005。

[5] 高国力：《区域经济不平衡发展论》，经济科学出版社，2008。

[6] 戈银庆：《中国区域经济问题研究综述》，《甘肃社会科学》2004年第1期。

[7] 郭岚：《中国区域差异与区域经济协调发展研究》，四川出版集团巴蜀书社，2008。

[8] 胡晓鹏：《不平衡增长格局下中国区域产业发展的实证研究》，上海财经大学出版社，2006。

[9] 金相郁：《中国区域经济不平衡与协调发展》，上海人民出版社，2007。

[10] 李世华、孙钱章：《中国区域经济的现状与前瞻》，光明日报出版社，1996。

[11] 骆许蓓：《论我国区域经济的现状、问题和发展战略》，《生产力研究》1998年第2期。

[12] 魏后凯：《中国区域经济发展的新趋势》，《新华文摘》2002年第10期。

The Road of Coordinated Economic Development among Regions in China

Abstract: The development of the regional economy in China has gone through 3 stages since 1960's. The first stage, a 30-year course from the foundation of People's Republic of China to the initiation of China's reform and opening-up, focused on the domestic construction. A strategy of balanced regional development was implemented in this period. The second stage is from China's reform and opening-up to the eighth Five-year Plan period. A strategy of non-balanced regional development was implemented in this interval with a focus on the construction of the eastern coastal area. The third stage during which a strategy of coordinating development was implemented, from the ninth Five-year Plan period till now, focused on Western Development. This paper analyzes and summarizes the formulations and transitions of these distinctive strategies in each stage. Based on this, this paper also gives some new enlightenment in the end.

Key Words: Regional Economy; Development; Strategy

第十一章
中国科技发展与自主创新道路

王　革*

摘　要：本章对新中国成立60年来不同时期中国科技发展的战略、目标、任务进行了系统梳理，分析了中国自主创新道路产生的背景、基础，提出了中国科技自主创新的方式、目标和任务。并在此基础上，全面总结了60年来中国科技发展的成就和经验。

关键词：第一生产力　科教兴国　自主创新

第一节　新中国科技发展历程

一　迎头赶上，向科学进军

新中国成立初期，我国的科技基础薄弱，全国只有几十个研究机构，几千名研究人员，专门的科研机构和科技人才匮乏，学科不健全，在现代科学技术领域几乎是一片空白。而刚刚诞生的新中国，面临的急迫任务是要尽快改变一穷二白的农业国地位，迅速建立起一个比较完整的工业体系。因此，在科技战略方面，依靠苏联，学习苏联，力争获得一批比较先进的工业技术，建立起中国自己的科学技术队伍。

第一个五年计划期间，中国从苏联引进了156项大型的“交钥匙”项目，同时在国内成立了400多家研究机构，其主要目的是消化吸收引进的产品或技

* 王革，经济学博士，中国科学技术发展战略研究院副研究员，主持并参与了“国家中长期科学和技术发展规划”、“技术预测与产业技术路线图”等多项国家级课题的研究工作。

术。中苏关系破裂后，中国的科技战略从学习、依靠苏联转向自力更生，组织自己的科技力量集体攻关。“文化大革命”时期，由于极“左”思潮的泛滥，中国科技发展战略走了极端：一方面重视经验技能，轻视科学研究的作用；而另一方面则实施对外封闭，将中国的科技发展与世界科技发展相分离。

总体上看，1978 年以前，我国继承了前苏联的科技发展体系，实行的是计划式的科技体系，并且和中国的集中型政治体制和计划型经济体制保持着高度的一致。从 1949 年 11 月中国科学院的成立到 1958 年国家技术委员会的成立，这种体系都是以国家科委和各级地方科委为政府科研主管，以中国科学院系统、高等院校科研系统、产业部门科技系统、国防科技系统和地方科技系统为研究与开发机构 5 路大军，以中国科协、各级地方科协为联系政府与科学家的桥梁。我国采用的科技体系是以计划来推动科技项目和任务，带动技术的转移，企业、科研院所、高校、国防科研等创新主体之间是相互独立的。

这一时期科技发展执行的是赶超战略，其战略目标是要在较短时间内赶上和超过世界先进水平，进入世界科技大国的行列。科技发展战略主要是通过科技规划、国家统包统管的科技管理模式予以实施。1956 年，中共中央提出“赶上和超过世界科学技术的先进水平”的口号，此后又制定了《1956～1967 年科学技术发展远景规划纲要（修正草案）》和《1963～1972 年科学技术发展规划》两个科技发展规划，对科技发展的方针、目标、任务等作了全面部署。

这种集中管理型的科技体制在国际封锁、国内科技资源极度稀缺的特定历史条件下，将有限的资源在短时间内有计划地向战略目标领域动员与集中，这有利于解决国计民生中的一些十分紧迫的问题，并取得了很大的成绩，为新中国成立初期的经济发展和国防工业作出了很大的贡献，最突出的成就是人工合成胰岛素和“两弹一星”的成功研制。在短短十几年间，建立了比较完整的科技组织体系和基础设施，培养了大批优秀人才，为国家的社会、经济发展和国防建设解决了一系列重大科技问题，使我国的科技从整体上大大缩小了与世界先进水平的差距。

但这种集中计划管理体制却存在着固有的弊端，不能充分发挥科研单位的积极性，具体表现在以下几个方面。

（1）科技管理机构权限高度集中。国家在各个层次上都有科技主管部门，他们都接受上级主管部门的指导，完成科技规划的制定、实施，科技资源的配置，科技成果的鉴定、推广等。这种体制的缺点是科研机构被管得过死，缺乏自

主权，不能根据生产的需要和自身优势设立课题，开展研究。

（2）科研机构游离于企业之外，科技作为第一生产力的作用没有得到充分体现。由于条块分割，从中央到地方，各级政府、不同部门都设有自己的科研机构，这些机构设置重复、缺乏横向联系，相当一部分不为产业部门服务，即使是产业部门和地方的科研机构也不为特定企业服务，而设在企业内部的科研机构主要解决应急性生产问题，较少进行超前性、前瞻性研究，产生了科研与生产的“两张皮”现象。

（3）科技管理制度行政化、僵硬化。这种管理制度不符合科学技术的发展规律和科技活动的自身特点，造成科研人员难以流动，科研人员考核和职称评定缺乏竞争机制。

（4）没有独立的科技立法。长期以来，我国科技方面缺乏独立的立法来调整不同部门、不同团体、不同个人之间的关系，只是依靠各级部门下达的政策性和指令性文件规定，而与法规相比，政策文件具有短时效性和多变性，影响了我国的科技发展。

（5）科技体制运行中存在的平均主义。长期以来，对科研机构的考核不运用经济杠杆，不与经济效益挂钩，而是采用一刀切的办法来控制，这样既忽视了不同类型科研机构的差异，也导致了科研机构吃国家大锅饭，与此同时，科研单位内部也没有按贡献大小进行分配，干好干坏一个样，严重挫伤了科研人员，特别是骨干人员的积极性。

二　拨乱反正，迎来科学的春天

1976 年 10 月，“四人帮”被粉碎，“文化大革命”结束。邓小平对时代主题和国际形势进行了科学的分析，指出和平与发展是当今世界的两大主题，而发展又是核心问题。对国际形势和时代主题判断的改变，使我国可以一心一意地搞社会主义现代化建设。要实现现代化，关键是科学技术要上去。因此，新时期的科技发展必须服务于现代化建设的大局，使科技实现由“国防动力”向“经济动力”的转变，这就要求科技战略有一个重大的转变。

以 1978 年 3 月的全国科学大会为标志，我国科技发展进入了一个全新的时期。在这次具有深远历史意义的全国科学大会上，邓小平同志提出了科学技术是生产力、四个现代化关键是科学技术的现代化、知识分子是工人阶级一部分等重要论述，表明党和政府对科学技术作用的认识达到了一个新的高度。此后，党和政府通过平反冤假错案、恢复科技管理机构、加强科技队伍建设、落实知识分子政策等多项拨乱反正政策和措施，恢复和重建科技体系，至1982年底，这一工作基本结束。

1982年12月，中共中央召开了十一届三中全会，确定了“解放思想、实事求是、团结一致向前看”的指导方针，作出了把战略重点转移到社会主义现代化建设上来的战略决策。随着国家对整个国民经济进行的调整，科技工作的方针和政策也开始调整，中共中央提出了“经济建设要依靠科学技术，科学技术要面向经济建设”的科技发展方针，社会与经济发展对科学技术提出了多层次、多元化的需求。

当时，国际上新技术革命浪潮涌动，几乎各门学科领域都发生了深刻变化，科技成果迅速被推广应用，带来了社会生产力的巨大变革，促进了全球的经济增长和产业结构的调整。国家之间的竞争由单一的军事竞争、经济竞争转向以科技为核心的综合国力的竞争。这也要求科技战线必须为经济建设作出自己的贡献，中央提出了“经济建设要依靠科学技术，科学技术要面向经济建设”的科技发展方针，社会与经济发展对科技提出了多层次、多元化的需求。在这种背景下，原有科技体制深层结构中的固有弊端日益显现，科技体制改革势在必行。

三　以“面向、依靠”为指针，推进科技与经济的结合

从1984年起，随着我国改革从农村转向城市，由农业转向工业，中共十二届三中全会通过的《关于经济体制改革的决定》确定了社会主义经济是“公有制基础上的有计划的商品经济”，提出改革的目标是建立具有中国特色的、充满生机和活力的社会主义经济体制。原先科技体制的弊端就日益显现。首先，它是一个封闭的垂直结构体系，科技与经济存在着“两张皮”的现象；其次，没有知识产权的概念，缺少科技成果有偿转让的机制，不利于技术扩散；最后，在科研院所内，国家用行政手段直接管理过多，存在着“大锅饭”的现象，不利于调动科研机构的主动性与积极性。

早在1981年，国务院针对科技发展与经济发展严重脱节的情况，就强调指出，“发展国民经济必须依靠科学技术，科学技术工作必须为发展国民经济服务。现在的问题是要把科学技术的作用切实发挥出来，使它真正成为提高经济效益、促进经济发展的巨大力量。”1982年9月，中共十二大政治报告特别强调了科学技术对经济发展的巨大促进作用，在中国共产党历史上第一次把科学技术列

为国家经济发展的战略重点。1982 年 10 月 24 日，赵紫阳在全国科技奖励大会上代表党中央和国务院做了题为《经济振兴的一个战略问题》的讲话，阐述了“科学技术工作必须面向经济建设，经济建设必须依靠科学技术”的战略指导方针（简称“面向、依靠”方针）。至此，新时期科技发展的战略方针正式出台，成为指导此后 20 余年科技工作，尤其是经济与科技协调发展的基本战略导向。

在这一方针的指引下，1985 年 3 月中共中央发布了《中共中央关于科学技术体制改革的决定》，把科技体制改革的工作提到党和国家的重要议事日程，作为科技战线的首要任务。该《决定》明确提出，体制改革的根本目的是“使科学技术成果迅速地、广泛地应用于生产，使科学技术人员的作用得到充分发挥，大大解放科学技术生产力，促进科技和社会的发展”，并提出全国主要科技力量要面向国民经济主战场，为经济建设服务。科技体制改革的主要内容是：在运行机制方面，改革拨款制度，开拓技术市场，在对国家重点项目实行计划管理的同时，运用经济杠杆和市场调节，使科学技术机构具有自我发展的能力和自动为经济建设服务的活力；在组织结构方面，要改变科研、教育、生产相分离以及军民分割、地区分割的状况，促进科研机构、高等院校、企业之间的协作和联合，加强企业的技术吸收和开发能力，并使各方面的力量形成合理的配置；在人事制度方面，要促进人才的合理流动，树立尊重知识、尊重人才的社会风尚，创造人才辈出，人尽其才的良好环境。该《决定》颁布后的几年里，一些配套的改革措施被逐步实施与推广，科技体制改革工作在全国普遍开展起来。

首先，通过改革科技拨款制度，发展多种形式的科研生产联合体，开拓技术市场，改变科技的运行机制。1986 年 1 月，国务院发布了《关于科技拨款管理的暂行规定》，通过改革拨款制度把一大批技术开发型机构推上了经济建设的主战场，增强了面向经济的活力和动力。到 1989 年，绝大多数科研机构都逐步适应了运行机制的转轨。1988 年 5 月，国务院颁布了《关于深化科技体制改革若干问题的决定》。此后，出现了大量不同层次、不同模式的科研生产联合体，许多科研机构从单纯科研型和封闭状态向科研生产一体化的技术经济实体发展。1987 年 6 月，全国人大常委会审议通过了《中华人民共和国技术合同法》，建立健全了技术开发、技术转让、技术咨询和技术服务等各种技术交易的规范和准则，推动了技术成果的商品化。

其次，通过扩大科研院所的自主权，改革科研机构的组织结构，改革科技人员的管理制度，放宽、放活对科技人员的管理。1986 年，国务院颁布了《关于实行专业技术职务聘任制度的规定》和《关于促进科技人员合理流动的通知》，调动了科技人员的积极性，支持城乡经济建设，推动科技为经济和社会发展服务。1987 年 1 月，国务院又出台了《关于进一步推进科技体制改革的若干规定》，提出国家对科研机构的管理应由直接调控为主转向间接管理，鼓励技术开发型科研机构和科技人员以多种方式进入经济建设的主战场。上述一系列政策的实施，使科技人员部分和结构不合理状况得到调整。到 1989 年，全国 1000 多万科技人员中有 400 多万在生产第一线从事各种技术经济活动，造就了一批新型经营管理人才。

最后，按照"稳住一头、放开一片"的要求，分流人才，调整结构，推进科技经济一体化的发展。以 1992 年邓小平南方谈话为标志，中国经济体制开始迈向社会主义市场经济新阶段。科技体制改革的方向调整为"面向"、"依靠"、"攀高峰"，科技政策的核心体现在"稳住一头、放开一片"。"稳住一头"就是国家稳定支持基础性研究、高技术研究和事关经济建设、社会发展和国防建设长远发展的重大研究的开发，优化基础性科研机构的结构和布局，形成优势力量，提高中国的科技整体实力、科技水平和发展后劲。"放开一片"是指放开各类直接为经济建设和社会发展服务的研究开发机构，开展科技成果商品化、产业化活动，通过一系列优惠政策，使之以市场为导向运行，对经济建设和社会发展作出贡献。

总之，这一阶段的科技发展的指导思想是"放活科研机构、放活科技人员"，落实"面向、依靠"的科技方针。

同时，我国科技管理方式也逐步扩展，从以科技规划为核心转变为以一系列中期和年度科技计划为主要内容的管理体系。在此期间，国家出台的主要计划有 1983 年的国家科技攻关计划、1985 年的面向农村的"星火计划"、1986 年的推动高技术研究的国家高技术研究发展计划（"863 计划"）、1988 年的推动高技术产业化的"火炬计划"。这些计划的实施在不同程度上对我国传统产业的改造与振兴、乡镇企业和高新技术产业的发展都起到了重要推动作用。自 20 世纪 80 年代以来，我国共推出 22 个国家科技计划，形成了现行的国家科技计划体系，把长远目标、中期目标和近期目标统一了起来，在促进科技成果转化、振兴国民经济、增强综合国力以及提高科技自身水平等方面都起到了重要作用。

四　实施科教兴国战略，将科技发展战略提高到国家战略层次

到 20 世纪 90 年代中期，国际经济、科技竞争的挑战越来越严峻，资源相对

短缺与粗放式增长的矛盾也在不断扩大，随着社会主义市场经济体制的建立，由于“科学技术是第一生产力”的思想尚未得到全面落实，原有科技体制对新时期经济、社会发展要求的不适应性开始显现，主要表现在科技活动市场导向不足，科技与经济的关系相互脱节，科技难以在经济建设中发挥作用，科技自身的发展也受到旧体制、旧机制的制约。

为此，1995 年 5 月中共中央、国务院颁布了《关于加速科学技术进步的决定》，提出了“科教兴国”的伟大战略，将科技工作的基本方针进一步表述为“坚持科学技术是第一生产力的思想，经济建设必须依靠科学技术，科学技术工作必须面向经济建设，努力攀登科学技术高峰。”将“攀高峰”与“依靠”和“面向”一起作为科技工作指导方针的有机组成部分。就是说，在今后相当长的时期内，科学技术的发展要以大规模生产的产业技术和装备的现代化为主要方向，同时又要有计划、有重点地发展高新技术及其产业，稳定地加强基础研究，增加科学储备。

随后，全国科学技术大会召开，我国科学技术事业进入了实施“科教兴国”战略的新的发展时期。1997 年，中共十五大召开，进一步确立了“科教兴国”和“可持续发展”的国家战略，提出发展国民经济要实现两个根本转变，即经济增长方式由粗放型转变为集约型，把国民经济建设转变到依靠科技进步和提高劳动者素质上来，明确把加速科技进步放在经济、社会发展的关键地位。

为了实施“科教兴国”战略，中央决定积极探索、深化科技体制改革，建立适应社会主义市场经济体制和科技自身发展规律的新型科技体制。在“攀高峰”方面，重点推进高校创新体系建设和国家知识创新工程建设。1995 年，国家科委会同国家教委、中国科学院，先后选择中科院物理所等 5 个研究所、北京大学重离子所、北京师范大学低能核物理研究所和上海生命科学研究中心，即“五所二校一中心”，进行为期三年的改革试点工作，探索在新的历史时期如何保持和稳定一支精干、高效的基础研究队伍，确保国家基础研究持续、稳定、健康的发展。

1998 年，中国科学院开展国家知识创新工程试点。工程试点的工作分 1998 ~ 2000 年、2001 ~ 2005 年、2006 ~ 2010 年三阶段实施，目的是形成国家科研机构新体制和现代科研院所制度。同年，教育部实施了创建世界一流大学和高水平大学的“21 世纪教育振兴计划”（“985 工程”），推进高校创新体系建设和创新能力的提高，使一批大学成为科学研究、高层次人才培养和高技术企业孵化的重要基地。

在“面向、依靠”方面，重点开展了科研院所的改革和推进科技成果转化。

（1）科研院所改革。应用研究开发活动是一个国家研究开发活动中规模最大、占用经费最多的部分。目前，世界上发达国家的科学家和工程师大部分分布在企业，占到60%～80%，研发经费总额中来自企业的部分占到70%左右，而1997年，我国科学家和工程师在企业、科研机构和高校的分布分别是35%、36%和28%，研究开发经费来自企业的占43%。造成这种差距的主要原因是由于我国应用开发力量集中在政府科研机构中。1999年，全国县以上政府所属的此类科研机构达到2000多家，其中，国务院各产业部门所属376家。这种状况导致我国企业在市场经济条件下，研发能力先天不足，科技与经济形成“两张皮”现象。

1999年，中共中央、国务院发布《关于加强技术创新，发展高科技，实现产业化的决定》。该《决定》提出要以加强技术创新、加速高新技术成果产业化为目标，通过深化改革，从根本上形成有利于科技成果转化和产业化的体制和机制。并提出应用开发型科研机构和设计单位原则上要转为科技型企业，整体或部分进入企业或转为中介服务机构等。

在1996年机械部、交通部、冶金部和纺织总会四部门所属科研机构的试点改革之后，1999年2月，国务院决定对原10个国家局所属的242个科研机构进行管理体制改革，将它们转制成为科技型企业或者科技中介服务机构，或者将它们并入企业，并出台了一系列相关辅助政策，如将拨事业费、免征所得税和城镇土地使用税等，借此真正打通科技创新与产业应用之间的壁垒。

（2）推进科技成果转化。为落实1996年5月全国人大常委会审议通过的《中华人民共和国促进科技成果转化法》，1999年政府出台了《关于促进科技成果转化的若干规定》。该《规定》中相关政策较以前有了较大的突破，要求科研机构、高等学校转化职务科技成果，应当依法对研究开发该项科技成果的完成人和为成果转化作出重要贡献的其他人员给予奖励，并给出了具体的实施标准。

为了落实和实施科教兴国和可持续发展战略的基本要求，1996～2000年，国家相继出台了13项科技计划，其中包括国家重点基础研究发展计划（“973计划”）、知识创新工程、科技型中小企业创新基金、国家技术创新工程、科研院所技术开发研究专项资金、中央及科研院所基础性工作专项等。

进入21世纪，面对国际竞争的挑战和科技发展态势，我国政府提出了提高自主创新能力，建设创新型国家的发展战略。

第二节　中国自主创新道路的选择

一　自主创新的战略需求

1. 全面建设小康社会的必然要求

中共十六大明确提出了全面建设小康社会的发展目标，而且中共十七大对全面建设小康社会又提出了新的要求。实现全面建设小康社会的目标，首先要求转变发展方式，在优化结构、提高效益、降低消耗、保护环境的基础上，到2020年实现人均国内生产总值比2000年翻两番，人均GDP超过3000美元，接近中等收入国家水平。如果我国科技创新能力没有根本提高，科技进步贡献率仍保持目前的39%的水平，要实现翻两番的目标，就要求投资率要达到52%的高水平，然而这是不可能的；即使投资率可以保持近年的40%左右的高水平，科技进步贡献率也必须达到60%，即在目前水平上提高20个百分点以上，才能实现建设小康社会所要求的经济增长目标。

另外，我国全面建设小康社会的国际环境已发生深刻变化，国家及企业之间的全球竞争正在呈现新的特点。在知识经济不断发展的今天，世界各国围绕知识要素的竞争更加激烈，国家间的力量对比正在发生新的变化。发达国家在全球市场中的竞争优势也越来越从对产品和资本的垄断转向对技术和知识的垄断。当代绝大多数领域的科技制高点都被发达国家所控制。没有核心的技术基础和技术创新能力，发展中国家的产业发展将很难突破发达国家及其跨国公司的技术垄断，也不可能获得有利的贸易地位。随着我国经济的不断发展和全球化的不断推进，我们将会遇到越来越多、越来越剧烈的外部影响和冲击。面对挑战，我国既要最大限度地利用全球的知识和技术资源，更要把提高自主创新能力作为科技发展的战略基点和指导方针，着力建设创新型国家。

2. 我国独特发展阶段的基本特征

在工业化的不同阶段，资源消耗强度是不同的，大体上呈倒U形分布，上升速度较快的是重化工业。长期以来，为了在相对薄弱的科技和经济基础上尽快提高经济发展水平，实现工业化，我国走的是一条主要依靠劳动力、自然资源和资本等生产要素的高投入、高积累的粗放型经济增长道路。这种粗放的发展模式使我国资源供应压力加剧，环境加速恶化，经济和社会的进一步发展面临资源、环境等瓶颈因素的极大制约。

近年来国内煤电油运供应紧张，引发了全球原材料和能源价格的上升，也加大了对国外能源资源的依赖。另一方面，这种粗放的发展模式也严重制约了我国的创新能力，影响了我国企业、产业的国际竞争力。在制造业领域，我国目前已有985种产品的产量位居世界第一，部分产品已占到世界总产量的80%，在世界贸易总额中我国已跃升到第三位，但是，这些产品大部分属于高消耗、低附加值产品，依靠传统规模扩张的潜力已经十分有限，当前的金融危机对我国这些低附加值的加工贸易的冲击就是明证。

当前我国的国际竞争比较优势多源于劳动力成本低以及国际、国内两大市场的协同效应。我国企业的技术创新能力相对薄弱，国家重大产业对外国技术的依存度居高不下，而且产业生产率大大低于国际先进水平。根据世界银行2001年发布的报告，在20世纪90年代，中国农业劳动生产率是美国和法国的5%；制造部门劳动生产率还不到美国和法国的5%。

随着我国经济发展和市场供求关系以及国际竞争态势的变化，通过技术创新提高产业竞争力，积极培育产业新的比较优势和竞争优势，就成为我国产业健康发展的关键。作为经济高速增长的社会主义大国，我国必须转变经济发展模式，只有立足自主创新，才能把握发展的主动权，在国际竞争和合作中逐步占据主动地位。

3. 资源、环境的瓶颈制约

从资源总量看，我国是一个资源大国，品种丰富，一些重要资源的拥有量位居世界前列。但从人均资源占有量看，我国却是一个“资源小国”，低于世界平均水平。水、能源、主要矿产、耕地等战略资源人均占有量非常短缺。2005年，我国淡水资源总量只有2145立方米，是世界人均占有量的1/4，其中有16个省（自治区、直辖市）的人均水资源拥有量低于国际公认的1700立方米用水紧张线。《2007年中国的能源状况与政策》白皮书指出，我国石油、天然气人均资源量仅为世界平均水平的1/15左右；在主要矿产资源方面，我国人均占有量仅为世界平均水平的58%，居世界第52位；在耕地资源方面，到2003年底我国人均耕地面积仅为1.43亩，不到世界人均水平的30%。在2000多个县（市）中，目前有600多个县（市）人均耕地面积在世界公认的人均耕地警戒线0.8亩以下①。

① 来源于发展改革委员会，中国政府门户网站 www. gov. cn 2005. 12。

但我国的资源消费增长速度惊人。较低的资源利用效率使早已出现的经济发展与资源短缺之间的矛盾变得更加突出。1990~2005年，我国石油消耗量增长了286%，天然气的消耗量增长了312%，电力消耗已经超过日本，居世界第二位，仅低于美国。然而，以单位GDP产出能耗量表征的能源利用效率，我国与发达国家之间的差距非常之大。日本为1，德国为1.5，英国为2.17，美国为2.67，而我国高达11.5。每吨标准煤的产出率，我国相当于美国的29.6%，欧盟的16.8%，日本的10.3%。

随着我国经济的飞速发展，环境污染问题也日益突出，有毒有害污染物已对人民的身体健康产生了负面影响。2006年，国家环保总局共接报并处置161起突发环境事件。其中，空气污染、水污染的污染范围最为广泛。根据联合国开发计划署统计，全球20个空气严重污染的城市，我国占16个。在水污染方面，根据国家环保总局《2006年中国环境状况公报》报告，2006年全国地表水总体水质属中度污染。在国家环境监测网（简称国控网）实际监测的七大水系的197条河流408个监测断面中，Ⅰ~Ⅲ类，Ⅳ、Ⅴ类和劣Ⅴ类水质的断面比例分别为46%、28%和26%。

可以说，在未来我国的经济发展中，能源、资源和环境约束已经成为最紧迫的问题。要改变这一状况，必须把突破能源、资源、环境瓶颈约束放在我国科技发展的优先位置，通过科技进步与创新，转变经济发展模式，实现从资源消耗型经济向资源节约型经济的转变，从忽视环境的增长向环境友好型增长转变。

4. 企业核心竞争力不强

我国企业核心竞争力不强，主要表现在以下几个方面。

一是技术创新投入不足。20世纪90年代，美国和日本企业的研发投入占销售收入的3%左右，大型企业中的这一比例要远远高于平均水平，有的甚至高达10%。而我国企业在创新方面的投入非常少，2005年时，411家进入500强的企业的平均研发投入为1.45%，研发投入达到销售收入5%的仅有28家，达到2%也只有109家①。

二是技术水平较低。从企业的技术水平来看，我国在机械、电子、石化和汽车等技术密集型行业，技术水平比工业发达国家要落后15~20年，产品的设计和制造工艺更为落后。我国机械工业的主导产品达到发达国家20世纪90年代水

① 《从中国企业500强看中外企业在自主创新方面的差距及对策》，国研网。

平的只占17%，达到20世纪80年代水平的占52%，而大中型机械企业的2000多种主导产品的平均寿命周期为10.5年，这是美国一些机械工业企业产品生命周期的3.5倍。[①] 这充分说明我国企业的产品更新换代缓慢，产品性能落后且缺乏竞争力，难以适应日益激烈的市场竞争的要求。

三是生产效率低，盈利能力差。在企业的经营活动中，反映劳动生产率的两个重要指标是人均营业收入和人均利润。根据有关统计，2006年，中国500强企业的人均营业收入为74.38万元，人均利润额为3.36万元，分别相当于世界500强企业人均营业收入及人均利润的20.5%与16.7%。

四是关键领域存在着较大的对外技术依赖。由于缺乏自主知识产权的核心技术和品牌，我国在制造业的很多领域还处在国际价值链分工的低端，只是发达国家的一个加工车间，无法享受到更多的利润，不得不将国产手机售价的20%、计算机售价的30%、数控机床售价的20%~40%支付给外国专利持有者。同时，我国工业生产所需要的大量技术装备，特别是高端产品的技术装备还主要依靠进口，如先进的纺织机械70%以上依靠进口，集成电路的制造设备80%左右依靠进口，光纤设备几乎是百分之百依靠进口。

5. 保障国家安全和经济安全

在科技发展目的上，无论是发达国家，还是发展中国家，都把科学技术和国家利益联系起来，强调科学技术要服务于国家利益。我国现在和将来都担负着维护国家主权和领土完整、维护边疆和国内其他地区的稳定、实现祖国统一等基本的国家安全利益的神圣使命。维护国家安全不仅是国家利益的基本保障，也是国家生存和发展的必要条件。在涉及国家安全和经济安全的关键领域，如果我们不掌握更多的核心技术，就很难在急剧变幻的世界竞争中把握机遇，甚至有可能丧失战略主动权。更为关键的是，未来中国将会是一个负有更大国家责任的国家，将是一个受到国际社会更大关注的国家。作为联合国安理会常任理事国，维护世界和平是我们的重要责任。我国科技发展和经济社会发展的模式必须适应提高我国国际地位，保持世界大国影响力的要求。

总之，科技已经成为世界经济社会发展的主导力量，世界各国都把促进科技创新作为自己的国家战略。我国应努力通过科技创新，走中国特色自主创新道路，突破国内发展瓶颈的制约，为全面建设小康社会提供保障。

---

① 黄继刚、杨君：《中国企业核心竞争力发展的渐进性分析》，《经济管理》2002年第16期。

二 走自主创新道路的基础条件

1. 持续高速增长的经济

建设创新型国家是一个长期艰苦的过程，必须要具备雄厚的经济基础。1978～2007年，我国国内生产总值年均增长达到9.67%，2007年，我国的经济总量已位居世界第四，进出口贸易总额居世界第三。因此，我国经过60年的建设，30年的高速发展，已经具备了这样的实力，要把握住这个时机。

首先，经济的快速持续增长使我国的经济实力大大增强，这为我国加大在科技发展方面的投入提供了有力保证。其次，随着我国经济发展，居民收入水平不断提高，人们的受教育程度也有了较大程度的提升，这为我国的科技发展提供了坚实的人才保证。最后，随着经济的快速增长，经济发展对科学技术产生了巨大需求，这是我国未来科技发展的重要动力保证。另外，我国区域之间、城市之间客观上的发展差异，也形成了多样化的市场需求格局。这一切都为技术创新提供了巨大的发展空间，为我国的各类型、各层次自主创新活动提供了最宝贵的市场需求动力。

2. 不断发展壮大的科技实力

科技的发展已经越来越多地依赖于学科的交叉融合和技术集成，并导致了许多重大的创新突破。与传统学科相比，交叉学科具有更加开放与集成的特性，重大的创新突破将更多地发生在学科交叉领域。

（1）建立了比较完备的学科体系。经过60年的不懈努力，我国已经形成了比较完整的学科布局，这是我国建设创新型国家最重要的基础条件。这种比较完备的学科体系，不但为人才培养和科学研究提供了丰富的知识基础，也为未来的学科交叉、集成创新提供了重要条件。

（2）科技资源持续增加。随着我国科技事业的不断发展，我国的科技资源得到大幅度提升。从科技投入来看，全国科技经费支出从2000年的2050亿元提高到2006年的5757亿元，翻了一番多。全社会研发投入从2000年的896亿元提高到2007年的3710亿元，占当年GDP比重从1.0%提高到1.49%。

随着我国科技进步和创新的快速发展，我国科技人才队伍稳步壮大，科技人才储备较为充足。2006年，中国科技人力资源总量约为4200万人。其中，研究开发人员全时当量达到173.6万人年，科学家与工程师人数达到142.3万人。中国科学家与工程师总量已居世界第二位。

中国高等教育也快速发展，提高了中国科技人力资源的供应能力。2007 年，全国各类高等教育总规模超过 2700 万人，高等教育毛入学率达到 23%。全国共招收研究生 41.86 万人，在学研究生达 119.50 万人。留学人员回国表现出稳定的增长态势。2007 年度各类留学回国人员为 4.4 万人，1978～2007 年，留学回国人员总数已达 31.97 万人。

3. 科技创新能力显著提高

目前，我国科技发展进入跃升期，整体科技实力已居于发展中国家前列，部分重点和关键领域已接近或达到国际先进水平，已形成支撑经济社会发展的良好科技基础。

在原始创新能力方面，我国科学家在人类基因测序、纳米碳管和纳米新材料、寒武纪生命大爆发研究、微机电系统研究、南海大洋钻探等方面取得了重大成果。在高技术研究及产业化方面，载人航天技术、运载火箭及卫星技术等航天高技术也取得了重大突破，两系法杂交水稻、超大规模集成电路、软件、高性能计算机等领域实现了重大突破并掌握了一批关键技术，形成了具有自主知识产权并具有国际竞争力的产品。

同时，国内专利大幅度提升，科技论文数量和质量稳步提高。2007 年，国家知识产权局共受理三种专利申请 69.4 万件，其中发明专利申请为 25.5 万件，国内比例占 62.4%，国内比例高出国外近 25 个百分点。中国科技论文被国际三大检索系统收录的总数已居世界前列，其中纳米领域的论文数量已处在第二位，引用数也居世界前列。2006 年，中国学者在《细胞》杂志上以第一作者身份合作发表 7 篇论文。

4. 重要的制度保证

如果说制度是实现目标的保证，那么社会主义制度则是我国实现创新型国家的重要制度保证。在社会主义制度下可以协同合作、集中力量办大事，能够创造出高于资本主义制度的社会生产力。

三　中国自主创新的方式、目标和部署

我国已经确立了“自主创新、重点跨越、支撑发展、引领未来”的科技发展方针。其中，自主创新是新时期科技发展指导方针的核心和战略基点，把提高自主创新能力摆在了全部科技工作的首要位置。

1. 自主创新的方式

自主创新就是从增强国家创新能力出发，加强原始创新、集成创新和引进消化吸收再创新。由此可以看出，自主创新不仅仅是内生创新、本土创新或依靠自己的创新，自主创新不仅包括内生技术变化所导致的创新，而且还包括对外生技术的消化吸收再创新，也包括对引进技术的消化吸收再创新和与他人的合作创新。也就是说，我国的自主创新包括原始创新、集成创新和引进消化吸收再创新三种方式。

一是原始创新。通过加强原始性创新，努力实现更多的科学发现和技术发明。原始性创新能力薄弱是我国科技发展的一个突出问题。我们必须尽快调整科学技术发展思路，高度重视原始性创新，切实加强基础研究和前沿高技术研究，支持科学家的自由探索和围绕国家需求的科学前沿领域的开创性研究，抢占前沿技术制高点。

二是加强集成创新，形成具有市场竞争力的产品和产业。单项技术研发是科研活动的基本形式，但是，单项技术研发往往缺乏与其他相关技术的有效衔接，难以形成有竞争力的产品和产业。因此，围绕特定市场需求和重大战略产品，促进各种相关技术的有机融合，实现关键技术的突破和集成创新，应该成为自主创新的一个重点内容。

三是加强引进技术的消化吸收和再创新。坚持自主创新，并不排斥技术引进。相反，引进技术的消化吸收和再创新，是增强自主创新能力的一条重要途径。我国是一个经济总量庞大、经济结构非常复杂的发展中大国，在日益开放的国际环境下，我们必须充分学习和利用国外先进科技成果来解决发展中的问题。

2. 中国自主创新的目标

到2020年，我国自主创新的目标就是通过加强原始创新、集成创新、引进消化再创新等多种方式实现重点跨越、支撑发展和引领未来，最终实现创新型国家。

（1）总体目标

通过自主创新，到2020年，使我国的自主创新能力显著增强，科技促进经济社会发展和保障国家安全的能力显著增强，为全面建设小康社会提供强有力的支撑；基础科学和前沿技术研究综合实力显著增强，取得一批在世界具有重大影响的科学技术成果，进入创新型国家行列，为在21世纪中叶成为世界科技强国奠定基础。

（2）具体目标

今后，我国科学技术要实现以下目标：一是掌握一批事关国家竞争力的装备制造业和信息产业核心技术，制造业和信息产业技术水平进入世界先进行列；二是农业科技整体实力进入世界前列，促进农业综合生产能力的提高，有效保障国家食物安全；三是能源开发、节能技术和清洁能源技术取得突破，促进能源结构优化，主要工业产品单位能耗指标达到或接近世界先进水平；四是在重点行业和重点城市建立循环经济的技术发展模式，为建设资源节约型和环境友好型社会提供科技支持；五是重大疾病防治水平显著提高，艾滋病、肝炎等重大疾病得到遏制，新药创制和关键医疗器械研制取得突破，具备产业发展的技术能力；六是国防科技基本满足现代武器装备自主研制和信息化建设的需要，为维护国家安全提供保障；七是涌现出一批具有世界水平的科学家和研究团队，在科学发展的主流方向上取得一批具有重大影响的创新成果，信息、生物、材料和航天等领域的前沿技术达到世界先进水平；八是建成若干世界一流的科研院所和大学以及具有国际竞争力的企业研究开发机构，形成比较完善的中国特色的国家创新体系。

3. 中国实现自主创新、建设创新型国家的部署

根据我国的发展需求，实现自主创新、建设创新型国家的总体部署包括四个层面。

（1）立足于我国国情和需求，确定若干重点领域，突破一批重大、关键技术，全面提升科技支撑能力。在统筹安排、整体推进的基础上，对重点领域及其优先主题进行规划和布局，根据有利于突破瓶颈制约，提高经济持续发展能力，有利于掌握关键技术和共性技术，提高产业的核心竞争力，有利于解决重大公益性科技问题，提高公共服务能力，有利于发展军民两用技术，提高国家安全保障能力的原则，为解决经济社会发展中的紧迫问题提供全面有力支撑。

《国家中长期科学和技术发展规划纲要（2006～2020）》（以下简称《规划纲要》）确定了能源、水和矿产资源、环境、农业、制造业、交通运输业、信息产业及现代服务业、人口与健康、城镇化与城市发展、公共安全、国防共11个国民经济和社会发展的重点领域，并从中选择任务明确、有可能在近期获得技术突破的68项优先主题进行重点安排。

（2）瞄准国家目标，实施若干重大专项，实现跨越式发展，填补空白。重大专项是围绕高新技术产业、促进传统产业升级、解决国民经济发展瓶颈问题、提高人民健康水平和保障国家安全等发展的紧迫问题，充分发挥社会主义制度集

中力量办大事的优势和市场机制的作用，通过核心技术突破和资源集成，在一定时限内完成的重大战略产品、关键共性技术和重大工程。《规划纲要》共确定了大飞机、载人航天与探月工程、极大规模集成电路制造装备及成套工艺等16个重大专项。

(3) 应对未来挑战，超前部署前沿技术和基础研究，提高持续创新能力，引领经济社会发展。前沿技术是指高技术领域中具有前瞻性、先导性和探索性的重大技术，是未来高技术更新换代和新兴产业发展的重要基础，是国家高技术创新能力的综合体现。基础研究以深刻认识自然现象、揭示自然规律，获取新知识、新原理、新方法和培养高素质创新人才等为基本使命，是高新技术发展的重要源泉，是培育创新人才的摇篮，是建设先进文化的基础，是未来科学和技术发展的内在动力。

《规划纲要》从引领未来发展的要求出发，对前沿技术和基础研究进行了超前部署。在前沿技术研究方面，根据代表世界高技术前沿的发展方向、对国家未来新兴产业的形成和发展具有引领作用、有利于产业技术的更新换代和实现跨越发展、具备较好的人才队伍和研究开发基础等原则，重点安排了生物技术、信息技术、新材料技术、先进制造技术、先进能源技术、海洋技术、激光技术、空天技术8个技术领域的27项前沿技术。同时，《规划纲要》从学科发展、科学前沿问题、面向国家重大战略需求的基础研究、重大科学研究计划四个方面进行了部署。

(4) 深化体制改革，完善政策措施，增加科技投入，加强人才队伍建设，推进国家创新体系建设，为我国进入创新型国家行列提供可靠保障。深化体制改革，加强科技投入，建设高水平的创新人才队伍，推进国家创新体系建设，既是科技发展的重要保障，也是科技发展的重要任务。其一，深化科技体制改革，要以服务国家目标和调动广大科技人员的积极性和创造性为出发点，以促进全社会科技资源的高效配置和综合集成为重点，以建立企业为主体、产学研结合的技术创新体系为突破口，全面推进中国特色国家创新体系的建设，大幅度提高国家的自主创新能力。其二，要把增加科技投入作为提高国家竞争力的战略举措，从增强国家自主创新能力和核心竞争力出发，大幅度增加科技投入，加强科技基础条件的平台建设。其三，要提高全民族科学文化素质，营造有利于科技创新的社会环境，实施全民科学素质行动计划。要把创造良好环境和条件，培养和凝聚各类科技人才特别是优秀拔尖人才，充分调动广大科技人员的积极性和创造性，作为科技工作的首要任务，努力开创人才辈出、人尽其才、才尽其用的良好局面，努力建设一支与经济社会发展和国防建设相适应的规模宏大、结构合理的高素质科技人才队伍，为我国科学技术的发展提供充分的人才支撑和智力保证。

第三节　中国科技发展的主要成就和基本经验

一　主要成就

1. 科技创新成为经济社会发展的重要推动力

新中国成立以来，我国科技在支撑国家重大工程、提升产业技术能力、发展高新技术产业、解决资源环境问题等方面起到了重要作用。

在产业技术创新方面，科技大幅度提升了我国的基础工业、加工制造业以及新兴产业领域技术创新能力。我国生产的达到国际先进标准的钢材占全部钢材产量的80%以上；高档数控机床的研发取得重要进展，一批多联轴大型数控机床相继研制成功，中高端数控机床进口增速大幅下降，到2005年，国产数控车床消费数量自给率已达到近80%。同时在众多领域里也取得重大关键技术突破，有力地支撑了“两弹一星”、载人航天、三峡工程、“西电东送”、“西气东输”、“南水北调”、青藏铁路、北京奥运等重大工程的建设。

在高新技术产业方面，产业规模不断壮大，促进了产业结构调整和经济增长方式的转变。目前我国高新技术产业居世界第二位，增加值占GDP的比重达到8%，54个国家高新区已经成为自主创新的重要基地，聚集了全国超过50%的高新技术企业和近三分之一的研究开发投入。2007年，全国54个国家高新区和苏州工业园的营业总收入为55812.3亿元，工业增加值11288.5亿元。万元GDP能耗仅为全国平均水平的36%，万人专利授权数30.7件，已经接近了美国硅谷的水平（每万人37件），有力地带动了区域经济的发展，促进了区域产业结构优化升级。

在能源资源环境领域，为解决瓶颈制约提供了科技支撑。在资源开发利用方面，通过油气资源的科技攻关，在塔里木盆地发现了我国有史以来单个最大的天然气田——克拉2气田，在内蒙古鄂尔多斯市地区发现迄今规模最大的天然气田——苏里格大气田，为“西气东输”奠定了基础。水资源及其污染治理方面，

开展了有关水资源合理调配、湖泊污染治理、工业和生活污水的处理、污水资源化利用、清洁生产、海水利用以及洪涝灾害减灾等方面的科技攻关。大气污染控制方面，开发了具有世界先进水平的等离子体烟气脱硫技术和先进实用脱硫除尘工艺装备以及机动车尾气催化净化装置。

在农业方面，通过科技创新保障了粮食安全，为解决“三农”问题作出了贡献。培育出了杂交水稻、杂交玉米等一大批新品种，使主要农作物的良种覆盖率达到95%以上。农业重大病虫害防控技术水平大幅度提升，每年为国家挽回粮食损失2500多万吨，使我国农业增产的贡献率达到“十五”期间的48%。我国农业生物技术在超级水稻、小麦细胞工程、水稻和家蚕功能基因组等领域的研究水平居于国际领先地位，而且自主研发的转基因抗虫棉已超过棉花总面积的75%，成为世界第五大转基因植物种植国家。成功研制出水稻联合收割机等一批关键技术装备，设施农业使用面积居世界首位。

在改善民生、促进社会和谐方面，科技也提供了重要保障。我国率先完成“非典”病毒灭活疫苗的Ⅰ期临床实验，成功研制了两种动物禽流感亚型疫苗和一种人禽流感疫苗的原型疫苗，艾滋病疫苗研究取得阶段性成果，为保障公众健康提供了重要科技支撑。在2008年抗击南方雨雪冰冻灾害和“5·12”汶川特大地震抗震救灾过程中，一大批科技成果在抗灾救灾中得到应用。

2. 初步建立适应社会主义市场经济和科技自身发展的科技体制

新中国成立之初，我国科研力量和科技资源主要集中在独立科研机构，企业仅仅是一个生产车间。经过多年的改革，已经形成了科研院所、高校、企业和科技中介机构等各具优势和特色的创新主体，科技系统结构得到重大调整，目前已进入全面推进国家创新体系建设。

（1）企业技术创新主体地位逐步增强。2007年，全国企业研发支出总额达到2134.5亿元，占全社会研发支出总额的71.1%。企业已基本成为研发投入的主体。

（2）科研院所的骨干和引领作用进一步发挥。通过分类改革，中央和地方先后约有1200家院所完成了企业化转制，技术创新与产业化能力持续增强。公益类科研院所实行了新型的人事和分配制度，学科和人员结构得到优化，科技创新能力和公益服务能力得到增强。

（3）高校成为科学研究和技术创新的生力军。我国高校现有研究开发人员22.7万人，我国现有国家重点实验室的63%、国家工程研究中心的36%都建在高等院校。多年来，高等院校取得了人类细胞衰老主导基因、下一代互联网、早期生命研究、家蚕基因组等一批具有重大标志性创新成果。

3. 科技创新能力得到大幅度提升

新中国成立60年来，我国的科研机构、科技人才、科技产出都得到快速发展。新中国成立之初，全国只有几十个研究机构，几千名研究人员，专门的科研机构和科技人才相当匮乏，而且学科不健全。到目前为止，我国的研究机构已达3000多家；科技人力资源总量约为3800万人，居世界第一位；研发人员达174万人/年，其中45岁以下中青年科研人员占研究人员总数的80%。科技人才结构日趋合理。2006年，我国研发人员总量中，企业占65.8%，高等学校占16.1%，研究机构占15.4%，其他占2.7%，这种结构与经济合作发展组织（OECD）整体情况基本相似。可以说，我国的科技资源正不断向企业集聚，使面向市场的科技竞争力得到提升。

到2006年，我国被收录到《科学引文索引》（SCI）的论文数量提升到第五位，已跃入仅次于美国的世界第二方阵，与英国、法国、德国、日本等国十分接近。其中，纳米科学论文数量在2006年跃居世界第一。专利申请授权数268002件，是1990年的10.86倍，其中国内专利申请授权数223860件，占专利申请授权总量的83.53%，是1990的10.6倍。

经过几十年的发展，我国科技在基础研究、前沿技术等重要领域取得了突破性进展。在基础研究方面，在认知科学领域，我国科学家提出了拓扑性质初期知觉理论，对半个世纪以来占统治地位的特征分析理论提出了挑战，并发现了支持该理论的磁共振成像的生物学依据。在纳米材料和纳米结构领域，我国科学家利用模板和有机物催化热解法相结合制备单壁纳米碳管的技术，是目前碳纳米管四种主要制备方法之一。在地球科学领域，我国科学家对古生物的研究取得重大进展，其中“澄江动物群与寒武纪大爆发”研究为揭示早期生命演化的奥秘提供了极其珍贵的证据，在国际上被誉为“20世纪最惊人的科学发现之一”。

在前沿技术方面，航天技术领域实现了“神舟”系列飞船的发射、空间出舱活动以及空间科学试验等一系列重大突破，我国成为世界上第三个有能力将人送上太空的国家；“嫦娥探月工程”突破了众多关键技术，使我国成为世界上少数几个成功发射探月卫星的国家。在信息技术领域，高性能计算机、第三代移动通信、IPv6互联网主干网、高速信息网络、超大规模集成电路、核心软件等方面

的突破打破了国外的技术垄断。由我国自主研究开发的第三代移动通信国际标准TD-SCDMA，成为世界三大移动通信标准之一。曙光5000A百万亿次高性能计算机研制成功，跻身世界超级计算机10强。在生物技术领域，成功研制了20多种基因治疗药物，开发出全球第一个注射用重组葡激酶、重组人血小板生成素和重组人血管内皮抑制素注射液；超级杂交水稻研究位居世界前列，分子标记育种处于国际领先水平。在新材料领域，人工晶体材料和全固态激光器、新型平板显示技术、纳米材料技术等领域取得了一批重要创新性成果。在先进制造领域，0.1微米等离子体刻蚀机和大倾角离子注入机成功研制，使我国在集成电路重大设备制造领域步入国际先进行列。在能源领域，开发了具有自主知识产权的高活性超细纳米煤直接液化催化剂关键技术，在世界首个百万吨煤直接液化工程中得到应用；自主研发的模块化高温气冷堆，在世界新一代核能系统研究开发中占据了重要地位。在清洁能源汽车领域，研制出全新电动汽车、燃料电池汽车、混合动力汽车、代用燃料汽车等。

4. 科技创新环境得到优化

首先，科技立法使科技发展得到法律保障。以科技进步法为核心的科技法律法规不断完善，我国已初步形成以《中华人民共和国科技进步法》为基础，由《中华人民共和国专利法》、《中华人民共和国技术合同法》、《中华人民共和国促进科技成果转化法》、《中华人民共和国科学技术普及法》等组成的科技法律法规体系。修订后的《科学技术进步法》经十届全国人大常委会审议通过并于2008年7月1日开始实施。《规划纲要》60条配套政策以及70余条实施细则的制定实施，进一步促进了我国自主创新政策体系的形成和完善。

科技投入大幅度增加使科技创新得到物质保障。1990~2007年的18年间，我国研发经费支出总额以超过年均22%的速度增长。2007年，我国研发支出总额达到3710亿元，占GDP的比重达到1.49%。同时，综合运用财政拨款、基金、贴息、担保等多种方式引导和激励社会资源向科技创新活动投入，政府引导金融机构加大对企业的投入力度，建立多元化、多层次的社会化科技投入体系。

科研基础条件得到改善。我国已建成220个国家重点实验室，6个国家试点实验室，形成了覆盖大部分基础研究重点学科领域的实验室体系。形成了研究实验基地、大型科学仪器、自然科技资源、科学数据、科技文献等较完备的科技基础条件体系。各类自然科技资源保存已初具规模，目前我国农作物种质

资源保存量居世界第二，其中国家库保存量居世界第一，保存物种数据列世界第三。

初步形成了全方位、多层次、广领域、高水平的国际科技合作格局。目前，我国已与152个国家、地区和国际组织建立了科技合作关系，与其中的99个国家签订了政府间科技合作协定，并与这些国家的相关部门签署了1000多项合作协议。我国参与了国际热核聚变实验反应堆（ITER）、欧洲伽利略全球卫星导航、国际对地观测、地球空间双星探测、人类肝脏蛋白质组、中医药国际科技合作等国际大科学工程计划。迄今，我国已参加了约350个国际科技组织，共有206位中国科学家在这些国际科技组织中出任各级领导职务。

二　基本经验

60年来，我国科技事业不断探索着中国特色科技创新道路，为丰富中国特色社会主义理论体系，深化对中国特色社会主义道路实践规律的认识，积累了宝贵经验。

1. 发挥社会主义集中力量办大事的优势，在经济社会发展关键领域进行部署，努力实现科技发展的重点跨越

针对经济社会发展和国家安全的需求，组织科技重大攻关，组织实施重大专项，充分体现了国家战略意志，实现了优势领域的战略突破。从新中国成立之初的“两弹一星”，到当今的三峡工程、青藏铁路、载人航天等的成功，充分体现了我国体制的优势。

2. 根据国家发展阶段，制定合理的科技战略

新中国成立之初，为了赢得新中国的独立地位，科技发展确立了“艰苦奋斗、迎头赶上”的发展方针，集中科技资源实现国防突破，确保了国家的独立自主。改革开放以来，在和平和发展的大背景下，发展经济成为首要任务，科技发展确立了“面向、依靠”、“发展高科技，实现产业化”的方针，就是要求科学技术工作必须面向经济建设，经济建设必须依靠科学技术，促进了科技与经济的结合。进入21世纪，面对经济社会发展、国际竞争和科技自身发展的需要，科技发展确立了“自主创新、重点跨越、支撑发展、引领未来”的方针，瞄准科技支撑和引领经济社会发展，提升国家竞争力。

3. 坚持以人为本，努力建设一支宏大的创新型科技人才队伍

坚持人才资源是第一资源的指导思想，落实人才强国战略，始终把发现、培

养、稳定和用好人才作为科技工作的战略任务，把培养造就创新型科技人才作为建设创新型国家的战略举措。

4. 以科技规划为主线，确定科技发展阶段的方针、目标和任务

科技规划的过程是一个集思广益、集中智慧的过程，就是组织大量的科技、经济、社会专家对国际竞争环境、经济社会发展需求、科技发展的重点进行系统分析，并在此基础上，确定科技发展的阶段目标和任务。

5. 坚持调动全社会创新的积极性，不断优化有利于创新的良好环境，着力形成科技工作万马奔腾的良好局面

加强科技宏观管理，转变政府职能，优化科技资源配置。把科技创新和科学普及作为科技工作的两个重要方面，提高全民科学素质。努力营造有利于创新的政策法制环境，大力发展创新文化，不断激发全社会的创造活力。

6. 坚持对外开放，充分利用全球科技资源，形成了全方位、多层次、广领域、高水平的国际科技合作局面

在更大范围、在更深层次上学习世界先进科技成就，在更高起点上推进中国的自主创新，使科技外交有效服务于国家整体外交。

参考文献

[1]《邓小平文选》第3卷，人民出版社，1993。

[2]《十一届三中全会以来党和国家重要文献选编》，中共中央党校出版社，2008。

[3]《中国科技发展报告》，科技文献出版社，2007、2008。

[4]《中国科技改革开放30年》，科学出版社，2008。

[5]《国家中长期科学和技术规划纲要》，http：//politicacs. people. com. cn。

[6]《中国科技统计年鉴2008》，中国统计出版社，2008。

The Development and Innovation Road of Science and Technology in China

Abstract: Through systematically summarizing the strategies, goal, mission of Chinese science and technology development at the different stages since the founding of

New China, the chapter analyzes the background and base of Chinese independent innovation road, and puts forward to the styles, aim and mission of Chinese independent innovation, and presents the achievement and experience of science and technology development in China.

Key Words: Primary Productive Forces; Invigorate the Country through Science and Education; Independent Innovation.

第十二章
中国企业发展道路

王忠明*

摘　要：多种所有制企业是市场经济赖以生存的基础。单一公有制不可能培育出市场经济的微观主体，无法使企业在竞争、分散决策、各种资源的自发动员能力等方面获得市场激励。因此，市场及市场经济的真正本质是多元化。中国企业发展60年，特别是所经历的改革开放30年，揭示了从单一走向多元是一条人间正道，几乎概括了现代经济学的全部本质。

关键词：多种所有制、企业、并存、资源配置、市场经济

第一节　变迁：在单一与多元之间

本章主要以企业所有制结构或企业组织形态为视角，对中国企业60年发展之路进行了解读，认为中国企业大体走过了一个V字形线路，即从新中国成立初期的相对多元，逐渐收缩到单一状态，改革开放新时期又回归多元，更准确地说，是催生或重组了新的多元格局。这一视角充分肯定了所有制及其变革对于中国企业发展的决定性意义。60年跌宕起伏、充满变迁的历史经验说明，单一公有制不可能培育出市场经济的微观主体，无法使企业在竞争、分散决策、各种资源的自发动员能力等方面获得市场激励。因此，在单一与多元之间作出抉择，最终走上多种所有制共存共荣的阳光大道，正是现代市场经济在中国的伟大实践，它几乎概括了现代经济学的全部本质。

---

* 王忠明，经济学博士，研究员，中华全国工商联副秘书长。曾任国家计划委员会处长，国家经贸委办公厅副主任、培训司长和经研中心主任，国务院国资委研究中心主任。在宏观经济、企业管理、人力资本理论等方面有领先性研究，多次在国内外重要论坛发表演讲。

以1978年的中共十一届三中全会为标志，可将从1949年新中国成立至今的60年划分为前30年和后30年，60年中国企业的发展或变迁也可将前后两个30年作为分析研究的基本范畴。这就是说，前30年中国企业的所有制结构主要是从多元逐渐收缩甚至倒退到单一，而后30年则以改革开放为动力、为杠杆，改变了单一公有制的垄断状态，回归并优化了不同所有制企业并存的多元格局。从变迁的走向分析，前30年基本上是下行轨迹，而后30年则是上行路线；而从变迁的最终结果看，这60年依然是积极向上、充满希望的。中国企业的这种充满变迁的曲折发展道路，至少在经济学研究的思维与分析方法上可给出两点重要启示。

一　必须慎言“创新”

历史往往是“供给”思维素材与方法的富矿。创新令人着迷，但颇有意思的是，很多为现代人所做的事或被称作创新的事，其实在历史上已为前人做过或探索过。比如改革开放以来，我们致力于促进多元化的企业所有制结构的形成，其实这在新中国成立之初就早已存在，至少已具雏形。这说明符合客观规律的东西、堪称原理性的东西、具有“普世价值”的东西，都是不可抗拒的，而且一定是经过人类社会的广泛实践和历史潮流的深刻洗礼后沉淀下来而极富生命力的，即使一时偏废，终究也要回归乃至发扬光大。如果没有历史眼光的足够延伸，看不到多种所有制并存的企业格局在新中国成立之初曾经被时代所选择、被人民所选择，并且在客观效果上大大促进了当时社会生产力的解放与发展，那么，我们就会简单地、肤浅地夸大此后的所谓创新，甚至会无知地认定这是什么“原始创新”。

回瞻历史，可以丰富人们的思维素材与方法，以便在一个应有的时间长度中更为准确地把握事物演变的特定规律与本质，比如中国企业60年的发展或变迁之路，就比仅仅截取前30年或后30年要更具历史的厚重感、更具事物内在的完整性、更具鞭辟入里的说服力，也更具确凿的实证和数据来说明单一地或者绝对排他地奉行“国有至上”的荒谬性和危害性，从而获得更多的史实支持，更加坚定不移地相信从单一走向多元作为必由之路的真实性、真理性以及进步性；同时，在此基础上去追求或拓展真正意义上的创新乃至“原始创新”。这也说明，真正的创新尤其是“原始创新”，永远是稀缺的，因而也永远有巨大空间，需要并值得一切有志之士去努力、去奋斗、去有所为。

二 必须关注“并存思维”及其文化基因

中国渐进改革模式的价值取向及未来趋势，以及深化国有企业改革、大力发展非公有制经济等，在很大程度上都取决于传统文化的深刻影响及其显在的和潜在的种种制约。从政治、经济、文化等全方位看，中国近现代为何对人类社会无多原创贡献？中国为何选择渐进改革模式？为何前30年搞单一公有制最终行不通，而后30年搞兼容并蓄的多元化取向的改革开放则深受人民大众拥护和支持？在我看来，这均与“并存思维”相关，而“并存思维”的实质不外乎是在悠久历史中积淀甚深的中庸思想。中庸思想一方面会影响甚至束缚极需冲击力支持的原创贡献，另一方面其本身就有一定的原创性或原创色彩，具有很强的民族文化特征。

改革开放以来，价格改革的双轨制、将发展体制外的经济成分与启动体制内的国有企业改革相并举的战略安排，以及“一国两制”、两个“毫不动摇”（毫不动摇地巩固和发展公有制经济，毫不动摇地鼓励、支持和引导非公有制经济发展）的提法与做法等，均可看做是中国的独创或原创。

传统文化的影响，对于所有中国人来说，几乎都是根深蒂固、源远流长的，因此也决定了选择渐进改革模式是极具广泛而深刻的社会基础的，以此来比照现实，就不难理解为何在社会经济生活的各个方面几乎都切切实实具有“中国特色”。比如，在国有企业改革方面就绝不能选择彻底的私有化道路，不能在短期内将国有企业包括国有独资企业统统放弃；在政治体制改革方面，也不能简单照搬西方模式而走激进之路，而要更倾向于缓慢地或者有节制地以并存、兼容等中庸思维方式构建中国政治体制的未来框架。对此，我们应有足够的估测，因为这直接决定整个中国企业发展的行进方向及节奏。

第二节 新中国成立初期的生机与希望

企业所有制结构的单一与多元，从经济学分析看，无非是资源配置的一种企业视角。也就是说，各种经济资源是配置给单一公有制的垄断企业还是多种所有制经济的企业，哪个更为有效。而着眼于在单一与多元之间艰难变迁这条主脉来分析和观察中国企业60年的发展史，事实上也内含着相辅相成的两条支脉，一是公有制企业（以国有企业为典型）的沉浮变迁，二是非公有制企业（以个私

企业为典型）的盛衰变迁。写前者的沉浮变迁，必然涉及后者的盛衰变迁；写后者的盛衰变迁，也等于界定了前者的沉浮变迁，在多元取向时主要呈共存共荣状态，尽管其结构权重常有调整，多有变化；而在单一取向时，非公有制企业则绝对走向衰势，而就历史全貌来看，依然存在相当的动态性、不确定性和复杂性。

一　“四面八方”：毛泽东的天才构想

1949 年 10 月 1 日，以实现社会主义工业化和现代化为己任的新中国——中华人民共和国诞生，从此掀开了中华民族史上的崭新一页。随后，中国企业的首要变化便是社会主义国有企业（即后来的国有企业）确立其结构性扩张的主体地位，合作社企业、公私合营企业迅速成长与壮大，对私营企业加快完成社会主义改造与改组等，由此形成了多种所有制企业共同发展的新型格局。

这种多元化的新型格局，是以对多种经济成分并存的认同与接纳为前提的，是符合新中国成立之初的整个社会生产力水平的实际状况的，体现了以毛泽东为核心的中国共产党第一代领导集体善于顺势而为的战略眼光与能力，也从一个侧面反映了共产党作为新生执政力量的历史必然性。

1949 年 3 月，中国共产党在河北省平山县的西柏坡召开了著名的七届二中全会，其主要任务就是确定新中国建设的基本政策。在经济方面，全会着重分析了当时中国经济的各种成分，对新民主主义的经济政策和经济形态进行了全面论述。在会上，意气风发的毛泽东便高瞻远瞩地指出，将来的新中国存在五种经济成分，即 10% 左右的现代性的进步性的工业经济、90% 左右的分散的落后的个体农业和手工业经济。但是各种经济成分的性质是不同的，国有经济是社会主义性质的，合作社经济是半社会主义性质的，加上私人资本主义经济，加上农民和手工业的个体经济，加上国家资本主义经济，这些就是人民共和国的五种主要经济成分，这些就构成新民主主义的经济形态。

1949 年 4 月 15 日，毛泽东在香山双清别墅接见太行区党委书记陶鲁笳等人时又提出了著名的“四面八方”论。他说：“我们的经济政策可以概括为一句话，叫做‘四面八方’。什么叫‘四面八方’？‘四面’即公私、劳资、城乡、内外。其中每一面都包括两方，所以合起来就是‘四面八方’。这里所说的内外，不仅包括中国与外国，在目前，解放区与上海也应包括在内。我们的经济政策就是要处理好‘四面八方’的关系，实行公私兼顾、劳资两利、城乡互助、内外交流的政策。”“‘四面八方’缺一面，缺一方，就是路线的错误、原则的错误。世界上除了‘四面八方’之外再没有什么‘五面十方’。照顾到‘四面八方’，这就叫全面领导。在工厂开展生产活动，不单要召集工人开会，把工人群众发动起来；也要召集资本家开会，和他们说通，把他们也发动起来。合作社也要公私兼顾，只顾公的方面，不顾私的方面，就要垮台。”①

这是典型的毛泽东式思维与语言，是极具鲜活、生动个性的天才创造力，展示了一代伟人指点江山的宏大思维框架、战略胸襟与深远哲思。从中不难体会到，作为新生统治力量的中国共产党人特别是党的领袖对于未来执政中如何发展经济，包括在构建符合社会生产力发展特定阶段实际水平的企业体系方面，是早有清晰思路和运作准备的，是踌躇满志、胸有成竹的。毛泽东的天才构想，直接规定了此后制订和推出的一系列建国方略及其基本方向，具有深远的战略意义。

不可忽视的是，以“四面八方”作为经典表述的毛泽东关于新中国经济政策的重要思想，即使在若干年后，我党政治生活开始发生重大逆转性变化的背景下，也还是连贯、稳定的。比如1956年12月上旬，毛泽东找陈叔通、全国工商联正副主任、各省区市工商界代表谈话时，明确指出要实行“新经济政策”。他说：“现在我国的自由市场，基本性质仍是资本主义的，虽然已经没有资本家。它与国家市场成双成对。上海的地下工厂同合营企业也是对立物。因为社会有需要，就发展起来。要使它成为地上，合法化，加以雇工。现在做衣服要三个月，合作工厂做的衣服裤腿一长一短，扣子没眼，质量差。最好开私营工厂，同地上的作对，还可以开夫妻店，请工也可以。这叫新经济政策。”②

又如，1958年11月，毛泽东在郑州召集的有部分中央领导人、大区负责人和省（区、市）党委书记参加的工作会议（即第一次郑州会议）上，一方面，完全肯定总路线、“大跃进”和人民公社化运动；另一方面，又明确提出必须划清集体所有制和全民所有制、社会主义和共产主义两种界限，严肃批驳了陈伯达等要求在现阶段就废除商品生产，实行产品调拨的错误主张，并指出这种主张实质上是要剥夺农民。他指出，在社会主义时期废除商品是违背经济规律的，我们不能避开一切有积极意义的诸如商品、价值法则等经济范畴，而必须使用它们来

① 黄孟复主编《中国民营经济史·大事记》，社会科学文献出版社，2009，第2页。
② 黄孟复主编《中国民营经济史·大事记》，社会科学文献出版社，2009，第61页。

为社会主义服务。中国是商品生产很不发达的一个国家，商品生产不是要消灭，而是要大大发展。[①]

毛泽东的这些重要论述及思想，也深刻地影响着全党特别是党的最高领导集体成员——他们的透彻思考与正确见解也一直是比较连贯、稳定的。这说明创建多元格局的企业组织形态或企业所有制结构，在新中国成立之初已达成一定程度的共识，从而促成了头几年实践层面上的良好收效。

比如陈云。陈云在1950年6月召开的中国共产党七届三中全会上，作了题为《调整公私关系和整顿税收》的报告，强调指出应坚持毛泽东讲的五种经济成分统筹兼顾的原则。他说“五种经济成分是兼顾好，还是不兼顾好？当然是兼顾好。因为私营工厂可以帮助增加生产，私营商业可以帮助商品流通，同时可以帮助解决失业问题。”因此，应在生产上对私营工厂通过加工订货，有步骤地组织其生产和销售；在商业上，通过合理的价格政策、农副产品收购的分工以及严格进口、鼓励出口的办法来争取主动。后来，在1956年6月18日召开的全国人大一届三次会议上，针对公私合营企业的公私关系、工资福利和企业改组问题，陈云坚持认为并着重提出，小商贩是我国商业今后长期需要的一种经营服务方式。安排小商贩的原则是既要方便居民消费，又要使他们获得适当的收入，保持他们经营的积极性。同年9月20日，他在中共八大上又作了题为《关于资本主义工商业改造高潮以后的新问题》的发言，提出中国社会主义经济体制的“三个主体，三个补充”（即国家经营和集体经营是主体，一定数量的个体经营是补充；计划生产是主体，在计划许可范围内按市场变化的自由生产是补充；国家市场是主体，一定范围内国家领导的自由市场是补充）的构想。[②]

又如刘少奇。早在1949年4月10日至5月12日，刘少奇受党中央委托到天津视察和指导工作时，就向各方面人士解释新经济政策说：“今天中国不是资本主义太发展了，而是太不发展了。资本家在生产方面占很高的地位，保护他们，实际上就是保护生产。天津的工商业将近有四万家，光是搞生产的——工业就有上万家，有好几十万工人，社会上有很多的必需品要靠他们供应，没有他们是不行的。”[③] 1957年4月27日，在上海市委召开的党员干部大会上，刘少奇又

---

① 黄孟复主编《中国民营经济史·大事记》，社会科学文献出版社，2009，第75、9页。

② 黄孟复主编《中国民营经济史·大事记》，社会科学文献出版社，2009，第58、60页。

③ 黄孟复主编《中国民营经济史·大事记》，社会科学文献出版社，2009，第2页。

强调说："社会主义经济的特点是有计划性，但是国家计划不可能计划几千、几万、几十万种，只能计划那么多类，结果就把社会经济生活搞得简单了，呆板了。要使我们的社会主义经济既有计划性，又有多样性，又有灵活性，就要利用自由市场。一方面自由市场可以补充当前我们社会主义经济的不足，另一方面可以帮助我们在经济上搞多样性和灵活性。""私商很灵活，地下工厂很灵活，他们看到这一样能够办，马上就办，看到这一样不能办了，马上又变另一样。所以让这个自由市场包括一点私商，给资本主义一点活动余地，让他们来钻我们的空子。这样我们就不只有计划性，而且有多样性和灵活性，就可以使我们的社会主义经济搞得更好。"①

毛泽东及以毛泽东为核心的中共第一代领导集体成员关于多种经济成分并存的重要论述及思想，将新中国带入了一个生机蓬勃的新纪元，也为中国企业所有制结构的多元格局开辟了规模空前的新天地。尽管没出几年，中国社会实践的前进车轮就偏离了正轨，我们也不能一概否定以"四面八方"作为经典表述的天才构想的真理性，它至少为新中国成立之初的中国经济提供了不可颠覆的注解。至于为什么"四面八方"以及五种经济成分统筹兼顾等重要论述及思想不但正确，而且还比较连贯、稳定，但在社会实践中却仅仅出现了一个短暂的繁荣，接着便出现大幅度的逆转的问题是值得深思的，本章在后面将会进行分析。

二　作为施政基石的"共同纲领"

毛泽东及以毛泽东为核心的中共第一代领导集体成员关于新中国经济政策的重要论述及思想，决不是凭空产生的，它深刻烙印着先进共产党人群体的卓越与睿智，来自他们对中国国情的了解、对经济发展规律的深邃洞识，其中也包括延安时期长达13年局部执政的直接经验以及大大小小解放区、根据地的广泛实践。因此，当中国共产党赢得执政地位后，这种思想就必然会深入影响并主导建国方略的构建。其中最为精彩之笔，便是1949年9月29日——时距毛泽东在天安门城楼庄严宣告中华人民共和国成立仅两天——中国人民政治协商会议第一届全体会议通过的《中国人民政治协商会议共同纲领》（以下简称《共同纲领》）。

《共同纲领》规定，中华人民共和国必须取消帝国主义国家在中国的一切特权，没收官僚资本归人民的国家所有，有步骤地将封建半封建的土地所有制改变

① 黄孟复主编《中国民营经济史·大事记》，社会科学文献出版社，2009，第65页。

为农民的土地所有制，保护国家的公共财产和合作社的财产，保护工人、农民、小资产阶级和民族资产阶级的经济利益及其私有财产，发展新民主主义的人民经济，稳步地变农业国为工业国；中华人民共和国经济建设的根本方针，是以公私兼顾、劳资两利、城乡互助、内外交流的政策，达到发展生产、繁荣经济之目的，国家应在经营范围、原料供给、销售市场、劳动条件、技术设备、财政政策、金融政策等方面，调剂国有经济、合作社经济、农民和手工业者的个体经济、私人资本主义经济和国家资本主义经济，使各种社会经济成分在国有经济领导之下，分工合作，各得其所，以促进整个社会经济的发展；凡有利于国计民生的私营经济事业，人民政府应鼓励其经营的积极性，并扶助其发展。

作为新中国成立初期的施政纲领，《共同纲领》高度集中了中国共产党人的领导智慧，具有基石作用。其方向之正确、设计之缜密、想象之丰富、论断之坚执，堪称中华民族之幸运，按此推进，很快就大大促进了整个社会经济的全面发展，企业所有制结构也迎来了一个多元取向的相对繁荣期。

三　多元取向的新气象

从毛泽东“四面八方”的天才构想，到《共同纲领》的颁布实施，由于完全是从当时中国社会生产力水平出发，符合生产关系必须适应生产力性质的客观规律，从而为各种经济成分企业的发展指明了方向，因此一旦落实到新中国成立后的企业发展层面上，则必然呈现出多元取向的新气象。

在多元取向的企业所有制结构的布局安排中，最突出的措施自然是没收或接管国民党统治时期的官僚资本，它直接成为建立社会主义国营经济的重要来源，从企业层面上看，迅速带来了大批国有企业的形成。

官僚资本是封建、买办的国家垄断资本的通俗名称。据统计，1936 年，官僚资本在整个工业资本中只占 20.5%，帝国主义资本占 41.7%；1949 年，官僚资本已占全国工矿和交通运输业固定资产的 80%。官僚资本是帝国主义资本的附庸，又同封建地主经济紧密结合，其垄断发展加深了旧中国的半封建半殖民地化，对整个社会生产力的发展有极为严重的阻遏和破坏作用。当然，也正是它加速了资本集中，基本控制了国民经济命脉，特别是现代工业、交通运输业和金融业，客观上如同其他国家垄断资本一样，也为建立社会主义经济准备了物质条件。所以，我国政府自解放战争时期开始对以蒋介石、宋子文、孔祥熙、陈立夫四大家族为代表的国家垄断资本逐步采取没收政策，由此直接建立起社会主义国营经济。而没收或接管官僚资本的主要对象便是国民党中央及其省、市、县政府经营的企业（包括国民党在抗战胜利后接收的日、德、意等帝国主义国家在中国的企业）和国民党大官僚所经营的企业（包括工厂、矿山、商店、银行、仓库、船舶、码头、铁路、财政、电报、电灯、电话、自来水和农场、牧场等）。

通过没收或接管官僚资本，再加上外资在华企业的转让、管制与征用，以及苏联管理企业的移交等，包括原先在解放区、根据地创办的一批公营工商企业，一大批所谓“社会主义国有企业”成群结队一般，迅速形成较大规模，而作用于宏观层面，便是整个国有经济的快速成长，并占据主导地位。据统计，1949年，国有工业企业为2967家，资产68.9亿元，到1952年，便分别达到9517多家、108.4亿元，职工也增至510万人；在工业总产值中，国有企业生产的比重已由1949年的26.7%上升到44.7%[①]，特别在生产资料生产中，国有企业发电量占88.3%、煤产量占84.6%、生铁产量占96.4%，比新中国成立初期都有显著提高；在交通运输方面，国有企业在货物周转量中所占比重，除铁路运输继续保持绝对优势外，水运和公路运输也分别从1949年的43%和21%上升为75%和54%；在商业流通方面，国有企业所占的外贸比重由1949年的66.5%增为1952年的93%，内贸比重由1950年的6.9%增为1952年的16.2%，其中在商品批发总额中所占比重由23.2%增为60.5%。国有商业企业加上农村供销合作社、城市消费合作社，以及加工订货、统购包销等措施，已充分掌握市场物价的领导权。此外，由于在国有企业内部逐步建立起前所未有的新型生产关系，工人群众的生产积极性空前高涨。工人们广泛开展劳动竞赛，不断提高劳动生产率，这也促使国有企业在恢复时期以更快的速度扩展。

在国有经济迅猛壮大的同时，一些不利于国计民生的以私营企业为主的行业，比如从事囤积居奇、买空卖空的投机商号，以及居间剥削或供剥削阶级奢侈享受的消费性行业，还有迷信品行业和严重违法的营造业、有碍国家统筹的私营批发商业等，也相应被削弱和淘汰，从而使私营企业在国民经济中的比重大大下降。1950～1952年，私营工业在全国工业总产值（不包括手工业）中的比重，从63.3%下降到39%；私营航运和汽车运输量所占比重，分别从52%和83%下降到37.4%和66%；私营批发额比重由76%下降到36%，私营零售额比重由83.5%下降到57%。[②]

① 韩岫岚主编《中国企业史·现代卷》，企业管理出版社，2002，第81页。

② 韩岫岚主编《中国企业史·现代卷》，企业管理出版社，2002，第40页。

但是，与此同时，在党的利用、限制、改造私营工商业的政策下，特别是抗美援朝的军需订货和土改后农村市场的扩大，也使一切有利于国计民生的私营工商业获得了比较健康的发展。同1950年相比，1951年，全国私营工业企业户数增加11%，生产总值增加39%，而私营商业户数增加11.9%，零售商品总额增加36.6%；又如1952年，私营工业企业户数由1949年的12.3万户增加到14.9万户，产值增加50%多，私营商业批发额虽下降，零售额却增加18.6%。①

除了社会主义性质的国有企业和资本主义性质的私营企业外，半社会主义性质的合作社企业、公私合营企业和中国与其他社会主义国家共同投资的中外合资企业也脱颖而出。许多个体农民和个体手工业者，为了摆脱中间剥削、获得国家资助、解决供销和信贷等方面的困难，纷纷组织供销合作社、信用合作社，并试办生产合作社。据统计，1952年，供销、消费合作社在全国零售总额中占23.8%，信用合作社有2271个，农村初级生产合作社近4000个，手工业生产合作社有3280个。通过合作社组织，个体生产者得到了实惠，国家也加强了同个体经济的联系和引导。在探索逐步以国家资本主义改造资本主义工商业方面，还创造了加工订货等初级形式，试办了大批公私合营企业。到1952年，国家加工订货、包销、收购已占私营工业总产值的56%，商业方面也广泛推行了批购、经销、代销等初级改造形式；公私合营的工业企业已达907家，占全国工业总产值的5%，轮船运输业也由民生公司等大户实行了公私合营。1952年底，私营钱庄因普遍亏损而实行全行业的公私合营，主要代理人民银行指定的业务。此外，为了尽快恢复和发展经济，在资金和技术短缺的情况下，中央政府主动向苏联和东欧社会主义国家提出在中国境内创办合资企业，还吸引爱国侨胞回国投资，兴建了一批合资企业。当时，侨资主要集中在华南一带。据统计，1952年，广州市有华侨和港澳投资的各类企业计2000多家，资金达2000万元左右，其中比较有影响的华侨工业建设公司、华南企业公司等，均为公私合营的投资公司。②

因此，基于《共同纲领》而实施的新经济政策，不仅给各类所有制企业的成长与发展开创了空前健康而宽松的环境，而且也直接促进了国民经济的全面恢复（1950年，工农业总产值就比1949年增长23.4%，其中工业增长达

① 韩岫岚主编《中国企业史·现代卷》，企业管理出版社，2002，第81、40页。

② 韩岫岚主编《中国企业史·现代卷》，企业管理出版社，2002，第103页。

36.4%；1952年，工农业总产值达到810亿元，比1949年增长77.5%，其中工业增长达145.1%)①。当时，以毛泽东为代表的中国共产党为巩固革命胜利和新生的人民政权，毅然确立三年恢复国民经济的目标，并勇于和善于调动一切积极因素，利用多种经济成分，既不是一味发展公有制经济，也不是一味排斥非公有制经济，这在急风暴雨般的革命战争年代刚刚结束、新旧两个社会尚处交替之中的转折时期，是极其难能可贵的。

第三节 “阳光大道”与“独木桥”

也许灾难沉重的中华民族，即使在新生共和国“日出东方”后，也难以一下子进入太平盛世，还须为其姗姗来迟而继续支付成本乃至足够沉重的代价；也许当时的国际政治环境，决定了政治意识高于一切，决定了不同意识形态间的长期对立、斗争还难以因新中国的成立而天然地被和平以及经济建设所迅速替代，使得中国共产党的最高决策层不得不放弃或放松对原本正确无误的新经济政策的全力贯彻。在这里，我们看到，政治意识与经济思想并不是在任何时候都是一致的，两者密切相关，但并非完全等同。

一般情况下，政治意识的对与错，会直接影响到经济思想的对与错，但在特殊情况下也不完全是这种线性的因果关系或者决定与被决定关系。因为如同任何事物一样，经济思想也有其相对独立性。正因如此，让人们期待已久并终于有所沐浴的阳光灿烂的新经济政策，竟在一时闪亮之后还是没能照耀出一条通向长期发展的“阳光大道”。严酷的阴霾密布的政治争斗、论战及运动一个接一个、一场接一场、一波接一波，最终断送了来之不易的多元格局，将企业所有制结构无情地送上了前途堪忧的“独木桥”。

一 社会主义改造“改造”了什么？

企业所有制结构的多元格局，主要是在1952年前后，在我国胜利完成恢复国民经济的任务期间产生的。但是，从1953年开始，整个中国社会则全面进入了有计划的社会主义改造阶段。

社会主义改造运动，显然沿袭了革命战争年代长期形成的那种急风暴雨般的

① 逄先知等：《毛泽东传（1949～1976）》，中央文献出版社，2003，第81、101页。

狂放风格，以席卷一切的力量冲击着所有经济关系或经济生活。无论“四面八方”、《共同纲领》、五种经济成分统筹兼顾等是多么正确，并且在短短几年中已为恢复国民经济作出了巨大贡献，但来势凶猛的社会主义改造运动还是非常强势地压抑了多元格局。也许是来自大刀阔斧地没收或接管官僚资本而神速形成阵容显赫的大批国有企业，以及“一五”期间苏联援建中国“156 项工程”中所产生的大批国有企业太具有气势，太能证明“改造”的成功或成效了，所以，即使在 1952 年前后，已基本实现恢复国民经济任务期间，就已铺垫下了国有企业必定要走向主导或主体地位甚至垄断地位的演进逻辑。而很多私营工商企业早在自 1951 年开始的意在打击少数不法资本家“五毒”的“三反”、“五反”运动中，就已遭遇到误伤或冲击，这必然严重影响到私营工商业的持续繁荣。被“改造”或者接受“改造”的定位，似乎板上钉钉般地成了非公有制企业的宿命。短暂的多元格局未能给予它们足够的喘息，却隐隐地露出了太多的脆弱、摇摆与不确定性。

1953～1956 年，中国仅用了 4 年时间就完成了对农业、手工业和资本主义工商业的社会主义改造，实现了生产资料私有制向公有制的转变，初步建立起社会主义基本制度。此后，私营经济和其他各类非公有制经济基本处于苟延残喘状态。而在“改造”过程中，广大工商业者给予了极大的配合，作出了很大的牺牲（史称“不流血的革命”）。在“大跃进”特别是“文化大革命”运动中，受极“左”思潮和政策影响，非公有制经济的最后遗迹也被一扫而光，国民经济成了纯的公有制经济。而这种公有制经济作为一种制度安排，则必然使国有企业普遍缺乏活力，出现极为严重的低效和停滞。

纵观中国企业 60 年的发展史，从“三反”、“五反”运动，到社会主义改造运动，乃至随后的反右、“文化大革命”等，构成了前 30 年时代演进的主调，即侧重于政治及政治斗争或者阶级及阶级斗争。发动这些连绵不断、此起彼伏的斗争及运动，或许均出自“改造”的理想，出自用所谓无产阶级思想“改造”旧世界的崇高理想，但是，必须叩问的是，我们到底“改造”了什么？在政治上，或许有许多“胜利”的意义，但是从经济效能看，却多有失算。

二　从多元退向单一

显而易见，从企业所有制结构角度看，社会主义改造及其他政治运动都殊途同归，都“改造”或遏制了好景不长的多元格局，使国有企业的主导或主体地位扭曲到了独步天下的垄断状态，同时又迫使其他经济成分的企业逐渐萎缩，基本陷入了万马齐喑的、令人窒息的艰难困境。

根据有关资料，新中国成立初期先后共无条件没收或接管国民党统治时期的官僚资本100多亿元。通过合作化与公私合营，又对农业、手工业和资本主义工商业进行了社会主义改造。这些都使公有制经济特别是国有经济得以迅速壮大。在国民收入中，同1952年相比，1956年时，全民所有制经济的比重由19.1%上升到32.2%，集体所有制经济由1.5%上升到53.4%，公私合营经济由0.7%上升到7.3%，而私营经济则由6.9%下降到0.1%以下，个体经济由71.8%下降到7.1%。到1956年底，私营工业人数的99%、私营商业人数的85%都实现了全行业的公私合营，从而使公有制经济一举从1952年的21.3%上升到92.9%，占据了绝对优势①。与此相对应，国有企业作为公有制经济的主要载体，在数量、规模上日益膨胀升级。到1966年，“文化大革命”初期，我国竟明确提出“公私合营企业应当改为国有企业”、“大型合作商店有条件有步骤地转为国营商店”，几乎实现了国有体制的“全覆盖”。根据有关资料，1972年，我国城镇个体工商业者人数下降至66万人，是1965年171万人的38.6%。其中个体工业下降53.8%，个体建筑业下降40.0%，个体运输业下降50.0%，个体商业、饮食业、服务业下降58.3%，其他个体经营者下降71.0%。又如，根据1971年3月15日商业部向国务院报送的《关于商业工作情况汇报提纲》，1950年共有商业人员822万人，其中社会主义商业40万人，小商小贩674万人，资本主义商业107万人；到1957年三大改造基本完成时，共有商业人员818万人，其中社会主义商业470万人，合作店组280万人，个体商贩67万人；到1966年，全国商业人员共805万人，其中从事社会主义商业545万人，合作商店（小组）190万人，个体商贩57万人；到1970年，全国商业人员下降为775万人，其中社会主义商业人员增加到613万人，合作商店（小组）缩减为124万人，个体商贩锐减到25万人。②

面对这一历史性的倒退，我们无法不对国有企业作出更加深入的思考：到底是什么原因或什么力量使我们选择并如此青睐于它，并使之成为公有制经济的主

① 柳随年、吴群敢主编《中国社会主义经济简史（1949～1983）》，黑龙江人民出版社，1985，第146页。

② 黄孟复主编《中国民营经济史·大事记》，社会科学文献出版社，2009，第127页。

要载体？笔者认为，中国大兴国有企业，一是受到革命战争时期大大小小解放区、根据地通行的“供给制”的习惯性影响，包括当时搞集中管理经济工作的经验积累，因而对兴办国有企业相对要熟悉一些；二是对苏联高度集中计划经济模式的借鉴。中国仿效苏联模式，主要出自意识形态方面的共性。中国与苏联同属社会主义阵营，要实行一套与资本主义完全不同的经济制度，在当时唯一可以效法的就是作为“老大哥”的苏联。

早在新中国成立前夕，东北地区的公营企业就已采用苏联模式。当时中长铁路管理局就由苏联人员担任主要管理干部，并按照苏联国有企业的方式编制生产财务计划、制订各种专员管理规则等。这种管理方式被当做第一个社会主义国家的先进经验得到推广。特别是“一五”期间，我国的经济建设工作是以苏联援建的156个重点建设项目为中心的，限额以上的694个建设单位展开的。相应的，与这些项目一同进入中国的必然还有人员、技术、设备等生产要素与集中度较高的计划管理体制。这一点与改革开放以后，在引进西方国家资金、技术的同时也引进了某些市场经济管理体制和方法极为相似。到1956年，公有制企业已居于垄断地位，其产值高占整个工业总产值的99.8%，职工人数达99.4%，大有赶超“师傅”之势。

对于苏联模式近乎顶礼膜拜的模仿，从毛泽东当年的有关论述中也可得到证实。他在1960年6月18日发表的《十年总结》中提到“前八年照抄外国的经验。但从一九五六年提出十大关系起，开始找到自己的一条适合中国的路线。”① 这里所说的“外国”，主要是指苏联。

当然，中国在建立自己的计划经济体制及其体制基础的国有企业时，并没有完全照搬苏联模式。这不仅是因为中国领导层在实践中较早地对苏联模式的弊端有所察觉，更重要的是由于中国和苏联处在不同的发展阶段，即便想完全照搬，也不尽现实。中国地域辽阔，地区差异大，现代工业刚刚起步，自给自足经济还占主体地位，因此哪怕是那些计划性最强的工业部门，其计划指标也明显少于苏联，特别是地方的权利要更大一些，再加上其他一些因素，中国的国有企业体系多少有一些自己的特点。也许，这也可以被看做是一种“中国特色”，但是再“特”，也“特”不出其基本面的相似性，“特”不出单一公有制下国有企业越多则越容易管理失效以致最终拖累整个财政而走向溃败这一怪圈。

① 逄先知等：《毛泽东传（1949～1976）》，中央文献出版社，2003，第486页。

三　希望：孕育在矛盾之中

自社会主义改造运动开始之后，直至1978年启动改革开放前，中国企业的所有制结构在一批又一批非公有制企业节节后退、收缩乃至凋敝之中，逐渐从多元退向单一。全行业的公私合营、追求“一大二公”、割资本主义尾巴等，使其他经济成分或所有制性质的企业所剩无几。但是，单一公有制经济必然产生多种体制弊病，这主要表现为所铺战线过长、布局分散、重复建设以及国有企业缺乏竞争和效率低下，难以满足人民群众日益增长的多种多样的物质文化生活需要。

在传统计划经济体制下，国有企业不被认为是商品生产经营者，政企职责不分。企业计划由国家统一下达，职工由国家统一分配，物资由国家统一配置，产品由国家统一收购，利润上交由国家统一支配，企业所需资金向国家要，既无内在的经济动力，也无外在的竞争压力，机制僵化，缺乏活力和弹性，严重影响国民经济的发展。因此，正如日本学者小宫隆太郎所说，“中国不存在企业，或者几乎不存在企业”。

根据1978年的资料，当时中国有35万个国营工业企业，大中小企业所占的比例分别为0.35%、0.91%、98.74%，分别占整个工业总产值的25.1%、18.3%、56.6%。其中小煤窑、小电站、小水泥、小合成氨、小化肥在全国产量中的比重分别为43.7%、12.6%、65.2%、55.7%、59.4%。国营中小企业在全国企业数量上和产值上所占比重不仅很大，而且逐年上升。这种情况基本反映了当时的生产力水平和企业规模结构状况，并初步解决了产品供不应求的问题，以及人们对生活消费品的基本需要。但由于盲目发展小企业，造成重复建设，产品积压，有些企业长期处于停产半停产状态，出现了“老厂吃不饱，新厂还在建”的不合理格局，再加上大搞什么“以小抵大”、“以土抵洋”等，损耗和浪费现象非常严重。1978年，工业部门亏损40亿元，其中国营小企业造成的亏损达22亿元，占一半以上。而且，整个国有企业与外国企业相比，差距越来越大，必须进行改革。

但是，当我们细心研阅有关史料，就会发现在关系企业所有制结构的一系列布局及变化中，事实上是充满矛盾的，特别是党的最高领导人在相关认识和基本态度上的矛盾，必然影响到实际工作进程。

毛泽东作为中共第一代领导集体的核心人物，从理性上说，是最早力主多种经济成分统筹兼顾的。在《共同纲领》颁布实施后，他曾多次强调必须认真执行。在1950年3月27日到4月6日召开的，各大区负责人参加的政治局扩大会议上，他针对党内一部分干部中存在的要挤垮私营工商业的错误倾向，指出：“和资产阶级合作是肯定了的，不然《共同纲领》就成了一纸空文，政治上不利，经济上也吃亏，‘不看僧面看佛面’，维持了私营工商业，第一维持了生产；第二维持了工人；第三工人还可以得些福利。当然中间也给资本家一定的利润。但比较而言，目前发展私营工商业，与其说对资本家有利，不如说对工人有利，对人民有利。”他还进一步提出：“我们是一个大党，策略上要特别注意。尤其是我们现在胜利了，要巩固胜利，更要注意，要反对‘左’的思想和‘左’的做法。”①

在1950年4月13日的中央人民政府委员会第七次会议上，毛泽东又提出必须将《共同纲领》作为行动的准则。他说：“《共同纲领》的规定，在经营范围、原料供给、销售市场、劳动条件、技术设备、财政政策、金融政策等方面，调剂各种社会经济成分，在国有经济领导之下，分工合作，各得其所，必须充分实现，方有利于整个人民经济的恢复和发展。现在已经发生的在这方面的某些混乱思想，必须澄清。”② 同年，他在批阅一篇周恩来送来的发言记录稿时，也语出惊人。在发言记录稿中谈到对私营工商业的限制和排挤的地方，他批语：“应限制和排挤的是那些不利于国计民生的工商业，即投机商业，奢侈品和迷信品工商业，而不是正常的有利于国计民生的工商业，对这些工商业当它们困难时应给以扶助使之发展。”发言记录稿中提出，“国有经济是无限制地发展”，他对此批语：“这是长远的事，在目前阶段不可能无限制地发展，必须同时利用私人资本。”“除盐外，应当划定范围，不要垄断一切。”“只能控制几种主要商品（粮、布、油、煤）的一定数量，例如粮食的三分之一等。”③

应当说，这些论述是非常精当、明确的，同时也是非常严肃的。其中的信息量很大，一是说明当时毛泽东所批评的“左”的错误倾向以及“必须澄清”的“某些混乱思想”不仅在党内外始终存在，甚至还很有市场、很有势力；二是说明多元格局的推进与实现从一开始就不是一帆风顺的，各级领导部门在执行上未必坚定、得力，这决定了此后一有风吹草动就会走样、扭曲以致走回头路；三是

① 薄一波：《若干重大决策与事件的回顾》上卷，第103页。

② 《毛泽东文集》第6卷，第52页。

③ 《毛泽东文集》第6卷，第49、50页。

说明毛泽东对多元格局的认识具有过人的深度。历史地看，这也为后来我党吸取教训、回归正确路线乃至为邓小平启动改革开放，包括推进国企改革、发展非公有制经济提供了一脉相承的认识基础。

但是，毛泽东本人在思想深处毕竟又有强烈的阶级及阶级斗争意识，而且一直挥之不去，这也决定了他自身一定程度的矛盾性，比如他对广大私营工商业在团结、利用的同时更多是持“改造”态度，并一直是警觉或防止其成为资产阶级的。1953 年，他提出“不要再硬搬苏联的一切了，应该用自己的头脑思索了”。为抵抗内外压力、巩固无产阶级政权，他开始直接发动一个个政治运动之后，对于多种经济成分统筹兼顾的强调与重视日趋弱化，逐渐有些自顾不暇或力不从心了。尽管后来在《论十大关系》中还有一定的表述，但显然已分量不足，已无法像开国之初头几年那样对多元格局非常专注、坚定，也不能够有切切实实的号召、动员和支持作用了。

矛盾，一定程度的矛盾，或许更能说明事物发展的复杂性、不确定性及其本来面目。但与此同时，它的实际存在也内含着向积极方面变化的可能，孕育着希望！

第四节　改革开放重启多元大幕

西方学者巴赫金曾说过：“单一的东西什么也说明不了，什么也解释不了。如果没有群落，就无所谓方位、无所谓比较，于是就无所谓认识和发展。世界将在单调中结束。”任何事物，一旦脱离多元格局，如同无视生物多样性一样，必然会走向终极，走向衰竭；但是也很可能绝处逢生，出现新的跃迁，即所谓反弹，所谓重组。

1978 年，中共十一届三中全会召开之后，整个中华大地开始复苏，一切都开始变得越来越丰富多彩，这从反映社会经济生活走势的流行语中也可以看到有趣的发展变化，表明现实生活正在全面地从单一转向多元。此前的流行语总是与政治相关，比如“共产主义道德”、“整风”、“社会主义革命”、“又红又专”、“政治挂帅”、“三面红旗”、“现代修正主义”等。1978 年以后，流行语在不经意中，从一元变成了多元。1980 年，“电视机”、“住房”进入了当年流行语；紧接着，“旅游”、“录音机”、“电脑”、“名牌”、“明星”、“时装”、“彩电”、“冰箱”、“卡拉 OK”、“空调”、“VCD”等非政治词语也纷至沓来，成为 20 世纪 80

年代至90年代家喻户晓的时尚语言。一些外来字母也进入流行语，使得语言学家难以接受，但在政治上却无禁忌。进入21世纪后，“WTO”、“APEC”、“IT”等流行语干脆与国际接轨，由纯英文字母组成，而来自语言学家的反对声反倒少了，因为此时在中国说英语或会说英语的人已越来越多，这表明中国已走上与世界接轨的阳光大道，中国人的世界日益变得丰富多彩了。

应和着中国改革开放的主旋律，中国企业的发展之路在此出现拐点，逐渐摆脱“独木桥”似的狭隘与单一，开始了波澜壮阔的新长征。

一　来自历史深处的渐进改革

应当肯定，新中国选择“苏联模式”的计划经济体制，是适应立国之初集中有限的财力和物力以应对恢复国民经济、支持抗美援朝战争等国内外严峻形势的特殊需要的，加上空前高涨全民建国热情，不仅取得了巨大的建设成就，初步形成了门类比较齐全的现代工业体系，而且大大超过了自“洋务运动”以来，上百年旧中国兴办近现代工业所做出的全部努力及其绩效。平心而论，即使在改革开放后经济的持续高速增长中，我们也能看出当年特别是“一五”时期选择苏联模式所奠定的工业基础及其历史价值。

问题在于这些成就的取得主要是通过“剪刀差”的方式而在一定程度上侵害农民的利益，通过“低工资”的方式而在一定程度上侵害工人的利益，俨然把广大工农大众排除在享受工业化成果的范围之外，以这种方式积累资金，必然会使社会成本过高，使传统计划经济体制在激励、约束、资源配置等方面形成了难以通过“改善”来加以弥补的根本性缺陷。这些缺陷直接导致企业的积极性、创造性普遍缺失，竞争活力严重不足，而且单一公有制企业的绝对垄断地位也会衍生出对公有财产的不负责任，使投入产出率越来越低。中国领导人对国有企业体制这些弊端的最初认识，集中反映在毛泽东在1956年的重要讲话——《论十大关系》中。

可以说，《论十大关系》是中国最高领导层不满意于包括国有企业体制在内的整个传统计划经济体制而试图加以改变的第一个纲领性文件。毛泽东指出，计划经济体制的主要弊端是“权力过分集中”，“把什么都集中到中央，把地方卡得死死的，一点机动也没有”。为此，他强调要扩大地方权力，给地方更多的独立性，让地方办更多的事；要调动中央、地方、企业和个人的积极性。由此开始到1978年前的20多年间，中国的国有企业经历了两次大的体制调整。这两次体制调整说明，中国从1978年开始推行的渐进改革其实早在前30年间就已有先导性的历史基础或预演，是来自历史深处的一种逻辑力量，也说明党心、民心对于落后、低效的单一公有制是早有改革意愿的。

1957年9～10月，中共中央八届三中全会通过了《关于改进工业管理体制的规定（草案)》、《关于改进商业管理体制规定（草案)》和《关于改进财政管理体制和划分中央和地方财政管理权限的规定（草案)》等三个文件，此后由国务院全体会议正式通过，并于1958年开始实施。这次体制调整所涉及的方面很多，其中很重要的一条就是下放国有企业的管辖权，明确规定除少数重要的、特殊的和试验性的企业外，其余原来由中央各部管理的企业都下放给各级地方政府管理。此外，还包括下放计划管理权，下放固定资产投资权，下放物资分配权，下放财政权和税收权以及信贷权等。这次体制调整，一方面调动了地方和企业的积极性，推动了地方工业发展，另一方面也引起了投资膨胀、条块分割等严重问题。为此，在1959年下半年，中央又决定在企业管理以及计划管理、固定资产投资、物资流通管理、财政金融等方面，把一部分权力重新集中到中央。

但是，权力重新集中并不能从根本上解决国有企业的体制弊端，统得过死又导致活力缺失、旧病复发。于是，1970年毛泽东重又开始其“虚君共和”的改革，即新一轮的权力下放。这次体制调整所采取的措施和1958年的大同小异，只是根据当时的“文化大革命”的政治气氛，多提出了一些激进口号。1970年2～3月，全国计划会议在北京召开。会议讨论制订了《第四个五年计划纲要（草案)》。根据毛泽东的意见，《纲要》要求各省力争做到煤炭、钢铁、电力、农机、轻工产品等的自给自足，并相应要求把中央直属企业下放给地方，同时扩大地方的生产计划权、投资安排权、物资分配权等。与企业下放相配合，《纲要》提出实行财政、物资、基建投资“大包干”，下放税收管理权和信贷管理权。可以想象，此次调整的结果与1958年的体制调整必然极其相似，即在带动地方工业特别是“五小”工业快速膨胀的同时，也出现经济混乱，以后又不得不再度实行权力上收。

总之，中共十一届三中全会以前的体制调整，虽然出自对传统计划经济体制弊端的反应，但由于缺少对导致这些弊端的更深层原因的真知灼见，因而总是在不同行政层次之间权力或权限的下放和上收上做文章，并一再陷入出路渺茫的恶性循环之中，使整个体制危机日趋加剧。这就是说，在前30年，我国的体制调整并没有在突破单一格局上有任何作为，基本上还是处于行政性集权与分权的交替之中，自始至终都没有摆脱“一放就乱”、“一收就死”的困境。

很显然，这两次体制调整都是试图在体制内进行完善，着眼于权力或权限在下放与集中之间的分配或再分配。事实证明，这绝不能解决传统计划经济体制的弊端。但是，通过这两次体制调整，毛泽东尝试把相当大的企业经营管理权和财权等交给地方，阴差阳错地使中国的许多地区“麻雀虽小，五脏俱全”，在经济上确实有了一些自行其是的余地，这又在客观上为邓小平在 1978 年全面启动经济体制改革准备了基本条件，即首先不依赖于国有企业改革，而主要是从中央计划以外的地方经济中发展起来。

中国的改革能够渐进地推进正是由于它能够在单一公有制下的国有企业之外又发展出一套新的经济主体，这主要是由地方经济，特别是乡镇企业所带动的。而这种改革道路是高度专业化分工的前苏联及东欧国家完全不可能推行的，因为其地方经济、地方企业并不是“麻雀虽小，五脏俱全”，无法形成有可能自行其是的独立经济系统，因此苏联及东欧国家难以在单一公有制之外形成一种快速发展的活跃经济，或者说激进改革是其唯一的选择。这也说明，历史或时代的变迁是呈因果关系的。割裂历史，是不可能准确把握事物的本质的，也就不可能真正把握时代发展的规律与方向。

二　增量先行：体制外的突破与拓展

后 30 年，即改革开放以来，中国企业的发展之路始终是与对市场及市场经济的认识和认可程度相联系的。这就是说，只有充分肯定市场，才能内在地肯定企业发展的多元取向，才能勇于和善于推进多种所有制经济下的企业分工。因此，中国企业的发展之路一直是与市场及市场经济在中国社会实践和经济生活中的命运或地位变迁密切相关的。

长期以来，人们无论在显意识还是在潜意识上，总是把市场及市场经济等同于资本主义，因此不可能早早就提出建立社会主义市场经济体制的改革目标，但从发展路径来看，还是倾向于市场及市场经济，朝着这一改革目标靠近或前进的。从一开始避而不提“市场”二字，到 1982 年提出“有计划商品经济”，到 1984 年提出“国家调节市场、市场引导企业”，到 1987 年提出“以计划经济为主、市场调节为辅”，直至 1992 年明确提出建立“社会主义市场经济体制”，具有中国特色的社会主义市场经济理论的艰辛探索走过了极不寻常的探索之路。

相应的，在实践中，也从1978年以前排斥甚至取消市场，发展到逐步开放和扩大商品市场；从1985年起则不仅要求建立商品市场，而且要求建立包括资金、劳务、技术和房地产等生产要素在内的整个市场体系；直至1992年明确提出充分发挥市场对配置资源的基础性作用，从而不仅使原有不适应生产力发展的僵化经济体制发生了系列深刻变化，而且使整个企业经济呈现出空前繁荣的多元格局。

毫无疑问，建立或形成比较完善的市场及市场经济，其制度前提必然是多元所有制主体、多元利益主体的广泛存在。实践证明，只有单一国家所有制或全民所有制，是不可能有真正的市场的。在单一国家所有制或全民所有制的条件下，根本无法发展起商品交换和市场经济；即使形式上有商品交换，也难以真正有效地配置资源，促进经济发展，提高社会生产力。而要实现所有制主体、利益主体的多元化，无非两种途径：一是对国有企业强制性地一概实行产权改革，二是在传统国有企业体制外率先发展其他多种所有制经济。就中国改革开放之初的社会经济条件来看，无论其他改革方式事后看如何更加“合理”、更加快捷，但事实上，我国根本不可能选择相对比较激进的第一种途径，而只能选择第二种途径。

也正因如此，改革开放以后，双轨制很自然地被地应用于经济体制改革的各个方面，形成了中国特有的“并存思维”现象。比如在财政方面，存在着“预算内”与“预算外”；在金融方面，存在着“计划利率、汇率”与“浮动利率、调剂汇率”；在企业生产、销售方面，存在着“计划内”与“计划外”；在劳动、就业、社会保障制度方面，存在着“老人老办法”与“新人新办法”；在所有制结构方面，除了国有企业以外，形成了多元所有制主体。

建立或形成比较完善的市场及市场经济，还必须以广大企业能够对市场信息作出灵敏、及时的反应为前提。因为企业是市场竞争的主体，如果企业不能对市场作出这种反馈，市场经济就难以发展起来。然而，在我国，要使国有企业与市场运行机制相适应，就必须改革整个计划经济体制。但传统计划经济体制内部的改革十分复杂，所遇到的阻力也很大，所以要求所有国有企业马上都按市场规律来运行，难度确实很大。因此，我们唯一的出路就是调整所有制结构，积极发展各种非公有制经济，造就新的多元化的市场运行主体。

我国经济体制改革之所以能够取得巨大成就的重要原因之一就在于用增量先行的办法寻求国有企业体制外的突破与拓展，把市场发育与微观主体的多元重塑或构筑有机结合起来。正是在传统体制内部的改革举步维艰之时，新生的增量部分自然地采用了市场经济的运行机制，从而为最终建立和形成市场经济体制奠定了微观基础。其中，最具有创新特色的就是大力发展乡镇企业。

由于乡镇企业的发展从一开始就是按市场经济要求运行的，并没有国家的行政干预和投资，所以自然而然地形成了在市场经济条件下企业所必须具有的自主经营、自负盈亏、优胜劣汰的机制，有着较强的生命力和竞争应变能力；与此同时，还可以有效地解决农村剩余劳动力的就业问题，大大改善农民生活，所以，发展势头极好。但是，乡镇企业也颇具大力发展的社会基础。从政治上看，它仍属于集体所有制这样一种公有制性质，这在改革开放刚刚开始、人们思想解放的程度还非常有限的混沌初开时期，比较容易为各利益主体所接受，以致异军突起，势不可当。这也是一种典型的渐进改革的中国特色，从理论上看还是在体制内，而实质上又与传统国有企业体制大不相同，但没有迅猛发展个人私营企业那么刺眼、那么容易引起争议，因此，容易获得一种相对温和、通融的氛围，能够快速成长。由此，我们也可以发现，中国企业的发展之路特别是改革成功与否，在相当程度上取决于能否顾及社会心理，找到各个利益主体共同认可的平衡点或临界点。

多年来，乡镇企业作为农村经济和县域经济的重要支撑力量，为在我国这样一个工业化进程远未结束的农业大国解决好农业、农村、农民等“三农”问题，促进经济体制改革以及国民经济与社会发展闯出了一条成功之路。根据有关资料，乡镇企业增加值从1978年的209亿元增加到2007年的69620亿元，增长了300多倍，已占到农村社会增加值的68.68%，比1978年的17.03%上升了50个百分点，占国内生产总值的比重从5.77%增加到28.52%①。

我国人多地少，九亿农民不可能都进城，也不可能都种地，更不可能都靠补贴，所以，依靠农民自己的努力就地、就近发展第二、第三产业，显然是增收致富、奔小康的最佳选择。实践证明，发展乡镇企业，是推进我国社会主义现代化建设、强国富民的一项重大战略抉择。大力发展乡镇企业，合理调整企业所有制结构，也为我们找到了社会主义公有制的一种有效实现形式，有助于缓解国内外一些经济学家所认为的市场经济与公有制不可调和的矛盾。

乡镇企业异军突起，示范性地带动了其他多种经济成分的发展，带动了各种非公有制企业的成长，具有很大的扩张体制变革的边际效应。改革开放以来，就

① 甘士明主编《中国乡镇企业30年》，中国农业出版社，2008，第1页。

中国企业的所有制关系而言，已形成国家所有、集体所有、个人所有、私人资本所有和外国（境外）投资者所有五种类型。国有企业、乡镇企业、民营企业、外资企业、合资企业、个私企业、股份制企业、跨国公司在华企业、中小企业、大型企业、国家出资企业（2008 年出台的《企业国有资产法》已将原先的国营企业、国有企业改称为此）以及国有控股公司、国有参股公司、上市公司等，迎来了中华民族亘古未有的“企业时代”，书写了中国企业从单一状态跃迁到多元格局的崭新华章。

规模日益壮大的民营企业、个私企业作为新兴市场经济的生力军，靠自己的勤劳奋进从非公有制经济茁壮成长为社会主义市场经济的重要组成部分，是最典型的在体制外顽强突破与拓展的巨大增量，有着异常夺目的时代光彩。比如眼下人们普遍关注的所谓地区差异、收入差距等问题，只要稍加分析，就不难发现，其根源并不在国有经济的人均数量上，而在于非公有制经济以及乡镇企业发展水平的差异上。若是单纯按国有经济人均计算，无论是资产数量和生产总值，内地和北方地区一般都要高于沿海和南方地区；但一旦加上非公有制经济以及乡镇企业部分，内地和北方地区则会大大落后于沿海和南方地区。这说明，扎扎实实抓好其他非公有制经济以及乡镇企业的发展，不仅对企业机制的转换是不可缺少的，对社会生产和人民生活的提高也是至关重要的。

尤其重要的是，中共十六大郑重地把从事非公有制经济的个体户、私营企业主、自由职业人员等都誉称为“中国特色社会主义事业的建设者”。他们各尽其能、各得其所，正在健康成长为一个新的社会阶层，人数已约达 1.5 亿之多。他们掌握或管理着 10 万亿元左右的资本，使用着全国半数以上的专利技术，并直接或间接地贡献着占全国近 1/3 的税收，每年吸纳着 80% 以上的新增就业人员①，这其中包括从国企改革中下岗分流转移出来的一部分职工，为顺利推进国企改革提供了消化和承担相关成本的平台与载体（这也表明国企改革与非公有制经济发展之间是一种互动关系，国企改革越深入，就越需要加快发展非公有制经济）。他们是中国企业组织形态或企业所有制结构从单一转向多元这一伟大历史性变革的直接参与者和受益者，因而他们对改革开放大业的拥护和支持也是最坚定的。他们不仅代表着中国企业发展的现在和未来，更与中华民族的伟大复兴紧密相连。

---

① 黄孟复主编《中国民营经济史・大事记》，社会科学文献出版社，2009，第 3 页。

中国市场经济发展的未来、中国企业的发展之路，将取决于企业所有制结构在单一转向多元的重大变革中的稳定程度和完善程度。总的方向和态势已不可逆转，但行进途中的种种不确定性毕竟存在，所以我们一刻也不能放松努力。

三 “学会退出”

如前所述，我国长期推行单一的公有制经济。到1978年，国民生产总值中，公有制经济占98%，其中全民、集体分别占55%和43%，非公有制经济仅占1%；工业总产值中，公有制经济几乎占到100%，其中全民、集体各占77.2%和22%，非公有制经济仅占0.8%；全社会商品零售额中，公有制经济占97.8%，其中全民、集体各占54.5%和43.3%，非公有制经济占2.2%。[①] 在所有制实现形式和财产组织形态上，全民所有制企业全部是国有国营，城市集体所有制企业也按全民企业的模式组织运行，农村则是单一的“一大二公”的人民公社经济。

改革开放以后，我们选择了增量先行的道路，使乡镇企业以及民营企业、个私企业等新的经济增长点迅速壮大，支持了中国经济的快速发展。但是，如果只做增量文章，对国有企业存量调整长期按兵不动，也必然会使经济的快速发展带有十分明显的非均衡特征，从而产生新的社会矛盾和问题，影响经济的持续高速发展。因此，在继续发展乡镇企业以及民营企业、个私企业等非公有制经济的同时，还要将一定的注意力放在原有基础上，不断挖掘潜力，调整经济成长系统，使资源的使用更加合理有效。这就决定我们必须正视现实，将国企改革这篇文章做好。

历史地看，现代国有企业是第一次产业革命之后，首先在工业发达国家发展起来的。第二次世界大战后，它几乎波及全世界所有国家，成了全球经济的重要组成部分。20世纪50年代初到80年代初是世界范围内国有企业大发展的时期。但自20世纪80年代以来，无论是发达国家、发展中国家还是社会主义国家，国有经济在国民经济中的比重均出现了下降趋势，国有企业也相应进入了以“退出”为主脉的改革时期。

与许多发达国家和发展中国家的情况不同，苏联及东欧国家的国有企业是在“全盘国有化”思想指导下发展起来的，比重大、分布广、只增不减、多为政府

---

① 引自国家经贸委文件《关于国有企业改革情况的报告》附件，第37页。

直接经营（故长期称作“国营企业”）是其突出特点。直到这些国家发生剧变前，国有经济在国民经济中的比重仍在80%以上。较早奉行苏联模式的中国亦大致如此，不同的是，中国的改革开放是以建立社会主义市场经济为方向的，又基于文化传统等原因，也就不可能完全采取“私有化”或“民营化”的激进改革方式。然而，即使是渐进改革模式，在实际推动中也依然是异常艰难、充满着尖锐矛盾的。

如果以1992年邓小平发表南方谈话为标志，将改革开放新时期也大体分为前15年与后15年，那么，在前15年，国企改革还局限于利益格局的调整、管理权限的调整（不免仍有早先那两次“体制调整”的痕迹），而后15年才逐步进入了制度创新的关键阶段。

从1978年开始的前15年间，国有企业历经多种形式的改革探索，大体可分为以下三个阶段。

一是“扩权让利”阶段。1979年7月，国务院下达了《关于扩大国营工业企业经营管理自主权的若干规定》等五个文件，并由有关部委在京、津、沪选择8家企业进行扩权试点。到1980年，试点企业迅速发展到6600多家，占预算内国营工业企业总数的16%、产值的60%、利润的70%。同年9月，国务院批准从1981年起，在国营工业企业中全面推行扩大企业自主权，同时进一步对36000多家工业企业实行利润包干，推行经济责任制，约占预算内国营工业企业的80%。

“扩权让利”是在僵化的传统计划经济体制仍占“一股独大”地位的背景下大胆实施改革而迈出的第一步，对于促进政企分开、调动企业生产经营积极性，具有积极作用。但是，“扩权让利”使国家财政收入所占国民收入的比重从1978年的37.2%下降到1983年的26.3%，五年下降了10多个百分点。这种状况显然既不利于国家在百废待兴之际集中财力完成一些重点基础建设项目，也不利于提高宏观调控力度和水平。同时，也不可能从根本上改变国营工业企业作为政府附属物的地位，其原本应该享有的自主权依然难以全部落实。

二是“利改税”阶段。为了规避“扩权让利”之弊，“利改税”成为一种新的选择。第一步“利改税”于1983年4月开始。国务院批准了财政部提出的《关于国营企业利改税的推行办法》，将国有大中型企业上缴利润的制度改为向国家交纳企业所得税。1984年10月起，又推行了第二步“利改税”，由以前的“税利并有”逐步过渡到完全“以税代利”。

两步“利改税”在规范政府与企业间的分配关系、稳定政府与企业的各自应得利益、调动企业积极性等方面，都发挥了一定的作用。但由于当时我国价格体系极不合理，企业间税负不公平，又由于税率定得过高而造成税负加重，这必然严重收缩企业的自我发展能力，到1986年，国有企业出现全面亏损。而与此同时，从几年前就开始进行利润递增包干试点的国有企业却取得了很好的经济效益。于是，“扩权让利”和“利改税”改革便着手整体让位于承包经营责任制。

三是承包经营责任制推行阶段。1986年12月，国务院颁布《关于深化企业改革，增强企业活力若干规定》，以“包死基数，确保上缴，超收多留，歉收自补”为分配原则，在国有企业中推行承包经营责任制。1988年3月，国务院又颁布《全民所有制工业企业承包经营责任制暂行条例》，促进了承包经营责任制的第二步发展。截至1988年底，实行承包经营责任制的国营工业企业已达95%。

承包经营责任制进一步明确了企业的利益主体地位，较大地刺激了企业生产经营和自我发展的积极性，使国民经济大幅度增长。1986~1988年，国营工业总产值年均增长10%，比“六五”时期的年均增长8.1%高出1.9个百分点。但是，承包经营责任制也带来了一些问题：一是分配向个人倾斜、向消费倾斜，不利于国家财政收入的稳定增长。1986~1988年，全民所有制独立核算工业企业上交财政利税年均增长8.4%，若扣除同期的通货膨胀率年均10.5%，实际为负增长。上交财政部分占实现利润的比重由1986年的62.9%下降到1988年的43%，下降近20个百分点。二是企业包盈不包亏，在一定程度上也助长了企业重生产、轻投资、拼设备等短期行为，忽视了在根本转换企业经营机制上下工夫。三是承包经营责任制按“一户一策”实施，难以做到机会均等。尽管各地为完善承包经营责任制进行了许多有益的探索，但这些日益突出的矛盾使之不可能从根本上解决国有企业管理体制和经营机制中不适应社会主义市场经济的问题。

自1978年以来，国企改革所进行的这些探索，对加快我国经济发展、提高企业经营效益起到了一定作用，无疑是新时期中国企业发展之路中的重要一脉，但是，由于国企改革始终未触动国有企业体制的基本框架，未能解决产权不清、权责不明、政企不分等深层次问题，因此，国有企业经营管理和国有资产运营依然困难重重。到1991年，国营工业企业在工业总产值中的比重虽然仍占53%，但亏损总额已达367亿元，相当于同口径利润总额的47.7%，相当于全国乡及乡以上独立核算工业企业亏损总额的 77.2%。国营工业企业资金利润率仅为 2.9%，不到 1978 年的五分之一。[①]

由于国有企业没有真正成为自主经营、自负盈亏、自我发展、自我约束的法人实体和市场竞争主体，以改革宏观经济调控体系（如金融、财税、投资等）为中心的举措和以改革价格体系为中心的举措，都因缺乏与市场经济相适应的微观基础而无法取得预期效果。要解决这些深层次问题，必须进行转机建制，即转换企业经营机制，换言之，必须“学会退出”，即通过建立现代企业制度实现“战略退出”——真正退出传统计划经济体制，摆脱其束缚，以获取更多的竞争活力。我们可以看到，中国企业发展之路在国企改革层面上已是筚路蓝缕，不得不进入制度创新阶段，即致力于创建符合社会主义市场经济体制与社会化大生产规模的现代企业制度，特别是现代产权制度。

四　从现代企业制度到现代产权制度

对中国企业后 30 年的发展之路而言，除了 1978 年召开的十一届三中全会外，还有几届“三中全会”均对其具有纲领性的指导意义，比如 1984 年召开的十二届三中全会（会议通过了《中共中央关于经济体制改革的决定》），1993 年召开的十四届三中全会（会议通过了《中共中央关于建立社会主义市场经济体制若干问题的决定》），2003 年召开的十六届三中全会（会议通过了《中共中央关于完善社会主义市场经济体制若干问题的决定》）。有意思的是，十四届三中全会上，首次正式提出并阐述了建立现代企业制度问题，并将其凝练为十六个字，即“产权清晰、权责明确、政企分开、管理科学”；而十六届三中全会上，首次正式提出并阐述将建立现代产权制度，并将其凝练为十六个字，即“归属清晰、权责明确、保护严格、流转顺畅”。从建立现代企业制度，发展到建立现代产权制度，时隔十年，其中的重大变迁耐人寻味。

按照理论范式，建立现代企业制度的具体要义可阐释为：一是产权关系明确，企业拥有包括国家在内的出资者投资形成的全部法人财产权，成为享有民事权力、承担民事责任的法人实体；二是企业以其全部法人财产，依法自主经营、自负盈亏、照章纳税，对出资者承担保值、增值的责任；三是出资者按投入企业的资本额享有所有者权益，即资产受益、重大决策和选择管理者等权利，但是企

① 引自国家统计局企调总队《研究参考资料》1998 年第（82）期，第 8 页。

业破产时，出资者只以投入企业的资本额对企业债务负有限责任；四是企业按照市场需求组织生产经营，以提高劳动生产率和经营效益为目的，政府不直接干预其日常生产经营活动，但是企业在市场竞争中优胜劣汰，长期亏损、资不抵债的应依法破产；五是建立科学的企业领导体制和组织管理制度，调节所有者、经营者和员工之间的关系，形成激励和约束相结合的经营机制。

这一轮的国企改革以建立现代企业制度为方向，是我国国企改革最困难、最严峻、最关键的一个时期。根据有关资料，通过实施“三改一加强”、“抓大放小”等举措，到中共十六大召开之际，我国80%以上的国有中小企业已完成改制。国务院确定的建立现代企业制度百户试点企业和各地选择的2700多户试点企业中，绝大部分实行了公司制改造。另据国家统计局调查，截至2001年底，所调查的4371家国有重点企业中已有3332家实行了公司制改制，改制面达76%，而且大多数企业投资主体多元化步伐加快，法人治理结构日趋完善，劳动、人事、分配三项制度改革措施落到实处，科学管理水平有所提高。这就是说，相当一批国有企业已“学会退出”，成功转型了。

但是，经济学视野中的现代企业制度，其理论假定首先是产权结构的多元化。而国有企业一旦实现产权结构多元化，本质上也就“背离”了原有的体制属性，不再是传统或经典意义上的国有企业了。这就是所谓的“退出”！产权结构多元化，正是外在的多元化的企业所有制结构对国企改革的一种内化或内在要求，只有企业自身的产权结构多元化，才能真正实现中国企业所有制结构的多元化。但是，当时思想解放的程度与力度还不能够都达成这种共识，人们甚至在较长一个时期内是寄希望于在不触动国有产权制度的前提下搞好一个个国企的。这就必然影响到现代企业制度的彻底推进，所以出现了一定程度的“动作变形”，比如在公司制改造中，摇身一变弄出了不少“翻牌公司”；而国企融资上市，又搞出个不伦不类的“股权分置”等。

为此，中共十六届三中全会提出要建立归属清晰、权责明确、保护严格、流转顺畅的现代产权制度，这有利于维护公有财产权，巩固公有制经济的主体地位；有利于保护私有财产权，促进非公有制经济发展；有利于各类资本的流动和重组，推动混合所有制经济发展；有利于增强企业和公众创业创新的动力，形成良好的信用基础和市场秩序。这四个有利于表明，现代产权制度是在更广泛的意义上与完善基本经济制度和促进我国经济、社会和人的全面发展相适应的。也就是说，相对于国企改革，建立现代产权制度比建立现代企业制度更具实质性；相

对于整个经济体制改革，建立现代产权制度又比现代企业制度更具深刻性，更接近或体现现代市场经济的本质。至此，我们可以说，我党关于国企改革的理论认识已经非常彻底、非常成熟，余下的问题便是实践的问题、落实的问题。坚持以建立现代产权制度为方向，不仅能全面完成国企改革的最后攻坚战以及国有经济布局与结构的战略性调整，还可以为中国企业进入下一个30年乃至60年的辉煌发展提供更加坚实的体制准备。

第五节　中国企业发展的预测与展望

中国企业走过的60年崎岖之路，是在中华民族结束外强入侵、备受蹂躏的屈辱史后开始起步的。无论是前30年，还是后30年，一代又一代中国人深怀和平建设的愿望，从未停止过努力、停止过探索、停止过奋斗。中国企业也在整个所有制变革的宏大背景下，从早先多少有些初级、脆弱的多元格局，历尽劫难，历尽沧桑，终于进入到一个更为成熟、高级状态的多元格局，其成本和代价是极大的。

然而，展望中国企业发展的下一个60年，我们可以有哪些预期？是不是可以自信地说：21世纪的世界将给予中国企业发展以更多的机会与眷顾呢？

一　不要指望“归零”

中国未竟的经济体制改革（包括国企改革）乃至政治体制改革，引来人们五花八门的预期和设想，这是正常现象。但是，有一点可以肯定，中国要完成相应的改革任务，不可能指望其选择一种新的模式，即激进改革模式。这反映在国企改革层面上，也就意味着不可能完全“归零”，即彻底打破既有管理体制，将已经大幅度缩减数量规模的国有企业包括中央企业统统改换门庭，走百分之百的“私有化”或“民营化”道路。

要求国有企业全部从竞争性领域马上退出，要求所有垄断现象统统在中国经济活动中迅速消失以满足非公有制经济发展的“公平”或“平等”诉求，如同要求国有企业保值增值、做大做强并以此“包装”为最华丽炫目的“执政基础”一样，都将在今后一个较长时期内不断地影响多元格局的均衡与稳定，影响各种所有制经济成分在功能定位上的模糊与多变。之所以如此，说到底，无非就是既有管理体制的能量尚未释放穷尽，它还有需求。

这依然可以从历史中获得启示。比如在前30年中，中国传统的计划经济体制的问题虽然已彻底暴露，但整个经济局势还没有恶化到一定要用激进的办法将其一下子打破的地步，因为即使在1978年启动改革开放之时，我国经济增长的速度仍在10%以上。这就是说，当时是“濒临崩溃”，但尚未完全崩溃。在这种情况下，人们很难产生非激进改革不可的强烈动机与愿望。在旧体制下经济增长率越低，人们的不满率就越高，有既得利益需要保护的人也越少，痛加改革的阻力就越小；反之，如果经济仍有增长，人们对旧体制的希望还没有彻底破灭，改革的阻力就会偏大。

这也解释了为什么苏联及东欧国家长期以来试图改革却一直没有实质性的进展，结果造成经济严重停滞，人民大众普遍失望，以致最终被以剧烈甚至暴烈方式推翻；而中国是在传统计划经济体制下的各种矛盾还未充分激化、经济状况还未恶化到完全停滞的情况下开始改革的，加上经济增长率很快开始回升，因此，那种激进改革的方式必然不会被时代所选择，人们而只会倾向于渐进方式。这就是说，我们要对传统计划经济体制进行实质性的改革或改造，就必须有长期作战的准备。

即使我国私营企业占内资企业的比重已由2007年底的63.25%上升到2009年上半年的70.91%，总户数已达到659.42万户[①]，民企纳税已连续5年增长超过21%；即使国有企业的股权结构和治理结构均已发生深刻变化，地方国企大部分已从国有独资改制为多元持股的公司制企业，中央企业及其下属子公司的股份制改造也由2002年的30.4%提高到2006年的64.29%，全国国有及国有控股工业企业总数已从1998年的6.5万家减少到2006年的2.5万家，减少了近2/3，也并不意味着我国经济体制改革（特别是所有制改革）已夺取全胜[②]。在改革开放整整30年后，我国现代化建设已取得举世瞩目的巨大成就，要完成未竟的改革开放大业，激发人们的改革热情的难度已越来越大了。

根据现代物理学的揭示，凡是最大的速度、最大的动力，在发动之前都必须“归零”，而后才能释放出最佳功率。这是人所皆知的定理。在五千年的中华文明中，我们只要多一点谦虚和认真，就不难找出隐含在“致中和，天地位焉，万物育焉”等伟大古训后面的智慧。在中国企业的未来发展中，只有充分看到特定政治社会环境的现实性、各个利益主体博弈的长期性以及中华文化基因的异

① 《民营经济内参》2009年5月8日专刊，第13页。

② 国务院国资委直属机关党委编《在挑战中成长　在探索中前进》，中国物资出版社，2009，第9、51页。

常强大的影响力和作用力等，我们才能在深化改革以及完善多元格局的企业所有制结构中不脱离国情、不脱离实际，而更多一些从容和弹性，更多一些脚踏实地和因势利导。

二　以公有制为主体的混合经济

改变与现实生产力不相适应的单一公有制结构，并不意味着要走彻底“归零”的百分之百“私有化”或“民营化”的道路，而是要实行以公有制为主体，多种所有制经济共同发展的基本经济制度，这是我国的“宪法精神”，也大体决定了今后中国企业的多元所有制结构将出现相对的稳态。可能出现的变异仅仅在于结构要素的主次之分，比如以与时俱进的观点来看，将来“以公有制为主体”会不会逐步演化为“以混合所有制经济为主体”？这当然取决于社会生产力解放与发展的内在需要，同时更取决于它在配置资源、提高效率方面是否具有天然的优越性。

根据国际经验来看，混合所有制已是现代市场经济发展的一种必然趋势。它具有市场经济微观基础的多元化混合性质，可以使不同所有制经济的生产要素合理流动和优化组合，以促进经济效益的提高。混合所有制既能使国有企业摆脱传统经营模式，成为真正独立自主、自负盈亏的市场主体，也能使民营企业获得更有效的激励与约束机制而加快做大做强。

这正如法国学者让·多米尼克·拉费和雅克·勒卡荣所分析的那样：“混合经济作为‘纯社会主义和纯资本主义混合的形式’，从理论上看它在很大程度上看来是针对计划经济中极端干涉主义明显失败和自由思潮鼓吹国家退却、鼓吹私有化和鼓吹解除管制而提出的具有双重意义的预防措施。从政治角度看，这个概念有一个不容置疑的好处，即传播许多有积极意义的老想法。它是与一种温和适中、综合几种极端制度的思想结合在一起的；对这种思想，当然只取其最正确的部分。它的依据是合作的逻辑、共同劳动的逻辑；按照这种逻辑，每一方——国家和私营部门——当然要发挥自己最大的能力。”①

混合所有制经济的主要形式为股份制企业、上市公司及企业集团等各种经济联合体。从全球范围看，混合所有制经济的运营效率，特别是规模效益明显高于其他所有制经济，显示出广阔的发展前景。因此，在中国企业的未来发展中，必须顺应

① 〔法〕让·多米尼克·拉费等著《混合经济》，商务印书馆，1995，第1页。

所有制结构混合化演变的世界性潮流，积极发展混合所有制经济，推动以公有制为主体、多种所有制经济共同发展的组合结构从板块结合向有机结合转变，巩固和优化平等竞争、共同发展的多元所有制结构新格局，以促进中国经济的更大增长。

中共十六届三中全会明确提出，“大力发展国有资本、集体资本和非公有资本等参股的混合所有制经济，实现投资主体多元化，使股份制成为公有制的主要实现形式。”混合所有制经济是对企业组织形态或企业所有制结构多元格局最为切实的一种肯定与倡导。它在本质上使企业资产或财产在多个利益主体“共同所有”中更多地具有社会或社会化属性。股份制是不同所有者以股权形式共同出资而形成的一种企业财产组织形式，而股份合作制是兼有合作制与股份制的特点，实行劳动合作与资本合作相结合的企业财产组织形式，二者都是不同经济成分在同一企业中分别拥有相应的所有者权益，并不为单一的利益主体所独有。

因此，积极推进混合所有制经济的发展，必然成为中国企业未来发展的重要取向。或许到将来，大力促进公有制经济与非公有制经济的相互融合，形成你中有我、我中有你的有机结合，充分发挥各自的制度优势而加快发展，以致混合所有制经济将逐步取代单一公有制而成长为社会主义市场经济的主体。因为，混合所有制经济，才是一种更符合世界文明发展主流的“公有制”，或者说更是公有制的一种有效实现形式！

三　远航之路：造就更多的跨国公司

积极培育和扶持大公司、大企业集团，是中国企业在进入21世纪后所必须承担的历史使命。目前，在我国各产业部门中，尽管资产总量和产出能力都已具有相当规模，但是并没有成批或大量产生在资本实力、技术基础、生产效率以及资源综合利用水平等方面堪与发达国家的跨国公司一比高下的大公司、大企业集团。当然，这需要一个渐进的培育过程。然而，随着改革开放的进一步深化，以及我国为实现WTO承诺而逐步缩小关税保护的力度、消除各种非关税壁垒，各产业领域都将面临国外大企业更加强有力的竞争。

近几年，国外投资已从过去建立三资企业为主，逐步转向直接投资和大规模并购国有企业，并已在部分行业中开始占据支配地位。而且，值得关注的是，一些跨国公司，比如奥的斯、诺基亚等已开始整合原先较为独立的各个在华子公司，而松下更是提出要再造一个“中国松下”的发展战略，以集中管理先后在华注册成立的几十家子公司，这些都是出自应对中国大公司、大企业集团成长性挑战的战略调整。为了发展和振兴民族产业，我们必须加快构筑具有强大竞争优势的企业群体，大力实行培育和发展大公司、大企业集团战略。

现代市场经济的基本特征之一，就是整个经济活动的内部组织更加集约化，大公司、大企业集团占绝对优势。大公司、大企业集团是实现我国经济发展方式转变、促进整个国民经济可持续发展和增强国际竞争力的组织保证。我国要从经济大国变为经济强国，就必须培育出一批在世界经济舞台上占有一席之地、经济规模和经济实力能与国外强势的跨国公司相抗衡的大公司、大企业集团。在现有基础上，根据产业结构选择的要求和产品链条的构成特点，着力培育和扶持资本、技术、人才和生产经营组织高度一体化、集约型的大公司、大企业集团的成长，这是中国企业在所有制结构的多元格局初步形成后，应当致力突破的一种资源整合或生产力布局。多元格局不应当是一种平庸的、无所作为的结构分布，更不是在公有制与非公有制之间搞平均主义的要素分配，而是重点突出的能够体现未来发展的战略方向的。在这样一种多元格局中脱颖而出的大公司、大企业集团，应严格按照现代企业制度特别是现代产权制度的要求，形成合理的和具有对不同所有制经济成分极大包容性的资产组合，建立有效的法人治理结构和母子公司有机结合的生产经营管理体制。

今后，在中国本土将会有更多的大公司、大企业集团问世，而且在世界各地也会出现一个又一个有“中国血统”的跨国公司。这些跨国公司的基本来源，一是一些超大型的国有企业包括国有独资企业，但这些企业必须通过建立现代企业制度特别是现代产权制度，才能将由国家巨额资本投放等而形成的规模优势转化为可持续的竞争优势；二是在30年改革开放中从无到有、从小到大、由弱而强发展起来的民营企业，但这些企业必须通过上市、合资、引进战略投资家等途径转变为混合所有制下的现代企业。这些跨国公司无疑将在自然禀赋、市场需求规模以及历史文化资源等方面获得足够的支持，但是，最基本的支持则一定是制度安排，即牢牢坚守和优化企业所有制结构的多元格局。

或许，中国进入21世纪以来所发生的一系列重大事件，比如加入WTO、出台“非公经济36条”（《国务院关于鼓励支持和引导个体私营等非公有制经济发展的若干意见》）、成立国资委、颁布新《中华人民共和国公司法》等，都在为中国“生产”更多的跨国公司做准备。中国企业走向世界的远航之路已经开启，但是无论走得多远、走得多快，都无法摆脱这个真正的经济学原点：在单一与多元之间选择所有制，具有截然不同的结构效应。

参考文献

[1]〔法〕让·多米尼克·拉费等:《混合经济》，商务印书馆，1995。

[2] 韩岫岚主编《中国企业史·现代卷》，企业管理出版社，2002。

[3] 安志文等:《中国的道路——1978~1994 中国改革与发展报告》，中国财政经济出版社，1995。

[4] 柳随年、吴群敢主编《中国社会主义经济简史（1949~1983)》，黑龙江人民出版社，1985。

[5] 王金存主编《世界国有企业》，企业管理出版社，1995。

[6] 甘士明主编《中国乡镇企业 30 年》，中国农业出版社，2008。

[7] 黄孟复主编《中国民营经济史·大事记》，社会科学文献出版社，2009。

[8] 逄先知等:《毛泽东传（1949~1976)》，中央文献出版社，2003。

[9] 章迪诚:《中国国有企业改革编年史》，中国工人出版社，2008。

[10] 国家经贸委文件:《关于国有企业改革情况的报告》。

[11] 王忠明:《学会“退出”——兼及国企改革中一些“普遍误读”之证伪》、《试析国有经济布局与结构战略性调整的三个层面》、《国企改革：从现代企业制度到现代产权制度——为纪念改革开放 30 周年而作》，国务院国资委研究中心内刊《研究报告》，2004、2006、2007。

The Development Road of the Enterprises in China

Abstract: The market economy is based on the enterprises of different types of ownership. The state ownership alone can hardly foster the micro-subject of the market economy, and also it cannot inspire the enterprises in the competition, the diverse strategy and the spontaneous mobilization ability of the resources. Therefore, the market and the market economy is diversity. The development of the enterprises in China during the past 60 years, especially during the 30years after the reforming and opening up, has revealed that it is the right way from single to diverse. And in fact, it is the essential of the modern economics.

Key Words: Diverse Ownership; Enterprise; Co-existence; Disposition of Resources; Market Economy

第十三章
中国法治建设道路

李　林*

摘　要：新中国的法治建设取得了巨大成绩，积累了重要经验。60年来，中国从人治走向法制、再从法制走向法治，确立了依法治国基本方略，形成了中国特色社会主义法律体系，全面推进依法执政、依法行政和司法改革，宣传法治理念，普及法学教育，繁荣法学研究，完善法律服务。未来中国将沿着中国特色社会主义法治发展道路，全面落实依法治国的基本方略、加快建成法治国家。

关键词：民主　法制　依法治国　依法行政、司法改革

第一节　新中国60年法治建设的历史回顾

新中国法治是在彻底摧毁国民党政权旧法统的前提下，根据马克思主义国家与法的理论和中国新民主主义革命实际，借鉴苏联社会主义法制模式建立起来的。1949年，新中国成立后，伴随着中国政治、经济、社会和文化的曲折发展，新中国的法治建设大致经历了两个阶段、六个时期。

---

* 李林，法学博士，中国社会科学院法学研究所所长、研究员、博士生导师，兼任中国法学会常务理事，中国法学会法理学研究会副会长等职，主要研究领域为法理学、立法学，擅长法治与人权理论、比较立法学和宪政理论。参与本课题研究并提供部分初稿或资料的学者包括：刘作翔研究员、熊秋红研究员、李洪雷副研究员、吕艳滨副研究员、冉井富副研究员、蒋熙辉副研究员、高汉成副研究员、钟瑞华博士、刘洪岩副教授等人。

一　新中国成立到改革开放前的法制建设

1. 新中国法制奠基：中华人民共和国成立至1954年9月“五四”宪法颁布前

从1949年10月新中国成立到1954年宪法颁布前，是中国社会主义法制的奠基时期。新中国建立初期，法制主要起着维护新生政权、巩固无产阶级专政、镇压阶级敌人的作用。1949年2月，中共中央发布了《关于废除国民党的六法全书与确定解放区的司法原则的指示》，宣布“在无产阶级领导的工农联盟为主体的人民民主专政的政权下，国民党的六法全书应该废除，人民的司法工作不能再以国民党的六法全书为依据，而应该以人民的新的法律为依据。”这一规定，为彻底废除国民党政权的伪法统、六法全书及其立法、执法、司法制度，确立中华人民共和国政治制度的合法性，建立新中国的法律体系及其立法、执法、司法制度，廓清了障碍，奠定了基础。

1949年9月，中国人民政治协商会议第一届全体会议通过了具有临时宪法性质的《中国人民政治协商会议共同纲领》，制定了《中华人民共和国中央人民政府组织法》。《共同纲领》第17条明确规定：“废除国民党反动派政府一切压迫人民的法律、法令，制定保护人民的法律、法令，建立人民司法制度。”这两个宪法性法律及其他相关法律，奠定了新中国成立初期法律制度的基础。

为适应新中国成立初期政治斗争及其法制建设的需要，国家确立了政权过渡时期“多元性的立法体制”：中国人民政治协商会议制定根本法；中央人民政府制定并解释国家的法律、法令并监督其执行；政务院有权颁布决议和命令并审查其执行，废除或修改所属各部、委、署、院和各级地方政府与国家的法律、法令和政务院的决议、命令相抵触的决议和命令，向中央人民政府提出议案；根据地方政府组织通则，大行政区、省、市、县的人民政府委员会可制定法令、条例和单行法规，民族自治机关可制定单行法规。

据统计，1950～1953年，中央共立法435件，年均立法109件。地方立法虽无全面的详细统计数字，但从若干省份的立法情况可见一斑。1950～1953年，浙江共制定暂行法令条例和单行法规653件；1950～1954年，内蒙古制定各种条例和规范性文件368件；1950～1954年9月，上海制定暂行法令条例和单行法规799件。[①]

① 吴大英等著《中国社会主义立法问题》，群众出版社，1984，第36、241页。

新中国的司法制度是同新生人民政权一起建立的。1949 年 10 月 1 日，中央人民政府委员会第一次会议任命沈钧儒为最高人民法院院长、罗荣桓为最高人民检察署署长。10 月 22 日，最高人民法院和最高人民检察署举行成立大会，沈钧儒、罗荣桓分别就职。1951 年，中央人民政府颁布了《人民法院暂行组织条例》、《最高人民检察署暂行组织条例》、《地方各级人民检察署组织通则》等法律，规定了人民法院和人民检察署的体制和职权，开始自上而下地建立各级人民法院和人民检察署的组织体系。

基层选举工作于 1953 年 3 月开始，到 1954 年 5 月胜利完成。到 1954 年 8 月，县级以上地方各级人民代表大会先后建立。“除台湾省尚未解放外，我国人民已经在 25 个省、内蒙古自治区、西藏地方、昌都地区，3 个直辖市，2216 个县和相当于县的行政单位，163 个市，821 个市辖区和 224660 个乡建立了自己的政权，此外还建立了 65 个县级以上民族自治地方的自治机关。”[①] 新中国成立后的五年中，人民民主政权建设的成就，使人民从未享有政治权利的地位转化为国家的主人、行使当家做主的权力，管理自己的国家。

2. 社会主义法制创立：“五四”宪法颁布至 1957 年“反右”运动前

1954 ~ 1957 年是中国社会主义法制的创立时期。这一时期颁布了新中国第一部社会主义类型的宪法。1953 年初，中央人民政府委员会决定成立中华人民共和国宪法起草委员会，毛泽东任委员会主席，朱德、宋庆龄等 32 人任委员。1954 年 9 月 15 日，宪法草案提交第一届全国人民代表大会第一次全体会议审议通过，为社会主义法制建立和发展提供了宪法基础，标志着新中国法制正式建立。

（1）开展立法工作。1954 年，《中华人民共和国宪法》颁布，明确指出全国人民代表大会为行使国家立法权的唯一机关（1955 年，全国人大一届二次会议通过了《关于授权常务委员会制定单行法规的决议》，使全国人大常委会获得了立法授权），立法权趋于集中统一。据统计，1954 ~ 1957 年，反“右派”斗争前，全国人大及其常委会和国务院制定的法律、法规以及国务院各部委制定的较重要法规性文件共 731 件。这些法律、法规、条例的制定，充实了中国的法律体系，为新中国建立之初的经济、政治和社会建设步入法制轨道提供了法律依据和法治保障。一些重要的基本法律，如《中华人民共和国刑法》、《中华人民共和国民法》、《中华人民共和国民事诉讼法》等也在抓紧起草。《刑法》到 1957 年

① 楼邦彦：《中华人民共和国宪法基本知识》，新知识出版社，1955，第 32 页。

已修改22稿，并发给人大代表征求意见；《民法》已完成大部分起草任务，并开始向有关单位征求意见；《刑事诉讼法》开始起草，并于1957年6月完成初稿。

（2）建立司法制度。在第一届全国人大第一次会议上，重新制定了《中华人民共和国人民法院组织法》和《中华人民共和国人民检察院组织法》。根据新的法院组织法，法院组织体系由三级（县级、省级、最高人民法院）改为四级（基层、中级、省高级、最高人民法院），并规定设立军事、铁路、水上运输等专门人民法院，实行四级二审制。中国司法工作的一些基本原则和制度建立也发展起来，公安、检察和法院三机关分工负责、互相监督、互相制约的制度，检察机关和审判机关独立行使职权的制度，法律面前，人人平等原则，人民陪审员制度，公开审判和辩护制，合议庭制度和回避制度，两审终审制和死刑复核制，审判监督制等。

1957年，全国人大常委会制定了《中华人民共和国人民警察条例》，对人民警察的性质、任务和职权作了明确规定，从而使人民警察建设走上了正轨。颁布了《中华人民共和国劳动改造条例》和《劳动改造罪犯刑满释放及安置就业暂行处理办法》，建立了我国的劳动改造制度。国务院发布的《劳动教养问题的决定》，对收容审查和劳动教养的对象范围和方法作了规定。

（3）推进监察和法制工作。根据《中华人民共和国国务院组织法》和《中华人民共和国地方各级人民代表大会和地方各级人民政府组织法》，在国务院设立监察部，在省、直辖市、设区的市人民委员会和专员公署设置监察机关，在工作特别需要的县和不设区的市由专署或省的监察机关重点派监察组，并受委派机关的垂直领导。1955年11月，国务院颁布了《中华人民共和国监察部组织简则》，对监察体制等作了具体规定，从而使国家监察工作开始走上程序化、法制化轨道。

1954年11月，第一届全国人大常委会第二次会议批准设立国务院法制局。国务院颁布《国务院法制局组织简则》，对国务院法制局的任务、内部机构设置、体制、审议法规、会议制度等作了专门规定。

新中国的律师制度、公证制度相继建立起来。到1957年6月，全国已建立19个律师协会，817个法律顾问处，有2500多名专职律师和300多名兼职律师；到1957年底，全国有51个市设立公证处，1200多个市、县法院受理公证业务，有专职公证员近千名，共办理公证事项29万多件。国家仲裁制度也初步建立，1956年3月，有关部门制定了《中国国际贸易促进委员会对外贸易仲裁委员会仲裁程序暂行规则》，对仲裁范围、仲裁员的产生、仲裁组织、裁决及执行等作了详尽规定。

（4）建立发展政法教育。政法教育是从培训干部开始的。1949 年 11 月，将朝阳大学改建成新中国第一所培养司法专门人才的大学——中国政法大学[①]；1950 年创建了中国人民大学，该校法律系成为新中国建立的第一所正规法律教育系，本科法律教育开始启动。到 1957 年，全国高等政法院系已发展到 10 个，招生人数达到 8245 人。新中国成立后的 8 年中，政法院系毕业生达 13090 人，研究生 263 人。

3. 社会主义法制受挫："反右运动"至"文化大革命"结束前

1957 ~ 1976 年是中华人民共和国历史由曲折走向挫折的 20 年。由于在国家工作的指导上出现了"左"倾错误，特别是"文化大革命"的"左"倾严重错误，人民代表大会制度一度遭到严重破坏，党和国家的工作、社会主义民主法制建设都受到严重影响，给我们留下了深刻教训。

1957 年以后，中国社会主义法制建设逐渐倒退。

其一，社会主义法制基本原则（如法律面前，人人平等原则；公检法机关分工负责、互相制约原则；法院依法独立审判原则；检察院行使一般法律监督权，依法独立行使检察权原则；被告人有权获得辩护原则等）遭到批判。

其二，立法工作逐步趋于停滞。全国人大及其常委会、国务院及其所属部门发布的规范性文件，1958 年为 143 件，1965 年仅有 14 件。1958 ~ 1966 年，不仅比较重要的法律一部都没有制定出来，而且刑法、刑事诉讼法、民法、民事诉讼法等基本法律的起草也停了下来。

其三，一些法制机构被撤销。1959 年撤销了司法部、监察部、国务院法制局；律师、公证队伍被解散；公检法三机关分工负责互相监督的司法制度被取消，代之以公检法三机关的合署办公。

其四，从 1957 年开始，破坏法制、侵犯公民权利、乱抓人、乱捕人的做法日渐盛行起来。

---

① 朝阳大学创办于 1912 年，是民国时期曾经存在过的一所法律类大学。朝阳大学的法科当时非常出名，有"南东吴、北朝阳"的说法。1949 年，华北人民政府接管朝阳大学，在原址上成立了中国政法大学（与现在的中国政法大学没有传承关系）。1950 年 2 月，中国政法大学与华北大学、华北人民革命大学合并成立了中国人民大学，朝阳大学的校址校舍、教师、学生、图书等都归入中国人民大学法律系。

“文化大革命”时期，新中国建立的民主法制设施几乎被全面摧毁。社会主义法制受到严重破坏：全国人大及其常务委员会的活动被停止，中央文革小组成为事实上的最高权力机构；全国各地踢开党委、政府闹革命，合法的政权机关被革命委员会所代替；公民权利遭到严重侵害，个人的生命自由财产得不到法律保障。“文化大革命”期间，从国家主席到普通公民，无数人被批斗、被抄家、被囚禁甚至有人被毒打致死；公检法机关被彻底砸烂；1969 年，人民检察院被正式宣布撤销；公安部、最高人民法院只留下少数人，事实上陷入了瘫痪状态。

二　改革开放以来的法治建设

改革开放以来的法治建设经历了三个发展时期。

1. 法治恢复和重建：“文化大革命”结束至 1982 年 12 月宪法颁布前

1976 年“文化大革命”结束，党和国家开始了拨乱反正的工作。1978 年 12 月 18 日，中共十一届三中全会召开。全会解放思想，深刻总结历史经验教训，特别是“文化大革命”的历史教训，将民主法治建设提到崭新的高度，在新中国法治史上具有里程碑意义。全会认为，为了保障人民民主，必须加强社会主义法制，使民主制度化、法律化，使这种制度和法律具有稳定性、连续性和权威性，做到有法可依、有法必依、执法必严、违法必究。必须把立法工作摆到全国人民代表大会及其常务委员会的重要议程上来。检察机关和司法机关要保持应有的独立性；要忠实于法律和制度，忠实于人民利益，忠实于事实真相；要保证人民在自己的法律面前人人平等，不允许任何人有超于法律之上的特权。

1979 年 7 月，五届全国人大二次会议审议通过了刑法、刑事诉讼法、地方各级人大和地方各级政府组织法、全国人大和地方各级人大选举法、法院组织法、检察院组织法、中外合资经营企业法等七个重要法律。“在一次会议上通过这么多的重要法律，这在我国社会主义立法史上还是第一次。”① 邓小平在人大会议期间指出：“这次全国人大开会制定了七个法律……这是建立安定团结政治局面的必要保障。这次会议以后，要接着制定一系列的法律。我们的民法还没有，要制定；经济方面的很多法律，比如工厂法等等，也要制定。我们的法律是

① 吴大英、刘瀚等著《中国社会主义立法问题》，群众出版社，1984，第 64 页。

太少了，成百个法律总要有的……现在只是开端。”[①]

1979 年 9 月，中共中央发出《关于坚决保证刑法、刑事诉讼法切实实施的指示》（中发〔1979〕64 号文件），指出刑法和刑事诉讼法的颁布，对加强社会主义法治具有特别重要的意义。它们能否严格执行，是衡量中国是否实行社会主义法治的重要标志。《指示》批评了过去长期存在的轻视法制、有了政策就不要法律、以言代法、以权压法等现象，对党委如何领导司法工作提出了明确要求。中央 64 号文件被认为是中国社会主义法制建设新阶段的重要标志。

在不断加强立法工作的同时，社会主义法治的其他方面得到恢复和重建。

1979 年 9 月 9 日，中共中央发出批示，强调“加强中国共产党对司法工作的领导，切实保证司法机关行使宪法和法律规定的职权。中央对司法工作的领导，主要是文件、政策的领导。”同时，中央批示要“迅速健全各级司法机构，努力建设一支坚强的司法工作队伍”，[②] 在中国共产党的领导下，具有中国特色的社会主义司法制度日趋完善。1979 年第五届全国人民代表大会第十二次会议和 1983 年第六届全国人民代表大会常务委员会第二次会议先后对人民法院组织法进行了若干补充和修改，人民法院组织得到进一步健全。

1978 年 3 月第五届全国人民代表大会第一次会议通过的《中华人民共和国宪法》第 43 条规定重新设立人民检察院，同年 6 月 1 日最高人民检察院正式办公。根据宪法规定，第五届全国人民代表大会第二次会议于 1979 年 7 月 1 日审议通过了《中华人民共和国人民检察院组织法》。

1979 年 9 月 13 日，第五届全国人民代表大会常务委员会第十一次会议在充分准备的基础上，“为了适应社会主义法治建设的需要，加强司法行政工作”，[③] 决定重建司法部。司法部组建后，地方各级司法厅（局）也相继组建起来，司法行政工作得以恢复。

到 1980 年 10 月，全国已有河南、陕西、山东 3 省成立了律师协会；北京、天津、上海、辽宁、黑龙江、江苏、甘肃等 17 个省（直辖市）成立了律师协会筹备会或筹备领导小组；全国共建立了 381 个法律顾问处，有专职律师人员 3000 多名。1980 年 8 月，第五届全国人民代表大会第十五次会议讨论通过了

① 邓小平：《民主和法制两手都不能削弱》，《邓小平文选》第 2 卷，人民出版社，1994，第 189 页。

② 《当代中国的审判工作》（上册），当代中国出版社，1993，第 155 页。

③ 《当代中国的司法行政工作》，当代中国出版社，1995，第 57 页。

《中华人民共和国律师暂行条例》。[①]

1980 年 1 月，中央恢复成立了中央政法委员会。1982 年 7 月，中国法学会成立。被“文化大革命”砸烂的法学研究机构、法学教育机构迅速得到重建并有所发展。《法学研究》、《民主与法制》、《中国法制报》等法学主要期刊报纸也在这一时期恢复或创刊。1983 年 6 月，国务院提请六届全国人大一次会议批准成立国家安全部，以加强对国家安全工作的领导。7 月 1 日，国家安全部召开成立大会。国家安全部由原中国中央调查部整体、公安部政治保卫局以及中央统战部部分单位、国防科工委部分单位合并而成。

新时期法治建设开端的另一个重要标志，是对林彪、江青两个反革命集团的历史审判。1980 年 11 月 20 日，最高人民法院特别法庭对两个反革命集团的主犯进行公开审判。从 1980 年底至 1983 年初，一些地方和军队也审判了林彪和江青两个“反革命集团案”在各地的一批骨干分子以及军内骨干分子。两案审判对中国法治建设具有意义重大，它给“文化大革命”画上了一个句号，表明不要法治的时代结束了，中国今后将走上依法办事的道路。

到 1982 年底，全国大规模的平反冤假错案工作基本结束，据不完全统计，经中共中央批准平反的影响较大的冤假错案有 30 多件，全国共平反纠正了约 300 万名干部的冤假错案，47 万多名共产党员恢复了党籍，数以千万计的无故受株连的干部和群众得到了解脱，并给错划成右派的 53 万人进行了摘帽平反。[②]

2. 法治发展：“八二宪法”颁布至 1992 年中共十四大

十一届三中全会为新时期法治建设扫除了思想障碍，全面修改宪法就成为当务之急。1980 年 9 月，全国人大成立以叶剑英为主任委员的宪法修改委员会，在充分发扬民主的基础上，1982 年 12 月 4 日五届全国人大五次会议通过了新宪法。“八二宪法”包括序言和 4 章，共有 138 条。“八二宪法”是新中国法治史上的重要里程碑，为新时期法治建设的大厦立起了支柱，对新时期法治建设起到了极大的推动和保障作用。

“八二宪法”第三十一条明确规定“国家在必要时得设立特别行政区。在特别行政区内实行的制度按照具体情况由全国人民代表大会制定。”1984 年 12 月，

① 韩延龙主编《中华人民共和国法制通史》（下），中共中央党校出版社，1998，第 794 ~ 795 页。

② 《国史通鉴》第 4 卷，红旗出版社，1993，第 42 页。

中英两国政府签署了关于香港问题的联合声明，确认中华人民共和国政府于1997年7月1日恢复对香港行使主权，从而实现了一百多年来全国人民收回香港的共同愿望。[①] 1990年4月4日，七届全国人大会议第三次会议通过了《中华人民共和国香港特别行政区基本法》。1993年3月31日，八届全国人大第一次会议通过了《中华人民共和国澳门特别行政区基本法》。香港特别行政区基本法和澳门特别行政区基本法的颁布，把“一国两制”原则用基本法的形式加以确立，为香港和澳门的经济发展和政治稳定提供了重要法律保障。

1988年4月，七届全国人大第一次会议审议通过了宪法修正案，规定“国家允许私营经济在法律规定的范围内存在和发展”；“土地的使用权可以依照法律的规定转让”。随后，1990年5月19日，由国务院55号令颁行的《城镇国有土地使用权出让和转让暂行条例》，则成为土地使用权上市交易的具体规则。

1985年11月5日，第六届全国人大常委会第十三次会议做出了《关于在公民中基本普及法律常识的决议》，普法工作有了长足的发展，人民群众的法治观念、法律意识有了明显的提高。

这一时期，为了保障社会主义现代化建设的顺利进行，全国人大和全国人大常委会把制定经济方面的法律作为立法工作的重点。先后制定了经济合同法、统计法、环境保护法（试行）、海洋环境保护法、水污染防治法、食品卫生法（试行）、海上交通安全法，并批准了国家建设征用土地条例。同时，为了适应对外开放的需要，有利于引进外国资本和技术，还制定了中外合资经营企业法、中外合资经营企业所得税法、外国企业所得税法、个人所得税法、商标法和专利法，并批准了广东省经济特区条例。中国经济领域已有一些基本的法律，但是还不完备，还需要进一步制定一批重要的经济法律和对外经济合作方面的法律，保障对外开放和经济体制改革的顺利进行。[②]

1993年，彭冲副委员长在总结七届全国人大的立法工作时说，五年来，全国人大及其常委会通过了宪法修正案和59个法律，27个关于法律问题的决定，共计87个。1988年修改了宪法的个别条款，肯定了私营经济的地位，允许土地使用权依法转让，对中国改革开放和经济建设产生了积极的影响。常委会始终把制定有关经济建设和改革开放方面的法律作为立法工作的重点，制定了有关

① 参见《中国法律年鉴》（1987），法律出版社，1987，第522页。

② 陈丕显：《中华人民共和国第六届全国人民代表大会常务委员会报告》（1985年）。

经济方面的法律21个，对民事诉讼法（试行）进行了补充和修改，对土地管理法、中外合资经营企业法、环境保护法、专利法、商标法等法律作了修改和完善。①

3. 建设社会主义市场经济法治和实施依法治国基本方略：1992年中共十四大至今

1992～1997年，有两大事件必将永载史册。一是社会主义市场经济体制得以确立，社会主义市场经济法律体系初步构建；二是依法治国、建设社会主义法治国家的基本方略得以确立，法治观念初步在全党和全国人民中形成共识。在人类探索社会主义的道路上，第一次把市场经济和社会主义制度结合起来，第一次把人民当家做主、党的领导和依法治国结合起来，开创了有中国特色社会主义理论和实践新的道路。

1992年，中共十四大报告明确指出，中国经济体制改革的目标是在坚持公有制和按劳分配为主体、其他经济成分和分配方式为补充的基础上，建立和完善社会主义市场经济体制。确立了建设社会主义市场经济体制的总体改革目标。与此相适应，要高度重视法治建设，加强立法工作，建立和完善社会主义市场经济法律体系，特别是抓紧制订与完善保障改革开放、加强宏观经济管理、规范微观经济行为的法律和法规，这是建立社会主义市场经济体制的迫切要求。

1993年，随着我国改革开放的深入，宪法修改再次成为一项紧迫的任务。1993年3月，八届全国人大一次会议通过宪法修正案，阐述了中国正处于社会主义初级阶段，并把建设有中国特色社会主义的理论和改革开放、社会主义市场经济等以根本大法的形式固定下来，有利于国家建设从实际情况出发；有利于吸引外资和引进先进的科学技术为中国服务，推动生产力的发展。确定社会主义市场经济在宪法中的地位，意味着中国开始大规模完善以宪法为依据的各种经济法律法规，从而把以市场为取向的改革完全纳入以宪法为核心的法律体系中。实践证明，1988年和1993年这两次修改对我国改革开放和现代化建设都发挥了重要的促进和保障作用。为维护宪法的权威性和稳定性，自1988年起，我国开始采用审议和公布“宪法修正案”，并在宪法正文后加附录的方式向全国人民出示。

1993年11月，中共十四届三中全会第一次明确提出了社会主义市场经济体制的基本框架，要“建立适应市场经济要求，产权清晰、权责明确、政企分开、

① 彭冲：《中华人民共和国第八届全国人民代表大会常务委员会报告》（1993年）。

管理科学的现代企业制度”，从而促进了我国国有企业的改革向着理顺产权关系、实现现代企业制度的方向发展。这一变革使我国经济体制改革中的两大任务——政企分开和转换企业经营机制找到了落实的途径。这两大任务的实现离不开适应现代企业制度运行的公司法、证券法、金融法、破产法、失业救济法等一整套法律制度。社会主义市场经济体制框架中重要的一条，就是建立社会主义市场经济法律体系的框架。

1997 年 7 月 1 日和 1999 年 12 月 20 日，中国政府分别对香港、澳门恢复行使主权。这是“一国两制”构想的伟大胜利。香港和澳门相继回归祖国以来，基本法已经在港澳地区实施。

1996 年，八届全国人大四次会议制定的《关于国民经济和社会发展“九五”计划和 2010 年远景目标纲要》，第一次以具有国家法律效力的文件形式，规定了“依法治国，建设社会主义法治国家”的内容，与此同时，法学界关于依法治国的探讨形成热潮，有关“法制”与“法治”的讨论成为一大焦点。

1997 年，中共十五大把依法治国确立为党领导人民治国理政的基本方略。1999 年 3 月九届全国人大二次会议通过的宪法修正案，把邓小平理论的指导思想地位、依法治国基本方略、国家现阶段基本经济制度和分配制度以及非公有制经济的重要作用等写进了宪法。中国是一个封建历史很长的国家，历史上缺乏民主法治传统。确立依法治国基本治国方略，从人治到法治，是一个历史性跨越。

1999 年春，中共中央向全国人大常委会提出修改宪法的建议。这次修宪是我国对“八二宪法”的第三次修改。此次修宪主要内容有：在序言中写进“邓小平理论”；第五条增加一款：实行依法治国，建设社会主义法治国家；第六条规定基本经济制度为以公有制为主体，多种所有制经济共同发展；第八条规定农村集体经济实行家庭承包经营为基础、多种分配方式并存；第十一条明确个体经济、私营经济是社会主义市场经济的重要组成部分，国家保护个体经济、私营经济的合法权益。国家对个体经济、私营经济实行引导、监督和管理；第二十八条将“反革命的活动”改为“危害国家安全的犯罪活动”。

2002 年，中共十六大明确提出，发展社会主义民主政治，最根本的是要把坚持党的领导、人民当家做主和依法治国有机统一起来。党的领导是人民当家做主和依法治国的根本保证，人民当家做主是社会主义民主政治的本质要求，依法治国是党领导人民治理国家的基本方略。“三者有机统一”是社会主义政治文明的本质特征，是发展社会主义民主政治、建设社会主义法治国家必须始终坚持的政治方向。

2004 年，十届全国人大二次会议通过了宪法修正案。这次修宪突出了“以人为本”的理念和保障人权的原则，对宪法所规定的许多重要的制度都作了修改和完善。尤其是将“三个代表”重要思想、尊重保障人权、保障合法私有财产权等内容载入宪法，又一次以根本大法的形式确认了改革开放理论创新与实践发展的重大成果。

2007 年，中共十七大对未来民主法治建设做出战略部署，提出全面落实依法治国基本方略，加快建设社会主义法治国家的总任务，要求必须坚持科学立法、民主立法，完善中国特色社会主义法律体系；加强宪法和法律实施，坚持公民在法律面前一律平等，维护社会公平正义，维护社会主义法治的统一、尊严、权威；推进依法行政，深化司法体制改革，加强政法队伍建设；深入开展法治宣传教育，弘扬法治精神；尊重和保障人权，维护宪法和法律的权威，等等。

第二节　中国法治建设的主要成就

60 年来，尤其是改革开放 30 年来，新中国法治建设取得巨大成就：法治观念日益深入人心，民主法治理论不断丰富，社会主义法治实践不断发展，依法治国基本方略得到重视和实施。在中国共产党的领导下，中国人民经过革命、建设、改革和发展，逐步走上了建设社会主义法治国家的道路。

一　确立了依法治国基本方略

实行依法治国，建设社会主义法治国家，成为国家基本方略和全社会共识。以依法治国为核心内容、以执法为民为本质要求、以公平正义为价值追求、以服务大局为重要使命、以中国共产党的领导为根本保证的社会主义法治理念逐步确立。全社会法律意识和法治观念普遍增强，自觉学法守法用法的社会氛围正在形成。

二　全民接受依法治国理念，弘扬社会主义法治精神

法治观念的转变和更新，是60 年法治建设取得成功的重要条件：“从人治到法治”、“从法制到法治”，依法治国的精神理念得到传播和弘扬。依法治国在改变中国社会的同时，也改变着中国人的观念，法治、民主、自由、人权、公平、

正义等理念正在潜移默化地影响着人们的价值观念，融入人们的生活方式。

当今中国，普及法律知识已经成为全社会共同参与的行动。从 1985 年起，全国人大常委会先后通过了五个在全民中普及法律知识的决定，并已连续实施了四个五年的普法规划。“一五”（1986～1990 年）普法期间，有 7 亿多公民学习了相关的初级法律知识；“二五”（1991～1995 年）普法期间，有 96 个行业制定了普法规划，组织学习专业法律法规 200 多部；“三五”（1996～2000 年）普法期间，30 个省（自治区、直辖市）结合普法活动开展了依法治理工作，95% 的地级市、87% 的县（区、市）、75% 的基层单位开展依法治理工作。“四五”（2001～2005 年）普法期间，有 8.5 亿公民接受了各种形式的法治教育。目前，“五五”普法正在如火如荼地进行中。普及法律知识的对象是全体公民，重点是国家公务人员。

中共十六大以来，中共中央政治局先后组织了 20 多次有关法治的集体学习，对推动全社会特别是国家公务人员学习法律知识、树立法治观念，起到良好的示范作用。全国人大会常委会、国务院常务会议、全国政协常务委员会组成人员举行了一系列法治学习，各级党组织和国家机关集体学习法律知识已形成制度。

三　国家坚持以人为本，尊重和保障人权

“八二宪法”突出了对公民基本权利的保障，将“公民的基本权利与义务”从 1954 年宪法第三章改为第二章，放在更加显著的位置。2004 年修宪，将“国家尊重和保障人权”载入宪法，成为宪法原则，体现了中国特色社会主义制度的本质特征。

政治权利是公民参与国家事务管理的权利。宪法规定，国家的一切权力属于人民。人民行使国家权力的机关是全国人大和地方各级人大。宪法和法律规定了公民的选举权和被选举权。法律规定县、乡两级人大的代表由选民直接选举，全国人大代表和省、自治区、直辖市的人大代表由下一级人民代表大会选举。各级人大代表、地方各级人大常委会副主任和人民政府副职领导人员，一律由差额选举产生。为了加强对国家机关及其工作人员的监督，公民对于任何国家机关工作人员，有提出批评和建议的权利，对于其违法和失职行为，有向国家机关提出申诉、控告或者检举的权利。

1996 年和 1997 年我国先后对刑事诉讼法和刑法进行了修改。有关人权保障

的两点重要修改：一是刑法总则规定了罪刑法定原则；二是刑事诉讼法总则规定了无罪推定原则。为了保证司法公正，宪法和刑事诉讼法规定，人民法院依照法律规定独立行使审判权，人民检察院依照法律规定独立行使检察权，不受行政机关、社会团体和个人的干涉。国家还通过修改法律，改革司法体制，逐步建立和完善了公开审判制度、人民陪审员制度、辩护制度、法律监督制度、死刑复核制度、诉讼代理制度和司法救助制度。

重视人民的经济、社会和文化权利保障，是社会主义的本质要求。依据宪法，国家制定了劳动法、劳动合同法、就业促进法等法律，以保障劳动就业、生产安全和退休、失业职工以及城镇居民的基本生活。国家制定了产品质量法、食品质量法、消费者权益保护法、环境保护法、大气污染防治法、防沙治沙法等，以保障人民的生存环境和健康权。国家制定了教育法、高等教育法、教师法、科学教育普及法、体育法等，以普及九年制义务教育，发展中等教育、职业教育和高等教育，提高公民的文化素质和增加科学技术知识。

少数民族权利的法律保障。我国是一个统一的多民族国家，有56个民族。汉族占全国人口的92%，其他55个民族占8%。国家一贯重视各民族平等和团结，宪法对少数民族的事务和权利作了更详细的规定。依据宪法制定的民族区域自治法，标志我国的民族区域自治制度进入法治化阶段。依照宪法和民族区域自治法规定，自治机关既有一般地方国家机关的共性，也有其特殊性。自治机关享有较其他地方国家机关大的地方法规和单行条例的制定权和经济管理权。少数民族参加最高国家权力机关和地方各级权力机关的权利，一直受到特殊照顾，在最高国家权力机关的每届代表人数均大大高于占全国总人口8%的比例。

妇女、儿童和残疾人权利的法律保障。宪法规定：妇女在政治的、经济的、文化的、社会的和家庭生活等各方面享有同男子平等的权利；婚姻家庭、母亲和儿童受国家保护；禁止破坏婚姻自由，禁止虐待老人、妇女和儿童。依据宪法规定，国家颁行婚姻法、继承法、选举法、民法通则、民事诉讼法、未成年人保护法、妇女权益保障法、母婴保健法等法律，对妇女、儿童的权利保障作了规定。

四 坚持依法治国和依法执政，民主法治向着“三者有机统一”的方向迈进

依法治国，建设社会主义法治国家，既是社会主义初级阶段基本纲领的重要

内容，又是实现社会主义初级阶段基本纲领、构建社会主义和谐社会的重要保证。坚持和实行依法治国具有重要意义：第一，依法治国有利于促进社会主义市场经济发展，促进生产力发展。第二，依法治国有利于促进社会主义民主政治建设，实现人民当家做主。第三，依法治国有利于促进社会主义精神文明建设，推动先进文化按照人民的期待和要求进行。第四，依法治国有利于党和国家的长治久安，提供稳定和谐的社会发展氛围。

中共十六届四中全会通过的《关于加强党的执政能力建设的决定》，以提高党的执政能力、加强与改善党的领导为目标，提出科学执政、民主执政和依法执政的三大目标。依法执政是党执政转型的三大目标之一，是党在新的历史时期对依法治国理论的进一步探索和深化，是从依法治国出发对党执政转型提出的必然要求，是党执政方式的历史性跨越。依法执政是对依法治国基本方略的丰富和发展，为依法治国基本方略注入了新的活力，拓展了新的发展空间。中国共产党是执政党，应当领导人民制定和实施法律，在法治建设过程中要总揽全局、协调各方，要坚持在宪法和法律的范围内活动，不能以党代政、以党代法。这是建设社会主义法治国家的关键一环。[①] 依法治国理论和实践的发展为促进依法执政，促进党的民主法治建设提供了源源不断的动力，不断提出新的时代要求和使命。

坚持党的领导、人民当家做主和依法治国三者有机统一，是中国社会主义政治文明的本质特征。在“三者有机统一”原则和思想的指导下，从实践中探索出中国政治体制改革循序渐进的成功模式，政治体制改革的思路、路径、内容、原则更加清晰了。

五　立法成绩显著，初步形成中国特色社会主义法律体系

新中国成立后，尤其是改革开放以来，我国制定了大量法律法规，目前以宪法为核心的中国特色社会主义法律体系初步形成。截至 2008 年 2 月，全国人大及其常委会制定了 229 件现行有效的法律，国务院制定了 600 多件现行有效的行政法规，地方人大及其常委会制定了近 7000 多件现行有效的地方性法规，民族自治地方制定了 600 多件自治条例和单行条例。国家政治、经济和社会生活的主要方面基本做到有法可依。

---

① 李步云：《中国法治历史进程的回顾与展望》，《法学》2007 年第 9 期。

依照全国人大及其常委会制定的现行有效法律各部门立法数量的多少来排序，它们所占的百分比分别是：行政法 79 件，占现行有效法律的 34.49%；经济法 54 件，占现行有效法律的 23.58%；宪法及宪法相关法 39 件，占现行有效法律的 17.03%；民商法 32 件，占现行有效法律的 13.97%；社会法 17 件，占现行有效法律的 7.42%；诉讼与非诉讼程序法 7 件，占现行有效法律的 3.0%；刑法 1 件，占现行有效法律的 0.43%。

改革开放以来，由于经济社会关系不断变迁，加之法律观念的转变和立法技术的提高，导致法律修改的任务越来越重，制定法律与修改法律并重，成为 60 年立法的主要做法和基本经验。在全国人大及其常委会制定的现行有效的 229 件法律中，有 71 件法律被修改，占现行有效法律的 31%。按照 7 个法律部门进行统计，其修改多寡的排序是：刑法 1 件，修改 1 件，修改率 100%；民法商法 32 件，修改 15 件，修改率 46.8%；经济法 54 件，修改 21 件，修改率 28.8%；诉讼与非诉讼程序法 7 件，修改 2 件，修改率 28.5%；行政法 79 件，修改 22 件，修改率 27.8%；宪法及宪法相关法 39 件，修改 7 件，修改率 17.9%；社会法 17 件，修改 3 件，修改率 17.6%。从年份来看，现行有效法律的修改情况是：1978～1982 年制定法律 22 件，没有修改法律，制定与修改之比率为 0；1983～1992 年制定 70 件，修改 1 件，制定与修改之比率为 1.42%；1993～2002 年制定 98 件，修改 33 件，制定与修改之比率为 33.67%；2003～2008 年 32 件，修改 37 件，制定与修改之比率为 115.62%。

六　依法行政稳步展开

依法行政是依法治国的重要环节。2004 年 3 月，国务院颁布了《全面推进依法行政实施纲要》，明确了用十年左右的时间基本实现建设法治政府的目标。依法行政从多方面稳步展开并取得了巨大成绩。

从 1979～2008 年 11 月底，国务院共提请全国人大及其常委会审议法律议案 226 件，制定行政法规 1116 件；国务院部门和有立法权的地方政府共制定规章 26000 多件。其中，1989 年的行政诉讼法规定法院可以审查具体行政行为的合法性，行政诉讼与日俱增，“民告官”作为一项诉讼制度与刑事诉讼、民事诉讼并列；1994 年的国家赔偿法首次明确行政机关的违法行政行为给当事人造成损失的要承担赔偿责任，为政府责任和人权保障提供了法律依据；1996 年的行政处罚法规范了行政处罚的设定权、行政处罚的程序，为行政处罚确立规矩，建章立

制；1999 年的行政复议法规定当事人可以就具体行政行为向上级部门申请复议；2003 年的行政许可法明确了行政许可的创设以及范围，规范了政府的行政许可行为，推动了行政审批制度改革；[①] 2005 年的公务员法规定竞争上岗、公开选拔、领导干部引咎辞职等制度，充分体现了“责任行政”的理念。行政立法在行政组织法、行政行为法和行政救济法三个领域都构建了基础性的法律，而且在国防、外交、海关、人事、民政、侨务、公安、安全、教育、科技、文化、体育、旅游、城市管理、环境保护、医药卫生、食品安全等各个领域都已制定了相应的行政法律法规，形成了相对完善的行政法律体系，体现了规范行政权力、制约行政权力的行政法治理念。权力来自人民，应当为人民服务，因此要通过立法加强权力的制约和监督，保障权力为民所用，为民谋利。

1999 年，国务院召开全面推进依法行政工作会议，通过了《国务院关于推进依法行政的决定》，将依法行政的各项要求具体化。2004 年 3 月，国务院颁行《全面推进依法行政实施纲要》，对依法行政、建设法治政府进行整体布局。纲要对严格行政执法提出明确要求：合法行政，合理行政，程序正当，高效便民，诚实守信，权责统一。纲要规定要采取措施，理顺行政执法体制，加快行政程序建设，规范行政执法行为。主要措施包括：深化行政执法体制改革。加快建立权责明确、行为规范、监督有效、保障有力的行政执法体制；严格按照法定程序行使权力、履行职责；健全行政执法案卷评查制度；建立健全行政执法主体资格制度；推行行政执法责任制；加强清理和监督红头文件。改革开放 30 年来，尤其是近 5 年来，行政复议、行政诉讼飞速发展，继续推动廉政高效的政府法治向前发展。行政复议和行政诉讼是我国为行政行为提供法律救济、矫正行政失误的重要机制。根据纲要的要求，建设法治政府必须推进行政管理体制改革，提高制度建设质量，理顺执法体制，提高执法人员的法律素养。[②] 这也是今后法治政府建

---

① 行政审批制度改革是促进政府职能转变，创新行政管理方式的重要切入点。2001 年 9 月，国务院开始推进行政审批制度改革，并组织起草了行政许可法草案。2003 年 8 月，十届全国人大常委会审议通过了这部法律。各地方、各部门按照国务院的要求，认真贯彻实施行政许可法，取得了重要成果。一是取消、调整了一半以上的行政审批项目。截至 2007 年 10 月，国务院分 4 批取消、调整 1992 项行政审批，各级政府共取消、调整 22000 多项行政审批。二是全面清理了行政许可依据和实施主体。各地方和 58 个国务院部门共清理行政许可依据 25554 件，废止 3981 件，修改 2493 件；清理行政许可实施主体 2389 个，保留 1932 个，取消 302 个，调整 71 个。参阅曹康泰《我国政府法制建设 30 年》，《求是》2008 年第 24 期。

② 汪永清：《坚持依法行政　建设法治政府》，《求是》2005 年第 2 期。

设的方向和道路。

在建设法治政府进程中，加强对制定法规、规章和规范性文件等抽象行政行为的监督。2008 年 1 月 15 日，国务院总理签署国务院令，公布《国务院关于废止部分行政法规的决定》，对截至 2006 年底现行行政法规共 655 件进行了全面清理，对主要内容被新的法律或者行政法规所代替的 49 件行政法规予以废止；对适用期已过或者调整对象已经消失，实际上已经失效的 43 件行政法规，宣布失效。国务院在加强法规、规章备案审查的基础上，进一步健全省、市、县、乡“四级政府、三级备案”的规章、规范性文件备案体制，促进地方各级政府依法行政。2003 年 3 月至 2007 年底，国务院对有立法权的地方和国务院部门报送备案的 8402 件地方性法规、自治条例和单行条例、地方政府规章和国务院部门规章进行了审查，对存在问题的 323 件法规、规章依法进行了处理。国务院制定了《行政复议法实施条例》，并积极探索行政复议体制改革，加强各级行政复议工作人员能力建设。自 1999 年行政复议法实施以来，全国平均每年通过行政复议解决 8 万多起行政争议。

七　司法改革初见成效

20 世纪 90 年代中期，司法改革主要是学术界和媒体谈论的话题。1997 年，中共十五大明确提出了“推进司法改革，从制度上保证司法机关独立公正地行使审判权和检察权”的任务。此后，各个部门开始出台系统的改革方案，如 1999 年 10 月，最高法院推出了《人民法院五年改革纲要（1999～2003）》；2000 年 1 月，最高检察院推出了《检察改革三年实施意见（2000～2004）》；各地方法院、检察院也纷纷出台了相关的改革方案。2002 年，中共十六大提出要“加强对执法活动的监督，推进依法行政，维护司法公正，防止和克服地方和部门的保护主义。推进司法体制改革，按照公正司法和严格执法的要求，完善司法机关的机构设置、职权划分和管理制度。”根据中共十六大关于推进司法体制改革的战略决策，中央司法体制改革领导小组于 2004 年底出台了中央司法体制改革领导小组《关于司法体制和工作机制改革的初步意见》，对推进司法体制改革做出了全面部署。最高法院、最高检察院分别成立了司法改革领导小组，分别推出了《人民法院第二个五年改革纲要（2004～2008）》和《关于进一步深化检察改革的三年实施意见（2005～2008）》。2006 年 5 月，中央做出了《关于进一步加强人民法院、人民检察院工作的决定》。2007 年中共十七大报告提出要“深化司法体制改革，优化司法职权配置，规范司法行为，建设公正高效权威的社会主义司法制度，保证审判机关、检察机关依法独立公正地行使审判权、检察权。”目前司法改革已成为中央主导的、各部门紧密配合的、社会各界广泛参与讨论的国家统一行动。司法改革是改革开放的逻辑结果，是我国经济体制由计划体制向市场体制转轨和民主与法治建设发展的一个必然过程。在某种意义上，司法改革是中国法治进程的集中体现，是透视中国法治发展状况的一个聚焦点。

中国不断建立和完善司法体制和工作机制，加强司法民主建设，努力通过公正司法保障公民和法人的合法权益，实现公平正义，司法改革初见成效。2007年9月，中央司法体制改革领导小组办公室认为，十六大以来司法体制机制改革取得明显成效，主要体现在以下几个方面：（1）加强了对司法权的监督制约，一些影响司法公正的突出问题得到有效解决。（2）通过改革完善刑事司法制度，在尊重和保障人权上取得了新进展。（3）通过改革和完善工作机制，进一步提高了司法效率。（4）进一步加大司法救助和法律援助力度，有效缓解了打官司难、执行难问题。（5）改革和完善干部管理体制，政法队伍的政治素质进一步提高。（6）改革和完善司法保障机制，为政法机关履行职责提供了更多保障。

进入新世纪以来，我国的司法改革又有新进展。首先，死刑复核制度的改革。根据中央关于司法体制改革的部署和法律规定，2007年1月，最高人民法院结束部分死刑案件核准权下放26年的历史，顺利实现死刑复核权的回收。死刑复核权收回是中国司法改革的突破性举措，标志着司法改革在朝向公平正义目标上又迈出了实质性的一步，标志着中国人权的巨大进步。其次，宽严相济刑事政策。近年来，刑事司法都是围绕宽严相济展开的，实施宽严相济的刑事司法政策，是今后司法改革的一个重要方面。宽严相济刑事政策的提出是构建和谐社会的要求，是对严打刑事政策的反思，是刑法机制改革的回应，也是刑事政策合理性的追求，是惩办与宽大相结合刑事政策的延续与改革。①

八　法律服务日益增多

改革开放以来，我国法律服务的发展，主要体现了三条主线：一是专业化，即对法律服务人员的学历、专业知识有越来越高的要求。二是正规化，即加强了法律服务的制度化建设，在机构设置、职业准入、执业许可、市场监管、纪律惩

① 蒋熙辉：《宽严相济刑事政策与刑事法治改革》，《中央党校学报》2008年第3期。

戒等方面，都加强了规范化建设。三是市场化，法律服务从国家机关逐步转变社会服务行业，人事管理、经营机制方面逐步实现市场化。

改革律师制度。2007 年 10 月，十届全国人大常委会第三十次会议通过了律师法修改草案，对律师机构的设置再度做出了重大调整：一是取消了合作制律师事务所的形式；二是明确规定可以设置个人律师事务所。由此，我国律师事务所将由传统的“老三制”（国资、合作、合伙）逐步转变为“新三制”（国资、合伙、个人）。律师机构的变化，还体现为律师机构数量的增长上。律师机构在 1981 ~ 2006 年间，存在着显著的增长趋势。

改善基层法律服务。在我国，基层法律服务是特指在广大农村的乡镇以及城市的街道社区所设立的基层法律服务所，通过其工作人员——基层法律服务工作者——为当地的政府机关、群众自治组织、企业事业单位、社会团体和承包经营户、个体工商户、合伙组织以及公民提供法律服务。

完善公证制度。改革开放以来，公证业务总体上呈增长的趋势。公证业务的增长具有两个特点：一是国内公证业务总体上呈增长的趋势，但是其中有两次幅度很大的波动，而且自 1999 年以来，一直有下降的趋势；二是涉外公证增长显著，而且波动较小。国家于 2005 年 8 月制定和颁布了公证法，于 2006 年 3 月 1 日起施行。公证法对公证机构的性质和设置做出明确规定，对公证员的职业准入做出更加严格的规定。

建立健全法律援助制度。自从 1994 年法律援助制度建立以来，全国各地不断建立法律援助机构，法律援助的机构和人员的规模不断增长。截至 2007 年底，全国共设立法律援助机构 3259 个，其中地市和县区级机构 3176 个，除西藏等地个别县区外，所有的县区都设有法律援助机构。中国法律援助有两个基本的资金来源：政府出资（财政拨款）和社会捐赠。在 1999 ~ 2006 年间，法律援助的业绩总体呈增长趋势，但是存在一定的波动。具体从受理案件数来看，1999 年是 132097 件，2006 年是 318514 件，增长了 141%，平均年增长率为 19.2%；具体从受援人数来看，1999 年是 190545 人，2006 年是 540162 人，增长了 183%，平均年增长率为 23.2%%。

九 法学教育迅猛发展

在 1977 年恢复高考前，全国只有北京大学法律系和吉林大学法律系尚在培养法学专业学生，1978 ~ 1987 年，中国法学教育进入全面恢复和快速发展时期，招收法学本科专业学生的院校从1978年的6所迅速增加到1988年的106所，十年间增长了17.67倍；到1998年，法学院校增加到214所，较十年前增长了2.02倍；截至2008年10月，法学院校达634所，较十年前增长了2.96倍，改革开放30年增长了105.67倍。

1978年，全国6所院校录取法学本科专业学生1299名，1988年，当年本科在校生达28325人，十年增长了21.80倍；至1998年，当年法学本科在校生达87977人，十年增长了3.11倍；至2002年，当年法学本科在校生达264039人，5年增长了3.00倍。据不完全统计，目前法学本科在校生在30万人左右，改革开放30年均增长了200多倍。

1978年，中国社会科学院研究生院等院校首批招收法学硕士研究生228人。1988年，在校法学硕士研究生达3847人。1998年，在校法学硕士研究生达12180人，较十年前增长了3.17倍。截至目前，106所拥有法学硕士学位授权的院校设有387个硕士专业点，在校法学硕士研究生60000多人，在校法学硕士研究生人数较十年前增长了5倍多，较1978年增长了260多倍。

1984年，中国法学博士研究生开始招生时只录取1人。至1998年，在校法学博士研究生达1340人；至2002年，在校法学博士研究生达4157人。2008年，中国法学博士毕业生人数1700余人，法学博士招生人数2500余人，法学博士在校学生人数8500余人。据统计，1990~2004年，在校法学博士研究生数量的年平均增长率为28.34%，高于同期全国各学科研究生在校生数量年平均增长速度的16.82%。[①] 近3年，法学博士研究生的招生人数趋于稳定。截至目前，35所拥有法学博士学位授权的院校设有111个博士专业点。有13个法学教育机构设有法学博士后科研流动站。

第三节　中国法治建设的基本经验

新中国60年法治建设取得了举世瞩目的成就，积累了许多宝贵经验。

一　始终坚持党对政法工作的领导

坚持党对政法工作的领导，是60年法治建设经验的科学总结，是改革和发

① 参见朱景文主编《中国法律发展报告数据库和指标体系》，中国人民大学出版社，2007，第526页。

展中国特色社会主义法治的内在要求和根本保障。同革命年代和新中国成立初期相比，现在我们党的中心任务、所处环境和队伍结构已经发生了许多重大变化。这些重大变化，客观上要求必须加强和改善党的领导，把党对国家的领导同依法治国有机统一起来。坚持党对政法工作的领导，必须提高党的领导水平和执政水平，改进党的领导方式和执政方式。党要善于把管理国家和社会的主要方式，由过去主要运用命令和行政手段转变为主要采用民主和法治方式。党的领导主要是政治、思想和组织领导，通过制定大政方针，提出立法建议，推荐重要干部，进行思想宣传，保证党始终发挥总揽全局、协调各方的领导核心作用。

二　始终坚持中国特色社会主义民主法治发展道路

人类政治文明几千年的历史，反复证明了一个道理：一个国家实行什么样的法律制度，走什么样的民主法治发展道路，必须与这个国家的国情相适应。中国的社会主义法治，植根于中华民族几千年来赖以生存和发展的广阔沃土，产生于中国共产党和中国人民为争取民族独立、人民解放和国家富强而进行的伟大实践，是适合中国国情和社会进步要求的法律制度。中国特色社会主义法治与资本主义法治相比，是社会主义类型的法治；与马克思恩格斯理想社会主义的国家与法治相比，是社会主义初级阶段的法治；与其他社会主义国家的法治相比，是具有中国特色的社会主义法治。坚持中国特色社会主义民主法治建设与发展道路，是历史的必然、人民的选择。

三　始终高度重视法治在整个国家现代化建设中的战略地位和作用

法治作为人类创造的政治文明成果，在经济社会发展中越来越显示出不可或缺的重要作用。中国法治建设在新中国成立后的30年时间里，本来有可能得到很好发展，但却经历挫折并在“文化大革命”中被重创，究其原因，主要是没有正确认识法治建设在整个国家建设中的重要地位。中共十一届三中全会以后，法治建设引起了党和国家的高度重视。十五大第一次把依法治国确定为党领导人民治理国家的基本方略，提出了“依法治国，建设社会主义法治国家”的历史任务。依法治国既是社会主义现代化建设的一项根本任务，也是建设中国特色社会主义民主政治的一个重要内容，是实现社会主义现代化建设目标的重要保障。

四　努力提高全民族的社会主义法治意识

由于中国封建社会法律意识传统的残留以及新中国成立以后“极左”思潮的影响，中国人民的法治意识和法治观念还有待增强和提高。“徒法不足以自行”。人是社会活动的主体，要建立完善的社会主义法治，离不开全国人民法律意识的提高。为此，必须转变观念，从人治观念转变到法治观念，从特权观念转变到平等观念，从法律虚无观念转变到信仰法治，从义务本位观念转到权利义务相结合观念，等等。

五　始终坚持法治与经济社会协调发展

法治是社会关系的调整器、社会利益的分配器。法治建设要与经济社会发展相协调，不仅要适应经济社会发展的需要，适时进行法律的立、改、废，推进法治的改革完善，而且要引导、规范、促进经济社会发展，为社会主义经济建设、政治建设、社会建设和文化建设提供良好的法治环境，为化解矛盾、解决纠纷、打击犯罪、维护稳定、实现社会公平正义奠定行之有效的法治基础。

六　始终坚持以人为本，尊重保障人权

人民民主的社会主义本质，决定了维护人民长远利益和根本利益是社会主义法治的历史使命，尊重保障人权是实现人民当家做主、维护人民利益的必然要求，坚持以人为本是发展社会主义民主政治、建设社会主义法治国家的内在要求。十七大报告明确指出，“尊重和保障人权，依法保证全体社会成员平等参与、平等发展的权利”，为中国法治发展指明了方向，也为人权建设提供了行动纲领和指南。只有坚持以人为本，尊重和保障人权，才能最大限度地调动人民的积极性，在全面发挥社会创造力的基础上，实现和谐社会。

七　始终坚持党的领导、人民当家做主和依法治国的有机统一

发展社会主义民主政治，深化政治体制改革，全面落实依法治国基本方略，加快建设社会主义法治国家，最根本的，是要始终不渝地坚持党的领导、人民当家做主和依法治国的有机统一。党的领导、人民当家做主和依法治国是一个密切联系、内在统一的整体。坚持三者的有机统一，是加强中国特色社会主义民主法治建设必须遵循的基本方针。

第四节　未来中国法治建设的主要任务

中国目前正处于社会转型的高位风险阶段，面临着三种不确定的秩序前景：一是通过包括法律手段在内的综合性的风险治理，在2020年左右，进入平稳快速协调发展的良性状态；二是高位风险因素爆发，导致社会总体性危机；三是虽无总体性的社会危机，但各种局部性危机接连出现，社会动荡长期化，即落入所谓“拉美化”陷阱。①

目前，中国的法治建设仍面临一些问题：民主法治建设与经济社会发展的要求还不完全适应；法律体系呈现一定的阶段性特点，有待进一步完善；有法不依、执法不严、违法不究的现象在一些地方和部门依然存在；地方保护主义、部门保护主义和执行难的问题时有发生；有的公职人员贪赃枉法、执法犯法、以言代法、以权压法，对社会主义法治造成损害；加强法治教育，提高全社会的法律意识和法治观念，仍是一项艰巨任务。

党的十七大对中国特色社会主义法治建设提出了一系列新任务，对全面落实依法治国基本方略、加快建设法治国家做出了一系列新部署。完成这些新任务，落实这些新部署，实现中国民主法治的科学发展，需要我们进一步把握中国民主法治发展的正确方向，进一步提高对中国特色社会主义民主法治建设理论、道路和实践的认识，从中国社会主义本质和初级阶段基本国情出发，学习借鉴人类法治文明的有益成果，推进中国特色社会主义法治不断进步。

一　进一步加强和改善党对依法治国的领导

党的领导是依法治国、建设社会主义法治国家的根本保证。要把党的领导、人民当家做主和依法治国有机统一起来，要善于把党的主张通过法定程序转化为国家意志，从制度上和法律上保证党的基本路线和基本方针的贯彻实施。党的十六大以来，以胡锦涛同志为总书记的党中央提出了依法执政、以人为本的科学发展观、构建和谐社会等新理论和重要战略思想，为通过法治加强和改善党的领导注入了新的活力、赋予了更为丰富的内涵。

在“三者有机统一”原则和思想的指导下，从实践中探索出中国政治体制

① 蒋立山：《中国的转型秩序与法治发展战略》，《法学研究》2007年第4期。

改革循序渐进的成功模式，政治体制改革的思路、路径、内容、原则更加清晰了，主要表现为：在政治体制改革的思路上，由“党政分开”向“三者有机统一”转变。在政治体制改革的路径上，由解构主义向建构主义转变，由制度改革向制度建设转变。在政治体制改革的内容上，由比较注重政治体制的单一改革，向经济体制、行政体制、文化体制、社会体制、政党制度与政治体制的协调改革与完善转变。在政治体制改革的原则上，推进政治体制改革、发展社会主义民主政治，必须在党的统一领导下，分阶段有步骤地依法进行；必须坚持“五个有利于”，即政治体制改革必须有利于增强党和国家的活力，有利于调动人民群众的积极性、主动性和创造性，有利于维护国家统一、民族团结和社会稳定，有利于维护法治统一和宪法法律权威，有利于促进经济发展与社会和谐进步。

执政党加强依法治国方略的实施，要系统地总结法治的经验教训，研究方略实施的总体规划和具体途径。现阶段中国的依法治国是在以人治为特征的体制下进行的，必须凭借人治的权威和政治运作方式来推进和实现。[①] 因此，应当有一个明确的机构，统筹社会主义法治建设这一前无古人的伟大系统工程，协调立法、行政、司法、法治宣传教育、依法治理等各个法治环节的法治建设，建议设立依法治国领导小组，加强对依法治国的领导、组织和协调，制定依法治国的实施纲要，覆盖法治各个领域、各个部门，对依法治国方略实施做出总体布局、确定路标，按照实施纲要标定的路线图，按步骤稳步渐进推进，并在实践检验中不断丰富、发展和完善。

二　进一步扩大公民有序参与，健全权力制约监督机制

改革开放以来，在党的领导下，中国公民的有序参与不断扩大。党的十七大召开后，中国民主法治建设继续加速，公民有序的政治参与继续扩大，权力制约监督机制不断健全。但是，实践中民主法治建设与人民民主不断扩大的客观要求还不相适应，人民群众的知情权、参与权、表达权、监督权还有待逐步实现，人民群众的有序参与、有序表达还未形成相应完备的法律秩序，侵犯人民民主权利的问题时有发生，尊重和保障人权的体制机制还需要进一步完善。[②] 当前，需要做到以下几点。

① 李林：《实施依法治国的特点和需要解决的问题》，《法学》1998 年第 9 期。
② 王胜俊：《加快建设社会主义法治国家》，《人民论坛》2007 年第 24 期。

一是依法扩大公民有序参与。首先，健全基层民主法治。基层民主是民主的重要内容，是民主的基石。扩大基层民主，保证人民群众直接行使民主权利，依法管理自己的事情，是社会主义民主最广泛的实践，是社会主义民主政治建设的基础性工作。在党的领导下建设基层群众自治机制，扩大基层群众自治范围，完善民主管理制度，完善社区自治、村民自治，完善政务公开、村务公开等制度，增强社会自治功能。这是中国未来基层民主法治发展的方向。其次，继续完善人民代表大会制度。代表比例城乡平等是社会主义民主政治的巨大进步。政治平等首要的是选举权的平等，目前选举法规定，农村每一个代表所代表的人口数四倍于城市每一代表所代表的人口数。十七大报告基于社会主义民主的平等原则提出“逐步实行城乡按相同人口比例选举人大代表”的建议，这是一个大的发展趋势。再次，不断发展多层次民主协商。中国共产党领导下的多党合作的政治协商制度是中国特色的协商民主。政治协商、民主监督、肝胆相照、荣辱与共是多党合作必须遵循的发展方针。

二是依法治权，完善权力制约监督机制。对权力进行有效的监督和制约，是实施依法治国基本方略、建设社会主义法治国家的重要保障。十七大报告指出，确保权力正确行使，必须让权力在阳光下运行。加强依法治国基本方略的实施就是进一步为权力的运行设立程序和规范，建立和健全结构合理、配置科学、程序严密、制约有效的权力运行机制，把决策、执行等环节的权力纳入监督制约机制中，使决策权、执行权、监督权既相互制约又相互协调，保证权力沿着制度化、法律化的轨道运行。中国已经形成包括党内监督、人大监督、行政监督、司法监督以及舆论监督等多元的监督体系。应当承认，当前各类监督的工作机制正在完善之中，各类监督发展不平衡，监督合力有待形成。依法治权要求不断建立健全决策权、执行权、监督权既相互制约又相互协调的权力结构和运行机制，不断增强监督合力和实效。在监督渠道上，党内监督作为党内民主建设的重点有望发挥更大作用，有待形成专门化的监督机制和形式；各级人民代表大会及其常委会依法对本级人民政府和人民法院、人民检察院的监督有待制度化；人民政协的政治协商、民主监督功能与作用有待进一步充分发挥；司法监督未来有望强化权力，提升司法能力，对违法行为实施全面而有力的监督功效；公众和新闻舆论对政府及司法工作的监督渠道有待不断拓宽，以扩大人民有序参与，反映人民利益诉求，表达人民意志，保障人民当家做主。在监督制度上，日益健全质询、问责、经济责任审计、引咎辞职、罢免等制度，保证对国家公务人员的监督更为有力有效。

三 全面落实依法治国基本方略，加快建设社会主义法治国家

全面落实依法治国基本方略，在观念上就是要树立社会主义法治理念，崇尚宪法法律至上的权威，弘扬法治精神；在行动上就是要认真贯彻、执行、实施和遵守社会主义法治，严格依法办事。

全面落实依法治国基本方略：一要把社会主义法治建设视为一个系统工程，树立法治全面协调的科学发展观念；二要弱化各个部门主导法治改革的发展模式，强化在党的领导下推进中国法治的整体改革，实现法治的全面协调发展；三要使法治与经济建设、政治建设、文化建设、社会建设相适应，真正成为现代化建设的助推器和保护神；四要以切实保障宪法法律实施为全面落实依法治国基本方略的主要抓手，推动立法完善，促进依法执政和依法行政，带动公正司法和有效护法，引导公民信法守法。

加快法治国家建设：一要有建设法治国家的发展战略和目标追求，包括不同时期、不同阶段的目标和任务；二要有评价法治国家建设的具体明确可操作的指标体系；三要有建设法治国家、实现法治建设各项目标任务的具体时间表；四要在可能的条件下使建设法治国家的时间尽量提速、提前，以实现加快的目标。加快法治国家建设是有条件的、相对的。这里的加快，既不能脱离现阶段经济社会政治文化发展的水平，也不能脱离法治自身完善发展的主要轨迹和基本规律，更不能脱离亿万人民群众对法治的理解、认同、尊崇和遵守。相对于经济社会变动不居、变迁活跃的发展特点而言，法治具有某种滞后性和保守性，因此加快法治国家建设，一定要从法治发展战略高度把握好其加快的速度，欲速则不达。

四 坚持科学立法、民主立法，完善中国特色社会主义法律体系

什么才是“完善”的法律体系？它应当具有以下特征：一是经济、政治、文化和社会生活的各个方面都有法可依；二是各类法律从精神到原则再到具体内容统一、协调、可行，将矛盾、冲突和漏洞减少到最低限度；三是无论法典还是单行法从形式到内容，各得其所；四是对过时、落后和冲突矛盾的法律能够及时发现，及时修改补充，做到法律变动与形势发展同步。

2008 年 10 月，十一届全国人大常委会出台了 5 年立法规划，规划制定或者修改 64 件法律。64 件法律分为两类。其中，列为一类项目，任期内提请审议的法律草案 49 件；列为二类项目，研究起草、条件成熟时安排审议的法律草案

15 件。

完善中国特色社会主义法律体系，应当抓紧制定在法律体系中起支架作用的法律，及时修改与经济社会发展不相适应的法律规定，督促有关方面尽快制定和修改与法律相配套的法规，确保到 2010 年形成中国特色社会主义法律体系。努力从制度上消除部门立法的弊端，稳定立法数量，提高立法质量，完善立法程序，改进立法技术，优化立法结构，进一步完善中国特色社会主义法律体系。第一，应当完善公民基本权利和自由、国家组织机构设置和中央与地方关系等方面的法律制度；完善维护社会公平，加强社会管理、社会保障和公共事业方面的法律制度；完善生态环境保护、税收调节、公共财政等方面的法律制度，促进经济社会全面协调可持续发展；完善各个法律部门、起支架作用的法律、实施性法规规章、立法技术。第二，根据改革发展进程，认真落实并及时完善立法规划。同时进一步增强立法的民主性、科学性和全局性，从源头上预防立法中的部门保护主义、地方保护主义。第三，提高立法透明度，扩大公众的立法参与。第四，建立立法机关评估、执法机关评估、专家学者评估、社会公众评估相结合的立法后评估机制，适时完善、修改相关法律法规，确保立法的适应性。

五　进一步加强宪法和法律实施，维护社会主义法治的统一尊严和权威

未来应当把解决宪法法律有效实施问题作为未来法治建设的重点，法治建设工作应当从过去的“以立法为中心”尽快转向“立法与宪法法律实施”同步推进、法治体系协调发展上来。立法对于法治建设固然十分重要，但是，“一旦法治变成了立法者之治，那么这就为‘以法律之名’进行压制打开了大门。”[①] 为了实现法治、尤其是立法与法律实施协调科学发展，一要着力消除立法中的部门保护主义，保证立法的公开、公正，防止和消除“立法腐败”。二要消除司法中存在的地方保护主义，决不能使人民检察院、人民法院沦为地方保护主义的工具，更不能使它们成为为地方利益服务的“地方的检察院”、“地方的法院”，切实解决执行难的问题。三要努力从社会主义宪政制度上解决宪法法律监督问题，进一步加强全国人大常委会解释宪法和监督宪法实施的工作。

① 转引自〔英〕弗里德利希·冯·哈耶克著《法律、立法与自由》（第 2、第 3 卷），邓正来等译，中国大百科全书出版社，2000，第 329 页。

六　全面推进依法行政，深化司法体制改革

推进依法行政、建设法治政府应当着力解决以下问题：（1）改革与完善中国的行政组织法，合理确立行政管理职能，优化政府机构设置和管理体制，合理界定政府职责范围，在履行好经济调节和市场监管职能的同时，加强社会管理和公共服务职能，建设服务型政府，防止政府职能“越位”、“错位”和“缺位”。（2）合理划分行政管理权限，理顺垂直部门与地方政府的关系，减少行政管理层次，推进行政管理体制改革。（3）进一步推进政企分开，改变一些垄断行业中政企不分的情况，明确和强化国有垄断企业的社会责任，加强政府对垄断行业的法律监管。（4）推进综合行政执法，纠正“自费”执法现象，合并行政执法机关，改变多头执法、重复执法问题。（5）严格行政执法程序，落实政府信息公开条例，全面推行政务公开，行政执法的依据、过程、结果都要公开。（6）控制行政执法机关的自由裁量权，建立裁量基准制度，对法律法规赋予行政机关的行政裁量权进行细化并予以公布，防止自由裁量权的滥用。（7）加强行政执法监督，扩大行政诉讼的受案范围，赋予法院审查行政规范性文件合法性的权力。

深化司法体制改革的基本思路是：（1）运用科学发展、和谐建设的理论来确立司法科学发展的思路，把深化司法体制改革的设计，纳入司法建设和司法发展的大格局之中，以“司法建设”作为司法权、司法体制和司法机关未来发展的主线和主题词，以深化司法体制改革作为实现司法建设的手段和途径之一。（2）根据科学发展、和谐建设的理论，把司法建设融入全面落实依法治国基本方略的大战略之中，形成依法执政、民主立法、依法行政、建设司法、强化护法、倡导守法的依法治国新局面；把深化司法体制改革纳入中国法治整体改革的大视野中，统筹考虑，全面规划，协调推进，实现司法建设及其司法体制改革的科学发展。（3）认真总结过去十年司法（体制）改革的经验教训，客观评估司法（体制）改革的利弊得失，在这个基础上，根据十七大报告精神和对司法工作的要求，深入研究中国特色社会主义司法权、司法制度和司法建设的理论，科学论证设计深化司法体制改革的实施规划，优化司法职权配置，规范司法行为，建设公正高效权威的社会主义司法制度，保证审判机关、检察机关依法独立公正地行使审判权、检察权。应当充分发挥党委在遏止司法权地方化、行政化和防治司法腐败中的领导监督作用。支持司法机关依法独立行使职权，改变司法机关向党委领导请示报告个案的做法，禁止任何组织和个人非法干预依法办案。适应

"公检法"三机关在诉讼活动中相互配合、相互制约的需要，保持"公检法""三长"在党内地位的适当平衡，避免法定制约机制失灵。

七　深化法治宣传教育，弘扬法治精神，树立社会主义法治理念

法治宣传教育应当做好以下几个方面的紧密结合：一要把法治宣传教育与走中国特色社会主义道路、全面贯彻科学发展观、深化改革开放紧密结合起来，充分发挥法治宣传教育在开创中国特色社会主义新局面中的重要作用；二要把法治宣传教育与中国特色社会主义民主政治建设、尊重保障人权紧密结合起来，通过依法推进民主政治建设和深化政治体制改革，广泛传播社会主义法治理念，通过依法维护公民的权利、保证人民当家做主，树立社会主义法治权威；三要把法治宣传教育与全面落实依法治国基本方略紧密结合起来，深入开展法治宣传教育，弘扬法治精神，培植法治文化，为全面推进依法治国提供良好的文化观念范围；四要把法治宣传教育与公民意识教育紧密结合起来，把树立社会主义法治理念与树立社会主义民主法治、自由平等、公平正义理念紧密结合起来。加强公民意识教育，一方面向公民灌输社会主义民主法治理念、法治精神、法律意识，另一方面向全社会传播法治文化、弘扬法治精神。

八　坚持以人为本，进一步尊重保障人权

尊重和保障人权是社会主义的本质要求，应当予以高度重视。一是应当把宪法宣示的各项基本权利法律化，全面完善人权保障的各项法律规定和制度；二是加强对《公民权利与政治权利国际公约》的研究工作，在充分准备的基础上加快审议批准这个公约；三是进一步修改刑法，大幅度减少死刑的刑种；四是抓紧修改刑事诉讼法和行政诉讼法，使之能够适应尊重保障人权与和谐社会建设的需要；五是进一步加强对公民的经济、社会和文化权利保障，着力解决"上学难"、"看病难"、"住房难"、"两极分化"、"贫富不均"等老大难问题，着力保障社会弱势群体的权利；六是尽快出台并认真实施《国家人权行动计划》。

参考文献

[1] 吴大英、刘瀚主编《政治体制改革与法制建设》，社会科学文献出版社，1992。

[2] 王家福等主编《依法治国　建设社会主义法治国家》，中国法制出版社，1996。
[3] 刘海年等主编《依法治国与司法体制改革》，中国法制出版社，1997。
[4] 韩延龙主编《中华人民共和国法制通史》，中共中央党校出版社，1998。
[5] 李林等主编《依法治国与法律体系建构》，中国法制出版社，2000。
[6] 郭成伟：《新中国法制建设50年》，江苏人民出版社，2002。
[7] 李林：《法治与宪政的变迁》，中国社会科学出版社，2005。
[8] 李林主编《依法治国10年回顾与展望》，中国法制出版社，2007。
[9] 中国社会科学院法学研究所编《中国法治30年：1978～2008》，社会科学文献出版社，2008。
[10] 蔡定剑、王晨光主编《中国走向法治30年：1978～2008》，社会科学文献出版社，2008。
[11] 沈德咏主编《中国特色社会主义司法制度论纲》，人民法院出版社，2009。
[12] 李林、石茂生：《依法治国与宪政建设》，人民出版社，2009。

The Road of Building a Country Governed according to Law in China

Abstract: There is a great achievement associated with rich experiences in terms of building the rule of law in China. During the last 60 years, China departed from the 'rule of man', via 'rule by law' and is approaching the 'rule of law'. In the meantime, China regards the principle of 'ruling the country in accordance with law' as the fundamental strategy; formulates the socialist legal system with Chinese characteristics; promotes the historic reforms on administrative legitimacy, administration in accordance with law and juridical system; promulgates the ideology of 'rule of law' and legal education; fuels legal researches and overhauls legal service. In the future, China will carry on its development towards building the socialist rule of law with Chinese characteristics; fully implement the rule of law as the fundamental strategy and accelerates the process of forming rule of law state.

Key Words: Democracy; Rule by Law; Rule of Law; Rule the Country in Accordance with Law; Lawmaking; Administration in Accordance with Law; Judicial Reform

第十四章
分配制度变革与分配理论创新

蔡继明*

摘　要： 本章一方面回顾了我国从单一的按劳分配到按生产要素贡献分配这一制度变革的历史进程，另一方面阐述了与分配制度变革相对应的分配理论的创新，特别是回顾了按生产要素贡献分配（简称“按贡献分配”）理论提出的过程，揭示了按生产要素贡献分配的价值基础；探讨了按生产要素贡献分配的政策意义，论证了各种生产要素都参与了价值创造，非生产要素按贡献参与分配，不等于剥削，论证了剥削与私有制之间没有必然的联系，消灭剥削与发展非公有制经济可以并行不悖；对于如何调整我国目前收入分配关系，消除分配不公现象，提出了相应的政策建议。

关键词： 按劳分配　按生产要素贡献分配　广义价值论

本章的题目已经清楚地表明作者所要讨论的问题和所要遵循的分析路线，这就是一方面结合新中国建立60年来我国分配制度的变革，探讨分配理论的创新；另一方面在对社会主义分配理论的演变进行逻辑分析的同时，辅之以历史的和经验的验证。

第一节　马克思按劳分配理论与实践的矛盾

传统的社会主义经济理论一直把按劳分配当做社会主义的唯一分配原则和本

* 蔡继明，经济学博士，清华大学政治经济学研究中心主任，人文社会科学学院责任教授，博士生导师，经济学研究所常务副所长，兼任中国社会科学院和南开大学等18所科研院校教授，全国政协委员，民进中央常委，民进中央经济委员会主任；民进北京市副主委，最高人民检察院特邀检察员。

质特征。然而，社会主义实践表明，按劳分配原则从来都没有得到真正的贯彻和落实，这是因为马克思所设想的按劳分配原则是以一系列条件为前提的，而这些条件至少在社会主义初级阶段尚不具备。

一　马克思按劳分配理论的基本内容

概括地说，马克思按劳分配理论的基本内容就是：在生产资料全社会共同占有的条件下，社会总产品在做了各项必要扣除后，以劳动为唯一尺度在社会全体成员之间进行分配。

根据马克思对按劳分配原则的规定，它的实现至少要以下述基本条件为前提。

1. 在全社会范围内实现生产资料公有制

由于生产资料的质量是不等的，同质、同量的劳动与不同质的等量生产资料相结合，会产生不同的收益。因此，要完全实现按劳分配，必须以全社会共同占有生产资料为前提，使各个劳动者联合体由于使用较优的生产资料所获得的级差收益全部转移给社会，在做了各项必要的扣除之后，社会再把剩余的部分按照每个社会成员提供的劳动数量（包括质量）分配给全体劳动者。

2. 劳动者的劳动必须具有直接的社会性

正如恩格斯所指出的："社会一旦占有生产资料并且以直接社会化的形式把它们应用于生产，每一个的劳动，无论其特殊用途是如何的不同，从一开始就成为直接的社会劳动"，"不需要著名的'价值'插手其间"。（马克思恩格斯，第20卷，第334页）

3. 复杂劳动与简单劳动的折算必须简单易行

我们知道，劳动者的劳动有简单劳动和复杂劳动之分。根据马克思的观点，按劳分配要以简单劳动作为基本计量单位，而复杂劳动是自乘的或倍加的简单劳动。因此，要贯彻按劳分配，复杂劳动必须折算为简单劳动，而这种折算，迄今为止尚未从理论上找到被人们普遍接受的方法，马克思本人也只是把这种折算看做是在由发生在生产者背后的一个社会过程来完成的。但无论通过什么来进行折算，有一点是可以肯定的，那就是这种折算必须是可能的，而且是简单易行的。

4. 生产资料的数量必须足以保证劳动者能够各尽所能

相对于全社会可供使用的劳动总量来说，生产资料的数量必须足以使劳动的边际收益等于平均收益，至少要使劳动的边际收益大于零；或者相对于有限的生

产资料来说，劳动的供给量必须减少到使劳动的边际收益等于劳动的平均收益，至少使劳动的边际收益大于零的程度。因为在生产资料数量不变的情况下，即使在同一质量的生产资料上连续追加投入同一质量的劳动，劳动的边际产品，平均产品和总产品也会发生如图 14－1 所示的变化。

图 14－1 中横轴表示劳动投入量，纵轴表示收益，MP_L、AP_L 和 TP_L 分别表示劳动的边际产品、平均产品和总产品曲线。假定生产资料的数量是一定的，整个社会组成一个自由人联合体。不存在任何社会扣除，总产品全部用于分配。那么，即使实行按劳分配，社会劳动的投入量也只能限制在 OA 范围内，因为在 A 点上，劳动的边际收益等于零，劳动的总收益最大；超过 A 点，无论是劳动的边际收益，还是劳动的平均收益，或是劳动总收益，都会发生递减的变化，从而使劳动的收益绝对减少。所以，无论从哪个角度看，A 点都是劳动投入量的绝对界限。如果社会现有的劳动总量为 OB，那么，OB－OA＝AB 即为绝对剩余的劳动，也可以说是完全无用的劳动。由此可见，在生产资料相对有限的条件下，少劳可以少得，但多劳不一定多得，在超过一定点以后，多劳反而少得或不得，甚至得到的报酬为负数，要完全实现按劳分配，生产资料的数量至少要足以保证劳动的边际收益大于零。

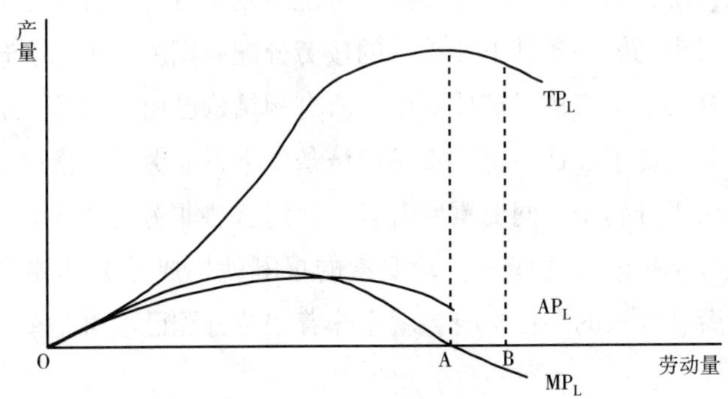

图 14－1　劳动的边际生产力要大于零

二　按劳分配原则与计划经济体制的矛盾

首先，即使在传统的计划经济体制中，我们也没有实现全社会统一占有生产资料，而是实行生产资料全民所有和集体所有两种公有制。在这种情况下，按劳分配不可能在全社会范围内实行。

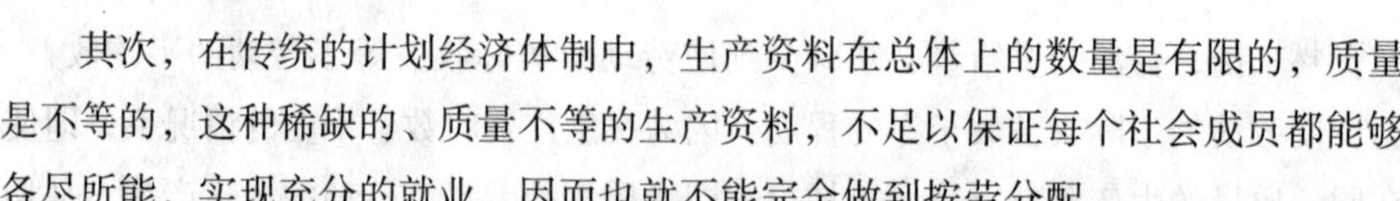

其次，在传统的计划经济体制中，生产资料在总体上的数量是有限的，质量是不等的，这种稀缺的、质量不等的生产资料，不足以保证每个社会成员都能够各尽所能，实现充分的就业，因而也就不能完全做到按劳分配。

再次，由于计划经济本身存在着主观计划和客观实际的矛盾，高度集中统一决策，必然导致生产与消费、供给和需求以及集体劳动的私人性和社会性的矛盾。因此，每个劳动者集体的劳动，并不具有完全的直接社会性，很多企业虽然生产出大量的产品，但并不符合社会的需要，只能作为废品积压在仓库里。在这种情况下，无论是从全社会来看，还是从生产单位来看，都有大量劳动是在无效的状态下耗费的，因此也就不能对其实行按劳分配。

最后，由于在计划经济体制下，劳动资源是由国家统一计划分配的，这种统包统配的劳动就业制度，排除了劳动资源在不同地区、行业和工作岗位之间的流动和转换，使劳动者在同一个岗位上工作，一定终身，学非所用、大材小用、滥竽充数的现象不可避免。在这种体制下，根本不存在马克思所说的那个使复杂劳动折算为简单劳动的社会过程，因此，按劳分配也就失去了合理的尺度。

三　按劳分配原则与社会主义市场经济体制的矛盾

如果说在传统计划经济体制中，按劳分配原则实现的条件都不完全具备，那么，在社会主义市场经济条件下，单一的按劳分配原则就更难以实现了。

首先，在社会主义市场经济体制中，所有制结构已由原来单一的公有制，转变成多元所有制。由于在社会主义市场经济条件下，非劳动要素的稀缺性不仅没有减弱，反而由于分属于不同要素所有者，使用这些非劳动要素必须支付一个大于零的价格即要素报酬，这些非劳动要素的报酬就构成非劳动要素所有者的收入。所以，非劳动收入的存在本身，就意味着按劳分配已不再是单一的纯粹的分配原则了。

即使在公有制经济内部，也没有实现在全社会范围内共同占有生产资料，而是存在着多种公有制形式。如果把各个全民所有制与集体所有制企业作为独立的劳动者联合体来看，仅仅由于它们各自所占有的生产资料的数量不等和质量不同，同量劳动所得到的收益也是不等的。所以，按劳分配不可能在各个公有制企业之间得到完全的实现，当然更不能在全社会范围内完全实现。

其次，在社会主义市场经济中，无论是集体所有制企业还是全民所有制企业的联合劳动，都不完全具有直接的社会性，而是先要作为个别劳动存在，只有通过交换，以价值关系为媒介，其局部的、个别的劳动才能间接地转化为社会劳动。由于价值规律要求商品按照价值进行交换，各企业的联合劳动在这种交换中，必然会发生如下的数量变换。

第一，因为社会必要劳动时间本身就是由劳动的主观方面（平均劳动强度和平均熟练程度）与客观方面（一定质量和数量的生产资料所构成的正常的生产条件）两个基本因素决定的，所以，即使各个企业联合劳动都具有平均的熟练程度，仅仅由于各自使用的生产资料的数量不等和质量不同，同量劳动所折合成的社会必要劳动时间，从而所创造的价值也是不同的。当然，全民所有制企业由于使用国有土地所取得的超额利润要作为地租交给国家，而且，在国家与企业的财产关系已经划清的情况下，由于占用较多和较好的其他国有生产资料而获得的超额利润，也要以税费等形式上交国家。但是，随着企业自主权的扩大和企业留利水平的提高，由企业自行积累而得到的收益，至少在一定时期内要留归企业所有，并按照一定的比例进入职工的消费基金，否则，企业将会丧失自行积累的积极性，不利于生产力的发展。

第二，如前所述，即使抽象掉生产条件的差别，如果某一个企业或部门所生产的商品数量不符合社会的需要量，则企业的实际收益就会高于或低于劳动成本。这在商品经济条件下是不可避免的。

由此可见，即使在全民所有制内部，不同企业职工的实际收入也并不与他们实际付出的劳动形成相等的比例。同时，在这种条件下，要直接测算每个劳动者的劳动量支出也是不可能的。马克思所说的那种按劳分配原则同样不能完全实现。

由此可见，无论在传统的计划经济时期，还是在目前的社会主义市场经济体制下，马克思所设想的按劳分配的充分必要前提条件都不具备。

四　强制贯彻按劳分配的结果

正是由于马克思所设想的按劳分配的充分必要条件在当代社会主义社会并不具备，因而在这种情况下，不顾条件地贯彻原来意义的按劳分配，必然要使原则与实践发生尖锐的矛盾。

首先，按劳分配原则与多种所有制经济并存是矛盾的。如果脱离了现实经济条件硬性贯彻这一原则，那就不仅会否定私营经济存在的正当性，而且会否定集体所有制企业（或生产队以及家庭承包户）由于占用生产资料的差别而产生的收入差别的合理性，甚至会扼杀全民所有制企业利用自有资金扩大再生产的积极性。其结果，必然导致平均主义的“大锅饭”。计划经济体制下对集体财产的平调、全民所有制企业统一的工资标准和统负盈亏的管理制度所产生的弊端，就是这方面的明证。在这种分配制度下，个体经济、合作经济都被当做“资本主义的尾巴”割掉了，私营经济更没有保留的余地了。

其次，按劳分配原则与社会主义市场经济原则是矛盾的。因为在价值规律的作用下，各个企业的等量联合劳动所创造的价值并不一定相等，要全面贯彻按劳分配，就必须在全民所有制范围内的各个企业之间以盈补亏，从而保证不同企业的工人的等量劳动获得等量报酬，然而这也就否定了全民所有制企业作为自负盈亏、自主经营的商品生产者和经营者的地位，不利于社会主义市场经济的发展。

最后，按劳分配原则与利息、股息、红利等收入分配形式是矛盾的。单纯强调按劳分配，必然要否定上述各种收入的合理性，并容易引导人们只注重眼前的利益和现实的消费，把全部收入吃光用光，或者效法欧也妮·葛兰台，做一个守财奴。这显然不利于社会集资、融资和各种资源的有效利用。

总之，片面地强调按劳分配，最终只能导致平均主义和效率降低，这是由历史所充分证明了的。

第二节　从按劳分配到按生产要素贡献分配的转变

既然按劳分配原则在社会主义阶段不可能实现，那么，社会主义初级阶段的分配原则到底是什么呢？这是改革开放以来中国经济学界长期争论的一个重大理论问题。

一　社会主义初级阶段多种分配方式的并存

改革开放以来，随着我国计划经济体制向市场经济体制的转变和多元所有制结构的形成，在分配领域也出现了多种分配方式：除了传统的公有制经济中的按劳分配以外，个体劳动者通过合法经营既获得劳动收入，又得到一定的资产和经营收入；当企业发行债券筹集资金时，债券所有者就会凭债权取得利息；随着股份经济的产生，还出现了股份分红；在企业经营者的收入中，包含部分风险补偿；在私营企业雇工经营中，企业主会得到部分非劳动收入。所有这些收入分配形式，概括起来，不过是劳动收入和非劳动收入，前者既包括公有制经济中的按劳分配，又包括个体劳动者和私营企业中的雇佣劳动者的收入，还包括经营管理者作为劳动者所获得的部分收入；后者表现为企业家收入（利润）、利息［含存款利息、股息（含红利和股票增值）和债息］和地租（土地转租得到的租金），它们本质上都是各种非劳动要素所有者凭借着要素所有权所得到的非劳动收入。正是在这种情况下，中共十三大（1978 年）提出，社会主义初级阶段实行按劳分配为主体，多种分配方式并存。

二　按生产要素贡献分配理论的提出

但是，所谓“按劳分配为主体的多种分配方式”，仅仅是对社会主义初级阶段收入分配现象的一种描述，那么，这种多元的分配方式作为一个整体，其质的规定性是什么？其中每一种分配方式的本质规定和数量规定是什么？它们彼此之间的联系又是什么。“按劳分配为主体”的含义是指劳动收入在总收入中的比重，还是指功能性分配中劳动所占的权重？这些问题引起了经济学家的热烈讨论，争论的焦点是如何从理论上阐明以按劳分配为主的多种分配形式，特别是如何看待非劳动要素参与分配，主要分歧是能否把按生产要素分配确定为社会主义初级阶段的分配原则。笔者和谷书堂教授“按生产要素贡献分配”的理论，就是在这个背景下提出的。（参见谷书堂、蔡继明，1988；1989；张卓元主编，1999）

三　按劳分配与按生产要素分配的结合

中共十五大（1997 年）指出：在社会主义初级阶段，“要坚持按劳分配为主体、多种分配方式并存的制度，把按劳分配与按生产要素分配结合起来”。这一提法与中共十三大报告相比，对社会主义初级阶段的分配关系做出了更加具体和清晰的描述，而经济学家在按生产要素分配这一点上，也基本取得了共识，但究竟是按生产要素的所有权分配，还是按生产要素的贡献分配，经济学界仍存在着两种对立的观点。

一种观点认为，所谓按生产要素分配，是指按生产要素所有权分配。这种观点是建立在劳动价值论基础上的：价值是唯一地由劳动创造的，但价值的分配则是由所有权决定的。按照这种观点，既然非劳动要素的所有者仅仅是凭借着非劳动要素的所有权参与分配，那么，任何非劳动收入都无疑是剥削收入。因此，按生产要素分配不可避免地包含着剥削关系。

上述观点的出发点是可以理解的：它一方面坚持了劳动价值论（因而似乎也就坚持了马克思主义），另一方面又对社会主义分配关系做了表面上看还说得过去的解释。但是，如果生产要素没有对财富的创造作出任何贡献，人们占有生产要素又有何益？反过来，如果否认以生产要素的贡献作为分配的尺度，单纯的法律所有权如何确定各个要素所有者的收入份额？

另一种观点也就是笔者多年坚持的观点：所谓按生产要素分配就是按照各种生产要素的贡献进行分配，其中生产要素的所有权仅仅是各要素所有者参与分配的法律基础，而各种生产要素的贡献才是要素所有者参与分配的经济基础。当然，这种观点自然是以多要素价值论（至少是多要素财富论）为基础的：只要各种生产要素的报酬与各自的贡献相一致，按生产要素分配就不存在剥削——以非劳动要素的贡献为基础的非劳动收入不等于剥削收入。（参见蔡继明，1988a；1989a；1999；2000；2001；2002a）

四　按生产要素贡献分配原则的确立

中共十六大（2002 年）明确提出：确立劳动、资本、技术、管理等生产要素按贡献参与分配的原则。如前所述，按劳分配为主、多种分配方式并存，这仅仅是对社会主义初级阶段收入分配现象的一个总体描述，而按劳分配与按生产要素分配相结合，虽然试图对社会主义初级阶段收入分配关系做出理论概括，但自身又包含了许多不能自圆其说的矛盾。（参见蔡继明，1998）中共十六大（2002 年）把社会主义初级阶段的各种分配方式概括为各种生产要素按贡献参与分配，这一新的概括，揭示了社会主义初级阶段分配关系的本质规定，克服了中共十五大提法中的矛盾，是对马克思主义的一个重大发展，具有重大理论意义和政策意义。①

然而，当“按生产要素贡献分配”最终被官方确定为社会主义初级阶段的分配原则后，人们的争论又开始围绕是“按照生产要素对物质财富的创造所作的贡献分配”，还是“按照生产要素对社会财富（价值）的创造所作的贡献分配”而展开。显然，这又涉及物质财富和社会财富的关系。

① 中共十七大（2007 年）进一步提出：“要健全劳动、资本、技术、管理等生产要素按贡献参与分配的制度”。这意味着按生产要素贡献分配，从 2002 年作为一个分配原则初步确立，到 2007 年已经变成了一种分配制度，而今后的任务是要使之不断健全和完善。

根据马克思的辩证法，任何经济范畴都是一定的物质内容和社会形式的统一：其物质内容所代表的是人与自然的关系或人与人之间的自然关系；社会形式所代表的是人与人之间的社会关系。同样的，任何财富也都是物质内容和社会形式的统一。就财富的物质内容或物质财富来说，就是能够满足人们某种需要的使用价值；而就财富的社会形式或社会财富来说，就是这种使用价值在不同社会所采取的形式，具体说，在商品经济中，物质财富即使用价值所采取的社会形式就是价值。①

毫无疑问，就财富的物质内容即使用价值而言，劳动不是其唯一源泉，正如配第所言，"土地是财富之母，劳动是财富之父"（配第，1963）；或如马克思所言，"劳动不是一切财富的源泉。自然界和劳动一样也是使用价值（而物质财富本来就是由使用价值构成的！）的源泉"。（马克思恩格斯，第3卷，第5页）

但是，社会财富比如说价值，是同样由多种要素共同创造的呢，还是仅仅由单一的劳动要素创造的呢？显然，多要素价值论就是承认多种要素共同创造价值；而劳动价值论就是承认只有劳动才创造价值。

正因为如此，坚持劳动价值论的学者，必然认为所谓按生产要素的贡献分配，仅仅是指按各种生产要素对物质财富的贡献进行分配，而非劳动要素因为并不参与价值创造，所以非劳动收入必然是非劳动要素所有者凭借其要素所有权而无偿占有的剩余价值。

上述观点显然是站不住脚的。因为物质财富总是采取相应的社会形式，作为分配对象的财富，也只能是社会财富，在商品经济条件下，也就是价值。假定投入一定量的劳动（1人年）、一定量的土地（1亩地）和一定量的资本（1台多功能农业机械），生产出一定量的物质财富比如说1200斤小麦，按每斤小麦1元的市场价值计算，这1200斤小麦值1200元。如果我们承认劳动、资本、土地都参与了这一定量物质财富（1200斤小麦）创造，而且假定各自作出了1/3的贡献，那么很明显，这1200元（1200斤小麦的价值）中，一定有400元是资本创造的，400元是土地创造的，400元是劳动创造的，怎么能说，价值1200元的1200斤小麦是劳动、资本、土地共同创造的，而1200斤小麦的价值1200元则仅仅是劳动创造的呢？

① 狭义的社会财富是相对于私人财富而言的，二者是从所有制的角度对财富所做的划分，因而二者都属于作为与物质财富相对应的广义的社会财富范畴。

笔者一向认为，既然社会财富不过是物质财富的表现形式，决定物质财富的因素也必然会影响到作为物质财富表现形式的社会财富，而价值的决定和价值的分配是统一的，所谓按贡献分配，就是按各种生产要素在社会财富即价值的创造中所作的贡献进行分配。而关于按贡献分配的价值基础，正是本章下一节将要讨论的问题。

第三节　按生产要素贡献分配的价值基础

流行的观点认为，价值的创造和价值的分配是两回事，不能混为一谈：价值创造自然以马克思劳动价值论为基础，而价值分配的依据则是生产要素所有权。然而，生产要素所有权只能是生产要素所有者获取相应收入的法律依据，至于各种生产要素所获得的收入份额的大小，则必须以各种生产要素在价值创造中所作的贡献为基础。本节拟揭示支配商品交换价值的广义价值是如何决定的，进而通过分析比较生产力对广义价值量的影响，阐明各种生产要素参与分配的价值基础。

一　分工和交换的起源

设两个商品生产者Ⅰ和Ⅱ分别生产 U_1 和 U_2 两种商品，其交换比率为：

$$x_1 U_1 = x_2 U_2 \tag{1}$$

显然，如果商品生产者Ⅰ用 x_1U_1 换取的 x_2U_2 等于或小于 x_1U_1 的机会成本，即用生产 x_2U_2 的同样资源所能生产的 U_2 的数量，这种交换是没有意义从而不可能发生的（即使偶然发生，也不会重复进行）。同样的分析也适用于商品生产者Ⅱ。而通过交换得到的收益高于所让渡产品机会成本的余额，就是比较利益（comparative advantage）。正是这种比较利益的存在，才是分工交换产生的真正原因。

比较利益是由相对生产力的差别决定的。假定生产者Ⅰ和生产者Ⅱ都同时生产 U_1 和 U_2 两种使用价值，生产者Ⅰ在单位时间内生产的 U_1 为 u_{11}，在单位时间内生产的 U_2 为 u_{12}；生产者Ⅱ在单位时间内生产的 U_1 为 u_{21}，在单位时间内生产的 U_2 为 u_{22}。所谓相对生产力是 u_{11} 相对于 u_{12}、u_{22} 相对于 u_{21} 的生产力。就 U_1 和 U_2 而言，生产者Ⅰ的相对生产力为 $RP_{\text{I}} = u_{11}/u_{12}$，生产者Ⅱ的相对生产力为

$RP_{\text{Ⅱ}} = u_{21}/u_{22}$。我们把 $RP_{\text{Ⅰ}}$ 与 $RP_{\text{Ⅱ}}$ 的比 RP 称之为生产者Ⅰ和生产者Ⅱ的相对生产力差别的判别式。用公式表示就是：

$$RP = RP_{\text{Ⅰ}} / RP_{\text{Ⅱ}} = \frac{u_{11}/u_{12}}{u_{21}/u_{22}} \tag{2}$$

如果 $RP = 1$，即 $u_{11}/u_{12} = u_{21}/u_{22}$ 时，表明生产者Ⅰ和生产者Ⅱ在产品 U_1 上的绝对生产力的差别与在产品 U_2 上的绝对生产力的差别程度相等，也就是说 u_{11} 相对于 u_{12} 的生产力相等，u_{21} 相对于 u_{22} 的生产力相等。这意味着 u_{11} 所能换到的 u_{22} 至多等于 u_{11} 的机会成本 u_{12}，而 u_{22} 所能换到的 u_{11} 至多等于 u_{22} 的机会成本 u_{21}。由于生产者Ⅰ、Ⅱ之间不存在比较利益，双方也就没有必要进行分工交换。

只有当 $RP \neq 1$，即 u_{11} 相对于 u_{12} 的生产力不等，u_{21} 相对于 u_{22} 的生产力不等，亦即生产者Ⅰ、Ⅱ两者生产可能性曲线的斜率不等时，这意味着 u_{11} 与 u_{21}、u_{12} 与 u_{22} 的绝对生产力的差别程度不等，即它们之间存在着相对生产力的差别，从而使 u_{11} 所换到的 u_{22} 至少可以大于 u_{11} 的机会成本 u_{12}，u_{22} 所换到的 u_{11} 至少可以大于 u_{22} 的机会成本 u_{21}。由于生产者Ⅰ和Ⅱ双方都存在着比较利益，分工交换才有可能发生。至于专业化分工的方向，则取决于相对生产力的高低。

如果 $RP > 1$，u_{11} 的相对生产力高于 u_{12}，u_{22} 的相对生产力高于 u_{21}，这表明生产者Ⅰ、Ⅱ双方分别在 U_1、U_2 生产上具有比较优势，因而生产者Ⅰ专门生产 U_1，生产者Ⅱ专门生产 U_2，双方通过 U_1、U_2 之间的交换，均能获得比较利益。如果 $RP < 1$，情况则相反。

以上关于两个生产者所说的，同样适用于两个部门。

二　均衡交换比率的确定和广义价值的形成

下面我们就来分析两个部门之间不同使用价值的均衡交换比例是如何确定的。

显然，通过部门Ⅰ和Ⅱ之间的竞争，在供求一致的情况下，U_1 和 U_2 之间的交换比例是根据比较利益率相等的原则确定的。

所谓比较利益率（rate of comparative advantage），就是比较利益的相对量。部门Ⅰ根据公式（1）进行交换而得到的比较利益绝对量等于 $x_2 - \frac{x_1 \bar{t}_{11}}{\bar{t}_{12}}$ 量的商品

U_2；部门Ⅱ得到的比较利益的绝对量为 $x_1 - \frac{x_2 \bar{t}_{22}}{\bar{t}_{21}}$ 量的商品 U_1。而比较利益率则等于生产者通过交换而得到的收益高于其所让渡的产品的机会成本的差额除以其所让渡的产品的机会成本。部门Ⅰ根据公式（1）进行交换而得到的比较利益率为$\frac{x_2 - x_1 \bar{t}_{11}/\bar{t}_{12}}{x_1 \bar{t}_{11}/\bar{t}_{12}}$，部门Ⅱ得到的比较利益率为$\frac{x_1 - x_2 \bar{t}_{22}/\bar{t}_{21}}{x_2 \bar{t}_{22}/\bar{t}_{21}}$。

根据比较利益率相等的原则，我们可以列出如下等式：

$$\frac{x_2 - x_1 \bar{t}_{11}/\bar{t}_{12}}{x_1 \bar{t}_{11}/\bar{t}_{12}} = \frac{x_1 - x_2 \bar{t}_{22}/\bar{t}_{21}}{x_2 \bar{t}_{22}/\bar{t}_{21}}$$

经整理得：

$$\frac{x_1}{x_2} = \sqrt{\frac{\bar{t}_{12} \cdot \bar{t}_{22}}{\bar{t}_{11} \cdot \bar{t}_{21}}} \tag{3}$$

这就是以相对价格形式表示的产品 U_1 和 U_2 的均衡交换比率。

若要取得绝对价格的表现形式，在公式（3）中，分别假定 $x_1 = 1$ 和 $x_2 = 1$，代入公式（1），则得：

$$1U_1 = \sqrt{\frac{\bar{t}_{11} \cdot \bar{t}_{21}}{\bar{t}_{22} \cdot \bar{t}_{12}}} \cdot U_2；1U_2 = \sqrt{\frac{\bar{t}_{12} \cdot \bar{t}_{22}}{\bar{t}_{11} \cdot \bar{t}_{21}}} \cdot U_1 \tag{4}$$

这样，按照公式（4）所确定的交换比例，部门Ⅰ和Ⅱ双方通过交换，都能获得同等程度的比较利益。因此，可以说，这是一种合理的交换比例。这种交换比例不是随着时间和地点的不同而不断改变的在市场上偶然形成的那种交换比例，而是一种在长期中实际支配后者的稳定的交换比例，或者说，是支配交换价值运动的规律。①

从公式（4）中可以看出，两种不同质的产品之所以能够按照一定的比例被置于同一等式的两边，这说明等式两边一定包含着某种在质上相同，在量上相等的东西。这种共同的属性就是成本。显然，构成这种共同属性的不是产品的绝对成本，因为一方面，正如我们后面将要分析到的，在由公式（4）所确定的交换比例中，两种不同数量的产品所耗费的绝对成本，在一般情况下并不是相等的，

① 显然，这里的分析，借鉴了斯拉法的方法：价值（在斯拉法体系中简单地称为价格）的决定与比较利益（在斯拉法体系中特指剩余）的分配，必须通过相同的机构，同时决定。（参见斯拉法：《用商品生产商品》，商务印书馆，1963，第12页）

另一方面，即使是同一单位劳动耗费，对于不同生产者来说，由于生产的使用价值不同，所使用的资本、土地等其他生产要素的数量和质量不同，劳动的复杂程度和熟练程度不同，它们作为性质不同的具体的有用的劳动，是不能在量上通分的。但是，既然一定量的使用价值可以和一定量的另一种使用价值相交换，那就意味着两种不同使用价值的绝对成本通过交换而被折算为质上相同、量上相等的一般成本即比较成本（comparative cost）。

所谓比较成本，就是根据比较利益率相等的原则，通过公平交换被社会承认的单位产品的成本。公式（4）中，1 单位 U_1 和 $\sqrt{\frac{\bar{t}_{11} \cdot \bar{t}_{21}}{\bar{t}_{22} \cdot \bar{t}_{12}}}$ 单位 U_2 所耗费的各自部门平均绝对成本是不相等的，但通过交换折合成或转化为等量的比较成本 CC，由这种比较成本决定的交换比率就是广义价值 GV（General Value）。于是我们得到：

$$GV_1 = CC_1 \left(\bar{t}_{11} + \sqrt{\frac{\bar{t}_{11} \cdot \bar{t}_{21}}{\bar{t}_{22} \cdot \bar{t}_{12}}} \cdot \bar{t}_{22}\right)/2;$$

$$GV_2 = CC_2 = \left(\bar{t}_{22} + \sqrt{\frac{\bar{t}_{22} \cdot \bar{t}_{12}}{\bar{t}_{11} \cdot \bar{t}_{21}}} \cdot \bar{t}_{11}\right)/2$$

根据上述分析，部门平均绝对成本所反映的仅仅是部门内生产者之间的竞争关系，并不是本来的经济学意义上的价值，而由比较成本 CC 所决定的交换比率所反映的才是部门之间交换关系的本质，因而是真正的经济学意义上的价值。①

三　比较生产力与广义价值成正比

广义价值与绝对成本（或绝对劳动耗费）的比率，取决于比较生产力水平的高低。

所谓比较生产力（comparative productivity）是就两个不同的生产部门在不同产品生产上相比较而言的生产力，即 u_{11} 与 u_{22} 相比较、u_{12} 与 u_{21} 相比较而言的生产力。比如说，u_{11} 的比较生产力是就部门Ⅰ在产品 U_1 的生产上与部门Ⅱ在产品 U_2 的生产上相比较而言的生产力，u_{12} 的比较生产力是就部门Ⅰ在产品 U_2 的生产上与部门Ⅱ在产品 U_1 的生产上相比较而言的生产力。就 U_1 和 U_2 而言，D_1 的比较生产

① 显然，即使是最原始的物物交换，其价值的决定也是以比较利益的分配为基础的。那种把价值决定与价值分配截然分开的观点是不符合商品交换的逻辑和历史过程的。

力为 $CP_{\mathrm{I}}=u_{11}/u_{22}$，部门Ⅱ的比较生产力为 $CP_{\mathrm{II}}=u_{21}/u_{12}$。我们把 CP_{I} 与 CP_{II} 的比 $CP_{\mathrm{I,II}}$ 称之为部门Ⅰ和部门Ⅱ的比较生产力差别的判别式。用公式表示就是：

$$CP_{\mathrm{I,II}}=CP_{\mathrm{I}}/CP_{\mathrm{II}}=\frac{u_{11}/u_{22}}{u_{21}/u_{12}}=\frac{\bar{t}_{22}/\bar{t}_{11}}{\bar{t}_{12}/\bar{t}_{21}} \tag{5}$$

如果 $CP_{\mathrm{I,II}}=1$，则 u_{11} 和 u_{22} 的比较生产力水平相等。将此值代入公式 10 得：

$$GV_1=\bar{t}_{11};GV_2=\bar{t}_{22}$$

这表明，当 $CP_{\mathrm{I,II}}=1$ 时，U_1 和 U_2 的广义价值与各自部门的平均绝对成本相等。也就是说，只有当两个部门比较生产水平相等时，生产商品的比较时间耗费等于其绝对时间耗费，等量劳动投入不同部门，所创造的价值才是相等的。①

如果 $CP_{\mathrm{I,II}}>1$，部门Ⅰ的比较生产力水平高于部门Ⅱ，与此相应的，u_{11} 的比较成本 CC_1（和广义价值 GV_1）会高于其绝对成本 $\bar{t}_{11}$，而 u_{22} 的比较成本 CC_2（和广义价值 GV_2）则会低于其绝对成本 $\bar{t}_{22}$。

如果 $CP_{\mathrm{I,II}}<1$，则 $GV_1<\bar{t}_{11}$，$GV_2>\bar{t}_{22}$，情况正好与上述相反，这里不再列举。

以上关于两个部门的分析，很容易扩展到 n 个部门。②

由此我们得到广义价值论的又一个基本定理：在部门平均绝对成本已定的情况下，商品的广义价值与该部门比较生产力水平成同方向变动。

我们以部门Ⅰ为例，对公式（5）进行恒等变换得到：

$$GV_1=\left(\bar{t}_{11}+\sqrt{\frac{\bar{t}_{11}\cdot\bar{t}_{21}}{\bar{t}_{22}\cdot\bar{t}_{12}}}\cdot\bar{t}_{22}\right)/2=\frac{\bar{t}_{11}}{2}(1+\sqrt{\bar{t}_{21}\quad\bar{t}_{22}\quad/\bar{t}_{11}\quad\bar{t}_{12}}) \tag{6}$$

将部门Ⅰ对部门Ⅱ的比较生产力判别式［公式（5）］代入公式（6）中，得：

$$GV_1=(1+\sqrt{CP_{1,2}})t_{11}/2 \tag{7}$$

对公式（7）求 GV_1 对 $CP_{1,2}$ 的偏导数：

① 由此可见，古典经济学家（包括马克思）关于“同量劳动创造同量价值（就不同部门而言）”的论断，只有在极其有限的条件下才能成立。

② 参见蔡继明、李仁君（2001）。

$$\partial GV_1/\partial CP_{1,2}=\frac{1}{2}(1+\sqrt{CP_{1,2}})\partial t_{11}/\partial CP_{1,2}+\frac{1}{2}t_{11}\partial(1+\sqrt{CP_{1,2}})/\partial CP_{1,2}\partial CV_1/\partial CP_{1,2}$$
$$=\frac{1}{2}(1+\sqrt{CP_{1,2}})\partial t_{11}/\partial CP_{1,2}+\frac{1}{2}t_{11}\frac{1}{2\sqrt{CP_{1,2}}} \tag{8}$$
$$=\frac{1}{2}(1+\sqrt{CP_{1,2}})\partial t_{11}/\partial CP_{1,2}+\frac{1}{4}t_{11}\frac{1}{\sqrt{CP_{1,2}}}$$

在部门平均劳动成本已定的情况下，公式（8）中的$\partial t_{11}/\partial CP_{1,2}=0$，那么，公式（8）就变为：

$$\partial GV_1/\partial CP_{1,2}=\frac{t_{11}}{4\sqrt{CP_{1,2}}} \tag{9}$$

当$CP_{1,2}>0$时，公式（9）成立。这时：

$$\partial GV_1/\partial CP_{1,2}=\frac{t_{11}}{4\sqrt{CP_{1,2}}}>0 \tag{10}$$

公式（10）表明，在部门平均绝对成本给定的情况下，商品广义价值与该部门比较生产力水平成同方向变动。就不同部门而言，比较生产力水平高的部门在相同的时间内，比具有社会平均比较生产力水平的部门创造出更多的价值。至此，我们得到了广义价值决定的基本定理：商品的价值量由生产该商品的比较成本决定，与相应部门的比较生产力水平成正比。比较生产力水平较高的部门，商品的价值量会高于其绝对成本；比较生产力水平较低的部门，商品的价值量会低于绝对成本；只有具备社会平均比较生产力水平的部门，商品的价值量才与绝对成本相等。①

四　比较生产力是由多种因素决定的

从比较生产力判别式可知，与绝对生产力不同，比较生产力的高低是由4个绝对生产力指标即u_{11}、u_{12}、u_{21}、u_{22}共同决定的，其中任何一个指标发生变化，都会引起比较生产力的变化，而在两个以上指标同时发生变化时，根据各项指标发生变化的方向、幅度不同，比较生产力可能会发生变化（或者提高，或者下降），也可能保持不变。

① 广义价值论这一定理，实际上是将马克思“劳动生产率与价值决定成正比”的原理的适用范围由单个生产者扩展到整个部门，或由部门内扩展到部门之间，从而否定了“部门劳动生产率与价值决定成反比”的陈说。

而绝对生产力，也即马克思所说的劳动生产力。如果说（如前所述），单个生产者的劳动生产力是它所使用的各种生产要素的多元函数，那么，就每个部门来说，其部门平均劳动生产力则是部门所使用的各种生产要素总量的多元函数。如果我们用 L_i、T_i、S_i、K_i、N_i 分别表示部门 i 在生产过程中所使用的诸要素总量，则部门 i 的平均劳动生产力就是这些要素的一个多元函数，记为：

$$\bar{p}_i = f_i(L_i, T_i, S_i, K_i, N_i) \tag{11}$$

显然，在其他条件不变的情况下，上述诸要素中任何一个发生变化（包括非劳动要素的变化），都会引起各部门绝对生产力的变化，从而导致各部门比较生产力发生变化，最终影响到广义价值的变化。

这样，广义价值论从比较生产力的角度，证明了非劳动生产要素同样参与价值决定。

五　结论：广义价值论是各种生产要素按贡献参与分配的理论基础

如前所述，所有权本身并不创造收入，它不过是使社会财富按照各种生产要素在财富生产中所作的贡献在各要素所有者之间进行分配的条件。由于劳动、资本、土地等要素在价值形成中都发挥着各自的作用，所以，按生产要素分配的价值基础，就是各种生产要素在价值创造中所作的贡献，而社会主义的分配原则，就是在社会必要劳动所创造的价值基础上，按各种生产要素在价值形成中所作的贡献进行分配，或简称按贡献分配。按贡献分配是社会主义社会融各种分配形式为一体的统一的分配原则。

传统的劳动价值论未能对各种收入的数量做出严格的规定，是因为在价值决定中没有恰当地指明土地、资本等非劳动的生产要素所起的作用，所以，在分析各种非劳动收入时，仅仅是从所有权关系，而不是从生产要素在财富的生产和价值的创造中的作用贡献去论证各种收入其存在的正当合理性。而单纯从所有权出发，当然不能说明各种收入的数量是如何规定的。

第四节　按生产要素贡献分配的政策含义

那么，按生产要素贡献分配的政策含义又是什么呢？让我们首先从剥削概念谈起。

一　剥削概念辨析

按贡献分配理论的批评者通常所持的一个理由是，这一理论否定了剥削。应该说，这一批评既对，又不对，因为按贡献分配的理论，既否定了剥削，又没有否定剥削，问题在于如何理解剥削，批评者所谓的剥削是指什么。

英文 exploit 作为动词，有两种含义：

（1）投入生产性使用（to put to productive use）[①]；利用（to take advantage of），开发（to use or develop（a thing）fully so as to get profit）[②]；

（2）为牟取个人利益而吝啬地、不公正地利用（to make use of meanly or unjustly for one's own advantage）[③]，［贬］利用［他人］为自己谋私利，剥削（unfairly for one's own profit or advantage）。其中贬义的用法"剥削"与汉语中有关剥削的词义基本相同。[④]

根据马克思的理解，剥削是对工人创造的剩余价值的无偿占有（马克思恩格斯，第23卷，第243页）。

罗宾逊则认为，剥削是垄断厂商获取的劳动的边际成本与劳动的边际收益产品或边际产值之间的差额。（罗宾逊，1961，第234～255页）

从上述不同定义中，我们抽象出剥削的一般定义：所谓剥削，就是在利用（开发）他人拥有的生产要素时所付报酬低于其贡献，其实质是对他人要素贡献的无偿占有。

从强调剥削的实质是无偿占有这一点来看，马克思的剥削概念本身并没有错——如果剩余价值果真都是由工人创造的，占有其中任何一个百分比自然都构成剥削。但问题在于马克思的剥削概念是以劳动价值论为基础的，而"剩余价值"乃至全部价值并非都是由工人的劳动创造的，其中也有非劳动要素所作的贡献。假如劳动和资本两种要素共同创造了剩余价值，并根据各自的贡献，得到了各自相应的份额，那就没有剥削。但是，如果资本所得超过了资本的贡献，就等于无偿占有了劳动创造的财富，这是对劳动的剥削。反过来，如果劳动所得超

---

① Webster's Ninth New Collegiate Dictionary.

② Webster's Ninth New Collegiate Dictionary; Longman Dictionary of Contemporary English.

③ Webster's Ninth New Collegiate Dictionary.

④ "剥削——指社会上一部分人和某一社会集团凭借私有的生产资料或货币资本，无偿地攫取另一部分人或其他社会集团的劳动成果。"（辞海编辑委员会，1979）

过了劳动的贡献，就造成对资本的剥削。

当然，即使承认非劳动要素参与价值和剩余价值的创造，也不能排除劳动所创造的剩余价值部分或全部被资本家或其他非劳动要素所有者所无偿占有。马克思当年所揭示的资本家对工人的残酷剥削，在非劳动要素参与价值创造的前提下仍然是可能的。

二　剥削的尺度和表现形式

在市场经济条件下，经济资源即生产要素的贡献就是边际产品收益（Revenue of Marginal Product——RMP），即最后增加一单位生产要素所引起的总收益的增加，它等于边际产品乘以边际收益（RMP = MP × MR）。在劳动与资本相交换时，如果劳动的报酬（工资）低于劳动的边际产品收益，就意味着劳动受到了资本的剥削。

剥削的表现形式：工资低于劳动的边际产品收益，但大于等于劳动的边际成本（维持劳动力再生产所必需的基本生活费用——正常状态）；工资低于劳动的边际成本（劳动力在萎缩状态下再生产——非正常状态）。

在一定条件下，正常的剥削使潜在的剩余劳动转化为现实的剩余产品（剩余价值），促进资本的积累和社会生产力的发展。但劳动的报酬低于劳动的贡献，由此造成的收入不平等是不公平的。因此，应尽可能地把剥削控制在最小范围和最低程度。非正常的剥削在任何情况下都会降低效率，并受到社会道德的谴责。

三　以要素贡献为基础的非劳动收入不等于剥削

根据广义价值论和上述剥削定义及尺度，非劳动要素参与分配，只要其收入份额是以要素贡献为基础的，就不能认作是剥削，而是一种报酬，是对非劳动要素贡献的补偿。所谓按生产要素分配，本质上是按各种生产要素（包括非劳动要素）在价值创造中所作的贡献进行分配，这和单纯地凭借非生产要素所有权无偿占有他人的劳动成果的剥削行为不能相提并论。（蔡继明，1988，1989，2000，2001，2002；谷书堂、蔡继明，1988；谷书堂主编，1989）不仅如此，由于剥削从一般意义上说，不过是对他人生产要素所创造的社会财富的无偿占有，所以，严格地按生产要素的贡献进行分配，恰恰是对剥削关系的否定。

四　剥削与私有制没有必然的联系

根据以上分析，私有制经济中并非一定存在剥削，而公有制经济中未必就没

有剥削。我们不能笼统地把私人业主等同于剥削者——只有当私营业主付给工人的工资低于其边际产品收益时，我们才能把私营业主界定为剥削者；我们也不能断言公有制企业中的劳动者就一定不受剥削，除非他们的劳动报酬等于他们的劳动贡献。

在社会主义初级阶段，剥削仍然可能存在，但是，不能一概认为凡是私营企业或私有经济就一定会存在剥削。在非公有制经济中，如果按照市场价格付给工人工资，工人对劳动所得感到满意，就不能说他在遭受剥削。当然，也不能完全否认在非公有制经济中存有剥削，但这种剥削不一定是私有制造成的。

既然承认非公有制目前仍然适应生产力的性质和发展要求，就应该大力发展它。另一方面，既然确定剥削是对他人生产要素的贡献无偿占有，就应该坚决予以取缔，至少在目前，我们已没有任何理由再继续允许剥削存在。要坚决反对剥削，要利用经济的、法律的、政治的和社会的各种手段对剥削加以限制，并在可能的情况下予以取缔。无偿占有他人的成果毕竟是不合理的，尽管它在历史上曾经对生产力的发展起过促进作用，从而其存在有一定的历史合理性，但今天没有必要以牺牲广大人民群众的利益为代价来促进生产力的发展。社会主义的国家更不能允许以无偿占有他人的劳动来换取经济发展。我们现在完全可以让人民安居乐业，让他们得到应有的报酬。因为马克思所说的剥削是指把工人的生活费用限制在必要消费资料范围内，仅仅维持生存，而我们现有的生产力水平和基本国力已足以保证社会成员不仅能够获得必要的消费资料，而且可以获得一定的发展和享受资料（可以旅游，购买房产和汽车，可以享受各种教育），为什么还要允许把劳动者的消费水平或收入水平限制在维持生存的范围内呢？

而对于上述严格定义的剥削，无论它存在于何种所有制经济中，都不能容忍，而应该坚决取缔；无论是公有制成员还是私营业主，都必须放弃剥削才能加入中国共产党，而消灭剥削不仅是中国共产党的最终纲领，也是当前纲领所要求的。

五　消灭剥削并不一定要消灭私有制

人类社会的最终目的要人们获得全面的发展，这一目的也许可以通过多种途径和多种手段而实现，——可能通过公有制实现，是否也可能在私有制条件下实现呢？私有制是否更符合人的本性，人们有了自己的私有财产是否可以更全面地发展，社会如果保护了私有财产，是否能给人们提供了更广阔的发展空间？既然

私有制和剥削可以分开，私有制不等于剥削，它可能有剥削，也可能没有剥削，不能把两者画等号，那么，消灭剥削并不意味着一定要消灭私有制。

那么，不消灭私有制是否会改变共产党的性质呢？不一定。因为消灭私有制本身并不是共产主义的最终目的。一定要明确目的与手段的关系，尤其不要把最终目的与实现目的的手段混淆起来，特别是在实现目的的手段不是唯一的情况下。有些人以为消灭私有制是目的，搞计划经济就是目的，搞按劳分配就是目的，搞公有制就是目的，其实这些都是手段。马克思主义认为，人类最终的目的是要进入大同世界，是人的解放和全面发展。实际上，私有制在自身发展过程中不断地完善，它也在不断地否定之否定。现在的私有制已不是100多年前的私有制，更不是奴隶社会的私有制。公有制也在不断完善，现在的公有制也不是马克思当年所设想的公有制。因此，我们仍然要把消灭剥削，实现共同富裕和人的全面发展作为奋斗目标，但是，要实现这样一个目标，手段可能是多样的，公有制可能是可供选择的一个手段，但不一定是唯一的。（蔡继明，1999）

六　按生产要素贡献分配是保护私有财产的理论依据

我国的非公有制经济，从改革开放前的革命对象，到中共十三大被确认为公有制经济的必要补充；从中共十五大作为社会主义市场经济的主要组成部分从而被纳入社会主义初级阶段基本经济制度，到中共十六大与公有制并列，成为毫不动摇地鼓励、支持和引导的对象；从1982年的宪法只承认个体经济的合法地位，到2004年的宪法修正案确认包括个体经济和私营经济在内的整个非公有制经济的合法地位，明确提出公民合法的私有财产不受侵犯，应该说，非公有制经济在我国的发展，已经消除了政治上和法律上的障碍。

但是，从《中国民营经济发展报告》（社会科学文献出版社，2004）出版座谈暨学术研讨会（2004年6月16日，人民大会堂吉林厅）上我们获悉，非公有制经济在发展中，仍然比较普遍地面临着“三难”（登记创业难，融资难，诉讼难）和“六乱”（乱审批，乱许可，乱检查，乱罚款，乱收费，乱摊派）的困扰，与国有企业甚至外资企业相比，在土地征用、人才引进、信息获取、户籍管理等方面，受到不公平待遇。造成这种状况的一个主要原因在于，“私有制是万恶之源”，“恐私、怕私、惧私”的传统观念还深深扎根于人们的头脑中。

然而，仔细分析便不难得知，人们之所以痛恨和诅咒私有制，并不在于私有制本身，而在于人们赋予私有制的一个似乎是与生俱有的属性——剥削。按照传统的劳动价值论和剩余价值论，价值是唯一地由活劳动创造的，非劳动收入无一不是非劳动要素的所有制凭借着非劳动要素的所有权对劳动者所创造的剩余价值的无偿占有，这样，生产资料的私有制与剥削就成了孪生兄弟。而千百年来，人们痛恨剥削，渴望占有自己的劳动成果，而要消灭剥削，就必须消灭私有制这一产生剥削的根源。这就不难理解，在现实中，为什么我们在大力发展非公有制经济的同时，总是要强调对其要进行引导、监督和管理；为什么在充分肯定非公有制经济的“三个有利于”的同时，总是不忘记提醒人们私有制体现着剥削关系；为什么当允许私营企业家加入共产党时会引起强烈的社会反响。追根溯源，正是传统的剥削理论，构成了非公有制经济进一步发展的理论障碍。

显然，只要我们全面地把握按贡献分配的思想，把价值的创造和价值的分配统一起来，把非劳动收入和剥削区分开来，把剥削与私有制区分开来，保护合法的非劳动收入与保护私有财产就会顺理成章，消灭剥削和发展非公有制经济就会并行不悖，我们就能够打破传统观念和思维模式对人们的束缚，使保护私有财产逐步成为全社会的共识，从而为非公有制经济的进一步发展扫清思想上、理论上的障碍。

第五节　当前收入分配不公的表现

那么，自改革开放 30 年来我国收入分配关系到底发生了什么样的变化呢？为什么有人对我国的改革开放不满甚至有人要从根本上否定我国的改革开放呢？毋庸置疑，我国的基尼系数从改革开放前的 0.16 到现已超过 0.45，居民收入差距从总体上明显扩大了，但我们不能由此简单地做出收入分配不公的判断，因为收入不平等，并不等于收入不公平，除非你采取“唯平等论”的公平观；更不能把居民收入差距的扩大，笼统地归咎于“效率优先、兼顾平等”或按生产要素贡献分配的原则，因为具体分析我国居民收入差距过大的原因，恰恰是既没有兼顾平等，也没有优先效率，更没有贯彻按贡献分配的原则。这些原因主要包括以下诸方面。

一　贫富差距过大

官方估计，2005 年我国最高 10% 与最低 10% 收入户的人均收入之比为 9.2

倍，比上年扩大了0.3倍（国家发改委，2007）。根据有关专家估计，我国各占人口10%的最高收入阶层和最低的收入阶层的收入差距大约55倍（王小鲁，2007）。按照2006年绝对贫困人口的标准（693元）测算，2006年末，农村绝对贫困人口为2148万人（吴伟，2007）。①

据《亚太区财富报告》，中国富裕人士的财富总额已达1.59万亿美元，人数已达32万人，位居亚太地区第二位，仅次于日本；而中国内地富裕人士的个人平均财富同时也是亚太区第二位，高达500万美元，仅次于香港。（美林集团、凯捷咨询，2006）

我国贫富收入差距从改革开放初期的4.5∶1，扩大到2008年的12.66∶1。（赖明，2009）

二　劳动收入和资本收入倒挂

工资占GDP（含25%的折旧）的比例，1989年是16%，2003年下降到12%。根据2005年的估计，工资收入加上各种转移支付，目前我国的劳动报酬份额仅占国民净产值的25%～30%。资本份额占到70%。而英美这些典型的资本主义国家正好倒过来，资本的收入占30%，劳动的份额占70%。（参见王振中，2003）

在初次分配中，劳动者的报酬比例从1998年的53.1%，下降到2007年的39.7%（赖明，2009）。

三　城乡居民收入差距过大

从1978～2008年，我国城乡居民的收入差距已经由2.5倍扩大到3.31倍。（见图14－2）如果考虑到城镇居民享有各种补贴、劳保福利和社会保障等隐性收入，以及农民尚需从纯收入中扣除用于再生产的部分，我国的城乡居民收入实际差距约为5～6倍。② 根据世界银行的测算，2001年我国的城乡收入（中位数）

---

① 而我国的绝对贫困标准，仅仅相当于世界银行按国际可比价格划定的国际绝对贫困标准的22%。

此文是作者在列席第十一届全国政协常委会第六次会议“调整收入分配关系”专题组上的发言。

② 早在2002年，原国家统计局副局长邱晓华就指出，中国城乡居民收入差距大大高于账面上的3倍。这个差距应该为5倍，甚至达到6倍。2004年，建设部部长汪光焘也指出，目前城乡收入比已经达到5倍甚至6倍，比20年前高出近3倍。

之比超过 3 倍，而其他主要转型国家的城乡收入差距水平基本处于 1 ~ 2 倍之间①。不仅如此，中国城乡居民收入差距还存在着进一步扩大的趋势②。

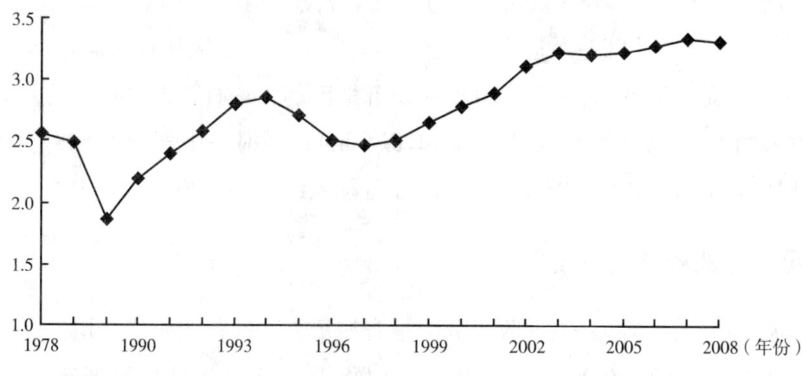

图 14 - 2 1978 ~ 2008 年城乡收入差距之比

城乡居民收入差距过大，不仅造成我国基尼系数总体过高，而且导致占全国总人口 54.3% 的农民收入水平和相应的购买力普遍低下，这是造成广大农村市场需求萎缩，从而导致整个国内市场有效需求不足的重要原因。③ 另外，城乡间居民收入差距一直以来都是我国居民总收入差距的主要来源（见表 14 - 1），2007 年我国居民总收入差距中，64.45% 是由城乡间居民收入差距造成的。

表 14 - 1 1978 ~ 2007 年城乡间居民收入差距对居民总收入差距的贡献率

单位：%

年 份	1978	1985	1990	1995	2000	2005	2006	2007
城乡间	60.61	47.98	56.90	62.66	64.78	64.05	64.30	64.45

数据来源：国家发改委宏观经济研究院课题组：《促进形成合理的居民收入分配机制》，《宏观经济研究》2009 年第 5 期。

① World Bank, *World Development Report*, 2008, p. 47.

② 《中共中央关于推进农村改革发展若干重大问题的决定》（2008 年）提出，到 2020 年，农民人均纯收入要比 2008 年翻一番。其实，农民人均纯收入只要每年保持 6.9% 的增长速度，上述目标就能实现，而只要城市居民的人均可支配收入的年均增值率大于上述比率（这些年的经验数据就是如此），未来 10 年中，城乡居民的收入差距肯定会进一步扩大。

③ 正是由于我国农村居民人口众多而购买力严重不足，所以，国际上通常只是在人均 GDP 达到 3000 美元水平才有可能出现的制造业产品生产过剩（需求不足）的现象，在中国人均 GDP 刚刚达到 1000 美元时就不同程度地出现了。

四 地区收入差距过大

根据数据统计，1978～2005年，在全国居民人均收入水平普遍提高的情况下，东、中、西部地区差距进一步拉大。1978年东部地区居民人均收入是西部的1.37倍、是中部的1.16倍；2005年东部地区的人均收入14584.6元，是西部人均收入的1.55倍（2005年西部为9418.4元）；同时是中部的1.553倍（2005年中部地区的人均收入为9393.22元）。（见国家统计局，2006，第352页）

五 行业收入差距过大

国家发改委公布的一系列收入分配报告显示，不同行业职工平均工资的增长速度存在较大差距。1990～2005年，平均货币工资收入最高最低行业之比由1.76∶1扩大为4.88∶1。据统计，垄断企业工资可能是全国平均工资的3～4倍。中国12家盈利能力最强的国有公司去年支付给职工的平均工资为7万元人民币。而根据中国央行的数据说，中国去年城镇职工平均收入为1.84万元人民币。这12家国有公司被民众称为“央企豪门”。①

六 政府收入过高

陈志武教授分析：从1995～2007年，去掉通胀成分后，政府财政收入增加5.7倍，而城镇居民人均可支配收入只增加1.4倍，农民人均纯收入才增1.2倍。在中国，多于76%的资产是政府拥有的，民间只有不到25%的资产。把国家的资产性可支配收入和财政税收的5.1万亿加在一起，2007年政府可以支配的总收入是15.7万亿元。（陈志武，2008）

据财政部长谢旭人介绍，2007年政府在直接涉及老百姓的医疗卫生、社会保障和就业福利上的开支，总共约6000亿元，相当于财政总开支的15%，为全年GDP的2.4%，分到13亿人身上，人均461元（相当于城镇居民人均可支配收入的3%）。而在没有国有经济的美国，去年在同样3项上的开支约为15000亿美元，相当于联邦政府总开支的61%，为美国GDP的11.5%，分到3亿美国人身上，人均5000美元（相当于美国人均可支配收入的18%）。

---

① 2000年我国细分行业人均最高最低收入比为2.63∶1，2008年，电力、石油、金融、烟草等行业职工平均收入是全国平均收入的10倍，而国际公认的合理差距在3倍左右（赖明，2009）。

而政府每年在“三公”（公车、公款吃喝、公费旅游）上的支出就占财政支出的30%以上（赖明，2009）。

第六节　调整分配关系的新视角

针对上述不合理的收入分配状况，今后分配关系的调整要着眼于以下几个方面。

一　要确立以民为本的思想，走共同富裕的道路

中共十七大指出，“要走共同富裕的道路，促进人的全面发展，要做到发展为了人民，发展依靠人民，发展的成果由人民共享。”（中共十七大报告，2007）我认为，这里的人民特别是指60%以上的农村人口，要让他们分享城市化、工业化、现代化的成果。当务之急是推进农村土地制度改革，切实保障农民土地的合法权益，加快农村剩余劳动力向非农产业转移，在加快城市化进程的同时，促进农地的规模化经营，从根本上引导农民走上脱贫致富的道路。

二　要健全劳动、资本、技术、管理等生产要素按贡献参与分配的制度

如前所述，早在2002年的中共十六大，就确立了各种生产要素按贡献参与分配的原则，提出要保护公民合法的私有财产。接着在2004年通过的宪法修正案中也提出公民的合法私有财产不受侵犯。中共十七大又进一步强调，“要健全劳动、资本、技术、管理等生产要素按贡献参与分配的制度”。（中共十七大，2007）这意味着在肯定按生产要素贡献分配制度的前提下，要进一步完善它。特别是要创造条件，让更多的群众拥有财产性收入。中共十七大之所以进一步强调要创造条件让更多的群众拥有财产性收入，无非是想通过财产占有的平等来缓解收入差距扩大的趋势。

三　要调整国民收入分配格局

首先是要逐步提高居民收入在国民收入分配中的比重，改变政府财政收入增长过快的趋势，特别是要逐步降低中央财政在整个财政收入中所占的比重。[①] 其

① 据估计，中央掌握了60%至70%的财权，而管的是30%至40%的事务；60%至70%的事务是由省级以下的政府在管，而他们只掌握着30%至40%的财权。

次，要提高劳动报酬在初次分配中的比重。再次，要着力提高低收入者收入，基本消除绝对贫困现象，逐步提高扶贫标准和最低工资标准。总之，要保护合法收入，调节过高收入，取缔非法收入，使中等收入者占多数，逐步扭转收入分配差距扩大趋势。

四　要协调效率与公平的关系

中共十七大指出："把提高效率同促进社会公平结合起来，初次分配和再分配都要处理好效率和公平的关系，再分配更加注重公平。"（中共十七大，2007）

这里，我们有必要对中共十七大报告中有关效率与公平以及初次分配与再分配的上述提法，特别是四次提到的"公平"（因为初次分配和再分配中都涉及了公平），做一解读。

前两个公平显然是指公平本身，即"公正"（equity）或正义（justice）。

先看第一个公平。因为提高效率与追求社会公平或公正，二者可以并行不悖，可以有机地结合起来：只要协调好效率与平等的关系，就能够在提高效率的同时，促进社会的公平。这一点在如下要讨论的初次分配领域，更为突出。

再看第二个公平。因为对一个市场经济体制来说，初次分配是只讲效率，不讲平等的（机会均等除外），所以，上述初次分配所涉及的公平（第二个公平）仍然是公正或正义，所谓初次分配处理好效率与公平的关系，其实讲的是公平与效率的统一或同一，或者说，在初次分配中，讲效率就是讲公平，讲公平也就是讲效率，这里所体现的是"唯效率论"的公平观。比如说，在初次分配领域，按生产要素贡献分配，既是有效率的，也是为社会绝大多数成员所认可的。

后两个公平，则是指平等（equality）。因为再分配是根据一定的公平观对初次分配的结果进行调整，这种调整不可能把初次分配造成的收入不平等完全熨平，除非社会秉持的是唯平等论的公平观。所以，这里所谓再分配要处理好"效率和公平"的关系，无非是要把收入差距缩小到一定范围内，或者说要以尽可能小的效率损失为代价，换取尽可能大的收入平等。而强调再分配更加注重公平，无非是因为当前收入差距过大，要加大再分配的力度，适当提高收入均等化的程度。

总之，改革开放30年来，特别是从中共十三大到十七大这20年间，中国共产党实现了由"唯平等论"依次向"平等与效率并重"和"效率优先、兼顾平等"的转变，由此才促进了我国社会生产力和国民经济持续、稳定、高速的增长，人民的生活水平才有了普遍的大幅度的提高，社会才更加和谐。而在收入分配领域之所以还存在着前述许多不公平的现象，并不是因为贯彻了“效率优先、兼顾平等”和按生产要素贡献分配的原则，相反，凡是存在收入分配不公的地方，恰恰是因为偏离了“效率优先、兼顾平等”和按生产要素贡献分配的原则。而纠正上述收入分配不公，不能靠简单地以牺牲效率为代价缩小收入差别，也不能回到“效率和平等并重”，更不能倒退到“平等优先、兼顾效率”或“唯平等论”，其中任何一种选择都会使我们的改革开放停滞和倒退。

中共十七大，也并没有改变中共十三大以来所确定的“效率优先、兼顾平等”的原则，她只不过针对当前收入差距过大而强调要加大兼顾平等的力度。而要解决上述收入分配不公问题，就要更加坚定不移地贯彻效率优先、兼顾平等和按贡献分配的原则：一方面在初次分配领域完善要素市场，打破行业垄断和地区封锁，促进公平竞争和要素的自由流动，改革户籍制度，降低农民进城的门槛，这在促进效率提高的同时必然会缩小前述城乡、地区和行业之间不合理的收入差距；另一方面在再分配领域，要加强对高收入阶层的所得税征缴，尽快制定遗产法，加大对垄断行业的监管，推进农村土地制度和征地制度改革，加快城市化进程，加大对落后地区、基本农田保护地区、生态保护地区的转移支付，所有这些，都有助于在提高效率的同时缩小不合理的收入差距，从而促进社会的公平。

五　加快城市化进城，缩小城乡居民收入差距

长期以来，我国的城市化进程大大落后于工业化进程，二者之间存在着结构性的偏差：《2008 年国民经济和社会发展统计公报》给出的数据显示，我国 GDP 的第一、二、三产业结构分别为 11.3%、48.6% 和 40.1%，但农村人口仍占据总人口 54.3%，大量农村居民并没有更多地分享到工业化带来的利益。发达国家的经验告诉我们，城市化进程滞后于工业化进程，会严重阻碍经济的发展：美国在第二次世界大战后经济总量达到 1 万亿美元，又用了 10 年就达到 2.7 万亿美元；日本 20 世纪 70 年代后经济总量达到 1 万亿美元，同样又用了 10 年达到 2.4 万亿美元。中国 2000 年 GDP 也达到 1 万亿美元，而到 2010 年的远景规划是翻一番，也就是说只达到 2 万亿美元。中国的 10 年倍增目标之所以都低于美国和日本，原因之一就是中国实现倍增起点的城市化率低于美国和日本：美国当时的城市化率是 87%，日本是 64%，而中国只有 36%。

根据联合国的估测，世界发达国家的城市化率在 2050 年将达到 86%，我国

的城市化率在2050年将达到72.9%[①]。联合国的估测是基于农村人口转移的历史数据，而我国要在本世纪中叶达到中等发达国家水平，则必须加大推进城市化进程的力度，力争在2050年达到更高的城市化水平。然而，《2008年国民经济和社会发展统计公报》的数据显示，我国仍然有7.2亿的农村人口，城市化率仅为45.7%，推进城市化进程的压力很大。根据我国全面建设小康社会中的人口与计划生育工作目标，到本世纪中叶，我国总人口将控制在16亿左右。设定本世纪中叶的城市化率目标为75%，则我国农村人口数在2050年必须减少为4亿；假定2008～2050年间全国增加的2.8亿人口在城镇和农村之间的分配是按照2008年的城镇/农村人口比例来进行的，则在2050年我国的农村人口数将增加至8.73亿（7.2+2.8×7.2/13.2）。因而，2008～2050年期间我国必须转移出大概4.73亿的农村人口，平均每年转移1126万农村人口。

其实，75%的城市化率目标并不是很高。可以想象，即使到2050年我国的城市化水平达到75%，农村人口仍然高达4亿，而按照1∶0.66的农村人口与劳动力的比率，届时农村的劳动力仍然高达2.64亿。而即使按照我国目前的生产力水平，最多只需1.7亿农村劳动力耕种18亿耕地（平均每户30亩左右，大体可达到户均适度规模经营的水平），就可以基本满足全社会对农副产品的需求了。考虑到未来40年2.8亿新增人口对农产品的需求，主要通过农业投资和农业技术水平的提高来满足，到2050年，仍有9400万农村剩余劳动力需要转移。

具体政策建议如下。

第一，减少农民和加快城市化进程的关键环节是深化农村土地制度改革，使农民真正获得土地的所有权。只有这样才能增加农民的财产性收入，促进农村土地产权的自主交易和自由流转，从而促进土地集中，以使大量的农村人口转变为城市人口，使大量的农村剩余劳动力转移到非农产业，同时提高农业劳动力的人均土地拥有量，实现土地的规模经营，这样才有可能使少量的仍然从事农业生产的劳动者真正脱贫致富。

第二，加快户籍制度改革，健全和完善农村人口向城市转移的各项政策法规。目前农村人口向城市转移的主要障碍在于国家相关政策法规的缺失，农村人口向城市转化的政策随意性较大，加之地区政策差异，城市化进程中的人口转移问题层出不穷。而在各类政策法规的制定中，最为重要的就是户籍制度的规定。

---

① United Nations, *World Urbanization Prospects* (*The 2007 Revision*), New York.

由于我国户籍制度的现实存在，其已成为城市居民与农村人口在“身份”上的重要区分标志，这一区分使农民无法真正成为城市的主人而受到各种政策性歧视。因此，加快户籍制度改革，真正给予进城农民以平等的居民待遇，这已成为推进城市化进程的关键一环，只有真正改革户籍制度，进城的农民才有可能真正享受城市居民的各种福利待遇。同时，在推进户籍制度改革的同时，国家还应出台各种配套法规政策，用以保障进城农民的各项基本权益，如人身安全和财产安全、劳动权和休息权、劳资纠纷等问题，从而使“身份”问题得到妥善解决。

第三，公布涵盖城乡的真实失业率，建立统筹城乡的就业制度。

建议国务院责成劳动和统计部门，废除城镇登记失业率指标，研究统计指标和办法，由垂直统计部门，或者中立的社会调查统计机构，对涵盖城乡的全社会失业率进行全面或者抽样调查，形成较为客观的宏观经济失业率指标，并按月向全社会发布。这样，才有助于建立统筹城乡的就业制度，把实现城乡统筹的充分就业作为各级政府解决民生问题之本。

第四，加大廉租房建设力度。为进城的农民工提供充足的廉租房，从而使农民进城又落户，迁徙也定居。

第五，大力发展中小企业。国际经验表明，一个国家的中小企业一般占企业总数的97%以上；65%～80%的劳动力在中小企业就业，发达国家每千人企业数量50个左右，发展中国家每千人中的企业数量也在20～30个左右，而我国每千人的企业数量只有10个。建议把扶持和发展中小企业作为一项基本国策，尽快出台中小企业基本法和修订《中小企业促进法》。只有这样，才能有效地吸纳转移到城市的农村剩余劳动力。

总之，缩小乃至消灭城乡差别的途径，不是建设新农村，而是加快城市化进程，把农业人口越来越多地转移到非农业部门，把农村人口越来越多地变成城市人口。把主要精力放在社会主义新农村建设上，而不是放在深化包括土地制度、户籍制度、就业制度、教育制度、医疗和社会保障制度在内的各项改革上，不是致力于加快城市化进程，那只能是事倍功半，甚至得不偿失。

参考文献

[1] 蔡继明：《非劳动收入的性质、来源及量的规定》，《理论内参》1988年第8期。

[2] 蔡继明：《按劳分配为主、多种分配形式并存的实质是按贡献分配》，《经济学动态》1998 年第 6 期。
[3] 蔡继明：《中国经济学研究的八大误区》，《财经科学》1999 年第 1 期。
[4] 蔡继明：《非劳动生产要素参与分配的价值基础》，《经济研究》2001 年第 12 期。
[5] 蔡继明：《论价值决定与价值分配的统一》，《政治经济学评论》2003 年第 1 辑。
[6] 蔡继明：《另一种可供选择的价值理论》，《数量经济技术经济研究》2004 年第 1 期。
[7] 蔡继明、李仁君：《广义价值论》，经济科学出版社，2001。
[8] 陈志武：《中国的政府规模有多大?》，中国经济网，2008－02－25。
[9] 辞海编辑委员会：《辞海》缩印本，上海辞书出版社，1979。
[10] 谷书堂、蔡继明：《论社会主义初级阶段的分配原则》，《理论纵横》（上篇），河北人民出版社，1988。
[11] 谷书堂、蔡继明：《按贡献分配是社会主义初级阶段的分配原则》，《经济学家》1989 年第 2 期。
[12] 谷书堂主编《社会主义经济学通论》，上海人民出版社，1989。
[13] 国家发改委：《2006 年中国居民收入分配年度报告》，国家发改委网站，2007－02－01。
[14] 国家统计局：《中国区域统计年鉴》，中国统计出版社，2006。
[15] 赖明：《调整国民收入分配格局，促进经济社会健康发展》，代表九三学社中央在政协第十一届常委会第六次会议上的发言，2009。
[16] 罗宾逊：《不完全竞争经济学》，商务印书馆，1961。
[17] 马克思、恩格斯：《马克思恩格斯全集》第 20 卷，人民出版社，1971。
[18] 马克思、恩格斯：《马克思恩格斯全集》第 23 卷，人民出版社，1972。
[19] 马克思、恩格斯：《马克思恩格斯选集》第 3 卷，人民出版社，1972。
[20] 美林集团、凯捷咨询：《2006 年亚太财富报告》，《胡润百富》2006 年第 9 期。
[21] 配第：《赋税论　献给英明人士　货币略论》，商务印书馆，1963。
[22] 邱晓华：《城乡居民收入差距高于 5:1》，人民网，2002－10－21。
[23] 斯拉法：《用商品生产商品》，商务印书馆，1963。
[24] 王振中：《劳动与资本在分配中的地位》，2003 年 1 月 9 日《中国社会科学院院报》。
[25] 吴伟：《2006 年末尚有绝对贫困人口 2148 万人》，2007 年 4 月 16 日《中国信息报》。
[26] 张卓元主编《论争与发展：中国经济理论 50 年》，云南人民出版社，1999。

The Changes of the Distribution System and the Innovations in Theory in China

Abstract: This chapter discusses the historical process of distribution system reforms from unitary Distribution according to Work (DAW) to Distribution according to the Contributions of Production Factors (DACPF). And simultaneously analyses the innovations in distribution theory along with the changes in distribution system, especially recalls the advance of the theory of DACPF, expounds the value bases of DACPF and its policy implications, demonstrates that all kinds of production factors participate in value creation, which provides value bases for their participation in distribution according to their contributions, and points out that non-production factors' participation in distribution according to their contributions doesn't mean exploitation basing on this theory. There's no positive connection between exploitation and private ownership, and thus DACPF, elimination of exploitation can be parallel with protecting private property and developing non-public economy. Some policy suggestions are put forward for adjusting the income distribution relations, and eliminating the inequitable income distribution.

Key Words: distribution according to work; distribution according to contributions of production factors; general theory of value

第十五章
中国马克思主义经济学发展60年

程恩富*

摘　要：马克思主义经济学在具体演进中发展创新与若干不良倾向是并存的。创新的马克思主义经济学家（“新马派”）是我国改革的最早倡导者。继续推进中国经济学现代化的基本学术方针和总体创新原则是：“马学为体、西学为用、国学为根，世情为鉴、国情为据，综合创新”。中国马克思主义经济学的现代化呈现出五大科学发展的态势。

关键词：马克思经济学　西方经济学　现代政治经济学　经济学创新

美国《新帕尔格雷夫经济学大辞典》给“马克思主义经济学”下的定义是这样的：我们所称马克思主义经济学，是指以卡尔·马克思的著作为方法论和理论基础的后来的那些经济学家的研究成果。这是广义的马克思主义经济学的界定。本文拟在回顾近60年来我国马克思主义经济学演进的基础上，阐述其发展态势，前瞻经济学现代化以及如何超越马克思经济学与西方经济学。

第一节　我国马克思主义经济学的演进阶段与若干倾向

新中国60年，我国马克思主义经济学总体上以马克思经济学为理论基础，以中外经济实践为实践源泉，取得了人类经济学说发展史上的重大成果，并对高

* 程恩富，经济学教授、博士生导师、国务院特殊津贴享受者、第十一届全国人大代表，世界政治经济学学会会长，中国社会科学院马克思主义研究院院长、学部委员、学部主席团成员、马克思主义研究学部主任、邓小平理论和“三个代表”重要思想研究中心主任、马克思主义基本原理重点学科负责人。主要从事中国经济改革和发展、马克思主义政治经济学等研究。

绩效的中国经济发展作出了巨大的贡献，体现出中华民族伟大的经济智慧，为全世界的经济学发展提供了具有“中国学派”色彩的系统经济理论。然而，马克思主义经济学在具体演进中发展创新与若干不良倾向是并存的。

一　新建阶段与“仿苏”倾向

这一阶段的历史跨度是从中华人民共和国成立到“文化大革命”前。1949年10月，中国人民取得了新民主主义革命的伟大胜利，建立了新中国。然而由于马克思的《资本论》是以资本主义的生产关系为研究对象，其中并没有系统的社会主义经济理论，因而中国的社会主义建设缺乏必要的理论指导。但此时苏联已经进行了几十年的社会主义建设的伟大实践，初步勾勒出了社会主义经济的基本框架并且取得了伟大的成就。于是，苏联的社会主义经济模式便成为新中国模仿的对象。

与实践相一致，在经济学上也开始模仿苏联。1952年，斯大林的《苏联社会主义经济问题》中文版出版发行。1959年，苏联科学院组织编写的《政治经济学教科书》中文版出版发行。这两本书的发行对中国理论经济学的发展产生了深远的影响。由于当时的苏联是国际共产主义运动的领袖，且中国的社会主义建设缺乏自己的理论，因而这两本书便被当做中国社会主义理论经济学的“教科书”而被顶礼膜拜。当时，党中央、毛泽东号召全党学习苏联的政治经济学理论。高等院校的政治经济学教材也是以《政治经济学教科书》为基本体系，向学生讲授马克思主义经济学。中国的马克思主义经济学完全将西方经济学的合理颗粒拒之门外，而照搬苏联的马克思主义经济学理论。“苏联范式”的经济学是马克思、列宁、斯大林经济思想与苏联经济实践的一种综合，有其相当的科学性，在经济学说史上具有划时代的重大意义，但也有一些误点和局限性。

在这一阶段，由于中国的马克思主义经济学主要是照搬苏联的政治经济学，因此，苏联政治经济学的历史局限也就成为中国马克思主义经济学的局限。这些局限性主要表现在：相对忽视生产力的研究；否认价值规律对生产的调节作用；忽视定量分析等。尽管当时的中国经济学具有这些局限性，然而它毕竟指导中国经济顺利实现了由新民主主义革命向社会主义革命的过渡，而且在理论上初步构建了社会主义政治经济学的基本框架和研究方法及基本概念和范畴。所以，从这一层面来讲，在新建阶段中尽管有“仿苏”倾向，但中国社会主义政治经济学仍然具有积极意义。而且，毛泽东同志的《论十大关系》、《毛泽东读苏联（政治经济学教科书（第三版））的谈话要点》及有关价值规律等论述，陈云同志在1956年9月提出“计划调节为主，市场调节为辅”等观点，以及马寅初的人口理论和孙冶方的价值规律思想等，均标志着我国的社会主义政治经济学开始试图用自己的理论来指导或影响我国经济实践。20世纪60年代上半期，我国陆续编写和出版的《政治经济学（社会主义部分）》教科书，充分体现了“苏联范式”与当时中国特色的混合。其中包括1958年及以后萌生的某些极“左”思想和政策。

二 “革命”阶段与极“左”倾向

这一阶段主要是10年“文化大革命”时期。在这一时期，我国的经济建设和社会主义经济理论的发展都出现了不少失误。在“四人帮”的干扰下，经济工作受到政治运动的严重冲击，经济理论服务于政治运动的需要。尤其是在“四人帮”授意下搞的《社会主义政治经济学》一书，是以“大批判经济学”的极“左”面貌出现，将许多有利于发展生产力的做法当作资本主义的“尾巴”而大加批驳，将按劳分配说成是资产阶级产生的土壤，将当时并不存在的经济上的阶级斗争和党内资产阶级作为经济学研究的主题，等等。

尽管受到“左”的思想的干扰，但不少马克思主义经济学家并未停止思索与研究。如许涤新在被关押期间，就依据马克思《资本论》体系，构思社会主义生产、流通与分配的总体框架和主线，并形成系统思维。“文化大革命”后不久立即将成熟的思想变成文字，出版了《社会主义生产、流通与分配》力作。

三 改革阶段与“仿美”倾向

这一阶段是从1979年至今。在这一阶段，开始全面清理社会主义经济理论中“左”的思想，重新用科学的马克思经济学理论指导中国社会主义政治经济学的研究，提出我国社会的主要矛盾是人民日益增长的物质文化需要同落后的社会生产之间的矛盾，因而党和国家的工作重点必须转移到以经济建设为中心的社会主义现代化建设上来。1982年召开的党的十二大提出必须贯彻“计划经济为主、市场调节为辅”的原则。1984年召开的十二届三中全会上提出了社会主义经济是有计划的商品经济，而商品经济的充分发展是社会主义经济发展不可逾越的阶段。1992年党的十四大则明确提出建立社会主义市场经济体制。至此，社会主义市场经济体制作为我国经济体制改革的目标而确立下来。丰富的改革发展实践和经济全球化实践，为我国马克思主义政治经济学的发展提供了肥沃的土壤和充足的养料。伴随我国经济改革和建设的巨大成就，马克思主义政治经济学的理论变得日益丰富和完善。例如，新的活劳动价值论和剩余价值论、利己利他经济人论、资源需求双约束论、市场国家双重调节论、社会再生产和经济周期论、国际垄断资本主义论、经济全球化双重性质论、世界基本矛盾论等先后提出或发展。又如，社会主义市场经济理论和社会主义初级阶段理论的确立，生产力理论和所有制结构理论的调整，现代企业制度理论和市场体系理论的提出，市场型按劳分配及其他分配理论的发展，经济公平与经济效率理论的拓展，宏观调控理论和对外开放理论的阐发，科学发展经济观的倡导等。马克思主义政治经济学出现了一个崭新的发展高潮。

在这一阶段，尽管马克思主义政治经济学的发展取得了新中国建立以来最为辉煌的成就，但发展过程中却也暴露了一些问题：譬如，对中外某些现实经济问题缺乏系统的解释力和预见力；缺乏经济学的方法和理论的整合和系统创新，偏好于搬马恩原著或当代西方经济学经典的原话来对中外现实经济问题做出理论分析，而应用中外马克思主义经济学的基本观点来研究和影响现实的经济实践和政策，则相对欠缺。

随着改革开放的深入和西方经济学理论的引进，现代西方经济学在中国的影响日趋增大。经济学界，甚至不少研究马克思主义经济学的论著和自认为是马克思主义的经济学者，由以前对“苏联范式”的盲目崇拜而简单地倒向“美国范式”，但又对以美国为代表的当代西方经济学的“范式危机”并无感觉和认知。

第二节　改革以来马克思主义经济学理论和政策十大创新

改革以来理论界流传一种论调，说什么马克思主义经济学家一贯思想僵化，反对社会主义改革。近年来，中外真正的马克思主义经济学家联合新老凯恩斯主义者和左翼经济学家等，都在重点批评新自由主义经济学，更是被扣上“极左”、“走回头路”、“反对改革”的帽子，包括深受“三民主义”影响的郎咸平教授（本人已确认这一影响）也被强加这些政治帽子。

我想说明一个事实，即创新的马克思主义经济学家（“新马派”）是我国改革的最早倡导者！由于马克思主义经济学家一贯比较谦虚，反对市场炒作和学术泡沫，而自由市场本是又极易导致学术市场的“假冒伪劣理论商品”的泛滥，

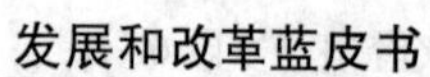

因而容易出现一批被中外媒体吹捧成所谓“主流经济学家”、“著名经济学家”等。其中有些“改革家”只是社会主义市场取向改革的“同路人”，实质属于资本主义市场取向改革的“改革家”或“改向家”（类似匈牙利的经济学家科尔奈、苏联的经济学家波波夫）。前几年，西方媒体再次发动“西强我弱”的攻势，又选择了几乎都在西方国家获得学位的“华尔街版的中国十大经济学家”，试图影响我国正在激烈进行的“现代马克思主义经济学与现代西方经济学关系”的争论。值得欣慰的是，当时广大网民正在猛烈抨击某些所谓“主流经济学家”、“媒体经济学家”，这本质上是广大人民群众自觉地反对资产阶级自由化和新自由主义经济思潮的一种正义行动。

可以列举许多事例证明：现在仍然坚定的马克思主义经济学家是我国改革的最早倡导者。不过，他们往往不是市场塑造的“媒体经济学家”或“主流经济学家”，而是学界较为认同的颇有创新精神的“现代马克思主义经济学家”。现只选举十例如下：刘国光、于祖尧、苏星、卫兴华、杨圣明、张薰华、许涤新和继承者刘思华、田雪原、洪远朋、程恩富。

例一：刘国光是主张缩小指令性计划和市场改革取向理论和体制的最早倡导者和创新者。中国社科院刘国光研究员（曾任副院长，现为特邀顾问、学部主席团成员）是力主社会主义市场改革取向的。在 1979 年 7 月一次关于经济体制改革取向问题的座谈会中他明确提出，高度集权的苏联模式仅是社会主义经济体制模式之一。东欧国家偏重分权、偏于分散的市场体制和用经济办法管理经济的模式，也是社会主义经济体制的重要模式之一。我国经济体制改革在选择模式时，“要解放思想，按照实践是检验真理的唯一标准来决定我们的取舍……只要有利于经济的发展和人民生活水平的提高，都是可以采取的，没有什么政治帽子问题，只有适不适合一个国家各个时期的具体历史条件和经济发展条件的问题，也就是适不适合一国国情的问题”，[①] 市场机制是实行分权管理体制的重要手段。随后，在与人合著的《论社会主义经济中计划与市场的关系》一文中，从生产与需求脱节、计划价格脱离实际、供给制资金分配体制的缺陷、企业结构上自给自足倾向的原因等方面，翔实论证了社会主义经济中计划与市场相结合的必然性，并对计划经济条件下如何利用市场的问题和利用市场机制条件下如何加强经

① 座谈会中刘国光教授的发言题目为《对经济体制改革中几个重要问题的看法》，后载于《经济管理》1979 年第 11 期。

济发展的计划性问题，提出了完整、系统的改革举措与政策建议。这一报告受到当时国内经济学界、特别是政府决策部门和中央领导的高度重视，对我国社会主义市场改革取向的抉择产生了重要影响。中国经济体制改革初期的不同意见是激烈的，在20世纪80年代初期，刘国光教授因他在改革取向抉择关键时期的这一历史性贡献而受到高层批评，但他没有退却。1984年，刘国光课题组提出“建设有中国特色的经济体制的总体设想”，开始独创性地阐述“双重模式转换”目标，逐步形成经济学的创新理论和政策体系，成为对改革影响最大的马克思主义经济学家。

例二：于祖尧是社会主义市场经济理论和体制的最早倡导者和创新者。1979年4月，在江苏省无锡市举行的全国价值规律理论讨论会，是中共十一届三中全会以来，也是新中国成立以来中国经济学界规模最大的一次盛会。非常值得一提的理论突破是，在这次会议上，中国社科院经济研究所于祖尧研究员（曾任所党委书记兼副所长，现为荣誉学部委员）提交《试论社会主义市场经济》一文，是国内最早正式提出“社会主义市场经济”概念和理论的，指出“社会主义既然实行商品制度，那么，社会主义经济在本质上就不能不是一种特殊的市场经济，只不过它的性质和特征同资本主义市场经济有原则的区别。……为了加快实现四个现代化，搞好经济改革，应当怎样正确地对待市场经济，这是我们经济学界需要认真研究的重大课题。”① 此后30年来，于祖尧发表了关于建立和完善社会主义市场经济体制的一系列论著，深刻地阐明中国特色社会主义经济理论和政策。可见，现在仍坚定的马克思主义经济学家于祖尧（套用一句流行的话，应当是“于市场”），才真正是我国社会主义市场经济理论的最早倡导者和杰出贡献者。

例三：苏星是社会主义股份制理论和体制的最早倡导者和创新者。1983年7月，中央党校苏星教授（2008年刚故，曾任中央党校副校长、《红旗》杂志总编）在《红旗》第14期上发表的《试论工业公司》一文中明确指出：“社会主义社会的物质技术基础也是社会化的大生产。在消灭生产资料的资本主义私有制，建立生产资料公有制以后，依然需要利用股份公司和托拉斯一类的社会化大生产组织形式，利用它们的管理经验，使之为社会主义经济服务。……股份公司一类经济组织，作为社会化生产的组织形式，按理应当更适合于生产资料公有制

---

① 《经济研究资料》1979年第50期。

的性质。因为在生产资料公有制的条件下，企业之间的根本利益是一致的，它们在国家政策的引导下，可以遵循自愿互利的原则，广泛组织公司和其他各种形式的联合体，不存在私有制的限制。当然，社会主义的公司和资本主义的公司在性质上是根本不同的。我们向资本主义的公司和托拉斯学习，主要是学习它们组织社会化大生产，特别是专业化和联合的经验，而不能照抄照搬。”以后，他对所有制和农村改革发展等一些问题，都发表过理论和政策探讨的论著。可见，查阅书面文献，2008 年刚去世的著名马克思主义经济学家苏星（套用一句流行的话，应当是“苏股份”）才真正是我国社会主义股份制理论的最早倡导者和杰出贡献者。

例四：卫兴华是社会主义公有制实现形式理论和体制的最早倡导者和创新者。在 1986 年《江西社会科学》第 4 期刊发的《关于我国经济体制改革的理论问题》一文中，中国人民大学经济学院卫兴华教授（曾任院学术委员会主任，现任全国《资本论》研究会顾问）提出：“社会主义经济体制似不应仅仅归结为一个管理体制问题。社会主义经济体制，首先包括社会主义经济制度运行和实现的具体形式，如公有制的运行和实现形式，按劳分配的运行和实现形式，以及其他社会主义生产关系的运行和实现形式等。”在同期发表的其他论文中，也强调提出：“发展和完善公有制，就需要完善公有制的实现形式。”他在《经济经纬》2004 年第 6 期发表的《不要混同“公有制形式”和“公有制实现形式”》一文中又进一步指出，“国有经济和集体经济是公有制的存在形式，不是实现形式，股份制的性质取决于入股资本的性质，私有资本组织的股份制，依然是私有制。……也不能认为，股份制成为公有制的主要实现形式，就否定或取代国有经济和集体经济这两种公有制形式。”卫兴华对所有制、分配、经济运行和经济发展等一系列经济现实问题都有研究，对马克思主义经济学许多基本原理均进行过深刻探讨，是“高质高产”的马克思主义理论家。

例五：杨圣明是平等与效率有机结合理论和发展战略的最早倡导者和创新者。1984 年 1 月，中国社科院杨圣明研究员（曾任财贸所所长、现为社科院学术咨询委员会副秘书长、学部委员）在《中国经济发展战略问题研究》一书中明确提出：“寻找出适当的收入差距，既促进经济效率的提高，又有利于社会平等，乃是重要的战略问题。……我国是社会主义国家，既不能放弃平等，也不能失去效率，要兼而有之。过去我们比较重视平等，但在一定程度上轻视效率。今后我们要重视效率，扩大收入差距，但是，决不能忽视平等问题。……我们在相当长的时期内强调效率，扩大收入差距，并不是最终目的。我们要从目前的比较平等开始，经过扩大差距、提高效率的阶段，最终实现真正的社会平等。这种论断，根本不同于50年代库兹涅茨提出的所谓‘倒U字形假说。……与资本主义各国的情况不同，我国已经实现了生产资料社会主义公有制，通过对居民收入的有计划有步骤的调节，能够把效率和平等有机地结合起来，防止社会的两极分化，使我国最终创造出比资本主义更高的劳动效率。”① 以后，在一些论著中，又进一步阐明和创新公平与效率以及与此相关的劳动价值论和分配论。可见，现在坚定的著名马克思主义经济学家杨圣明，才真正是我国社会主义公平与效率理论的最早提出者和杰出贡献者。

例六：张薰华是土地管理体制改革理论的最早倡导者和创新者。1984年在港澳经济研究会成立大会上，杰出的《资本论》研究专家、复旦大学张薰华教授（曾任经济学系主任，现任全国《资本论》研究会顾问）提出了论文《论社会主义经济中地租的必然性》，从理论到实践阐述这一思路。论文载于《中国房地产》杂志1984年第8期。1985年初，由于中央对土地管理体制改革的重视，上海市委研究室注意到这篇文章，嘱再写一篇《再论社会主义商品经济中地租的必然性——兼论上海土地使用问题》，载于该室《内部资料》第6期（1985年1月21日印发）。文中一再指出，“土地的有偿使用关系到土地的合理使用和土地的公有权问题。级差地租应该为国家的财源之一，港澳的租地办法可以采用。”接着，《再论》这篇文章又受到中央书记处研究室注意，嘱再补充，标题改为《论社会主义商品经济中地租的必然性》，1985年4月10日载于该室内刊《调查与研究》第5期，发至全国各省市领导机关。这就为中国土地批租制度的建立提供了理论依据。根据以上机理，土地国有化不仅排除了土地私有制，而且排除了土地集体所有制。因为集体单位使用土地带来级差超额利润，也是社会转移来的价值，不是他们劳动创造的价值。同理，国有企业也不应无偿使用土地。无偿划拨土地实质上是将国有土地变为企业土地。1987年，在深圳“城市土地管理体制改革”讨论会上，张薰华教授就此提出论文《论土地国有化与地租的归属问题》。后来，深圳市政府将该市农村土地全部收归国有。改革以来，张薰华率先发表关于价格改革、保护环境、发展交通等一些现实经济问题的论著，对马克思主义经济理论有重要贡献。

例七：许涤新和刘思华是我国构建生态经济学和生态文明理论的最早倡导者

① 《杨圣明文集》，上海辞书出版社，2005，第440～442页。

和创新者。1980年8月中国社科院经济研究所许涤新研究员（已故，原所长、中国《资本论》研究会首届会长）在中国社科院农业经济研究所于青海西宁市召开的一次讨论发展畜牧经济的讨论会上，首次提出生态经济问题，指出“要研究我国生态经济问题，逐步建立我国生态经济学”，要把农、林、牧、渔等各业的经济问题同生态学结合起来。[①] 同年9月27日，由许涤新主持，中国社科院经济研究所召开了我国首次生态经济问题座谈会，正式拉开了我国创建生态经济学的序幕，会后《经济研究》于1980年第11期刊登了这次生态经济问题座谈会记录，并发表了许涤新同志的论文《实现四化与生态经济学》。作为许涤新生态环境经济研究团队的主要学者和继承人刘思华（中南财经政法大学可持续发展研究中心主任、中国生态经济教育委员会会长），1987年8月，在定稿《理论生态经济学若干问题研究》一书时，论证社会主义生产的直接目的是保证人民的全面需要，就深刻地论述了社会主义满足人民生态、物质、精神三类需要的实现过程，也就是三大文明建设过程。他指出：“社会主义制度下，人民群众的全面需要及其满足程度和实现方式，是社会主义物质文明、精神文明、生态文明三大文明建设的根本问题。”[②]

例八：田雪原是我国计划生育政策及其理论的最早倡导者和创新者。田雪原（中国社会科学院学部委员、曾任中国社会科学院人口与劳动经济研究所所长）等力主为马寅初新人口论翻案，扬弃了人口不断迅速增长是社会主义人口规律的教条，明确了我国人口问题属人口压迫生产力即人口过剩性质，不仅推动了人口理论拨乱反正，而且为严格控制人口增长提供了理论支持。1979年田雪原在“控制人口促进四化”[③] 一文中，就阐发了我国人口与经济、社会发展存在的严重比例失调：总体人口同生活资料、劳动年龄人口同生产资料、人口同教育、住宅、卫生等公共事业发展的不相适应和比例失调；加快四个现代化必须大力控制人口数量、提高人口质量；控制人口增长除要做好宣传外，还要采取有力措施，提出对只生育一孩者“给予适当的物质奖励，发给一定数量的儿童保健费”，“对生三胎者征收多子女费”，以及在住房、口粮、城镇招工、农村自留地、职工老年退休等方面区别对待，逐步对老年人实行社会保险。其后，提出并进一步

---

① 许涤新：《生态经济学探索》后记，上海人民出版社，1985。

② 《理论生态经济学若干问题研究》，广西人民出版社，1989，第275页。

③ 《田雪原文集（一）》，中国经济出版社，1991，第10～16页。

论证了控制人口数量、提高人口质量、调整人口结构相结合，当前以数量控制为重点的方针。1980年初新华社发出以宋健为首的自然科学家与田雪原等社会科学工作者合作所做的百年人口预测电文，该预测结果上报中央政治局，为人口决策提供多种可供选择的方案。1980年3～5月，中央召开了5次人口座谈会，田雪原受命起草向中央书记处的报告，阐述了大力提倡一对夫妇生育一个孩子是解决目前人口问题的关键、一对夫妇生育一个孩子可能产生的问题和政策建议；同时按照领导要求，在以个人署名（以示负有责任）的报告附件中，阐述了提倡一对夫妇生育一个孩子势在必行、生育一个孩子方案可以搞到2010年前后和2010年以后生育率应做适当调整的观点。

例九：洪远朋是经济利益核心理论和政策的最早倡导者和创新者。1995年洪远朋教授（复旦大学经济学院原院长、全国综合性大学《资本论》研究会会长）在《复旦学报》第3期发表的《论社会主义市场经济体制下的十大利益关系》一文中指出："经济利益是经济关系的核心。在社会主义市场经济体制下，至少有十大利益关系。一，中央与地方的经济利益关系；二，国家、企业和个人的经济利益关系；三，地区与地区的经济利益关系；四，工农之间的经济利益关系；五，行业与行业的经济利益关系；六，企业与企业的经济利益关系；七，个人与个人之间的经济利益关系；八，脑力劳动与体力劳动的经济利益关系；九，要素与要素之间的经济利益关系；十，国内与国外的经济利益关系。正确认识和处理各种经济利益关系，对于加速社会主义市场经济体制的建立，调整各种经济关系，促进社会生产力的发展，具有重要的理论意义和现实意义。"在1999年出版的《经济利益关系通论》[①] 一书中提出，"一切经济学的核心是经济利益"，"一切经济活动的核心是经济利益"，"一切经济关系的核心是经济利益"。他具体指导和主编了包括《经济利益关系通论》在内的一整套经济利益理论与实践丛书，如《综合经济利益论》、《分享利益论》、《开放利益论》、《机会利益论》、《风险利益论》、《保险利益论》和《创业利益论》等。

例十：程恩富是大文化经济学理论和文化经济体制改革和发展的最早倡导者和创新者。1993年，在《文化经济学》[②] 一书中，笔者提出："要以马克思主义经济学为指导，以文学艺术、教育、新闻出版、科技等为主要内容的'大文化'

① 洪远朋：《经济利益关系通论》，复旦大学出版社，1999。

② 程恩富：《文化经济学》，中国经济出版社，1993。

经济学。它是要研究文化活动中的经济行为——文化生产力和文化生产关系，其研究的目的是要揭示社会主义文化经济的运行及其发展规律，并通过对文化资源、文化供给与需求、文化投资、文化市场、文化商品、文化商品价格、文化消费、文化发展计划、文化劳动生产率、文化劳动报酬、文化经济效益和经济核算及文化经济管理体制等一系列主要范畴的具体分析来实现这一点。”“我国要构建的文化经济管理体制，应当是国家自觉调节和市场调节有机结合的、统一性和灵活性相统一的体制，其总体由文化经济管理的职能分工模式、企业化经营模式和间接调控模式构成。”详细阐明了“文化生产（精神生产）与物质生产的共生互动关系”以及文化大发展的趋势。

从上述现代马克思主义经济学家理论联系实践的创新，甚至是原创中可以表明：中国政治经济学的转型，不是从传统政治经济学转向现代西方经济学，而是在科学扬弃和超越苏联经济学和现代西方经济学的基础上转向现代马克思主义政治经济学，包括现代社会主义市场经济和现代资本主义市场经济的基本理论。就理论经济学来说，世界主流经济学是西方经济学，而马克思主义经济学则是非主流经济学；改革后社会主义中国的主流经济学是现代马克思主义经济学，而现代西方经济学则是非主流经济学。共产党执政的社会主义国家，是不可能将资产阶级执政党奉为主流的经济学作为本国主流经济学的。同现代西方经济学一样，现代马克思主义政治经济学既是学术体系，又是一种理论信仰和意识形态，应当在学术和意识形态两个相关领域都发挥指导作用。如果只赞成马克思主义经济学在经济意识形态中的指导地位，而不赞成它在经济学教学和研究中的学术指导地位，则会架空马克思主义经济学。

第三节　中国经济学现代化的总体创新原则

改革以来，关于“中国经济学向何处去”，一直是经济理论界的热门话题。1994 年初，笔者在《21 世纪：重建中国经济学》① 一文中曾对中国经济学的发展阶段和前景做了总体判断，后引起连锁反响。近年来，这个话题又被一些学者以如何推进中国经济学的“国际化”、如何推进“现代经济学的本土化”等形式提了出来。在上述问题引导下，目前理论界流行诸如“西方经济学本土化”、

① 程恩富：《21 世纪：重建中国经济学》，1994 年 4 月 7 日《社会科学报》。

"西方经济学中国化"、"中国经济学必须西方化或国际化"、"经济学要与国际接轨"、"西方经济学是现代经济学"、"政治经济学不是学术"、"马克思主义经济学被西方经济学取代是改革方向"、"中国经济学的国际化只有先从组织上让非马克思主义的'海归'执掌院校"之类的解答。这是很值得商榷的。

中国马克思主义经济学作为应当科学地揭示当代中国经济运行和发展规律的重要理论，必须适应当代国际经济环境对中国社会主义经济提出的挑战，必须适应中国社会主义初级阶段的经济科学发展的要求，因而，对于中国经济学发展趋势的正确提问，就决不是如何与现代西方经济学的接轨、使现代西方经济学"本土化"问题。而应当是如何在唯物史观的指导下，推进中国经济学在科学轨道上实现现代化的问题。进一步说，也就是我国的经济学教学和研究如何适应现代社会主义经济全球化和市场经济的科学发展的需要，实现马克思主义经济学在中国的现代化、具体化的问题。

分析如何推进中国经济学现代化这个问题涉及方方面面，就其解决这个问题的基本学术方针和总体创新原则而言，可以扼要地概括为："马学为体、西学为用、国学为根，世情为鉴、国情为据，综合创新"[①] 下面拟阐述对这一基本学术方针和总体创新原则的一些看法。

一　关于"马学为体"

"马学"是指中外马克思主义知识体系。"体"，在中国古代哲学语言中具有"根本的、内在的"含义。[②] 强调中国经济学现代化必须坚持"马学为体"，就是要始终坚持马克思主义经济学是中国现代经济学的根本和主导。这就是说，中国经济学的现代化在研究方向上，必须始终毫不动摇地坚持唯物史观的指引，遵循着马克思的理论的道路前进；在内容上，必须毫不动摇地以马克思主义经济学知识体系中的基本范畴、科学原理为主体，面对新的历史条件拓展和创新；在处理

① 关于"体用"概念，人们往往想到张之洞在1898年《劝学篇》中提出的"中学为体，西学为用"的主张。他所说的"用"，突破前期洋务派所划定的"西方技艺"，即器械与自然科学的范围，包含了"西方政艺"的部分内容，亦即主张在学校、赋税、武备、法律、通商等领域实施某些西方的模式；但是，他的"中学为体"，是要以儒家的"三纲五常"等伦理道德作为立国的不能更改的根本原则，所谓"西学为用"，不过是作为维护中国封建皇权和地主阶级统治的一种手段，从实质内容上看是改良主义的。但是，这并不妨碍我们从语言角度对"体用"概念的使用。我们完全可以赋予"体用"以崭新的现代科学含义。

② 《辞海》语词分册（上），上海辞书出版社，2003，第200页。

中外多元经济思想的关系上，必须毫不动摇地坚持马克思主义经济学的指导地位。

“马学为体”是中国经济学现代化必须强调的根本原则，一旦偏离这一原则，理论创新将难以为继，经济学的现代化将偏离科学化的轨道。必须充分认识，中国经济学的现代化，绝不是一个简单的时空发展概念，而是在时空发展中的不断科学化的过程。只有“马学为体”，才能保证实现中国经济学的现代化创新始终沿着科学的轨道前进。强调“马学为体”，有必要纠正近些年来流行的一些对马克思主义经济学的认识误区：一是把马克思主义经济学视为与西方经济学各种流派相提并论的一种理论流派。二是简单地把马克思主义经济学分割为“革命的经济学”与“建设的经济学”。三是宣扬马克思主义及其经济学只是意识形态而非学术。四是认为生产力先进的美欧国家，其经济学也一定是先进的。

在追求经济学科学化的意义上，可以说，越是坚持“马学为体”，就越能促进中国经济学的现代化。而越是偏离“马学为体”，越是追随西方现代经济学，中国经济学越难以实现科学的现代化，而且有可能使中国经济学陷入当代资产阶级经济学“学术殖民地”和“马前卒”的可悲地位。

二　关于“西学为用”

撇开自然科学，西学是指西方马克思主义以外的社会科学知识体系，这里主要指阐述近现代主流经济思想的西方经济学。就整体看，西方主流经济学仍然保持着当年马克思揭示的资产阶级经济学的非科学的固有特征，如：表面性、片面性、主观性、虚伪性、辩护性和庸俗性，因而从整体上说，现代西方经济学不是科学的经济思想体系。

但是，不能“西学为体”，并不等于不要“西学为用”。我们所说的“西学为用”，当然不是“西学为体”意义上的“为用”，而是在“马学为体”前提下对“西学”借鉴和利用。按照我国古代哲学的“体用”一般含义，“‘体’是最根本的、内在的，‘用’是‘体’的表现和产物”①。用这种“体”“用”一致的思想看“马学”同“西学”，可以看到，两者之“体”存在唯物史观和唯心史观基本思想的根本区别；相应的，两者的“用”或者说表现形式和发生作用的方式也存在一系列差异，例如在理论形式上，西方经济学分为微观经济学和宏观经

① 《辞海》语词分册（上），上海辞书出版社，2003，第200页。

济经济学两大缺乏内在联系的理论板块；马克思主义政治经济学则从抽象上升到具体，是一个再现一定历史条件下的经济的社会形态的有机理论体系。然而，如果把“马学”与“西学”的“体用”区别绝对化，以为“马学为体”就绝对不能借鉴、利用“西学”，那就陷入了孤立地对待“马学”、“西学”的形而上学误区，在思想方法上就连近代的张之洞都不如了。

我们在坚持“马学”“体用”一致的同时，有必要提出“西学为用”。在西方经济学众多流派中，有的描述了社会分工制度、市场竞争机制对于生产力发展的促进作用，有的承认了资本主义社会失业、危机的不可避免，有的创建了宏观经济运行的总量分析、调控和预测方法，有的揭示出产业发展和经济增长的某些规律，有的对企业管理一般制度做了不同角度的研究，有的形成了经济政策学，凡此种种，或多或少地反映了资本主义市场经济的客观状况。只要我们能够剥离其不科学的成分，加以改造和充实，就能提炼出科学的经济思想。在对待“西学”的态度上，马克思在《资本论》中为我们树立了讲科学的榜样。一大批原本是资产阶级经济学的范畴和原理，经过马克思革命性的批判、分析和借鉴，以崭新的含义纳入了马克思主义科学经济学的系统。

这里有必要指出，决不能把“西学为用”与一种流行的倾向混同起来，这种倾向认为，马克思主义经济学没有应用价值，在解决市场的实际经济问题方面只能用“西学”。改革以来，中国马克思主义经济学在应用领域进展受阻，因为一些应用经济学的学科负责人以基本照搬西方应用经济学为“创新”，存在一种“学术惰性”，由此产生只有西方经济学才有应用价值这种错觉。我们必须克服这一“学术惰性”，树立中国特色的学术创新自信和自觉，努力构建或完善马克思主义的现代应用经济学学科体系，如文化经济学、消费经济学、土地经济学、交通经济学、劳动经济学、产业经济学、国际贸易学、经济心理学、经济美学等。为此，也决定了我们应当尤其重视现代西方应用经济学，努力吸收“西学”这方面的有益元素，加快马克思主义的应用经济学的大发展、大繁荣。这样的“西学为用”（毛泽东是提“洋为中用”），是为丰富和发展马克思主义学术及其中国化的“体”服务的，也是中国马克思主义经济学现代化的内在要求。

三　关于“国学为根”

撇开自然科学，国学是指中国古近代的社会科学知识体系，这里主要指古近代的经济思想。国学为根，就是要在中国经济学现代化过程中，重视自古以来经

济思想中反映一般经济规律和中国特殊经济国情的精华。正如毛泽东所强调的“古为今用”，“我们这个民族有数千年的历史，有它的特点，有它的许多珍贵品。”“从孔夫子到孙中山，我们应当给以总结，继承这一份珍贵的遗产。”[①] 在中国经济学现代化的进程中，这对于形成中国特点、中国气派和中国风格具有不可低估的价值。

在唯物史观看来，中国本土历史上形成各种经济思想，都是一定历史时期经济事实的反映。它们直接、间接甚至扭曲地反映着的，不仅有在相同历史条件下各国普遍存在的经济因素，而且有中国特殊的国情和文化因素，这些特殊性因素属于中国从古到今的“根”或者借用生物学的说法，属于中国经济形态的“基因”。只要中国作为民族国家还存在，这些“基因”就会存在。在中国经济学的现代化的进程中，始终重视中国的特殊国情和历史传统因素，才有助于形成具有中国特色的现代马克思主义经济学。诚然，我们所说的“国学为根”，并不是说可以简单地、不分青红皂白地弘扬“国学”，而是主张剔除其封建性的经济思想糟粕，吸收其体现中国优良传统的、科学性的精华。

历史地看，中国古近代经济思想中，包括许多给当代人诸多启发的科学成分。它们是很了不起的。例如，我们在史书中可以读到“劳则富”[②]、“节用而爱人，使民以时”[③]、“治国之道，必先富民”[④]、“俭节则昌，淫佚（逸）则亡”[⑤]等，这些经济思想认识到劳动创造财富，富民才能强国，主张爱护劳动力，珍惜劳动时间，崇尚节俭，反对浪费；我国古籍中关于预先规划国家经济活动（如《管子》的“国规”思想）、封山禁猎、封湖禁渔等记载，包含着从全局布局生产力，力求经济持续发展等，可以说是现代宏观调控、可持续发展思想的先声。这些思想反映了人类社会经济运动的一般要求，具有长远的历史价值。

研究中国古近代知识体系中的经济思想，还有助于增强推进中国经济学现代化的民族自信力，纠正那种一讲经济现代化，就想到西方经济学的自卑乃至盲目崇洋心理。历史展示出我国古近代产生过许多卓越的经济思想，如春秋战国

---

① 毛泽东：《毛泽东选集》第2卷，人民出版社，1991，第533～534页。

② 《大戴礼·武王践祚·履屦铭》，胡寄窗：《中国经济思想史简编》，中国社会科学出版社，1981，第2页。

③ 《论语·学而》，胡寄窗：《中国经济思想史简编》，中国社会科学出版社，1981，第47页。

④ 《管子·治国》，周伯棣：《中国财政思想史稿》，福建人民出版社，1984，第2页。

⑤ 《墨子间诂·辞过》，周伯棣：《中国财政思想史稿》，福建人民出版社，1984，第104页。

“百家争鸣”时期，产生了《管子》（相传为崇奉管仲的一些学者所作）这样的系统论述经济管理的著作，内容涉及经济哲学思想、经济与政治的关系、财富与劳动的关系，阐释了分配、消费、增长、贸易、财政以及市场、货币、价格等广泛的经济范畴，堪称世界范围内的罕见的经济学辉煌巨著；产生了一批具有深刻思想的大家，如墨翟把“利”归结于物质财富，那时就提出了与西方近代斯密思想相近的“交相利”的思想（彼此相利，利人就是利己）；范蠡提出了可能是全世界最早的经济循环论①，这些思想都可与西方古希腊色诺芬等思想家对人类的贡献相媲美。就近代具有进步意义的经济思想而言，洪秀全的《天朝田亩制度》和《资政新篇》，反映了农业空想社会主义和工商业资本主义的经济思想和政策主张；康有为在政治上虽然是保皇的改良主义者，但他的《大同书》，是用“国学”语言和智慧来表达社会主义的经济思想和终极经济模式，是具有中国风格的最具想象力的空想社会主义著作，足以名列世界伟大空想社会主义思想家之列，并在一定意义上成为“国学”的集大成者和终极者，成为“马学”的同盟者；体现新生资本主义生产关系发展要求的经济思想也并不单纯是西方的舶来品，以孙中山为代表的、反帝反封建、扶助农工的中国式的民族资本主义思想，以及平均地权和抑制私人大资本的小资产阶级经济思想，也有“马学”和建设国有经济为主导和控制力以及公有制为主体的初级社会主义可溯源、可借鉴之元素。

四　关于“世情为鉴”和“国情为据”

“马学”、“西学”和“国学”，这三大知识体系的本身都属于思想资料和理论来源的范畴。要真正推进中国经济学的现代化，还必须结合当代国内外新的经济实践，以“世情为鉴”和“国情为据”。

——“世情为鉴”。“世情”有丰富的含义，从经济学的角度指整个世界及各国经济的历史、现状和未来的演化和发展状况。“世情”的真相是中国经济学在现代化进程中把握正确方向的重要借鉴。例如，世界新自由主义主张非调控化的市场原教旨主义、宣扬“私有产权神话”、反对建立国际经济新秩序、主张福利个人化。在美英等发达国家推行下，一度成为全球盛行的经济学思潮。然而，综观近十年左右的这种思潮主导下的经济全球化实践，可以清晰地看到：苏东出

① 胡寄窗：《中国经济思想史简编》，中国社会科学出版社，1981，第27～31页。

现倒退的十年，拉美是失去的十年，日本是爬行的十几年，美欧是缓升的十几年。被联合国认定的49个最不发达的国家（亦称第四世界），并没有通过私有化和发达资本主义国家主导的经济全球化途径富强起来，有的反而更加贫穷。近年来，拉美国家纷纷倾向“社会主义”，这显示出，新自由主义主导的全球化阶段正逐步走向衰败，经济全球化终将趋向社会主义主导的阶段。以上述“世情”为鉴，中国现代经济学对美国和世界经济发展的正反两方面经验和新自由主义经济理论和政策应采取分析和甄别的科学态度。

——“国情为据”。构建和完善具有中国特色、中国气派和中国风格的科学现代经济学，只能依据由生产力水平最终决定的社会形态、文化传统、自然环境等复杂因素构成的国情，其中又包含着各种“色层”的省情、市情、县情以及城、乡差别实情。改革开放30年来，广大人民群众最重要的实践就是围绕和努力实现社会主义公有制与市场经济的高效结合。中国经济学有必要总结这方面的成功经验。要充分看到，中国城市已经出现了一批富有实力、活力和竞争力的国有大型和特大型企业及企业集团，中国农村也出现了一批坚持社会主义公有制，在市场经济环境中实现共同致富的典型，如河南的南街村和刘庄、江苏的华西村、长江村等。从它们的实践经验中，可以发现前无古人的市场经济与公有制有效结合的新规律。只有从这些富有创造性的社会主义经济实践经验中吸取营养，才能真正推进中国马克思主义经济学的现代化。

五　关于“综合创新”

上述理论上的“马学为体”、“西学为用”、“国学为根”，实践上的“世情为鉴”和“国情为据”，它们最终要落实到中国经济学现代化进程中的“综合创新”上。经济学现代化的“综合创新”，要求在综合前人经济思想的基础上，结合现代历史条件下的中外经济实践，科学创新已有的经济理论。没有分析，就不可能综合；没有在不断分析过程中的相应的不断综合，也就不能做到深入的分析和全面的综合。因此，中国经济学现代化进程中的“综合创新”，是在结合当代中外实践的基础上，对“马学”、“西学”和“国学”三大知识体系提供的经济材料进行分析与综合的过程。“综合创新”，意味着正确处理三大知识体系之间的相互关系，以及对它们的分析综合与实践检验之间的关系。

中国经济学现代化过程中的这种“综合创新”，乃是追求真理的经济学者在唯物史观指导下发挥主观能动性的过程。也就是说，要以马克思主义科学经济学

为根本，以西方非马克思主义经济学知识和合理元素为借用，以古近代的经济思想资料为弄清中国国情特征的历史源头，进行可持续的综合创新和理论超越。中国经济学现代化的“综合创新”，为的是形成具有中国特色、中国风格和中国气派的中国现代马克思主义经济学。应当从简单引进和模仿外国经济学的自在方式，实现向理论创新的自觉或自为方式的转变。这意味着，要实现两个超越：既在具体化的意义上超越马列经典经济学，又在科学范式的意义上超越当代西方经济学；要体现两种实践：既体现东西方市场经济实践，又体现有中国特色的社会主义实践；要显现两种创新：既要有经济学的某些常规发展，又要有其范式的革命。它将是一种科学反映经济现代性的“后现代经济学”，同时也将是一种“后马克思经济学新综合”，也就是在唯物史观指导下，以世界眼光，坚持“马学”这个根本，在当代国外经济学继续分化和局部综合的基础上，去实现全面系统的科学大综合。其中包括分析和借鉴西方马克思主义经济理论、西方激进经济理论、凯恩斯左翼经济理论、克鲁格曼国际经济理论、发展经济学、比较经济学以及“中心—外围”等发展中国家经济理论；积极汲取当代哲学、伦理学、美学、心理学、法学、政治学、系统学、场态学、生物学、数学等多学科的可用方法。①

第四节　中国马克思主义经济学现代化的五大态势

新中国60年，特别是改革开放以来，我国有一大批老中青马克思主义经济学家事实上是以上述原则进行理论研究和政策探讨的，传承和创新工作成效显著。近些年有更大的进展，从而中国马克思主义经济学的现代化呈现出五大科学发展态势。

一　注重对重大现实经济问题进行体现科学发展观的理论和政策探讨

中国马克思主义经济学的现代化必须紧密结合马克思主义中国化理论和中国特色社会主义经济理论体系。经济学家于祖尧、项启源、杨圣明、吴树青、卫兴

① 程恩富：《范式革命与常规理论发展——经济学的分化与综合》，2004年1月20日《光明日报》。

华、纪宝成、张宇等已发表了许多论著，准确阐发马克思主义中国化的最新理论成果。近来，著名经济学家刘国光依据党的十七大精神，又撰文阐明“发挥国家计划在宏观调控中的导向作用”的意义，指出国家计划同财政政策、货币政策一样，是重要的宏观调控手段，强调市场必须“在国家宏观调控下”起资源配置的基础性作用是非常重要的；阐明“坚持和完善基本经济制度”的意义，提出公有制在社会总资产和经营性资产中占优势比例可能丧失这个问题；阐明我国贫富差距扩大最根本的原因在所有制结构的变化，需要从基本经济制度来最终地阻止向两极分化推进趋势。经济学家杨承训探讨科学发展观与社会主义市场经济的依存机理，认为完善的社会主义市场经济体制为科学发展提供保障，针对市场经济的缺陷，须用科学发展观引领社会主义市场经济健康发展。笔者关于知识产权优势理论和发展战略、转变对内对外经济发展方式、新人口理论和计划生育政策、集体经济和合作经济理论和政策以及养老保障体制调整等观点，促进了科学发展观经济层面的深入探讨。

二　注重对经济学原理的超越性发展

中国马克思主义经济学的现代化必须加强马克思主义经济学的方法、假设、原理的学术创新。现代马克思主义经济学已经强调理论假设和研究方法的现实性、科学性和辩证性，因而具有更大的理论认知功能和社会建设功能。以《中国社会科学》去年发表的两篇论文为例。笔者在《现代马克思主义政治经济学的四大理论假设》长文中，主张在坚持马克思主义政治经济学基本精神与批判现代西方主流经济学假设的基础上，现代马克思主义政治经济学需提出并坚持四大理论假设，即“新的活劳动创造价值假设”、“利己利他经济人假设”、“资源和需要双约束假设”、“公平与效率互促同向变动假设”；经济学家何干强在《论唯物史观的经济分析范式》一文中，论述思维中应当自觉运用的经济辩证法是客观辩证法在经济领域的特殊形式在头脑中的反映，作为经济分析工具，它包括具有分析功能的马克思主义经济学范畴、原理和形成唯物史观分析路径的辩证法要素这两个方面；与西方经济学分析方法对比，唯物史观经济分析范式具有显著的科学特征和优势。面对近年西方经济理论和制度引发的又一次严重金融和经济危机，刘国光、胡代光、吴易风、丁冰、胡乐明、赵磊和笔者都从操作政策、体制机制和根本制度三个层面分析其成因，发展了马克思恩格斯经济学和列宁经济学关于经济危机和经济周期的基本原理。

三　注重对政治经济学理论的数学表达和分析

中国马克思主义经济学的现代化必须继承《资本论》最先高度重视数学的优良学术传统，并科学借鉴现代西方经济学的采用数学方法。“全国首届现代政治经济学数学分析研讨会”在上海财经大学召开便是一个重要标志。冯金华、马艳、白暴力、丁堡骏、孟捷、余斌、朱奎、朱殊洋等一批知名中青年学者一致认为，现代政治经济学应该继承马克思重视数学分析的优良传统，充分借鉴数学分析的工具，进行马克思主义经济学原理的论证、阐述和发展，以弥补定性分析和规范分析的不足。诚然，现代政治经济学在运用数学分析方法进行理论传承和创新以及弥补现代政治经济学的缺憾时，应当坚持唯物辩证法为总的方法论原则，应当避免数学分析的形式主义和滥用，应当把数学分析与现代马克思主义政治经济学前提假设和理论基础结合起来，以期实现数学分析与现代政治经济学的有机结合。他们提交的论文和学术界发表的论著还从数学分析的视角，对现代政治经济学的劳动创造价值、价值转型、再生产循环、物质生产优先增长、利润率变动趋势等前沿问题进行了研讨。体现数学分析的《现代政治经济学新编》教材2008年问世。

四　注重用现代政治经济学引领应用经济学创新

中国马克思主义经济学的现代化必须体现在理论经济学和应用经济学的各个学科，而积极运用现代政治经济学的创新理论来指导和引领其他理论经济学，尤其是应用经济学，属于当务之急。2007年、2009年分别召开的第一、二届“全国现代马克思主义政治经济学与应用经济学创新”研讨会便是一个转折性发展态势，中外经济学家已经倡导用发展着的现代政治经济学理论引领应用经济学的创新和发展，充分发挥现代马克思主义理论经济学和应用经济学在学术研究、政策制定、经济管理中的作用；强调要建立和健全政治经济学与应用经济学的互动互促关系，发表更多的学科交叉成果；主张要运用现代政治经济学的方法和理论，在有扬有弃地借鉴现代西方应用经济学的基础上，真正实现学术原创和应用高效。目前，文化经济学、可持续发展经济学、劳动经济学、产业经济学、贸易学、金融学、财政学等，已产生用与时俱进的现代政治经济学观点进行理论创新的一些成果，就是似乎较难做到的会计学，国内外也有一定进展。同时，笔者主编的《现代政治经济学新编》等经济学教材已开始追溯经济思想的国学之根，弘扬中华文明。

五　注重与国外马克思主义经济学的互动和借鉴

中国马克思主义经济学的现代化必须与国外当代马克思主义经济学实行“引进来、走出去”的双向交流，因为国外经济学科学的主要学术前沿在马克思主义经济理论研究领域。近年全球学术团体——世界政治经济学学会在上海、日本、北京和法国分别成功举办“经济全球化与现代马克思主义经济学”、“世界劳资关系的现代政治经济学观察”、“马克思主义与可持续发展”、“民族、国家和全球经济政治的民主治理”四届国际论坛，并发表了相关理论的共识宣言。① 从20多个世界主要国家的百位经济学家提交的众多论文来看，具有中国特色的经济学理论已经越来越受到各国学者的高度重视，越南日前也已出版笔者主编的《新编现代政治经济学》教材；同时，我国学者正在选译100本国外马克思主义经济学名著，美国大卫·科茨、日本伊藤诚、法国迪劳内等世界著名马克思主义经济学家的前沿理论，已经被中国学者所关注和借鉴。这种双向学术交流和借鉴是中国马克思主义经济学现代化的重要走势和图像。

参考文献

[1] 程恩富:《当代中国经济理论探索》，上海财经大学出版社，2000。

[2] 程恩富:《经济学现代化及其五大态势》，《高校理论战线》2008年第3期。

[3] 程恩富:《改革开放与马克思主义经济学创新》，《华南师范大学学报（社会科学版）》2009年第1期。

[4] 程恩富、何干强:《论推进中国经济学现代化的学术原则——主析“马学”、“西学”与“国学”之关系》，《马克思主义研究》2009年第4期。

---

① 2006年4月3日首届论坛的共识宣言指出:“新古典经济学已经成为世界上许多国家主流的经济学研究方法，其所主张的经济政策使世界人民付出了巨大的经济代价，并成为解决各种社会经济问题的障碍。马克思主义经济学为分析当代世界经济问题，以及分析资本主义制度和社会主义制度，提供了最好的理论基础。它为不断解决当今世界经济的严重问题打下了基础。同时，它也为社会主义和共产主义在世界范围内最终取代资本主义指明了方向，这正是人类实现其社会经济发展潜力所必需的。我们决心发展马克思主义经济学，并运用它来分析和解决当代人类所面临的社会经济问题。为此，我们要联合世界各国的马克思主义经济学家，并推动我们共同事业的发展。我们将努力扩大现代马克思主义经济学在学术活动、公共政策讨论以及其他领域的影响。”《海派经济学》（季刊）2006年总第14辑。

60 Years' Development of Marxist Economics in China

Abstract: The development and innovation of Marxist economics are always accompanied by some unhealthy tendencies. Innovatory Marxist economists are the earliest advocates of China's reform. Basic approach and overall principle continue to promote the modernization of China's economics should be "*Marxist economics for the core*, *Western economics for the consultation*, *Chinese ancient knowledge for the root*, *World situations for the reference*, *National situations for the basis*, *and Comprehensive innovation*." The modernization of China's Marxist economics shows the five major trends of scientific development.

Key Words: Marxist Economics; Western Economics; Modern Political Economics; Innovation of Economics

第十六章
中国模式的含义与意义

张　宇*

摘　要： 中国模式是对改革开放30年以来中国改革与发展的基本制度、基本政策和基本道路的概括与总结，包括了经济改革模式、经济发展模式、对外开放模式和中国特色社会主义道路四个方面的主要内容。概括起来讲，中国的经济模式就是与中国的国情相适应，以发展中国特色社会主义为核心，以现代化、市场化和全球化为主要内容，以实现中国经济和社会的现代化和中华民族伟大复兴为目标，通过自主渐进的方式推进的经济发展和制度变迁模式。这一模式既有特殊性，也有普遍意义；既是民族的，又是世界的。中国的经济模式为发展中国家走向符合自己国情的工业化、市场化和全球化，实现经济发展和制度创新开辟一条新的道路，展现了一种新的可能。

关键词： 中国模式　经济改革与发展　社会主义市场经济

60年前，毛泽东在新中国"开国大典"前夕的政治协商会上曾经说："我们有一个共同的感觉，这就是我们的工作将写在人类的历史上，它将表明：占人类总数四分之一的中国人从此站立起来了。""我们的民族将从此列入爱好和平自由的世界各民族的大家庭，以勇敢而勤劳的姿态工作着，创造自己的文明和幸福，同时也促进世界的和平和自由。"① 60年后，一个面向现代化、面向世界、

---

* 张宇，中国人民大学经济学院教授、党委书记、副院长、博士生导师，《政治经济学评论》主编，中国资本论研究会副会长，享受国务院特殊津贴。2004年入选教育部"新世纪优秀人才支持计划"，2006年入选全国宣传文化系统"四个一批"人才培养工程，为中央马克思主义理论研究与建设工程政治经济学学科首席专家。

① 毛泽东：《中国人民站起来了》（1949年9月21日），《建国以来毛泽东文稿》（第1册），中央文献出版社，1987，第6页。

面向未来的社会主义中国巍然屹立在世界东方，中华民族伟大复兴的光辉前景已经不再是一个梦想，而是像毛泽东所说的那样：它是站在海岸遥望中已经看得见桅杆尖头的一只航船，它是立于高山之巅远看东方已见光芒四射喷薄欲出的一轮朝日，它是躁动于母腹中的快要成熟的一个婴儿。

第一节　中国模式的确立

1978 年，中国共产党召开了具有重大历史意义的十一届三中全会，开启了改革开放历史新时期。

一　改革开放的伟大成就

从经济方面看，改革开放的成就突出地表现在以下方面。

1. 实现了从高度集中的计划经济体制到充满活力的社会主义市场经济体制的历史转折

中共十一届三中全会后，中国的经济改革从农村到城镇，从沿海到内地，从商品市场到生产要素市场，从经济体制改革到政治体制和社会体制改革，改革的内容日益全面，改革的进程不断深入。经过 30 年的不懈努力，高度集中的计划经济体制被彻底改变，社会主义市场经济体制初步建立，经济体制充满生机和活力。

2. 实现了从封闭半封闭到全方位开放的历史转折

十一届三中全会后，中国确立了对外开放的基本国策，从沿海到沿江沿边，从东部到中西部，对外开放的大门毅然决然地打开了，全方位、宽领域、多层次的对外开放格局基本形成。1978 年中国贸易进出口总额只有 206.4 亿美元，占 GDP 的 9.7%，到 2007 年中国的贸易进出口总额达到了 21738 亿美元，是 1978 年的 105 倍，占 GDP 的比重达到 62.8%，贸易总量由居世界第 22 位跃居到第 3 位。1978 ~ 2007 年，中国累计实际利用外资超过了 7600 亿美元，居发展中国家第 1 位，世界第 2 位。

3. 经济持续快速发展总量跃至世界前列

改革开放推动我国以世界上少有的速度持续快速发展起来，经济从一度濒于崩溃的边缘发展到总量跃至世界第 4 位、进出口总额位居世界第 3 位，中国的国民生产总值 1978 年为 2119 亿美元，2007 年增长到 34637.5 亿美元，是 1978 年的16倍，年均增长速度达到9.95%，世界排名由第10位跃居到第4位。在经济高速增长的同时，工业化和城市化的速度也在不断加快，城市化的水平由1978年的17.9%上升到2006年的43.9%，工业化的水平由1978年的62.3%上升为2006年的72.3%。

4. 人民生活水平大幅提升，从温饱不足发展到总体小康

1978～2007年，城镇居民人均可支配收入从343元增长到13786元，农村居民人均纯收入从134元增长到4140元。九年义务教育基本普及，青壮年文盲基本扫除，农村义务教育阶段学生学杂费全部免除，全国各类高等教育在校生总规模超过2700万人，高等教育毛入学率达到23%。社会保障体系框架初步形成，医疗、就业等民生问题逐步解决，农村贫困人口从1978年的2.5亿人减少到2007年的约1500万人。中国的发展使人民稳定地走上了富裕安康的广阔道路。

5. 中国在国际上的经济地位逐步提升

1978年以来，中国年均进口增速达到16.7%，已成为世界第三大进口市场、亚洲第一大进口市场。中国经济对世界经济增长的贡献率超过10%，对国际贸易增长的贡献率超过12%。中国国内生产总值占全球的比重由1978年的1%上升到2007年的5%以上，中国进出口总额占全球的比重由1978年的不足1%上升到2007年的约8%。中国的外汇储备居世界第一。钢、煤、电视、水泥、化肥等100多种产品的产量位居世界前列，中国的经济与世界经济的相互联系日益紧密，影响日益扩大。

二　有没有一个“中国模式”？

世界银行等国际机构以及众多的学者曾将以“四小龙”为代表的部分亚洲经济的高速增长称为“东亚奇迹”。按照这一标准，在过去30年中，中国经济以平均10%左右的增长率实现了持续的快速增长，增长的速度不仅超过了世界平均水平，而且也超过了“东亚奇迹”时期的增长水平，这样的成就被称为“中国奇迹”是当之无愧的。伴随着中国经济的迅猛发展与强力崛起，“中国奇迹”受到全世界各界人士日益广泛的关注，而更为引人注目的则是产生这一奇迹背后的制度、政策、理论和文化，这就是所谓的“中国模式”、“中国经验”和“中国道路”。

有没有一个“中国模式”？什么是“中国模式”？对于这一问题，人们的回答不尽相同。不过，作为一种现象，中国模式早已存在于历史和现实之中，作为一个概念，中国模式也早已成为人们所关注和研究的对象。

中国模式在现实中表现在许多具体方面。

从经济体制的角度看，有农业联产承包责任制、工业承包经营责任制、价格双轨制、财政包干制、利率和汇率双轨制、新兴加转轨的资本市场、国有企业的抓大放小和现代企业制度等。

从区域特色的角度看，有深圳模式、浦东模式、顺德模式、苏南模式、昆山模式、温州模式、义乌模式、台州模式、华西村模式、南街村模式、鄂尔多斯模式等。

从发展道路的角度看，有中国特色社会主义道路、中国特色自主创新道路、中国特色新型工业化道路、中国特色农业现代化道路、中国特色城镇化道路、中国特色政治发展道路、中国特色军民融合式发展道路等。

从历史发展的阶段看，中国的改革与发展经历了计划经济为主、市场调节为辅的模式，有计划商品经济的模式，社会主义市场经济的模式，小康社会和全面建设小康的模式，及科学发展与和谐社会的模式等。

三　关于中国模式的理论探讨

对中国模式的理论探讨从改革一开始就已经展开了。20 世纪 80 年代中期，对于经济改革模式的研究曾经是中国经济学界最为关注的焦点，取得了许多重要的成果，如刘国光、戴园晨、张卓元等提出的体制模式与发展模式的“双模式转换”的模式论，企业改革与价格改革两条主线协同并行的“双向协同”改革战略；[①] 厉以宁等提出的企业改革主线论和股份制作为企业改革主要形式的观点；[②] 吴敬琏、周小川等提出了以价格改革为中心进行综合配套改革的“协调改革派”的观点；[③] 华生等提出的双轨制价格改革论；董辅礽提出了社会主义经济是“八宝饭”的混合经济的观点；[④] 卫兴华、洪银兴和魏杰提出的“计划调节市场，市场调节企业”的经济运行模式等。[⑤] 这些成果对推动中国的经济改革和对深化中国特色社会主义经济的认识发挥了积极的作用。

---

① 刘国光主编《中国经济体制改革的模式研究》，中国社会科学出版社，1988。

② 厉以宁：《中国经济改革的思路》，中国展望出版社，1989，第 3 页。

③ 吴敬琏、周小川等：《中国经济体制改革的整体设计》，中国财政经济出版社，1988。

④ 董辅礽：《经济体制改革研究》，经济科学出版社，1994。

⑤ 卫兴华、洪银兴、魏杰：《计划调节导向和约束的市场调节》，《经济研究》1987 年第 1 期。

对经济模式的研究，在苏东剧变后进入了一个新的阶段。20世纪80年代末，当苏联东欧国家发生剧变时，在西方正统经济学家中间立刻达成了一种共识，即向市场经济的过渡必须采取激进的方式，人们不可能用两步跨越一道鸿沟，中国式的渐进改革是难以成功的。但是，实际的结果却大大出乎人们的预料，出人意料的主要事实包括：经济学家事先没有预料到价格自由化和宏观稳定化之后产量的大幅度下降；私有化的结果导致了“内部人”获益；有组织的犯罪活动引人注目的增长，俄罗斯的所谓黑手党现象严重；如此之多的国家分崩离析；最大的正面意外是中国经济改革的成功。所有这些出乎意料都表明经济学家还没有准备好面对转型的任务，人们有关转型的知识和对转型的理解相当有限，并且大部分是“事后诸葛亮”。①

推崇激进式改革的经济学家提出了不少理由来为苏联东欧经济转型的不良绩效进行辩护，比如改革的绩效取决于改革的初始条件而与改革的政策和路径无关，宪政规则的彻底改变所造成的短期内的负面效应会带来长期的繁荣，等等。然而，正如凯恩斯所说，从长远看我们都将死去，讲求实际的经济学家们绝不会满足于百年的等待，中国经济的持续高速增长和苏联东欧各国经济的持续衰退形成了鲜明的对比。于是，对中国模式特别是经济模式的猛烈批判的声音逐步消退，代之而起的是对“华盛顿共识”的强烈质疑和“中国模式”的日益关注。由一些西方学者提出的所谓的“北京共识”就是这种认识转变的典型表现。不过，尽管对中国模式的肯定几乎成为人们的共识，但是对于如何说明中国模式的实质和成功经验，人们的分歧丝毫没有减少。

有人认为，中国的成功主要得益于经济自由化和市场化，有人则认为，强有力的政府的干预和国家指导是中国经济改革顺利推进的关键；有人认为坚持中央政府的统一领导是中国改革发展的基本原则，有人则认为，中国模式的关键是地方分权的广泛发展和经济上的联邦主义；有人认为，提高国有经济的效率和实现国有经济的市场化是中国改革成功的一个基本经验，有人则认为，国有经济是低效率的，不能与市场经济兼容；有人认为，顺利实现转型必须整体协调、有计划推进，有人则认为，自下而上、摸石头过河是中国渐进式改革成功的奥妙所在；有人认为，中国的经济增长是制度、技术和结构综合创新的结果，有人则认为，中国的增长如同东亚增长的奇迹一样，完全建立在要素投入的基础上，缺乏持久

① 热若尔·罗兰：《转型与经济学》，北京大学出版社，2002。

性；有人认为，中国改革发展模式和政策是一种成功的经验，具有普遍意义，有人则认为，中国的成功只是有利的初始条件（如二元结构）的产物，与制度和政策无关；有人认为，中国的成功与传统文化有很大关系，有人则认为，中国的成功是向西方文明学习的结果。从大的方面看，在对中国模式的认识上，传统的计划经济思想、社会民主主义、民粹主义、新“左派”观点和后现代主义等都在不同的范围内存在并产生了影响，特别是新自由主义思想的影响相当突出。

在中共十七大报告中，胡锦涛强调，改革开放以来我们取得的一切成绩和进步的根本原因，归结起来就是：开辟了中国特色社会主义道路，形成了中国特色社会主义理论体系，并对中国特色社会主义道路和中国特色社会主义理论体系的内涵作了科学的概括，对中国改革开放的基本经验进行了全面的总结。这是中国共产党用自己的理论和话语对中国模式所作的明确的阐述，向世人宣告了什么是中国模式，它的含义和意义，它的过去和未来。

第二节　中国模式的主题、目标与主要内容

迄今为止，经济学界对于中国模式和经验的讨论多数是在西方主流经济学的话语系统中展开的。在这样的话语系统中，所谓的改革，所谓的转型，就是指市场化；而所谓的中国模式，则是指中国特色的市场化的方式和方法，如双轨制、增量改革、渐进式转轨、试验式方法、局部推进等。这些认识对改革与发展的过程和目标、历史与现实、主题与内涵之间的辩证关系缺乏深入的考察，存在很大局限性和片面性。实际上，改革政策的对与错、方法的优与劣、结果的成与败，都只有在确定的目标和内容的条件下加以考察才有意义，也就是说，只有把握了中国模式的主题和目标，才能真正理解和把握中国模式的本质特征和内在逻辑。

一　中国模式的主题和目标

首先，是指从传统的计划经济体制向市场经济的转型，使市场机制在资源配置中发挥基础性调节作用，这就是通常所说的市场化，而市场经济和市场化是中国经济改革或经济转型的最鲜明和最突出的标志。不过，应当强调的是，向市场经济的过渡绝不像人们通常认为的那样，仅仅是一种资源配置方式的变化。从表面现象上看，市场机制是以价格为核心配置资源的经济体制，然而，价格以价值

为基础，价值又反映了具有独立财产权的经济主体之间的自由交换关系，而产权制度的根本改革又要求有完整的生产要素市场、健全的法律制度和比较完善的社会保障体系，并要求与之相适应的政治、法律、意识形态和文化氛围。

所有这些因素归根到底又是以社会生产力的发展为基础的。经济剩余的增加、社会需要的丰富、人的能力的提高、社会分工的发展、技术和产品的创新，推动着市场经济从低级向高级发展。因此，向市场经济的过渡不仅涉及资源配置方式的转变，而是一个包括了社会经济、政治、文化等各个方面深刻变化的长期、复杂和整体性的变化过程。

其次，是指从传统的农业社会向现代工业社会的转型。在西方资本主义国家，现代化与市场化、工业文明与市场文明融为一体。在苏联和东欧社会主义国家中，工业化与市场化是分开的。在计划经济体制时期，工业化的任务已基本完成，市场化就成为转型的唯一主要的目标。而中国的情况则复杂得多。在改革之初，中国的工业化基础比较薄弱，工业化的水平相对来说是比较低的。特别是我国长期实行的优先发展重工业的战略和严格的城乡分割制度，使传统社会遗留下来的二元结构和身份差别进一步凝固化了，造成了城市化滞后于工业化。1980年，中国80.6%的人口仍然属于乡村人口，68.7%的劳动力仍然集中在农业部门，因此，进一步推动工业化和城市化就成了经济和社会转型的一个重要目标。

工业化的进程，也是经济和社会现代化的进程，其内容广泛而全面，最重要的特征有：非农业生产尤其是制造业和服务业的相对增长；城市化的日益发展；高度的社会流动性；普遍的政治参与和民主化；社会组织和职业分工的高度分化；教育的普及和科学技术的广泛应用；出生率和死亡率由高向低的变化；等等。中国的社会主义初级阶段，就是逐步实现社会主义现代化的阶段。从更广泛的意义上说，人类社会目前正经历着从工业社会向后工业社会或信息社会的大转变大转型。这是人类社会经历了农业革命、工业革命之后出现的第三次产业革命，它正在从根本上改变着工业化以后形成的社会形态，塑造着未来社会的面貌。因此，中国的工业化是一种与信息化相结合的新型的工业化，面临工业化与信息化的跨越式飞跃。

再次，是从封闭半封闭到全面开放和融入全球化的转型。在历史上，市场化、工业化和全球化三位一体，它们都是资本主义时代的产物。资产阶级，由于开拓了世界市场，使一切国家的生产与消费都成为世界性的。过去那种地方的和民族的自给自足和闭关自守状态，被各个民族的各方面的相互往来和各方面的相

互依赖所代替。物质生产是如此，精神生产也是如此。十月革命的胜利后世界体系中形成了社会主义和资本主义两大对立的阵营。

新中国建立后，中国作为社会主义阵营的成员，对资本主义世界体系处于封闭状态。1978 年以后，中国在确立了对内改革的同时，逐步确立了对外开放的基本国策，而在国际范围内，20 世纪 80 年代后，经济的全球化进入了一个急剧扩张的新阶段。中国的改革开放就是在这样一个历史背景下进入 21 世纪的，面临着全球化带来的空前的机遇和挑战。

最后，所谓的转型，还包括社会主义制度的转型，也就是通常所说的社会主义制度的自我完善。对于改革开放的性质和目的，中国共产党从改革开放开始的那天起，就是十分清楚的明确的。1984 年 12 月召开的中共十二届三中全会通过的《中共中央关于经济体制改革的决定》指出："我们改革经济体制，是在坚持社会主义制度的前提下，改革生产关系和上层建筑中不适应生产力发展的一系列相互联系的环节和方面。这种改革，是在党和政府的领导下有计划、有步骤、有秩序地进行的，是社会主义制度的自我完善和发展。"

党的第三代领导集体多次强调，在社会主义社会的各个历史阶段，都需要根据经济社会发展的要求，适时地通过改革不断推进社会主义制度自我完善和发展，这样才能使社会主义制度充满生机和活力。在中共十七大报告中，胡锦涛对中国改革开放的性质和目的作了进一步全面的概括："改革开放是党在新的时代条件下带领人民进行的新的伟大革命，目的就是要解放和发展社会生产力，实现国家现代化，让中国人民富裕起来，振兴伟大的中华民族；就是要推动我国社会主义制度自我完善和发展，赋予社会主义新的生机活力，建设和发展中国特色社会主义；就是要在引领当代中国发展进步中加强和改进党的建设，保持和发展党的先进性，确保党始终走在时代前列。"

简而言之，中国模式的主题和目标在于把工业化、市场化、全球化和社会主义制度的改革几重重大的社会变革浓缩在了同一个时代。尤其引人瞩目的是，这样的历史巨变发生在具有广袤的土地、众多的人口、悠久的文化并处在发展中的社会主义大国里，因而，中国的道路既显得无比复杂，又充满了与众不同的魅力，这是人类历史上前所未有的一次伟大的社会试验，完成这一试验绝非易事。

工业化、市场化和全球化就其实质来说是一场深刻的社会革命，它要从根本上打破传统的社会结构和社会秩序。然而，后进国家所面临的复杂的国际国内环境，中国改革与发展所具有的特殊的主题、性质和目标，又要求中国走自己的

路，在新的时代和新的国际国内环境下达到工业化、市场化和全球化的目标，实现中华民族的伟大复兴，于是我们面临着一系列难以抉择的矛盾：集权与分权、计划与市场、自由与国家、城市与乡村、公有与私有、开放与保护、理论与实践、社会主义与市场经济，等等，能否创造性地处理这些矛盾，最终决定着中国模式的前途和命运。

二 中国模式的主要内容

从大的方面看，所谓的中国模式主要包括了四个方面的内容：一是从传统计划经济体制向市场经济体制转型的模式，即经济改革的模式。二是从传统的农业社会向现代工业社会以及从传统的工业社会向信息社会发展的模式，即新型工业化道路。三是从封闭半封闭到全方位开放转变的模式，即对外开放和融入全球化的模式。四是中国特色社会主义道路。因此，作为一个完整的概念，中国的经济模式实际上包括了改革模式、发展模式、开放模式和中国特色社会主义模式四个方面的主要内容。

（一）经济转型与经济改革的模式

中国的经济改革模式就是建立和发展社会主义市场经济的模式，社会主义市场经济的改革目标引导着中国经济改革的方向，支配着中国经济改革的历史进程。回顾中国经济改革的历史不难发现，中国经济改革中所有的重点和难点、所有的经验和特色，都来源于这样一个特殊的历史要求：即一方面要坚持和完善社会主义基本制度，另一方面要建立和完善现代的市场经济体系；社会主义基本制度与市场经济的结合过程则构成了中国经济改革的主线、特色、主要内容和基本经验，其中包括：以公有制为主体和多种所有制经济共同发展相结合，发展市场经济和以人为本相结合，国家的主导作用和市场的基础性作用相结合，提高效率同促进社会公平相结合，坚持独立自主同参与经济全球化相结合，中央集权同地方分权相结合等。上述这些不同因素的有机结合，构成了中国特色社会主义市场经济体制的基本内容，这一体制既不同于传统高度集中的计划经济模式，也不同于资本主义的市场经济模式，在改革开放的实践中显示出了强大的生命力。

20 世纪 80 年代末 90 年代初，从传统计划经济向市场经济的过渡形成了两条明显不同的道路，即苏联东欧的激进式改革和中国的渐进式改革。中国经济改革的成功不仅在于它向世人昭示了社会主义与市场经济是可以结合的，而且还在于它在实践中探索出了一条有中国特色的渐进式改革道路或改革方式。这种改革方式的主要特点有：充分发挥群众的首创精神，把自上而下的改革与自下而上的创新结合起来；正确处理改革发展稳定的关系；整体协调、重点突破；坚持统筹兼顾，协调好改革进程中的各种利益关系；采取渐进式的转轨方式，实行双轨制的过渡形式；一切从实际出发，大胆创新、大胆试验，并根据实践的需要不断调整改革的目标与思路。

转型经济学领域一直流行着这样一种观点：中国的经济改革与苏联东欧国家的经济改革在性质和目标上是相同的，它们的区别只是一种方式方法的区别，即所谓的渐进与激进的区别。这种观点是错误的。事实上，中国的经济改革与苏联东欧国家的经济改革的根本区别不在于方式方法，而在于性质和目标。中国的经济改革之所以采取了渐进式的改革方式，从根本上来说是由中国经济改革的主题、性质和特殊的目标决定的。目标决定方法，方法内生于目标，不能脱离改革的性质和目标来抽象地讨论改革的方式问题。

（二）对外开放和融入全球化的模式

改革开放以来，中国确立了对外开放的基本国策，逐步融入了经济全球化的历史进程。改革开放 30 年以来中国对外开放的历史进程经历了四个主要的发展阶段：从 1978 年改革开放起到 20 世纪 90 年代初的以建立经济特区为特征的试验探索模式；从 1992 年邓小平南方谈话到 20 世纪末进一步扩大开放的全面开放模式；2001 ~ 2006 年以加入世界贸易组织为契机的体制接轨模式；2007 年后对外开放进入新阶段后的互利共赢模式。从总体上看，中国的开放模式具有如下特点：坚持对外开放的基本国策，坚持把对外开放作为发展中国特色社会主义的途径和手段，坚持开放进程的主动性、渐进性和可控性，坚持以开放促改革促发展，坚持把积极参与经济全球化与独立自主相结合，坚持国家主导的开放与市场调节的开放相结合，坚持对外开放与制度创新相结合等。

（三）经济发展模式

改革开放以来，中国的经济以世界上少有的速度持续快速发展起来，创造了人类发展史上的奇迹。那么，中国经济发展的奇迹是如何取得的呢？对于这一问题，国内外的学者们对中国经济增长的奇迹进行了广泛而深入的研究，作了多方面的解释，包括：规模巨大的人口规模和市场需求、稳定的政治和经济环境、高储蓄率和投资率、低成本的人力资源、有效的政府干预、经济的市场化、对外贸易和利用外资、技术的进步、二元结构的转换等。

概括地讲，经济发展依赖于资本、劳动力等要素投入的增加和要素配置效率的提高。改革开放以来，随着对外开放的不断扩大，经济体制改革的不断深入和工业化与城市化的全面推进，一方面，激发了资本、劳动力等资源投入的不断增加和需求的不断扩大；另一方面，推动了资源配置效率的不断提高和经济创新的持续深入的展开，从而导致了中国经济持续高速的增长。这种增长是一种由长期结构性变迁、技术进步和制度创新推动的经济增长，这就是中国经济增长的奇迹的奥秘所在。

由于中国与其他发达国家相比，工业化和城市化水平较低，因此，在相当长的时期内劳动投入与资本积累都会保持较快的增长速度。同时，伴随着经济发展和制度创新和自主创新战略的实施，中国自主创新能力在不断增强。改革开放的不断深化和市场经济体制的进一步完善，将不断提高经济制度质量和整体的经济效率。因此，中国经济增长模式具有可持续性，在可以预见的未来，中国经济仍将保持较快增长速度，逐步缩小与发达国家差距，实现现代化建设的目标。

从政策和战略的角度可看出，中国经济发展的成功之处就在于它从中国的实际出发，探索出了一条有中国特色的经济发展之路或经济发展模式，这条道路或模式的主要特点有：坚持把发展作为党执政兴国的第一要务，牢牢咬住经济建设这个中心；坚持又好又快发展，加快转变经济发展方式；按照民主法治、公平正义、诚信友爱、充满活力、安定有序、人与自然和谐相处的总要求，构建社会主义和谐社会；坚持统筹兼顾，统筹城乡发展、统筹区域发展、统筹经济社会发展、统筹人与自然和谐发展、统筹国内发展和对外开放，使各个方面的发展相适应，各个发展环节相协调；坚持走中国特色新型工业化道路、中国特色农业现代化道路、中国特色自主创新道路、中国特色城镇化道路等；坚持深化改革扩大开放，着力构建充满活力、富有效率、更加开放、有利于科学发展的体制机制，为经济发展提供强大动力和体制保障。归根到底，中国经济发展模式就是要坚持走以人为本、全面协调可持续发展的科学发展之路。

（四）中国特色社会主义道路和中国特色社会主义理论体系

在中共十七大报告中，胡锦涛同志强调，改革开放以来我们取得一切成绩和进步的根本原因，归结起来就是：开辟了中国特色社会主义道路，形成了中国特色社会主义理论体系。中国特色社会主义，体现在实践上，就是开辟了中国特色社会主义道路；体现在理论上，就是形成了中国特色社会主义理论体系。

中国特色社会主义经济理论体系是对改革开放以来中国特色社会主义经济建

设实践经验的概括和总结，它主要包括了以下内容：关于社会主义经济本质的理论，关于社会主义初级阶段基本经济制度的理论，关于社会主义初级阶段的收入分配的理论，关于经济体制改革的理论，关于社会主义市场经济理论，关于中国特色的经济发展理论，关于积极参与经济全球化与对外开放的理论，关于自主创新和建立创新型国家的理论，关于建设社会主义新农村的理论，关于构建和谐经济的理论，等等。

这些内容涵盖了中国特色社会主义经济的生产、分配和交换等主要环节，以及基本制度、经济体制、经济发展和对外开放等主要方面，初步形成了一个比较完整的理论体系。这一理论体系体现在实践上，就是中国特色社会主义经济道路。中国特色社会主义是中国经济模式的核心和灵魂，中国经济模式形成和发展的过程，就是中国特色社会主义经济理论与实践形成和发展的过程。中国模式从根本上来说就是中国特色社会主义的发展模式。

（五）中国模式的本质特征

经济改革、对外开放、经济发展和中国特色社会主义经济这四个方面是相互联系的有机整体。中国的经济模式，从经济改革和制度变迁的角度来看，就是工业化与社会主义宪法制度背景下的市场化模式；从对外开放和全球化的角度来看，就是处在发展和转型过程中的社会主义大国融入经济全球化的模式；从经济发展的角度来看，就是以结构变迁、对外开放和制度创新为动力的经济发展模式；从中国特色社会主义经济的角度来看，就是改革开放以来形成的以建设社会主义市场经济为核心的经济改革与经济发展模式。

分析中国模式的本质特征应把握以下几个基本点：第一，中国模式是对改革开放 30 年以来中国改革与发展的基本制度、基本政策和基本道路的概括与总结，它不同于传统的计划经济模式，又与西方模式、拉美模式、东亚模式以及苏联东欧的激进式改革有着明显的差别。第二，中国模式的主要内容是市场化、工业化和全球化，或者说是改革、发展与开放，贯穿于其中的主题和核心则是发展中国特色社会主义。第三，中国模式既有相对稳定的一般性的特点，同时又是一个处在不断改革与发展过程中的动态概念，在不同的阶段、不同的部门和不同的地区有着不同的表现形式。第四，中国模式一方面体现了经济社会发展的普遍规律，另一方面体现了特殊的时代特征、民族特色和制度要求，在共性与个性的统一中创造了新的模式与经验。

概括起来，所谓中国的经济模式，就是与中国的国情相适应，以发展中国特色社会主义为主题，以实现市场化、全球化和工业化为基本内容，以社会主义市场经济为体制基础，以实现国家的现代化和中华民族的伟大复兴为目的的经济模式。

第三节　中国模式的基本特点和意义

经常会有人说，市场经济是一种资源配置方式，不同国家和不同制度下的市场经济都应该是一样的，具有所谓的普适性，没有什么姓“社”或姓“资”，也没有什么中国特色和西方特色。那么，作为中国模式的社会主义市场经济，其理论基础和历史根据何在呢?

一　中国模式的基本特点

我们需要科学完整地理解市场经济的性质。市场机制是存在于许多社会形态中的一种普遍经济现象，并不为某种社会制度所独有，从这个意义上说，市场机制是中性的，它既不姓“资”，也不姓“社”，既不姓“中”，也不姓“西”。中国的市场经济同样具有市场经济的一般特点，如产权独立化、要素市场化、自由竞争、契约关系、价格调节等。但是，这并不意味着它是一种可以脱离特殊的历史环境和社会的整体结构而独立存在的一种技术性工具，可以在不同的制度环境下随意搬来搬去。实际上，市场经济本身就是一种特殊的经济关系或制度形态，在不同的历史发展阶段和不同的制度环境下，市场经济的性质、内容、地位和作用也是不相同的，脱离了具体的时间和空间的、抽象的、一般的市场经济是不存在的。

从中国30年来的改革经验和改革历程来看，社会主义市场经济具有以下一些基本特点，这些特点同时也构成了中国经济改革模式和改革经验的基本内容，这些主要特点如下。

（一）以公有制为主体与多种所有制经济共同发展相结合

所有制改革是建立和发展市场经济的基础。改革开放以来，中国逐步确立了以公有制为主体、多种所有制经济共同发展的社会主义初级阶段的基本经济制度，为社会主义市场经济的形成和发展奠定了坚实的制度基础。公有制的主体地位保证了市场经济的社会主义性质，有利于经济的稳定协调发展，有利于发挥国家的主导作用，有利于维护社会长远和共同的利益。多种所有制经济的共同发展塑造了平等交换的市场主体，有利于增强市场经济的活力和效率，有利于调动各个经济主体的积极性和创造性，发挥各种生产要素的作用。

根据社会主义初级阶段基本经济制度的要求，中国逐步确立了把结构调整与体制创新相结合的国有企业改革思路：一方面，要发挥国有经济在国民经济中的主导作用，坚持有进有退，有所为有所不为，通过调整国有经济的布局，把国有经济的重点放到关系国民经济命脉的重要行业和关键领域，提高了国有资产的整体质量，增强了国有经济的活力、控制力和影响力。另一方面，对国有企业实行抓大放小的改革，小企业放开放活，大企业进行股份制改造，建立适应市场经济要求和产权清晰、权责明确、政企分开、管理科学的现代企业制度，完善企业的产权制度和经营管理体制，使国有经济在市场竞争中发展壮大。

中国的经验证明，那种认为公有制经济注定是低效率的，注定是与市场经济相冲突的观点是缺乏根据的。

（二）国家的主导作用与市场的基础作用相结合

建立社会主义市场经济体制，就是要使市场在国家宏观调控下对资源配置起基础性作用。从国家与市场的关系看，改革开放以来形成的中国的市场经济体制模式是一种以市场调节为基础、以国家调节为主导、以经济发展为导向的国家主导型的市场经济体制，在这种体制中，国家的主导作用主要体现在如下方面。

（1）国家调节的目标不局限于维护市场秩序，为市场机制的有效运行创造稳定的宏观条件，更重要的在于选择正确的经济发展战略，引导和调节国民经济的发展方向，促进国民经济又好又快的发展。

（2）国家调节的内容不局限于调节总供求的平衡，更重要的在于实现资本、劳动力和自然资源的有效利用，产业结构的高度化，区域关系、城乡关系和国际经济关系的统筹协调等。

（3）国家调节的手段不仅包括间接的需求管理，即财政货币政策，还包括了许多直接调节的因素，如改革与发展计划的制订、国有资本的管理、基础设施的投资、产业结构的调整、科学技术的发展、社会事业的建设、社会公平的维护等。政府还要运用经济、政治、法律和文化等各种力量，从各个方面来促进经济的长期发展。

概括地讲，现阶段的中国的社会主义市场经济体制是一种计划调节与市场调节、直接调节与间接调节、供给管理与需求管理、短期目标与长期目标、总量平衡与结构优化有机统一的国家主导型的市场经济模式。这种市场经济模式同英美等发达国家实行的有调节的市场经济模式相比最重要的差别是：在西方发达的市

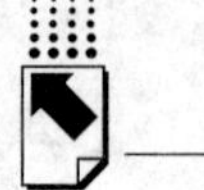

场经济国家里，资源配置主要是依靠价格机制进行的，国家的职能主要是制定和实施市场规则，并通过财政和货币政策，维护总供求的平衡，为市场机制的作用创造条件。这种市场经济是一种宏观间接协调下的市场经济。而国家主导型的市场经济模式则不同，在这里，国家是现代化和市场化的发动者和组织者，它的主要职能不仅仅是维持社会秩序和保持经济的稳定，更重要的是推动经济和社会的发展，实现国家的现代化，这就是所谓的发展型国家的主要特点。

中国的经验告诉我们，建设一个强大的现代化国家，既需要强有力的市场调节，也需要强有力的国家调控。那种认为国家管的越少越好的观点是完全不靠谱的。

（三）提高效率与促进公平相结合

改革开放以来，我国逐步确立了以按劳分配为主、多种分配方式并存的收入分配制度，提出允许一部分人先富起来，最终实现共同富裕。中共十六大以来，针对我国经济生活中出现的收入差距不断扩大和社会不公现象日趋严重的问题，党中央提出了更加关注社会公平的方针，中共十七大报告“把提高效率同促进社会公平结合起来”作为中国改革开放的一个重要的经验，同时指出：“要通过发展增加社会物质财富、不断改善人民生活，又要通过发展保障社会公平正义、不断促进社会和谐。”

根据我国的实践经验，在社会主义市场经济中，效率与公平的统一包括了以下基本原则：（1）完善收入分配体制，努力缓解城乡、区域和部分社会成员之间收入分配差距扩大的趋势，在经济发展的基础上逐步实现全体人民共同富裕。（2）加强制度建设，保障社会公平正义，依法逐步建立以权利公平、机会公平、规则公平、分配公平为主要内容的社会公平保障体系，通过制度建设实现效率与公平的统一。（3）把效率与公平的统一作为促进社会和谐的重要保障，全面建设惠及十几亿人口的更高水平的小康社会，努力形成全体人民各尽其能、各得其所而又和谐相处的局面。（4）初次分配和再分配都要处理好效率和公平的关系，再分配更加注重公平，把效率与公平的统一贯穿于社会生产和分配的全过程。在实现效率与公平相统一这一问题上，目前中国的社会主义市场经济体制还不完善不成熟，收入差距过大和分配不公的问题还比较突出，需要着力加以解决。

（四）坚持独立自主同参与经济全球化相结合

中共十一届三中全会以后，中国确立了对外开放的基本国策，日益融入了全球化的进程之中，逐步形成了改革、开放与发展相互促进的良性互动。但是，我们也要清醒地看到，全球化是一把双刃剑：一方面，它是生产力发展的客观要求和必然趋势，有利于生产要素在全球范围内的优化配置，给我国的经济发展带来了新的机遇。另一方面，当今世界的经济全球化是西方发达国家主导的资本主义生产关系的全球化，不可避免地产生一系列新的矛盾和问题，如世界范围内的两极分化；对于全球生态系统的过度开发与破坏；全球性的经济混乱和金融危机的频繁爆发；发展中国家对发达国家依附的加深等。

因此，建立和发展社会主义市场经济，要正确处理对外开放与独立自主的关系。一方面，必须积极参与经济的全球化和国际竞争，坚定实行对外开放政策，充分利用国内和国际两个市场、两种资源，大胆地学习和借鉴发达资本主义国家所创造的先进的物质文明和精神文明，分享经济全球化的好处。另一方面，要在对外开放的同时，坚持独立自主、自力更生的方针，把立足点放在依靠自身力量的基础上，把引进与开放创新、利用外资与自己积累、增加出口与扩大内需结合起来，在对外开放中注意维护国家的主权和经济安全，防范和化解国际风险的冲击，始终保持对关键行业和领域的控制力。同时要不断提高自主创新的能力，努力建设创新型国家，形成经济全球化条件下参与国际经济合作和竞争的新优势。

（五）中央集权与地方分权相结合

改革开放以来，我国逐步形成了与社会主义市场经济要求相适应的有中国特色的中央与地方关系模式，这一模式的主要特点可以概括为：坚持中央政府的主导作用，发挥中央与地方两个积极性。中央政府作为社会经济、政治和文化的中心，代表着国家全局的和长远的利益，是推动国家经济发展、经济改革和对外开放的主导性力量。地方政府一方面要服从中央的领导，努力实现国家全局的和长远的利益；另一方面它在改革中获得了的相对独立的经济自主权和明确的经济利益，在推动地方的经济发展、经济改革和对外开放中发挥着关键性作用。事实表明，中国改革的成功并不仅仅是地方分权或所谓经济联邦主义推动的结果，当然也不仅仅是自上而下行政主导的结果，而是中央集权与地方分权相互补充、相互配合、相互制约，共同推动了经济和社会的发展。

中国的市场经济模式不同于发达资本主义的市场经济的发展模式，如英美模式、德日模式、北欧模式等，也不同于发展中资本主义国家的市场经济模式，如拉美模式、东亚模式、南亚模式等，更不同于苏联东欧的激进式改革模式。中国的这种市场经济体制虽然不是经济体制的永久模式，但它又不是一时的权宜之计，而是与社会主义基本制度、工业化与现代化的历史任务和中国历史文化传统

相联系的，反映了社会主义宪法制度和后进国家现代化的特殊的历史要求，它将在比较长的一段时间内存在于中国现代化和市场化的历史进程之中，并随着实际条件的变化而变化。

从更广泛的意义上看，中国模式所要解决的核心问题是工业化、市场化和全球化，我们也可以说它们是现代社会发展所不能回避的三个最重要和最基本也是最普遍的议题、趋向或规律，而就这三个方面来说，中国的经验都有其独到或创新之处。因为，这三个普遍的议题或规律都面临着如下一些特殊的社会历史条件或国情：(1) 具有悠久而深厚的历史文化传统。(2) 实行社会主义的经济和政治制度。(3) 处于工业化与信息化的双重转型过程之中。(4) 人口众多而资源相对稀缺。(5) 在世界经济体系中处于相对落后的地位。(6) 地域辽阔且区域差异巨大。正是工业化、市场化和全球化的一般规律与中国的国情相结合，形成了中国特殊的经济转型与发展模式，即中国模式。

二 中国模式的意义

那么，中国的经济模式有什么意义呢？它的经验是特殊的还是普遍的呢？对于这一问题，有的人持肯定态度，有的人持否定态度。持否定态度的人认为，中国的成功是特殊环境的产物，是一种例外，不具有普遍意义；持肯定态度的人则认为，中国的模式反映了正确的发展战略，体现了经济社会发展的一般规律，因而，它的经验是普遍的而不是独特的。

其实，普遍性与特殊性从来是联系在一起不可分割的，普遍性寓于特殊性之中。中国模式首先是中国特殊国情的产物，是与中国特殊的社会制度、政策方针、历史条件和文化传统紧密联系在一起的，是中国共产党和中国人民自己的发明和创造。因此，中国的成功绝不是有些人所谓的“普适价值”（实际上是西方的价值）的胜利。走自己的道路，既是中国革命获得成功的根本经验，也是中国改革与发展获得成功的根本经验。任何照搬照抄别国的理论与经验的教条主义的做法，都必然会在中国改革与发展的丰富多彩和生机蓬勃的实践面前折戟碰壁。

同样，这种对中国来说是成功的模式和经验并不一定适用于任何时代的任何国家，对中国模式的所谓“普适价值”我们也绝不应当过分夸大。不同时代和不同国家的市场经济体制既有共性，也有差别，抽象的适用于任何时代和国家的市场经济是不存在的，只有立足于现实和历史的市场经济制度和市场经济发展的模式才是有生命力的经济模式。

但是，这并意味着中国的模式和经验只是一种特例或偶然，而没有任何普遍意义。实际上，特殊性中包含着普遍性，个性中体现着共性。中国经济模式中所有重要议题，如工业化、市场化、全球化、信息化、城市化、民主化、法制化、经济增长、收入分配、环境保护、传统文化的继承与发展等，是每个国家特别是转型和发展中的国家都要面临的共同问题，这些问题的产生、发展和有效的解决，是有一定共同规律的，因此，中国的模式和经验中必然包含着某些具有普遍的和一般意义的东西。在人类历史的发展进程中，中华民族从来就不是，现在更不应当仅仅是文明的模仿者和追随者，而是有所发明有所创造有所贡献的。

中国的改革、开放和发展的实践一方面体现了经济社会发展的一般规律、市场经济和现代化的一般规律，同时又开阔了经济学研究的视野，丰富了经济学研究的思路，深化了人们对经济发展和制度变迁一般规律的认识，中国的模式给人们这样一种启示，即那些看似相互对立的但却是相互补充、融合、渗透、促进和发展的，它包括以下内容。

——社会主义基本经济制度与市场经济的结合。

——提高效率与促进公平的结合。

——国家的主导作用与市场的基础作用的结合。

——坚持独立自主与参与经济全球化的结合。

——中央集权与地方分权的结合。

——改革、发展与稳定的结合。

——传统与现代、新体制与旧体制的结合。

——自上而下与自下而上的结合。

——局部推进与整体协调的结合。

——经济改革与政治改革、社会改革的结合。

这种结合是辩证法的胜利，它同时也印证了费正清的这样一个论断：工业化国家层出不穷的社会问题在中国常被转化为加强其自身的一种特殊力量。[①] 可以相信的是，随着中国模式的日益发展和影响的日益扩大，人们对中国模式和中国道路的普遍意义的探索也会不断加强和深化。

科学认识中国模式的意义需要破除这样一种新的教条主义或蒙昧主义。这种思想认为，整个世界上的经济学只有一种，这就是西方的主流经济学，毫无疑问

① 费正清：《东亚文明：传统与变革》，天津人民出版社，1992，第24页。

地相信它、学习它，不折不扣地贯彻它、实践它，这就是所谓的国际化和规范化，这就是中国经济改革的方向，中国经济学发展的方向。按照这种逻辑，经济学是普适性的科学，因此，所谓的中国经济学是不存在的，存在的只是西方经济学在中国的应用问题。这种观点的错误在于如下几点。

首先，西方经济学并不只有一种，而是存在众多的理论和流派，而且这些理论和流派的地位与影响也随着历史的发展在不断变化，被许多人尊崇的现代西方新古典主流经济学其实也只是众多经济学流派中的一支，它绝不是什么普遍和永恒的真理。

其次，经济学的发展和人类文明的发展一样，从来都是不同国家和不同阶级的人根据他们自身特殊的环境、经验和知识背景提出的不同思想理论相互交流、碰撞、融合的结果。经济学的发展绝不是某些人和某些国家的专利。

再次，作为一个地域辽阔、人口众多、历史悠久的发展中的社会主义大国，中国的经济转型和经济发展模式是十分丰富和独特的，绝不可能照搬西方的模式和经验。

最后，任何一种经济理论都是以一定的现实为基础的，都是有条件的，都不可避免地会反映理论的生产者自身特殊的利益和价值取向，都体现了一定的假设条件、历史经验、价值取向、文化背景和逻辑结构，因此，仅仅满足于照抄照搬和全盘引进西方经济学的理论是不可能深入了解中国的模式，决定中国的问题，中国的经济学者绝不应当只是西方理论的消费者，而应当成为中国经济学的生产者、创造者和建设者，走自主发展的道路。

总而言之，中国模式的形成既体现了经济现代化和市场经济发展的一般规律，又反映了中国特殊的制度、国情和历史阶段的要求，因而，它既尊重一般规律，又充满了首创精神；既有特殊性，也有普遍意义；既是民族的，也是世界的。中国的经济模式为发展中国家走向工业化、市场化和全球化，实现经济发展和制度创新开辟一条新的道路，展现了一种新的可能。

1956 年毛泽东在《纪念孙中山》一文中这样说："事物总是发展的。一九一一年的革命，即辛亥革命，到今年，不过四十五年，中国的面目完全变了。再过四十五年，就是二千零一年，也就是进到二十一世纪的时候，中国的面目更要大变。中国将变为一个强大的社会主义工业国。中国应当这样。因为中国是一个具有九百六十万平方公里土地和六万万人口的国家，中国应当对于人类有较大的贡献。而这种贡献，在过去一个长时期内，则是太少了。这使我们感

到惭愧。”

现在，当中国人民以一往无前的进取精神和波澜壮阔的创新实践，在建设富强民主文明和谐的社会主义现代化国家的征程上大步迈进的时候，我们是否可以这样说，中国模式就是中华民族对人类文明发展作出的新的较大贡献。

第四节　中国模式的过去、现在与未来

当下人们所讨论的中国模式有着明确的时间和空间上的限定，这就是对改革开放 30 年以来中国改革与发展的基本制度、基本政策和基本道路的概括与总结。不过，历史是连续的，传统与现代、过去与未来之间存在着藕断丝连的联系，在通往现代化、市场化、全球化和民族复兴的征程上，历史宛如看不见的手引导人类不断创新和进步。

一　中国模式的历史

中国是一个有着悠久历史的文明古国，根深蒂固的传统，博大精深的文化，为社会的转型和发展提供了丰富而厚重的历史遗产。中国的传统社会与欧洲是很不相同的。它的独特结构和超稳定的状态、它的辉煌和它的衰落，像谜一样吸引着历史学家和各方面的学者，引起了一次又一次热烈的讨论。传统社会的特殊结构和历史境遇使近代中国的悲壮衰落成为近代中国不可逃脱的命运，而由此导致的半殖民地半封建的社会形态又成为以农村包围城市为特征的中国革命道路的历史前提，并为改革开放以后中国模式的形成提供了独特的文化氛围。

从消极的方面看，由于中国的传统文化是以家族主义为核心、自然经济为基础、团体价值为导向的，这与市场经济所要求的自由、平等和契约观念有相当的出入。从这一方面看，现代化与市场化也只能是长期的和渐进的。从积极的方面看，传统文化中的一些重要思想如权威观念、秩序观念、和谐观念、教育观念等，被创造性地转化为促进改革和发展的动力。

虽然中国模式的形成有着深厚的历史渊源与文化底蕴，但是，与改革开放 30 年以来形成的中国特色社会主义模式直接相关的因素却只能是传统的社会主义模式。传统社会主义模式与中国特色社会主义模式之间的密切联系主要有以下三个方面。

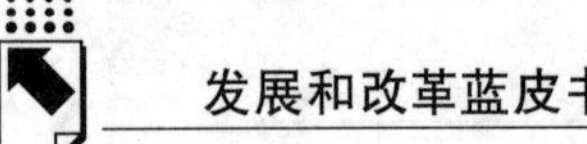

一是中共十七大报告讲的，新民主主义革命的胜利，社会主义基本制度的建立，为当代中国一切发展进步奠定了根本政治前提和制度基础。新中国建立后，党领导人民开始了大规模的工业化建设，推动了经济和社会的迅速发展，初步形成了独立的国民经济体系，取得了社会主义建设的伟大成就，也为中国的现代化和后来的改革开放奠定了初步的物质基础。

二是转型经济学中讨论的所谓改革的初始条件问题，概括起来也有以下三个方面。

（1）传统体制的结构。有的学者提出，与苏联东欧国家相比，是一种以区域原则为基础，多层次、多地区的“块块”结构（即“M”形经济）。还有的学者把中国的传统体制概括为，属于动员命令型经济。总的来说，中国的传统计划经济体制从来没有形成一个严密的体系，这种特殊的经济结构在改革开放开始以后非常有利于市场因素的发育。

（2）生产力的结构。新中国建立后，中国的工业化取得了巨大发展，初步形成了独立的工业体系。但是，与苏联东欧的社会主义国家相比，中国的生产力发展的水平比较低，存在着严重的二元结构，发达的城市与落后的农村、现代的工业与传统的农业并存，这是中国的基本国情，构成了中国经济改革与经济发展的最浓厚的经济基础。

（3）改革的政治环境。中国改革开放的历史机遇是在10年“文化大革命”的历史废墟上产生的。“文化大革命”使传统的计划经济的弊端达到了登峰造极的程度，造成了不可持续的非改不可的客观形势，为中国的改革开放奠定了经济、政治、思想和心理上的基础。同时，中国共产党高度的政治权威保证了改革的顺利进行。

三是社会主义制度建立之初，中国共产党对社会主义建设道路的探索。在20世纪50年代后期，毛泽东对斯大林的《苏联社会主义经济问题》和苏联的《政治经济学教科书》进行了认真的研究，提出了要实现马克思主义与中国实际的第二次结合、走自己道路的思想，并对苏联的模式和苏联的理论提出了一系列不同的见解。同时还发表了《论十大关系》和《正确处理人民内部矛盾》等重要文献，对中国社会主义建设的道路进行了初步的探索，为改革开放积累了宝贵的经验。

简而言之，改革开放以来形成的中国模式虽然是对传统社会主义模式的根本改革，但是，二者之间又不是互不相干或完全割裂的，而是存在着内在的紧密的

联系，它们之间有继承，更有创新；是一脉相承，更是与时俱进。这就是新中国建立60年和改革开放30年的基本关系。

二　金融危机与中国模式

当前，由美国次贷危机所引发的金融危机已经从局部性危机发展到了全球危机，从发达国家传导到新兴市场国家，从金融领域扩散到实体经济领域，其冲击波一浪接着一浪，有愈演愈烈之势，深刻地影响着世界经济体系的变化和未来的走向，对中国的发展与改革也产生了重要的影响。

我们应当如何应对这场百年不遇的危机，实现全面建设小康社会的宏伟目标呢？对此，既要有扎实有力的具体措施，更要有长远而全面的战略性选择。从根本上说，就是毫不动摇地坚持和完善社会主义市场经济体制，努力把发展市场经济和以人为本相结合，国家的主导作用和市场调节相结合，提高效率同促进社会公平相结合，坚持独立自主同参与经济全球化相结合，中央集权同地方分权的结合，改革、发展与稳定相结合，充分利用市场对各种经济信号反映比较灵敏等优点，发挥市场在资源配置中的基础性作用。同时，通过社会主义制度和宏观调控克服市场经济的盲目性、自发性等弱点和消极方面，把社会主义优越性与市场经济的长处更好地结合起来，在新的历史条件下继续坚持中国特色社会主义道路和中国特色社会主义理论体系，并根据现实的变化和要求适时调整和创新中国的发展模式和发展道路，赋予其新的活力和创造力。

（一）完善基本制度

当前这场金融经济危机爆发的原因是多方面的，如消费过度透支、货币政策失误、金融衍生品滥用、金融创新过度、政府监管不力等。马克思主义经济学认为，经济危机从根本上来说是一个制度现象，是资本主义生产相对于劳动者有效需求的过剩，导致这一危机的最深刻的根源来自于资本主义经济的基本矛盾，即生产的社会性与生产资料资本主义私人占有制之间的矛盾，这一基本矛盾表现为生产的无限扩大与劳动群众购买力相对狭小以及个别企业的有组织性和整个社会生产的无政府状态之间的矛盾等具体方面，这一矛盾的发展必然导致两极分化、经济危机和阶级对立。

当前的这场大危机与20世纪80年代以后全球性大规模的私有化浪潮有很大关系，特别是金融垄断资本的急剧膨胀，使虚拟经济与实体经济严重脱节，资本追求无止境利益的贪欲和投机活动失去了控制，导致了金融危机的频繁爆发。当前发达资本主义国家对部分金融机构进行的大规模的国有化本身并不会改变资本主义经济的性质，也不意味这样做可以一劳永逸地解决问题，但是，它却证明了不顾一切的盲目的私有化是有害的。

中国实行的是以公有制为主体、多种所有制经济共同发展的基本经济制度，应对当前的严重危机，首先必须继续坚持公有制的主体地位和国有经济的主导作用，同时加大国有经济调整和改革的力度，增强国有经济的活力，调整国有经济的结构，完善国有资产的监管制度，进一步提高国有经济的整体实力和核心竞争力，更好地发挥公有制经济在稳定宏观经济、调整经济结构、推动自主创新和实现社会和谐等方面的主导作用。

其次，要继续鼓励、引导和支持非公有制经济的健康发展，特别是要通过体制机制的创新，进一步破除制约非公有制经济健康发展面临的体制障碍，调动各方面的积极性，鼓励生产、鼓励创业、鼓励投资、鼓励就业，进一步增强经济发展的活力。

最后，在现代市场经济中，无论是国有制还是私有制，只要实行股份制都会面临着“内部人控制问题”和“委托—代理问题”，企业的管理人员都是拿社会或公众的财产而不是自己的财产来从事经营管理，甚至是投机和冒险的，这是导致收入差距扩大和市场风险加剧的一个重要因素。深化国有企业改革应当在解决这一问题上有所突破，一方面，要进一步完善国有资产管理体制，加强对国有资产的监督与管理；另一方面，要建立完善企业职工和其他相关利益主体参与企业管理和监督的具体制度，为实现效率与公平的结合和构建社会主义和谐社会奠定微观基础。

（二）保障社会公平

现代市场经济中出现的经济危机，根源于资本主义生产方式中劳动与资本、工资与利润的严重对立，这种对立使社会生产能力在无限扩大的同时，社会上绝大多数人的消费被限制在相当狭隘的界限内，需求的增长经常落后于生产的增长，从而造成生产的过剩、资本的过剩和劳动力的过剩，导致经济危机的爆发。20 世纪 80 年代以来新自由主义理论和政策在全球的泛滥，进一步加剧了贫富两极分化，为全球性危机的爆发埋下了祸根。从根本上消除经济危机必须改变这种对抗性的经济关系，把提高效率与促进公平结合起来，走共同富裕的道路。

改革开放以来，在经济持续快速发展和居民收入大幅增加的同时，我国经济中也出现了收入差距持续扩大的突出问题，引起了广大群众的普遍关注以及党和

政府的高度重视。解决这一问题，必须进一步落实中共十七大提出的“逐步提高居民收入在国民收入分配中的比重，提高劳动报酬在初次分配中的比重”的精神，采取多种措施增加居民的收入特别是中低收入者的收入，逐步扭转收入分配差距扩大的趋势。同时，要加大公共财政制度、收入分配制度、社会保障制度等制度改革的力度，加快建立覆盖城乡居民的社会保障体系和基本医疗卫生制度，努力实现基本公共服务均等化，推进教育公平，促进充分就业，切实保障人民在政治、经济、文化、社会等方面的权利和利益，建立完善的社会公平保障体系，使人人享有基本生活保障。这样既有利于实现社会的公平与和谐，又有利于增加居民的收入，调动居民创业、投资和消费的积极性，为扩大内需奠定坚实的基础，通过实现公平促进经济发展。

特别需要强调的是，社会主义的本质，是解放生产力，发展生产力，消灭剥削，消除两极分化，最终达到共同富裕。社会主义应当创造比资本主义更高的生产力，也应当实现资本主义难以达到的社会公正，这两个方面是紧密联系在一起的，效率与公平的这种内在的有机的结合是社会主义制度的根本优越性，这个优越性目前还没有得到充分发挥，需要我们付出更大的努力。

（三）加强宏观调控

现代西方经济学认为，由于不完全竞争、外部性和公共品的存在等因素的影响，市场机制存在作用失灵的问题，需要有政府的监管。对于市场缺陷的这种认识并不全面。实际上，现代市场经济的缺陷从根本上说来自于资本主义经济的基本矛盾，现代信息技术与新自由主义的政策、金融资本的膨胀以及资本全球化的迅猛发展相结合，进一步加剧了资本主义的基本矛盾，使世界范围的贫富分化更加严重，市场经济的自发性和盲目性更加强烈，世界经济的不平衡更加突出，金融市场中的投机、赌博、欺诈、操纵、掠夺空前泛滥，金融风险和经济动荡空前剧烈。

事实证明，市场经济越发展，越需要国家的宏观调控和对市场的有效监管，绝不能接受新自由主义所推崇的国家干预最小化和政府管的越少越好的错误主张。当前资本主义国家为了摆脱危机而实行的大规模的国有化、政府干预、财政扩张等政策措施也进一步说明了自发市场调节的局限。

建设一个强大的社会主义现代化国家，必须有强有力的集中领导和有效的宏观调控。在当前需要强调的是，在社会主义市场经济中特别是在应对危机的过程中，国家宏观调控的作用既不能局限于维护秩序的“守夜人”和市场竞争的

“裁判人”，也不能局限于单纯的总量政策的调节，而必须从社会全局和长远利益出发并针对当前的形势，制定和实施科学的发展计划和发展战略，依托社会主义国家的强大力量和有效的调控，推动经济增长，转变发展方式，推动产业升级，加强自主创新，发展高新技术，加强民生建设，完善基础设施，保护生态环境，有效抵御国际金融危机对我国的冲击，实现国民经济又好又快的发展，把严重的危机转化成为实现科学发展的机遇和动力。同时，要加快体制和机制的创新，积极推进重点领域和关键环节改革，着力构建充满活力、富有效率、更加开放、有利于科学发展的体制机制，为促进国民经济上一个新的台阶和实现跨越式发展提供强大动力。

（四）实现自主发展

全球化是人类社会发展的必然趋势，对外开放是我国的基本国策。但是，应当认识到，当今世界的全球化是由发达资本主义国家主导的以资本全球化为核心的经济全球化，它具有不可克服的内在矛盾，一方面，推动了生产社会化的巨大发展和生产力的巨大进步，给人类社会的发展带来了新的机遇；另一方面，也给人类社会的发展带来了许多新的问题，如世界性的危机、对国家主权的侵蚀、生态环境的破坏和金融的剧烈动荡，并且存在着明显的不对称性或不平等性。

主要表现为：一是没有黄金和充足实物支撑的美元成为国际结算、支付和储备的主要货币，获得了世界货币的地位，美元的流动性泛滥是引发当前世界金融危机的重要根源。二是发达国家片面强调贸易的自由化特别是资本和金融的自由化，但对来自发展中国家的劳动力流动却采取了严格的管制措施。三是发达国家在经济、政治、文化、军事、科技以及战略性资源控制等方面处于垄断和支配地位，而发展中国家则处于依附地位。四是发达国家要求发展中国家全面开放本国市场，但他们自己则在不同的时期和不同的领域交替使用自由贸易政策和保护贸易政策。全球化中的这种不对称性对发展中国家是不利的。

因此，我们必须正确处理对外开放与独立自主的关系，在积极参与全球化进程的同时，坚持独立自主自力更生的方针，坚持维护和增进国家利益，把立足点放在依靠自己力量的基础上。当前，要从世界性金融经济危机不断加深的情况出发，统筹好国内国际两个大局，从国际国内条件的相互转化中用好发展机遇、创造发展条件，需要强调以下几点。

一是以我为主考虑和制定正确的金融改革和金融开放的战略，谋划和推动国际经济秩序和金融体系改革的进程。对资本项目的开放继续采取审慎推进的态度，保持人民币汇率的基本稳定，合理调整外汇储备的规模和结构，稳步推进人民币国际化的进程。

二是逐步改变依靠低层次劳动密集型产业推动的外向型经济模式，抓住全球经济调整和重组的时机，积极引进国外先进技术和设备，适度进行跨国投资和并购，大力推动自主创新，努力提升国内产业的层次和水平，形成经济全球化条件下参与国际经济合作和竞争新优势。

三是根据国际国内市场的变化调整我国的产业结构，在积极扩大商品和服务出口的基础上，统筹国内外两个市场、两种资源，增加对战略性资源的开发和储备，同时要发挥我国市场广阔的优势，始终把扩大内需作为经济发展的基本立足点和长期战略方针，走内需主导的发展道路。

四是优化引进外资的结构，提高利用外资的水平，探索把引进外资与提升产业结构、技术水平结合起来，与带动经济发展、企业技术改造结合起来，以提高自主创新能力为出发点，注重引进技术的消化、吸收、创新和提高。更加重视对国内储蓄和国内资本的有效利用，并始终保持对关键行业和领域的控制力。

当前的这场世界性金融经济危机对中国来说是严峻的挑战，更是难得的机遇。危机说明，20 世纪 80 年代以后形成的主宰世界的新自由主义政策和国际金融垄断资本主义发展模式陷入了困境，美国模式的偶像的黄昏已经来临。而以社会主义市场经济体制、独立自主的对外开放、科学发展的道路等为特征的中国特色社会主义经济发展模式则显示出了强大的生命力。危机更明显地暴露了近年来我国经济中存在的一些突出问题如收入差距过大、增长方式粗放、对国际市场依赖过重、自主创新能力不足等问题，使我们对问题的认识更加清楚，解决问题思路更加明确，条件更为成熟，因此，危机可以转化成为我们前进的动力和发展的机遇。

我们还要看到，导致中国经济长期持续快速发展的一些基本因素，如巨大的人口规模和市场需求、稳定的政治和经济环境、高储蓄率和投资率、低成本的人力资源、有效的政府干预、改革开放的不断推进、科学技术的快速进步、城市化与工业化的不断深化等并没有根本改变，中国经济发展的长期趋势也并没有改变。同时，党和政府提出的应对金融经济危机的许多重大措施，如着力扩大内需、注重民生建设、优化产业结构、推动自主创新等不仅有利于我国经济尽快从危机中走出来，而且将为国民经济上一个新的台阶和实现跨越式的发展提供强大动力。因此，我们相信，经过大危机的考验和洗礼，中国发展模式的意义和生命力将会得到进一步的彰显。

三 中国模式的未来

从1978年以来，中国的经济改革或经济转型经历了三个主要阶段：从1978年中共十一届三中全会到1992年中共十四大，打破了计划经济体制并逐步确立了社会主义市场经济体制的改革目标，这是经济转型的初期；从1992年中共十四大到2003年中共十六届三中全会，建立了社会主义市场经济体制的基本框架，这是经济转型的中期。2003年中共十六届三中全会以后，中国的经济改革进入了一个新的历史阶段，即完善社会主义市场经济体制的改革阶段。从另外一个角度看，完善社会主义市场经济体制，则意味着经济改革的主要任务已经基本完成，社会主义市场经济体制初步确立，经济转型已从前期进入了后期。

那么，在经济转型后期，中国的经济改革和经济发展面临着什么样的新的形势和新的选择呢？

一方面，社会主义市场经济体制初步建立，以公有制为主体、多种所有制经济共同发展的基本经济制度已经确立，全方位、宽领域、多层次的对外开放格局基本形成，综合国力大幅提高，人民生活总体上达到小康水平，改革与发展的物质基础日益雄厚。另一方面，经济改革和经济发展面临着新的矛盾和与挑战。

从经济改革的方面看，社会主义市场经济体制还不完善，存在着市场秩序混乱、政府职能转变不到位、社会管理和公共服务职能薄弱、公平正义保障不足、社会保障体系不够健全、城乡体制分割以及腐败现象严重等问题。

从经济发展的方面看，存在着发展方式粗放、生态环境恶化、资源和能源消耗过大、自主创新水平低、经济增长过分依赖出口、城乡差距过大等问题，这些问题将对中国经济的长期持续发展形成巨大压力。

从对外开放的方面看，存在着对外贸易的效益不高、外汇储备规模和结构不尽合理、人民币国际化程度不高和外资引进的质量不高等问题，维护国家经济安全的任务更加艰巨，全球化与国家主权之间的冲突越来越明显。

从中国特色社会主义经济的方面看，如何坚持公有制的主体地位和国有经济的主导作用还面临不少难题，公有制经济的效率不高、活力不足，管理体制不完善引发的问题还比较突出，非公有制经济的健康发展还面临不少障碍。

针对上述问题，近年来社会上流行着这样一种思路，即新自由主义的思路。

新自由主义崇尚私有制而贬低公有制，崇尚市场调节而贬低政府干预，崇尚全球化而贬低国家利益，崇尚效率而贬低公平，崇尚个人自由而贬低社会合作，崇尚资本主权而贬低劳动主权，崇尚比较优势而贬低自主创新，崇尚西方式的民主而贬低社会主义民主，崇尚所谓的普适性而贬低中国的特殊性，崇尚西方资本主义发展的历史模式而贬低中国特色社会主义建设的历史与经验。

按照新自由主义的观点，中国的改革之所以成功，是因为实行了所谓的私有化、自由化和国际化，而中国改革存在的问题则在于私有化、自由化和国际化的程度不够，公有制经济和国有经济的比重过大，政府干预和社会调节过多，与国际接轨的程度不高，政治体制改革滞后。因此，进一步深化改革应当继续减少和取消政府干预和社会调节，对国有企业实行彻底的私有化，进一步加快与国际经济接轨的步伐，并逐步引入西方式的宪政体制为自由市场的作用奠定政治和法律基础。

事实上，改革开放以来中国经济的持续快速发展既得益于经济的自由化、市场化和对外开放，同时也得益于党和国家正确的路线、方针和政策，得益于公有制的主体地位、稳定的社会环境、有效的宏观调控、适当的行政干预、明智的战略和策略以及强有力的组织和协调。

在新的改革发展阶段，必须继续坚持中国特色社会主义道路和中国特色社会主义理论体系，并根据现实的变化和要求适时调整和创新中国模式的具体内容，不断赋予其活力和创造力。但是，这种创新的方向不应当是全面背离和否定这一模式的基本经验和基本内核去重复集中计划经济的老路和“全盘西化”的死路，而是要站在新的历史起点上，从新的实际出发，不断丰富和完善中国的改革、发展和开放的模式，使中国特色社会主义道路越走越宽广。

参考文献

[1] 毛泽东：《建国以来毛泽东文稿》（第1册），中央文献出版社，1987。

[2] 刘国光主编《中国经济体制改革的模式研究》，中国社会科学出版社，1988。

[3] 厉以宁：《中国经济改革的思路》，中国展望出版社，1989。

[4] 吴敬琏、周小川等：《中国经济体制改革的整体设计》，中国财政经济出版社，1988。

[5] 董辅礽：《经济体制改革研究》，经济科学出版社，1994。

[6] 卫兴华、洪银兴、魏杰：《计划调节导向和约束的市场调节》，《经济研究》1987年第1期。
[7] 热若尔·罗兰：《转型与经济学》，北京大学出版社，2002。
[8] 费正清：《东亚文明：传统与变革》，天津人民出版社，1992。

The Significance of China's Model

Abstract: The China's Model is a terminology summing up of the basic system, the basic policies and fundamental road s of China's reform and opening up in the past 30 years, including a pattern of the economic reform, of the economic development, of the opening up of the socialist road with Chinese characteristics. To sum up, the Chinese economic pattern is a development style adapting to the situation in China for the development of socialism with Chinese characteristics as the core, make modernization, marketilization, and globalization as the main content, achieve the goals in the economic, social patternrnization and the great rehabilitation, promote the economic development and institutional change gradually. The pattern has its special nature as well as universal significance. That is to say, it has both nationality and universality. The economic pattern of China shows the possibilty of industrialization, marketilization and globalization of developing countries complying with the realities of the country, and the possibility of achieving economic development and institutional innovation.

Key Words: China's Model; Economic Reform and Development; Socialist Market Economy.

第十七章
中国经济增长：中性政府的视角

姚　洋*

摘　要：中国过去60年的经济增长与中国较为平等的社会结构有关。在计划经济时代，平等的社会结构使得政府可以放开手脚建立工业生产能力，并大力普及基础教育，提高医疗水平，从而为后30年的经济腾飞奠定了基础。有了这些准备，再加上以市场为导向的经济改革和经济政策，使后30年的高速经济增长成为可能。但是，我们还需要解释为什么政府采纳了有利于经济增长的经济政策。本章发展的理论指出，这里的原因是中国政府具有独立于社会利益集团的中性性质。由于中国社会中不存在足以左右政府政策的利益集团，政府就可能忽略利益集团的利益，有选择地采纳有利于经济增长的经济政策。

关键词：中国经济增长　中性政府　利益集团

中华人民共和国即将迎来她的60岁生日。看一下图17－1所显示的经济增长速度，我们很容易把这60年分成1978年前后各30年的两个时期。在第一个时期，平均增长速度并不低，达到6%以上，但是却大起大落，既有增长20%的年份，也有倒退近30%的年份。在第二个时期，尽管增长速度也有波动，但从来没有出现负增长，且平均增长速度达到9.8%。而且，第一个时期的增长速度有人为成分在里面。计划经济时代重工业产品的价格被人为高估，而那时的增长主要来自于重工业。因此，如果使用1985年轻重工业的价格比例重新估算第一

---

* 姚洋，美国威斯康星大学农业经济学博士，北京大学中国经济研究中心教授、副主任，《经济学季刊》主编。主要研究与教学领域：发展经济学、制度经济学，中国农村经济、国企改制和私营经济的发展。

个时期的 GDP，则这个时期的年均增长速度就要降为 4.5%（帕金斯，2005）。

中国过去 30 年高速经济增长的原因何在？人民共和国的前 30 年在其中扮演了什么样的角色？本章的目的不是对这些原因进行完备的分析，而是着重从政治经济学的角度给出一些备选的答案。本章的核心思想是，中国过去 30 年的高速经济增长和中国较为平等的社会结构有关。我们在计划经济时代犯了许多错误，有些甚至导致了灾难性的后果，但是，平等的社会结构使得政府可以放开手脚建立工业生产能力，并大力普及基础教育，提高医疗水平，从而为后 30 年的经济腾飞奠定了坚实的基础。有了这些准备，再加上以市场为导向的经济改革和经济政策，使后 30 年的高速经济增长成为可能。但是，我们还需要解释为什么政府采纳了有利于经济增长的经济政策。本章认为，这里的原因还是可以追溯到中国平等的社会结构。由于社会中不存在足以左右政府政策的利益集团，政府才可能有选择地采纳有利于经济增长、但同时又可能拉大收入差距的经济政策。这可以解释过去 30 年高速经济增长和收入差距扩大并存的现象。

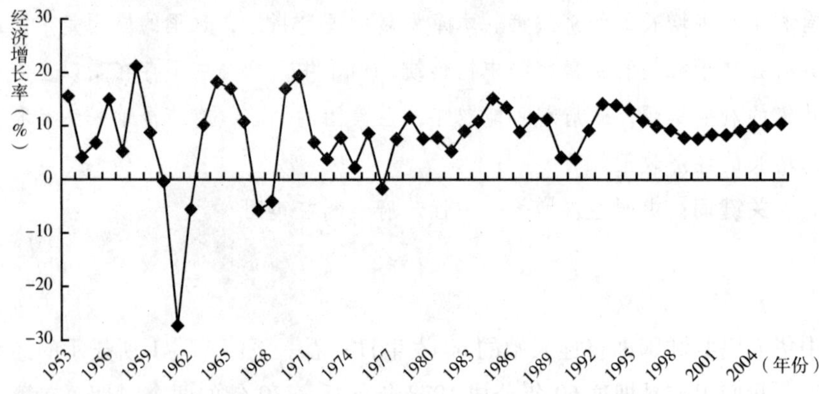

图 17－1　中国 GDP 增长速度：1953～2008 年

资料来源：国家统计局：《中国统计年鉴》各年、《新中国统计三十年资料汇编》。

本章的结构如下。第一节回顾前 30 年在社会平等和能力建设方面所取得的成就，并讨论这些成就对后 30 年经济起飞的贡献。第二节首先讨论后 30 年经济起飞的经济学原因，然后引进中性政府的概念，解释中性政府如何保证了政府可以采纳选择性的、有利于经济增长的政策。第三节则把中性政府的由来和平等的社会结构联系起来，并探讨如何继续保持政府的中性这个问题。第四节总结全章。

第一节　新中国成立后30年的平等和能力建设

20世纪中国完成了一场伟大的社会革命。这场革命起始于1840年第一次鸦片战争，那场战争让中国走向了反帝反封建的革命。在反帝过程中，我们确立了民族国家认同；在反封建过程中，我们完成了从古代社会到现代社会的转变。从孙中山领导的辛亥革命，到各种元素混杂的五四运动，再到共产党领导的新民主主义革命，尽管它们在表象上具有不同的目的和意识形态追求，但它们的共同作用完成了中国的伟大社会革命，其结果就是一个在现代民族国家认同下的平等社会。到了1950年代早期，尽管中国大陆和中国台湾的政体完全不同，但在社会结构和经济政策方面，两者惊人的一致。在农村，两岸都完成了土地改革，完成了孙中山先生“耕者有其田”的遗愿；在城市，中国大陆没收了官僚资本，但保留了民族私人资本，中国台湾则没收了日本殖民者的资本，但也保留了私人资本。两岸社会都被均等化了，其结果是，两岸都可以放心地采取有利于长期经济增长的经济政策。政治学者Woo-Cumings认为，中国台湾和韩国之所以在第二次世界大战后成就了经济奇迹，这与日本殖民统治期间对两个地方社会精英的限制有很大关系。日本殖民者之所以限制社会精英，是因为社会精英更可能具备民族意识并组织反抗。然而，“这个过程具有强有力的均等化效应，使得（这两个地方的）收入比其他多数发展中国家更平等，从而为有效的干预型国家的确立提供了肥沃的土壤，给了它们相对自由的手脚去建立它们认为合适的发展同盟。”（Woo-Cumings，1997，第331页）这个论断也适用于中国大陆。对于中国大陆和中国台湾而言，我们还可以加上土地改革的均等化效果。两岸政府可以放开手脚搞发展的一个例证是，两岸都建立了国有企业，都通过从农村提取剩余加速工业化进程。在中国大陆，1953～1978年间，政府通过工农产品价格剪刀差从农业转移到工业的资本累积至少达到2000亿元人民币（武力，2001）；在中国台湾，1951～1960年间工农产品价格剪刀差贡献了25%的资本积累（Lee，1972）。

两岸的分野发生在1956年。这一年，中国大陆进行了社会主义改造，在城市完成了私人资本的国有化或公私合营，在农村启动了集体化进程，并于1958年以“公社化”告终。中国台湾则在1960年代早期开始完成了从进口替代向出口导向的转型，由此，两岸经济增长发生分岔。

这里有必要仔细考察中国赶超战略所包含的能力建设思想。尽管中国台湾和中国大陆的经济起飞都始自出口导向战略的确立，但之前的进口替代所积累的生产能力也不容忽视。当一个经济体完全按照比较优势发展自己的产业而不进行适度的超前投资的时候，这个经济体就不可能在技术上缩小和发达经济体的差距。这是因为，技术越到高端，发展中经济体和发达经济体之间的差距越大，赶超就更加困难。一个发展中经济体如果想在技术上缩小与发达经济体之间的差距，就必须加强技术能力投资，也就是要赶超。但是，这种赶超不是盲目的，而是在略高于自己比较优势的技术上进行投资，这样既可以节省成本，又循序渐进，不断实现进口替代，并最终实现产品出口，夺取发达经济体的市场份额。杨汝岱和笔者研究了世界上120多个经济体1965～2005年的数据，发现当一个经济体的出口结构高于其比较优势所定义的出口结构的时候，它的经济增长速度更快（杨汝岱、姚洋，2008）。我们把这种现象称为“有限赶超”。在过去的30年里，中国一直实行的是有限赶超，我们的粗略计算表明，有限赶超可以解释中国1990～2000年间经济增长的30%。值得注意的是，以我们所构造的有限赶超指数来衡量，中国在改革开放初期的赶超程度最高，之后缓慢下降，但仍然高于其他大多数国家。这表明，计划经济时代的工业基础建设对中国经济在过去30年的起飞贡献是巨大的。

在前30年里，中国有过三次工业基础建设高潮。第一次发生在第一个五年计划期间，我们主要是接受苏联的援助，引进了156个成套项目。这些项目对建立中国自己的工业生产基础起到了至关重要的作用，同时也培养了一大批技术人才，提高了国内的人力资本水平。第二次发生在1960年代，以“三线建设”为主。三线建设是在中苏交恶、国际形势恶化的情况下展开的。为了备战，项目选点以“钻山进洞”为指导方针，大批机器设备和人才迁移到人烟稀少的山区，除少数项目之外，多数工厂在改革开放之后陆续关闭，造成了极大的浪费。第三次发生在1970年代末，我们再次大量引进国外成套设备。与50年代不同，这次是从资本主义国家引进，建立了宝钢、扬子石化和齐鲁石化这样的重型骨干企业，大大提高了中国工业的技术水平。尽管有很多经验教训，也有很多失败，但这三次建设高潮奠定了中国工业的基础，许多企业，包括一些三线企业，至今仍然在中国经济发展，特别是在和国外企业的竞争过程中起到了骨干作用。

除工业基础建设之外，计划经济时代还在普及基础教育和提高人民健康水平方面取得了巨大的成就。可以对比的是，我国目前的文盲率只有10%左右，而印度是近40%；我国的人均寿命达到71岁，而印度为63岁。中国这种更好的表

现与计划经济时代打下的基础有关。

李根和马修士（Lee 和 Mathews，2008）认为，能力建设是东亚各经济体经济起飞和持续增长的共同之处，和“华盛顿共识”相对，他们把这个共同之处称为北京—首尔—东京共识（BeST Consensus）。这个共识有三大方面的内容：一是以企业和政府协调机构为行动核心，二是着眼于循序渐进的技术改进，三是构建有利于技术改进的条件，包括人力资本的提升、有效的金融体系、稳定的宏观经济环境和有步骤地取消非市场政府干预等。中国在计划经济时代部分地遵从了这三方面的建议。由于实行计划经济，金融在前30年的作用有限；但也由于实行计划经济，前30年的宏观经济环境比较稳定，既没有通货膨胀，也没有通货紧缩。以上回顾表明，中国在技术进步和人力资本提升方面所做的工作符合北京—首尔—东京共识。

第二节 中性政府与改革开放后30年的经济增长

一 对中国经济增长的几个解释

在宏观经济管理方面，我们一致保持了非常谨慎的财政政策，国债余额占一年GDP的比例从来没有超过税收占GDP的比例；同时，我们也比较好地控制了通货膨胀，即使是通胀最高的1994年，年通胀率也只有24.1%，尽管对中国人来说已经很高了，但是，其他转型国家在转型初期的月通胀率动辄就达到这个数字。在财政支出方面，中国从来没有被民粹主义的诉求所左右。在1994年税改之前，中央政府的财政能力很弱，根本没有能力进行大规模的收入再分配。税改之后，各级政府的收入加速增长，但除了必要的工资性支出之外，多数政府收入被用于对基础设施的投资。在过去5年里，政府对教育和卫生的投资明显增加。事实上，中国省际的收入转移不是太多了，而是太少了。在税收方面，1978～1994年，中央和地方实行“分灶吃饭”的财政体制，地方自主权很大，由此而导致的后果是政府税收收入占GDP的比重由1978年的31%下降到1994年的12%，即使加上预算外收入，也不会超过17%，也就是说，税改之前中国的宏观税负是很低的。税改之后的十多年里，增值税成为最主要的税种，所得税的份量在最近几年不断提高。随着国家税收的增加，个人所得税起征点一再提高，企业所得税在内外资并轨之后也由33%降为25%。目前，新一轮的减税计划正在酝酿之中。在对外开放方面，中国对外资的开放力度是发展中经济体当中所少有的，时至今日，中国60%的出口量是由三资企业贡献的。我们在1980年代中期就确立了出口导向的发展模式，与之相适应，自1978年至汇率并轨的1994年，人民币对美元汇率贬值了200%，大大刺激了出口。目前，出口已经占GDP的30%以上，是大国中最高的。正如一位国外学者所说，当发达国家纷纷抵制自由贸易的扩大的时候，中国则成为自由贸易的积极倡导者。在产权改革方面，1990年代和21世纪的头几年见证的最大变化是国有企业的大规模改制。改制即产权多元化。而且，对产权的保护也在加强，通过《宪法》修正案和《物权法》等法律的出台，产权保护进一步法律化、制度化。最后，在企业规制方面，经过1990年代末的政府改革，企业的注册程序大大简化，注册门槛和注册成本降低。另一方面，《破产法》的实施为企业的破产创造了条件，在企业改制过程中，《破产法》保证了企业职工的妥善安置。

对中国经济取得的巨大成功，国外学者有以下几种解释。

一种解释是巴里·诺顿给出的（Naughton，2004），他认为中国的经济成功得益于中国有高效且有所追求的官僚体系。中国有悠久的文官传统，从隋代实行科举考试开始，官僚体系就日益制度化并在国家管理方面发挥了巨大的作用。在当代，由于党的一元化领导，中国的官僚体系变得更加有效率，上级的重大决策基本可以通过这个体系得到实施。同时，儒家的政治教化对官僚体系起到了内在的约束作用。“父母官”思想虽然和当代民主政治不合拍，但它的确在一定程度上约束了政府官员的行为，让他们在享受特权的同时不忘为老百姓办实事。中国的官僚体系不仅有效率，而且有追求，因此更可能实施有利于增长的经济政策。但是，这个解释无法对下面的两个问题给出答案，一个是为什么政治家（决策者）要采纳有利于经济增长的政策，另一个是为什么过去几百年间中国经济基本没有增长。政治家虽然也是官僚体系的一分子，但作为个体，他有自己的利益追求，而这些追求不一定和全社会的利益一致。后一个问题和所谓的“李约瑟之谜”有关，即为什么工业革命没有产生在中国。中国的官僚体系曾经是法国启蒙思想家所称赞的东西，可见即使是在工业革命兴起的时候，中国的官僚体系的效率也比其他国家的高，但中国却没有发生工业革命。

另一个解释是加里·杰弗逊和张军给出的（Jefferson 和 Zhang，2008），他们认为中国的经济成功是由于中国政府追求合法性的结果。中国政府的合法性不是通过以选举为核心的程序产生的，因此必须通过给民众提供实质性的好处获得合法性，而经济增长是这种好处之一。这个解释有一定的道理，特别是当我们把改革开放前后两个时期做一个比较的时候。中国共产党在新中国建立之初获得了中国人民前所未有的拥护，因为党领导人民取得了反帝反封建斗争的胜利。但是，由于后来指导思的“左”的错误，党未能完全把人民群众所赋予的合法性转化为对中国繁荣富强的追求，而是陷入无休止的政治运动，严重影响了中国经济的持续增长。但党也有一种基本共识，即只有为群众提供经济增长，群众才会继续支持党的领导。杰弗逊和张军的解释是有道理的。但是，除了那些非理性的军事独裁以外，所有的非民主政体都试图利用为老百姓提供经济增长寻找执政的合法性，但它们的经济表现却无法和中国的相提并论。因此，从中国自己的纵向比较来看，寻找合法性可以解释中国在后 30 年的经济成功。

第三个解释是斯科特·吉尔巴赫和菲利普·基弗给出的（Gehlbach 和 Keefer，2008），他们把中国经济增长的原因归结为中国共产党党内的制度化。党内制度化包括决策合理化、党内民主、党内监督和权力分享、党内继承的制度化等内容。在吉尔巴赫和基弗的理论模型中，党内制度化指的是党内信息的共享以及在此基础上形成的党内监督。由于党员可以监督甚至替换领导者，领导者所制定的政策就变得可信了，因而党员就会放心地进行生产性投资，而不怕领导者的过度掠夺，这样，经济增长就有保障。就中国而言，这个解释具有很强的说服力。在“文化大革命”期间，党的内部政治生活极度不正常，“一言堂”代替了党的制度化领导。以邓小平为核心的务实领导层执掌党的领导之后，情况有了巨大的改观，党内首先实行了退休制度，然后在党内民主和决策合理化等方面进行了显著改进，同时党内继承制度逐步完善，没有再出现毛泽东在选择接班人方面所出现的混乱。这些都对党把工作重心转移到经济建设上来有很大的帮助，吉尔巴赫和基弗的理论因此可以部分地解释中国经济的成功。同时，使用执政党在位的时间长度作为政党制度化的衡量指标，他们的长时段跨国数据分析也表明，一个拥有更加制度化执政党的国家更容易取得经济增长。但是，他们的理论也留下了没有解答的问题，比如，为什么党会选择有利于全社会的经济政策，而不是仅仅维护党员的利益？党的制度化能够解释党内的权力和利益分享，但是，如果党与社会的关系没有制度化，如何保证党不以损害社会上非党员的利益而谋取党员的利益？

综上所述，现有的理论还没有给中国的经济成功找到答案。下面笔者提出一个以中性政府（disinterested governments）这个概念为核心的解释，并将中性政府的产生和中国平等的社会结构联系在一起。

二 中性政府

所谓中性政府，就是不代表任何社会集团的利益，也不被任何社会集团所挟持的政府。所谓中性，指的是相对于社会集团之间利益争夺的中性，即政府不在社会集团利益争斗中采纳任何立场，不倾向于任何一方。但是，这不意味着政府相对于整个社会采取中性的态度，相反，政府可以有强烈的利益诉求，而且，也不排除政府对社会的掠夺。换言之，中性政府不是慈善政府，亦不是恶政府，而是会根据自己的利益诉求对不同社会集团采取相关的政策。具体来讲，中性政府具有以下两个重要性质。

第一，中性政府具有很强的自主性。因为它不代表任何特定的社会集团，也不被任何社会集团所左右，所以它在做出决策的时候就可以独立于社会中各个人群之间的利益瓜葛，采取主动的行动。尽管这种自主性不能保证中性政府的决策以社会整体利益为目标，但是，由于不受利益争斗的左右，而决定利益争夺成败的往往不是社会集团的生产力水平，而是它们的政治动员能力，因此，中性政府的决策就少了一些非效率因素的约束，因此更可能有利于经济增长。

第二，中性政府的政策不受社会分配结果的左右。这个性质是第一个性质的推论。因为具有自主性，中性政府就可以放开手脚，采取有利于其本身利益的经济政策，而不必顾及这些政策在社会集团之间的分配效果。在现实中，任何经济政策都很难是分配中性的，而是具有分配功能，哪怕是那些增进社会总产出的政策，也不能保证每个社会成员的得益都以相同的比例增加。在一个运转不畅的民主社会里，经济政策对于社会集团的非对称性往往导致无休止的争论，或者干脆被少数强势集团所绑架。中性政府也可以存在于一个民主社会，但这需要对民主过程进行细致和精巧的设计，使得政府既不会因为无休止的争论而瘫痪，也不会被少数强势利益集团所绑架。

由于以上两个性质，一个中性政府就会比一个有偏的政府——即代表某些集团的利益或被某些集团所绑架的政府——更关注经济增长。对于任何自利的非民主政府而言，两件事情是重要的，一个是如何保住政权，一个是如何增加它的成员的个人收益。一个有偏的政府之所以有偏，是因为它所代表的集团具有比其他集团大得多的政治动员能力，和这样的集团结盟可以帮助它保持政权，并获得这些强势集团的财政资助。这样，它的政策就要更偏向这些强势集团。但是，政治动员能力和生产能力在社会中的分布不一定是一致的，比如，军阀的军事能力很强，但他们却不具备任何生产能力。因此，一个有偏政府的经济政策就会偏离效率原则，从而不利于经济的长期增长。相反，一个中性政府不受利益集团的左右，因此，即使是从它自身成员收益最大化的角度考虑，它也会遵循效率原则，把资源更多地分配给生产力更高的集团。用“放水养鱼”这个比喻来说，中性政府会按照鱼的生长速度把它们投放到不同的池子里，并把食物更多地投放到能使鱼长得快的池子里，这样它获得的鱼的产量更高。另一方面，关注经济增长也为中性政府提供了合法性。如果经济增长惠及所有的社会成员，这种合法性是自然的事情；即使经济增长在短期并不惠及所有社会成员，但中性政府的“无偏性”也可以保证它在长期获得合法性。尽管它的政策在一时一地可能歧视某些集团，但它不会永远歧视某些固定的集团。当所面对的问题改变或当条件改变的时候，它会毫不犹豫地改变政策，从而改变被照顾和被歧视的对象。这样，各个集团的得益在长期会趋同，从而会认可中性政府的合法性。

到这里，我们就得到本节最关键的命题：中性政府比有偏政府更可能采取歧视性的、但有利于经济增长的经济政策。在接下来的两小节里，我将给出中国政府是中性政府的证据，并论证它的经济政策在短期都带有歧视性质，但却有利于长期经济增长。

三　中性政府的证据

在谈中国之前，我们首先应该注意到，中性政府不是发展中国家政府的常态，而是特例。在一般发展中国家，四种政府形态比较普遍，即精英主义、民粹主义、精英主义和民粹主义的混合、精英主义和民粹主义的交替。精英主义政府就是来自精英阶层或与精英阶层结盟的政府，民粹主义政府就是用再分配政策讨好民众的政府，前者为少数人服务，后者则置国家的未来于不顾。在当今世界，纯粹的精英主义政府或纯粹的民粹主义政府都比较少见，两者的混合或交替是更普遍的情形。前一种情形主要出现在南亚，后一种情形主要出现在拉美。值得注意的是，一个民主社会的政府完全可能是精英主义的，在存在极端不平等的国家里，这种情况更可能出现。在这样的国家里，精英利用他们的政治和经济优势操控选举，左右政府政策，而大多数普通百姓则处于无能为力的地位。但是，正因为如此，这些国家的民粹主义呼声也很高，普通百姓有被剥夺的感觉，因此要通过民主程序要求更多的再分配。

中国是少数特例之一，在过去的 30 年里，中国政府基本上是一个中性政府。

一方面，改革是国家放权于民的过程，因此在很大程度上是针对精英的革命；另一方面，改革也没有迁就部分民众的利益，经济政策的制定和实施也主要是以国家的长远经济发展为导向。但是，要完整地论证中国政府的中性性质，至少需要一篇长文的篇幅，我在这里只举三个例子，分别说明党由强调阶级斗争到关注经济建设的转型、改革如何克服精英集团的阻力以及改革如何抵制部分民众的利益诉求。

第一个例子是增长共识的确立。增长共识的本质是把“党的工作重点转移到经济建设上来”。为了这个目标，在改革开放初期放弃了建立平等社会的信条，开始“让一部分人先富裕起来”。对于一个长期受传统马克思列宁主义支配的国家而言，这并不是一个容易的转变。在执政的前30年里，党以工人阶级政党的面目出现，在理论上过分强调了自己的代表性，在现实中则表现为狠抓阶级斗争，从而导致了像“文化大革命”这样的灾难。增长共识之所以能够确立，与经济长期贫穷所引致的党的合法性危机有关。在1970年代中期，整个国民经济增长大幅度下滑，农业更是在1976和1977两年发生连续的负增长，民众的不满情绪在增加，1976年的“四五运动”悼念周恩来总理，实质上是民众不满情绪的大爆发。在这种情况下，即使是像华国锋这样的激进派人物也意识到，如果不能提高人民的生活水平，党的领导地位就无法保证。

增长共识是开启体制变革的钥匙，一旦变革的闸门被打开，改革就形成一个链式反应的过程。改革之初的部分改革是构想并设计出来的，如提高农产品价格最初是为了增加农业产出，但是，许多变革并非经过事前设计。家庭经营不是计划好的，但因为这样能增加粮食产量，最终也被接受，甚至得到党的高层的鼓励并加以推广。乡镇企业的兴起和国有企业民营化是另外两个例子。邓小平说乡镇企业是“异军突起”，出乎他和其他领导人的预料。更重要的是，乡镇企业的兴起颠覆了长久以来“农民就该种田”的认识。既然乡镇企业不仅能增加国民产出，而且能提供就业，因此也就得到默许。国有企业民营化更是触动了计划经济的根本，而且动摇了党的传统社会基础——工人阶级——的地位，但因为它提高企业的效率，因此也得到推广。

第二个例子是价格双轨制改革。于1985年正式开始实行的价格双轨制是在两种倾向——即完全抛弃和继续坚持计划定价——之间的一种妥协。价格双轨制允许国有企业在完成国家计划限额之后在市场上自由销售产品和购买原材料，而市场价格往往高于国家计划的价格。最明显的例子是1981~1994年之间实行的双重汇率制度，中央政府维持一个官方汇率，同时在上海等地开放外汇市场，企业可以在这个市场上以较高且浮动的汇率自由买卖外汇。

价格双轨制使经济激励开始在国有企业的决策过程中发挥重要作用，但它也导致了众多始料未及的结果，远比其本身对国有企业的影响更为深远，其中之一是为非国有制企业提供了发展空间。最好的例子是乡镇企业。这些农村企业不属于中央计划范畴，因此改革之前在原材料购买和产品销售方面障碍重重。尽管它们在20世纪70年代一度有过非同寻常的发展，但对国民经济的贡献微不足道。价格双轨制为乡镇企业进入市场提供了新的机会，使之得以迅猛发展。

刘遵义、钱颖一和罗兰（Lau、Qian和Roland，2000）认为价格双轨制为中国带来了帕累托改进，即在没有伤及任何人的利益的前提下改善了多数人的状况。但是，价格双轨制也带来了一些严重的后果，其中之一是价格的差异创造了巨大的寻租空间，企业和控制配额的政府官员可以通过把配额卖给其他企业和个人，从而轻易致富。在20世纪80年代末，“官倒”成为一个流行词汇并激起了公众的极大不满。但是，控制配额的是往往是政府相关掌权人，因此，很多学者认为，像价格双轨制这样的部分改革会造就一些坐享好处的利益集团，从而使进一步的改革变得非常艰难。但是，中国的发展证明，这种预言错了。在20世纪90年代初，双重价格开始被统一成单一的市场价格，到1994年，最后的双轨制价格即双重汇率被取消。党没有被既得利益所限制，而是把改革推向了新的阶段。

第三个例子是国有企业民营化。从1984年开始，国有企业改革就成为改革的一个重要目标。尽管当时也有民营化的呼声，但政府工作的重点是通过调整国有企业的内部治理结构来促进绩效。比如，在农村改革中屡见成效的承包制被引入到国有企业，经理承包成为1980年代国企改革的主导方式。但是，经理在承包过程中只能做到负赢不负亏，承包制不能根本解决国企的激励问题。邓小平南方谈话之后，广东顺德和山东诸城开始了国企的民营化。经过广泛的调研和讨论，中央政府于1995年出台了“抓大放小”的政策，决定保留500家到1000家大型国有企业，允许较小的企业租赁或转让。从“放小”政策衍生出来“改制”，在很多情况下，改制就是民营化。到2005年底，1995年的国有工业企业中的76.7%都已经民营化或破产了（Garnaut et al，2005）。与民营化相伴随的是国有企业就业数量的下降。裁员的高峰发生在1998年，这一年国有企业中有2000万员工下岗或失业。从1995~2005年，约4000万国有部门的职工经历了下岗或失业。

值得注意的是，民营化并不一定是导致大规模失业的原因。有研究发现，民营化使企业的绩效变好，从而增加就业。民营化之前，国有企业存在大量冗员，而且他们之中的大部分已经很多年没领到工资。这个问题在改制之前是被掩盖的，民营化只不过是把冗员这个“烂柿子”的皮捅破了。但是，民营化仍然很容易被当做解释下岗和失业的替罪羊，并成为国内很多人反对民营化的理由之一。对共产党而言，这构成了一个严重的挑战，使之不得不面临一个难题：如果支持民营化，它将失去其权力基础——工人阶级——的支持；如果放弃民营化，制度转型将会停滞，中国将失去融入世界经济体系的机会。政府解决这个难题的办法是：悄悄地进行民营化，同时尽最大可能帮助下岗失业工人再就业。这个策略被证明是有效的。到2005年，国有企业的改革已经接近尾声，大多数失业和下岗工人找到了新的工作或纳入城市最低生活保障。

如果中国共产党仅仅是工人福利的代言人，则民营化就不可能完成。许多国家都有国有企业，都想把它们私有化，但是，如果私有化会造成大规模的裁员，它就难以开展起来，因为这会动摇执政党的政治基础。对于一个左翼政党来说，这是自然的；对于一个右翼政党来说，私有化把工人进一步推向左翼政党，因此会削弱它自身的政治力量。中国共产党之所以敢做其他国家政党不敢做的事情，是因为它具有足够的自主性，其政策选择不受当下政治格局的影响。

在上述三个例子中，增长共识确立了经济建设的主调，奠定了中性政府的基础；“双轨制”的取消说明中国共产党可以抵御精英集团的利益诉求，哪怕这个集团的成员来自党内；国有企业民营化则说明中国共产党没有因为民粹主义的呼声而停止改革，哪怕改革会危及它的阶级基础。事实上，在从一个革命党向一个执政党的转变过程中，中国共产党没有停止过对自己的革新，包括对目标的修正、组织的更改以及政治基础的重建。正是因为勇于自我革新，党才在过去30年中保持了相对于中国社会的中性态度，带领中国取得了辉煌的经济成就。

四　选择性的有利于经济增长的政策

回顾一下中国政府在过去30年所采纳的经济政策，可以发现，就短期而言，它们都不是利益中立的，而总是偏向某些群体。这是许多人认为中国政府不是中性政府的原因。但是，正如我们在本节的核心命题所表明的，中国政府之所以能够采取这些看似歧视性的政策，恰恰是因为它是中性的：因为并不特别地照顾任何群体的利益，它才可能放开手脚采取有偏的经济政策。前一小节里提到的价格

“双轨制”和企业改革就是两个例子，下面再以农村改革和对外开放作为例子，说明它们在当时是有偏向的政策，但长期而言却有利于国家的经济增长。之后，将讨论政府是如何对待有偏向的政策所导致的收入差距拉大的问题的。

中国的第一个改革——农村改革，就是一个有偏的改革。这个改革的起点是提高农产品价格，从而让农民得益。家庭经营的重新确立，进一步提高了农民的生产积极性，他们的收入进一步提高。尽管政府对城市居民的食物补贴也增加了，但总体而言，农民收入的增长速度超过了城市居民。一个重要的证据是，城乡收入差距由1978年的2.8倍缩小到1985年的1.8倍。但是，自1985年之后，城乡收入差距就没有缩小过，到今天已经达到3.3倍。这其中的原因比较复杂，但政府对城市投资力度的加大难逃其咎。然而，从纯粹经济学的角度来看，投资城市比投资农村的收益大得多，因此，这既符合政府的利益，也在一定程度上符合整个社会的利益。

对外开放是比农村改革更加有偏的举措。对外开放以特区为先导。在特区设立之初，中央政府给了它们非常优厚的政策待遇，其他地区对此表现了极大的不满。中央政府的反应不是取消特区，而是确立了沿海开放政策，给予沿海开放城市和特区差不多的政策。这个政策开启了沿海和内地差距拉大的大门，但对中国经济的起飞起到了关键性的作用，中国由此完成了韩国在20世纪60年代初期完成的从进口替代战略到出口导向战略的转型。加入世贸组织是中国完全融入世界经济体系的最后也是最重要的一步。“入世”之前，国内对“入世”可能对中国经济造成的冲击有许多讨论，普遍观点是，“入世”将对我国的农业、汽车制造业、零售业、金融业以及电信服务业产生巨大的冲击。政府并没有被这些担心所左右，“入世”之后的结果表明，“入世”之前的悲观预测多数是错的。除大豆和棉花之外，多数农产品的出口增加了；汽车市场发生了“井喷式”增长，自主品牌不仅没有萎缩，而是有了巨大的发展；金融和电信行业并没有受到很大的冲击，只有零售业受到的冲击较大。总体而言，中国的出口自2001年“入世”到2007年经济危机爆发之前保持了年均28%的高速增长，速度接近20世纪90年代的两倍。

中国政府的有偏经济政策在短期造成了很大的不平等，一些不平等如城乡差距还变成了长期的不平等。这些不平等引起了各界的关注，特别是一些地方政府为了发展地方经济而侵害公民的权利，更是造成了老百姓和政府的对立。政府因此必须调和它本身的中性诉求与社会和谐之间的关系。大体而言，政府主要通过

以下手段降低有偏的经济政策造成的不平等。

一是通过政府项目降低改革和发展造成的不平等。比如，在企业改革过程中，政府投入了大量的财力和物力建立再就业中心，在较短的时间里解决了国有企业下岗、失业职工的再就业问题。与此同时，政府建立了城市低保制度，为2000万城市低收入人群提供基本的生活保障。针对城乡差距的扩大，政府实施了“社会主义新农村建设”计划，大力加强了对农村基础设施、教育和医疗保障的投资。同时，针对地区差距的扩大，政府实施了“西部大开发”、“振兴东北老工业基地”以及“中部崛起”战略。这些战略取得了一定的效果，2000年年以来，地区差距没有再扩大。

二是加强对公民权利的保护，限制地方政府对老百姓的剥夺。这在城市建设中表现得最为明显。土地增值是地方政府财政的重要来源，“经营城市”因此成为多数城市的首选。过去，地方政府拥有对于居民的绝对权力，只要给居民很少的补偿就可以要求他们搬迁。近年来特别是《中华人民共和国物权法》颁布之后，地方政府的权力受到限制，野蛮拆迁越来越少。

三是有偏政策本身在长期也有平衡利益分配的机制。政府短期发展目标会随时间而发生变化，其政策也随之发生变化，得益人群因此也会发生转移，这样，长期而言，政府政策所释放的好处就会覆盖较多的人群。尽管这种转移不足以改变一些持久的不平等如城乡差距，但在一定范围内，它的确起到了限制不平等的作用。中国的城市内部和农村内部的收入差距并不大，两者的基尼系数都只有0.37左右，在世界上属于较平等之列，说明至少是在城市内部和农村内部，政府的有偏政策并没有造成很大的收入差距。

第三节　中性政府与社会平等之间的关系

中国政府在后30年选择成为一个中性政府，有多方面的原因，如上一节提到的对合法性的担心，还有中国特殊的政治结构，包括党的不可替代地位以及特殊的经济分权体制等，本节要着重讨论的，是社会结构方面的原因。我们的核心思想是，中国平等的社会结构让中性政府的产生变得更容易了。

我们可以从两个方面来论证这个结论。首先，从政府官员纯粹的私利出发，在一个平等的社会里选择保持对社会的中性态度也是最明智的选择。我们可以做一个思想实验，假想在一个极端不平等的社会里，政府要保住自己的位子，最好的选择是什么。社会存在极端不平等，意味着社会中的少数人掌握着国家的大部分政治和经济资源，此时，为了生存，政府最好的选择是和这些少数精英结盟，哪怕自己本不属于精英阶层。许多发展中国家的反殖民地英雄，在推翻殖民统治之后往往和留下来的殖民精英结盟，就是一个例子。在中国，蒋介石 1927 年“四·一二”政变之后掌握了国民革命军的军权，但他腾出手来所做的第一件事是向宋美龄求婚。这显然是一个政治婚姻，蒋介石看重的当然是宋氏家族的政治经济地位。军事强权需要经济和政治的支持，在一个不平等的社会里，和精英结盟可以让政府获得这种支持。反过来，在一个平等的社会里，政府和任何社会团体结盟都很容易招致其他团体团结起来并成功地推翻这个联盟，政府最安全的策略是“一碗水端平”，不偏向任何一个团体，也不和任何团体结盟。蒋介石到台湾之后做的第一件事是土改，不完全是因为他接受了在大陆失败的教训，而是为了完成他在大陆想完成而无法完成的事情——国民政府曾经颁布过土地改革的法律，但后来不了了之，原因是因为土改直接触犯作为蒋介石的盟友之一的地主阶级的切身利益。

其次，从民众的角度来看，一个平等的社会有利于弱化民众对短期利益的追求。在一个极端不平等的社会里，两种情形促使民众要求更多的再分配，而不是投资于国家更长远的增长潜力。一种情形是，精英集团的优势地位往往遭到民众的怀疑，认为它们要么是通过世袭要么是通过非法手段获得的，因此不具有道义上的合法性；另一种情形是，对国家长远发展的投资往往首先让精英集团受益，而普通民众的得益很少。民粹主义兴盛的地方，往往是存在极端不平等的地方；拉美国家、南亚国家以及非洲的一些国家，都是如此。反过来，在相对平等的社会里，民众更容易忍受短期的痛苦，更关注社会的长远目标。从这个角度来看，战后的经济奇迹发生在社会较为平等的东亚不是一件令人惊讶的事情。

一个平等的社会给中国共产党很大的执政空间。在其他国家，政党一般是代表一定阶层的利益，比如，左翼政党代表下层民众的利益，右翼政党代表资本拥有者的利益。在一个不平等的社会里，这种政治格局有其必然性。如果一个政党宣称它代表整个国家的利益，则它就很容易在选举中败给宣称只代表下层利益或上层利益的政党，因为后者的政策和目标更容易瞄准特定的阶层，从而获得它们的支持。在中国平等的社会结构下，中国共产党没有必要强调自己的代表性；事实上，党的成员来自社会的各行各业，党本身没有阶级倾向。在施政方面，中国政府不用担心对长期经济增长的投资会遭到民众的反对，因为这些投资的回报可以比较平均地分配给各类人群。在中国，扩大再分配的呼声一直不是主流，这当然和政府的自主性有关，但一个较为平等的社会结构也起到了关键性作用。此外，在中央和地方关系中，平等的社会结构也为分权体制下地方政府保持其中性性质提供了社会基础。在其他发展中国家，分权的结果往往是地方政治被少数精英集团所控制，地方政府成为为少数人服务的工具。比如，菲律宾几乎每个省都被一个家族所控制，这些家族是如此强大，以致菲律宾人不得不称呼它们为“despots”，即独裁者。在改革开放初期，中国社会不存在其财富足以收买地方政府的社会或商业精英，分权之后，政府俘获不成为一个问题，因为这个原因，分权在中国比在其他国家更成功。

但是，30 年的高速经济增长也积累了许多问题，其中一个与本章相关的，是社会结构已经开始发生较大的改变，精英集团开始形成并试图左右政府政策。这方面的一个例证是垄断行业的国有企业及其经理们。经过 20 世纪 90 年代和 21 世纪初期的改制浪潮，国有企业的数量已经大大下降，剩下没有改的，要么是受到国家产业政策保护的企业，要么是拥有垄断地位的企业。这些企业的经营者亦官亦商，既得到作为商人的好处，也同时可以用官员的身份影响政府决策，以获得更多的好处。国有企业作为国家政策的执行工具的职能在弱化，而它们作为利益实体的角色在强化，继续维持它们的国有性质，弊大于利。

同时，新兴的民营企业家们也正在形成自己的势力，并试图通过影响政府决策获得个人收益。一个可以观察到的现象是，地方政府与商业精英的结盟越来越深。在中国，资本仍然是最稀缺的生产要素，一个地方想要迅速发展经济，最重要的任务之一就是争夺投资。地方政府为此竞相对外来资本给出优惠条件，而这些条件往往超出了一个亲商环境的需要，比如，一些城市甚至为外来资本开出超越法律的优惠条件。同时，地方商业精英越来越多地通过人大和政协参与到地方政治决策的过程中。尽管这表明人代会和政协在地方政策制定中的作用越来越重要，但商业精英对地方政治的控制使中国有可能陷入和大多数发展中国家民主化进程中所经历的同样的境地，即民主经常意味着精英统治。地方政府也有成为商业实体而非政治实体的倾向。地方政府像企业一样管理日常事务还不是太大的问题，毕竟很多发达国家的城市管理是交给私人公司完成的；问题在于，政府制定决策的方式和公司制定决策的方式一样，追求的是单一的目标，在企业这个目标是利润，在政府则是经济增长。忽略增长以外的问题使政府更容易采取偏向精英阶层的政策，而忽视大众的意愿。

但是，我们必须意识到的是，社会分化至少在一段时期里是一个自然的过程，国家无法改变。要控制社会分化带来的负面影响，我们要从政治领域着手，扩大公民的政治参与，以平衡精英集团的政治影响力。这看起来似乎是一个过于乐观的主张，因为其他发展中国家的经验显示，民主不一定能恰当地发挥它的作用。但是，中国在这方面可能比其他发展中国家具备更好的条件。中国的商业精英还没有形成一个统一的社会群体，不存在那种让一个群体天生就比另一个群体具有优势的社会隔离，同样也不存在特别强大而且排他的政治群体。民众的参与对于监督大型垄断国有企业显得更为重要。发达国家也有成功的国有企业，但这些国有企业是置于民众的监督之下的。目前，价格听证会已经引入政府决策过程，但这还远远不够；价格只是表面层次的东西，更深层的东西表现在企业如何对资源进行支配上，要实现更深层的监督，必须要有更加制度化的民众参与形式。

第四节　总结

本章围绕平等的社会结构这个主题，总结了新中国成立 60 年来的经济发展历程。就社会准备而言，新民主主义革命就已经完成了，可惜，1956 年的社会主义改造以及之后 22 年所实施的经济政策并没有很好地利用这个社会准备，而是走入了歧途。从这个意义上讲，1978 年之后的改革是对 20 世纪 50 年代初期的回归。过去 30 年中国经济之所以能够取得巨大的成功，很大程度上得益于中国政府的中性性质，而平等的社会结构为政府成为一个中性政府提供了坚实的基础。

把中国经济的成功和平等的社会结构相联系，为我们理解和阐释 20 世纪的中国历史和中国革命提供了一个新的视角，也为我们想象中国未来的经济增长提供了一个新的视角。我们的分析表明，平等不仅具有价值含义，而且也具有功用含义。由此，阻碍中国未来经济增长的最大障碍，可能是中国会变成一个“正常的”发展中国家，即精英集团过于强大，并左右政府的经济政策。如果当前民众还会因为自己从经济增长中得益而忍受社会分化的话，那么，随着民主意识的增强，民众的忍耐会逐步消失，近年来民粹主义的抬头就是一个表现。因此，如何通过制度化的民众政治参与平衡精英集团对政府的影响，是中国下一步必须考虑的事情。

参考文献

[1] 德怀特·帕金斯:《国际视野下的中国经济发展》，载林毅夫、姚洋主编《中国的奇迹：回顾与展望》，北京大学出版社，2005。

[2] 武力:《1949～1978 年中国“剪刀差”差额辨正》,《中国经济史研究》2001 年第 4 期。

[3] 杨汝岱、姚洋:《有限赶超和经济发展》,《经济研究》2008 年第 8 期。

[4] Garnaut, Ross, Ligang Song, Stoyan Tenev, and Yang Yao. "China's Ownership Transformation: Process, Outcomes, Prospects", Washington, DC: International Finance Corporation, Australian National University, and China Center for Economic Research at Peking University, 2005.

[5] Gehlbach, Scott; and Keefer, Philip. "Investment without Democracy: Ruling-Party Institutionalization and Credible Commitment in Autocracies", Manuscript, the World Bank, 2008.

[6] Jefferson, Gary; and Zhang, Jun. "China's Political Reform: A Property Rights Interpretation", *Manuscript*, *Department of Economics*, Brandeis University, 2008.

[7] Lau, Lawrence, Yingyi Qian, and Gerard Roland. "Reform without Losers: An Interpretation of China's Dual-track Approach to Transition", *Journal of Political Economy*, v108. n1 (2000): pp. 120 - 143.

[8] Lee, Keun, and John Mathews. "From the Washington Consensus to the BeST Consensus: A New Path for Sustained Economic Growth", *Manuscript*, *Department of Economics*, Seoul National University, 2008.

[9] Lee, Teng-hui. *Intersectoral Capital Flows in the Economic Development of Taiwan*, 1895 - 1960. Ithaca: Cornell University Press, 1972.

[10] Naughton, Barry. "Market Economy, Hierarchy, and Single Party Rule: How Does the Transition Path in China Shape the Emerging Market Economy?", *International Economic Association*, Hong Kong, January 14 - 15, 2004.

[11] Williamson, John. "What Washington Consensus Means by Policy Reform?", In John Williamson, ed. Latin American Adjustment: How Much Has Happened? Washington, D. C.: Institute for International Economics, 1990.

[12] Woo-Cumings, Meredith. "The Political Economy of Growth in East Asia: A Perspective on the State, Market, and Ideology", In Masahiko Aoki, Hyung-Ki Kim, and Masahiro Okuno-Fujiwara, eds. The Role of Government in East Asian Economic Development: Comparative Institutional Analysis. Oxford: Clarendon Press, 1997.

The Growth of the Economy of China: A Perspective of the Disinterested Government

Abstract: China's economic growth in the last sixty years has a lot to do with its relatively equal social structure. In the planning era, an equal society enabled the government to establish industrial capacities with various means including extracting from the countryside and suppressing wage rates in the city. In addition, the government promoted primary education and raised people's health. These achievements laid a solid foundation for future economic growth. With this foundation and market-oriented economic reform and policies, China has been able to achieve high economic growth in the next thirty years. However, we still need a theory to explain why the government adopted growth-friendly policies. The theory developed in this chapter indicates that our Chinese government has been a disinterested government, that is to say, a government that is independent of social groups. Because China does not have strong social groups that can capture the government, the government can ignore the interests of specific social groups and adopt growth-enhancing policies.

Key Words: China's Economic Growth; Disinterested Government; Social Groups

案例与调查

第十八章
关于“中国模式”的问卷调查

——74.55%民众认可“中国模式”

《人民论坛》调查组*

摘　要：74.55%的受调查者认可“中国模式”，其中60.25%的受调查者认为中国模式还是在探索中的一种发展模式。中国模式的主要特点是：强有力的政府主导、以渐进式改革为主的发展战略、对内改革与对外开放同时进行。金融危机是对中国模式的一次检验，也是一次转型的机会。

关键词：中国模式　改革　发展

近几年来，关于“中国模式”的讨论受到了国外舆论界和学术界的格外关

* 《人民论坛》双周刊由人民日报社主管主办，1992年创刊，是全国中文核心期刊。本调查报告执笔人魏爱云，现为《人民论坛》杂志社编辑部主任。

注。改革开放30年来，我国经济、社会取得了全面快速的发展，中国经济实现了年平均10%左右的增长率，这样的增长速度被称之为“中国奇迹”。“科学发展”、“和谐社会”成为中国向全世界传递出来的最强音，虽然金融危机的阴影依然笼罩，中国经济的发展后劲却被世人普遍看好。由于中国受本次金融危机的影响没有欧美国家大，这也使得中国模式研究热重新兴起。

近期，“共产主义（社会主义）将最终消亡”、“西方民主制度将一统天下”、“新自由主义模式将成为全球普遍模式”，20世纪90年代这“三大预言”在西方掀起了讨论的热潮。中国模式是否打破了“三大预言”？《人民论坛》杂志社做的相关调查结果显示，超过半数的受调查者认为“是”；中国模式从哪些方面打破了西方“三大预言”？调查结果显示，七成以上的受调查者认为，“中国为世界贡献了一种多样化的发展模式”。

可以说，30年改革开放的成就证明，中国模式打破了西方模式意欲一统天下的局面。同时，也有专家指出，中国模式之所以在近年来受到格外关注，重要原因之一，便是所谓的“东亚模式”和“拉美模式”在近年的失效。20世纪晚期，拉美的经济危机、东亚的金融危机和俄罗斯“休克疗法”的失败，都与新自由主义的经济政策直接相关，也表明建立在“华盛顿共识”基础上的“拉美模式”、“东亚模式”具有局限性。

那么，究竟什么是中国模式？有没有一个中国模式？对这一问题人们的回答各不相同。专家表示，作为一个现象，中国模式早已存在于实践和现实之中；作为一个概念，中国模式也早已成为人们所关注和研究的对象。

民众究竟如何看待中国模式？是否认同？他们心目中的中国模式的基本特征是什么？中国模式还有哪些需要完善的地方？等等。对这些问题的探讨和意见收集将有助于对中国模式认识的进一步深入。为此，《人民论坛》杂志社联合人民网、人民论坛网等进行了“你如何看待中国模式?”的专题调查，参与该问卷调查的共有4970人。此外，《人民论坛》记者还随机调查了192位社会人士，共计5162人。

第一节　受调查者认可“中国模式”

调查结果之一：74.55%的受调查者认可“中国模式”。

中国模式的六个关键词是：改革、发展、渐进、开放、试验、稳定。

“中国模式”是理论界对改革开放30年来中国经验的一种概括，那么民众是否认可“中国模式”的提法呢？本次问卷调查结果显示（见图 18 －1），74.55%的受调查者认为“有‘中国模式’”，其中认为“‘中国模式’还是在探索中的发展模式”占受调查者的60.25%（3110 票），认为“‘中国模式’已经成型”的占受调查者的14.3%（738 票）。同时，调查显示，认为没有“中国模式”的主要理由，一是认为中国的发展路径还不能形成一种模式，二是认为“中国模式”的提法还没有得到世界公认。

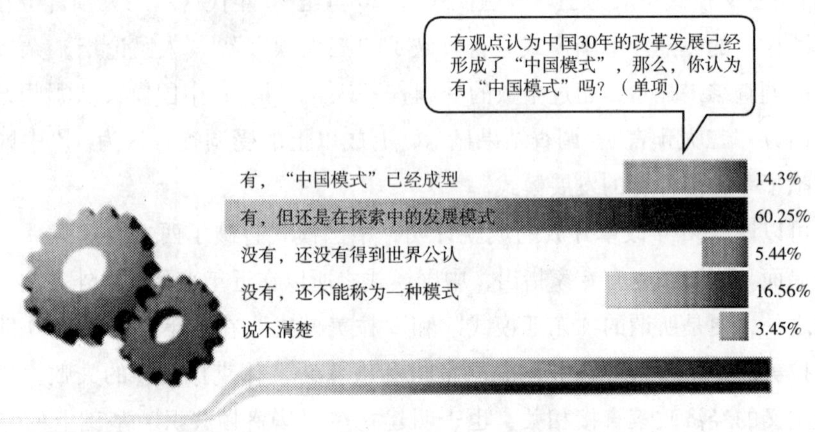

图 18 －1　74.55%的受调查者认可“中国模式”

有网友认为：“中国模式就在我们身边。深圳模式、浦东模式、苏南模式、温州模式、义乌模式、华西村模式，等等，这不就是中国模式的缩影吗？”“中国模式与美国模式、苏联模式、东亚模式都不同，我们是结合自身的实际探索出来的，当然有！”“30 年来已经形成了独具特色的发展道路，中国模式可以说已经成型。”

专家表示，之所以对“中国模式”的认同还存在一定分歧，关键在于人们对“模式”一词的认识有所不同。所谓“模式”，是一种强调框架结构和外部观感的模型化、规范化、固定化的规制与格式，多指可以复制、可以模仿、可以推广、可以成批生产的，可以被别人效法借用的东西。但实际上，“模式”并不是一个僵化的概念，它也有一个随着实践的发展不断演化变迁的过程，这个过程是长期的、渐进的和独特的。

中国国际问题研究所所长马振岗认为，“中国模式”与“西方模式”有着明显的区别。在政治上，中国坚持发展社会主义民主政治体制，而没有照搬多党制和议会政治。在经济上，中国建立的是社会主义市场经济，没有实行全盘私有化，而是坚持以公有制为主体、多种所有制经济共同发展，坚持政府的宏观调节与指导。在意识形态和文化领域，中国坚持马克思主义的主导地位，继承和发扬中国优秀的文明传统，同时学习和借鉴世界上一切优秀文明成果。在发展理念上，中国贯彻实践科学发展观，坚持全面协调可持续发展。

正如英国伦敦政治经济学院亚洲研究中心主任阿塔尔·侯赛因所说：“改革开放 30 年的中国发展模式是历史上从来没有过的模式，它不同于 20 世纪六七十年代‘四小龙’的出口导向型快速发展的经济，也不同于以消费为主导的美国模式，或者是以德国和法国为代表的国家调节下的市场经济模式。从某种程度上说，中国模式是兼具‘四小龙’、美国和欧洲等经济模式的中国特有模式，也就是中国人常说的‘有中国特色的社会主义模式’。”

有受访者认为，发展模式是自然有之、不必求之的事情。每个国家的发展模式，都是自然而然地存在于自身发展过程之中的。在学习借鉴别人之前，本身就已经具有自己的发展模式。处于发展中的第三世界国家，不应过分苛求自己必须建成一种模式，或者照搬一个别国模式。这对我们国家也是一样。如果过分追求所谓的“模式”，反而会导致一些负面影响。

如果用几个词来表述“中国模式”的话，民众最为认同哪些描述词呢？本次问卷调查在征求相关专家意见的基础上，备选了 12 个关键词：创新、试验、兼容、渐进、改革、公平、效率、稳定、发展、自主、开放、共享。调查结果显示，排在前六位的分别为：改革、发展、渐进、试验、开放、稳定。

专家认为，“改革”、“发展”排在最靠前的位置，这表明民众的认知与 30 年来的发展历程是基本吻合的，30 年来我们就是一个不断改革、不断发展的过程。发展是硬道理。改革的目的是为了解放和发展生产力，改革必须有利于经济发展。30 年的改革开放，始终紧扣经济建设这个中心，注重把改革开放与促进发展有机结合起来。一方面，坚持用生产力发展的标准来确定改革决策、选择改革措施，来检验改革开放总体战略和具体方针的成败得失，并根据这种标准不断调整改革思路、政策与措施；另一方面，充分考虑现实经济发展状况来选择改革的重点，把握改革的力度和时机，积极为推进关键领域里的改革创造必要的发展基础和经济条件。

至于“渐进”、“试验”为何如此靠前，专家表示，主要原因在于中国改革所采取的策略就是渐进式的，是通过试验点、试验区的形式逐步推进的一个过程。我国的经济改革大多不是在全国范围内同时推展的，而是每项改革措施都从较小范围内的试验开始，在取得成效的基础上，再由点及面，扩大实行范围。在注重改革循序渐进的同时，不失时机地对一些关键领域和重要环节的改革实施重点突破，以推动全面改革和整体创新。循序渐进的改革策略和先行试点、重点突破、整体推进的改革方式，既使改革保持了必要的力度、速度和连续性，又有效控制了改革成本和改革风险，保障和维护了社会稳定。

此外，“开放”总是与“改革”相对，“稳定”却常常与“改革”、“发展”一起，都是我们讲得较多的方面。

第二节　“中国模式”主要是指中国特色的市场化

调查结果之二：63.7%的受调查者认为“中国模式”主要是指中国特色的市场化。

“中国模式”的主要特点是：强有力的政府主导、以渐进式改革为主的发展战略以及对内改革与对外开放同时进行。

“中国模式”也是中国特色社会主义现代化的过程。调查结果显示，民众认为“中国模式的指向”，排在前三位的是“中国特色的市场化”（3172票，占63.7%）、“中国特色的民主化”（1984票，占39.84%）、“中国特色的工业化”（1609票，占32.31%）。

有关“中国模式的指向”，最大的分歧可能就在于有关中国特色的民主模式是否已经形成。2007年《人民论坛》杂志推出了一组特别策划专题“中国的民主模式是否已经形成”。国家行政学院教授刘熙瑞的《中国的民主模式已经形成》一文，在理论界引起了相当大的反响。该文认为，中国的民主模式在两个方面已经确立：一方面，它已有明确的指导思想和理论，有基本的构架和基本的实现管道；另一方面，它又在前进中不断探索和完善，包括理论上的发展和进一步明确，实践上的进一步落实。

关于“你认为中国模式的主要特点是什么?”问卷调查结果显示，排在前三位的分别是：“强有力的政府主导”（2918票，占57.46%）、“以渐进式改革为主的发展战略”（2424票，占47.74%）、“对内改革与对外开放同时进行”（2276票，占44.82%）。那么，“中国模式与美国模式、日本模式的最大区别在哪些方面?”调查结果显示，排在前四位的是：“中国共产党坚强有力的领导”

（2525 票，占 50.3%）、“既注重中国社会实际，又兼收并蓄”（2228 票，占 44.39%）、“社会主义基本制度与市场经济原则相结合”（2131 票，占 42.45%）、“以中国特色社会主义理论体系为指导”（2040 票，占 40.64%）。

由此可见，“实行政府主导下的改革”是受调查者认为中国模式的最大特点，也是中国模式有别于美国模式、日本模式的最大区别。正是在中国共产党的领导下，在政府的主导下，才使得中国的现代化进程具有社会主义国家现代化转型的特色。有专家认为，把市场经济写在社会主义的旗帜上，实现社会主义制度的自我完善和转型，就是中国模式的最大特色。

中国的社会主义市场经济体制是“市场社会主义”的一种形式。美国旧金山州立大学政治系主任、教授郭苏建告诉《人民论坛》记者，“市场社会主义”结合了社会主义公有制基本原则和市场经济的基本原理，是一种以市场为基础的社会主义经济制度。经济上的特征可以概括总结为，国家宏观调控下的市场和市场规范下的企业。在政治上，中国共产党是唯一的执政党，它的一项重要任务就是确保社会主义方向，防止中国走向资本主义。

国家行政学院公共管理教研部教授汪玉凯认为，经过 30 年的改革与发展，中国实际上已经形成了较为独特的政治模式。如果把这一模式高度抽象，似乎可以归纳为“执政党主导的国家治理模式”。其内涵主要有三：一是基于市场经济、体现党政一体化的公共治理模式；二是基于现代法治、体现人民当家做主的民主政治模式；三是基于多党合作、体现共产党执政的协商政治模式。

中国模式的重要特点是制度内生性，而且是政府主导的制度和规则。中国青年政治学院教授田春生认为，中国政府在经济转型过程中，具有优势和主导地位，特别是掌控了市场规则的制定权。政府不仅调节和干预经济、制订发展规划、执行经济政策、制定经济规则，而且通过修订宪法和法律、颁布各项政策和规则，以促进制度转型与创新。在西方国家经济中，政府行为仅仅被限定在弥补市场失灵方面；而中国政府在市场经济转型的进程中，政府具体且实际参与了市场行为和制度设定，政府作为市场经济的要素而存在。在中国，政府对制度和规则的制定，在市场经济形成的过程中，发挥了重要的指向作用。

多数观点认为，中国改革方式的鲜明特点主要体现在“渐进”——增量先行，双轨过渡，分步推进，循序渐进，先试验后推广，由点到面，实现经济体制的整体转换。这也是中国模式的重要特点。清华大学国情研究中心主任胡鞍钢表示，中国的经济体制改革是一场渐进式革命。中国的改革就其本质而言是一场革命，因为它从根本上改变了国家经济体制的主要特征，从计划经济转向市场经济。它是渐进主义在方式上发生了革命的结果。

人民论坛网网友表示："中国改革都是务实的、渐进式的，如农村家庭联产承包责任制从安徽凤阳开始突破，四川成为中国基层民主改革的试验田，等等。""开放是中国模式的重要特色。中国从20世纪70年代末期开始走向开放，由与世界经济完全切断联系的发展模式过渡到全面开放的发展模式。""中国模式突出社会主义的政治特点。在政治方面，中国实行共产党领导的多党合作和政治协商的'政党政治'，实行人民代表大会制度、民族区域自治制度和基层群众自治制度。这是与其他制度根本不同的。"

第三节 "中国模式"取得了巨大成就

调查结果之三：56.28%的受调查者认为，"成为世界上经济增长最快的国家"是"中国模式"所取得的最大成就。

"中国模式成功的原因"排在前三位的是：保持了长期政治稳定、从经济领域突破改革和强调一切从实际出发。

"在过去的30年中，你认为'中国模式'所取得的最大成就是什么?"问卷调查结果显示，排在前两位的，一是"成为世界上经济增长最快的国家"（2749票，占56.28%），二是"形成了中国特色社会主义理论和中国特色社会主义道路"（2258票，占46.22%）。

改革开放推动我国以世界上少有的速度持续快速发展起来，经济从一度濒临崩溃发展到经济总量跃至世界第三。2008年10月国家统计局公布的数据显示，1979~2007年，中国国内生产总值（GDP）年均实际增长9.8%，不仅明显高于1953~1978年年均6.1%的速度，而且也大大高于同期世界经济年均3.0%的速度。在此过程中，人民生活水平大幅提升，从温饱不足发展到总体小康。1978~2007年，城镇居民人均可支配收入从343元增加到13786元，农村居民人均纯收入从134元增加到4140元。

人民网网友认为："中国改革开放30年的经济增长可以得100分。""没有'发展是硬道理'的思想指引，没有'三个有利于'的发展经济标准，我们就不可能取得今日的成就。""中国模式是中国马克思主义理论体系探索、实践迈步小康的新成果。为人类谋福祉，世人共识，具有无限生命力。可以预言，今后三五十年，成就更辉煌。"

国家发改委宏观经济研究院研究员常修泽表示，中国经济发展模式有五个支点：支点一，推进有中国特色的新型工业化；支点二，以信息化带动工业化，以工业化促进信息化；支点三，推进有中国特色的城镇化；支点四，推进中国全方位的市场化进程；支点五，以全球思维推进国际化，并以独立自主的大国姿态参与全球化。可以说，正是这五个支点，保证了中国经济以历史上罕见的速度向前迈进。

2009 年 1 月，《人民论坛》杂志社组织的大型社会调查"党政领导干部应当树立哪些新观念?"，调查共有 55283 人参与，结果显示，排在前两位的分别为："以人为本，以民为先"、"科学发展，构建和谐"。由此可见，科学发展的理念已经获得了社会广泛共识。可以预见，中国的经济发展动力依然强劲。

关于"中国模式取得成功的主要原因"，本次调查结果显示，排在前四位的分别是："保持了长期政治稳定"（2865 票，占 58. 71%）、"强调发展是硬道理，从经济领域突破"（2545 票，占 52. 15%）、"始终坚持了中国特色，强调一切从实际出发"（2390 票，占 48. 98%）、"采取了渐进式改革的战略"（1918 票，占 39. 3%）。专家表示，在处理改革、发展和稳定三者的关系方面，中国找到了平衡点：在坚持稳定的前提下，大力推动改革开放和经济发展。中国长期的政治稳定来源于中国的市场有一个有效的保护层，这就是国家有一个宏观调控市场的机制，使之少受市场自发起伏的影响。中国社会科学院教授江春泽认为，我国的改革是自上而下的改革，这是最好不过的。正因为在中国共产党的领导下进行，保证了社会改革环境的基本稳定，中国通过渐进的改革过程培育了市场各要素，包括企业家、资金等。

在中共十七大报告中，胡锦涛同志强调，改革开放以来我们取得一切成绩和进步的根本原因，归结起来就是：开辟了中国特色社会主义道路，形成了中国特色社会主义理论体系。有专家认为，这实际上就是中国共产党用自己的特有的理论和话语对中国模式的含义和意义所作的最为明确的阐述。

对于"中国模式"，不少西方人士大都认为，中国的改革是先经济后政治，就是先使政治稳定下来，然后大胆发展经济，创新经济体制，甚至不怕采用某些资本主义的方式推进经济的发展，特别是大力推进计划经济转向市场经济，这经过了一场激烈持久的斗争，保守势力曾在这一领域反复进行争夺。

"解放思想，实事求是，一切从实际出发"始终伴随着中国改革开放的步伐。中央编译局局长俞可平认为，中国改革开放的过程，“就是一个不断解放思想的过程”，“没有思想的解放，就不会有‘中国模式’”。每一次思想解放都是一个“破”与“立”的过程。1978 年的那次思想解放运动，破除了“两个凡是”的思想束缚，重新确立了马克思主义的思想路线，成为改革开放的思想先导；1992 年开始的那次思想解放运动，破除了长期以来在计划与市场问题认识上的姓“社”姓“资”的思想束缚，确立了“三个有利于”的标准，为建立社会主义市场经济体制提供了思想前提。当前这次思想解放运动，就是要坚决破除一切不符合科学发展观要求的思想观念和制度机制，确立符合科学发展观要求的新观念。

在中国，民主的渐进，经济的高速，社会的稳定，执政层不断地解放思想推动改革发展，得到世界舆论的高度关注。

第四节　金融危机是对“中国模式”的检验

调查结果之四：74.56%的受调查者认为，金融危机将是对“中国模式”的一次检验，也是一次转型的机会。

中国模式需要完善的重点集中在于缩小贫富差距、加快推进民生改革以及注重城乡协调发展等方面。

金融危机仍未见底。温家宝总理表示，2009 年将成为进入 21 世纪以来我国经济发展最为困难的一年。为有效应对此次金融危机，中国出台了一揽子举措，如 4 万亿元刺激内需计划、十大产业振兴规划等。在回答“有观点认为，中国能否成功应对此次金融危机，将是对‘中国模式’的一次检验，你是否认同?”的提问时，调查结果显示，74.56%的受调查者表示认同，认为“这是一次转变中国粗放式发展模式的机会”，仅有 24.54%的受调查者表示“不认同，能否应对金融危机与发展模式无关”。

专家表示，中国模式所面临的挑战主要有三个方面：第一，中国模式本身能否持续？第二，西方模式能否振兴？如果西方世界再次崛起，中国模式会不会失去反衬的参照系基础？第三，中国模式是否会受到其他模式的挑战？发展中国家中能否产生另一种模式，并且使中国模式黯然失色？为此，我们应当重点着眼于中国模式的自我完善。

“‘中国模式’要进一步完善，你认为应当重点解决哪些方面的问题?”问卷调查结果显示（见图 18－2），排在前四位的分别为：“完善社会分配体制，缩小社会贫富差距”（3945 票，占 81.34%）；“加快推进医疗、教育、住房等方面的改革”（3820 票，占 78.76%）；“完善公共财政，加强政府的公共服务”（2992 票，占 61.69%）；“改变城乡二元结构发展模式，注重城乡一体化协调发展”（2836 票，占 58.47%）。由此可见，“中国模式”要实现可持续性，必须更加关注公平，更加关注民生领域，更加关注社会的协调发展，而要做到这些，又必须加强政府公共财政建设，进一步强化政府的公共职能，完善公共服务。

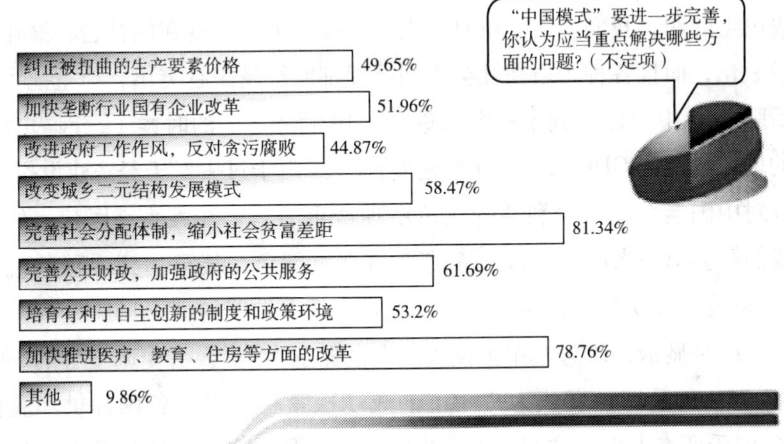

图 18－2　中国模式需要进一步完善的重点

改革开放以来，居民收入差距呈明显扩大趋势。据国家统计局统计，1978 年我国的基尼系数是 0.16，现在已达 0.45 左右。另据资料显示，中国目前占 20% 的最富裕家庭的收入占社会全部家庭收入的 50.24%；而占 20% 的最贫穷家庭的收入仅占社会全部家庭收入的 4.27%。城乡、地区、行业及部门之间的收入差距继续扩大。在当前金融危机背景下，贫富差距持续拉大的社会现象及其导致的社会负面情绪有加大的趋势，应当引起我们的高度重视。

有专家表示，中国现在最大的问题是城乡差别。城乡二元结构的形成固然有其特定的历史原因，然而这一现状已成为科学发展的重要阻力因素。美国的金融海啸引发了全球的金融危机和经济危机，对包括我国在内的发展中国家的冲击不能低估。我们把保持经济稳定快速发展的重点放在拉动内需，十分重要。

拉动内需的重点应放在农村。这也意味着，我国消除城乡二元结构的步伐将不断加快。

2009年应是一个“民生至上”之年。“民生”成为2009年“两会”期间出现频率最高的词语。有代表、委员表示，政府曾经在推动经济发展方面发挥了重要作用，取得了重大成就。同时也要看到，由于种种原因，在一定程度上存在着“重管理轻服务、重经济轻社会”的观念和体制机制。解决民生问题，需要政府转型，更加重视基本的公共服务。“不要总是把眼睛盯在GDP上，而是要根据群众的需要确定自己的政策。”

人民网网友纷纷表示：“现在我们的社会到了必须注重民生问题的时代，再不解决民生问题，我们的改革就真的无法继续下去了，现在的社会，潜在的矛盾在日益激化，而且各种矛盾在社会不同层面都变得越来越突出，严重拖了改革开放的后腿。”“中国已经到了有财力进行‘民生至上’的时候了，因为现在中央财政的增长速度比GDP的增长速度还要快。”“由于过去对于经济建设投入过高，所以针对中国老百姓切身利益的改革出现严重滞后，在教育、医疗、住房问题上，我们社会第一次改革分配中都存在着严重问题，甚至达到一种危机程度。”“医疗、教育、住房三大民生改革无疑是存在重大缺陷的。”

调查结果显示，认为“中国模式具有世界意义的”，占受调查者的59.57%，其中47.75%的受调查者认为“中国的成功探索将为世界各国提供经验借鉴”，11.82%的受调查者表示“只对发展中国家特别是社会主义国家具有借鉴意义”。正如世界银行中国局局长杜大伟（David Dollar）认为的，中国实行的改革开放称得上是全球经济中最重要的事件，为发展中国家提供了宝贵经验。早在2006年9月，俄罗斯经济学教授波波夫就说：“中国的发展模式对所有发展中国家具有无法抗拒的诱惑力，因为这种模式引发了世界经济史上前所未有的一轮增长，这种模式与美国开出的西方民主和新自由主义处方可谓背道而驰。”

中国科学社会主义学会名誉会长赵曜认为，罗斯福的“新政”，挽救了美国，也挽救了整个资本主义世界；而中国的改革开放不仅挽救了中国，也挽救了世界社会主义。20世纪，资本主义和社会主义都曾发生过大危机。资本主义大危机发生在1929～1933年，罗斯福“新政”使经济迅速复苏，其他民主国家也效法美国，逐步走出了“大萧条”的阴影。社会主义大危机发生在20世纪80年代中期到90年代初，苏东剧变，社会主义遭致前所未有的“大挫折”，而中国通过改革开放使社会主义出现了“新局面”。

第五节　小结

社会发展和变革从根本上说是由社会矛盾所推动的。有研究者认为，改革开放应该是被“逼”出来的。这个“逼”，是人类进步的一个非常重要的力量。“逼”是一个形象的词语，也是一种客观状态，是指原有生存方式面临挑战而亟待改变和重新选择的危机状况。

30 年前的中国，就处在一个被“逼”的环境中：“文化大革命”刚刚结束，人们需要从思想的混乱中走出来；社会经济亟待发展，人们渴望尽快摆脱贫穷落后的面貌；作为一个社会主义国家，要屹立在世界民族之林，非常不容易；原来选定的一系列体制机制都面临着重重困难……

为什么 1978 年要改革开放呢？一个重要的原因就是有一个“逼”的力量，“逼”使得“思变”，不“思变”就没有出路。1978 年，中国的改革从农村开始，不是偶然的，而是必然的。改革不是一件容易的事，要触动传统的观念，要进行利益关系的重新调整，甚至牵涉意识形态方面的问题，所以一定要有一个“逼”的力量。

“逼”的力量是促进个体、组织和社会发展的内在规律。从个人及组织的成长来看，面对巨大挑战，无论是个人、组织，还是国家、民族，如能运用好“逼迫机制”，往往能释放巨大的潜能，化被动为主动、变挑战为机遇。而从社会的发展规律来看，每一次经济发展、社会进步无不是突破“逼”的境况，从而实现更高层次的发展。

可以说现在的国际国内经济形势又形成了一股“逼”的力量。正如中国人民大学教授、中国社会学会名誉会长郑杭生所言，中国 30 年的改革历程，其中差不多有 20 年的时间是沿着初级发展的路径前进的。这种初级性从多方面显示出来：如发展目标是初级的——按照一个中心，即以经济建设为中心，经济因素成为国家社会生活中的核心驱动因素，经济的思路和办法，也成为解决其他政治问题、社会问题的手段。发展的手段也是初级的——自然资源的过度开采和使用，生态环境的代价，等等。发展的结果也是初级的——形成了诸多的“类发展困境”，如差距困境、环境困境、公平困境、腐败困境、弱势群体困境，等等。发展的初级性是无法跳过的，代价是无法完全避免的。

但是，目前是到了该特别强调科学发展的时候了。科学发展是对前一阶段发展模式的继承，更是创新。目前，我们面临的困难和问题依然很多：第一，国外舆论认为，中国在保持国内稳定的同时，在“特色民主”方面尚无一个清晰的远景规划，相反，在这方面倒不时听到一些不协调的杂音；第二，贫富差距拉大的趋势还未得到有效遏制，改革不到位造成了一定的经济和社会不平衡，这就不可避免地使得我们会在这场全球经济危机中面临严峻的考验；第三，尽管近年来反腐败工作取得很大的成绩，但也应当清醒地看到，反腐败斗争具有长期性、复杂性、艰巨性，有的在一定范围内还有蔓延之势，等等。

实际上，世界上不存在一成不变的发展模式，中国模式也处在不断的发展、完善之中。金融危机正是一股“逼”的力量，促使我们更好更快地转变经济发展方式，对中国模式进行创新。“逼”则图变，趁势而为，可以奠定未来中国经济增长更扎实的基础。

The Questionnaire Survey about the China's Model

Abstract: 74.55% of the respondent were for the China's Model, and 60.25% of them thought of the China's Model as a development pattern in the course of exploration. According to the questionnaire, the main features of the China's Model are: the powerful dominance of the government, the development strategy of the gradually advanced reform, and the simultaneous internal reform and the opening up to the outside world. Most of the respondents considered the financial crisis as a check up to "the China's Model", and an opportunity of restructuring.

Key Words: The China's Model; Reform; Development

第十九章
中国区域经济发展模式

李　俭*

摘　要：本章探讨了区域经济发展模式的理论模型，分析了区域经济发展模式与制度变迁的关系，总结了区域经济发展模式的主要类型，归纳了区域经济发展模式的显著特征，并从案例分析的角度对代表性区域经济发展模式进行了比较。个性化区域经济发展模式产生与发展的历史，是所有制不断进行改革和修正的历史。地方政府的最大化利益追求和当地民众的利益需求引发了地方政府的制度变迁，并由此促进了区域经济发展模式的产生与发展。在市场这个“看不见的手”的作用下，各个区域之间由于“制度落差”所产生的优势逐渐耗尽，市场化成为区域经济发展模式的根本趋势。

关键词：区域经济发展模式　制度变迁　温州模式　苏南模式　珠江模式

中国经济体制改革和中国经济发展深刻地改变着区域经济社会发展的方式和速度，这一变革是基于全能型国家对经济和社会控制的松弛和失效的前提下发生的。1949 年以来的中国经济发展在两个层面上产生了根本性变化，亦即“全国一盘棋”式的国家集中控制社会经济活动的弱化，及其对应的以地方自主权和私人所有权的发展和增长为基点的市场秩序的扩张。就中国的经济发展而言，1978 年是一道分水岭，此前的以计划指令为核心的“一制一式”的发展模式，与此后的以市场调控为基础的“一制多式”的发展模式，形成了鲜明的对照。

在分权化的渐进式改革过程中，各类经济发展模式的涌现成为中国经济一道

---

* 李俭，经济学博士，中央财经大学中国发展改革研究院特邀研究员。代表性作品：《私营企业研究》（经济管理出版社，1999）、《激活中国经济——非国有化问题研究》（经济管理出版社，2000）、《草根调查——中国基层发展的社会学分析》（经济管理出版社，2004）等。

亮丽的风景线。从某种意义上来说，市场经济是一种个性经济。在市场经济的场域中，各种产权主体以一种自为状态进行运作和博弈，由此形成了各种独具特色的经济发展模式，这些模式是地区、行业、产业、企业差异性，以及改革发展方式多样性的具体体现。这种多样性和差异性，使经济发展进入“模式中国”时代。

第一节　区域经济发展模式的理论模型

一　模式与发展的理论视角

20 世纪 60 年代以后崛起的东亚经济发展模式所产生的世界性影响，促使从模式角度研究经济问题成为一门“显学”。模式经济学及其现实意义引起了诸多经济学家的关注，比如 20 世纪 70 年代以来在中国的改革开放中形成的独具特色的“中国模式”，就引起了斯蒂格利茨的高度重视，他认为中国经济模式将使全世界受惠。① 在备受世人瞩目的整体性“中国模式”内部，各种风格迥异的地域性和行业性发展模式以“井喷”的形式出现。模式及模式经济学的发生，既推动了相关领域的经济发展，也引起了相关理论研究范式的变化。

模式对应的英文名词是“pattern”，在汉语中有模型、模特、典型和样式之义。在经济学说史上，模式是对世界范围内出现的不同经济发展类型的界定。②尽管经济意义上的模式在 20 世纪 50 年代才见诸理论界③，但从宏观意义上来讲，自人类有组织的经济活动产生以来，每个国家或地区的经济发展都会形成自己独特的模式。而自经济学诞生以来，每一个经济学派甚至经济学家都对经济发展勾勒出自己的范式或模型。

西方经济学家曾把世界市场经济概括为以下两种模式，第一种是盎格鲁撒克逊模式。这种模式既是亚当·斯密的“看不见的手”的自由竞争理论，也是现代“新自由主义”的坚定推崇者和实施者，主要以美国和英国为代表；第二种是莱茵模式。这种模式与盎格鲁撒克逊模式在本质上是一致的，都属于“新自

① 2007 年 4 月 17 日新加坡《联合早报》第 1 版。

② 张孝德：《模式经济学新探》，经济管理出版社，2002，第 8 页。

③ 张留征主编《中国农村经济发展探索》，中国经济出版社，1990，第 2 页。

由主义"，前联邦德国的社会市场经济是这种模式的突出代表。但在实际应用上对模式的划分往往非常具体，既有罗斯托模式、布鲁斯模式等以经济学家命名的模式，又有东亚模式、苏联模式等以具体实践国家和地区命名的模式。

模式作为对经济发展的一种解释范式，按照布鲁斯的理解既意味着是国民经济或其中一部分增长或运行的最简单形式的思想结构，也是一种表示经济运行机制的图式。① 托达罗认为，一个国家或地区的经济发展至少包括下列几个方面的初始条件：物质资源和人力资源；人均收入和 GDP 水平；气候；人口规模、分布和增长；国际人口迁移造成的影响；国际贸易；科研开发能力；政治制度与社会制度的稳定与弹性。② 这几个初始条件构成了经济模式的模型。

张敦福则认为，各具特色的经济发展模式的形成在于：自然资源和地理环境、人口、资金、技术的组合构成了一定的区域发展经济学模型；由于中间变量的作用，历史、文化、国家政策、区域间互动等各种共同因素形成特定的区域发展社会学模型。③ 无论经济学家怎样定义和解释经济模式的内涵和外延，有一点是确定无疑的，亦即模式是一种个性化的经济运行方式，其中包含着不同他者的独特的经济发展态势和规则。

客观来讲，改革开放打破了"全国一盘棋"式的对经济发展的国家垄断和控制，为个性化的经济运行方式提供了施展空间和舞台。在邓小平"让一部分人通过劳动先富起来"思想的指引下，中国的社会结构发生了具有重要意义的转变。这种转变可以简单地描述为：社会结构由总体性社会向分化性社会转变，社会整合由行政性整合向契约性整合转变，国家与组织的关系由总体生存形式向独立生存形式转变，原有的城乡各种身份系列为以职业身份为标志的身份系列所取代，更重要的是原来"全国一盘棋"的区域经济格局被打破，地方（区域）开始成为利益主体。地区间的差异不仅继续沿袭原来的自然条件、历史条件和发展程度差异，而且还表现在所有制结构、经济结构、经济运行机制、经济发展程度以及支撑经济资源开发的人力资源发展程度等方面。④

费孝通首先将模式引入了中国各区域个性化经济发展方式之中，他说："模式这个概念产生在1984年我们走出苏南，进入苏北调查的过程中。当时我们看

① 弗·布鲁斯：《社会主义经济的运行问题》，中国社会科学出版社，1986，第1~3页。

② Todaro, Michael, 1985. *Economic Development in the Third World*. 3rd ed. Longman.

③ 张敦福：《区域发展模式的社会学分析》，天津人民出版社，2002，第137~144页。

④ 孙立平等：《改革以来中国社会结构的变迁》，《中国社会科学》1994年第2期。

到苏北小城镇兴起比较慢，乡村里工业化程度比较低，和苏南比似乎另有一种样式……模式是从发展方式上说的，因为各地的乡镇所具备的地理、历史、社会、文化等条件不同，在向现代经济的发展过程中采取了不同的路子。不同的路子就是我们所说的不同发展模式。”① 这意味着，模式成为不同经济发展方式的代名词。也就是说，模式是从整体特征上对不同经济发展样式或不同经济体制改革样式进行的可供模仿和借鉴的理论总结。

二 经济发展模式与制度变迁

诺斯在分析经济制度与经济发展的关系时曾经指出：“有效率的经济组织是经济增长的关键。有效率的组织需要在制度上作出安排和确立所有权，以便造成一种刺激，将个人的经济努力变成私人收益率接近社会收益率的活动。”② 由此可以看出，经济发展亦即模式形成的过程，实际上是有效率的经济组织的形成和扩张过程，也就是制度创新和变迁的过程。在谈及温州模式与制度变迁的关系时，有学者颇有见地地指出，温州模式的主要特点在于利用了在体制外进行改革的先发优势，率先迅速地推动了民营化和市场化的进程，由此造成了一种区域性的经济体制落差，并借助于经济体制落差的势能，形成了自己独特的经济发展模式。③

中国自改革开放以来，政府步入制度变革进程，过去纯粹的计划型政府正向市场型政府转变，决策集权型政府正向民主参与型政府转变，单一权力中心的政府治理正向权威分散的多中心政府治理转变。其中，多中心治理方式的萌生引起社会各界关注，它主要体现在中央政府这个唯一的权力中心对地方政府的放权让利以及政府还权于社会。社会利益的多元化和地方自主治理程度的提高，反过来又进一步推动中国政府系统治理变革不断深化。这就为雨后春笋般的改革产品——各具特色的地方经济体制改革模式和经济发展模式的上市，创造了一个湿润而有营养的生长环境。

导致模式出现的地方政府制度变迁的原因在于：首先是政府组织内部的最大化利益追求。如财政收入、部门扩展、机构升格以及个人利益等。这是计划经济

① 费孝通：《行行重行行》，宁夏人民出版社，1992，第575页。

② 诺斯：《西方世界的兴起》，华夏出版社，1999，第5页。

③ 史晋川：《浙江的现代化进程与发展模式》，《浙江社会科学》1999年第3期。

和转轨期导致我国地方政府制度变迁最直接的因素，我们可以掰着手指算一算，点燃温州等地制度变迁的导火线都是地方政府组织内部追求最大化利益的动机。随着放权让利改革和财政分灶吃饭体制的推行，地方政府具有对立的行为目标和行为模式，从而在渐进式改革中扮演着主动谋取潜在制度净收益的“第一行动集团”的角色。财政分灶吃饭前的1978～1992年，温州财政总收入年均增长16.83%[①]，财政分灶吃饭后，温州财政总收入增长速度年年超过中央财政总收入增长速度，而且它们之间的差距越来越大。温州微观制度变迁带来的财政收入的高增长，使得中央政府对这一局部的制度变迁一直采取较为宽容的态度，同时也使温州地方政府受自身的利益驱动而乐于充当这一制度变迁的解说员和清道夫。

温州历来不是一个墨守成规的地方。贫瘠，偏僻，经济基础差。但“瓯越人”顽强，洒脱，自主，务实。天高皇帝远，自己怎么信仰就怎么生活。1956年正当全国合作化高潮如火如荼之时，永嘉县年轻的县委副书记李云河却搞起了包产到户。随后的1957年反右运动，李云河和他的追随者们很快被打压下去。后来的家庭工业就是包产到户的复辟和延伸，它们都是利用家庭这个中国人天然的经济细胞来搞农业或务工经商。这说明温州地方政府推动制度变迁是有传统的。

当地民众的利益要求对制度变迁的促进作用也不可忽视。就民众尤其是农村地区广大民众需求而言，随着农村经济改革的持久进行，地域发展战略的推行及其取得的成效，社会流动机会的增加，受教育程度的提高，农村城市化步伐的加快等因素，同时由于制度变迁的学习效应，民众的利益需求获得了刚性增长，要求发展本地社会经济文化的愿望日益强烈。但是，现行的政治管理和行政管理体制与这种愿望的实现之间具有某些错位，于是民众制度创新的需求也日益高涨。

在现有的规则约束下，民众的这种需求一般通过三个途径反射出来：一是在由中央政府提供的游戏规则框架内，寻找获利的机会，如通过建立听证制度提高自主治理水平；二是以非常规的渠道，组织一些临时的甚至是很大的集体行动，向政府表达自己的意愿，如上访；三是预期现有制度不能提供利益收入，自主地突破现有的制度框架，寻求更大的、更直接的获利机会。

温州的企业组织沿革史就说明了这一点。温州的企业组织在规避外部环境的

---

① 史晋川等：《制度变迁与经济发展：温州模式研究》，浙江大学出版社，2002，第33页。

潜在威胁时，相继采取了早期的“挂户经营”、中期的股份合作制和现在的在非公有制企业中建立基层党组织的方式。“挂户经营”实质上就是微观经济主体通过交纳一定的“挂靠费”，冒充公有制经济而获得制度创新的“进入权”，以规避意识形态刚性带来的“政治风险”；在传统经济思想的束缚下，个体企业的“政治成分”使得它很难获得对要素市场的“进入权”，这就迫使个私企业披上“股份合作制”的这一公有制经济的外衣。① 所以，在中共十五大私营企业的合法地位得到确认后，股份合作制企业纷纷向私营企业或有限责任公司转变；个体企业规避传统意识形态方面的政治成本还表现在非公有制企业中建立基层党组织，到2000年，温州非公有制企业党组织已有958个。

这些都是温州的微观经济主体在政治成本最小化方面所做的理性选择。但如前所述，由于制度是一项公共物品，制度创新是一项集体行动，而且由于地域性群体只是一种潜在的集团，由于经济人的“搭便车”偏好和其他机会主义诱惑，以及旧的“选择性刺激”具有巨大的惯性，所以，设计、组织实施新制度的具体操作行动难以由分散的民众承担。就一个地区而言，能够挑起此项任务的最有力的肩膀是地方政府。

地方政府尤其是县乡两级政府作为政府系统的基层，组织规模小，根据奥尔森的理论，容易实现集体行动；又由于它距离最高权力中心远，因而容易在制度的边际上发掘活动空间，进行制度创新；同时，还距离草根层最近，能够优先、真实地嗅到土壤的气息和感受到民众的需求，因此在一定条件下，基层政府和民众的制度创新需求就有了有效结合，从而相互促动上下回应，实现突破性制度创新。社会民众的利益、地方政府的利益及中央政府自身的利益的整合，推动了新制度供给的进程。中国改革开放以来的制度变迁，就是各个权力主体和权利主体之间相互博弈的结果。

制度是从非正式制度演化而来的，而非正式制度来自于民间的创造。制度在一开始往往是不合法的、违规的，从非正式制度的民间突破到正式制度的官方确立，是一个互动式制度变迁的过程，这一变迁方式补充诱致性制度变迁和强制性制度变迁这两种主流的制度变迁方式。来自于民间的制度创新往往具有颠覆性、破坏性和源自于实践的超前性。正因为如此，它往往在关键的时候，影响了一个地区乃至国家的发展方向。小岗村农民签订“生死状”进行土地承包，点燃了

① 史晋川等：《制度变迁与经济发展：温州模式研究》，浙江大学出版社，2002，第32页。

中国改革的火焰即可作为例证。

中国的改革一开始就不是按图索骥和事前诸葛亮式设计的改革，而是一个不断“试错”（trial and error）和“摸着石头过河”的改革。正如钟朋荣评价“温州模式”所说的那样，温州在自费改革中“不唯书、不唯上，只唯实”，地方的经济突围是在实践当中由人们在异想天开和“不合规则”的探索中完成的，这种变革往往只需要胆识和勇气就能完成。个人的、无组织的行为，在恰当的时刻、恰当的地方造成了对旧制度、旧思想、旧框架的破坏，并因为其显著的经济效益和社会效益成为人们模仿和追随的对象，最终成为一种集体行为和组织行为。在中国改革开放的进程中，就是充满了这样具有冒险性和戏剧性的镜头。从某种意义上说，无数次非理性的“越轨”造成了今天的理性的“正轨”局面。

三　经济发展模式的框架模型

张孝德分析了影响一个国家经济发展的各种要素，认为人口、资本、知识和制度等四大内在要素构成了经济模式的内在系统，政治、文化、环境、资源等四大外在要素构成了经济模式的外在系统。根据各要素的功能和在经济模式中的地位，得出了一个经济模式结构图（见图 19－1）。在这一模型中，外在因素构成的系统对内在经济系统的运行具有双重功能，一方面所有外在因素都为内在经济系统提供各种资源和给养，另一方面又从各个方面为经济发展提供了各种约束和激励。①

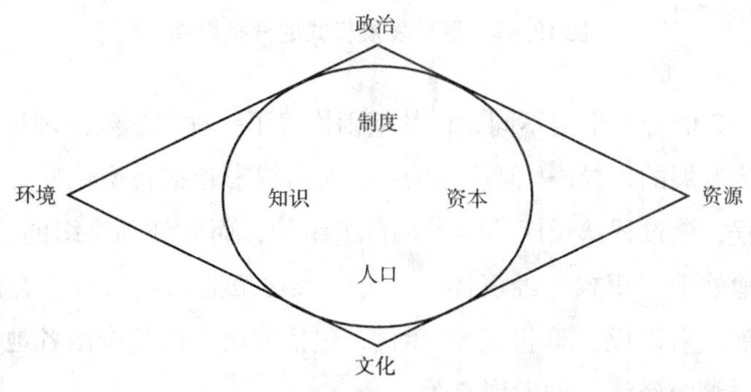

图 19－1　经济模式结构

① 张孝德：《模式经济学新探》，经济管理出版社，2002，第 49～50 页。

张敦福则认为一个区域的发展至少需要具有：一定的自然资源，特定的地理环境，一定数量和素质的人口和劳动力，资金，技术状况，运输条件。这几个方面构成了区域发展模式的分析框架（见图 19－2）：由自然资源和地理环境、人口、资金、技术的组合构成了一定的区域发展经济学模型，由历史因素和文化传统、与其他区域的互动、国内政策等中间变量的作用，各种因素共同形成特定的区域发展社会学模式。在区域发展模式形成的过程中，各因素之间始终处于动态的变化之中。由于各种因素在不同区域禀赋不同、发展有差异，各具特色的发展模式才得以形成。①

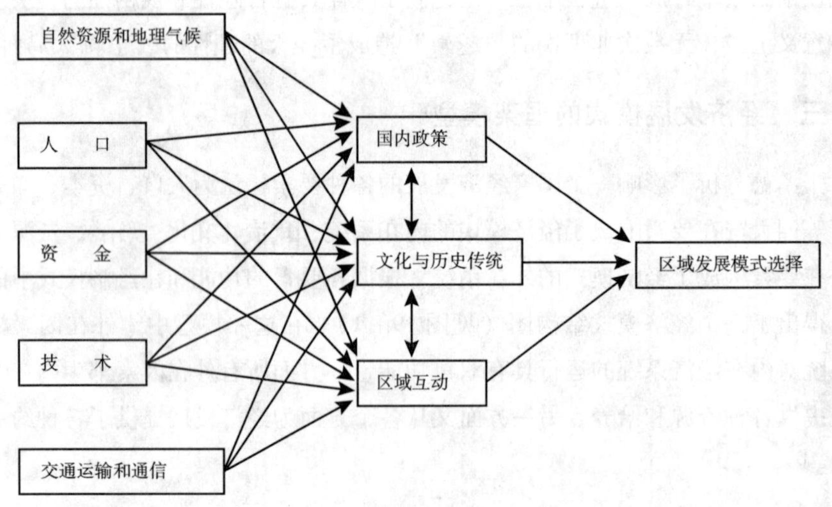

图 19－2　区域发展模式的分析框架

与图 19－2 的分析框架不同，何梦笔则构建了一种隙缝经济理论模型以解释不同区域经济发展的差异。② 何氏认为："人们越来越把转型包括中国的转型感受为一个过程，该过程从长期角度看是自组织的，而非外部组织的。" 中国的乡村工业明显地处于"正式"经济体系之外，农村工业的发展有着类似于"缝隙经济"的发展。可以说，20 世纪 80 年代，包括苏南在内的全国各地乡镇企业异军突起，与"缝隙经济"的发展有关。

① 张敦福：《区域发展模式的社会学分析》，天津人民出版社，2002，第 135～154 页。

② 有关"隙缝经济"的描述可参看何梦笔：《网络文化与华人社会经济行为》，山西经济出版社，1996。

所谓“缝隙经济”，是指在一个具体的经济制度里，基本上处于正式经济结构之外的、以特定的专业化为基础的企业运行的一种经济形式。何梦笔认为，历史的偶然因素也起着重要的作用，比如中国20世纪80年代中期猛烈的信用扩张和上海与江苏这样的地区间协作。企业之所以可能专业化，首先是因为企业在正式制度之外活动，能够运用更有效率的组织形式，能够取得特殊的交易成本优势；其次是由于某些市场还没有被其他企业系统地开发出来。确实，改革初期大量经济缝隙的存在为包括苏南地区在内的乡镇企业的异军突起提供了历史机遇。

无论哪种理论都无法忽视这样一个事实，即就区域经济发展模式而言，尽管经济模式的形成和运行过程即各种要素相互作用的过程，但它们并不是均衡地发挥作用，在特定条件下决定模式类型和推动模式演进的是占主导地位的要素，也可说是经济增长需求最强烈、表现最稀缺的要素。在各个区域发展模式中，起主导作用的经济主体，由于传统文化、现实政策和制度偏好的不同，都面临着不同的生存环境。

苏南地区的乡村集体企业的经营管理一般由乡村两级政府行使，政府首先考虑的不是开拓市场和产品研发，而是它们执行乡村政府决策的能力和为乡村政府提供利润的能力。温州地区私营企业的企业行为，则不受政府政策的硬性规范和约束，企业所有人拥有企业决策的完整权力，并负有完全责任。珠江地区的“三资”企业大多来自港台，投资者以港台籍的本地人为主，来自外方的投资者拥有主导性决策权。这种差异表明，用一种单一的模型是无法彻底解释各种经济发展模式差异的。

第二节 区域经济发展模式的实证描述

一 所有制困局与经济模式的发展

所有制问题是政治经济学说乃至马克思主义学说的核心，也是社会主义运动及经济运行的基本问题。利益的分配，包括利益分配的控制权，由此而产生的创造财富动力的激励机制，更大程度上决定于生产资料所有制的结构。在某种意义上来说，个性化经济发展模式产生与发展的历史，是所有制不断进行改革和修正的历史。

我国在传统经济体制下建立的社会主义公有制，是以马克思所设想的社会主

义实行生产资料全社会公有制为前提，并在借鉴苏联模式的基础上形成的。单一公有制基础上建立的高度集权的经济管理体制的主要弊端是，国家政权机关是经济管理的主体，一切经济决策权几乎都集中在国家手里，经济活动统由国家制定的指令性计划来指挥，排斥市场机制的调节作用。由于在所有制形式优劣衡量与取舍标准上，不仅片面追求公有制本身的公有化程度，而且追求纯而又纯的所有制结构，在实践中“宁要社会主义的草，不要资本主义的苗”，将非公有制经济成分视为洪水猛兽，由此造成了所有制困局——经济活动对市场的敏感性与适应性很差，经济结构不合理并且长期难以调整，企业和劳动者缺乏改进经营、发展生产的内在动力，官僚主义、唯意志论和以权谋私的不良倾向盛行，最终导致生产效率低、产品质量差、品种少，不能满足广大人民的日常需要。

所有制困局的阴影投射在区域经济发展上体现为，由中央政府在政治上实行集权控制，在经济上实行计划经济体制。在这一前提下，每一个地区都是整个国家系统的“螺丝钉”，局部利益必须服从国家整体利益，地方不是独立的利益主体。并且由于在财政管理体制上，实行高度集中的“统收统支”体制，地方没有财力可言，因此，区域发展只是国家发展在地方的体现或者布局，地方的积极性和主动性受到严重抑制和阻碍，不可能产生个性化的经济发展方式。

1978 年的改革开放沿着所有制改革的路径展开。1981 年公布的《关于建国以来党的若干历史问题的决议》提出，国有经济和集体经济是我国基本的经济形式，一定范围的劳动者个体经济是公有制经济的补充。1982 年中共十二大提出，要发展多种经济形式。1984 年中共十二届三中全会提出，要坚持发展多种经济形式和多种经营方式。1986 年中共十二届六中全会提出，要在公有制为主体的前提下发展多种经济成分。1992 年中共十四大提出，以公有制包括全民所有制和集体所有制经济为主体，个体经济、私营经济、外资经济为补充，不同经济成分可以自愿实行多种形式的联合经营。1997 年中共十五大提出，把公有制为主体、多种所有制经济共同发展，作为我国社会主义初级阶段的一项基本经济制度。2003 年中共十六届三中全会提出，要大力发展混合所有制。2007 年中共十七大提出，要坚持和完善公有制为主体、多种所有制经济共同发展的基本经济制度。

从以上简单的描述可以看出，改革的路径致力于突破所有制困局：一是改革所有制结构，冲破越纯越好的观念，变单一的公有制结构为以公有制为主体、多种所有制经济共同发展的所有制结构；二是改革所有制形式，破除越统越好的意识，变全民所有制为多种公有制实现形式共存，从而打破了高度集权的计划经济体制，形成了我国经济体制的新格局：所有制结构不断调整完善，确立了以公有制为主体、多种经济成分共同发展的基本经济制度。国有经济的结构和布局得到显著改善，公有制实现形式发生重大变化，个体私营经济等非公有制经济成为促进我国生产力发展的重要力量。统一开放、竞争有序的现代市场体系初步形成，市场机制对资源配置的基础性作用显著增强。绝大多数商品的价格由市场决定，资本、土地、劳动力等要素的市场化配置程度大幅提高。政府职能发生明显转变，宏观间接管理与调控体系初步形成。政企、政资初步分开，政府职能逐步转向经济调节、市场监管、社会管理和公共服务，宏观调控主要依靠经济手段和法律手段进行。从总体上说，基本实现了由高度集中的计划经济体制向充满活力的社会主义市场经济体制的转变。

可以说，所有制改革始终是中国经济体制改革的中心。每一次在所有制上的思想解放，都在各个时期推动了各种经济发展模式的变迁和发展。各种发展模式的出现，既是各个地区、行业、企业在资源稀缺的约束下，如何以最少的投入获得最大的产出，并从理论和实践上寻找经济增长最优路径的产物，同时也是中国经济发展多样性的表现，更是各种所有制相互补充、协调发展的结果。

以通过自发性经济体制改革而形成自己独特经济发展模式的温州为例，在最辉煌的1988～1997年这10年，温州的国内生产总值由13.31亿元增加到605亿元，工业总产值由11.12亿元增加到1264亿元，财政收入由1.35亿元增加到38.7亿元，农民人均纯收入由113.5元增加到3700元。10年间，温州经济增长速度基本保持在30%以上。温州的10年，等于“亚洲四小龙”的35年，等于西方国家的100年。到2002年，国内生产总值超过1000亿元，2006年更是高达1834.38亿元，2002～2006年年均增长率超过13%。

在温州经济发展的过程中，农民同城市居民一样获得了巨大的改革收益，农民的收入获得了实际性的增长。根据有关数字显示，1981～1999年间，城市居民和农民的人均纯收入年均增长率分别为18.77%、18.31%。2006年，私营经济在温州国内生产总值中所占比重达到95%左右，在工业总产值和社会消费品零售总额中均占98%左右。[①] 20世纪70年代至80年代中期，温州人从赚小钱开始，靠小商品催熟了大市场，温州形成了全国最大的皮鞋生产、眼镜加工基地，

① 根据温州市统计局发布的《2006年温州市国民经济和社会发展统计公报》核算。

服装业年销售额为500亿元以上，打火机市场占有率全国第一，而且还拥有20多个中国驰名商标。

现在，温州商品已成为中国在国际市场上最有竞争力的商品之一。改革开放以来，温州的小城镇由原来的18个增加到146个，建制镇的人口占全市的60%以上，工业总产值占全市的80%以上，社会消费零售总额占全市的70%以上，财政税收占全市的50%以上。温州中心城市的规模和档次有了很大的提高，近几年崛起的30个经济强镇，以占全市26%的人口，实现了占全市农村67%的经济总量，其工业产值和财政收入的平均增幅是全市的2倍。

经过这些年的发展，其中具有全国性、典型性影响的苏南模式、温州模式、珠江模式、顺德模式、中山模式、南街村模式、华西村模式等，继续延续下来并发挥着模范作用，当然也有许多模式如同昙花一现，各领风骚三两年便很快湮灭了。这些经济发展模式无论发育程度和生存时间长短，都是在中国经济体制改革和经济发展进程中，通过需求诱致型的大胆超前的局部经济体制改革所形成的一种具有区域经济社会发展模式。它们的主要特点在于利用了在体制外进行改革的先发优势，充分尊重和发挥民众或地方的首创精神，将经济体制改革与经济发展有机地融为一体，迅速地推动了工业化和城市化的进程，形成了以多种所有制经济和小城镇建设为特色的区域经济发展模式。

各种经济体制改革模式的发展演变向人们表明了这样一个硬道理：真正的发展权蕴藏在民间，来自底层的自发秩序和自组织形式往往是人类行为的理性选择，也往往会成为经济社会发展的主动力。因此，从政府角度来讲，应当鼓励和培养草根层的制度创新，支持和保护地方和民众的发展主动性和创造性，形成百家经济体制改革模式争鸣、百处经济体制改革模式齐放、百个经济体制改革模式共同发展的局面，从而促进“一制多式”的中国经济的繁荣发展。

二 区域经济发展模式的主要类型

20世纪70年代末以来，在中国的改革开放中，不仅在整体上形成了独具特色的“中国模式”，还涌现出一大批风格迥异的地域性和行业性发展模式。1985年5月12日，上海《解放日报》头版以《乡镇工业看苏南，家庭工业看浙南——温州33万人从事家庭工业》为题报道了温州的家庭工业，并第一次使用了温州模式这一提法，遂后被国内一些经济学家所关注，继而认可和沿用，这也是中国第一次将“模式”一词冠在一个地方头上。概括看来，由于各地区历史

文化传统的不同和经济发展水平的差异，在我国工业化和市场化进程中出现了一种“一制多式”的局面，即在社会基本制度相同的前提下，各个区域的经济体制改革方式和经济发展模式呈现出一种多样化的格局。①

模式在各个领域都拥有自己的样板。区域发展模式有如苏南模式、温州模式、珠江模式等；农村工业化模式有如南街村模式、华西村模式、大邱庄模式、罗庄模式等；国有小企业产权变革的“三城模式”有诸城模式、海城模式、兴城模式；企业发展模式有如海尔模式、春兰模式、邯钢模式等；行业改革模式有如电信改革模式、电力改革模式、石化改革模式等，不一而足。这些模式在我国经济体制改革和经济发展过程中，一直发挥着示范和导向作用，成为改革发展的领军和样板。

对在改革开放总路线指引下，通过率先改革和建立市场经济体制来促进区域经济社会迅速发展的发展模式进行梳理，突出强调引发地域性经济体制变革从而促进经济社会全面发展的核心因素，我们可以把改革开放以来涌现出来的各种发展模式划分为如下四类八种（见表19－1）。由于各种模式的形成是综合因素协调作用的结果，因此同一模式可以划分为不同的类型。

表19－1　各种经济发展模式及其划分标准和代表

类　型	划分标准	代表性模式
自然资源型模式	资源禀赋	苏南模式、珠江模式等
人力资源型模式		义乌模式、温州模式等
自发秩序型模式	组织变量	耿车模式、诸城模式、苏南模式等
外发秩序型模式		珠江模式、顺德模式、中山模式、晋江模式等
集体经济型模式	所有制结构	大邱庄模式、南街村模式、苏南模式、罗庄模式等
私营经济型模式		义乌模式、温州模式等
政府主导型模式	调控主体	苏南模式、诸城模式、海城模式、兴城模式等
市场主导型模式		温州模式、浙江模式、华西村模式等

在和地方的一些领导进行交谈时，我们经常会听到这样的反馈，我们这里的经济没发展上去，是因为资源贫乏，他们那个地方的经济发展了，是因为自然资源丰富；我们这里的经济发展了，是因为有大批有用之才，他们那个地方的经济没搞上去，是有人无才。这实际上道出了关乎地方经济发展的一对非常重要的因

① 于光远：《由温州模式谈到“一制多式”》，1992年1月28日《大公报》第3版。

素。资源禀赋在区域经济发展模式中的突出作用，构成了区分自然资源型和人力资源型模式的区分标准。

在经济发展中往往会有两种倾向。一种是以自然资源替代人力资源，借助于地理禀赋的赐予实现经济的快速发展；一种是以人力资源弥补自然资源之不足，借助于“企业家精神”获得经济的迅速突围。苏南模式属于典型的“自然资源开发型”模式，而温州模式则属于典型的“人力资源开发型”。前者土壤、气候等自然条件优越，历史上号称“鱼米之乡”，素有“苏杭熟，天下足”的说法，通过利用优越的自然条件，获得了经济的快速发展。后者囿于自然资源缺乏，被迫在传统农业之外寻求生路，通过重商主义精神走上了富裕的道路。

哈耶克认为，“自组织”、“自组织系统”（self-organizing systems）或者“自我生成系统”（self-generating systems）之类的概念来源于控制论，意味着系统内部的力量的互动创造出一种“自生自发的秩序”（spontaneous order）。这种自发秩序源于内部或者是自我生成的，有别于另一种由人通过把一系列要素各置其位且指导和控制其运动方式而确立起来的人造秩序。这一理论的核心观念在于，自发秩序不是人类设计的产物，但属于人类行为的产物。他认为，人为的秩序或一种受指导的秩序可以称作一个“组织”，它来自外部，是一种“外部秩序”，从而区别于自生自发的、源自内部整合的“内部秩序”。

根据这一理论，从内因和外因哪种因素更为重要的角度划分，可以将区域经济发展模式划分为自发秩序型和外发秩序型模式。一般说来，沿海（江）地区由于地理位置优越，交通条件便利，更容易得风气之先，走外发秩序型模式的路子；内陆区域则由于交通不方便，信息流通不顺畅，文化上趋于保守，更倾向于走自发秩序型模式的路子。

在地方经济发展过程中，集体经济和私营经济如同一对矛盾体，在20世纪80年代以来关于地方经济发展的模式选择中，孰优孰劣和选择哪种经济形态作为发展的目标一直是一个充满争议的问题。中国地方经济发展的微观主体与制度存在着区域性差异。[①] 如果从区域发展中微观主体的所有制类型加以抽象和强调，可以得出“集体经济型”和“私营经济型”两种区域发展模式，以及介乎两者之间的混合经济型模式。[②] 苏南地区以乡村集体企业为主，温州地区以个体

---

① 陈吉元主编《中国农村工业化道路》，中国社会科学出版社，1993，第207~236页。

② 张敦福：《区域发展模式的社会学分析》，天津人民出版社，2002，第180页。

私营企业为主，珠江地区则是多种所有制混合。目前，以引进外资或者私资激活国有或集体资产存量的混合型模式，在各地经济发展中占了很大比重。

在各个区域的经济发展中，有“两只手”左右着发展模式的现实选择和未来走向。市场这只“看不见的手”通过供求关系调节资源配置和经济活动，政府这只“看得见的手”则通过政策杠杆对经济活动进行干预。小艾尔弗雷德·钱德勒认为，“看得见的手”比“看不见的手”更能有效地促进经济发展。市场力量在华西模式中起着自组织的作用，政府起着促进性和辅助性的作用；南街村模式的动力更多的是来源于乡镇村干部乃至政府的干预。据此，从调控主体的区别来看，可以将经济发展模式区分为政府主导型和市场主导型模式。某个模式是属于政府主导型还是市场主导型，一个重要的尺度是该区域和上级政府的权利义务关系。[①] 在中国从计划经济向市场经济逐步推进的过程中，这种权利义务关系的尺度显得尤其重要。

三　区域经济发展模式的显著特征

尽管各种区域经济发展模式都具有自己鲜明的特色，发展路径与经济绩效亦大不相同，不同的经济模式都有其自身的“内核”，但作为在以现代化为主题的全球化浪潮中，地方经济主体在工业化道路上寻求发展突破的自我实现的独特的方式方法、各种模式在宏观层面上具有以下共同的显著特征。

（一）从经济发展方向趋势来看，表现出明显的市场化特征

在中国的语境中，现代化与市场化是同质的。改革开放是中国的第二次革命，“革命”的核心内容就是建立市场化取向的经济体制，以及基于此的扁平化政府运行机制。在这一过程中，“市场取代了指令性计划的作用，成为区域经济发展中资源配置活动中的主要调节方式”。[②] 构成温州模式的关键因素，是私营经济的迅猛发展；构成苏南模式的关键因素，是乡镇企业的异军突起；构成珠江模式的关键因素，则是外资企业的突飞猛进。各种经济模式尽管内涵和外延并不一致，但都绕不开这样一个事实：区域性的社会经济活动是在新的体制——市场里展开运行的。

（二）从经济发展方式路径来看，表现出明显的工业化特征

在西蒙·库兹涅兹看来，现代经济增长意义上的经济发展将引起社会经济结

① 张敦福：《区域发展模式的社会学分析》，天津人民出版社，2002，第186页。

② 史晋川等：《制度变迁与经济发展：温州模式研究》，浙江大学出版社，2002，第5页。

构的巨大变化，突出的一条即是“产品的来源和资源的去处从农业活动转向非农业生产活动，即工业化的过程”。[①] 无论现代化还是市场化，其关键特征就是工业化。费孝通曾经评价苏南模式说：“中国社会基层的工业化是在农业繁荣的基础上发生、发展的，而且又促进了农业发展，走上现代化的道路。”[②] 他还指出了温州模式所蕴含的工业化特征，即温州经济发展的基本特点是以商带工的“小商品，大市场”。[③] 而珠江模式所蕴含的工业化特征在于，珠江三角洲借助邻近香港的地缘优势普遍发展“三来一补”企业，与香港形成前店后厂的格局，香港的工业以辐射的方式扩散到珠江三角洲。[④] 工业化成为区域经济发展模式在寻求地方经济发展过程中的核心路径。

（三）从经济发展动力机制来看，表现出明显的草根化特征

自下而上的突破和推广，是各种区域经济模式形成的关键。从模式的形成和发展来看，草根化即来自于基层创造是最关键的因素。人民群众是社会发展的动力，也是社会历史创造的主体。许多重大改革决策的制定和关键改革措施的推出，例如承包经营责任制、股份合作制等，都是以基层单位的人民群众创造的具体改革经验和做法为基础和依据的，区域经济模式的形成和推广也不例外。在费孝通视野中的民权模式是一种不出院不出村就能增加收入、脱贫致富的庭院经济：果农专业以农户为单位种葡萄，乡镇企业榨汁发酵，县里的国营酒厂最终制成果酒；纺织品抽纱，一根针，一根线，不用油，不用电，老人小孩都能干。初成品分散在千家万户，县工艺品厂集中收去修整、漂白、包装出口。[⑤] 这一描述典型性地表现了草根层的利益需求。

（四）从经济发展政治环境来看，表现出明显的行政化特征

尽管有“解放思想”和“改革开放”大旗的庇护，各个地方在探索符合自己特点的经济发展方式过程中，依然无法规避一定的政治风险，比如温州地方政府打击个体经营的“八大王”事件就是明证。但总体而言，随着放权让利改革战略和财政“分灶吃饭”体制的推行，地方政府具有独立的行为目标和行为模式，从而扮演了主动谋求其在制度净收益的“第一行动集团”的角色。比如温

---

① 西蒙·库兹涅兹：《现代经济增长》，北京经济学院出版社，1998，第1页。

② 费孝通：《行行重行行》，宁夏人民出版社，1992，第49页。

③ 费孝通：《行行重行行》，宁夏人民出版社，1992，第282页。

④ 费孝通：《学术自述与反思》，生活·读书·新知三联书店，1996，第93~95页。

⑤ 费孝通：《学术自述与反思》，生活·读书·新知三联书店，1996，第296页。

州地方政府成为“纵容”私营经济发展的“无为而治”的“守夜人”，苏南地方政府成为积极介入乡镇企业发展的“运动员”，珠江地方政府成为鼓励和吸引外资经济发展的“吹鼓手”。在改革开放初期私营经济饱受诟病时，温州甚至出现了政府庇护经济发展的“挂户经营”。这表明，在区域经济发展模式形成过程中，地方政府并非“不作为”，而是进行着追求本级财政收入最大化的理性选择。在这一意义上，没有地方政府默许、纵容和支持，以回避突破计划经济思想羁绊所产生的政治风险，个性化的经济发展模式是不可能出现的。

（五）从经济发展制度变迁来看，表现出明显的渐进式特征

美国经济学家缪瑞尔（Murell）认为对渐进改革理论的哲学支持可以来自两个理论流派，即“演进经济学”和“保守的政治哲学”，它们都反对制度变迁上“建构的理性主义”传统而提倡“演进的理性主义”。渐进式改革既要适当保留现有的制度，又要鼓励新体制的发育与扩张，由此会导致“双轨体制”的形成。[①] 不少学者指出激进改革迅速但却昂贵，渐进改革缓慢但成本较低。樊纲将改革的成本区分为“实施成本”和“摩擦成本”，认为前者是改革激进程度的减函数，后者是改革激进程度的增函数，渐进式改革的实施成本高于激进改革，但它的摩擦成本却低于激进改革，是一条阻力较小的改革路径。[②] 区域经济发展模式在形成过程中，都是在基于“制度落差”的前提下生发的，表现出了明显的从体制外到体制内演进的缓冲过程，从而探索出一条摩擦成本最小化的改革路径。

第三节　代表性区域经济发展模式比较

改革开放以来，在我国市场化和工业化进程中出现了“一制多式”的格局，其中影响最广、成就最大的是温州模式和苏南模式，这两个模式在我国经济体制改革和经济发展过程中一直发挥着广泛的、强烈的示范作用，尽管中共十五大以前，各级政府从未通过正式文件公开宣传推广过温州和苏南发展的经验，但通过民间的非正式渠道，温州模式和苏南模式一直成为其他地区改革与发展的样板和“领头羊”。这里试图就这两个模式作一轮廓性比较。

---

① 张军：《过渡经济学：我们知道什么?》，《社会科学战线》1998 年第 5 期。

② 樊纲：《两种改革方式与两种改革成本》，《经济研究》1993 年第 1 期。

一　代表性区域经济发展模式的案例分析

（一）温州模式的案例分析

温州之所以成为全国范围内“自费改革”的领头羊，乃至成为“中国的刀锋”①，与改革前温州具备的一系列因素有关，也就是说温州具备诱发制度变迁的初始条件，其中最主要的有两个，一个是文化条件，一个是自然条件。

文化条件是温州制度变迁的内在推动力。文化对有地方特色的经济发展模式形成的影响也是不容置疑的。温州自古天高皇帝远，主流文化的影响较弱，常常表现出根深蒂固的地域传统，习俗、道德、宗教在政府管理中起着很大作用，人们对个人成就表现出极大的崇尚和重视。温州模式的“小商品、大市场”特征，和该地域自宋朝以来就有的注重商业功利的“瓯越文化”、善于长途贩运做生意的历史传统密切相关。自宋朝以来，温州人便学会了充分地利用本地区天赋的自然资源，将地理位置转化为相对优势。历史上温州便是浙江南部和福建北部的贸易中转站，是与宁波和上海等大型港口进行贸易的货物集散地，成了中国东南部主要的贸易中心。明朝万历年间和清朝乾隆年间的《温州府志》都把温州人描述为“能握微资以自营殖”，“人习机巧”，“民以利胜”。

温州区域文化传统深受“瓯越文化”潜移默化的影响，提倡“功利”、“重商”的价值观念，这与中国“重农轻商”、“重义轻利”的传统价值观念和行为方式成为对照。在温州农村地区，至今流传着“温州生意郎，挑担走四方”的歌谣。温州人尤其擅长商品性货物和工艺品的生产，即主要为市场而生产。温州的手艺人足迹遍布国内，苍南县钱库镇就有“十岁小儿会经商”的说法。这表明，温州特有的功利主义文化传统与计划经济有着本质上的离心力，而与市场经济的精神默契暗合。

自然条件是温州制度变迁的外在推动力。尽管温州自古就有经商的传统，但却是一个典型的零资源地区。温州地处浙江省的南部，是中国东部海岸线的中

① 一项旨在“寻找和总结中国改革进程中可供借鉴的经验”的“寻找中国刀锋”的网络调查显示，温州在刀锋城市中名列探花，这是笔者 2002 年 5 月 7 日结束第三次对温州的调研，在等候回京的航班时，随手翻阅《温州晚报》时读到的。考虑到分列状元、榜眼的浦东、深圳得益于政府巨大的政策倾斜和资金注入，笔者以为，真正靠自身力量突破市场的硬壳而成长为发展标杆的是温州。站到中国这块经济意识最活跃的板块上时，笔者感到，尽管温州模式和温州企业家还没有抹掉身上最后一点乡土气息，但以温州模式为样板的民本经济，代表着中国地域经济发展的潜在趋势。

点，全区人口600多万人，全市面积11783.5平方公里，其中78%是崎岖不平的山区。历史上交通比较闭塞，区位条件较差，自然资源也没有特别明显的优势。温州的这种多山地形、稠密的人口和贫乏的资源使温州人的生活特别艰难。土地的贫乏意味着有必要以其他产业补给农业；人口过剩则迫使许多人背井离乡，到其他地区谋生。

同时，新中国成立以后国家在温州的投资也比较少，1949～1980年间，国家在温州的总投资仅6.55亿元，而在宁波的投资则达到28亿元。据官方统计数字，1966～1978年间，温州的工业增长率只有0.1%。此外，在国家投资最少的绝大部分时间里，政策又使得私人经济活动日益困难而且完全非法。这些使得温州农村居民1978年的人均收入只有55元，远低于全省平均水平的165元。在被视为“改革的先锋”以前，温州以穷著称。当地农民有句顺口溜：“平阳讨饭，文成人贩，永嘉单干，洞头吃贷款。”1981年，整个温州地区有2/3的人生活在贫困线以下，农民人均年收入不到200元。20世纪七八十年代之交，温州有10万人被迫到外地谋生：乞讨，弹棉花，补鞋，在上海车站码头帮人站队、倒卖车船票，不一而足，而更多的则推销温州家庭作坊生产的小商品。这10万人，被人讥为“十万细菌”。温州地市两级各有四套班子，30万人口的城区分成3个区，麻雀虽小，五脏俱全。当时温州年财政收入仅有1亿多元，但吃财政饭的官员却为数不少。

温州经济在20世纪70年代末80年代初的起步源于一种生存压力，这种压力主要表现为强烈的发展要求与有限资源的限制之间的矛盾。温州人感觉到的生存压力，其实是一种对现实低层次需求和低层次供给的不满足。中国历代王朝的中央政府难以对温州进行有效的控制，以及地方的政府官员逐渐形成的特立独行的革新传统，为温州的制度变迁提供了一个生长的土壤和小气候。因此，区位条件相对恶劣的温州成为天然的改革试验区就在情理之中了。

作为一种地域经济（亦即工业化）的发展样板，温州模式有自己鲜明的特点：

一是工业化的发动者具有很强的民间性。温州模式是在农村发展非公有制的非农产业，它的发动者和创业者是千千万万的农民，他们自己投资、自己创业，组建遍布农村的、以血缘为纽带的、家庭作坊式的生产、销售或其他中介服务的业主制企业。它们完全自主经营、自负盈亏，在温州的GDP总量中，私营经济的贡献率达到85%以上。

二是微观产业组织（企业）具有明晰的产权结构。改革初期，温州就坚持“多种经济一起上，多个轮子一起转，不限比例看发展，不限速度看效益，不唯成分看实践”的方针。1999 年，全国公有制企业产值占工业总产值的63%以上，温州公有制企业产值占工业总产值只有15%，非公有制企业比重高达85%。

三是工业化资本具有鲜明的内生性。1998 年，全国固定资产投资中直接利用外资比重超过13%，温州为1.5%，基本依靠国内和本地区的投资。

四是市场结构上具有极高的区域性。尽管温州人将生意做到世界各地，但和珠江三角洲地区外贸出口依存度接近100%不同，温州国民经济的外贸依存度不到10%。

五是产业和技术选择上具有很强的传统性。前面讲过，温州经济的发展主要是由民间投资驱动的，因此在产业和技术选择上主要集中在投资少、见效快、风险小、技术门槛较低的项目，新兴产业和高新技术产业领域鲜有人涉足。这些私人业主制企业按照市场的需求，彼此分工协作制造各种低品质的劳动密集产品，例如塑料编织袋、腈纶服装、塑料凉鞋、纽扣、拉链、各种证章、各种低品质的低压电器等。

六是企业的生产具有很强的市场性。以温州模式为代表的农村区域发展模式属于“市场先导型”或“市场推进型”。在温州，自发产生于民间且游离于国家计划直接控制的家庭企业、联户企业迅速崛起和壮大，构成了乡镇企业和农村商品经济发展的主要组织形式。这些大小不等的家庭企业，通过消费品市场、生产资料市场、资金市场、技术市场和劳务市场在内的地区性民间市场体系来连接生产和销售的循环过程，形成了要素的市场组合方式。在市场这只“看不见的手”的筛选下，以生产日用小商品为主的主导产业和与此相关联的服务业异常活跃。

（二）苏南模式的案例分析

江苏历史上就是副业大省，在草根工业、市场网络、能工巧匠、务工经商等方面都比其他一些地方有优势。苏南是指苏州、无锡、常州三市所辖的12 个县（市）。苏南先前就是洋务运动的重镇，也是近代民族工业的发源地。这一地区在改革开放后的崛起，有着自身的便利条件：一是工业化初期，农业技术水平虽然与其他地区相类似，属于传统技术，但苏南农业的自然资源条件优越，农民有精耕细作的传统和经验，这既可以为轻工业提供原材料，也为工业产品提供市场。二是苏南地区有较多的人才，群众的科学文化水平较高，自明朝时期，这里就出现了资本主义萌芽，因此商品经济观念较强，再加上近代以来的工业的发展基础，许多人有丰富的经营经验。三是长期以来，我国的经济政策比较封闭，但苏南地区地处长江三角洲地区，显得相对比较开放，苏南工业化过程得益于同外界的广泛交流与合作。四是苏南地区有便利的区位交通优势。俗话说，要想富，先修路。这充分说明交通和信息在经济发展中所起的重要作用。苏南地区的最大优势是水、陆、海交通都十分便利，这有利于形成“反馈式控制”。五是濒临中国近现代最大的工业中心城市上海，不但接受发达经济观念和资源的辐射，而且周围“星期天工程师”、“下放工人”、回城知青、同乡、战友、同学等地缘、亲缘因素起到了一定作用。六是有农工相辅、亦工亦农、农工并举的历史传统。这些条件绝非中国所有地区都具备。

苏南地区的发展有明显的阶段性。一是萌芽阶段：1953～1978年。农村工业星星点点、断断续续、时隐时现，所谓“五小”“三就地”，这时的“社队企业”是后来集体所有制乡镇企业的前身或基础。二是启动阶段：1979～1984年。由于国家轻重工业比例调整及其严重的短缺经济，乡镇企业呈星火燎原之势，遍地开花，乡镇企业在基层政府推动下，经济规模呈现出粗放式和数量式的快速增长。三是扩张阶段：1985～1988年。这一阶段乡镇企业受到政策鼓励，抓住了大发展的机遇，但转轨期间流通秩序紊乱，经营管理机制灵活却难以规范。四是停滞阶段：1989～1991年。这一时期，乡镇企业普遍进入徘徊和受压抑的困难阶段，治理整顿，关停并转，政策收缩，这时能够生存并得到发展的企业一般都是在内部管理和技术改造方面过了关的企业。五是徘徊阶段：1992～1997年。这一时期乡镇企业受整个宏观经济形势带动，又跃上新台阶，“三外”总量大大增加，大企业呈现出集团化趋势，社区公共建设和农村面貌极大改观。但“软着陆”及“亚洲经济危机”使乡镇企业发展速度放慢。到1996年，苏南乡镇企业销售收入增幅降到10%以下，其中苏州、常州两市的利润额出现负增长。百元资金实现的利税1993年是13.7元，到1996年便降到了10元，1998年更降为7.7元，5年里减少了6元。六是再生阶段：1998年至今。1998年之后的产权改革，乡镇企业剧烈分化，泡沫消失，一批“官营企业”破产倒闭，一批民营性的名牌企业脱颖而出，改制也为多数乡镇企业发展重新注入活力。尤其是苏南地区借助上海和“长三角”的经济辐射，通过招商引资等一系列手段完成了发展思路的调整。经过1998年和2000年的两轮改制，目前江苏省乡村企业改制面已达95%，其中实行产权制度改革和所有制转换的企业达88%。

近年来，苏南经济步入乡镇企业之后的第二个经济高速增长期。以苏州为例，2002年，苏州的GDP、财政收入在全国大中城市排前六位，紧追上海、北京、深圳、天津、广州。2001年几乎苏南所有城市GDP和财政收入都有大幅增长。一向以乡镇企业为龙头的苏南经济显然出现了结构性变化，2002年，在苏南的经济力量中有四大块：老的国有企业为主的城市经济、外资为主的园区经济、改制后的乡镇企业、新兴起的个体私营经济，各部分的比重大致是15%、35%、30%、20%，乡镇企业的贡献率已退居第二位。

苏南经济的快速增长，得益于以下几方面情况：（1）改制后，通过破产，一部分财富转移到了民间，新注册了一批私营企业，个私经济对经济增长的贡献增大。（2）许多企业的税收"两免三减半"到期，财政收入大幅增加。（3）到开发区注册的企业越来越多，开发区税收增加较快，但开发区税收只是反映在账面统计上，到最后大部分都做退税处理。（4）在发展的路子上，苏南各市可以说是"八仙过海，各显神通"。苏南各县级市，各走各的路。江阴是资本经营，常熟是市场带动，昆山是台资唱主角，张家港是临港型规模经济，吴江、太仓是私营经济。但促使苏南再度起飞的根本原因，根据上面的经济辐射理论，是它的区位优势，即借助环上海经济圈和长江三角洲的辐射，走外向型经济的路子。外资的涌入为苏南的经济发展提供了新的推动力。

苏南地区的经济发展有自己鲜明的特点。苏南地域经济发展的特点是农民依靠自己的力量发展乡镇企业，乡镇企业的所有制结构以集体经济为主，乡镇政府主导乡镇企业的发展。第一，在初始发展条件上，苏南地区位于太湖之滨、长江三角洲中部，农业生产条件可谓得地利之先。该地区毗邻上海、苏州、无锡和常州等大中城市，水陆交通便利，接受经济、技术的辐射能力较强。第二，在工业化和市场化路径上，苏南地区通过发展乡镇企业，走的是先工业化再市场化的发展路径，历史上的积累和接受上海等地的辐射为苏南地区工业化的起步创造了良好条件。第三，在资源组织方式上，苏南地区采取以乡镇政府为主组织资源的方式，并由政府指派所谓的"能人"来担任企业负责人。第四，在财富积累主体和方式上，苏南地区由乡镇集体支配资源，它们同时也是财富积累的主体。这种财富积累主体及方式产生了不同于个体财富的激励效果，当然这也是苏南经济问题的症结所在。第五，在政府职能的定位和作用上，苏南地区的经济发展是"地方政府公司主义模式"、"能人经济模式"和"政绩经济模式"，本质上是"政府超强干预模式"。

正是由于这些特点，苏南地区的经济发展方式被社会学家费孝通在1983年所写的《小城镇·再探索》中总结为"苏南模式"，致使在很长一段时间里，苏

南地区政府超强干预模式取得了辉煌成就，各地一些长期找不到集体经济发展出路的领导们纷纷到苏南考察学习。

二　代表性区域经济发展模式的理论比较

20世纪80年代中期前后，在理论界掀起了一场“温州模式”和“苏南模式”孰优孰劣的争论。这是关于在农村发展非农产业以促进农村经济发展和农村现代化选择何种模式之争，争论甚至上升至姓“资”姓“社”的政治高度。就两种模式而言，它们有着根本的区别：

第一，温州模式是在农村发展非公有制的非农产业，苏南模式则是在农村发展公有制（集体所有制）的非农产业。第二，温州模式的非农产业的发动者和创业者是千千万万的农民，农民办企业，经营企业，承担风险。苏南模式的发动者和创业者是乡镇政府，在苏南模式中乡镇政府是企业的投资者。第三，在温州模式中，不仅企业的生产以外部的市场为导向，而且在当地企业之间通过市场建立了紧密的分工和协作，各种生产要素的配置者是市场。在苏南模式中，企业在“社队企业”阶段，其生产主要是为满足公社社队内部的需要而进行的，以后才转向以外部的市场为导向，各种生产要素的配置者仍然是政府。第四，在温州模式中，政府的职能是营造良好的市场环境和引导企业按市场规则运作。而在苏南模式中，政府与企业不分，企业缺乏自主经营权。第五，温州模式的核心是自发和内生的经济发展，带有强烈自组织特征，其动力来源于民间力量和温州的传统文化，也就是说，在温州，市场力量起着自组织的作用，政府起着促进性和辅助性的作用。恰恰是这一实质区别于苏南模式。苏南模式的动力更多地是来源于乡镇村干部的干预（如“能人经济”，其中“能人”往往是乡镇村干部）以及政府和乡镇企业的政企不分。

在20世纪80年代，苏南模式备受推崇，以至在产生温州模式的浙江省的北部，推行的也是苏南模式，而温州模式则备受排斥、压制和打击。正所谓“十年河东，十年河西”。随着我国经济体制改革的推进和深化，尤其是随着市场经济体制的逐步建立，温州模式日益显现出比苏南模式更具竞争力，更符合建立市场经济体制的改革方向。在实行温州模式的地方的经济迅速发展的时候，苏南模式却越来越不适应市场经济的竞争环境，乡镇企业普遍陷入困境，亏损企业大量增加。

中共十五大之后，人们的视线从苏南、张家港转到了浙江温州、山东诸城，转到了广东顺德。人们再次公开地将苏南与温州加以比较，并掀起了一股“温州热”。这时候，理论界出现了“扬温抑苏”的倾向。1998年后，苏南一批批的官员南下浙江取经。经过两种模式发展的经济绩效的比较，以及经济体制改革最终确定以建立社会主义市场经济体制为核心目标之后，到20世纪90年代末期，这两种模式之争以苏南模式向温州模式转化而告终结。1996年10月，苏南亏损的乡镇企业比1995年同期增加了31%。在此情况下，实行苏南模式的地方先后实行了改革。改革的方向是大部分乡镇集体所有制企业转变为非公有制企业，同时，改限制或禁止为鼓励，大力发展非公有制企业。另外一些企业则改组为有限责任公司或股份有限责任公司。苏南改制实际上是让苏南的市场内生发展力量发挥作用，由此迈进“后苏南模式”时代。

温州经济结构向来以“轻（工业）、小（工业）、集（体企业）、加（工业）”著称，把温州模式概括为“农村工业化+专业市场”的说法是片面的，而没有切到问题的实质。温州模式的核心是上述提及的自发和内生的经济发展，带有强烈的自组织特征，其动力来源于民间力量和温州的传统文化。也就是说，在温州，市场力量起着自组织的作用，政府起着促进性和辅助性的作用。恰恰是这一实质区别于苏南模式。温州经济也并非停滞不前，它也在积极地发展演变之中，一方面对原来的家族企业改制为有限责任公司或股份有限责任公司，另一方面逐步调整产业结构，摆脱“轻、小、集、加”的初级阶段的束缚，由此也进入“后温州模式”时代。

三　简单的结语

渐进式经济体制改革过程快速推动区域经济的真正形成，并促使其成为中国经济快速增长的主要空间组织方式。而各种空间的交流、互动和融合，也成为一种不可逆转的趋势。有学者曾经指出，进入20世纪90年代后期，由于苏南地区推行了“三外齐上，以外养内”的战略，因此从外部结构来看，苏南模式向珠江模式看齐；而又由于苏南模式开展的以明晰产权为核心的乡镇企业改制浪潮，其又与温州模式一致起来。①

事实上，考虑到上文所指出的区域经济发展模式的五个典型特征，各个区域经济发展模式在内涵上具有一致性，典型性区域经济发展模式比如温州模式、珠江模式、苏南模式之间的界限已经逐渐模糊。比如，从政府角度来看，都注重环

---

① 史晋川等：《制度变迁与经济发展：温州模式研究》，浙江大学出版社，2002，第43页。

境的营造、保护和服务；从企业的角度来看，都注重建立产权明晰的企业制度；从资金来源角度来看，都注重以外来增量盘活内在存量；从企业家角度来讲，都注重培养职业经理人。

这表明，在市场这个“看不见的手”作用下，各个区域之间由于“制度落差”所产生优势逐渐耗尽，不同的经济发展模式虽然在外延上有不同的表现，但在遵守市场经济规律这一点上已无二致，市场化是区域经济发展模式的根本趋势。

参考文献

[1] 陈吉元主编《中国农村工业化道路》，中国社会科学出版社，1993。
[2] 道格拉斯·C. 诺斯：《制度、制度变迁与经济绩效》，格致出版社，2008。
[3] 道格拉斯·C. 诺斯：《西方世界的兴起》，华夏出版社，1999。
[4] 费孝通：《乡土中国》，北京大学出版社，1998。
[5] 费孝通：《学术自述与反思》，生活·读书·新知三联书店，1996。
[6] 费孝通：《行行重行行》，宁夏人民出版社，1992。
[7] 弗·布鲁斯：《社会主义经济的运行问题》，中国社会科学出版社，1986。
[8] 何梦笔：《网络文化与华人社会经济行为》，山西经济出版社，1996。
[9] 李振杰：《草根调查——中国基层发展的社会学分析》，经济管理出版社，2004。
[10] 李俭：《权力的伤口》，新华出版社，2008。
[11] 史晋川等：《制度变迁与经济发展：温州模式研究》，浙江大学出版社，2002。
[12] 西蒙·库兹涅兹：《现代经济增长》，北京经济学院出版社，1998。
[13] 张敦福：《区域发展模式的社会学分析》，天津人民出版社，2002。
[14] 张留征主编《中国农村经济发展探索》，中国经济出版社，1990。
[15] 张孝德：《模式经济学新探》，经济管理出版社，2002。
[16] 邹东涛：《什么粘住了西部腾飞的翅膀》，中国经济出版社，1999。
[17] 邹东涛：《改革年华的探索》，人民出版社，2004。
[18] 邹东涛等：《中国经济体制改革基本经验》，中国人民大学出版社，2008。

The Development Pattern of the Regional Economy in China

Abstract：This chapter deals with the theoretical patterns of regional economic

development and analyses the relationship between the patterns and institutional transitions. It summarizes several typical regional economic development patterns and the characteristics of different patterns, which is demonstrated by a case study of comparative analysis in the latter parts. The evolutional road of unique regional economic development pattern is determined by the path of continuous ownership reform. Pursuit of maximized benefit both for local government and the masses leads the institutional transition of local governance, and then in consequence promotes the local economic development pattern to come into being. From theoretical analysis and empirical study, this chapter reaches the conclusion that advantages for development caused by institutional superiority are petering out and the marketization will be the fundamental trend of regional economic development pattern in China under the control of the market's invisible hand.

Key Words: Regional Economic Development Pattern; Institutional Transition; Wenzhou Pattern; Southern Jiangsu Pattern; Zhujiang Pattern

第二十章
大寨模式的过去与现在

王玉珍　王再文*

摘　要：45 年前的“农业学大寨”运动使大寨名扬中外。本章从大寨模式的过去入手，将“农业学大寨”时期的大寨模式总结为四个方面，即“集体农业 + 合作化”模式下的生产积极性，“精耕细作 + 劳动力投入”的农业投入产出模式，“自力更生 + 艰苦奋斗”的精神理念，“干部参加劳动，以身作则，大公无私”的领导风范。自力更生、艰苦奋斗的大寨精神给大寨带来宝贵的无形财富。20 世纪 90 年代初，在“名人 + 名地”的品牌带动下，郭凤莲带领大寨人走出一条超越常规的道路。此时的大寨模式所体现出的除了“名人 + 名地”的不可复制性之外，更多地体现出“集体经济 + 能人”的运作模式。这种模式对我国新时期的社会主义新农村建设尤其是发展现代农业和非农产业具有示范性。

关键词：大寨模式　大寨精神　集体经济

45 年前，山西省昔阳县大寨村是太行山深处一个名不见经传的小村庄。20 世纪 60 年代初，大寨生产大队在党支部书记陈永贵带领下，艰苦奋斗，治山治水，在七沟八梁一面坡上建设了层层梯田，改变了靠天吃饭的状况。1964 年毛泽东主席发出了“农业学大寨”的号召，从而成为全国农业战线的一面旗帜。一夜之间，大寨成为世人关注的焦点，在短短的十余年时间里，一共有 40 多位副总理以上的领导人、40 多位解放军高级将领、包括 16 位国家元首在内的 134

---

* 王玉珍，经济学博士，山西财经大学副教授，主要研究方向为市场组织理论；王再文，经济学博士，北京工商大学经济学院教授，中央财经大学中国发展和改革研究院特邀研究员，主要研究方向为制度经济学、企业公民理论。

个国家和地区2万多名外宾先后到访，国内不同地区和不同领域先后共有960万人踏入这个小村子参观与学习。

“文化大革命”结束后，人们对大寨经验进行了反思。1981年，在全国停止了“农业学大寨”运动。在农村联产承包经营制改革后，大寨村总结历史经验，实现体制和产业转型，走上了市场经济的道路。沉寂十余年后，在20世纪90年代大寨又重新走入人们的视野，并不断受到关注。是什么原因导致一个小村庄会在短时间内受到如此关注呢？又是什么原因导致大寨沉寂后又重新受到关注呢？本章将在关注大寨40多年沉浮发展的基础上，探寻反映大寨发展中所体现出的中国农村发展模式，即大寨模式。

第一节　大寨模式的过去：集体经济下的“精神模式”

1963年，一场罕见的大雨在下了七天七夜后给大寨带来了毁灭性的灾难：全村78户人家，户户遭灾，90%的房屋和97%的窑孔被冲毁；同时，1000多株果树，价值千元的农具也付之洪流；[①] 尤为严重的是，由当时大寨村党支部书记陈永贵带领大家耗时十余年修造的梯田，包括庄稼和土壤全部被洪水冲得无影无踪。

在令人震惊的自然灾害面前，陈永贵在面对山西省委准备给予大寨的物资和资金资助时，又做出了一个让世人震惊的决定：“三不要、三不少”，即在大灾之年，不要国家的救济粮，不要国家的救济款，不要国家的救济物资；同时，当年社员口粮不少，社员收入不少，上缴国家的统购粮不少！

在1963年下半年，陈永贵带领大寨人靠自己的手和脚以及最简单的劳动工具与天争斗，以不可想象的干劲在白天抢修梯田，抢种庄稼；晚上则修建窑洞，发扬“人定胜天”的精神。到年底，大寨粮食总产量不但没减少，还比上年有所增长，总计达到42万斤，亩产745斤，其中上缴国家粮食24万斤，户均1500公斤，劳动日分值1元。

1964年2月10日，《人民日报》刊登了“用革命精神建设山区的好榜样”，高度赞扬了大寨人自力更生和奋发图强的优良作风，以及集体经济的巨大力量。

---

① 江波：《“农业学大寨”运动的由来》，《党史纵览》2005年第11期，第13页。

同年5月，毛泽东指出，“要自力更生，要像大寨那样，它也不要借国家的钱，也不向国家要东西”。[①] 同年12月，周恩来在第三届全国人民代表大会第一次会议做的《政府工作报告》中，第一次向全国发出了学大寨的号召。报告明确指出，“山西省昔阳县大寨公社大寨大队，是一个依靠人民公社集体力量，自力更生地进行农业建设，发展农业生产的先进典型”。不仅如此，报告还对大寨精神做了高度概括，“大寨大队所坚持的政治挂帅，思想领先的原则；自力更生，艰苦奋斗的精神；爱国家，爱集体的共产主义风格，都是值得大家提倡的”。自此，全国农村开始了轰轰烈烈的“农业学大寨”运动。

一 新中国成立以后大寨的发展及主要成就

大寨从太行山深处走出来并受到世人瞩目，并不是偶然的，它与大寨人在解放初期依靠集体经济的力量，自力更生、艰苦奋斗，改造大自然，发展农业生产并取得不凡成绩有着很大关系。

（一）大寨的发展

位于太行山脉中一座叫虎头山的山岭之下的大寨，自然条件极差，土地属于石灰质的土石山区。解放初期，全村只有土地700多亩，80多户人家、360多口人。由于当时的土地零散分布在“七沟、八梁、一面坡”上，700多亩土地却有零零星星4700多块，宽不盈丈，长短参差；再加上水源奇缺，土层贫瘠，产量非常低，当时全村平均亩产粮食不足80斤，村民生活极为贫困。

自然环境的恶劣给大寨的农业生产带来极为严重的挑战。为了走出低水平的农业发展起点和贫困的现实，大寨人必须付出更多的努力。1946年，刚刚获得解放的大寨村就成立了以贾进财为首的互助组，包括陈永贵在内的15户村民加入了这一组织。大寨村民的这种互助协作，为互助组模式提供了最早的尝试。1947年，在县区干部的帮助下，大寨村由一个互助组扩展为两个互助组，分别由贾进财和陈永贵领导。1948年，陈永贵领导的互助组规模不断扩大，由最初的9户扩展到29户。1953年2月，在中共昔阳县委的指导下，大寨成立了以陈永贵为领导的初级农业生产合作社；1955年底又成立了高级农业生产合作社。

在高级农业生产合作社，实行主要生产资料归社集体所有。陈永贵认为这种

---

① 1964年5月10～13日，毛泽东在听取国家计委领导小组关于第三个五年计划初步设想汇报，第一次公开谈到大寨“三不要、三不少”例子时讲到的。

方法非常有利于集中更多的人力物力来治山治土。于是，大寨开始了以修山改土为重点的农田水利基本建设。在陈永贵的领导下，经过坚持不懈的努力，大寨村将原来分散在“七沟、八梁、一面坡”的土地，改造成“海绵田”；通过综合治理在虎头山修筑了总容量为7000立方米的6个蓄水池和6万立方米的小水库，建造了20公里长的杨家坡水库引水干渠，使水浇地面积达到420亩，占耕地面积的55.19%，奠定了解决农业问题的基础。

同时，大寨人结合当地自然状况，探索出“科学种田”的做法，采取了“三深”（深耕、深刨、深种）、“四不专种”（麻、菜、谷、豆不专种）、“三不空”（地边不空、地墙不空、地角不空）等措施。[①] 就这样，在20世纪60年代初的困难时期，大寨人单纯靠人力打石筑坝、填土造田，在山坡上造成了新的“大寨田”。这样不仅整平了土地，扩大了地块面积，而且能够保持水土，旱涝保收，亩产在当时就翻了两番，基本上摆脱了贫困（见图20－1）。据历史资料显示，1949年大寨村粮食平均亩产175斤，人均占有粮食568斤；1957年，粮食亩产达到349斤；1964年，则达到1000多斤。

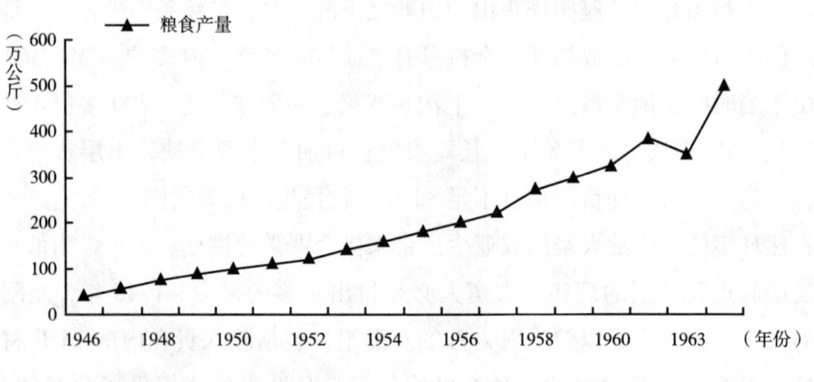

图20－1　1946～1963年大寨村粮食产量

与此同时，大寨人积极探索农业发展的多元化格局，形成了以种植业为主，养殖、林业加工为辅的农业格局。在这个阶段，为了提高粮食的亩产量，大寨人着重在“土”字上下工夫，依靠向土地增加劳动来换取粮食增产，修山改土的工程年年不断，把社员的主要精力都集中在以土地为主的农业生产上，致力于建设稳产高产的农田和实施科学种田，创造出了旱涝保收的纪录。同时，为提高土

① 江波：《“农业学大寨”运动的由来》，《党史纵览》2005年第11期，第12页。

地的利用率，还成功实施了在玉米地里套种水稻、小麦和棉花。大寨的林业自20世纪60年代以来，得到大规模发展，占到土地总面积的38.5%。①

当然，大寨在当时情况下所取得的成就都与其领导人的带头密切相关。陈永贵从1947年任互助组组长、1953年任初级社社长、1955年任高级社社长到1958年任大寨村党支部书记，一直吃苦耐劳在先，关心群众疾苦；在生产劳动中处处带头苦干，敢于承担风险，在大寨的党员和群众中逐渐树立起权威。“干部、干部，先干一步，多干一步”就是陈永贵在这个阶段提出的。

（二）大寨走上典型之路

1956年，全国掀起了农业合作化的高潮；而在1955年即成立高级农业生产合作社的大寨就走在昔阳的前列，并被中共昔阳县委树为走合作化道路的先进典型，并提出开展“学永贵、赶永贵、学大寨、赶大寨”的运动。1960年，中共山西省委批转了中共晋中地委关于学习陈永贵的事迹和大寨的生产管理经验的决定，号召全省农村干部要学习陈永贵，学习大寨的经验。

1963年，陈永贵等昔阳县四级干部参加劳动的做法得到了毛泽东的肯定，希望全国农村的党支部书记都能像昔阳的干部那样，积极投身到生产斗争、阶级斗争和科学实验的三大革命运动中去。1963年3月，山西省召开全省农业生产先进集体单位代表会议，会议再次号召向大寨和陈永贵学习，要求把大寨“当做全省农业战线上一面红旗”。这次会议标志着大寨典型从此进入了一个发展和上升时期。

在1963年的大灾面前大寨人选择了“三不要、三不少”。1963年11月，中共山西省委发出通知，要求在全省范围内认真学习大寨的先进经验，并将大寨精神概括为：“藐视困难、敢于革命的英雄气概；自力更生、奋发图强的坚强意志；以国为怀、顾全大局的高尚风格。”1964年1月，陈永贵来到北京，向国务院有关部门汇报大寨自力更生战胜灾害的情况。2月10日，《人民日报》在头版刊登了名为《大寨之路》的长篇通讯，指出大寨之路就是组织千百万群众，自己解放自己的道路；就是以艰苦奋斗、自力更生的革命精神，夺取生产斗争、阶级斗争和科学实验三大革命胜利的道路。同时，还配发了《用革命精神建设山区的好榜样》的重要社论，大篇幅地进行了报道和宣传；再加上中央人民广播电台的全文播送使大寨和陈永贵的名字开始名扬全国。

① 刘旭东：《对大寨发展道路的思考》，《山西青年管理干部学院学报》2002年第1期，第35页。

1964年6月，毛泽东在中央政治局一次扩大会议上说："农业主要靠大寨精神，靠自力更生。要多出几个大寨，多出几个陈永贵。"1964年12月召开的三届全国人大一次会议上，周恩来在《政府工作报告》中指出："山西省昔阳县大寨公社大寨大队，是一个依靠人民公社集体力量、自力更生地进行农业建设，发展农业生产的先进典型。"1965年1月14日，中共中央将周恩来所作的报告下发党内县团级以上干部学习。自此，这场在中国持续十余年的"农业学大寨"运动就轰轰烈烈地展开了，先在全国农村继而延伸到全国各行各业。

大寨，这个曾经名不见经传的山西省太行山中的小山村，于是成为中国农村进行社会主义建设的圣地，数以千万计的取经者从全国四面八方会聚于虎头山。党和国家领导人及一些省、直辖市、自治区的领导人，甚至一些来华访问的外国元首、政府首脑，也千里迢迢地到这个小山村里领略一番中国农民的智慧和力量。①

二 "农业学大寨"学什么：模式还是精神

这场在全国搞得轰轰烈烈的"农业学大寨"运动持续了十余年。究竟是什么原因能使大寨在短时间吸引如此大规模的人前来参观与学习呢？是当时大寨人在农业生产上的合作模式、生产方式及分配方式？还是大寨面对自然环境的恶劣所表现出的自力更生、艰苦奋斗以及"人定胜天"的精神呢？本章将在对历史资料"剥茧抽丝"的基础上，总结"农业学大寨"中所体现出的大寨模式。

（一）历史背景

新生的中华人民共和国成立初期，面对当时的国际国内环境，为了早日实现使国家强盛的目标，我国制定并实施赶超型发展战略，即优先发展重工业。在当时的背景下，要实行工业优先发展战略，所需资金只能来自农业剩余，这就需要农民为国家的工业化作出贡献。1954年，周恩来总理在一届全国人大会议所作的政府工作报告中提出的"四个现代化"目标中，其中就包括"现代化农业"。1955年底，毛泽东主席组织起草《一九五六年到一九六七年全国农业发展纲要（草案）》被宣传为建设社会主义新农村的伟大纲领。在1956年一届全国人大第三次会议通过的《高级农业生产合作社示范章程》中，明确提出了"建设社会主义新农村"的号召和奋斗目标。

---

① 贺吉元：《大寨红旗的升起与飘落》，《党史博采》2007年第6期，第22页。

在这种国家发展战略的时代背景下，要实现农业支持工业、农村支持城市的战略，农业的发展必须要依靠自身建设来完成，并在此基础上，为工业发展提供所需的资金支持。所以，当1963年大寨的做法被山西省树为典型后，很快受到中央领导人的关注。1964年8月，毛泽东在听取国家计委领导小组汇报第三个五年计划时又指出："要自力更生，要像大寨那样，它不借国家的钱，也不向国家要东西。"不难看出，在当时的背景下，中央政府要实现所提出的农业现代化和建设社会主义新农村的构想，就必须建立在农业自身积累和发展的基础上。大寨人在大灾面前的"三不要、三不少"和"自力更生、艰苦奋斗"精神正是中央政府对全国农业发展和农村的期望。因此，在被中央树为典型之后，在全国开展"农业学大寨"的学习运动持续十多年，一直到"文化大革命"结束。

（二）大寨模式总结

1964年12月，周恩来曾指出："大寨大队所坚持的政治挂帅、思想领先的原则，自力更生、艰苦奋斗的精神，爱国家、爱集体的共产主义风格，都是值得大大提倡的。"回过头从今天来看，在当时的背景下，中央领导人所推出的"农业学大寨"中体现出的大寨模式主要表现在以下几个方面：

第一，"集体经济 + 合作化"的制度模式。早在1946年大寨就成立了互助组，并逐渐发展为初级社、高级社。在合作化模式下，大寨在几年内改变了贫穷落后的面貌。这种"三级所有，队为基础"的集体经济模式，创造出极大的产出效率。很显然，诸如"搬山填沟造平原"的工作，如果没有集体的力量，而依靠单个的家庭农户在短时间内几乎不可能完成。大寨人在从1953年开始的20多年时间里，一个人口不足300人的小山村在集体主义的作用下，生生地搬倒了39座小土山，新造出了小平原500多亩，不仅养活了自己，还年年为国家交粮食，充分体现了集体经济的优势。

第二，"精耕细作 + 劳动力投入"的农业投入产出模式。大寨是如何在极其困难的条件下完成自救，并提高粮食产量的呢？在我国发展农业最有利的条件就是拥有丰富的劳动力资源。陈永贵作为大寨的带头人，充分利用我国农村劳动力资源丰富的特点，依靠向地里多投工来换取粮食增产；同时，在"科学种田"的口号下，结合大寨实际，采取了"三深"、"四不专种"和"三不空"等措施，着重在"土"字上下工夫，对土地实施精耕细作。因此，从1964年开始的"农业学大寨"运动，就是鼓励各地用丰富的劳动力资源来弥补、替代我国稀缺的资本、技术资源，通过各地自己的努力来满足我国社会、经济发展对农业的

需求。

第三,“自力更生+艰苦奋斗”的精神理念。大寨人的做法在一定程度上说明,“人定胜天”是可以实现的,并运用自己的实际行动向世人证明,要想改变落后的农村面貌,把农村建成社会主义制度下的新农村,通过发挥人的无限潜力,依靠人民自力更生的精神完全可以实现。面对恶劣的自然环境和被“七沟八梁一面坡”分成4700多块的700多亩耕地,大寨人发扬“愚公移山”的精神,不怕吃苦,展开了战天斗地的活动。在十多年里,共治理了七条沟,将“七沟八梁一面坡”的穷山沟改造成为“层层梯田米粮仓”高产田。通过村民们“自力更生”的力量改变了大自然赋予的生产与生活的环境,从而获得了农业长期丰产的基本保障。

第四,“四级干部参加劳动,以身作则,大公无私”的领导风范。在当时的背景下,大寨能成为全国农业的一面旗帜,最关键的就是拥有一批率先垂范的好干部。陈永贵在当时有一句名言:“干部、干部,先干一步,多干一步。”在大寨,衡量干部的标准就是能够带领村民冲锋陷阵,不劳动的人不能当干部,劳动不好的人不算好干部。同时,大寨村党支部还曾专门对干部参加劳动做了“三不准”规定:没有特别重大的事情,不准占用劳动时间开会;不准干部占用劳动时间在办公室里办公;不准干部从劳动现场将村民叫走谈话。大寨干部参加劳动的实际做法被视为“身教重于言传”的典型事件,是大寨人在极端困难的情况下做出不斐成绩的关键保障。

不难看出,大寨模式主要表现在四个方面:“集体农业+合作化”模式下的生产积极性,“精耕细作+劳动力投入”的农业投入产出模式,“自力更生+艰苦奋斗”的精神理念,“干部参加劳动,以身作则,大公无私”的领导风范。在当时的背景下中央政府所倡导的“农业学大寨”运动,是一种“模式+精神”;它不仅是对大寨运用丰富的劳动力资源实现投入产出和走合作社道路的模式学习,更是对大寨人在困难面前自力更生、艰苦奋斗和干部无私奉献的领导风范的精神理念的学习。

在实际运作中,大寨模式所体现出的四个方面,并不是独立存在的。它们之间是相互影响、相互促进、相互制约的。显然,单纯的“集体农业+合作化”生产模式并不能自身实现超越式发展;在合作社组织模式下,土地的使用权将由各家各户转到农业社手里,也就是转到了社长陈永贵一个人手里。以前哪户的地里打下的粮食自然就是哪户的,如今全是社里的,各户按土地股该分多少,按出勤计酬。这就赋予社长比较大的权力。如何才能保证真正按照社员的付出来给予社员相应的报酬呢？如何才能监管社长的公平、公正性？大寨模式运用“干部参加劳动，以身作则，大公无私”的领导风范来解决这个问题。

不仅如此，在当时的背景下，农业不仅要依靠自身建设来实现农业现代化和建设社会主义新农村，更要实现农业对工业的支持，最终实现农村支持城市的战略。这就对农业自身的发展和生产模式提出了几乎不可能实现的挑战。大寨模式中“精耕细作＋劳动力投入”的农业投入产出模式无疑提供了非常不错的思路选择；而“自力更生＋艰苦奋斗”的精神理念则是推动这种思路实现的精神动力。因此，大寨模式从深层次看是一种精神与实际做法的结合体。它是当时背景下改变我国农村贫穷落后面貌的精神动力，是建设社会主义新农村的精神力量，甚至是发展农村生产力的决定性因素。

三　对大寨模式的评价

从现在来看，“农业学大寨”运动能够持续十多年，从一定程度上说明大寨模式在当时的背景下具有很大的促进作用。但它的最终消失也说明大寨模式的局限性和历史性。事实上，作为一种精神，自力更生、艰苦奋斗具有普遍意义。但是，作为一种由农业生产领域发展起来的模式，能否适用于从农村到城市，从教育、卫生、科学、文化甚至到国防建设的一切领域呢？尽管大寨模式的做法被中央政府所认可，但事实上，大寨模式自身的局限性却使其某些做法无法在全国范围内的各个行业进行推广。

（一）大寨模式符合新中国成立之初中央政府的战略部署

在新中国成立之初，我国采取重点扶持国防工业和为之服务的重工业的战略，农业则成为支持重工业的基础和前提。在当时的情况下，中央政府对农业的扶持和投资更多是期望能够依靠自我积累与自我发展。在大灾面前，大寨人不要中央投资，反而上缴国库粮食不减的做法，正是提供了一种可以在一定限度和范围内，缓解因投入不足而造成的农业对备战的制约。它不仅非常符合备战战略的需要，而且其充分利用农村劳动力资源丰富的特点和农业生产经验具有符合国情的普遍意义。因此，大寨模式的出现，符合中央政府在农业尚未过关，却因发展战略转轨而无暇顾及甚至还希望用农业剩余来支援备战建设的实际。这也正是中央政府在全国掀起“农业学大寨”的最根本原因所在。

（二）大寨模式与作为典型推广之间的冲突

真正意义上的大寨模式并不是指大寨人的所有做法；大寨人的很多做法都是在特定环境下既定框架内的适当调整，从大寨自身的发展来看，它是恰当的。但是，离开大寨，这些做法却无法作为经验在全国进行推广。如后来被人们所批判的大寨发展过程中存在的分配制度、自留地问题和基本核算单位过度等[①]问题，事实上都是大寨人在自身发展模式内所做的调整，将这些做法在我国这样一个自然条件复杂、生产力水平极为不平衡的发展中大国进行“普及性”推广必然会带来一些负面影响，最终的结果也证实了这一点。

第一，既定集体经济框架内的“按酬付劳”的分配方式。前面分析指出，大寨模式的特点之一就是采取集体经济的做法。但是，在集体经济框架中，普通的分配方式无法真正体现出劳动的真正区别，“计时没数量、定额计件没质量，离开最终产量，农活没法验收衡量”[②]。针对集体经济固有的这种弊端，大寨人经过几年的实际劳动管理与分配，创造出一种“标兵工分，自报公议”的分配方法，即在全大队选定三个标兵工分，一名男劳力，一名成年妇女，一名“铁姑娘”。由社员对照标兵“自报工分，大家合评”。这种做法，“是在既定的集体经济框架内力争按劳计酬的可贵尝试”[③]。大寨每年移动几十万土石方，粮食产量每年递增，冲毁的房屋全部依靠自己建设，正是验证这种方法的成功例证。

但是，这种方法体现在单纯坚持集体经济的模式中，而且必须有干部参加劳动的领导风范。正如陈永贵在当时所指出的，“干部成为普通劳动者，才能推行这种劳动管理”。如果不顾当地的实际和前提条件而只是简单地复制这种成功个案的做法，最终导致的偏差并不能简单地归因于这种分配方式的缺陷。[④]

第二，集体经济与土地家庭承包经营之间的选择。1978 年安徽凤阳小岗村农民自发采取“包产到户”并迅速波及全省乃至全国的做法和四川将自留地扩大到占总耕地面积 15% 的做法，对大寨人产生了很大的冲击。由于大寨坚持一

---

① 宋连生：《艰苦奋斗，以国为怀》，《党史文汇》2007 年第 3 期，第 9 页。

② 程漱兰：《大寨红旗能否盖棺定论》，《中国乡村发现》2006 年第 1 期，第 54 页。

③ 程漱兰：《大寨红旗能否盖棺定论》，《中国乡村发现》2006 年第 1 期，第 54 页。

④ 有人认为，这种做法不符合按劳分配的原则，见宋连生：《艰苦奋斗，以国为怀》，《党史文汇》2007 年第 3 期，第 10 页。

种比较纯粹的集体经济，因此在1963年的大灾发生后即取消了农民的自留地，并逐渐形成了一套相互适应的劳动管理办法。在这种体系内，大寨无法接纳自留地的存在和土地家庭承包经营和联产计酬的做法。当然，并不否认在当时环境下，农民保留一部分自留地，是对农村集体经济的有益补充，是促进农业经济发展，调剂、丰富农民家庭生活的必要措施；实行家庭联产承包责任制，充分调动了农民的生产积极性，挖掘出极大的生产潜力，带来农业发展的巨大进步。

在今天看来，如果大寨坚持自己的做法，发挥集体经济的力量，带领大寨人走向共同富裕的道路未必不能实现（事实上，在全国都在实行农村联产承包经营责任制的同时，个别仍然采取集体经济的村庄，如河南的南街村、江苏的华西村、天津的大邱庄等在新的经济形势下取得了巨大成绩，并因集体财富的迅速积累和成长而成为“明星村”）。但是，如果将大寨的做法作为一种典型模式而继续在全国推广，则势必会产生适得其反的结果。

（三）大寨模式在于因地制宜

1979年，在重视生产效率的农业承包制在全国大范围推广等多种因素的驱使下，持续十余年的“农业学大寨”运动在时代的潮流中渐渐消失，大寨模式也在人们心目中成为一种过去。抛开大寨在这场运动中所扮演的政治角色，大寨模式给人们留下无尽的沉思：“农业学大寨”学什么？应该如何学习大寨？从今天来看，要回答这两个问题，答案是比较简单的：树立先进典型是必要的，但要求先进典型尽善尽美既不科学，也不现实；教条式地、僵化地学习先进典型的一些具体做法也往往会产生事与愿违的效果。

在前面的分析中，我们指出，大寨模式就是“集体农业＋合作化”模式下的生产积极性，“精耕细作＋劳动力投入”的农业投入产出模式，“自力更生＋艰苦奋斗”的精神理念，“干部参加劳动，以身作则，大公无私”的领导风范。这种模式的组成部分是相辅相成的。它是“制度模式＋具体做法＋精神理念”的结合体。因此，当这种模式被作为典型在全国推广时，必须意识到适合大寨的具体做法，不一定适合全国各地。除此之外，必须清楚地认识到，真正意义上的大寨模式并不是指大寨人的所有做法。大寨人在农业中摸索出的精耕细作的新套路，大多是因地制宜的产物，离开特定的地理环境而僵化地去学习就是蛮干。当时很多地方的“移山填海”、“伐树造田”、“战天斗地”的做法几乎随处可见，这反而给农业生产造成了消极的甚至是破坏性的影响。

第二节 大寨模式的现在："集体经济 + 名人 + 名地"

在新的时代背景下，大寨人承继了过去大寨模式中"自力更生、艰苦奋斗"的精神理念，充分运用大寨独有的"名人 + 名地"品牌资源，在曾经的"铁姑娘"如今的"能人"——郭凤莲的带领下，开始了第二次创业，并走出一条独具特色的集体经济模式，带领大寨人走上了共同富裕的道路。在沉寂了十多年后的今天，大寨重新受到世人瞩目。那么，在短短十几年的发展中，大寨又走出一条怎样的道路和发展模式呢？在建设社会主义新农村的时代背景下，这种模式又具有怎样的意义呢？本节将对这个问题进行剖析。

一 先进典型驶入"慢车道"：实行家庭联产承包制后的大寨

1978 年，始于安徽小岗村的分田到户改革在很短的时间内席卷全国。1981 年，因集体经济而闻名的大寨村党委并不想放弃集体农业，最初采取了折中的办法，即"分田到组"；但到 1982 年又重新实行由大队统一分配。政策的反复直接影响了农业的产出效率，当年粮食总产量就从 1981 年的 80.4 万斤骤跌到 65 万斤，下降近 20%。1982 年底，由昔阳县委书记挂帅的工作组进驻大寨。很快，大寨出台了具有过渡特征的"包田到劳"方案：每人留足半亩口粮田和二分半自留地后，其余土地按劳力承包。当年，全村粮食产量由 65 万斤上升到 100 万斤。

在实行家庭联产承包制的同时，大寨还是承继了集体经营的传统，积极为农户提供各种生产性服务；1984 年，大寨成立了一个农村经济合作组织——农业合作社，负责发展和管理集体企业和资产，协调工农业生产的均衡和发展。[①] 在此基础上，大寨人在农业产出效率的提高中接受了新制度，并接受了更彻底的土地改革：1985 年，大寨实行了"包产到户"，按人均 1.4 亩的标准彻底将土地分给全体村民——这比全国很多地方整整晚了 5 年。

在新中国成立之初，大寨人为了摆脱贫困，实行了以"（土地）三级所有，队为（经营）基础"的模式。在小岗村对土地实行"分田到户"的尝试获得成

① 许建起：《大寨的今昔》，《中国老区建设》2006 年第 2 期，第 8 页。

功并在全国推广后，大寨人在各种压力之下，又不得不采取土地的家庭承包经营方式，而放弃之前所构筑的集体经济模式。值得一提的是，在全国50万~60万个村庄几乎“一刀切”地实行包田到户时，仍有极个别的村庄在压力下维系着如同“大寨模式”的集体经济模式，其中就包括当年“农业学大寨”的典型村庄——华西村，也包括先采取“分田到户”但三年后又实行集体经济的南街村。到目前为止，全国的65万个村庄中仍然采取集体经济的不到1万个，其中不少已经走上“发展集体经济，走共同富裕”的道路。

1981~1991年的十余年时间里，实行“分田到户”后的农民迸发出极大的生产热情，生活水平得到普遍提高；乡镇企业如雨后春笋般出现，创造出了令世人瞩目的社会财富，成为推动农村经济发展的一支生力军；华西村、南街村等后来成为“明星村”的村庄坚定“发展集体经济，走共同富裕”道路，并在这个阶段完成了原始积累，经济得到稳步发展。但在这个阶段，大寨人却靠着每人的1.4亩土地生活，固守着传统农业的生产模式；十余年内走马灯似的换了四任村支书，经济陷入低谷，到20世纪80年代末，大寨400多人耕种着800亩土地，经营着一座年产1万吨的煤矿，全村每年的总收入只有270余万元，人均纯收入735元，个体和私营经济也是白纸一张。曾经的全国先进典型急刹车般地驶入了“慢车道”。

二　大寨的今昔：“名人+名地”品牌资源促进大寨走上富裕之路

1991年11月15日，“农业学大寨”时期的“铁姑娘”之一——郭凤莲以昔阳县委副书记、大寨乡党委副书记、大寨村党总支书记的身份重返大寨。与20世纪50~60年代大寨的战天斗地不同，郭凤莲此次是要带领大寨在商海中搏战。名牌是市场经济的衍生物，大寨具有得天独厚的优势——大寨是名地，郭凤莲是名人，名人名地的有机结合就是一笔巨大的无形资产，也是大寨腾飞的最佳载体。因此，在郭凤莲的带领下，大寨人承继了大寨模式的核心思想，并抱着一种“过去是全国学大寨，现在是大寨学全国”的理念，走上一条超越常规的“快车道”，实现了大寨的第二次创业。

（一）利用大寨“名人+名地”的品牌效应，发展村办企业

依托名地、名人打造大寨品牌，是大寨人最精明也是最成功的表现。1992年，大寨成立经济开发总公司，郭凤莲任董事长。同年，大寨经济开发总公司与江阴市联手成立羊毛衫厂，第二年就生产了3万件；在羊毛衫厂成立之后的9个

月，郭凤莲利用大寨拥有比较丰富的生产水泥的主要原料——黏土和石灰石的资源优势，成立大寨中策水泥厂。①

随后，大寨工贸园区、大寨酒业有限公司、大寨发运站、大寨森林公园、大寨农牧公司、大寨饮品公司、大寨投资公司、大寨新农业科技发展公司等企业也相继揭牌，以“大寨”命名的产品不断涌现，包括酒、醋、面粉、杂粮、核桃露等，很多产品都是联合经营，大寨利用“名人+名地”的品牌实现了“品牌投资”。

到2008年底，大寨共有各类企业12家，除水泥厂外全部实行承包，村里每年收取费用；与阳泉市合作生产的著名饮料“大寨核桃露”，在短短的几年内一举成为国内领先的健康饮品，荣获中国市场饮料健康价值（五颗星）顶级桂冠；除核桃露之外，黄金饼、面粉、系列酒等十多种大寨牌产品走出了娘子关，行销省内外，利用了品牌效应创出了市场名牌。

（二）加大农业科技投入，发展现代农业

农业曾经是大寨的立村之本，也是大寨的传统产业。虽然大寨的农业收入在二次创业中仅占经济总收入的4%，但农业的地位却始终没有改变。如果沿袭传统农业的耕作方式，不但农业无法发展，而且还会萎缩。为此，大寨做出了调整农业产业结构的决策和建设绿色园林生态大寨的目标，坚持科技兴农的战略，加大对农业的科技投入，发展了高效农业和生态农业。建设了科技农业示范园区，园区面积由1.8平方公里逐渐扩展到20平方公里，覆盖到与大寨毗邻的武家坪、留庄、高家岭、金石坡等村。

对于1983年分田到户的在“农业学大寨”时期战天斗地形成的800亩“海绵田”，其中400亩已经一半退耕还林；剩下的400亩，为了节省人力、物力，推动农业科学技术发展和合理调整劳动力的使用，实现现代农业构想，大寨采取了“五统一”的办法，即统一实施新品种试验和新技术推广，统一购买种子、化肥，统一实施耕种，统一实施水利灌溉，统一规划农田基本建设；这些工作由大寨村集体雇用30人组成的农业专业服务队来完成，而农户个人只负责平时的管理和最终的收割。

尽管农业耕地面积减少了一半，但由于加大了科技投入，农业比以前发展得更好了。对于荒山，则通过集体的力量进行植树造林，绿化环境。到2008年底，

① 大寨中策水泥厂在山西修建太旧高速公路时效益大增，实现了大寨经济的原始积累。

已经绿化荒山荒坡2300多亩，种植46个树种30余万株树木，生态环境得到极大改善。

（三）依托独特的旅游资源，发展现代旅游

大寨在二次创业中，最值得圈点的是旅游业的发展。1992年5月，时任国务院副总理的朱镕基视察大寨，称大寨是“中国农业的万里长城”。针对大寨村的现实，朱总理特别指示大寨要发展旅游业，使旅游业能够成为大寨的支柱产业。1993年，郭凤莲邀请同济大学的专家对大寨旅游做了全面规划。同时，大寨开始建设虎头山森林公园。

1996年5月30日，大寨展览馆开馆，标志着大寨旅游区正式向游人开放。此后，大寨狼窝掌梯田、陈永贵故居、大寨民居楼等一系列景点被建设出来；郭凤莲从大寨村集体积累中拿出近千万元资金投向虎头山，铺通旅游路，大面积植树、种花、美化环境，营造环境优雅的旅游胜地。1999年，大寨景区被评为山西省五大著名特色旅游景区之一。

1996~2008年，虎头山接待游客累计200余万人次，旅游业收入累计2500多万元，旅游业已成为大寨一个新的经济增长点。目前在大寨的产业结构中，农业占4%，工业占56%，服务业占40%，其中旅游业直接收入占服务业的40%，旅游业已成为大寨村的新的支柱产业。

（四）发挥集体经济优势，提升农村公共服务水平

郭凤莲带领大寨人，自力更生，艰苦奋斗，在兴办实业发展经济的同时，努力改善条件，强化服务，带领大寨走上共同富裕之路。

在基础设施方面，村里铺通了村口至虎头山2.5公里的柏油路面，硬化了全村街道，新建了村委会大楼、大寨工贸大楼、大寨小学；结束了大寨缺水的历史，先后兴建了塘坝工程和4个蓄水池，总储量9000万立方米，铺设地下水管道7000多米，改造引水区9公里，解决了大寨人畜吃水和工农业用水的困难；统一规划，为村民修建别墅住宅，个人集资40%，集体补贴60%，家家住上二层小楼，户户接上了程控电话和闭路电视。

在社会保障方面，到2008年，为全体村民解决了医疗保险，基本生活和社会保障实现了五个“有”和三个“不”：小有教（从幼儿到小学免费上学），老有靠（实行养老保险金制度），烧有包（煤炭由集体供给），病有报（实行医疗保险金制度），考有奖（凡考入大中专的学生集体发给奖学金），吃水不用吊（自来水），运输不用挑（集体提供车辆运肥拉秋），看病不用跑（村有医疗保健站）。

到2008年底，大寨已形成以旅游、煤炭、化工、建材、酿酒、农产品加工为主的多元化产业结构，其中煤炭、建材、旅游业等三大支柱产业呈良性发展态势。全村经济总收入实现了“三级跳”，从1991年的281万元到1997年的4796万元、2004年的1亿元，直到2008年的2.6亿元；人均总收入也由1991年的735元上升到2008年的8000元，增加10倍以上（如图20－2）。这已大体相当于“长三角”、“珠三角”以及东部地区经济发达村庄的水平。

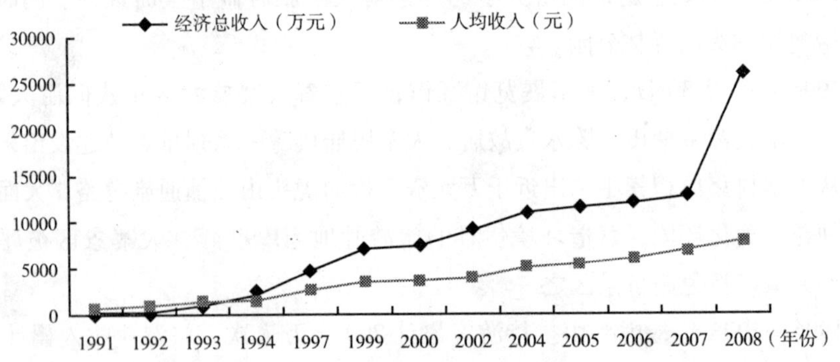

图20－2　第二次创业中大寨的经济总收入和人均收入

2005年9月在全国村长论坛上，大寨因“高举艰苦奋斗和开拓创新两面旗帜，以产业与生态旅游重铸辉煌”而被评为中国十大“名村”之一。大寨在郭凤莲的带领下，再次受到世人的瞩目，完成了由过去“政治品牌”向现在“经济品牌”的华丽转身。

三　大寨模式的现在：一般与特殊

大寨第二次受到世人瞩目，是因为大寨创造了中部地区穷村发展经济的一种模式。[①] 如果说在新中国成立之初大寨人的做法给当时社会主义新农村建设提供了一种模式和典型，那么，在改革开放30年后的今天，被评为中国十大“名村”之一的大寨在新时代背景下建设社会主义新农村又具有怎样的示范意义呢？在这种示范作用背后体现出的是一种怎样的模式呢？

值得提出的是，不论是过去的大寨模式还是今天大寨的做法，都是独一无二的。过去的大寨人运用自己的双手创造了奇迹，不仅成为当时中国农村的一面旗

① 黄道霞：《大寨崛起》，《上海农村经济》2005年第10期，第36页。

帜和许多人心中的“圣地”，更是留下一种可以继承的“大寨精神”；今天的大寨，依托“大寨”背后所带来的“名地”资源优势和当年“铁姑娘”之一郭凤莲的“名人”效应，充分依托“名人+名地”的无形资源和品牌，走出一条非同寻常的、赶超式的村域经济发展道路。这是中国任何一个村庄无论在什么情况下都无法复制的发展模式，也是大寨发展自身的特殊性。但作为一个中国十大“名村”之一，大寨的发展又具有一般性。这种一般性表现在两个方面：通过集体经济和郭凤莲等“能人”的带领，走上共同富裕的道路。

（一）大寨模式的特殊性

依托“名人+名地”的品牌效应，打造农村发展非农产业的新思路。大寨是名地，郭凤莲是名人，“名人+名地”的有机结合在市场经济条件下就是一笔巨大的无形资产，也是大寨经济腾飞的最佳载体。依托这种无形资产，大寨采取多种发展方式求得发展。创办中小型现代工商企业，如大寨经济开发总公司就是一种新型的村级“公司制”；同时，大寨还创新了一种新型的“乡镇企业”制度，即不仅仅是由村里的经营者创办，采取的是与村外合作伙伴“协作”的方式创办企业。这种多元化的企业发展模式，不仅使大寨成功地实行了以发展中小型现代工商企业为中心的发展战略，更是大寨充分运用了品牌战略的具体表现。“大寨”目前已拥有了30多种商品的品牌，其中如大寨核桃露、大寨牌衬衫、大寨铝塑管、大寨醋、大寨黄金饼、大寨金鹿酒等产品已经走出娘子关，走向全国。

“大寨”品牌，给大寨人带来的不仅是现代工商企业的发展，对大寨旅游业的开发是大寨人进一步挖掘“大寨”品牌的又一个成功举措。利用大寨虎头山在人们心目中的历史地位，大寨人开发了以虎头山森林公园为中心的大寨旅游业；在此基础上，与之相配套的餐饮业、服务业也应运而生。到2008年，大寨第三产业占经济总收入的比重已达到40%，而旅游业直接收入占第三产业的比重为40%。旅游业在很大程度上带动着大寨第三产业的发展。

利用品牌立足农业大力发展非农产业，而不是就农业来发展农业，是大寨在第二次创业中最大的创举。可以看出，大寨人运用先进的理念来发展现代农业，在此基础上，运用品牌优势大力发展第二、第三产业。这是大寨人依托自身资源优势所走出的非常规的赶超型道路。这种做法因大寨的唯一性而无法复制，这是大寨模式的特殊性表现。

（二）大寨模式的一般性

在“能人”的带领下，依托集体经济，走共同富裕之路。与中国其他因集体经济而走上共同富裕之路的“明星村”发展模式一样，大寨同样也存在一个“能人”——郭凤莲。

1. 大寨模式的“能人”经济

郭凤莲是个传奇式人物，她的名字与大寨密不可分。1964 年，年仅 16 岁的郭凤莲就成为当时“铁姑娘”队的队长；她同男社员一样战天斗地，成了那个特定历史时期中一个家喻户晓的人物，曾受到多位中央领导人的热情接见和赞扬。在那个时期，年青的郭凤莲就成为一个英雄式的人物。

1991 年，郭凤莲重新回到大寨后，面对的却是进入“慢车道”的大寨。没有资金、没有技术、没有人才，如何才能在市场经济逐渐成熟的环境中站住脚？这是一件非常困难的事情。为此，郭凤莲带领大寨人确定了“发展商品经济、非农兴村”的发展思路。她认识到，要发展，就得走出大寨，走出娘子关，绝对不能故步自封。抱着“过去全国学大寨，现在大寨学全国”的理念，郭凤莲带领大寨人确定了“一看二改三干”的“三步走”方略：看，带领全村 135 名村民走出娘子关感受与学习，使大寨人认识到自己的差距；改，改变过去农村发展依托农业的思路，成立大寨经济开发总公司，以制度和组织创新走出大寨发展的新模式；干，依托“名人 + 名地”的品牌优势，大力发展非农产业，使大寨人找到出路，用自己的智慧创造不朽成就。

可以肯定的是，郭凤莲不重新回到大寨，大寨也不会有今天的成就。大寨的发展离不开郭凤莲以及她所率领的“能人”团队。这种发展模式为社会主义新农村建设提供了一种选择。它在一定程度上具有可复制性和示范意义。

2. 大寨模式中的“双层经营”机制

不可否认，集体经济是大寨经济发展的又一个亮点，这从不同文献的论述中可以看出。从经典的经济理论来看，集体经济是生产资料归一部分劳动者共同所有的一种公有制经济；在实际运作中，集体经济包括劳动联合和资本联合。与其他村庄的集体经济不同，大寨的经济并不是一种完全意义上的集体经济，它是一种合作制下的“双层经营”。①

在 20 世纪 90 年代初，郭凤莲回到大寨后，大寨人又自发地将土地合到一起，对适宜耕种的土地采取“五统一”的方式，由村集体组织专门的农业服务队进行统一耕种，农户则负责最终的收割和平时的管理；不适宜耕种的则进行退

---

① 黄道霞：《大寨崛起》，《上海农村经济》2005 年第 10 期，第 38 页。

耕还林。这是一种集体与家庭统分结合的模式。对于村级企业，以开放性的思路，通过股份制、经济联合等多种合作形式建立新型的村级公司制和“乡镇企业”制度，集聚了一批中小型现代工商企业，稳固了集体经济的力量。对于旅游业，村集体利用集体积累和各方面的财政支持开发虎头山森林公司等旅游景点和道路等基础设施的建设，游客则主要由全村农户运用“家庭经营”的方式进行接待。

可以看出，对于第一产业来说，土地的集体统一耕种，不仅使现代农业和生态农业的实现成为可能，更是解放了劳动力，减轻了农民负担；第二产业所采取的灵活合作形式，为本村劳动力提供了很好的就业机会；由旅游业带动的第三产业则很好地实现了集体与家庭的结合。因此，不论是第一产业，还是第二、三产业，大寨均采取了一种“双层经营”的模式，即“集体统一经营”与“家庭分散经营”相结合的方式。从 2008 年大寨村的经济总收入的构成来看，“集体统一经营”部分约占 70%，“家庭分散经营”部分则占 30%。这种模式既克服了集体统一经营中农户自身发展缺乏灵活性的缺陷，又解决了农户分散经营与现代农业规模经营之间的矛盾，形成了农村集体经济发展的新模式。

因此，今天的大寨所创造的大寨模式既具有特殊性，又具有一般性。特殊性表现在大寨背后的“名人 + 名地”资源的不可复制性；一般性则表现在大寨在承继传统大寨模式中“自力更生、艰苦奋斗”精神理念的基础上所走出的集体经济和“能人经济”。

第三节　大寨模式的现实意义

对于社会主义新农村建设，中共十七大提出，要“坚持把发展现代农业、繁荣农村经济作为首要任务”，“发展多种形式的适度规模经营”，“探索集体经济的有效实现形式，发展农民专业合作组织”。大寨作为令人瞩目的“明星村”和“中国十大名村”之一，今天的发展模式无疑是建设社会主义新农村的一种有益探索，在新农村建设中具有一定的借鉴意义和指导意义。

一　集体经济下的“双层经营”是解决现代农业的规模化要求与农户分散经营之间的有效途径

自中共十一届三中全会以来，农村实行了以家庭联产承包责任制和统分结合的“双层经营”体制；但从多年的实践来看，绝大多数村庄都未能很好地协调

"统"与"分"之间的关系。以十四届三中全会为转折点，开始强调在稳定家庭联产承包责任制的基础上，大力发展集体经济，突出协调"统"与"分"之间的关系；中共十七届三中全会围绕当前农村改革发展中的重要领域和关键环节，重点提出要继续"稳定和完善农村的基本经营制度"，认为"以家庭承包经营为基础、统分结合的双层经营体制，是适应社会主义市场经济体制、符合农业生产特点的农村基本经营制度，是党的农村政策的基石。"

大寨"双层经营"机制的成功实现，无疑为广大农村提供了一种有效探索"统""分"结合的模式。通过土地流转和使用权的有偿转让，实现土地的适度规模经营，是实现现代农业的前提条件；大寨通过土地流转将昔日部分的"海绵田"退耕还林，实现了现代农业和生态农业的发展。通过增强集体经济的服务功能，完善集体统一经营的功能；大寨对农业所实施的"五统一"模式无疑提供了一种"集体统一经营"与"家庭分散经营"结合的有益尝试。通过产业的多元化发展，将集体的生产经营与农户的分散经营通过市场有效地联结起来，是倡导农民走向市场的有效形式；大寨对旅游业的发展就提供了一种很好的"统"与"分"结合的形式。通过集体经济的力量，完善农村的公共产品供给与农民的社会保障；大寨通过集体经济所积累的资金，实现了全村基础设施的建设与完善，并且在全体村民的基本生活和社会保障方面实现了"五有"（"五有"即小有教，该村儿童从幼儿园到小学免费上学，做到教育有保障；老有靠，该村对60岁以上的老人，实行养老保险制度，每月发放养老金200元；烧有包，该村村民冬季取暖由村集体供应燃煤；病有保，全村实行医疗保险制度；考有奖，该村对本村考取本科的学生每年补助1000元，对考取专科的学生每年补助800元）、"三不"（"三不"即凡大寨村村民吃水不用从井里"吊"，村里将自来水管网铺进了各家各户；运输不用"挑"，村民买化肥、收秋等全部由村集体为农户提供车辆运输；看病不用"跑"，村民们小病不出门，村办医疗保健站就会送服务上门）。大寨人通过"统"与"分"的有效结合，经济全面发展，最终实现了共同富裕。

二 "自力更生、艰苦奋斗"的大寨精神是新农村建设中不可或缺的宝贵财富

在中共十六届五中全会上，作出了加快社会主义新农村建设的重大决定；建设社会主义新农村是我国现代化进程中的重大历史任务，也是统筹城乡发展和以工促农、以城带乡的基本途径。在整个新农村建设的进程中，尽管国家财政会对

“三农”进行有力的扶持，但是，从目前看，财政对“三农”的支持非常有限，工业反哺农业的能力还不够强，城市化及城市现代化自身建设还需要很大的投入，城市支持农村的力度也很有限，新农村建设的根本动力和主要动力还在于农民的自主建设。在这种情况下，必须引导农民发扬自力更生、艰苦奋斗的优良传统，挖掘农民的创业潜能，提高农民的自主发展能力，通过自己的辛勤劳动改善农村生产生活条件，真正把农民建设自己美好家园的积极性与创造性调动起来、激发出来。

在过去，大寨人自力更生，艰苦奋斗，战天斗地，不断铸造着令人瞩目的辉煌；在今天，大寨人继续坚持了自力更生、艰苦奋斗的精神，从过去单一的农业生产到今天集农、工、商、贸为一体的产业结构，从过去的人心懒散到今天干劲冲天，从过去的村容“脏、乱、差”到今天的街道干净、整齐，从过去的基本温饱到今天共同走上小康之路，无一不体现了自力更生、艰苦奋斗的大寨精神。大寨人用自己的实际行动证明：大寨人既然能在计划经济的年代里用自己的双手谱写战天斗地的英雄诗篇，那么在承继前人留下的自力更生、艰苦奋斗的精神支撑下，就一定能在市场经济的大潮中以自己的智慧创造改革开放的不朽业绩。从今天来看，大寨精神所体现出的不屈不挠、艰苦奋斗的精神已经成为新时代新农村建设中难得的宝贵精神财富。

三　“能人”在新农村建设中的带头作用不可忽视

从我国各地不断出现的“明星村”来看，几乎每一个崛起的村庄背后都有一个“能人”；农村经济的发展，“能人”的带头和推动起了关键作用。在整个农村经济发展过程中，“能人”不仅体现出了头脑灵活、善于学习、敢冒风险的特点，而且他们往往是农村新技术、新品种最先的尝试者和传授人，农村新的生活方式的示范者；他们具有经济能力并承担社会责任，以多种方式帮助村里乡邻的贫困家庭、资助孩子上学、参与修路等公益活动；他们往往具有一种奉献精神，不以自己富裕为荣，而是努力付出带动大家共同富裕。

在大寨村的发展中，无论是过去的陈永贵还是现在的郭凤莲，都是典型的“能人”。他们在大寨过去和今天的发展过程中，发挥了不可替代的作用。尤其是郭凤莲。在面对“大寨仍然囿于传统农业的思维方式，耕种着700亩耕地，经营着一座年产1万吨的煤矿，全村每年的总收入只有270余万元，人均纯收入735元，集体经济没有发展，个体和私营经济也是白纸一张，村里死气沉沉，村民情绪低落”的局面，没有退缩，而是克服种种无法想象的困难，因地制宜，

积极发挥大寨的名人名地效应，利用个人的感召力，带领大寨人大力发展经济，狠抓农业、工业、旅游业等产业，走出了一条大寨人特有的新农村发展道路，在社会主义新农村建设中具有比较强的示范作用。

但是，“能人经济”也存在一定的缺陷。郭凤莲在大寨经济的发展中功不可没，但是如果有一天郭凤莲退出大寨，如何才能保证大寨经济发展的稳定呢？事实上，对于任何一个由“能人”带动的经济都存在着相似的问题。在学习和运用“能人”带动经济模式时，既要充分发挥“能人”的带头作用，但又要避免陷入单纯依靠“能人”个人权威来治理经济的局面。因此，建立一个有效的治理机制来克服“能人经济”的缺陷是一种有效的选择。

四　村庄发展模式的多样化是社会主义新农村建设的必然选择

从2005年第五届全国“村长”论坛发布的“中国十大名村”和第七届发布了中国名村最具影响力前10名来看，我国的村庄发展已经呈现出多元化的模式。以“中国十大名村”为例，江苏省的华西村走出一条“苦干农业起家，靠工业发家，建城镇安家”的道路和开创了村庄兼并的新模式；山西大寨村高举艰苦奋斗和开拓创新两面旗帜，以产业与生态旅游重铸辉煌；通过产业兴村的京郊第一村北京韩村河村；通过集体经济发展工业化集团道路的河南南街村；以实行土地承包到户而逐步地瓦解原集体经济而名声大振的安徽省小岗村……这种情况说明一个事实：我国农村的村庄发展模式已经呈现出多样化的特征。显然，如果试图再用一个统一的所谓模式如过去的大寨模式来统领中国村庄发展格局是不现实的。这种多样化的村庄发展模式将在相当长一段历史时期内存在。

因此，本章尽管从对大寨模式的发展与研究入手，但从中国农村发展的长期来讲，不论是怎样的村庄发展模式，具有怎样的优越性，在全国进行推广都是不现实的。每个村庄都应该因地制宜，站在自身拥有的资源特征基础上，探索出适合自己的“量身定做”的发展模式和道路是一种现实选择。大寨模式的过去和现在正说明了这一点。

参考文献

［1］江波：《“农业学大寨”运动的由来》，《党史纵览》2005年第11期。

［2］刘旭东：《对大寨发展道路的思考》，《山西青年管理干部学院学报》2002 年第 1 期。
［3］贺吉元：《大寨红旗的升起与飘落》，《党史博采》2007 年第 6 期。
［4］宋连生：《艰苦奋斗，以国为怀》，《党史文汇》2007 年第 3 期。
［5］程漱兰：《大寨红旗能否盖棺定论》，《中国乡村发现》2006 年第 1 期。
［6］许建起：《大寨的今昔》，《中国老区建设》2006 年第 2 期。
［7］黄道霞：《大寨崛起》，《上海农村经济》2005 年第 10 期。
［8］王再文、李刚：《我国社会主义新农村建设理论研究综述》，《经济问题》2007 年第 2 期。
［9］王再文、王玉萍：《中部地区建设新农村的困局与破解》，《生产力研究》2008 年第 24 期。

The Past and Present of Da-Zhai Pattern

Abstract: 45 years ago, *Emulating Da-Zhai on Agriculture* Campaign made Da-Zhai well-known in and out of China. This Chapter summarizes the Da-Zhai Pattern in *Emulating Da-Zhai on Agriculture* period into four aspects. The Da-zhai spirit of self-reliance and hard struggle brings Da-zhai valuable treasure. In the early 1990s, Da-Zhai People, exploit an unique road under the leadership of Guo Fenglian, motivated by the branding strategy of famous people and famous place. Da-Zhai Pattern reflects the unduplicated *Famous People and Famous Place* Pattern. What's more, it reflects *Collective Economy and Able People Pattern*. This pattern sets a good example for China's new socialist countryside construction in new era, especially for the development of modern agriculture and non-agricultural industries.

Key Words: Dazhai-Pattern; Dazhai-Spirit; The Collective Economy

第二十一章
东莞模式：成功与启示

中共东莞市委宣传部、东莞市社会科学界联合会联合课题组*

摘　要：东莞模式是中国特色社会主义道路的探索，是中国经济走向世界的成功尝试，是落后农业社会实现社会主义现代化的一种发展战略，是推动经济社会持续快速发展的一种治理模式。东莞模式的发展、转型和演变可划分为四个阶段，具有资源主导、外源驱动、产业集群、城乡一体、富民强镇等特点。得益于解放思想、科学发展、适时转型和党的领导，在东莞人的共同努力下，东莞实现了经济国际化、工业化、农村城市化和经济社会协调发展。

关键词：东莞模式　科学发展　工业化

30年中国风云激荡，30年东莞一路高歌，东莞市委、市政府在省委、省政府的正确领导下，高举中国特色社会主义伟大旗帜，坚持解放思想，坚定不移地推进改革开放，抢抓机遇，适时转型，经济社会快速发展，人民生活水平日益提高，综合实力显著增强，迅速从一个落后的农业县发展成一个以国际加工制造业闻名的新兴工业城市，创造了令世人瞩目的“东莞奇迹”，成为中国改革开放一个精彩而生动的缩影。

在这30年的历史征程中，东莞以其特有的发展模式，成为探索中国特色社会主义道路中的一个典型，被称为“东莞模式”。东莞模式是中国特色社会主义发展道路的重要组成部分，剖析这个典型模式，对东莞乃至全省深入贯彻落实党

---

* 课题组组长：王道平；课题组成员：叶泽驹、王思煜等；执笔：梁志斌、胡雪彬。

的十七大精神，争当实践科学发展观的“排头兵”，进一步探索中国特色社会主义发展道路，具有十分重要的意义。

第一节　东莞模式形成的几个阶段

东莞模式发展、转型、演变的主线和脉络可划分为四个阶段。

一　生成阶段

第一阶段即生成阶段，为改革开放初期到20世纪80年代中期。是东莞“三来一补”企业的起步阶段，到1985年，全市工业产值首次超过农业。主要特点表现为引进港资“三来一补”企业，与香港形成“前店后厂”关系。

20世纪70年代末，港企受厂商、厂租、工资增长的困扰，出于减低成本以及开拓出口和投资的机会，香港开始与邻近的“珠三角”地区建立密切的经济联系，产生了转移到内地发展的强烈欲望。而邻近香港的东莞，具有低价格劳动力和低厂租的优势，但缺乏资金、技术、设备和管理经验。两地扬长避短，优势互补，利用祠堂、饭堂、会堂，承接香港的生产和装配工序，发展起以劳动密集为主、香港小厂商为主、低技术档次的传统产品为主的“加工贸易”，“三来一补”在东莞就此应运而生。而香港企业则把自己转变为“贸易”公司，在增值程序中专注于管理、融资、技术、打样、品牌控制、市场推广和分销服务，与东莞形成“前店后厂”关系。这一起步发展阶段，为东莞发展积累了资本、技术、市场信息和管理经验，为东莞模式的成熟发展奠定了坚实的基础，也让东莞人找到了走向市场的勇气和信心。

二　成长阶段

第二阶段即成长阶段，为20世纪80年代中期至20世纪90年代中期。这一阶段是作为实施“向农村工业化进军”战略的腾飞阶段，外资利用由港资为主转向港资和台资并重，并由劳动密集型向资本密集型和技术密集型过渡。产业集群初步形成，农村工业化与城市化相互促进。

从20世纪80年代中期起，中央决定开放14个沿海开放城市，加快了推进改革开放的进程。广东省积极发展外向型经济，并根据不同的地理条件和社会经济基础，采取区域推进的开放战略。1988年，东莞升格为地级市，改变了东莞的形象，也赋予东莞更多的优惠政策和城市功能。三者的结合，为东莞吸引外资提供了独特的优势和竞争力。而此时的台湾，经济发展面临困境，新台币对美元升值及地价、工资快速上涨，台湾的 IT 产业急需寻找新的投资市场，东莞成为台资第一波投资大陆的首选城市之一。台湾的一些产业逐步从低端开始转移到东莞，形成“台湾接单、东莞生产、香港出货”的生产模式。港资企业与台资企业的聚集，初步形成了纺织、服装、家具、五金等产业集群。台湾 IT 企业的逐步引进，东莞外向型经济发展水平、规模、效益有了质的飞跃，大大提高了东莞工业化和城市化水平。工业化与城市化相互促进，形成了具有中国特色的农村城市化道路，成为东莞模式成长阶段的闪光点。其间全市工业总产值年均增长39%，到 1993 年突破 200 亿元大关，带动全市 GDP 突破 100 亿元。

三　提升阶段

第三阶段即提升阶段，为 20 世纪 90 年代中期至 20 世纪末。这一阶段是开展“第二次工业革命”的提升阶段，传统产业集群更为完善，IT 企业配套能力加强。“三资”企业比例不断扩大，民营经济在与外资经济的配套协作中逐步成长。其间全市省级高新技术企业从 1 家增加到 66 家，地方财政收入从 7.7 亿元增加到 30 亿元。

1992 年邓小平的南方谈话拓宽了东莞引进外资的视野和思维。东莞开始有选择、有目标、有分别地引进信息技术产业和高新技术产业，以及大财团、大公司。加强现代企业制度建设，着手治理环境污染，提高外资经济发展质量。政府的正确引导、完善的交通、通信便利，使东莞迎来了台资、日资、韩资投资设厂的高潮，尤其是台湾大中小型 IT 企业蜂拥般进入东莞，IT 产业集群配套完善，产业链表现为“龙尾→龙身→龙头”形态。在外向型经济不断发展壮大的同时，东莞的本地资本、本地企业也积极参与外资企业合作发展，为外企提供配套产品，民营经济不断发展壮大。如果说，起步、成长阶段解决了从无到有的问题，那么提升阶段是在解决从有到好的问题。

四　转型阶段

第四阶段即转型阶段，从 2001 年起到现在，发展园区经济进入创新阶段，推动全市产业从加工制造业为主向研发、制造、流通“三位一体”转变，努力打造现代制造业名城、创新创业热土、宜居生态城市、和谐幸福家园。主要特点表现为加强创新，完善发展环境，努力实现内外源经济协调发展。

21 世纪初，经济全球化竞争日趋激烈，科学技术迅猛发展，产业结构调整不断加快，区域竞争日趋激烈，中国逐渐成为世界制造业竞争的主战场。东莞客观把握经济全球化趋势和国内经济发展的趋势，以提高国际竞争力和区域竞争力为核心，创新发展模式，优化发展环境，提高发展能力，实施城市拉动、园区带动战略和品牌带动战略，积极扶持民营企业，形成新的增长动力和发展优势，整个工作思路是突出打造城市牌、外资牌和民营牌。一是打造城市牌。把全市 32 个镇街作为一个大市区来规划，确立以城市新区为中心，其他各镇为不同层次的城市组团式的城市总体布局，逐渐建成城市新区、松山湖、同沙“三位一体”的城市新区，城市化水平和质量大大提升。二是打造外资牌。开发建设松山湖高新技术产业园区、虎门港开发区、东莞生态园、东部工业园区等市级园区，以园区带动，改善投资环境，巩固和提高现有外资项目，重点引进国际大企业集团，实施利用外资“自主化”发展战略，培育壮大民族产业。三是打造民营牌。在 2001 年和 2006 年，先后出台扶持民营经济发展的“旧 48 条”和“新 48 条”，扶持民营企业做强做大，向民营企业开放投资领域，为民营企业搞好服务，协调推进内源经济与外资经济的共同发展。同时，以产业结构调整和产品转型升级为核心，大力实施推进资源主导型经济转向创新主导型经济、初级城市化社会转向高级城市化社会的双转型战略。

第二节 东莞模式的内涵

东莞模式实质就是东莞作为落后农业社会实现社会主义现代化的一种战略选择，是在改革开放过程中逐渐发展起来的一整套推动经济社会持续快速发展的发展战略和治理模式，它蕴涵着东莞发展道路的经济理论基础、社会历史背景、经济运行机制以及社会建设等方面的丰富内容。

东莞模式内涵丰富，而且随着实践的发展不断得到完善和发展。在 30 年的探索和实践过程中，东莞把关注自身的要素作为首要的问题，从实际出发寻找适合自身发展的道路，凭借香港各种优势，实施外向带动战略，坚持大力招商引资，以发展“三来一补”加工贸易企业为突破口，积极参与国际分工和经济循环，承接发达国家和地区的产业转移，启动工业化进程，促进国内原材料市场的发育，注重消化吸收和再创新，发展国内配套工业和第三产业，信息业和现代服务业互为支持，推进内源型经济和外向型经济共同发展，全面发展壮大自身经济实力，实现农村工业化和城市化。

东莞模式走过了创新发展的历程：1978 年，东莞县委组织广大干部群众开展真理标准问题的讨论，冲破了长期以来“左”倾思想的束缚，走出一条以“三来一补”为载体的发展外向型经济的独特之路，实现了第一次经济腾飞。1984 年，东莞完成农村综合改革后，县委提出“向农村工业化进军”的战略目标，开始从农业社会向工业社会的跨越，在全国农村现代化建设进程中先行一步。1989 年，市委创造性地贯彻执行中央关于治理整顿的方针政策，提出基础设施先行，自筹资金大搞基础设施建设，为下一阶段的发展打下了坚实基础。

1992 年，市委带领全市干部群众，认真学习邓小平视察南方重要谈话，进一步解放思想，突破旧的城市建设模式，确立“按现代化城市格局建设东莞”的战略目标，加快了现代化建设步伐。1994 年，当东莞实现农村工业化后，市委以创新精神，实施“第二次工业革命”战略，推动经济结构调整和产业结构的升级转型。1999 年，市委以超前的战略眼光，制定争取率先基本实现现代化的战略目标和任务，正式启动东莞率先基本实现现代化的伟大工程。

2001 年，市委分析国际产业转移规律和国际资本的流动趋势，结合东莞经济发展进程，提出把东莞建成以现代制造业名城为特色的现代化城市的战略目标，围绕这一目标，确立“一网两区三张牌”和“一城三创五争先”的工作思路，加快了经济发展和社会进步。2007 年，市委落实科学发展观，提出“推进经济社会双转型，建设富强和谐新东莞”的发展战略，以产业结构调整和产品转型升级为落实科学发展观的核心任务，大力推进资源主导型经济转向创新主导型经济，初级城市化社会转向高级城市化社会，全面推进现代化进程。可以看出，思路是连贯的，目标是渐进的，战略是延续的。

第三节　东莞模式的特点

对外开放既是一个资金和技术的引入过程，更是一个学习先进观念和管理制度的过程。在改革开放中形成的东莞模式，始终保持自己的特色，即资源主导、外源驱动、产业集群、城乡一体和富民强镇。这五个方面相互关联，相互影响，成为一个有机整体。

一　资源主导

资源主导是东莞模式取得巨大成功的关键。

（一）人文地理资源

东莞毗邻港澳，是著名的侨乡，有80万港澳同胞，25万海外侨胞，同受岭南文化熏陶，人文相近，使东莞容易接受香港、澳门的辐射，使东莞人形成厚德、务实、包容、开放、重商、敢为人先的地方人文个性。这些人文地理优势与香港经济优势结合，为引进港资等外来资本，发展加工贸易提供了得天独厚的条件。

（二）劳动力资源

我国改革开放政策的实施、人口管制的相对松动，使内陆地区大量廉价劳动力流动到东部或沿海地区就业，为东莞的发展提供了充足的劳动力保障。东莞利用劳动力价格较低的比较优势，逐步占领了纺织服装、玩具、五金、电脑资讯等产品的国际市场。

（三）土地资源

东莞陆地面积2465平方公里，海域面积150平方公里。改革开放初期，实有耕地面积达118.4万亩。相对丰富的土地资源为东莞采取“土地出租”或“厂房出租”的形式引进外资企业提供了有利的条件，也为东莞引进外资创造了优势。

二　外源驱动

东莞模式最突出的特点就是外向性。

（一）外资主导

资本是经济发展的第一推动力。改革开放初期，东莞无任何资金积累，唯一可行的办法是引进外资。邻近东莞的香港，是世界金融中心之一，具有投资内地冲动的港资也就成为东莞引进外资的主要来源之一。到20世纪90年代，东莞又成功承接台资、韩资和日资等国际资本的转移，尤其是台资的转移。1978～2007年，东莞累计签订利用外资合同37376宗，累计实际利用外资341.5亿美元，年均增长43.1%。

（二）外来技术

东莞的绝大多数加工制造业的技术研发依靠母公司完成或者直接进口，IT

领域的专利85%来自国外，技术外向依存度在90%以上。世界100强企业中13家在东莞投资办厂，都带来了技术合作。为规避加工贸易企业低技术含量的风险，东莞一方面引导企业把研发中心迁入东莞，另一方面用“加工贸易”的形式进行技术引进、消化吸收、再创新，出现一批类似“华强汽车”等自主创新的企业。

（三）出口导向

东莞经济的出口导向特点十分明显，出口规模由小到大，发展速度由低到高，贸易方式由单一走向多元。东莞每天有8000个货柜的产品，运往香港码头转口世界各地。2007年，东莞出口602.32亿美元，比1979年增长1118倍，30年间年均增长28.8%；外贸依存度达260%，是全国的3.9倍。通过发展出口导向型工业，迅速积累资金和技术，实现规模经济。

三　产业集群

在实施外向带动战略过程中，政府着力抓好外资企业的消化吸收和再创新工作，推动了外源型经济和内源型经济共同发展，把东莞建成国际性加工制造业基地和中国重要的外贸出口基地，拥有近3万家工业企业和数百万产业工人及专业技术人才，具备生产加工各种类型、各种层次产品的强大制造能力。蓬勃发展的现代工业体系中涉及制造业行业30多个，产品6万多种，行业覆盖率达78%。尤其是以中小企业、民营企业为主体的镇域经济迅速崛起，产业聚集产生的规模效应和经济效益日益凸现，涌现了一批以镇街为中心，规模较大、层次较高的具有产业集群特征的特色产业群，如虎门服装产业以及清溪等镇的电子信息产业等。另外，东莞还逐渐形成以高埗、厚街、南城为主的制造业产业群带，其经济总量、产业规模以及企业数量等都不容忽视。

四　城乡一体

在改革开放过程中，东莞充分调动各级、各方力量，市、镇、村、组多轮并驱发展外向型工业，迅速推动了农村工业化进程，各镇、村产业均取得了飞速发展，构建各自层次的服务体系，城乡融为一体。2007年，东莞的城市化水平达85.2%。东莞的城乡一体化主要体现为三个方面：一是公共服务一体。东莞在不同的发展阶段中注重健全公共服务体系，提高城乡居民生活发展水平，促进城乡融合，实现城乡一体。建立和完善城乡居民最低生活保障制度、城乡医疗保障体系、城乡就业体系，成为全国唯一实现农村医保全覆盖的地级市。二是基础设施一体。市、镇、村都建成了完善的交通、通信、供电、供水设施，路网呈现高速化、网络化、一体化发展。全市32个镇（街）基本上达到了小城市的规模和水准。三是文明素质一体。东莞不遗余力加强文化建设、市民教育培训、市民意识培养等工作，努力推动农民由农业社会的传统人格向工业社会和知识经济社会必须的现代人格转变。

五　富民强镇

东莞模式不仅仅是一种经济发展模式，而且是一种社会发展模式。

（一）人民生活质量较高

改革开放后，东莞城乡居民收入稳定增加，消费结构不断升级，从总体上看，已迈进殷实小康阶段。2007年，全市城乡居民人民币储蓄存款余额达2000多亿元，城市居民人均可支配收入位居全国前列。当然富裕的东莞也存在困难群体，东莞通过不断提高最低工资标准、低保标准，发放临时生活补贴等措施，使不同阶层群体共享东莞改革发展成果。

（二）镇村经济实力雄厚

一直以来，政府放权让利，让各镇街竞相发展，形成组团式的发展格局，各镇街的发展实力雄厚，32个镇（街）都进入全国千强镇，其中，长安、虎门进入全国十强镇。同时，各村（居）通过发展工业园区，收取厂租、房租，发展壮大集体经济实力。2007年，东莞市级地方财政一般预算收入186亿元；32个镇（街）可支配收入175.67亿元；村组两级可支配纯收入185.73亿元。

（三）区域协调发展

能否实现区域协调发展、共同富裕，是判断一种发展模式优秀与否的重要表现。为推动区域的协调发展，东莞加大财政倾斜力度，扶持落后镇村发展，欠发达地区的发展能力明显增强。2007年，11个欠发达镇的生产总值达430亿元，各项税收总额达56.55亿元，镇本级可支配财政收入35亿元。

第四节　东莞模式的成功

改革开放30年，是东莞历史上最为壮阔辉煌的发展时期。东莞人民全面贯彻党的改革开放政策，坚持党的基本路线不动摇，从实际出发，大胆探索，艰苦创业，使东莞发生了地覆天翻的变化。昔日的农村已经脱胎成为一座现代制造业名城，展现在世人面前。

一　从封闭走向开放，实现了经济国际化

1978 年以前，东莞除了向港澳出口少量的农副产品外，与境外的其他经济技术合作几乎是空白。1978 年 7 月，国务院颁发了《开展对外加工装配和中小型补偿贸易办法》，8 月底，东莞就引进了港资，办起了全国第一家来料加工企业——太平手袋厂。东莞从此开始，抓住国际产业调整和国家对外开放的机遇，发挥毗邻香港的地理优势、莞籍港澳同胞众多的人文优势、沿海开放地区特殊政策和灵活措施优势、劳动力和土地资源丰富而且价格低廉的优势，市、镇、村和个人一起上，引进国际资本、产业、技术和管理，兴办“三来一补”和“三资”企业，发展加工贸易，提高了经济国际化水平，促进了全市经济社会的发展。世界 40 多个国家和地区在东莞投资，办起了 15000 多家外资企业，已基本形成覆盖全球的市场网络和参与国际市场大循环的格局。世界 500 强企业有 48 家，跨国公司 124 家，境外上市公司近 800 家在东莞投资办厂。130 多家港资企业通过在东莞投资办厂，发展成为香港和海外上市公司。东莞已成为国际性的加工制造业基地，尤其是全球重要的电脑及周边产品生产基地，一批 IT 产品占据了世界市场 20% ~ 40% 的份额。鞋类、服装、玩具、家具等产品也大量远销欧美等国际市场。更重要的是，东莞管理的国际化趋势明显，管理者的素质、管理的方法和手段逐步向国际趋势靠拢，经济管理、城市管理、行政管理、企业管理水平国际化程度不断提高。

二　从农业主导到工业立市，实现了工业化

1978 年以前，东莞 80% 的劳动力从事农业，只有 377 家工业企业，工业产值占工农总产值的 30% 左右，基础非常薄弱。改革开放 30 年，东莞坚持走外向型工业发展道路，迅速实现了农村工业化，规模不断壮大，结构日趋优化，产业特征明显，形成了以 IT 产业为主导，电气机械、纺织服装、家具、玩具、造纸及纸制品业、食品饮料、化工等产业支柱，形成了一批集聚度高、产业链条长、配套不断完善、关联效应强的产业集群，配套能力日趋完善的现代工业体系，全面参与了国际产业分工，具备了走新型工业化道路的基础条件。产业结构明显优化，实现了产业结构由以第一产业为主的传统模式向以第二、三产业为主，产业协调性不断增强的新模式转变，1978 年三大产业的比例为 44.6∶43.8∶11.6，

2007年三大产业的比例优化调整为0.4∶56.8∶42.8。2007年工业总产值（当年价）6649.85亿元，增长1022.8倍，年均增长27.0%。东莞仅用30年时间，就完成了西方资本主义国家要用100多年、“亚洲四小龙”要用50~60年才能走完的路，进入了工业化后期阶段。

三　从农村到城市，实现了农村城市化

过去的东莞，只有莞城、石龙、虎门3个规模不大的城镇，绝大部分地区都是农村。东莞坚持城乡一体发展，在2465平方公里市域范围内统筹建设水、电、路、通信等基础设施，已拥有发达的基础设施网络，较为完善的城市功能，近年来又投入几百亿元建设城市新区，市区建成区由改革开放前的5平方公里扩大到300平方公里，形成了组团式现代化城市格局。行政中心、玉兰大剧院、图书新馆、松山湖、展览馆、科技馆等一批重点工程建成投入使用，东莞大道、松山湖大道、环城路、东部快速干道和莞深高速、常虎高速等建成通车，全市基本实现“一小时生活圈”的规划目标，城市环境不断优化，城市形象不断提升。各镇街充分依靠和发挥自身的资源优势、市场优势和传统优势，实施“一业带一镇、一业兴一村”的发展战略，形成了虎门服装、长安五金、厚街家具、常平物流、大朗毛织、茶山食品、中堂造纸、清溪电子等一批特色产业城镇，全市32个镇（街）基本上都达到了中小城市的规模，基本实现了镇镇通高速公路或高等级快速路，城乡差别基本消除。

四　从贫穷落后到富裕文明，实现经济社会协调发展

1978年以前，东莞部分群众的温饱还没有解决，逃港成风。如今，人民生活总体上达到殷实小康。2007年城市居民人均可支配收入27025元，农民人均纯收入11606元，分别比1978年增长84倍、77倍。2007年，东莞城乡每百户家庭拥有私人汽车达52辆，位居全国前列。在完善职工社会保险的同时，2000年，在全国率先建立了覆盖城乡的农（居）民基本养老保险、农（居）民基本医疗保险和计划生育保险，城乡居民最低生活保障标准统一提高到每人每月400元，居全国前列。社会治安状况逐步好转，群众治安满意度升至87.25%。积极开展“关爱新莞人工程”，坚持以人为本，让全体新莞人共享改革开放成果。积极推进以“图书馆之城、博物馆之城、广场文化之城、音乐剧之都”为内容的“三城一都”建设，增强文化软实力，保障人民的文化权益。在全省率先免除城

乡义务教育阶段学杂费和书本费，全市32个镇（街）全部成为广东省教育强镇。市、镇、村（社区）各级都建立了比较完善的体育、卫生服务网络。先后荣获“全国文明城市”、“国家卫生城市”、“国际花园城市”、“全国绿化模范城市”、“广东省社会治安综合治理工作优秀市”、“广东省教育强市”、“广东省综合竞争力第一名城市”等荣誉称号。

五　东莞经济在全省和全国的地位显著提高

改革开放30年，东莞GDP（国内生产总值）以年均18%的速度持续快速健康发展，分别是同期全省、全国GDP年均增速的1.31倍和1.85倍。1978年，东莞生产总值6.1亿元，财政收入6600万元。到2007年，全市生产总值3151亿元，占全国的1.3%，占全省的10.3%；来源东莞的财政收入539.54亿元，占全国的1.05%，占全省的7%；金融机构各项人民币存款余额3752亿元，占全国的1%，占全省的8.1%。2007年，全市外贸进出口总额1068.7亿美元，其中出口总额602.32亿美元，占全国的4.9%，占全省的16.3%。1996～2002年，东莞市连续7年出口总值位居全国大中城市第3位，仅次于深圳、上海；2003～2007年，东莞市外贸出口总值一直位居全国大中城市第4位。2007年全市拥有97家星级酒店，其中五星级酒店18家，四星级酒店25家，三星级酒店25家，现有五星级酒店数量仅次于北京、上海，名列全国第3位。东莞综合经济实力位居国内大中城市第12位，全市32个镇（街）全部入选“全国综合实力千强镇”。根据中国社会科学院和广东省社会科学院的分析报告，2007年东莞科学发展综合评价位居全国地级以上大城市第2位，综合竞争力名列广东省首位。

此外，东莞为全国各地550多万外来务工人员创造了创业就业的机会，近10年来外来务工人员经东莞邮政汇出款金额累计高达1400亿元，仅2007年邮政汇出款金额就达193亿元。

30年来，东莞模式成功地经受了各种考验，但还要继续完善、丰富和发展，使其上升为更加系统的规律性认识，为全省乃至全国各地贯彻落实科学发展观提供有益的启示和借鉴。

第五节　东莞模式的启示

东莞模式的成功，是把昔日贫穷落后的农业县发展成一座举世闻名的现代制造业名城。东莞的辉煌成就，是社会主义中国蓬勃生机和光明前景的一个生动反映，是我们党敢于站在时代前列带领人民不断开创新事业发展新局面的一个有力印证。东莞靠改革开放赢得今天，也只能靠改革开放开创未来。

一　东莞模式是中国特色社会主义发展道路的有益探索

社会主义的本质是解放生产力，发展生产力，消灭剥削，消除两极分化，最终达到共同富裕。改革开放是党在新的时代条件下带领人民进行的新的伟大革命，目的就是要解放和发展社会生产力，实现国家现代化，让中国人民富裕起来，振兴伟大的中华民族；就是要推动我国社会主义制度自我完善和发展，赋予社会主义新的生机活力，建设和发展中国特色社会主义。30 年来，东莞人民坚持解放思想、实事求是、与时俱进、求真务实，以改革开放为动力，解放和发展生产力，以“三来一补”启动工业发展，经济快速发展，极大地增加社会物质财富，努力满足人民群众日益增长的物质文化需求，不断提高人民生活水平，在实践中逐步走出了有自己特色的现代化建设之路。东莞的实践，不断探索和回答了什么是社会主义、怎样建设社会主义，建设什么样的党、怎样建设党，实现什么样的发展、怎样发展等重大理论和实践问题。东莞城乡一体化的农村城市化道路，代表了中国农村走向城市化、实现现代化的方向，是对中国特色社会主义发展道路进行的有益的探索。

二　东莞模式是中国经济走向世界的成功尝试

东莞率先确立了开放型经济的指导思想，使经济发展注入强大动力。通过发展加工贸易企业，东莞逐步融入经济全球化一体化，实现了经济国际化。一是使中国在国际制造业界赢得了一席之地。通过发挥比较优势，挂上了国际产业发展的调整列车，成功地加入到国际产业体系中，以较快的速度实现与国际产业同步发展，这是发展中国家和地区实现后发优势，赶上发达国家发展步伐的快捷道路。实现了地区经济社会的持续快速发展，通过利用国际经济技术，迅速实现了农村工业化、产业现代化、经济国际化，从而较快地缩小了与国际现代经济的差距。二是使国际资本寻找到一个低风险、高回报、较稳定的投资场所，成功地实现了制造产业的跨国、跨地区转移，有利于跨国公司产业结构的优化升级，既推动了跨国公司向更高科技领域进军，又推动了亚太地区的工业化和中国经济的繁荣。三是使中国成功地尝试了中国经济与国际接轨、参与国际经济竞争的实践，为我国加入 WTO 后中国经济大规模地融入国际经济提供了许多有益的经验。

三 解放思想是东莞模式创新发展的一大法宝

思想解放是改革开放的先导，是促进发展的活力源泉和引领发展的一大法宝。古今中外，每一次思想的大解放，都会对社会发展起到极大的推动作用。30年来，东莞以解放思想为前提，实事求是根据各个发展阶段存在的问题和解决问题的机会提出对策，以思想大解放推动经济大发展，赢得改革和发展的先机，创造了诸多“中国第一”：创办全国第一家“三来一补”企业、成立全国第一个对外加工装配办公室、建成全国第一座“集资建桥，收费还贷”的地方桥梁、建成全国第一个城乡一体化的数字程控电话交换网、建立全国第一个推行覆盖全市农村的农民养老保险制度……持之以恒打基础、办实事、走正道，推动经济社会进步发展。同时，在改革开放中，出台了很多改革开放新举措，破除改革发展的障碍。正是解放思想推动形成改革开放、创新创业的浓厚氛围，不断推动东莞农村工业化、城市化和产业现代化、经济国际化进程，不断开辟东莞社会主义现代化建设的新局面。东莞成为解放思想的最大受益者。

四 科学发展、适时转型是东莞模式走向辉煌的路径

实现现代化的过程是一个社会全面发展和可持续发展的过程。科学发展观就是这样一种推动社会全面进步和经济社会协调发展的重大战略思想。经济发展必须环境、人口、资源相协调，最终促进人、社会和自然之间的和谐发展。改革开放30年，东莞通过大力发展外向型经济实现了经济社会的高速发展，其最大的一个特点就是“快”和“活”。然而，当经济达到一定规模和水平后，继续沿着相对粗放的发展模式，不仅资源难以支撑，环境容量也难以承受。东莞在改革开放的不同时期，分别提出了“从以粮为纲向多种经营转型”、“向农村工业化进军”、“按现代化城市格局建设东莞”、“第二次工业革命”、“打造现代制造业名城”、“推进经济社会双转型”等发展战略，都是着力推进经济社会的转型与创新的科学决策，是在不断探索科学发展之路。实践证明，东莞要解决发展过程中遇到的突出矛盾和问题，就必须深入贯彻落实科学发展观，适时推动产业结构优化升级，增强自主创新能力，加快转变经济发展方式，实现全面协调可持续发展。

五　党的领导是东莞模式取得成功的保证

坚持党的领导是改革开放和现代化建设取得成功的决定性因素。东莞之所以能取得辉煌成就，关键在于始终以党的执政能力建设为重点，努力保持党的先进性，不断提高各级党组织的战斗力、凝聚力，不断巩固执政基础，增强执政本领，使各级党组织成为坚强的领导核心。在党的坚强领导下，我们战胜困难，经受住考验，不断推进改革开放的伟大事业，经济迅速发展，综合实力大幅提升，人民得到实惠越来越多。实践证明：我们必须坚持党要管党、从严治党，以提高执政能力和保持先进性为重点，抓理想塑灵魂，抓班子带队伍，抓基层打基础，抓作风反腐败，以改革创新的精神全面加强党的自身建设，充分发挥领导核心作用，为改革发展稳定提供坚强政治保证。

附录

广东的“双转移”与东莞的再转型

马昌博　谢 鹏　祝莹莹

编者按：30 年前，以深圳等三个经济特区的建立为标志，广东扮演了改革开放探路人的角色；30 年后，广东扮演了转变经济增长模式、实践科学发展观的探路者角色。为了实现结构调整、产业升级、优化劳动力素质、提高人均 GDP 的目的，广东选择了“双转移”战略来开局——“珠三角”劳动密集型产业向东西两翼、粤北山区转移；而东西两翼、粤北山区的劳动力，一方面向当地二、三产业转移，另一方面，其中的一些较高素质劳动力，向发达的“珠三角”地区转移。[①]

改革开放 30 年，广东的 GDP 增长了 51 倍，人均 GDP 增长了 35 倍，广东的

① 本附录的材料系本书主编从《广东再探路·经济新政 500 天》系列文章（《南方周末》2009 年 8 月 13 日 C13 ~ 15 版）中摘编的，供读者参考阅读，与本章作者无关，由本书编者负责。附录材料来自马昌博：《广东经济新政 500 天——一个政策的发端、传导和博弈》，《南方周末》2009 年 8 月 13 日 C13 ~ 14 版；谢鹏、祝莹莹：《小镇里的世纪大迁移》，《南方周末》2009 年 8 月 13 日 C15 版。在此，对以上作者致谢。

经济总量占全国的1/8，领先第二名5000亿元以上，成为名副其实的中国第一经济大省。但是，广东经济又带有明显的粗放增长特征，在资本、劳动力、技术、制度这增长四要素中，过于依赖前两者的投入，后两者的贡献远远不够。再加上广东对国外市场的依赖过高，这使得广东看起来像个流大汗、挣小钱的超级打工仔。

2008年3月，履新广东4个月的汪洋秘访东莞，考察完毕，他由衷感慨："今天不积极调整产业结构，明天就会被产业结构所调整。"2008年9月，国际金融危机全面爆发。广东此时已经成了暴风眼，诸如"倒闭潮"和"民工返乡潮"这样的字眼屡见报端，有的老板干脆一夜间"人间蒸发"。在金融危机背景下，"双转移"推进得如何？再次出任探路先锋的广东，看到前方的曙光了吗？

2009年7月16日，广东省委十届五次全会开幕，汪洋总结说，2009年以来，"双转移"战略深入开展，初见成效，"双转移"已经成为刺激经济增长的加速器。在第二天的闭幕讲话中，汪洋给出了一个外界称为"三鸟合一"的说法：我们鼓励企业异地转移，但从不反对就地转型。2008年我们就提出要在"腾笼换鸟"的同时，鼓励"扩笼壮鸟"、"筑笼引鸟"，多种方式推动产业转型升级。在这个问题上，我们从来没有强求一律、强迫命令。

一　汪洋秘访东莞

中共中央政治局委员、广东省委书记汪洋2008年3月的东莞之行，成为日后人们回忆"双转移"政策的一个节点。

2008年3月25日下午，汪洋未通知当地官员，突访东莞厚街镇。厚街是东莞工业重镇，以鞋业和家具制造业著称，这都是劳动密集型产业。而汪洋此行的目的之一，是了解外资企业部分外移后，对当地经济造成多大影响。

汪洋先去考察了一家鞋厂和一家港资电子厂，随后又钻进在东莞的外地民工的出租屋——在东莞，他们被称为"新莞人"。这位53岁的省委书记看起来和蔼可亲，他还在出租屋附近的烧饼店买了一块千层饼。

当日黄昏，汪洋在当地的一个村委会座谈。知情人说，汪洋当时的关注重点在于当地如何破解发展难题和产业转移的阵痛。在这个小型座谈会上，汪洋说，东莞要增强忧患意识，及早动手转移；而且东莞的人口压力很大，要通过调整产业结构，降低人口压力。

不过对于基层官员来说，很难迅速意识到汪洋这句话的分量。东莞诸如鞋厂和家具厂等众多的劳动密集型企业为当地带来了持续多年的收入，很多人就靠出租厂房和外来工宿舍的租金生活。

但有人能迅速理解他的想法。当天晚上，汪洋拉着赶来的东莞市委书记刘志庚在外面散步。刘志庚当时正在东莞推行行政区划调整，在日后的一次会议上他回忆说，汪洋当时对他说区划调整一事可以先放一放。

第二天，汪洋参观了一家以产业升级闻名的消防车生产公司和东莞大朗镇，后者以毛纺业闻名，汪洋再次说，转型要快点。

当天下午，在松山湖科技产业园区，当着东莞当地镇以上全部官员的面，汪洋说，东莞必须将低水平的劳动密集型行业的制造环节转移出去。而汪洋的另一句话日后更被广泛提及：如果东莞今天不积极调整产业结构，明天就要被产业结构所调整。

汪洋的这句话说得很重。不过震撼中的东莞基层官员们不知道的是，广东“双转移”的大幕，此时已经徐徐拉开，一个关于“双转移”的文件草稿，正在讨论中。

二　汪洋谈“双转移”

2008 年 5 月 29 日，广东召开第一次“双转移”工作会议。负责起草汪洋讲话的省委政研室的干部对《南方周末》记者回忆说，汪洋在发言中多次脱稿，他曾抛开稿子强调说，“双转移”“事关广东落实科学发展观的成败”。

黄华华的发言更为直接些，他说“要让敢抓善抓‘双转移’工作的干部政治上有进步，经济上有激励，工作上有舞台”。汪洋在讲话中说，深圳和河源做了“经验介绍”，而广州、东莞等做了“表态发言”。

随后，“双转移”成为广东政商两界的最热词语。

以下是汪洋关于“双转移”的一些观点：

• 当前广东的发展已经站在了一个新的历史起点上，广东要以改革开放初期“杀开一条血路”的气魄，努力在实践科学发展观上闯出一条新路，争当实践科学发展观的排头兵。

——2007 年 12 月 25 日，广州，中共广东省委十届二次全会

• “广东改革开放 30 年，走的是自己的路，让别人议论去吧。现在仍然是这样，走我们自己的路，科学发展的路，让别人议论去吧”。

——2008 年 11 月 21 ~ 22 日，广东全省经济特区工作会议

• 现在摆在我们面前的就只有一个字——干！

——2009 年 1 月 7 日，广州，中共广东省委十届四次全会

• “腾笼换鸟”是一个形象的说法，表明一种政策导向，但绝不代表政策的全部内涵。不是要把“鸟”全“腾出去”，主要的还是政策引导。实际上是开了个门，然后说你出来吧，出来对你有好处，还有把米撒在那，比如说降电价。“它说我不走，不走我们也不赶它。”

——2009 年 2 月 3 日，广州，《珠三角规划纲要》研讨班

• “‘保增长’与‘双转移’并不矛盾，是并行不悖、互相促进的，我们要保的增长，不是传统发展模式下的增长，而是科学发展的增长。”

——2009 年 5 月 27 日，梅州，全省产业转移和劳动力转移工作会议

• “在经济下滑的时候，大家为了‘赶数据’又把落后生产力全都上起来了，就违反了市场经济规律。如果能把精力花在调结构上、花在转型升级上，哪怕现在一时数据不好看，将来数据也一定会好看!”

——2009 年 7 月 16 日，广州，中共广东省委十届五次全会

• “不仅要‘腾笼换鸟’，还要鼓励‘扩笼壮鸟’、‘筑笼引鸟’。”

——2009 年 7 月 17 日，广州，中共广东省委十届五次全会

三　现代版“双城记”

在广东在全省开展“双转移”之前的两个月，东莞，这个曾被汪洋告诫要小心“被调整”的城市，已经动了起来。

在汪洋离开东莞一个星期后，东莞召开了全市领导干部会议，东莞市委书记刘志庚说，汪洋的调研讲话“全面兼顾又击中要害”。刘志庚在讲话中说，要建立产业转移倒逼机制，使企业转移低端生产环节，同时要“疏导和调控人口规模……鼓励企业工人到东莞市外的产业转移园就业”。

然而，东莞的一些镇村未必这么想，原因倒也简单，这些企业走了，集体分红怎么办？房子租给谁？知情人说，一些村委会主任私下在表达抱怨，说自己正被村民骂。

在 2008 年 5 月 23 日的一次讲话中，刘志庚斥责“一些干部群众仍存在模糊认识”。“认为调整产业结构就是‘赶厂赶人’，担心企业和外来人口减少后集体收入和个人利益受损，对产业结构调整不积极甚至有抵触情绪……瞻前顾后，顾虑重重。”

此时发生的一个细节是，在一次关于人口和产业结构调整的会议上，一位东莞官员说，东莞有 600 万人口应该是比较合适的，这一消息后来被解读为东莞将

要赶走一半人。

有关东莞“赶厂赶人”的舆论风起。尤其是港台媒体舆论压力已经颇为巨大，包括刘志庚在内的东莞官员们在各个场合做解释，声言被“误读”。而此时另一个风潮，却是外省到东莞的招商大军，要承接东莞“腾笼换鸟”中换下的“鸟”，包括昆明市委书记仇和也带队到了东莞。

招商大军一时充斥了东莞城区内的许多小区。市委书记刘志庚却也开明，说如果真是好企业被招商走了，也是我们自身环境的问题，我们要自我检讨。

但东莞的产业转移显然不是那么顺利的。2008 年 7 月份，上半年的数据统计出炉，东莞当时因为国际环境变化所导致的外贸危机已经显现，一些数据出现了 9 年来的首次负增长。刘志庚提出了四个“忍得住”，说要忍得住暂时的阵痛，要忍得住社会的非议等。这是一种表示决心的态度，但自然也有无奈。

省委书记汪洋给东莞出了一个办法：“产业转移出去，把研发设计、组装包括总部仍放在原地，这样附加值就还在，将来税收并不会少。”

劳动力的转移在东莞远比产业转移来得静悄悄，东莞劳动局的官员创造了一个叫“村民车间”的办法，简单说就是让经过培训的当地人都在一起工作，“以前工厂里大都是外地工人，本地人觉得去了语言都不通，做不长”。

劳动局另外跟企业进行谈判，允许本地人可以有更多的假期，但是工资稍低一点，“本地人第一在乎的是工作时间，第二才是工资”。通过上述方式，东莞安排了 9000 多本地农村剩余劳动力就业。

与东莞相比，同样属于“珠三角”城市的佛山的情况看起来要乐观得多。

事实上，在“双转移”政策出台之前，佛山的很多陶瓷企业已经在向清远、肇庆等地转移。“清远交通方便，物流成本低，利于原材料运输。”佛山著名的新明珠陶瓷集团副总裁李列林如是说。

产业转移的必要性在佛山更能被市场证明。一个例子是，佛山本地经过多年陶瓷企业的生产，本地已无陶土，而清远等地反而有。另外更紧张的是土地，这让陶瓷厂动辄数百米的生产线无法扩大。

在佛山的企业家看来，产业转移工业园另外的好处在于，以两地政府的担保，来规避投资当地的“政策风险”。这甚至减少了企业家的“隐性成本”。一位企业家说，此前政府官员叫去吃饭，总要抽时间应酬，该“买单”“买单”。而现在，佛山的官员叫他去吃饭，他说跟清远的官员约好了，反之，则说跟佛山的官员约好了。

与东莞外贸型经济在金融危机下饱受冲击不同，佛山大部分企业为内销企业，而且大品牌众多，这使得佛山的企业“寒意不浓”。事实上，省里下达的劳动力转移任务在佛山几乎是被轻松完成的。“一些大的企业，还在趁机扩张。往往是这个小企业刚关门，门口就有别的企业开车过来招工拉人。”接受采访的佛山劳动局官员说，一些企业本来只要女工，后来实在招不上，只好妥协说30%招男工。

佛山与对口转移劳动力的清远市签订合同，要清远每年转移过来4000人。“清远方面现在反而说有压力。”佛山劳动局官员说，“我们近年不少企业转移到清远，他们也需要劳动力，现在的情况是，清远的劳动力到佛山，因为佛山工资比当地高，然后清远又从别的地方招工。”

四　案例：小镇里的世纪大迁移

在“珠三角”正在推进“双转移”的宏大背景下，广东最小的镇正经历着一场缓慢而艰难的产业大迁移。

石龙，东莞最小的一个镇。

小小的10.38平方公里土地上繁华得令人吃惊，甚至五星级酒店就有两家。

20世纪八九十年代，一些人从香港、台湾来到这个小镇种下财富的种子。30年间，一些人走了，一些人迁徙到更内陆的他乡去复制那些故事，而新的主角正在登场，新的财富之轴，正在离去者的厂房里缓缓拉开。

一代人来，一代人去，这是一场绵延多年异常艰难的迁徙，缓慢，决然。

飞　地

拥挤得喘不过气来的土地，逼得石龙不得不去广东北部山区借一块“工业飞地”。

一个是广东最小的镇的党委书记，一个是粤北山区偏远县始兴县的党委书记。

黄卓钦和冯寿宗都没有想到，五年前的一个想法，会让他们在这场世纪大迁移中留下一笔。尽管现在这两个党校同学都已离开当年的基层，但这两个地方依然紧密地联结在一起。

很早之前，石龙镇西湖村曾举办过一个寻根问祖的活动，发现根在财力甚至不及西湖一个村的韶关市始兴县。不过此后两地政府也一直鲜有交往，直到2004年，一个大胆的想法出现。

那年12月，广东省长黄华华在第四届“山洽会”上提出了“工业飞地”的想法：在“珠三角”城市圈之外的广东东西两翼和北部山区建立“工业飞地”。

冯寿宗很快就找到党校同学黄卓钦，告诉他占地面积是石龙两千多倍的始兴县，工业用地很富余。而这时，黄卓钦正在为无地可用发愁不已。

土地，是整个“珠三角”普遍面临的一大难题。经过这么多年的高速发展，“珠三角”地区GDP已经超过18000亿元，剩下的土地资源极其有限。面积本来就极小的石龙当然概莫能外，狭小的镇上拥挤着上千家的企业，已经没有多少整块的土地剩下来，新的项目无法落地。

没有土地，像“珠三角”的许多地方一样，成了石龙的头号问题。而这些日益珍贵的土地中，却有许多是被一些附加值极低的工厂或者是污染很大的低端企业所占据。如果能将这些低端企业转移出去，不就能腾出土地给一些技术与附加值更高的新企业吗？

石龙很快就开始行动。虽然有一些专家质疑时机未到，但在省政府的支持下，2005年3月，占地6000亩的东莞石龙（始兴）产业转移工业园正式挂牌，并成立了园区管理委员会和开发公司，由始兴县提供土地和负责征地，办理各项审批手续；东莞石龙镇负责征地补偿、开发建设所需资金和项目引进，利润五五分成。

这块飞地，石龙与始兴各投资2000多万元，广东省投入2500万元。2005年12月，其正式获批成为第一家省级产业转移园。

迁 徙

像是割裂一般，迁徙总是异常地缓慢与艰难，这一次尤甚。

在这次转移之前，石龙其实已经经历过转移。

20世纪80年代，许多香港人、台湾人陆续来到这里，建起了服装、鞋帽、电子等工厂，打开了这个小镇的财富之门。

但十多年后，许多企业渐渐关门歇业或者迁往其他地方。进入21世纪之后，石龙引入了京瓷美达和柯尼卡美能达等一批日资企业，迅速提升了全镇电子信息产业的聚集度，让这个小镇更新成一个电子信息工业镇——目前全镇工业产值的

80%来自电子信息产业。

像是割裂一般，迁徙总是异常地缓慢与艰难，这一次尤甚。

尽管始兴的这个产业转移园还只有一家企业迁入，而且尚未投产，但“珠三角”产业大转移的序幕由此拉开，处境相同的企业已有不少转往他乡。

香港企业美昌集团就是其中之一。1985年，美昌进入东莞，主要生产用于出口的玩具车。

从2001年开始，东莞的生产成本逐年上升，2006年达到高峰。当时，东莞电荒严重，有钱都买不到电，一周顶多可以用4天电。

这一年美昌新收购了一个意大利玩具品牌，需要扩大生产。考虑到韶关的电价比东莞要低30%，美昌将新的工厂放在了始兴。这也是始兴县最大的产业转移项目。

转到始兴后，在电费上，美昌从在东莞每月450万元的开支，缩减到150万元。

当时东莞的最低工资是770元，而韶关只要530元。而且，东莞土地费用很贵，一平方米要280元，而始兴只需要120元。

总体上算下来，每个月的总成本，从东莞的1700万元，下降至1100万元。目前，美昌从2009年4月份开始在始兴开建第三期厂房，预计2010年1月底厂房将落成。

不过，美昌并不打算关闭在东莞的工厂。这是因为东莞的“电荒”问题已逐渐解决（通过水力发电增加了电力，而金融海啸后用电量减少），而始兴的税收优惠不复存在——2008年1月1日开始实行内外资统一的企业所得税，美昌之前在山区始兴享受到的比东莞共少12%的税收无法继续。

“我们不希望鸡蛋都放在一个篮子里。”美昌集团会计部高级经理黄青萍说。

不同的是，也有先行者选择彻底离开。

联丰纤维制品（始兴）有限公司，是一家主要生产一次性内衣内裤、擦鞋布和纸巾的港资企业，2006年11月来始兴扩产建厂之前在深圳发展了多年。“2006年底，全国经济形势一片大好，深圳出现了‘劳工荒’，始终无法保证解决劳工问题，我们就过来了。”联丰纤维公司副总余良茂说，加上当时始兴承诺用电优惠20%——后来，由于南方电网统一管理电价，这一承诺始终没有兑现。

他算了一笔账。来始兴，运输成本要增加不少。一个标准大货柜，从深圳到盐田港的运输成本是1600元，从始兴到盐田港则要3600元~3800元。每个月要发近20个货柜，运输成本增加了不少。

但是，绝大部分员工是从本地招聘的，这让用工成本下降了15%。当时深圳工厂人均工资每月1500元，始兴只需1300元。

衡量之下，公司还是打算把深圳的工厂全面关停，整体搬迁到始兴。

观　望

就跟搬鸡蛋一样，规模小的，打坏了也就几个蛋，但大企业不愿意动，一篮子鸡蛋在不明朗的形势下贸然内迁，风险太大，金融海啸让他们选择观望。

更多的人选择了观望，尤其是在金融海啸余波未了的当口。

“企业的账算得永远比政府精。就跟搬鸡蛋一样，规模小的，可能愿意搬，打坏了也就几个蛋，但大企业不愿意动，一篮子鸡蛋在不明朗的形势下贸然内迁，风险大，金融海啸让他们选择观望。”石龙镇经贸办钟建宁说。

正是出于对搬迁成本与风险的考虑，石龙目前的工作重点也是先在内部做优化调整，鼓励企业到本地新园区去，并改善技术和生产流程。

石龙镇星光路工交第一工业区，是石龙最老的工业区，有大量的劳动密集型制衣和电子厂。现在，这个老工业区里的企业正纷纷迁往石龙新开辟出来的地方。

老工业区门口小餐馆的老板说，以前这里每天晚上人多得像蚂蚁，消夜要到凌晨4点，而现在晚上不到12点就已看不到人了。而每个月的15日和25日后，总会有一批人消失——这两个日子分别是计时工人和计件工人发工资的日子，发完工资后总有一些工人离开。

金融海啸带来的痛苦依然还在延续，但是许多企业都选择留在这里苦捱。他们想尽了各种各样的办法来度过这个异常寒冷的冬天，比如说只招临时工。

在园区里，随处可见招临时工的广告，因为很多企业辞掉了大批员工，随着经济有所回暖，获得了新的订单，但依然不敢大批招人，只能选择招聘临时工突击赶订单。

一位不愿透露身份的某女性服装品牌公司人事经理说，在石龙民营工业园聚集的新城工业区，很多企业在2008年下半年将员工的工资压缩了近半。该女装公司订单下降了一半，选择了直接裁员的办法过冬，至今仍未走出亏损，被迫采取一些“变态做法”，从一切可以节省的地方节衣缩食：上班时间宿舍一律断

电，每个宿舍配备电表控制员工用电。

他们也考虑过迁移到江西等内陆省份或者广东粤北山区，但那里往往“连衣服的钉珠和图案的配套企业都找不到”。

等　待

那将是一个延续几十年的迁徙，5～10年都没法完成。

为了解决产业配套问题，一个办法是让行业冠军带头转移。一个例子是，著名的旭日玩具公司，整体搬迁到韶关后，可以吸引其他配套企业跟随转移。

但拖住转移步伐的其他因素依然无法短时间改善，比如交通。

以石龙始兴项目为例，离这个产业转移园4公里就是在建中的韶赣高速，原本计划2009年底通车，到目前最乐观的估计也要到2010年上半年。5公里之外的韶赣铁路，还在征地中。原本是寄希望于粤湘高速打通后，能够从始兴直达盐田港，但现在该高速的建设，只是打通了盐田港到离石龙很近的惠州博罗段，博罗到韶关段依然没建好。

当地的金融和城市环境的落后，也让人头疼。很多香港老板拿着香港身份证到“珠三角”银行办借记卡和开户都没问题，但到了韶关就不行。

即使已经迁移出“珠三角”的企业也开始有所失望，刘均华就是其中之一。

这个52岁的香港人，1980年来到内地打拼，目前是香港上市公司建溢集团的副总。2005年，建溢集团部分搬迁到韶关，并在2007年将内地总部迁到韶关。目前在韶关市投资了4家工厂，人员规模近2万人，生产微型马达、纸制品和智能玩具。

到韶关后，建溢的成本得以降低，但也面临着一些新困难。

比如技术人才的短缺。建溢需要几百个管理与技术人才，如果在“珠三角”，他们每月的工资为5000元～6000元，到韶关来就得支付8000元～10000元，开支突然增加。

每次韶关市政府开会，刘均华所在的建溢集团都提意见：韶关虽然有很多技校，但很多人不愿意留在当地。

地价也在迅速上涨。从2005年到现在，韶关的地价已经从30多元一平方米，变成了现在的300多元，翻了10倍。

转，还是不转？成了一个留在石龙的人们苦苦求索的问题。从“飞地”挂牌之时便进入园区的钟建宁说，经验告诉他，那将是一个延续几十年的迁徙，5~10 年都没法完成。

Dongguan Pattern: Success and Enlightment

Abstract: Dongguan pattern is an exploration of the road to the socialist with Chinese characteristics, a successful attempt to the world of the economy of China, a developmental strategy from the undeveloped agricultural society to the modern socialist society, and also a governmental pattern to impetus the economic society continuing developing. The development, reforming and the evolution of Dongguan pattern can be divided into four stages, and it also has many characteristics, such as resources dominant, uniting the urban and rural . Taking the advantages of the emancipates of the mind, the development of the society and under the leadership of our Party, Dongguan has realized the internationalization of the economy, the industrialization, the urbanization of the countryside and the coordinated development of the economic society.

Key Words: Dongguan Pattern; Scientific Development; Industrialization

第二十二章

从太仓看苏南模式：县域经济现代化道路

朱汝鹏*

摘　要：县域现代化是当前和未来中国现代化建设的重点，研究县域现代化，是各级领导和研究工作者关注的热点。江苏省太仓市是苏南板块的重要一员，研究太仓市30年现代化发展之路具有重要的现实意义。改革开放以来，太仓模式完成了“三大跨越”，形成了“苏南模式、太仓特色”的太仓现代化发展之路。太仓模式推进“三化”并举，走出了符合科学发展规律的统筹协调之路；完成了“五个转变”，丰富了苏南模式现代化内涵的新实践。

关键词：苏南模式　太仓模式　县域经济　现代化道路

县域是我国经济社会的重要组成单元，县域发展是全面建设小康社会、加快推进社会主义现代化的重要基础。党的十七大提出了壮大县域经济的任务，温家宝总理也提出了“县级经济要以农业和农村经济为中心”。对建设中国特色的社会主义来说，迈向现代化是一个长远的、战略的目标，只有全国的农村完成了现代化建设，才有全国的现代化。

在现今的历史条件和现实背景下，要想在全国的每一个县实现现代化是不可能的，但是在经济相对发达、社会发展迅速的东部地区，在几个、十几个、几十个县和县级市中率先实现，这不仅是必要的，也是可能的。事实上，在苏

* 朱汝鹏，高级经济师，历任中共太仓县委、市委办公室副主任，市委研究室主任，太仓市人大常委会副主任，中共太仓市委督导员。现任中国农村社会学会理事，中国社会科学院社会学所太仓经济社会研究中心副主任，江苏省城镇化研究会常务理事，《名镇世界》杂志社副总编，苏州市农村经济研究会常务理事等职。

南地区，率先进入基本现代化的县级市已经在逐步凸现，闻名中外的原有苏南模式和不断创新的近阶段苏南新模式不仅是苏南实现工业化的依托，也是进入城市化、现代化新阶段的有效载体。苏南模式的可贵之处在于它的不断创新和与时俱进。

作为苏南板块重要一员的江苏省太仓市就是这样一个典型，通过研究太仓市30年现代化发展之路这个个案具有重要的现实意义。太仓市地处江海交汇的前哨，南接上海，背枕长江，面对苏南，历史上是著名航海家郑和七下西洋的起锚之处，今天是名列全国百强县前十名的发达之地。全市总面积823平方公里，户籍人口46万人，是江苏省地域较小、人口较少的一个县级市。2008底，全市人均GDP超过1.6万美元（按户籍人口计），财政总收入超过112亿元，城镇居民人均可支配收入超过3400美元，农民人均纯收入超过1700美元。一个不被人注目的小县级市，依靠30年改革开放的巨大动力，终于脱颖而出，成为率先走向现代化的一方热土。

太仓市的这一条成功之路使我们进一步看到了中国县域走向现代化的希望和前景，太仓市的30年实践告诉我们：研究苏南，不仅要寻找它的共同点，更要深入探析苏南板块中属于各县市发展自身特色的差别之处，这是研究今天苏南新模式的必然要求。模式的本身是多侧面、多角度、多特色、多元化的，太仓市的现代化之路，可以看做“苏南模式、太仓特色”的新实践，是既属于苏南新模式大主流又具有太仓个性要求的发展新路子，研究太仓，同样可以加深对苏南模式的认识和理解。

第一节　太仓模式的“三大跨越”

和苏南地区其他兄弟县市一样，太仓市从一个落后封闭的农耕社会，进入到今天的基本现代化是经过了30年改革开放发展历程后的必然结果。30年来，太仓发展经历了“工业化—城市化—现代化”三个跨越阶段；人民生活经历了“总体小康—全面小康—基本现代化”三个递进台阶；发展形态经历了“以经济发展为主—经济社会协调发展—注重民生的科学发展”三个层次变化。太仓在苏南模式和苏南模式的演化的大背景下，在发展的时间、空间、外延和内涵上还有它自身的特色和重点，在“工业化—城市化—现代化”的总体发展的衔接上也存在着一些差异。

一 太仓模式发展的三个阶段

第一个阶段：从20世纪70年代后期开始至90年代初，约为12年时间，完成了工业化前、中期发展阶段，太仓达到了“总体小康社会”的水平。

改革开放以前，太仓凭着它良好的气候条件、丰厚的土地资源和稻棉夹种的农业优势，赢得了低层次温饱和相对“小富”的名声，历史上素有“金太仓”之称。但这是整体贫穷大社会中的一种相对的小富、小足，正是这种小富、小足使太仓在工业化初期缺乏像兄弟县市那股“穷则思变”的拼搏精神和“闯天下”的创业意识，因此，太仓工业化的进程要比兄弟县市晚二三年时间。一直到20世纪70年代末80年代初，太仓才真正拉开了办乡镇企业的序幕，农民开始了“农转工”的历史性跨越，长期以来以农业为主的传统经济格局才得以被打破。乡镇企业的迅速崛起和加快发展，推动了整个产业结构的根本性变化，到90年代初，全市以工业为支柱、三次产业联动发展的经济新格局基本形成，它突出地表现在：（1）各项经济指标大幅度增长。1992年和1978年相比，工农业总产值增长了18.56倍，国民生产总值增长了16.13培，全员劳动生产率增长了16.71倍，固定资产原值增长了27.42倍。（2）三次产业的比重出现了历史性的变更。1978年一、二、三次产业比重为52:36:12，1991年已变成23:54:23，即从原来的“三二一”变成了“二一三”，这种产业结构的变换标志着农村工业化的迅速成长。（3）按国际标准的工业化目标已达标。1992年太仓已达到工业化社会的农村比重标准即15%，从事农业的劳动力占农业人口的17.1%（低于国际标准21%的比重），全市国民收入来自工业的比重达到工业化社会85%的水平，农业机械化程度为68%，也达到了工业化社会的农业机械化程度。（4）乡镇企业在全市经济发展中的地位和作用十分突出。1992年乡镇工业产值已占全市工业产值的82.3%，“五分天下有其四”，乡镇村企业吸收农村剩余劳动力为11.22万人，占农村劳动力的52.36%；乡镇企业用于农业投资达2亿元，乡镇企业的年增长速度达40%以上。以上数据表明，20世纪90年代初期，太仓市已达到了工业化初期的水平。

工业化的成功，加快接近了小康社会的水平。按照传统的标准，一个地区的小康，往往是指生活比较殷实、温饱有余、可以安然度日的一种社会经济状况；而按照邓小平同志当时倡立的全国到2000年经济社会奋斗目标的小康，即到20世纪末国民生产总值在1980年的基础上翻两番，人均GDP达到800美元~1000

美元，人均住房20多平方米等要求，太仓当时都已达到并超过很多。而对照当时国家统计局提出的“中国农村小康生活标准”，太仓同样也达到和大大超过了。例如：1992年的太仓市国民生产总值比1981年翻了三番多；人均GDP达到1459美元，比800美元标准高出82%；农民人均纯收入1759元，比全国小康线标准高出60%；恩格尔系数（即食品消费占生活费用的比例）低于小康标准（即大于50%）的水平；农村人均住房面积高于小康标准的190%；平均预期寿命达74.5岁，高于70岁的小康标准；九年制义务教育普及率达到了100%；享受社会保障人口达到100%，万人刑事发生率大大低于小康小于20的水平，仅为1.09；人口自然增长率仅为0.66‰，超低于1%～2%的全国小康标准。总之，太仓12年改革开放，造就了全市的“工业化”，更造就了“率先”“高质量”进入总体小康社会的局面。

第二个阶段：从1992年开始至2005年左右，大约花了13年左右的时间，大力推进城市化的进程，太仓率先进入了“全面小康型社会”。

城市化是工业化发展的必然要求，也是迈向高水平现代化的必然通道和桥梁。太仓市经过第一阶段农村工业化的推进和实现，使农村人口大规模向城市和城镇流动，使大量农民工和一批科技管理人才向太仓集聚，太仓市真正启动了城市化的进程。在长达15年的时间里，太仓城市化的推进大约经过了三个发展时期，即20世纪90年代前半期的“造镇”，90年代后半期的“造城”和21世纪的“城镇体系化”。这三个时期的逐步推进，一步步改变了全市的城市（镇）形态特征。太仓市以城市化主导发展的标志主要体现在以下几个方面：

一是城市人口的激增和先进生产力要素的高度集聚。13年中，太仓市本地的农村劳动力大规模地向城市（镇）聚集，外来人员纷纷落户太仓，如今，虽然户籍人口仍是45万人，但常住人口猛增近一倍，达到87万人之多，现在仍在农村生活的人仅剩下一些50岁以上、10岁以下的老人和小孩，大约只占全市常住人口的不到10%。大量农村人口和外来人口向城镇的聚集，彻底改变了以农业、农村为主的传统社会结构，以城镇、城市人口为主的社会结构已经形成。在这些人口的聚集中，外来人口中占有相当的比重，而且大专以上的人才总量已达到42117人，其中研究生以上学历的为684人，归国留学生73名；引进拥有管理专业技术人员60146人，其中具有高、中级职称的为1782人和9173人；“三资”、民营企业中现有管理专业人员的总数为48815人，这些优质人才资源在太仓屯兵驻足，为提高城市化水平谱写了高昂的主旋律。

二是“两区”的建立和高速发展造就了“三集中”新格局。农村劳动力向非农产业集中，农民居住向城市（镇）集中，产业向区域主导区集中，这“三集中”的构想太仓早在20世纪80年代就开始萌发了，但真正实现是在90年代以后太仓“两区”（太仓港港口开发区和太仓经济技术开发区）的启动和快速发展中逐步完成的。20世纪90年代初期，太仓在开放型经济的推动下，先后建立了对全市经济社会发展具有巨大推进、聚集、辐射和带动作用的“两区”，成为全市经济发展的主功能区和主导示范区。“两区”的出现，实现了城市空间的再造，促进了“三集中”，即各类要素的聚集。多年来，“两区”的城市化水平不断提高，城市的发展显得更为集中、更具活力。已开发的太仓“两区”建成面积已达74.38平方公里，共投入道路、供电、供水、邮电、通信、污水管网、绿化美化等基础设施建设资金120多亿元，共聚集起各类中外企业2473家，提供就业岗位12.6万个，“两区”实际上已成为具有现代化水平的新城区。

三是随着人民的生活水平的不断提高，农村城市化形成了一道亮丽的风景线。太仓的城市化从实际情况来看，可以理解为在两大块中进行：一块是原有县城的城市化和新兴港城的城市化；一块是原有农村的城市化，城市的各种要素已经深深地渗透到传统农村的每一个角落里，随着新农村建设的推进，“村庄中的城市”越来越多。太仓市现有村90个，已有51个村建成或正在建成新农村的示范村，全市形成了49个农民集中居住点，入住农户10026户。这些“村庄中的城市”也大都具备了城市应有的设施和水平，包括便捷的交通、水电通信的入村入户、豪华型的别墅和舒适的公寓、优美的绿化和各种文体活动现代化设施等一应俱全，好多工作、安家在城市的年轻人仍然定期不定期地回农村居住，同样享受甚至更能享受城市生活的舒适环境。

四是依靠便捷的交通网，城市城镇一体化格局和城市城镇的体系框架已经形成。现在，县域面积如新加坡大小的太仓，在684平方公里的这块狭小的土地上，却已建立起完整的城市体系，即搭建了“中等城市规模的原县城—最终将建成52平方公里（现已建成了3.6平方公里）的港口港区滨江新城—重点城镇（城厢、沙溪、浏河）—特色城镇（璜泾、陆渡、浮桥、双凤）”的框架，走出了具有太仓特色的城市化之路。在这个体系中，主要依托四通八达便捷的交通网络把城和镇紧密地联结为一体。目前，太仓境内已有3条高速公路、204国道和3条省级公路，还有城乡联结的公共交通车，全市设立车站近500个，任何一个镇或村的居民到城里活动，如同在大中城市一样，只不过是从这个区到那个区、

这条街到那条街而已，十分方便。

五是城乡居民收入差距的缩小为城市化注入了内在的活力。过去，太仓市城市居民和农村农民的收入差距比较大：1978 年，太仓市农民的年收入为 176 元；20 世纪 80 年代以后，农民收入持续快速增长，年收入平均增长率为 15.5%，城乡居民收入的差距也逐渐缩小；2008 年，城乡居民收入分别达到 24624 元和 11795 元，城乡居民收入比为 2∶1，城乡生活达到了一个比较和谐的状态，这为城市化和城乡一体化的有效推进打下了良好的基础。

第三阶段，从 2005 年开始，太仓市开始了现代化建设的新征程，三年的初步实践，一幅以又好又快、好中求快为特色的科学发展“长卷”正在徐徐展开。

2005 年，对苏南和太仓市来说，是具有划时代意义的一年，正是在这一年，太仓市和苏南的其他五个兄弟县市一起完成了建设全面小康社会的任务，昂首阔步地开始向更高的目标——现代化举步，这不仅是历史性的辉煌，更是改革开放新时代赋于太仓的一个光荣使命。全面小康社会的实现，既是对昨天的总结，也是谋求明天新篇章的机遇。太仓市是带着“人均 GDP 超 8000 美元，城乡居民收入分别超 2500 美元和 1200 美元”的综合实力，完成全面小康社会建设任务的。尽管“实现全面小康”是多少代人的一种梦想，尽管全省制定“四大类 18 项全面小康社会”指标已全部达标，但是太仓市干部群众并不以此为满足，2005 年的太仓就开始认识到：实践科学发展观还有更大的目标和更高的要求在等待着自己，坚持以人为本，转变增长方式，提升富民层次，谋求和谐协调，还有更为艰巨的任务，还要继续解放思想，深化改革开放，在率先、科学发展的道路上迈出更为坚实的步伐，努力把太仓建成现代化经济强市、文明法治城市和社会和谐城市，争取 2012 年总体实现基本现代化，2020 年进入世界发达国家的城市水平，这才是真正的鸿篇巨制。

三年来，太仓市继续高举改革开放的旗帜，深入贯彻落实科学发展观，进行了新一轮的“长征之路”，决心在更大程度上提升工业化的水准，在更广范围内拓展城市化的内涵，完成一个地区率先进入“现代化”领域的新使命。三年的实践取得了很大的成功，这个成功包含着两个方面的内涵：一是有形的统计“数据”；二是无形的人的“感觉”。一个地区的现代化固然应该以业绩的大小来衡量，但现代化没有一个绝对的标准和固定的样本，就是人们制定出的几大类几十项数据标准也只是一种大体的“对照系”，现代化有初级、中级、高级之分，有相对发达、比较发达、高度发达之别，更有时间和空间上的“变数”存在，

今天你在这方面“够格”了，明天或许这点成绩已经落后了。因此，单纯依靠数据显示来判断现代化还不够全面，还需要人们对现代化“感受度”的认可，这种“感受度”、“感觉度”似乎很虚、很空，但实际上也是客观存在的，是公众对地区现代化实现程度的一种承认，应该受到一定的关注和重视。

二　太仓模式的巨大成就

太仓市三年来现代化新实践带来的有形“数据”和有态“业绩”，主要表现在这样五个方面：

一是综合实力进一步增强。2008 年，全市地区生产总值达到 528 亿元，是 2005 年的 1.79 倍，年均递增 21.4%；财政收入由 45 亿元增至 112 亿元，是 2005 年的 2.49 倍，年均递增 35.5%；太仓港集装箱吞吐量超过 145 万标箱，增长了 5.8 倍，货物吞吐量超过 4000 万吨以上，增长了 3.05 倍。在国家统计局公布的全国百强县市中，太仓连续五年进入前十名。

二是经济结构进一步优化。太仓市已实现了由单一所有制结构向民营、外资、新国资等的转变，形成了沿江、沿沪产业带的格局，形成了基础、传统、新兴三大产业体系三足鼎立的格局，形成了纺织、机械、化工医药、石油加工等十大行业。外向型经济势头强劲，民营经济发展迅猛，服务业经济后来居上。2008 年，新增注册外资达到 13.91 亿美元，实际利用外资达到 7.35 亿美元；内资注册资本达到 42.5 亿元；服务经济除了引进一批大型的物流企业和构建起港区“一中心、四市场”（保税物流中心和塑化原料交易市场、国际百货采购交易中心、木材加工交易市场、钢材剪切配送中心）外，还加快引进了国际服务外包龙头企业，初步形成了“一地五园”（“一地”即服务外包基地，“五园”即科技创业园、中科软件园、太仓物流园、总部经济园和国际服务外包创业园）的建设，正在全力打造江苏省国际服务外包基地城市。

三是人民生活进一步改善。城乡劳动力得到充分就业，全市登记失业率控制在 2.9% 左右，农村劳动力就业率达 87%；农民人均纯收入是全国平均水平的 2.5 倍；社会保障体系更加健全，城乡三大保险覆盖率都达到 99.6% 以上，基本实现了“老有所养、病有所医、弱有所扶、贫有所济”，城乡居民居住条件和生活环境有了进一步的改善。

四是城市化水平进一步提高。全市已形成“一市双城”（中心城市和滨江城市）、重点镇、特色镇、新型社区和自然村五个层面的协调发展的城市格局，城

市化率达到63.65%。

五是社会事业进一步发展。在高标准巩固九年制义务教育的基础上，初中毕业生升学率达到98.6%，19周岁人口高等教育入学率为59.7%，在全省率先普及了15年教育，建立起较为完善的现代国民教育体系；医疗卫生服务体系健全率达到99.04%，社区卫生服务健全率达到97.24%；引进各类人才42117人，全市现有专业技术人员39126人，全市拥有规模型企业884家，各类企业技术中心达35家，拥有省级以上高新技术企业89家，拥有民营科技企业135家；依法治市全面落实，社会治安稳定，被省委、省政府命名为“江苏省法治县（市区）创建工作先进单位”。

三　具有县域特色的五个“太仓现象”

太仓市三年来现代化新实践带来的无形“资源”和“感觉”同样是令人鼓舞的，形成了具有县域特色的五个“太仓现象”：

一是“小县域、大舞台”现象。太仓市是全省最小的县之一，按理说，地域小是发展经济社会的重要制约因素，办什么事、兴什么业都很难繁荣昌盛，也不容易进入良性循环。但改革开放30年后的太仓，虽然地域仍然那么大，但实际活动的舞台却很大。这个“舞台”的拓展始于工业化、城市化和国际化发展的实践过程。在这个过程中，太仓不仅经济总量大大扩展，例如工业经济总量30年增加了500倍；而且发展形态也发生了历史性的变化，逐步从原有的县区走向国内大市场、国际大天地，并接轨大上海，融入苏南大板块。原来“小”太仓无人知晓，现在“小”太仓世界注目。这里面不仅得益于外向型经济的壮大和国际经济协作的结果，也得益于具有国际影响力的各种活动，（如郑和航海月活动、德中同行活动、国际体育比赛等）的兴办，使“太仓更多地了解了世界，世界也更多地认识了太仓”。小太仓走向国内外大舞台，不仅拓展了经济社会活动的空间，也拓宽了人们立足现代思考未来的视野。

二是“低层级、高品位”现象。太仓市虽然GDP总量几乎可以和中西部地区的一个大中城市比肩，财政收入则大体相当于省会城市昆明的体量，但是它毕竟是个县级市，县是国家行政管理中的基础层次，级别较低。然而，改革开放30年的发展和现代化新实践的三年，太仓市的品牌形象越来越向高端攀登。以太仓港来说，世界的通常惯例，港口是造就和支撑特大城市的重要依托，国际性大城市中不少都是靠港口起家的，有港口的地方早晚能孕育出世界级的城市。而小小的太仓恰恰就有一个被定位于“上海国际航运中心重要组成部分和‘长三角’地区中转运输重要节点”的太仓港，对一个小县城来说，这是一块成色很高的“金字招牌”；太仓经济技术开发区内建成的“中国德企之乡”也是受人注目的品牌名片；璜泾镇被誉为“全国化纤加弹镇”，成为赫赫有名的“加弹的世界，世界的加弹”……所有这些都表明，在级别很低的县级土地上也同样可以蹦出世界级、国家级头衔的东西，低层次同样也可以大有作为。

三是“晚起步、快超越”现象。太仓市和先进县市比较，在经济社会发展中属于起步较晚的一个县。例如办开发区，太仓比昆山整整晚了六七年时间，还有港口开发，也比张家港晚了好几年。太仓晚起步的原因是多种多样的，最主要的还是思想解放的力度不够大，程度不够深，“小富即安、小胜即满”的传统影响在起作用，因此，机遇容易错过。但是，晚起步并不意味着永远落后，当人们一旦觉悟之后，晚发优势同样可以追赶先进，赢得先机，超越时空。太仓市进入20世纪90年代中后期以后就出现了这样的情况。经过大约十年多时间的奋力追赶，在世纪之交的前后，一个迅速崛起的太仓开始呈现在人们的眼前，不仅经济社会发展跨了大步，在苏州市五个县市中许多指标一直处于末位的太仓，这时很快赶了上来，特别是许多指标的增幅都名列前茅。可以说，太仓创造了一种“三步并作两步走、慢发力快步赶”的现象，成为太仓发展中的新亮点。

四是“弱基础、强优势”现象。太仓的实践表明，基础薄弱的地区并不是铁定的落后，基础薄弱也不会永远生根或永远翻不了身，改变基础薄弱的尴尬处境关键要不断寻找自身的固有优势，不断发现新的创新优势。每个地区都有自己的一些优势，问题在于要认识它、利用它、拓展它。太仓市就是这样做的：为了增强综合竞争力，它们在“两沿”（沿江、沿沪）上大做文章，做深文章，包括开发太仓港、大力发展海上运输物流业、构建“昆太联动”路径新机制，全方位接轨上海、呼应上海世博会，构建沪太交通新框架、把太仓打造成上海“后花园”和总部经济的第二办公室等，都是充分发挥太仓独特的“两沿”优势的实际步骤，使一个原来基础很薄弱的太仓市很快成长为具有较强优势、独特发展活力的地方。在充分发挥“两沿”优势的同时，太仓市还在产业集群、世博辐射、自主创新、城乡一体、生态环境等五个方面增创发展新优势，使原来“势单力薄”的太仓市很快进入优势叠加、充满魅力的创业福地。

五是“多变数、稳增长”现象。综观改革开放30年历程，太仓真正跨大步谋发展是在20世纪90年代以后，然而这20年时间，是整个大环境发生重大

“变数”的时期，包括20世纪90年代国家三次大的宏观调控政策和21世纪以后的两次大的金融风波和土地紧缩政策等，这都给起步晚一些的太仓市带来了一定的困难，充满着各种不可知的变数。在各种困难面前，太仓市的干部群众始终把“提振信心”放在重要的位置上，树立起“信心比什么都珍贵”的理念，正视矛盾，接受挑战，勇往直前，克难攻坚，积极把握新机遇和某些有利因素，在大环境日益趋紧的情况下，始终保持了作为微观经济主体的太仓市经济社会发展的稳定、持续、快速的增长。就以2006年、2007年、2008年三年来说，太仓的各项经济增长指标一直保持在20%～40%以上的增长幅度，增幅列苏州市各县市的前茅（见表22－1）。

表22－1　太仓现代化发展基本指标对照

指　　标	1978年	1991年	2005年	2008年
人口(户籍,万人)	42.8	44.75	45.76	46.63
人均GDP(元)	541	4427	64679	113540
农业占GDP比重(%)	51.5	23.2	5.0	3.45
第三产业占GDP比重(%)	12.1	22.7	34.6	36.89
财政收入(万元)	3661	12498	451805	1120800
城镇居民人均可支配收入(元)			16670	24624
农民人均纯收入(元)	206	1816	8401	11795
人口自然增长率(‰)	5.68	1.23	－1.79	－2.21
城市人口比重(%)	9.7	18.4	43.3	56.75
平均预期寿命(岁)		74.50	79.63	81
每名医生服务人口(人)	1161	1182	546	408

太仓改革开放30年跨越工业化、城市化、现代化三个发展阶段的实践证明，实现县域现代化的根本途径可以用四句话加以概括，即：深入改革开放，实践科学发展，坚持顺势而为，谋求与时俱进。

第二节　太仓模式的统筹协调之路

县域现代化涵盖的内容很广，从一般意义上说，主要是指经济发展的高度化、社会结构的科学化、生活质量的高端化和生态环境的优质化。对一个县来说，麻雀虽小、五脏俱全，实现现代化目标要素也很全，同样包括经济、社会、文化等各个方面，同样也要实现工业现代化、农业现代化、经济国际化、体制市场化、城乡一体化、教育现代化、生活富裕化、资源环境可持续化、精神文明和人的现代化等。县域现代化不仅要有道路、目标的科学确定，还要有体制和运作方式的科学选择，即要以科学发展观的视角和理念去对整个现代化发展全过程进行科学运作，从而使县域现代化进程成为坚持以人为本，全面、协调、可持续发展的生动实践。在这中间，太仓市现代化的运作模式集中地选择了“三化”（即工业化、城市化和社会事业现代化）的并举推进作为走向现代化的主要通道，通过“三化”并举来实现城乡协调和经济社会协调的发展，在全面协调中逐步走向现代化。

谋求各个发展领域的“协调”是科学发展的基本目标要求，而实践各个方面工作的“统筹”是科学发展的重要运作手段，两者有着密不可分的关系。太仓市的现代化之路从根本上说，走的就是一条统筹协调求发展、求和谐之路。而在这条发展路途上最为重要的是要把工业化、城市化、社会事业现代化“三化”作为统筹协调的主线。从大的方面而言，这“三化”首先就是统筹协调，绝不能顾此失彼、厚此薄彼。太仓市就是在这个大框架内实现各个领域和各项工作的全面统筹和和谐协调的，走出了一条符合科学发展规律的统筹协调之路。

一　经济和社会的全面协调

在一段时间里，太仓市也产生过“经济发展上去了，社会事业自然也会上去”的错误理解，出现了“一条腿长，一条腿短”的现象。改革开放的实践使他们逐步认识到，经济和社会发展的不协调本质上是来源于“经济指标是硬任务、社会指标是软任务”的错误观念导向，是政府行为片面性的表现，对政府究竟主要负什么责这个根本命题认识不完整。政府替代市场调节经济功能，而放弃了主管调节社会发展的责任，这是造成经济社会不够协调的深层次原因。经济发展进入到一定层次以后，他们逐步认识到经济发展固然会促进社会发展，但社会发展不会自动实现，相对经济发展而言，社会发展更多地依赖政府的行为和社会各界力量的努力，如果社会事业落后，经济速度要进一步持续健康发展会困难重重。

为此，历届市委和政府十分关注经济社会的协调发展，其中尤为明显的是公共服务事业、基础设施建设和劳动保障事业的加强力度越来越突出，从而使市民们真正享受到经济发展给他们带来的实际好处。

一是在文化、教育、卫生事业上，政府加大了财力、物力、精力的投入，积极构建结构合理、发展平衡、网络健全、覆盖城乡、惠及全民的公共服务体系，推进了社会和谐建设。在文化投入上近年来年均以40%以上的幅度递增，近三年文化经费投入已达到7041万元；在卫生服务体系的健全上，不仅加强对医疗卫生机构的基础设施建设，而且特别重视社区卫生服务，健全率已达97.24%；教育上已建立起较为完善的现代国民教育体系，获得了“全国区域教育特色示范区”的荣誉称号。

二是在基础设施建设上，政府努力突出城乡共建共享共用，重点推进城乡道路、供水和污水网等公共设施的“无缝对接”。近三年，全市用于农村道路、桥梁、河道疏浚等基础设施的投入达2.57亿元；完成了长江引水工程，实现了长江引水“村村通”；实现了污水处理设施市、镇（区）的全覆盖，全面改善了水质环境；通过了国家“新农村电气化县”的验收和省“户户通”；对城区道路提档改造，打造便捷的城市交通，建设起生态、园林、宜居型城市，提高了市民居住环境质量；加快老城区改造步伐，加快房地产开发，改变了城镇形象，提升了居住条件等。

三是在劳动保障事业上，逐渐形成了城乡统筹社会保障的太仓模式。全市城乡劳动年龄段人员的参保率达99.6%；采用了“土地换保障”一步到位置换方式，全市被征农民置换率达92%；全市城乡居民医疗参保率达99.8%；全市城乡养老年龄段人员社会养老享受率为100%；农村老人享受社会化服务的纳入率为95%。

二　城市和农村的一体化协调

随着工业化进程的加快，大量年轻力壮的农村劳力弃农进城当工人，一度时间农业的发展有所萎缩，农村的面貌日趋陈旧，农民的生活质量和城市差距拉大。进入21世纪以后，这种状况得到了根本性的改变：其主要动因是“城乡一体化”被提到重要的议事日程上，“三化”（工业化、城市化、社会事业现代化）与“三农”（农民、农村、农业）开始互动并进，比翼双飞。太仓市“城乡一体化”主要实践途径是抓好“六个统筹”：

一是城乡发展规划的统筹。按照“在空间形态上城乡有别，在社会形态上实现城乡一体；使农村既保留江南鱼米之乡优美的田园风光，又呈现先进和谐的现代文明”的思路，在全市总体规模的框架下，统筹兼顾生产、生活、生态功能，积极推进城市规划向农村延伸，引导工业企业向规划区集中、农民居住向新

型社区集中、农业生产向适度规模经营集中，基础设施建设规划突出城乡共建共享共用。

二是城乡经济发展的统筹。主要途径是：推进高效农业规模化，建设起市镇两级8个现代农业园区；巩固壮大集体经济，重点抓好村级物业经济，积极推进镇村联合、村村联合、村企联合、村民联合，并积极推进“五大合作”经济；促进农民持续增收，积极采取发展农业、扶持就业、促进创业、扩大物业、加大“三农”反哺力度、落实支农惠农的各项政策措施等。

三是城乡基础设施的统筹。全市投入巨资用于农村道路、桥梁、河道疏浚等基础设施建设，全面完成长江引水工程，做到长江引水“村村通”，实现污水处置设施市、镇（区）覆盖，围绕“三改”（改水、改厕、改路）、“三清”（清洁家园、清洁河道、清洁村庄）、“三绿”（绿化家园、绿化通道、绿化村庄）加大农村大环境综合整治力度，全市分期分批搞好新农村建设，逐步在全市建成经济发展、生活富裕、环境优美、文明祥和的新农村。

四是就业保障的统筹。建立起“培训、就业、保障”三位一体的城乡就业保障模式，主要做法是：采取“政府购买培训”的方式，建立社会化的技能培训体系；建立“劳动保障卡”制度，实施信息化管理服务体系；城保与农保可互转衔接；推进全覆盖社会保障体系。

五是城乡公共服务的统筹。加快城市设施建设向农村延伸、城市公共服务向农村覆盖、城市现代文明向农村辐射，推进城乡公共服务均等化，促进农民居民卫生素质和健康水平的提高、农村教育事业的兴旺和农村文化体育事业的广泛开展。

六是城乡各项改革的统筹。特别是把深化农村、推进农村经营法制创新作为新农村建设的重要内容，开展有组织制度、有合作手段、有较大规模、有明显效益的农民专业合作组织创建活动，稳步推进村级集体经济股份合作制改革，实现集体资产保值增值，让广大农民共享改革成果。

通过以上“六个统筹”，如今的太仓，现代农业建设有了新的突破，农民收入持续增长，农村集体经济不断壮大，农村基础建设得到加强，农村社会产业大力发展，农村生态环境焕发新貌，农村一体化发展的新格局已经形成。

三 业态和生态的互促性协调

过去，太仓市也同样走过一条重视事业发展、忽视生态平衡的非持续发展之路，各项事业的发展，特别是经济的发展带来了太仓市的空前繁荣，但也使生态环境受到了损害。当时的想法是，只有把经济搞上去，才是最大的成功和成效，才最有说服力，在经济发展和生态环境这对矛盾中，明显地向前者倾斜。但是，处在工业化初期的太仓，传统的产业，如纺织业、建材业、印染化工业等都会直接给环境带来污染，引进的内外资项目也有很多属于高污染的，因此，一段时间河水泛黑，大气发臭，生态环境的恶变影响了可持续发展的进程。

大自然对忽视生态发展作出的惩罚，成了推进太仓市谋求业态与生态平衡发展的“倒逼机制”，在严峻的形势面前，实现了成功的“转身”，下决心改变发展方式，开始探索一条“两态”互促互动的发展之路，把落实环保优先，建设绿色生态的太仓市作为新的民心工程，摆到了前所未有的突出位置。市委、市政府提出创建生态市是太仓实现科学发展、协调发展的需要，是增强太仓综合竞争力的需要，是改善太仓市民生活的需要，必须树立“生态优先、生态立市”的发展理念，坚持做到“以环境促生产，以生态创优势”，编制了《太仓生态市暨循环经济发展规划》、《太仓农村环境综合整治“十一五”规划》，并在实践中实现了三大跨越：第一次跨越是 2001 年，建成了国家环保模范城市；第二次跨越是 2004 年，高分通过了全国生态示范区验收；第三次跨越为 2005～2008 年，围绕国家生态市建设的 6 项基本条件和 36 项指标要求，胜利地拿下了“国家生态市”的桂冠。

在这三大跨越中，相继实施了“蓝天工程”、“清水工程”、“生态家园”、“绿色太仓”等四大工程，编织起“城乡供水网”、“污水处理网”、“垃圾处理网”、“集中供热网”、“绿色生态网”等五网建设，对 26 家电镀企业、50 家印染企业、138 家化工企业全面实施限期治理或坚决关停，对 6 家电厂实施全面配套脱硫装置；对全市所有规模化养猪场和奶牛场全面完成污染综合整治任务；将生活垃圾的无害化处理率提高到 100%，形成了年焚烧处理各类工业危险废物及医疗废物 6000 吨的能力；建成了三个大气自动监测站、长江水质自动监测站、污染源监控中心。

通过八年时间的艰苦努力，终于使太仓呈现出一幅人与自然和谐统一、生态和业态比翼齐飞、“金山银山”和“青山绿水”兼收并蓄的生动景象，大大提高了可持续发展的能力和水平。

四　发展和稳定的联动性协调

在太仓市现代化的进程中，一个十分突出的亮点是“平安太仓”的建设取得了卓越的成就，法治、民主、稳定的社会环境为推进现代化发展发挥了重要的基础性作用，功不可没。到太仓来投资、创业、工作和生活的国内外各种人员都对太仓的社会治安产生了良好的第一印象，尽管改革开放以来，这里的人员流动量很大，进太仓的外地人几乎超过了本地人，但稳定的环境没有变。历史上这里就是一个很和谐平安的地区，现在仍然给人以同样的感觉，不仅得到了广大民众的认可，而且还创下了流动人口持续大幅增长、刑事发案持续下降的纪录，被公安部称之为“太仓现象”。

太仓市能做到发展和稳定两个轮子“并驾齐驱”的主要做法是：抓住“构建和谐社会，打造平安太仓”这个主题，广泛深入地开展基层平安创建活动，保持全市社会政治的持续稳定。在这中间抓了这样几个重点：

一是牢固树立“发展是第一要素，稳定是第一责任”的观念，全面加强维护社会稳定工作的组织网络建设和制度建设，把大量不稳定因素和矛盾纠纷化解在萌芽状态，解决在基层。

二是通过建立“打、防、控”治安防范体系，从有效保障群众人身财产安全的职责出发，狠抓各项防范措施的落实，确保全市治安大局的持续稳定。

三是大力开展152项涉及村镇、单位、社区、家庭、学校、工地、市场、道路等各个方面、各种场合的基层平安建设活动，引领社会风尚的和谐稳定，全市两区七镇全部被苏州市评为“社会治安安全镇（区）”，83%的村（社区）也被评为“社会治安安全村”。

四是建立镇（区）综治工作中心，搭建基层综治工作的综合平台，按照“矛盾联调、治安联防、工作联动、问题联治、平安联创”的要求，把中心建成“社会矛盾纠纷调解中心”、“社情民意反馈中心”、“治安防范指挥处置中心”和“便民服务中心”。

五是构筑治安防范工作的“人民防线”，形成“党政财齐抓、市镇村共建”的良好氛围，全市在农村建设由4000多名“护村嫂”组成的严密有序的农村防护长城，“护村嫂”在重点盯防、巡逻放哨、护村护家、宣传教育、信息通报、震慑保卫、凝集人心等方面发挥了积极作用。

五　富民和强市辩证统一的协调

在20世纪，“富民和强市”没有作为一个地区的根本目标明确地提出来，有时更多地出现“有意无意”地把“强市”放在第一位，把“富民”放在第二

位的情况，当时的理解是一个市“强”了，民就自然会“富”起来。两者顺序的重新归位，是在21世纪科学发展观的指导下逐步形成的，越来越多的领导认识到“强市”一定要在“富民”的基础上才能实现，“富民”才是“强市”的根本追求，把“富民”放在第一位不仅是对民生的关怀，而且更是促进经济社会持续发展、最终实现“强市”的重要途径，这既是辩证的统一，也是主次相互作用的最佳组合。

为此，太仓市委、市政府坚持“富民”和“强市”的统筹协调，主要做法是：第一，推动经济又好又快发展，不断提高人民群众的生活水平，为“富民”“强市”打好坚实的物质基础；第二，高度关注民生工程，引导基层党员干部“带头创业致富，带领群众致富”，不断开发社区的就业岗位，政府购买公益性岗位，强化被征地农民和农村富裕劳动力的统筹就业等；第三，大力推进民主政治建设，创新基层民主管理制度，实行村务公开、村民自治、民主选举领导班子，用民主制度来维护老百姓的合法权益，提高老百姓有序参与政治的程度，用政治民主来保证“富民”；第四，积极推进文化建设，提升老百姓的思想道德水准，使老百姓不仅口袋富，而且脑袋也要富；第五，关心弱势群体和困难群众的基本生活，使改革发展的成果惠及每一个人，使更多的人的生活有幸福感、安定感、满足感。

六　人际关系的和谐协调

现代化是人对社会作出高度努力和贡献的活动，人的现代化是地区现代化的根本前提和条件。正在加快实现现代化进程的苏南地区，人与人的关系越来越趋于和谐协调，现代化的成果是多方面的，但人际关系的融合和密切同样是现代化的一个重要内涵，人际关系不融合的社会称不上现代化的社会。太仓市的现代化新实践十分重视人与人之间的沟通、祥和和融合。当然处理好人际关系是一个复杂的系统工程，涉及各阶层、各类人和各种素质和层次的人，但对一个地区来说，处理好人际关系最为重要的、对发展最有影响力的主要是注重三对人群之间的利益冲突。

（一）干部和群众的关系

这层关系的主导方是干部，特别是领导干部，他们掌握一定权力，在人和事上往往处于支配地位，搞好干群关系的关键在干部，而干部关键在于和群众能否心心相连、心心相印。太仓市的各级领导都深知这一点，逐步形成了善于关心群众、尊重群众、服务群众和造福群众的共识。每年太仓都要在市、镇两级开展“机关服务创优活动”，通过这一活动的开展，干部和群众建立起共同的社会理想和价值趋向，把太仓的发展看成是干部和群众共同的价值追求和共负的时代责任，使太仓发展建立在根深蒂固的人的共同理想基础之上。

近年来，各级领导更加注重顺应人民群众对太仓走向现代化的新期待，牢记为民服务宗旨，树立民本思想，以高度责任心、使命感确保全市各项事业有更快的发展和更大的成效。在此同时，各级领导干部还努力加强党风廉政建设、民主法制建设，树立正确的权力观、地位观和利益观。他们努力建立科学化、民主化、法制化的工作机制，充分发挥人大、政协、群团各组织的作用，对重大决策进行深入调查研究、专家咨询、社会公示和论证制度，使权力公开透明，决策科学规范，不断提高自身的行政水平和领导能力，全市干群关系始终处于一种同舟共济的良好状态中，在谋求太仓更好更快发展中最大限度地凝聚人心、激励民心。

（二）新老太仓人的关系

太仓市的干部、群众一致认为，太仓的现代化建设离不开“新太仓人”的鼎力相助。早在1993年，著名社会学家陆学艺来太仓作社会调查，曾预言：“太仓要实现城市化、现代化，一定要在太仓原有45万人口的基础上，再引进40万人，不然太仓不可能做到真正意义上的城市化、现代化”。15年前讲的这番话，几乎没有得到太仓任何人的理解和支持，都认为这是“天方夜谭”式的空想。然而，15年后的今天，历史和现实对此话作出了科学的结论，太仓现在确确实实有40万“新太仓人”在太仓就业、务工，他们对促进太仓城市化、现代化建设起了巨大的作用，现在每一个太仓人都心服口服地认识到这一点。然而，引进“新太仓人”是一回事，如何和他们融合在一起，共建新太仓，更是太仓在现代化进程中的一个重要课题。

十多年来，太仓市在这方面所构筑的“融合工程”是十分出色的，这一工程包含了八个系列活动：一是开展“党建工程”建设。首先在“新太仓人”中设立党组织，并和“老太仓人”的党组织结对共建，使“新太仓人”有组织地开展思想建设、道德建设和素质教育。二是开展“主人翁工程”建设。对工作成绩突出的外来人员授予“先进工作者”等荣誉称号，增强他们的“第二故乡”意识和“主人翁”责任。三是开展“文化工程”建设。先后组织开展了“太仓城市文化底蕴探寻”、“追寻太仓梦”、“新太仓人融入新大家庭系列讲座”、“新

太仓人文体艺术节”以及各类先进评比表彰活动，在寓教于乐中推进融合。四是开展“集宿工程”建设，把“新太仓人”的集宿区建成“准社区”，在增强其新市民意识中自觉融合进太仓大环境。五是开展“法制工程”建设，不断提高外来人员的法制意识，使他们真正做到以自身的良好道德和素质为共同平安太仓作出贡献。六是开展“保障工程”建设，利用法律、法规的手段维护“新太仓人”的合法权益，增强他们的安全感。七是开展“服务工程”建设，努力为他们提供工作上、生活上的各种有效服务，使他们消除自卑心理和隔阂心理。八是开展“激励工程”建设，不断激发外来人员奋进向上、创业立业的热情，使他们真正感受到太仓是他们干事业的福地、长期生活的热土和可信赖的环境。

（三）“先富者”和相对“贫穷者”的关系

在激烈的市场竞争和创业竞争中，太仓同样出现了“富”者和“相对贫困者”共生共长的局面。这两个群体在一个地区中存在，矛盾是客观的，难免会出现思想、利益和感情上的碰撞，如果处理不当，任其蔓延，同样会影响现代化进程。为此，太仓市在经济发展的基础上，高度重视社会福利的发展，主动实行了一系列“普惠型”的社会福利政策，形成了具有太仓特色的“用社会福利改善民生”的发展模式，使社会各阶层都能在福利比较均等化的环境中实现生活上和心理上的平衡和协调。

主要通过以下几个途径：一是努力提高全市整体的生活质量、生活水平和福利水平，把贫富的差距尽可能压缩到一个“相对”小的范围中，通过各种补助、优先就业、扶贫等手段缩小贫富之间的差距，提高全市人民的基础生活水平线；二是大力推行各种社会保障制度，使全体人民共享社会福利、公共服务，让相对贫困的家庭和人得到更多一些的优惠和实惠；三是开展各种帮扶制度，对全市相对贫困的村实行帮扶措施，帮助它们通过创业手段脱贫致富，在此同时还实行以工促农、以企带村等办法，使一些相对贫困的镇村加快步伐达到小康，进入现代化。市委、市政府在衡量领导工作的政绩时，坚持“既看绝对数，也看平均数”，促进改革发展的成果在每一个市民身上都能得到充分体现。

总之，太仓市对“先富者”和相对“贫穷者”矛盾处理的原则很明确：不追求两者的绝对平均，也不是让相对“贫困者”迅速变成“富人”，而是通过行政的、经济的、法律的手段缩小他们之间的差距、消除他们的对立，使相对贫困的群体能跟上甚至超过经济发展的速度，做到这一点也就是一种和谐。

七 物质和精神的共建互动的协调

推进现代化需要物质、精神双丰收。特别需要人的精神面貌和新时代、新要求相吻合。物质和精神不仅是一种协调的关系，更是一种互动的关系，现代化需要人的精神文明作支撑，人的精神文明需要物质基础作保证。为此，太仓市一直把“双赢”、“互动”、“共建”、“并进”作为推进现代化建设的重要环节。具体做法是:

第一，坚持文明教育，强化行为素质。以开展“争做文明太仓人、建设文明太仓城”系列活动为载体，加强市民的文明素质建设。在机关开展“展示机关干部风采”系列活动，在学校开展“知荣辱、学礼仪，建和谐校园”主题教育活动，在农村开展“新农民、新生活、新家园”主题教育活动，在社区开展“和谐社区建设”活动，在企业开展“百家文明礼仪示范企业”建设活动，在家庭开展“建和谐家庭、促社会和谐”教育活动，在“新太仓人”中开展“新太仓人融合工程”活动等，把提高市民文明素质渗透到每一个角落、每一个环节中去。

第二，创新文明示范，引领服务发展。以创建全国文明城市为目标，以“文明示范、服务发展”主题教育活动为载体，加强文明示范建设，发挥各级各类精神文明建设先进单位的示范辐射作用，使这些单位成为建设现代化新太仓的先进团队、示范团队。

第三，拓宽道德实践，促进全面发展。以“关注成长、关注未来”为主题，加强未成年人思想道德建设，并创办“太仓市未成年人健康成长指导中心”，整合家庭、学校、社区、关工委等教育资源，开展“我快乐、我成长”、“小手牵大手”、“文明小使者进社区”等道德实践活动，在“新太仓人”中推出“同一蓝天下，圆梦在太仓——牵手新太仓人子女圆梦行动”大型公益活动。

第四，加强载体建设，提升乡风文明。“以百村乡风文明岗”活动为载体，开展以勤劳致富岗、家庭美德岗、文艺宣传岗等14种岗位的文明创建活动。在此同时，还拓展“文明示范户”的创建内涵，开展“争创文明村、争当文明户、争做新农民”活动，精心培育、推广、表彰一批“科技致富”、“道德守法”、“尊老爱幼”、“特色文化”、“科学教学”示范户，从而提高农民的文化、思想、道德素质。

第五，弘扬城市精神，优化人文环境。倡导以“精致、和谐、务实、创新”八字为主的城市精神，并通过各种途径使城市精神家喻户晓，深入人心，成为

全体市民自觉的实践准则，营造和谐协调的人文环境，增强全市现代化发展的软实力。

八　“今天”和“明天”的可持续协调

太仓市委、市政府深刻认识到实现现代化是一个长期推进的过程，是需要跨越时空的战略发展过程。因此，近年来现代化新实践取得的初步成效仅仅是一种阶段性的成效，今后的任务还很艰巨，必须站在更高的起点上，立足未来，从战略上规划未来，才能保证现代化建设的可持续。在这个关系的处理上，他们的主要做法是：

第一，凡事都立足战略，把各项发展的中长期规划尽快制定出来，为现代化发展提供制度性的保证，绝不就事论事搞发展，也不凭“长官意志”、“一时冲动”搞发展，让各种规划引领“今天”、“明天”和未来。

第二，推进现代化建设绝不“拔苗助长”、“寅吃卯粮”，而是量力而行、循序渐进，为今后发展留有空间和余地。

第三，重大项目和工程努力做到“全局考虑、长远设计、分步实施”。例如港区的“四位一体”战略设计，南郊新城建设的分步实施方案等都是属于超前规划、整体布局的产物，以远大的目标引导各届政府在各个阶段的成功实施，从而做到立足“今天”和缔造“明天”的完美结合。

以上八个方面的协调虽然不是太仓统筹协调发展的全部，但是主要的一些方面。从本质上来说，现代化就是协调化，协调化也就是科学化，县域现代化推进的规模和水平在很大程度上取决于统筹协调的程度和质量，这是太仓市 30 年现代化之路的基点，也是太仓 30 年来变化最为深刻、成效最为显著的亮点。

第三节　太仓模式的“五个转变”

苏南模式经历了多次内涵的变化，模式本身也是一个不断发展、不断丰富、不断提高的过程。20 世纪七八十年代苏南模式闻名中外，那时人们对这个模式的理解一般指在改革开放大潮中，苏南地区通过发展乡镇企业实现农村工业化发展的方式。其主要特征是：以乡镇企业为主，以集体经济为主，以政府主导为主的初期工业化发展模式。这对改革开放和经济转轨来说，这种模式无疑具有速度快、成本低、收效大的优势，因而乡镇企业迅速在苏南“异军突起”。但是这种模式带来的某些弊病也是与时俱增的，到90年代，苏南模式开始发生新的变化和调整，它逐渐向“内转外”、“散转聚”、“乡转城”、“低转高”的方向演变，苏南模式出现了国际化带动工业化、工业化推动城市化、多元经济替代单一经济，工农、城乡协调改变了城乡二元格局的多个方面的内涵，把苏南的经济社会发展推向了一个新的台阶，当然也为苏南模式的进一步创新提供了良好的基础和条件。时光进入21世纪，苏南各县市顺应新形势的要求，进一步深化改革，扩大开放，实现了经济社会结构的转型升级，特别是在2004年以后，更是实施了以科学发展观为特征、以现代化建设为目标的苏南模式的新实践，这个新实践的内涵是以共同富裕为根本目标，充分发挥政府和市场两个方面的推动作用，创业、创新、创优“三创”成为新时代的主流，改革产权结构、提升产业层次、转型社会结构和谋求更高发展成为苏南地区的新追求。这个苏南新模式是在苏南地区达到全面小康水平以后向现代化新目标迈进的必然产物，这个模式是苏南地区向现代化发展的实践形式。所谓模式，说到底就是比较符合本地区发展实际的操作体系和运作方式，有什么样的目标就会形成什么样的运作形式。因此，苏南现代化的新实践就是对原有苏南模式的新发展、新变化，也是新实践的新概括。今天，我们回顾近年来现代化发展的历程，也就是要探索苏南模式在现代化发展阶段中的新实践和新内涵，从而进一步加强对这一历程重要意义的理解，增强自己的信心和决心。

太仓市30年现代化发展之路的探索，同样也丰富了苏南模式的内涵拓展。太仓的实践表明，苏南现代化新实践的核心是科学发展，动力是深化改革，着力点是思想观念的转变。进入21世纪以来，在科学发展观的指导下，太仓现代化发展除了和苏南模式大体相同之外，也有其自身的特色，主要表现在：一是港区发展已成为全市现代化发展的“引擎”；二是一、二、三产业的全面提升加大了现代化发展的“推进力”，特别是现代农业和生产性服务业的迅速崛起已成为发展的新“动力”；三是各项事业和各项工作的全面统筹协调为现代化发展增加了内在“活力”；四是人民富裕安居乐业给现代化建设平添了几分“魅力”；五是发挥“两沿”优势，经济社会的上海化、国际化，为加快现代化进程和融入“长三角一体化”增加了持续的“爆发力”。以上五条既是太仓现代化新实践中催生出来的属于“苏南模式、太仓特色”的做法，同时也为引导今后全面实现县域现代化提供了宝贵的经验和借鉴。

形成具有“苏南模式、太仓特色”的这些新经验、新做法，不仅是太仓在

实践层面上的重大“创新”，更是太仓人在自身思想领域内的重要“变革”。太仓30年的发展历程始终伴随着思想观念的不断解放和改革创新的不断深化，特别是近几年来，太仓人的发展理念和价值观念正在发生翻天覆地的变化，这些变化的全部内容都是沿着科学发展观的轨道进行的。对于人的思想领域里的重大变革和经济、社会发展造成的外在形态的变动一样，也是太仓现代化发展征途中的一道亮丽的“风景线”，总结现代化新实践不能忽略这一道“风景线”的客观存在，从某种意义上说，这是推动现代化持续发展的更为重要的宝贵财富。

一　从“小富即安”向“富民优先”的转变

从“小富即安”向“富民优先”的转变，太仓在不断解放思想中将“富”的内涵作了顺势拓宽。

30年来，太仓发展的全部历程都和思想的一次次解放密不可分，特别对太仓这个地区来说，“小富即安、小胜即满”比其他兄弟县更为突出、更为根深蒂固。因此，太仓的思想解放，每一轮都是紧紧扣住这个“富”字来做文章的，破“两小”成为太仓思想解放的主旋律。在漫长的岁月中，太仓缺乏张家港人的那种“顽强拼搏”的精神动力，缺乏昆山人的那种“敢为人先”的思想准备，缺乏江阴人的那种“做大做强”事业的雄心壮志，也缺乏温州人那种“勇闯天下”的决心气概。太仓比较满足于传统的“小富”，比较满足于后来的“小康”，“小”目标造就了“小”目光。“两小”观念是太仓发展起步相对较晚的一个深层次的思想原因，因此，破“两小”自然而然地成了太仓推进发展的关键。破“两小”的核心是太仓要不要“大富”的问题。

随着改革开放的不断深入，太仓的思想解放运动一浪胜过一浪，人们的思想观念也有了一次次的突破，不仅目光远大了、思路拓宽了，而且立足点也站高了，对发展的目标和要求也更高了，特别是树立了发展富民的观念以后，太仓真正把发展的目标定位提升到不能满足“小富”，不能留恋“小康”，而要“大富”、“大康”、“共同富裕”上，把提高自身的综合竞争力放在首位，把提高人民群众的现代化生活水平和质量放在高于一切的目标追求上，并在新的目标的驱动下，建立了产业富民、创业富民、就业富民、事业富民、保障富民等推进机制，迈出了带领全市人民一心奔“大康”实现共同富裕的坚实步伐。这种发展理念的变革反过来推动了全市现代化进程的加快发展。因此，思想解放确实是太仓取得成功的根本。

二 从“快速发展”向“又好又快”的转变

从“快速发展”向“又好又快”的转变，太仓在转变发展方式中将“快”的要求提到了科学的高度。

长期以来，太仓市经济社会发展谋求的是“快、快、快”，这反映了作为太仓这样一个相对后进的地区来说追赶先进、跨越发展的急迫心情，反映了广大干部群众谋求赶上时代潮流的内心表达。求快，本身是一件好事，是一种动力，也是对自身的高要求，快比慢当然好，没有快发展也就不会有新局面，对一个地区来说也很难上新台阶。但“快”是一种有条件的追求，这就必须符合科学发展的规律，“快”应该是速度与结构、质量相统一的结果，也应该符合长期、稳定、可持续发展的要求，因此“好中求快”、“又好又快”才是我们发展途径的正确选择。对这一根本理念的改革，使太仓市的发展避免了大起大落，也取得了实实在在的效果，全市经济社会发展出现了品质提升、良性循环和兴旺发达的局面，太仓市以自己的生动实践证明了科学发展观确实是解决一切问题的关键，是走向现代化的唯一正确途径。

三 从“增长为本”向“发展为本”的转变

从“增长为本”向“发展为本”的转变，太仓在科学发展路径的选择上把实践“人本”宗旨放到了现代化建设的首位。

在改革开放的初期，人们对工业化是缺乏足够思路准备的，特别是苏南地区当时以乡镇企业为选择的工业化，更是把工业产值的增长，继而把 GDP 的增长放在第一位，认为这些数据增长越快，工业化的程度和成效越高。一直到 20 世纪末 21 世纪初，人们对“发展”的含义才有了真正的理解，开始认识到“增长”只是“发展”的一部分，而不是全部。发展应该包含经济的增长、社会的发达、人民的幸福、文化的繁荣和政治的民主等，发展是“物质文明、精神文明、生态文明、社会文明”等各个方面全面协调推进的综合反映。

“增长为本”与“发展为本”虽仅一词之差，却反映了人的思想观念和发展路径的科学与非科学的差别，而“增长为本”往往是以“物”为目标的产物，“发展为本”才是真正实践“以人为本”宗旨的体现。当太仓市各级领导把“以人为本”、“发展为本”作为推进现代化建设的第一要义以后，整个发展的态势发生了根本性的变化，不仅各项指标得到了全面的增长，而且各项事业得到了全

面推进，人民生活质量和幸福指数迅速上升，全市呈现出一片兴旺发达的景象，人民群众对太仓日新月异的变化充满了自豪感。

四　从“创业增量”向“创新提质”的转变

从“创业增量”向“创新提质”的转变，太仓在增强全市综合竞争力中对“创”的层次实现了思想观念上的跨越。

全面小康和现代化建设两个阶段的根本差别更多地表现在各项事业、各项工作“质”的提升上，没有高质量的发展也就不可能走向现代化。“创业”和“创新”都是推进现代化必不可少的条件，但是“创新”性发展更是走上现代化之路的必然选择。太仓市委、市政府近年来把“创业增量”逐步推向“创新提质”，把加快发展变为好中求快发展，把“做大蛋糕”进化为“做优蛋糕”，并以此作为自己工作的新目标、新导向。

经过几年的努力，太仓正进入发展的优化期，主要表现在：“两沿”优势不仅得到了充分的利用，而且提升到新的层次；招商引进项目逐步变成招商选资引进才智；发展先进制造业逐步向产业升级、服务外包，向国际高端环节推进；优化发展环境正在向优化空间规划、产业结构、城市布局、社会建设、人居条件等方面推进；提升城市水平正从增长“硬实力”向提升“软实力”包括社会、文化、生态等水平迈进；扶持产业发展正向扶大扶强科技企业、做精做优创新载体、引进培育创业人才方面倾斜；加快农村改革正向实行城乡一体化、形成城乡协调发展和共同富裕的新格局推进，等等。这些以“创新提质”为主的新举措，正在为增强太仓发展新优势、树立太仓现代化建设的新品牌发挥着重要的推动作用。

五　从“强势政府”向“强势制度”转变

从“强势政府”向“强势制度”转变，太仓在发展动力和格局上形成了科学化、制度化的新格局。

在漫长的发展过程中，太仓和苏南地区一样，充分依靠政府的主导作用，强势政府的参与和带领是实现快速、稳步发展的强有力的支撑。这种以地方政府为主导作用的区域经济发展成为原有苏南模式的一个重要特色和组成部分。时光推移到21世纪以后，强势政府的主导行为逐步在发生质的变化。苏南现代化发展更多地依赖于强市场调节和强体制推动，政府的职能从“主角”变成了“导演”、“监制”、“保证人”，从包揽一切具体事物更多地变成了选择战略、制定规划、监督协调和服务保证，政府对事业的支持更多地体现在通过政策的制定，逐步形成体制性的保证和机制性的参与，造就有利于推动现代化发展的先进体制和保证发展有足够动力活力的灵活机制。包括建立优化投资体制，探索多元化发展体制，形成社会保障机制，加强监督管理机制，构建城乡一体化机制、转变发展方式的运作机制、引进和培训人才的机制、保证富民强市方针有效落实的机制和优化生态环境、促进节能降耗机制等，使现代化发展真正建立在强势政府推动、强势体制启动、强势市场驱动的新格局基础上，这是苏南模式在现代化发展新阶段产生的又一积极成果。

以上五个转变说明，苏南模式的新实践，不仅新在物质形态品质的提升上，同样也体现在苏南人对现代化发展观念、思路、路径选择的变革之中。这个变革的价值是不可低估的，它将引领苏南在科学发展、率先发展、和谐发展的道路上方向更明确，步伐更扎实，定位更科学，成效更显著，举措更成熟。

第四节 太仓模式的未来

今天，太仓正处于现代化发展的关键时期。前一阶段取得的成果尽管非常显著，但离世界发达国家的现代化还有很长的一段路要走，从总体上来说，尽管进入工业化之门标志着现代化征程的开始，但是真正把现代化作为具体奋斗目标的实践，还是近年来的事，太仓还处在现代化新实践的“举步”和探索阶段。实践证明，“起步”容易深入推进难。太仓和苏南地区兄弟县市一样，既面临着新的发展机遇，也面临着新的挑战。

一 太仓面临的新情况和新问题

在往后的日子里，太仓有四个方面的新情况、新问题需要科学地去面对它：

一是 30 年快速发展积累下的各种矛盾和问题将会集中显现，需要在深化改革开放中去做大量“补短、补缺、补软”的工作，从而妥善处理好这些问题。例如，产业结构的调整、优化和升级，环境保护的深入推进，产学研结合领域的拓展，自主创新能力的提高等。

二是按科学发展观高标准要求的实践活动需要在转变发展方式中去提高运作的质量和水平。例如，如何进一步在产业富民、创业富民、事业富民、保障富民上有更多的作为；在统筹城乡一体化上如何更好地优化城乡发展布局、强化城乡

功能内涵、加强城乡社会管理；在提高人的现代化素质、强化全社会文明道德水平上，如何进一步优化发展“软实力”还有许多细致的工作要做。

三是在推进现代化中客观存在的诸多体制性障碍如何谋求有效突破，也是事关大局的命题。包括行政权限的突破，管理理念的转变，政府机构、职能的改革和完善等。

四是在新形势下思想进一步解放的任务还很重。破解发展难题，打开发展思路，拓展人的视野，建立创新型社会，都要以思想的进一步解放为前提，要对新形势下思想解放的目标要求和内涵作深入的探索和创新，从而在未来的发展中继续披荆斩棘、攻坚克难，闯出一片新天地，使太仓成为现代化发展中不仅物质成果巨大，而且精神财富丰富，具有“敢闯、敢试、敢探索”精神的先行地区。

二　今后太仓现代化的两个重要发展阶段

展望未来，太仓充满了信心和决心，有了前 30 年的现代化实践经验作底气，向后几年、十几年，太仓必将会在科学发展观的指引下、在现代化征途中探索具有鲜明太仓特色的新路子，率先、和谐、科学地建成高质量、高水平的现代化社会。

太仓现代化新发展大体会经历两个重要发展阶段：一是到 2010 年，太仓会进入发展的优化阶段，在现有的基础上，包括经济、社会、城乡、人文、环境等方面出现一个新的“质态”提高的转型期；二是到 2020 年，再花 12 年时间，率先基本实现社会主义现代化，太仓各项事业会出现全面迅速提升，一个经济实力更壮大，社会事业更兴旺，人民生活更富足，精神文化更充实，体制法制更健全，富有较强实力、活力和魅力的现代化新太仓将会展示在人们面前，并在苏南地区乃至“长三角”城市群体中有更多的作为，从而取得更引人注目的地位。

Taicang Pattern: The Road of the Modernization in the County

Abstract: The modernization of the county is and will be the key point of China. And the research of the modernization of the county has aroused the concern of the leaders and the researchers . Taicang city is an important part of the South of Jiangsu

Province, so it is vital to make some research on its 30 years modernization development. Since the reform and open policy, Taicang pattern has completed "three big spans" and formed the modernization road of Taicang with "the Southern Jiangsu pattern and the Taicang characteristics". Taicang pattern has conformed to the laws of scientific development. Taicang pattern has completed the "five transformations" so that it enriches the modernization connotation of the Southern Jiangsu pattern.

Key Words: Southern Jiangsu Pattern; Taicang Pattern; Economy modernization of County; Path of modernization

第二十三章
成都模式：探索中国城市化道路

倪鹏飞[*]

摘　要： 城市化道路的实质是人类通过什么途径或利用哪些条件实现生产和生活方式由乡村到城市的转换。作为制度创新的来源地，中国的许多城市管理者一直在进行着艰苦而执著的城市化探索工作。四川省成都市就是积极探索城市化道路的重要城市之一。他们的成功经验不仅对中国开辟新型的城市化道路具有理论来源和实践检验意义，而且对发展中国家的城市化发展也具有一定的借鉴意义。

关键词： 城市化道路　成都模式　经验

千百年来，人们为了过上幸福的生活，怀着美好的憧憬在不断地向城市聚集。最近50年，世界城市人口占总人口的比例从1/3迅速增长到1/2。当城市世界来临的时候，全球1/3的城市居民却面临着贫困的厄运。一些国家城市的发展，不仅产生了城市病，也导致了农村的凋敝。城市化在给人类带来幸福、给文明带来动力的同时，也给全球政治、经济和社会发展带来了诸多问题。未来50年，世界城市人口占总人口的比例将增长到2/3，未来的城市化需要趋利避害，因此，21世纪是一个需要走正确城市化道路的世纪。

过去中国城市化所经历的曲折，要求我们必须反思失败的教训，借鉴成功的经验，探索城市化道路一般原则，开拓中国的新型城市化道路。这对今日中国显得尤为重要和迫切。成都市是中国中西部地区的特大城市，其经济发展水平与中

---

[*] 倪鹏飞，经济学博士，研究员、博士生导师，中国社会科学院财政与贸易经济研究所城市与房地产经济研究室主任。主要致力于城市经济、城市竞争力、房地产金融等方面的理论与实证研究。其代表著作《中国城市竞争力报告》，2005年获第十一届孙冶方经济学著作奖。

国总体发展水平接近，同时内部包括发达的大都市和中小城市以及贫困的农村山区，具有典型的中国经济、社会和地理特征。成都市探索“城乡一体化”的城市化道路的模式，具有中国城市化的典型意义。

第一节　城乡关系：统筹一体

成都是典型的大城市和大农村结构，是中国经济社会结构的一个缩影，具有典型意义，其发展模式是典型的大城市带动大农村，也是中国其他地方城市化发展的一个范例。因此，成都的城市化做法对其他地区的城市化具有一定的借鉴意义。在推进城乡一体化工作中，成都市高度重视规划的作用，从城乡一体化整体规划着手，制定统筹发展的整体思路，形成社会合力。

一　城乡管理体制一体

为改变长期以来城乡规划管理脱节的现象，建立城乡一体的规划管理体制，成立规划执法监督局，强化农村规划管理，加快实现城乡规划编制管理，实施管理、监督管理满覆盖。建立城乡一体的新型户籍管理制度，逐步对本市人口取消农业人口和非农业人口的户口性质划分，统一称为“居民户口”。建立城乡一体的公共服务管理体系，调整各级政府部门的内设机构和行政职能，工作向农村延伸，投入向农村倾斜，重心向农村转移。

为了实施城乡一体的管理体制，提高行政效率，成都市对政府行政机构进行了改革，将市级行政职能单位集中起来，在统一的办公场所，提供标准化的服务，使办公透明化。通过标准化的服务降低了政府的行政成本，提高了管理效率，减少了行政人员寻租的机会，提升了政府的形象。根据城市化发展的需要，成都市的机构实施的是一种动态改革措施，在不断进行调整。1997 年和 2001 年，成都市进行了两次机构改革，自 2005 年以来，成都市正在进行更大规模的机构改革。据悉，此次改革于 2006 年 6 月基本完成。

专栏 23－1　成都市政府机构改革

2005 年开始的这次政府机构改革是成都市近十年来政府机构改革中力度最大、影响也最大的一次。根据方案，在此次政府机构改革中，市本级的机构调整共包括 13 项具体内容，除了组建市商务局、市城市管理局，以及 2004 年已经完成的组建市政府国有资产监督管理委员会、组建市交通委员会、组建市水务局、组建市农业委员会、撤销市市政公用局等机构调整外，即将实施的一些职能部门的改组、调整也令人关注。

经调整后，成都市市政府工作部门为41个：政府办公厅、发展和改革委员会、经济委员会、教育局、科学技术局、民族宗教事务局、公安局、监察局、民政局、司法局、财政局、人事局、劳动和社会保障局、国土资源局、建设委员会、规划管理局、交通委员会、水务局、农业委员会、林业局、商务局、文化局、卫生局、人口和计划生育委员会、审计局、环境保护局、广播电视局、体育局、统计局、新闻出版局、工商行政管理局、质量技术监督局、食品药品监督管理局、旅游局、机关事务管理局、信息化办公室、外事办公室、侨务办公室、法制办公室、城市管理局、房产管理局、国有资产监督管理委员会。

在机构调整中，要根据职能调整的要求，未经省委、省政府批准，不得突破规定的机构限额；要对新组建部门重新定职能、定机构、定编制。行政机关人员编制不得突破上级核定的行政编制总数，也不得使用事业编制。本次改革为了职能调整，主要实行“编随职能走、人随编制走、连人带编划转、不足部分本级调节”，以保持机构、人员稳定，调整中涉及的人员将随着自己的工作被安排到新的部门。本次机构改革的基本工作都将在上半年完成，而且很多工作在年初时就已做了通盘考虑，因此不会影响到正常工作开展。

这次政府机构改革的重心是政府职能调整和体制创新，主要是按照“一件事情由一个部门来承担”进行职能整合，实现政府部门职能的城乡一体化。同时也进一步优化资源配置，降低管理成本，缩短办事流程与环节，提高工作效率，真正实现政府职能部门的规范化服务。

资料来源：http://www.chengdu.gov.cn/harmonious_chengdu/detail.jsp?id=67616&ClassID=02060101。

二 公共服务一体

成都市进行了县乡财政体制改革。调整市、县、乡三级财政支出结构，改进财政管理方式，加大对农业、农村和农民的支出比重，扩大了公共财政覆盖农村的范围和领域，加大市级财政对困难区（市）县的转移支付力度，初步建立了农村公共财政体制框架。全面落实农业税全免、粮食直补和农机购置补贴政策。

2005 年市、县两级财政共投入 41.8 亿元支持农业和农村发展，比上年增加 25.4 亿元。

在社会保障方面，成都市建立了城乡一体的社会保障制度。2004 年以来，由市、县两级财政筹资将 1991 年实行货币化安置以来的已征地农民逐步纳入社保范畴，对新征地农民直接纳入社保。目前，全市有 23.9 万名已征地农转非人员和 2.1 万名新征地农转非人员参加了社会保险，有 12.8 万名已征地农转非人员和 7202 名新征地农转非人员按月领取养老金。在实施新村扶贫工程，帮扶促变工程和帮户脱贫工程的同时，2005 年市财政投入 2000 万元建立了帮困助学、帮困助医、安身工程等专项救助资金。

在教育方面，成都市建立了城乡一体的教育制度。从 2004 年开始，投资 10 亿元实行农村中小学标准化建设工程，在 3 年内新建、改建、扩建农村中小学 423 所。完善农村教育经费保障机制，制订不同区域教育经费基本标准，列入县级财政预算拨付。合理配置教师资源，每年从城区和城镇学校选派 400 名老师到农村支教。加强对进城务工农民子女入学的统筹调配，全市有 7.2 万名进城务工农民子女进入公办学校接受义务教育。

在卫生体系方面，成都市建立了城乡一体的卫生体系。按照政府补助、农民自愿的原则，积极推行新型农村合作医疗制度，全市参加新型农村合作医疗的农民达 89.4%，改革乡镇卫生院的管理体制，将乡镇卫生院全部划归县级政府管理。投资 2 亿余元资金进行乡镇公共卫生院、村卫生站标准化建设。推动农村药品集中配送和监督网络建设，在乡镇卫生院及村卫生站实行了农村药品集中配送，集中配送药品率达 100%。建立覆盖城乡的应急指挥体系、疾病预防控制体系、信息网络体系和医疗救助体系，提高城乡公共安全保障水平。

三　城乡基础设施一体

为了加强基础设施建设推动产业发展和城乡一体化建设，成都市率先在西部地区实现县县通高速公路、村村通水泥或沥青路。2005 年，集中扶持有限发展重点镇建设，完成投资 23.9 亿元。全面启动农民新居工程建设，建成农民集中居住用房 838 万平方米，入住 11.6 万户。在农民集中居住区配套建设客运交通、连锁经营等服务设施。

2004～2005 年成都市进行了农村电网改造、重大农林水利项目、农村“六小”工程（节水灌溉、人畜饮水、农村沼气、农村水电、乡村道路、草场围栏）

建设成效显著。农民新居工程、城镇化推进工程、农产品流通设施工程、农村教育医疗卫生和疾病预防设施工程建设全面铺开。土地征用办法和补偿制度进一步完善，土地征用补偿费标准逐步提高。失地农民就业安置和基本生活保障制度逐步建立，农村生产生活条件进一步改善。

为了实现城乡一体的信息服务体系，成都市按照“延伸、共享、服务”原则，构建农村信息服务体系，即：实现信息网络、信息系统和信息服务由城市中心区向农村延伸；面向“三农”（农业、农村、农民）服务建立跨部门的信息资源共享平台；建立一支专业化、社会化的农村信息服务队伍，并通过农业产业化龙头企业的信息化服务，促进农业产业化经营，带动农民增产增收。

专栏 23－2　成都市城乡一体化信息服务体系的构建

在构建城乡一体的信息服务体系中，成都推广应用无线新技术支持电信、移动、联通实施电话“村通工程”，通过加快信息基础设施建设，逐步构筑城乡一体的信息网络。截至2004年底，成都市就建成了以市区骨干核心节点的电子政务网络体系，初步形成了以城市为中心、连接市辖19个区（市）县318个乡镇的信息网络架构；建立了全市统一的、提供政务公开和面向社会公众服务的政府门户网站和政务服务系统。截至2004年底成都市辖区内的农村固定电话通信率达99.3%，移动通信信号覆盖率达92%，每百户农村居民拥有固定电话58.1部、移动电话68.7部，农村居民电话普及率达到36.5%。广播电视信号覆盖了所有行政村，14个郊区区（市）县建有21座广播电视台，211个乡（镇）、涉农街办实现了县到乡（镇）的有线电视光缆联网。全市所有乡镇依托农村经济信息网建立了农村信息工作站。2004年农村经济信息网发布信息3万条、网上交易3.2亿元、网上招商引资2亿元。“天府农业信息网”运用无线技术在114个乡（镇）和涉农企业试点布设了上百个信息工作站。

资料来源：《成都市城乡一体化信息服务体系建设规划》（成都市信息化工作和信息产业发展领导小组办公室文件2005年第4号）。

四　农村竞争力的培育

农村的发展主体离不开农民，农民素质决定了农村经济和社会的发展。在成都市城乡一体化建设中，农民生产能力和就业技能的提高是解决农民收入和就业问题的重要保证。一是早在2003年，成都市双流县就在白果村召开了全县农民教育培训动员大会，由政府投入750万元用于对农民的免费培训。2005年结合白果村的规划定位和产业发展进一步加强了对农民思想观念转变和综合素质提高的教育培训。组织农民外出参观学习，让农民开阔眼界、转变观念，学习和了解其他地区农业发展情况。二是积极开展职业技能培训。对准备从事农业产业的农民进行相关知识和管理方面的培训，对准备外出打工的农民进行法律法规、职业技能等方面的知识进行培训。三是建立科技专家大院，聘请专家教授定期对农民进行农业技术培训。通过这些措施，提高了农民的生产能力和就业技能。

专栏23－3　都江堰日昇奇异果合作社

2003年10月由种植户、民办猕猴桃研究所、种植猕猴桃的农业企业和国际营销商香港日昇公司共同组建了专业股份合作组织——都江堰市日昇奇异果合作社。该合作社按照有限公司性质进行了工商注册。在组建方式上，该合作社对外联结具有国际品牌和营销网络的企业，对内带动广大种植户，按照各自优势与功能划分，农民社员在科研所提供技术服务的指导下，按照出口标准生产产品，并按合作社的章程和签订的生产指标交售产品，龙头企业负责生产管理，组织运输、包装、贮藏、加工等商品化处理，并组织农资产品统一供应；香港日昇发展（农业）由县公司负责获取国际市场订单，提供国际市场需求信息，发运产品与结算。这种严密的组织形式，把种植基地（农户）、国际市场（品牌与份额）、科研（技术支撑）、龙头企业（商品化处理）等各项资源整合起来，形成完整的符合国际标准的产、供、销、研一条龙的新型产业链条。

在收入分配上，该合作社创建了“三次返利”模式。第一次，合作社按成本和市场平均价格加20%的保护价格，现金收购社员的产品，是农民稳定获得第一次销售利润；第二次，合作社将加工、流通环节利润的60%按照农户的交易额比例进行返利；第三次，年终盈余按照社员持股比例分红。“三次返利”确保了种植猕猴桃的农户获得稳定的收入，提高了农民参与种植猕猴桃的积极性。

评论：都江堰日昇奇异果合作社的制度安排，首先，农户让渡了部分土地经营权（种植选择权），取得了向合作社销售产品的权利。其次，因为让渡了产品自由销售权，获得了较市场平均价格加20%的保护价格。该安排使农户规避部分市场风险。再次，作为合作社的社员，农民获得了合作社加工、流通环节利润的60%，该收入相当于企业职工的奖金收入。最后，作为合作社股东，农户参与了合作社年终盈余的分配，取得了部分剩余权力。这种安排取得了较大的成绩，吸引了大量的农户，2003年底仅有19户与合作社签订了合同，而到了2004年底，与合作社签订合同的农户迅速增长到1580户。当然，该种安排也存在一定的问题，例如农户仍然面临自然风险，农产品的歉收会直接影响到农户的收入，此外，农户选择空间较小，只有加入和不加入的自由，受土地约束，农户无法选择其他合作社的条件。

资料来源：中共成都市委政策研究室编《成都城乡一体化：案例精选》，第80～83页。

在提高农民生产能力和就业能力同时，成都市还为创造就业环境提供了良好的政策支持。为农村居民向城市转移提供了基础。其中以双流县“全民创业”计划最为典型。

专栏23－4　成都双流县“全民创业”计划

改革开放以来，双流人艰苦打拼，摘掉了“叫花子出在双流县”的帽子，连续9年位列四川省十强县榜首，在全国百强县中排名45位、西部县域经济竞争力评比中排名第1位，老百姓的日子过得殷实、舒坦。

但与20世纪80年代相比，双流人的创业激情有所削弱，小富即满、安于现状的思想一定程度地存在。同东部地区相比，现在的双流人缺少不断追逐财富的欲望和永不满足的创业精神。因此，需要倡导和培育一种创业文化。

2005年，县委、县政府推出了“百姓创家业、能人创企业、老板创大业、回乡创新业、干部创事业”的“全民创业”计划。8月，县委、县政府出台了有关政策和扶持措施，每年拿出200万元引导、激励创业，每年公开在全县征集200个创业方案，筛选200个创业扶持对象，选择30家经营状态好、贡献份额高、发展后劲足的民营企业重点培育……

双流的目的，就是要倡导向沿海学习，充分释放群众中蕴藏的创造财富的潜能，激发创业活力，传承并进一步培育创业文化、创业精神，让县域经济的每个细胞都像蜜蜂一样忙碌起来，继续领跑西部。而“干部创事业”，不是鼓励干部经商办企业，而是立足本职岗位，服务社会，干出特色，实现人生价值。

资料来源：2005年10月21日《成都日报》。

相对于市场和其他主体，农民在处理风险的能力和谈判中的力量不足，在农村土地集中经营过程中，通过将农户土地经营权整合交给合作社统一管理，由合作社将农户的经营权打包，租赁给龙头企业经营。这种机制安排，既降低了农户的风险处理能力又有效避免了农户谈判能力不足问题。在农村，根据自愿互利原则，采取基本生产资料共有或股份所有，所建立起来的新型合作经济得到一定程度的上升。截至2006年3月，成都市村组集体资产达46.82亿元，较2002年增长了16.23%，存在集体经济收益的村达1516个，占57.6%，各类农村专业合作社1292个，拥有成员16.4万人，股份合作经济实体110多个。

专栏23－5　成都市集体经济发展状况

成都市近郊县（区）在实施“三个集中”过程中，结合解决实地农民就业和持续增收等问题，采取组建股份合作制的经济实体，进行公司化运营。金牛区先后出台了《关于发展壮大涉农社区集体经济的意见》等政策措施，引导和扶持农村集体经济的发展，在全区40个涉农社区都建立了股份制合作公司。目前，村集体经济年纯收入过100万元的超过60%，还涌现出了一批集体资产超过千万元的经济强村。该区高家社区将长期积累的集体资产，以股份量化到人，并吸收村民自由资金参股，组建股份合作制形式的“成都市常青蔬菜农副产品交易中心”，进行公司化运作。几年内集体资产由1300多万元，增值到5000多万元。武侯区在永康村进行发展农村新型集体经济试点，采取以组为单位流转土地使用权，村民以资金入股形式，组建“成都兴鑫永康投资管理有限公司”，进行统一开发经营；锦江区扶持“五朵金花”片区发展农村集体经济。

在远郊农村，结合实施“三大重点工程”，探索“土地权属股份化、农业发展产业化、产业经营企业化”的路子，发展壮大集体经济。在属于省级扶贫村的金堂县祝新村，地处远郊丘陵区，2005年7月组建“成都新祝新现代农业开发有限公司”，农民以土地生产经营权入股，分批交由公司统一经营，农民成为公司股东，实行保底分红，该公司按照“村企合一”模式，开展对外合作经营，先后引进四川麒麟生物科技公司、金航农业开发有限公司、沱江林业开发公司、晋江福源公司等，种植青蒿、杂柑、蔬菜、速生林等。规模经营土地2600多亩，有效地降低了农民的市场风险，解决了谈判能力不足等问题。

资料来源：中共成都市委政策研究室：《成都市农村集体经济发展情况的调查与思考》2006年第9期。

发掘核心竞争力。在推进城乡一体化发展战略中，需要根据各地的实际情况来挖掘自身的核心竞争优势，才能获得持久的发展动力。因此，因地制宜，错位发展（差异化发展战略）成为成都市在发展农业和农村经济中的指导思想，从而使成都市的农业走上了具有特色的农业产业化之路。

专栏 23－6　花儿为什么这样红——锦江区推进城乡一体化的生动实践

锦江区位于成都市通风口绿地，按照规划不能作为建设用地，土质系龙泉山脉酸性膨胀土，不利于发展传统农业。为了发挥背靠大城市的优势，该区因地制宜，差异化发展，创造性地打造了花乡农居、幸福梅林、江家菜地、东篱菊园、荷塘月色“五朵金花”。

在发展“五朵金花”过程中，锦江区按照城市建设标准加快完善农村基础设施，适度推进景观打造，保持良好的生态环境。通过农房改造景观化、基础设施城市化、配套设施现代化、景观打造生态化、开发土地集约化的标准把文化因子和产业因素注入了“五朵金花”。利用背靠大城市的优势发展休闲经济，培植生态产业。

在“五朵金花”的发展中，该区注重通过文化提升产业，把现代文化与传统产业相结合，增加传统产业的文化附加值，挖掘幸福梅林的梅花传统文化，赋予荷塘月色音乐、绘画的艺术内涵，再现江家菜地的农耕文化，展现东篱菊园“环境、人文、菊韵、花海”的菊花韵味，变单一的农业生产为吸引市民体验、休闲的文化活动，使文化产业与农业产业相得益彰。在发展产业过程中，锦江区对花卉龙头企业在资金、技术和政策上进行了扶持，目前年销售收入超过 3 亿元和 1 亿元的农业产业化龙头企业各一个，超过 5000 万元的企业 3 个。

通过旅游带动农民致富。“五朵金花”通过塑造品牌形象，按照“一村一品”不断推出农业新品牌，增强农村发展的可持续性。2004 年，该区的红砂村被评为 AA 级国家旅游示范区。2004 年底农民人均收入由 2003 年底的 4426 元增至 5311 元，增幅超过城镇居民。

资料来源：中共成都市委政策研究室：《花儿为什么这样红——锦江区推进城乡一体化的生动实践》内部刊物，2005 年第 56 期。

五　实施“三项工程”建设新农村

在推进一体化过程中，成都市为了建设农村安全保障网，促进农村的生产和生活方式的优化，实施了农业产业化、农村扶贫开发、农村环境建设三项建设。在不具备城市化和工业化条件的农村地区，通过农业结构调整，在沃野千里的都江堰灌区优化种、养业布局，发展粮食种植，并大力发展特色农业。在成都市锦江区红砂村发展了花乡农居、幸福梅林，郫县的农科新村等都是立足当地的特色发展第一产业，使农业产业多元化。

为解决农村少部分山丘区发展相对落后的问题，成都市调动社会各方面力量，组织实施了“新村扶贫工程”和“帮扶促变工程”，在基础设施、发展项目、资金投入、困难群众住房等方面给予倾斜。仅在2004年上半年，在全市227个贫困村修建村级道路152公里；建蓄水池213口，解决了8507人和2.45万头牲畜的饮水问题；改造贫困户住房137户，建筑面积1.12万平方米，贫困地区的生产生活条件得到了明显改善，农民收入较快增长。

专栏23-7　扶贫浇开幸福花——邛崃市实施开发式扶贫纪实

邛崃市作为成都市的远郊区，由于经济发展、自然环境、交通条件的制约，不少群众的生活还相对比较艰难。扶贫工作历来是邛崃市的一项重要工作。过去扶贫总是送钱、捐物，这种扶贫不能从根本上解决贫困户的持续增收问题。要让贫困群众真正摆脱贫穷的困扰，变“输血”式扶贫方式为“造血”式的扶贫方式，邛崃市实施了统筹城乡发展的开发式扶贫。从改善农村发展环境入手，多方筹集资金，加快农村基础设施建设的发展。将扶贫资金重点用于支持贫困户种植（养殖）结构调整，着力提高贫困户的积累和发展能力。2001年，邛崃市贫困人口仍有25975人，人均收入983元。2004年邛崃市贫困人口降为15235人，人均收入增至2184元。

2001年地处邛崃山脉深山中的平乐镇花楸村，全村5个村民小组，520多人，零零星星地分散在15平方公里高山上，通过加快基础设施建设，并成功运用“龙头企业+基地+农户”的产业化发展模式，2004年，花楸村农民人均收入达到3200元，是2001年的2.13倍。

资料来源：中共成都市委政策研究室编：《成都城乡一体化：案例精选》，第106~109页。

在农村环境建设工程方面，为了避免出现“先污染、后治理”的问题，成都市在农村城市化过程中重视处理经济和农村环境协调发展。2005年四川省成都市锦江区人居新村建设工程获得“中国人居环境范例奖”。

六 城市乡村互相支持：通过土地整理实现城乡双赢

在成都市城乡一体化过程中城市和农村互相支持共同发展的案例有许多，其中以土地整理最为典型。在成都的城乡一体化过程中，城市化发展需要大量土地。而国家政策对建设用地额度有一定的限制，为了在整个区域范围内实行占补平衡，地方政府通过对农村的土地整理来弥补城市建设所占用耕地，见表 23－1。

表 23－1 蒲江、新津、成都地区级差地租参考值

单位：万元/亩

<table>
<tr><td colspan="3">蒲江县</td><td colspan="3">新津县</td><td colspan="2">成都市区</td></tr>
<tr><td rowspan="2">复兴乡平均地价</td><td colspan="2">蒲江城区</td><td rowspan="2">金华镇云峰村、惠龙村平均地价</td><td colspan="2">新津城区</td><td colspan="2">2005 年 5 月拍卖均价</td></tr>
<tr><td>平均地价</td><td>拆迁成本</td><td>平均地价</td><td>拆迁成本</td><td colspan="2">268.4</td></tr>
<tr><td>6</td><td>25</td><td>15</td><td>7.5</td><td>40</td><td>17</td><td colspan="2">级差收益</td></tr>
<tr><td colspan="3" rowspan="2">本县级差收益 4</td><td colspan="3" rowspan="2">本县级差收益 15.5</td><td>与复兴乡比</td><td>与金华镇比</td></tr>
<tr><td>262.4</td><td>260.9</td></tr>
</table>

资料来源：http：//www. cdei. gov. cn/share/cdei_ 001. asp? ID＝24028。

由于各地的土地价格差异巨大，政府将从城市建设用地中拍卖所获得的级差地租收益，通过转移收入用于农村地区的土地整理和农村基础设施的建设，推进城乡一体化建设。通过土地整理和基础设施的建设，农村土地价值也得到了提升。通过占补均衡和土地整理机制，在宏观调控范围下，使土地资源转化为土地资本。解决了城市工业建设用地指标，提高了农村地区土地整体价值和产出效益，有利于农村产业化的发展。

专栏 23－8 复兴乡土地整理案例

蒲江县复兴乡属典型的丘陵地带，原来的农房大多较为分散，占地面积大，居住条件差，土地资源未得到充分利用。田块零碎，道路、沟渠等不配套，只能采用“牛耕人作”的方式，种田效益不高。

为了改善农业生产环境和生态环境，保证土地资源可持续利用。对该地区进行了土地整理。一是按照有利于土地规模化种植的原则，对坡地、荒地、废弃地等山地进行坡改梯的改造，零碎地田块都归并在5亩以上。二是按照有利于农田能排能灌原则，对项目区山平塘、蓄水池、河塘、河堤和支渠、斗渠、农渠和毛渠进行规范化、标准化改造，新建沟渠74.6公里。三是按照有利于机械化耕作的原则，对项目区农田进行平整，裁弯取直田埂，因地制宜，挖高填低、进行配套道路建设。改造机耕道及田间作业道42.15公里，形成村通水泥路、户通碎石路、农田300米内，泥结碎石道纵横交错的交通网络。同时，土地整理使5个村新增耕地3900多亩。四是按照有利于规模化经营原则，通过网上招商、邀请种植大户入住等形式，使复兴乡的土地流转量达4860亩，项目区每亩土地租金由土地整理前的50元至300元升至200元至600元。五是按照有利于改善农民居住条件的原则，大力推进新居工程建设，让农民向场镇和聚居点集中，建起真正意义上的“农村新区”。

资料来源：中共成都市委政策研究室编：《成都市城乡一体化：案例精选》，第38~41页。

在通过土地整理实现用地的占补平衡过程中，地方政府充当了发起人角色。成为制度的推动者，乡村成为被动制度接受者。政府在提供制度时是以城乡一体化发展为出发点，有利于地方政府官员的业绩，基层政府从土地流转构成中获得部分租金收入，因此制度实施过程的推动较为顺畅。对农户而言，一方面，通过土地整理所带来的土地流转收益；另一方面，随着土地整理过程中的农业产业化进程，农户的收入也得到了提高。整体而言，土地整理过程中的占补平衡，实现了多方共赢的机制。

七　小结

城市和乡村作为一种非均质的地域经济空间，在发展过程中受各自特定的自然、经济、社会、历史等条件制约，其产业发展、功能形态以及生活习俗都有各自不同的特色。成都市谋求一种城乡基于社会主义市场经济“一体”的发展体制，探求一种权益平等的组织结构，在遵循城乡经济发展差别性和互补性的基础上，促进城乡要素的优化配置，提高城乡发展的协同度、融合度，赋予城市和乡村两大空间经济主体以平等的地位，使城乡之间通过资源和要素的自由流动，相互协作，优势互补，实现城乡经济、社会、文化的可持续发展。

随着社会生产力的发展，城市化的不断推进，传统乡村社会必将逐渐转化：在经济上从农业向非农业转型，社会构成上农民出现分化（农民—非农民或新式农民），聚落从乡村型向城镇型转化，文化上从乡村文化转型为城市文化等。要素的变动带动地域和职业的转移，而经济、社会、文化、地域的演变代表人类

文明的进步，是现代化的必然趋势。

尽管城市和乡村存在着众多区别，但它们之间存在诸多互动关系：农业为城市工业输送劳动力，并供给食物使非农劳动力得以生存。这是从农业流出的两种基本资源，也是大部分发展中国家经济结构转换的核心环节。同时，农业为工业输送投入资源，如各种原材料。工业也为农业供给投入产品：拖拉机，水泵，各种化学产品等。由于农村部门人口较多，农业往往是工业产品的主要需求来源，不仅包括耐用品，也包括最终消费品，农业出口可能是主要外汇来源，使得进口工业生产投入成为可能。

成都市的城乡一体化不仅仅是乡村人口进入城市，而是乡村人口城市化和城市现代化的统一，是推进三大产业互动，实现城乡经济共融，城乡间从单向传递、分割式双向辐射，向一体化发展转变的统一，是经济发展和社会进步的综合体现。乡村人口城市化与城市经济现代化、基础结构现代化以及城乡一体化共同构成城市化的丰富内涵。

总体来看，在措施上，成都市在城乡一体化过程中，通过建立城乡一体的管理体制在行政上改变城市偏好管理模式，重视农村和农业发展。在基础设施、农村产业等方面发挥城市对农村的带动作用，使城乡的比较优势得到发挥，促进实现城乡双赢和共同发展。

截至2005年，成都市按户籍人口统计的城镇化率已达50.3%，较2004年提高7.5个百分点。市域范围进一步扩大，城镇数量增加，城镇体系逐步完善。1983年成都的行政区范围由5区2县扩大到5区12县，市域行政区面积达到12390平方千米，形成大城市带大郊区的格局。2002年，行政区划再度进行了划分，形成了9区、4市、6县的行政格局。与此同时，小城镇的建设与发展也取得了长足进步。基本上形成了超大城市—小城市—建制镇—乡镇的城镇规模等级体系。以中心市为核心、小城市及卫星城为节点、小城镇为依托的城镇空间格局基本形成。

在农村方面，成都市的农业产业化有了长足的进步。整体看，2005年成都市农业增加值为182.3亿元，增长5.7%。乡镇企业完成增加值391亿元，增长16%。随着产业化政策的实施，农业生产布局逐渐优化，建立了生猪、食用菌、柑橘、林竹、蔬菜、茶叶和水产七大特色的农产品基地。成都市新建扩建3000万元以上的重大农业产业化项目36个，成都市规模以上农业产业化龙头企业达489家，其中年销售收入超过5000万元的龙头企业115家，组建的农村专业合作

经济组织1512家，带动农户113万户。2004年开始农村居民人均纯收入为4072元，较2003年增长11.4%，增幅首次超过城市居民。

第二节　空间关系：集中聚集

一　工业向园区集中

为了发挥产业的集聚效应，在规划上，成都市提出工业向集中发展区集中的发展思路，将转变经济增长方式与集中发展全过程结合起来，加快了新型工业化步伐。2005年，全市21个工业集中发展区完成基础设施投资39.64亿元。同时，采取多种手段，积极引导企业向集中发展区集中，2005年新引进规模以上企业320户，累计入驻规模以上工业企业950户。集中发展区规模以上工业企业完成增加值314.2亿元，工业集中度达到56.2%。通过产业的集中，推进了传统生产向现代生产的转变，实施工业集中发展，遏制了工业污染，降低了治污成本，促进了清洁生产，全市淘汰落后生产能力企业和关、停、并、转、迁排污企业1300余家。推进了低效扩张向集聚效应的转变，提高了土地的投入产出效率。

专栏23－9　异地招商，集中发展产业

2003年成都市100多个工业开发区合并为21个工业集中发展区。从此，全市工业走上集约发展的道路。但是工业是产业发展的主力军，各区（市）县特别是乡镇对发展工业都有很大积极性，如果工业项目都向园区集中发展区集中，各地特别是乡镇工业的发展会受到很大的阻碍。通过异地招商就解决了招商积极性和工业集中发展之间的矛盾。

成都市新津县邓双镇引进了2500万元的芝芝药业公司。根据邓双镇的实际情况，这个项目不能落户邓双镇，该镇将该项目转给了川浙合作工业园。乡镇招商项目被统一安排在工业集中发展区，但是对该项目产生的社会固定资产投入、对外开放招商引进任务完成数和招商引资项目的税收，按照7∶3的比例进行分配，邓双镇得7，川浙工业园区得3。

通过异地招商既避免了乡镇之间招商引资的恶性竞争，降低招商引进成本，调动了招商积极性，又可以促进项目向工业集中发展区集中，实现了工业的有

序、健康发展。

资料来源：中共成都市委政策研究室编：《成都城乡一体化：案例精选》，第122～125页。

二　农民向城镇集中

建设新式农民社区是农民向城镇集中的有效载体，也是农民生活方式转变的客观需要。成都市根据宜聚则聚，宜散则散的原则，对重点规划区内的建设用地，按照城市居住小区标准统一规划建设新式农民社区，实行农民集中安居，水、电、气、通信等基础设施和配套建设全面到位。2005年，成都市修建农民集中居住用房344万平方米，修建征地农转非人员集中安置房544万平方民，入住11.2万人。

专栏23－10　农民向城镇集中

引导农民向城镇集中是加快城市化进程的必然要求。双流县采取多种有效措施和途径，为农民向城镇集中创造条件。一是建好安居房。采取统一规划，做小区统拆统建、统一安置的“离土离乡”模式，大力实施集中安置工程。

在成都最先实施“三个集中”战略的双流县，早在2003年底，全县就新建农民小区66个，总面积161万平方米，安置农民8855户、2.9万人。其中，建成公寓式小区10个，面积26万平方米。既改变了以农民建房村自为阵、一户一炮楼浪费土地资源的状况，节约了土地，又加快了传统农民向城镇居民的转变。

截至2005年底，成都市的13个优先发展重点镇建设完成投资23.9亿元；中心城区新居工程开工建设13个项目，开工面积200.97万平方米；郊区（市）县和重点镇农村新居工程开工建设17个小区，开工面积179万平方米，其中11个小区、45万平方米主体工程已完工；已建成征地农转非人员集中安置小区82个，包括客运交通、连锁经营等便民服务网络一并到位。

资料来源：中共成都市委政策研究室编《成都城乡一体化：案例精选》，第6～13页。

三　土地向业主集中

成都的农村传统典型以地少人多的小农经济为特征的传统农业生产力低下，

严重阻碍了农村和农业的发展，也正因如此，大量的农民外出打工，农村经济陷于停滞。为此，成都市进行了一些探索，引导土地经营权向业主倾斜。在土地所有权不变的原则下，让那些懂技术、会管理、会经营的农业大户从农民手中租种土地，使土地成片，实现规模种植，实现农业的产业化。成都市城乡一体化过程中，农民的土地经营权让渡采取了多种方式。其中以经营权入股方式较为典型。具体的做法各有不同。通过土地经营权的流转和土地整理，借助市场力量实现了城乡统筹发展的规划目标，促进了农户的集中居住，改善农村生产条件，提高了农村产业化水平，增进了农民的收入。部分实现了土地的规模经营，提高了土地产值，增加了农民收入。

专栏 23－11　双流县土地经营集中

双流县大力进行土地优化重组。他们坚持“依法、自愿、有偿、规范”的原则，采取集中承包、竞标承包、业主承包、股份合作等模式，加快土地在社区内重组和社区外合理流转，使土地逐步向资本足、技术强、巧经营、善管理的规模业主集中，实施土地规模经营，整合土地资源，调整农业产业结构，加快农业产业化进程，推进传统农业向现代成都市双流县统筹城乡发展农业转变。

目前，双流县已在 1300 多个社重组土地 26 万亩，涉及 6.9 万余农户，经营土地 10 亩以上的业主已近 700 家。其中通过招商引进科技实力强的、带动能力强的龙头企业家，3.3 亿元，经营土地 4.273 亩，其中年产值 100 万元以上的龙头企业 39 家，5000 万元以上的 5 家，促进了农业生产经营向工厂化、企业化方向发展。仅“双流通县方科技农业地区性区”在引进了果王、大业、三袭等龙头企业和企业家，成为成都市三个现代农业科技示范园区之一。在龙头企业及专业合作组织的带动下，双流县涌现各类专业户 1.2 万余户，形成万公顷枇杷基地、最大冬草莓基地、西南最大的水禽养殖基地等一批各具特色的农业生产基地。

资料来源：中共成都市委政策研究室，《成都城乡一体化——案例精选》，第 6～13 页。

四　小结

从城市角度看，城市是聚集经济的产物，城市化过程也是随着要素、产业向城市的集中而发生的农村人口向城市转移的过程。随着城市规模扩大，具有两方面的效应。一方面，随着城市的扩张，基础设施的高度发达，产生规模经济，企业和个人的生活成本有缩小趋势；另一方面，随着城市的扩张，交通成本、住房成本上升，空气污染加剧，生产和生活的成本有增加的压力。正是在这两种力量的相互作用，决定了城市自身发展的规模。

城市是人口集中、工商业发达、居民以及非农业人口为主的地区，通常是周围地区的政治、经济、文化中心。城市体现出环境的高组织化和物质设施的集聚化。各种工作、居住等场所和交通等设施在市区内的高密度分布使城市在功能上为人们的生产生活提供了更大的便利，生活成本下降，导致人口集中。这些人口大多数从事附加值高的非农产业，获得较高的收入。而经济上的独立于土地，令城市家庭规模小型化，结构简单化，人们有更多的精力和时间投入家庭外的社会活动，从而令生活和工作方式更加怡人，吸引了大量农村人口。

作为经济活动中心，城市是人流、物流和信息汇聚场所。城市经济发展水平总体上高于乡村，经济部门门类齐全、功能完备，能更大程度满足经济发展的要求，有利于产业的集中。成都市通过工业向园区集中，实现产业聚集，提升城市发展的动力支撑；通过土地适度集中，实现土地规模经营，促进农业产业化发展；通过农民向城镇集中，调整城市化步调。通过在城市的集中，产业不仅降低了成本，还获得了资金、人力资源和信息方面的便利，从而得到更多的发展机会。相比较而言，通过在城市地区的发展，企业扩张的成本下降，有利于实现自身的内部规模经济。在产业向工业园区的集中过程中，多个同类型的企业可以共享园区的辅助性生产、共同的基础设施与服务，在技术交流上也非常便利。此外，园区的劳动力供给与培训会节约企业的成本。园区内企业的集中，便于企业实现外部规模经济。通过农村的土地集中经营也方便了农业的规模经营，提高了农业生产效率。从经济学角度讲，产业集群发挥外部规模经济的优势，不同企业分享公共基础设施并伴随垂直一体化和水平一体化利润，加强专业化生产，大大降低生产成本和交易费用，而且由于集群内企业之间的互动，还有利于技术创新。在产业园区，企业之间可以分工协作，组成地方生产系统。是通过企业之间的分工与协作、交流与沟通引起成本的节约，形成产业链，最终实现范围经济。

相对于城市，在人口上，首先，农村人口的集中程度较低，且大多从事农业生产；其次，家庭规模较大、结构比较复杂，没有太多的精力和时间投入家庭外的社会活动；再次，人口平均受教育程度低；最后，农村人口虽人数众多，但组织性不强。在经济上，首先，经济结构较为单一，以第一产业为主，生产投入以低要素资源为主且产品附加值不高；其次，人均收入水平低，生活水平甚为低下。在生活方式上，首先，工作季节性变化较大，闲来无事做，忙时嫌人少；其次，报纸、广播、电视、电话、电脑普及率不高，与外界交往的机会较少，多以面对面交往为主要方式，思想较为封闭；最后，文化娱乐活动少。

随着社会生产力的发展，城市化的不断推进，传统乡村社会必将逐渐转化：在经济上从农业向非农业转型，社会构成上农民出现分化（农民—非农民或新式农民），聚落从乡村型向城镇型转化，文化上，从乡村文化转型为城市文化等。要素的变动带动地域和职业的转移，而经济、社会、文化、地域的演变代表人类文明的进步，是现代化的必然趋势。成都市根据城乡一体化发展思路，通过农民向城镇集中，土地向业主集中改变了农业分散的生产方式和分散的居住方式。在通过强调人口转移、职业转移和产业集中的同时，突出了生活方式和都市文明的扩散过程。在农村居民集中居住和农地规模经营的过程中，成都市实现了多方共赢的局面。

第三节　迁转关系：迁转俱进

一　失地农民身份转换

随着城市的扩张，造成一部分农民失去土地。为了保证失地农民能够获得就业机会，成都市在辖区内建立健全了就业培训体系，通过加强就业培训，提高失地农民的就业技能，提高失地农民的择业能力。同时，还建立健全政策保障体系，创新政企合作的激励机制，完善扶持政策，落实就业补贴，为企业解决失地农民就业问题提供了动力。此外，还建立健全的就业服务体系，拓宽稳定有效的就业渠道，健全就业服务长效机制，加强就业跟踪规范服务，有效地保证了失地农民获得就业机会。

通过制定优惠政策，鼓励企业优先安排当地农民和失地农民自主创业。政府通过腾岗、买岗等形式为就业困难的失地农民提供就业岗位，免费为失地农民提供职能培训和职业介绍服务，2005 年全市培训农村劳动力为 108 万人次，农村劳动力转移到非农产业累计达到 196.6 万人。

二　农民工身份转换

在除失地农民的人口迁移之外，非失地农民的流动规模也很大。由于土地的集体产权制度非常稳定，这些农民在流入城市后，这一产权为其提供了保障，在遇到就业困难时，这些人口仍有可能出现回流。为了正确引导这些农民在城市就业，政府也通过这一体系为其提供引导，避免了人口向城市的大规模集中。在统筹城乡经济发展，推进城乡一体化进程中，成都市通过对外出务工的人员进行订单式培训，对农民工进行了合理的引导。

在发展中国家城市化过程中，出现了大量失地农民涌入城市的现象。一方面，由于城市的劳动力吸纳能力有限，无法安置大量的人口；另一方面这些农民技能不足，往往只能进入非正式部门，最终因缺乏保障而贫困化。虽然从规模和速度上，成都市的城市化进程中所遇到的失地农民就业问题的压力相对较轻，但这一问题仍然存在。成都市解决失地农民就业问题方案，破解了这一难题。一方面通过产业化扩大就业容量；另一方面对失地农民进行职业技能培训，提高了失地农民的就业能力。通过这些政策缓解了失地农民涌入城市造成的压力。为失地农民提供的社会保障服务以及户籍制度改革，促进了失地农民身份向市民的转变。

劳动力是人力资源，但人的作用并非仅仅如此，人的作用还在于能统合其他资源，使之脱离纯资源的地位，而创造更高的价值。人力资源作为一种经济性资源，它具有资本属性，又与一般的资本不同。作为一种资本性资源，人力资源与一般的物资资本有基本的共同之处。首先，人力资源是社会和个人投资的产物；其次，人力资源能创造比自身高得多的价值。但与其他资源相比，人力资源成为现代社会和组织的战略资源，它是一种能动资源，它在经济和管理中起主导作用和处于中心地位，它发起、使用、操纵、控制着其他资源，使其他资源得到合理、有效的开发、配置和利用，同时它是唯一起创新作用的因素。因此，在城市化过程中，大量的农村剩余劳动力是人力资源的来源。但是由于这些劳动力的质量相对较低，限制了作为人力资源的能量的发挥。

除了作为人力资源外，成为生产要素外，劳动力本身也是消费主体。在城市化过程中，需要城市提供就业机会和社会服务，因此对市场的建设具有重要的意义。在城市化过程中，剩余劳动力大量涌入城市，给城市带来巨大的就业压力，如果不能及时解决城市化过程中的农村剩余劳动力转移，很有可能会产生重大的社会问题，增加城市化成本。因此有很多人认为，失业将是许多国家在经济发展中不可避免的一个问题。成都市的城乡一体化，以农民身份转换为出发点和落脚点，将解决城市化过程中的人口就业问题作为重点。

三　生活环境转变

1. 城市化人口的住房

为了促进城乡一体化的发展，成都市在一些地方实施了“农民新居工程”。该工程建设在符合土地利用总体规划和城市、乡村、集镇规划的前提下，可以采取土地整理、宅基地置换的办法租用集体土地，租金按月支付给农民，直到该土地被征用为止。

通过新居工程，农民的原有农房拆除后，其腾出的宅基地总量扣除农民新居建设用地后的余额部分，在符合土地利用总体规划和城市规划的前提下，可依照相关政策法规，用作农业用地或非农业的建设用地，促进土地的流转。

“新居工程”建设和用地须经村民会议 2/3 以上成员或 2/3 以上村民代表同意，并报区人民政府批准，由区国土资源分局出具《“新居工程”建设意见书》。这种措施一方面保证了新居工程的合理性，另一方面调动了农民的积极性。新居工程按人均 35 平方米建筑面积对农民进行集中安置，新居工程全部用于农民住房安置，严禁搞房地产开发和向城镇居民出售。目前已建成农民集中居住用房 838 万平方米，在建农民集中居住区 402 个，居住区面积为 135 万平方米。在农民自愿的前提下，组织农民合理聚居，降低了公共设施配套成本，提高了农民居住质量。

通过新居工程，成都市加速了农民向城镇集中步伐，将改变农民生产生活方式置于建设集中居住区全过程，促进了城市化发展，方便了农村基础设施建设，同时也节约了土地，改善了农民生活条件，改善了农村生活环境。新居工程，便利了城市文明向农村辐射。在农民集中居住区，全面推行社区化管理，加快城乡管理接轨，从生活方式上推动了农民城市化。

2. 城市化人口的社会保障

在社会保障方面，成都市建立了城乡一体的社会保障制度。2004 年以来，由市、县两级财政筹资将 1991 年实行货币化安置以来的已征地农民逐步纳入社保范畴，对新征地农民直接纳入社保。目前，全市有 23.9 万名已征地农转非人员和 2.1 万名新征地农转非人员参加了社会保险，有 12.8 万名已征地农转非人员和 7202 名新征地农转非人员按月领取养老金。在实施新村扶贫工程，帮扶促变工程和帮户脱贫工程的同时，2005 年市财政投入 2000 万元建立了帮困助学、帮困助医、安身工程等专项救助资金。

3. 城乡一体的教育制度

在这方面，成都市建立了城乡一体的教育制度。从 2004 年开始，投资 10 亿元实行农村中小学标准化建设工程，在三年内新建、改建、扩建农村中小学 423 所。完善农村教育经费保障机制，制订不同区域教育经费基本标准，列入县级财政预算拨付。合理配置教师资源，每年从城区和城镇学校选派 400 名老师到农村支教。加强对进城务工农民子女入学的统筹调配，全市有 7.2 万名进城务工农民子女进入公办学校接受义务教育。

4. 城乡一体的卫生体系

在卫生体系方面，成都市建立了城乡一体的卫生体系。按照政府补助、农民自愿的原则，积极推行新型农村合作医疗制度，全市参加新型农村合作医疗的农民达 89.4%，改革乡镇卫生院的管理体制，将乡镇卫生院全部划归县级政府管理。投资 2 亿余元资金进行乡镇公共卫生院、村卫生站标准化建设。推动农村药品集中配送和监督网络建设，在乡镇卫生院及村卫生站实行了农村药品集中配送，集中配送药品率达 100%，保证农民吃上安全、廉价的“放心药”。建立覆盖城乡的应急指挥体系、疾病预防控制体系、信息网络体系和医疗救助体系，提高城乡公共安全保障水平。

5. 城市化生态问题

成都市在吸取其他国家和国内其他地区发展经验的基础上提出了三个原则：遵循循环经济减量化原则，最大限度地降低产品生产过程中能源、矿产资源、水资源等自然资源消耗，从经济活动的源头节约资源和减少污染；遵循循环经济再利用原则，最大限度地提高产品使用价值，延长使用寿命，减少一次性产品（尤其是包装物）使用量；遵循循环经济资源化原则，最大限度地把社会生产和生活中产生的各种废物转化为再生资源、循环利用；遵循循环经济无害化原则，力求把工业经济活动对生态环境的影响降低到最低程度，以尽可能少的资源消耗，尽可能小的环境代价实现最大的社会经济效益。根据这三个原则从单个企业、产业和城市工业三个层面构建生态工业体系通过推行清洁生产，依靠技术进步治理环境和完善废旧物资回收利用处理系统，降低污染。

四　小结

包括解决农村人口集中居住的“新居工程中”的基础设施建设在内，社会保障、教育、卫生以及生态环境都是公共产品和公共服务体系的一部分。这些产品的边界模糊，在使用上不具有排他性。与私人经济通过价格机制可引导资源合理配置不同，由于这些公共物品在使用上具有正的外部性，在供给上，决策主体是集体，因此偏好显示不能清晰显示出来，通过市场无法引导资源的合理配置。

根据公共经济学原理，在提供公共物品的过程中，正确决策的受益具有外部性，而决策责任形式上由集体承担，实际上没有真正的责任者，公共选择的责任与利益不明确。现实中的公共选择多按多数规则进行决策，其决策结果表面上是最后的均衡意见，似乎体现了大家的意志，但又不是每个人的意志。在公共选择中，公共产品的需求表达是借助于政治投票进行的，而投票具有不可分性、难以货币化的局限性，难以表达偏好的强度。同时，搭便车心理的普遍存在，使得公共产品和公共服务需求的表达具有模糊性。此外，公共经济的主体——政府的特殊地位决定了公共经济中的成本收益的复杂性，大量的成本收益难以货币化。

公共产品的成本与收益具有非对称性。在私人经济中，个人获得的收益源于经济所有权，其收益份额相当于其贡献的劳动、资本、土地及其他要素资源份额，个人的付出与收益具有直接的对等性。但是公共物品使用上的非竞争性和非排他性导致了公共物品的外部性，令其具有较高的社会收益。虽然公共需求与私人需求在性质上是同质的，但公共需求是一种共同的、公共的个人需求，需要用特定的方式去满足。公共产品与私人产品也同属社会产品，但因消费上的特性需要有特定的方式去供应。

公共产品和公共服务的公共性质，导致供给上出现“市场失灵”，使得其供给相对于需求来说总显不足。在城市化过程中，随着城市人口的扩张，公共产品和公共服务的需求上升，愈益发使城市化过程中的公共物品和公共服务成为城市发展的瓶颈。因此需要，政府积极主动地承担公共产品的提供和公共服务体系的建设。

生态环境和经济增长之间存在矛盾。经济的发展会耗用资源并破坏环境，而资源的耗用和环境的破坏最终也会导致经济增长放慢。这是从这个意义上说，发展循环经济是保持经济与环境协调和持续的目标选择。生态环境是否恶化影响经济的持续发展。从生态环境的性质上看，随着环境资源的日益开发，生态环境已经从一种免费的公共物品成为稀缺的公共资源。由于生态环境具有很强的负外部性，因此需要通过政府和法律手段来进行合理规制。

第四节　产业与城建关系：产业带动

一　通过产业规划合理引导产业发展

产业发展是推进城乡一体化的主要动力。成都市注重以加快城乡产业发展来推动城市化，推动城乡一体化，同时“按照集约发展、效益优先”的原则，促进工业集聚发展。目前工业主要工业布局在成都高新区、成都高新技术开发区这两个国家级工业集中发展区和各区（市）县的工业集中发展区。成都市通过产业规划，合理引导产业的发展，强调在中心城市和区（市）县政府所在地及有条件的区域中心镇发展第三产业，在不具备城市化和工业化条件的其他农村地区通过农业结构调整发展农业。为了合理引导产业的发展，成都市将2006年定为“产业年”。

专栏23-12　2006年成都定位“产业年”

成都市将2006年确定为“加快产业发展年”，出台了《成都市产业投资导向目录》（以下简称《目录》），向社会公开发布投资产业规划及信息。该《目录》结合成都市产业投资的特点，将产业分为鼓励发展、禁止发展两类。鼓励类指符合国家和成都市产业投资政策，对经济和社会发展有较大影响，能够形成比较优势并符合环保和可持续发展的产业，分为17大类121条，涉及农业、电子信息、医药食品、汽车、能源及节能、航空航天及民用核技术、服务业、文化广播电视、旅游、基础设施等行业。禁止类指不符合国家和成都市产业政策，技术水平低并对环境有严重污染的产业，分为3大类29条。该《目录》还将通过政府公众信息网定期发布和及时更新，投资者可以上网查阅相关信息。

在确定2006年为“产业年”的同时，成都市提出重点打好“五张牌”，力争产业发展取得新突破：

工业牌。2006年，成都将以更快的节奏引进和培育重大工业项目，推动英特尔、攀成钢φ340连轧管等重点项目尽快达产，推进中芯国际、友尼森、攀成钢40万吨镀锌板等项目按时竣工；加快建设80万吨乙烯、英特尔二期、成都一汽轿车搬迁技改、中芯国际8英寸芯片等项目。

物流牌。2006年，成都将全面推进物流园区、物流中心建设，积极协调推

进机场货运站、铁路集装箱中心站等重大货运设施项目的实施进程，加快航空物流园区、新都物流中心、保税物流中心的建设；争取开通更多国际货运航线，培育壮大成都至珠三角、长三角、环渤海地区的铁路货运“五定”班列。

高科技牌。2006 年，成都将更加注重集成创新和引进消化吸收再创新，以自主创新提升产业发展的素质和层次。重点以 IC 设计、晶圆制造、封装测试为支撑，形成集成电路产业链；以应用软件开发、软件外包、信息安全为支撑，形成软件产业集群。

现代农业牌。2006 年，成都将以生猪、家禽、蔬菜、食用菌、茶叶、柑橘、猕猴桃、花卉、林竹、水产等十大特色优势产业为重点，在农业产业化、规模化、标准化上抓出更大成效。

文化牌。2006 年，成都将精心打造大熊猫、金沙、青城山—都江堰三大文化品牌；加快发展数字娱乐业，把成都建设成为国家级网络游戏和动漫产业重要基地。

资料来源：四川新闻网，http：//scnews. newssc. org/system/2006/02/15/000050397. shtml。

二　适应产业发展速度的城市化

成都市的城市化进程始终以产业为依托，带动城乡经济的共同发展。同时，利用城市化过程的发展动力，促进农业从传统农业向现代农业的转化。在这一过程中，不断缩小城乡发展的差距。成都市还通过转移支付发展农村基础设施，培育农业产业化发展的环境，通过新型农业产业的发展提高农民收入，降低城市对农民的拉力。

根据城市化的发展特征，一般而言，城市化率在 30% ~70% 是城市化高速发展的区间，而成都市目前的城市化率（按户籍人口）已经达到 50. 3%，正处于城市化高度发展的中期。这个阶段大量人口涌入城市将给城市就业压力带来巨大的考验。因此，这一阶段产业的发展必须同城市化进程相适应，才能在经济持续发展的情况下，缓解城市就业压力。成都市在进行产业规划的过程中，根据产业发展特征，打造优势产业，推动农业产业的发展，调整产业发展与城市化发展速度之间的适应性。

三　发展适宜城市化条件的产业结构

成都市十分注重以加快产业结构的调整来推动城市化，促进城乡一体化。工业方面，坚持走新型工业化道路，扶持发展电子信息、生物制药、机械制造（含汽车）、食品加工、冶金建材和石油化工六大主导产业。调整和优化城乡产业布局，2005 年对东郊工业区 19 户规模以上企业实施搬迁改造，累计搬迁 160 户，其中 101 户搬迁企业的新厂已竣工投产。按照招商引资引进一批、资产重组整合一批、技术改造做大一批的思路，抓好重大产业化项目，打造优势产业集群。农业方面，坚持用抓工业的理念抓农业产业化，扶持发展生猪、家禽、茶叶、柑橘、蔬菜、食用菌、林竹、猕猴桃、花卉、水产等特色农业，推进农业产业化经营、农村发展环境建设和农村扶贫开发“三大重点工程”，建设社会主义新农村。服务业方面，坚持优化行业结构和空间布局，扶持发展文化、旅游、会展、物流、金融、信息服务等产业，增强城市服务功能和承载能力。最终形成了“三次产业互动，城乡经济相融”的发展格局，农村有 51% 以上的劳动力从事非农产业，农民人均纯收入中 67% 以上来自非农产业。

四　小结

城市是人口集中、工商业发达、居民以及以非农业人口为主的地区，通常是周围地区的政治、经济、文化中心。在经济上，首先，经济规模庞大，易于形成一些跨区域的经济实体，城市经济发展水平总体上高于乡村；其次，经济部门门类齐全、功能完备，能更大程度满足经济发展的要求；最后，经济结构上以第二、第三产业为主，生产投入以高要素资源为主，产品附加值高，且具备较发达的制造业、商业和服务业。而农村是以农业生产为主的劳动人民聚居的场所。在人口上，首先，农村人口的集中程度较低，且大多从事农业生产；其次，家庭规模较大、结构比较复杂，农村人口没有太多的精力和时间投入家庭外的社会活动；再次，人口平均受教育程度低；最后，农村人口虽人数众多，但组织性不强。在经济上经济结构较为单一，以第一产业为主，生产投入以低要素资源为主且产品附加值不高。人均收入水平低，生活水平甚为低下。在生活方式上，工作季节性变化较大，闲来无事做，忙时嫌人少。

正是城乡的二元特征，决定了在城市化过程中，农村剩余劳动力向城市的大规模转移，而城市和农村的产业发展的速度、规模和结构直接影响城乡人口的移动，因此产业规划在成都市城乡一体化中起着重要作用。成都市的城乡一体化城市化道路是一个系统概念，它包括农村工业化、城市化、农业现代化和城市本身现代化等综合内容及其实现的动态演化过程。它是城乡空间一体化、城乡市场一

体化、城乡产业结构一体化和城乡社会发展一体化的统一。虽然，进入城乡一体化阶段，乡村的小农生产方式已向社会化大生产转变，农业生产工业化、农场经营企业化，农村的基础设施都获得长足的进步。

第五节 政府与市场关系：协调互补

从对成都市政府的考察中，我们得知在其推动城乡一体化过程中遇到了两个重要的问题，即资金和就业问题，总结起来就是“钱从哪里来，人往哪里去”。很显然，依靠市场力量无法全面解决这两个基本问题。为解决这两个问题，基层政府纷纷根据自己的特色，调整产业发展方向，改善投资环境。

一 资金市场配置

在推进城乡一体化进程中，运用市场化资金运作方式，主要通过吸引民间资金进行城市化建设和产业建设。政府主要在培育投资环境上制定了一些政策，在具体实施过程中遵循资金利用市场化的原则。其中较为典型的就是成都市青羊区的蛟龙工业港的投资模式。

专栏 4-13 蛟龙工业港模式

在成都市城乡一体化的城市化进程中，产业的发展需要一直得到重视。为了避免出现前些年的东部地区乡镇企业发展过程中出现的“村村点火、镇镇冒烟”的资源浪费局面，在进行规划过程中把产业安排到工业园中。随着国家宏观调控政策的实施以及成都市新的土地规划的修编，可用空闲地越来越少，工业用地越来越紧张。土地约束成为直接关系到蛟龙工业港工业发展的大问题。为解决这一问题，成都市积极引导蛟龙工业港走出了以“股田制”利用土地的新路。据测算，2004 年底，蛟龙工业港内已有 140 多家中小企业建成投产，入区企业占地 1000 亩左右，若分散建设占地 2000 亩，节约了大量工业用地。

蛟龙工业港是一家完全由民营资本投资建设的工业开发区，位于成都市规划的 21 个工业集中发展区之一的青羊工业集中发展区。蛟龙工业港模式以村为单位建立“土地股份合作制”，农户把土地承包经营权作为资本投入到合作社，成为合作股东，再由合作社将土地经营权与蛟龙公司合作经营，实行保底分红。“它以土地经营权保底分红的每年每亩 1700 元为基数，每满 5 年增加 200 元，也

可现金入股，700元为1股，每年每股保底84元，每人入股总数不超过20股。”

在蛟龙工业港模式中，农户让渡土地经营权获得了类似于租金收入的经营权保底分红和类似于优先股的每股保底分红。随着中小企业的进入，蛟龙工业港为农户提供了就业机会。该地区的农户完成了从农民到市民角色的转换。该模式为其他地区的产业发展和农民问题提供了一条新的思路，但在适用性上，受到地域和产业政策的限制，适合城市郊区工业园发展模式。

资料来源：中共成都市委政策研究室编《成都城乡一体化：案例精选》，第119~121页。

在资金运用方面，遇到资金问题成都市遵循能通过市场尽量通过市场的规则来解决的方式，无法通过市场解决的，政府根据效率原则进行投入。譬如在发展“五朵金花”的过程中，政府先是通过资金配套用于基础设施建设、公共福利以及农村的集体经建设，一旦产业形成后，政府资金及时退出，不影响产业的市场化原则。

专栏23-14　打造“五朵金花”的投融资分析

在打造“五朵金花”的项目上，锦江区政府投入8300万元用于搭建融资平台，吸引民间资金12100万元，改善了农村环境，搭建了农民增收平台，建成了市民休闲的开放式公园，成功走出了一条推进城乡一体化的新路子。

资金渠道。一是政府引导投入。政府对农村基础建设投入比例如下：红沙村1400万元、幸福梅林1800万元、江家菜地1500万元、东篱菊园1800万元、荷塘月色1800万元。二是社会资金介入。花乡农居有28家农业大户入驻，吸引民间资金1亿元；幸福梅林引进社会资金修建风雨长廊、风景独好等项目，建成熏衣草项目，社会投入1600万元；江家菜地引进四川慧源公司，投入500万元。三是集体资金参与。村集体以土地、堰塘、荒坡等固定资产折股，参与“五朵金花”的打造。

政府投资主要用于三个方面：一是基础设施建设。按照城市道路标准修（改）建乡村道路14条6580米，建成蓄水量达20多万立方米的微水治旱水利工程等。二是公共福利支出。区乡财政年补助失地农民参保、新型农村合作医疗等社会保障1789万元，就业培训安排156万元；每年安排400万元，对农村义务教育阶段学生的学费、杂费等予以全额补贴。三是发展集体经济。每年安排300万元扶持符合城乡一体化产业发展规划、市场前景看好、能有效解决农

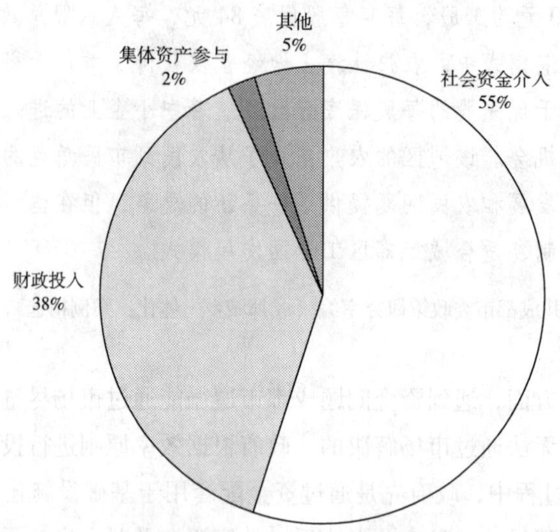

图　锦江区农业投入的来源分类

民就业、带动农民明显增收的村级集体经济项目。在“五朵金花”走入正轨并形成社会效益和经济效益之后，政府资金及时退出，保证了产业的市场化运营。

资料来源：中共成都市委政策研究室：《花儿为什么这样红——锦江区推进城乡一体化的生动实践》（2005 年 10 月 26 日）（内部刊物，第 56 期）。

在成都市的案例中，政府资金主要是投资基本建设以及公共服务方面，为农村产业化发展奠定了基础，起到了“四两拨千斤”的作用。政府没有过多地干预企业的经营，保证市场机制的正常运行。

二　以县城和有条件的中心镇为重点的基础设施建设

成都市以县城和有条件的区域中心镇为重点，加大带动力度；完善中心城区的整体功能，加快城市基础设施的配套建设，带动周边郊区发展；提高 14 个县城的承载能力，加快产业、要素和人口的聚集，推动县域经济发展；抓好 30 个重点镇的建设，2005 年先期启动了 13 个有限发展重点镇建设，加快构建联结全市农村的城镇体系，发展特色产业，转移和吸纳农村富余劳动力，带动乡村经济发展，全面提升了大城市对大农村的综合辐射带动能力。

三 商务环境和规范化服务型政府的建设

近年来，成都市为了促进区域经济的跨越式发展，大力推进依法行政，全面推进“规范化服务型政府”建设，对全市所有的行政审批事项进行了全面清理，对依法保留的行政审批事项的办理程序进行了优化，简化了环节，努力提高办事效率。为提高政府办公效率，成都市建设了政府服务中心，该中心分为物理大厅和虚拟大厅两个部分。物理大厅位于成都市草市街2号，区位适中，交通便利。2004年2月23日正式投入运行，同年2月27日“四川省人民政府政务服务中心”迁入并同址对外办公。成都市政务服务中心和四川省政务服务中心两个中心一起办公，节约了成本、提高了效率。

2004年1月，成都市开通了“网上政务大厅”虚拟大厅通过网络（http：//egov. chengdu. gov. cn/index. jsp），办事群众可以通过互联网在“网上政务大厅”查阅行政审批事项的相关信息，下载申请表格，申报审批事项，查询所申报事项的办理状态。审批部门可以通过“网上政务大厅”对申请事项进行“网上预审”，创新了审批服务方式，极大地方便了办事者，提高了办事效率。

专栏23－15 成都市政府服务中心简介

成都市政府服务中心总建筑面积14000余平方米。其中：一楼大厅面积近千平方米，设有市政务服务中心的12个部门窗口；五楼大厅面积6600平方米，设有市政务服务中心的31个部门窗口和省政务服务中心的全部窗口；六楼面积4000平方米，是两个政务服务中心管理机构的办公用房、各种会议室以及省政务服务中心使用的建设项目招投标场所；七楼设有1个500平方米的会议厅和职工餐厅。

成都市人民政府政务服务中心为市政府办公厅归口管理的正局级行政机构，内设综合处、协调督察处，现有管理人员10名。目前，进入市政务服务中心集中受理的有43个市级部门的382项行政审批事项和其他服务事项，43个部门共派驻了140余名窗口工作人员。政务服务中心以“勤政、务实、高效、廉洁”为宗旨，进入中心的行政审批项目和其他服务事项的“法律依据、申报材料、办理时限、办事流程、收费标准”等进行了重新审核认定，对办理流程进行了进一步的简化和优化，并向社会公众全部公开。

2004年度，政务中心共受理行政审批事项和其他手续130225件，办结通过

128441 件，法定期限内按时办结率保持在100%。办理“即办件”68073 件，占办结总数的53%。2005 年度，政务中心共受理行政审批事项和其他手续155764件，办结通过152575 件，法定期限内按时办结率保持在100%。办理“即办件”80398 件，占办结总数的52.7%。

资料来源：http：//www. cdzw. gov. cn/list. asp？ClassId =020101。

四　小结

在市场经济条件下，政府管理经济的基本原则是，凡是市场能够解决的问题就交给市场去解决，政府主要在市场无力解决和解决不好的领域发挥作用。政府管理经济的职能，主要是制定和执行宏观调控政策，搞好基础设施建设，创造良好的经济发展环境。同时，要培育市场体系、监督市场运行和维护平等竞争，调节社会分配和组织社会保障，控制人口增长，保护自然资源和生态环境，管理国有资产和监督国有资产经营，实现国家的经济社会发展目标。政府运用经济手段、法律手段和必要的行政手段管理国民经济，不直接干预企业的生产经营活动。

对生产要素、土地等，市场化配置可以实现其效率目标，但基础和公共服务体系的建设需要政府发挥作用。基础设施和社会化的服务体系具有效用的不可分割性、消费的非竞争性和受益的非排他性，通过市场供给往往会出现严重短缺。因此，包括中国在内的发展中国家的交通、通信、输电设施等都需要政府提供。但在不同的地方，这些公共产品所产生的效益及效率差异很大，而政府资金是一种稀缺资源，在配制资源的过程中必须要考虑其资源所发挥的效率，因此要加强对农村的基础设施的建设力度。为了给城市化创造良好的市场环境，适应市场经济的要求，政府应通过规范化政府服务，规范政府机构的行为，降低政府管理成本。

第六节　成都模式的经验与启示

21 世纪全世界城市发展面临严峻挑战。发展中国家是全球城市化浪潮的主体，世界城市化增长主要集中于发展中国家，在经济全球化不断深入的过程中，发展中国家的城市人口急剧膨胀，给城市的就业、住房、供水和安全等各个方面带来了巨大的压力。发展中国家的历史和现实表明，在城市化进程中，城市和农村、市场和政府两种关系的协调是决定城市化过程效率的关键。两者关系处理不恰当就会造成失业、收入差距扩大、贫民窟扩张、城市拥挤、农村凋敝等一系列社会问题。通过对成都市城乡一体化的城市化道路的分析，我们可以得到关于协调这两种关系，促进社会和谐发展的经验启示，这些经验对对我国其他城市甚至一些发展中国家都具有借鉴意义。

一　成都市城乡一体化的国际经验与启示

通过对发展中国家城市化进程的考察，发现这些国家市场失灵、政府缺位的现象较为普遍。这些国家在解决城市化过程中出现的问题时，缺少统一布局，就问题解决问题，没能从问题的根源寻求解决办法。城市化发展的过程具有不可逆性，一旦问题出现就很容易出现累积效应。因此，需要政府以积极参与的方式来解决问题。

1. 通过支持和发展农村促进城乡互动

在发展中国家城市化的进程中，发展中国家普遍有城市和工业偏好。这一方面限制了农村的发展；另一方面城市的快速发展增加了城市的吸引力。人口大量无序地涌入城市，城市出现大量短期无法解决的矛盾。随着发展中国家进入快速城市化阶段，这些矛盾会迅速积累，因此，在发展中国家，通过支持和发展农村促进城乡互动是实现城乡均衡发展的重要途径。

2. 通过城乡整体规划促进城市化持续、健康发展

发展中国家在城乡发展过程中普遍缺少规划。一般而言，规划均被视为政府创造公平和经济有效发展的手段，而且，很多国家的土地使用规划已经成为避免城市蔓延、节约利用土地和高效建设基础设施，特别是公共交通模式的必要组成部分。但是由于规划成本过高，需要大量专业人士参与，并且消耗大量时间，因此经常无法实现其本身所设定的任务。即使能迅速制订规划，但在实施中也存在很多问题，例如，规划通常是由实体规划者组成的专业机构和部门共同创作的成果，他们对部门性和基础设施供应机构的影响力很小，这些机构一般对规划没有任何发言权，因而不愿按规划执行。规划的失败在发展中国家主要表现在它无力应对日益严重的贫困等问题方面。一方面，规划的制订和实施需要大量的投入；另一方面城市化积累的问题无法通过市场解决。因此，只有当实施规划所带来的收益超过制订和实施规划的成本时，规划才能引起发展中国家的广泛关注。可喜

的是，城市规划正在逐渐复兴。

随着成都市城市化进程的不断深入，资源大量向中心城市集中，基础设施、社会保障等都向城市倾斜，城乡发展显失公平。为破解城乡分治的难题，在城乡一体化发展战略的指导下，成都市着眼于城乡经济、社会、自然和人的协调发展，通过了城乡统筹的整体发展规划。这些城乡统筹的教育、社会保障、就业等方面的具体规划，体现了公平，为农村发展提供了保障。同时，成都市政府结合土地利用总体规划，对城市和农村不同地区的功能和产业发展重点进行了定位，凸显了区域经济发展优势。

3. 发掘城市核心竞争力

城市之间在资源、人才等很多方面存在竞争，城市发展在很大程度上取决于城市自身优势的发挥。在发展中国家城市化的进程中，一些发展中国家城市首位度高，其他城市缺少竞争力，资源向大城市集聚，导致人口急剧膨胀，形成“城市病”。造成这种局面的主要原因是城市发展不均衡、结构不合理。因此，为了缓解城市过度集中的矛盾，建立合理的城市体系，需要发掘城市核心竞争力，形成多极发展局面。区域和农村的发展靠城市带动，城市发展和竞争力的提高是农村和区域以及城市化持续、健康发展的保证。

在挖掘城市核心竞争力过程中，成都市通过对城市现有资源进行整理，通过体制和技术不断创新，形成有特色的发展模式和能够支持可持续性发展的能力，对其他发展中国家的城市发展具有一定的借鉴意义。

4. 城市发展与环境治理同步推进

城市的发展依托于城市资源与环境的禀赋。在城市化快速发展的过程中，城市扩张、工业发展都给环境造成巨大的压力。包括中国在内的很多发展中国家城市都经历了“先污染、后治理”的道路。很多城市在环境保护、消除污染、治理公害、洁净生态环境等方面都经历了曲折的过程。成都市在推进城乡一体化的城市化进程中，吸取其他城市发展的经验，打破“先发展、后治理”的模式，不以牺牲当前环境为代价，走可持续发展的城市化道路。

二　国内经验与启示

从当前中国城市发展来看，城乡分治的制度基础仍然是国内城市发展的现实约束。作为中国西部特大中心城市，成都市大城市、大农村的发展格局具有典型的中国特征。人口多、人均耕地少是农村发展的自然约束。农业、农村和农民问

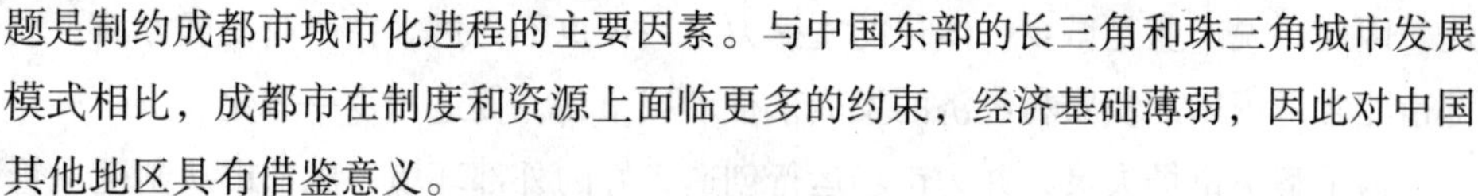

题是制约成都市城市化进程的主要因素。与中国东部的长三角和珠三角城市发展模式相比，成都市在制度和资源上面临更多的约束，经济基础薄弱，因此对中国其他地区具有借鉴意义。

在空间上，根据一体化发展思路，成都市区分了中心城区、有条件的县域和区域中心以及农村三个层次，根据发展条件和一体化的要求分别制定了不同发展措施：

1. 提升和优化城市中心区域的产业

产业和城市同步增长是城市竞争力持续增长的条件，随着城市发展，城市产业条件在不断变化，为了获得持续发展能力并为城市化提供动力，城市的产业需要提升和优化。

成都市以产业发展为支撑，加大扶持力度，借此增强城乡一体化的推动力量。产业发展是经济社会发展的重要基础，是推进城乡一体化的主要动力。成都市十分注重以加快城乡产业发展来推动城市化，促进城乡一体化。在中心城区以通过提升和优化产业，完善中心城区的整体功能，通过加快城市基础设施的配套建设，提升城市的核心竞争力，带动周边郊区发展。这对其他城市的发展具有借鉴意义。

2. 以县城和有条件的中心镇为重点，加大城镇的带动力

与中心城区相比，县城的集聚效应相对较低，介于中心城市和农村之间，它是中心城区向外辐射的节点。在推进城乡一体化过程中具有桥梁作用。

成都市通过提高14个县城的承载能力，加快产业、要素和人口的聚集，推动县域经济发展。抓好30个重点镇的建设，2005年先期启动了13个有限发展重点镇建设，加快构建联结全市农村的城镇体系，发展特色产业，转移和吸纳农村富余劳动力，带动乡村经济发展，全面提升大城市对大农村的综合辐射带动能力。

3. 通过“三大重点工程”推进农村全面发展

农村基础设施薄弱，产业发展缺少资金和技术支撑，在城市化过程中往往出现资源外流，资本的投入产出比相对较低，因此，农村的发展往往被忽略。

为推动城乡一体化整体进程，成都市政府提出了“三大重点工程”，即农业产业化工程、农村扶贫开发工程、农村发展环境建设工程，为农村和农业的城乡一体化提供了条件。在成都市一体化的进程中，解决农民特别是失地农民的就业是一个重要的问题，而为了解决这个问题，吸纳更多劳动力就业，就必须发展产

业。因此，说产业是城乡一体化的支撑力量一点也不为过。在产业发展方面，成都市非常重视以加快农村经济的发展来推动城市化，促进城乡一体化。

为了解决市场失灵，并为市场运行创造良好的外部环境，成都市从制度、管理、政策和战略四个维度发挥政府职能，推动城乡一体化发展。

4. 通过综合性的制度改革，确保市场基础作用

城乡分治格局在我国表现得较为明显，制度上的路径依赖是约束城乡一体化进程的重要原因。成都市根据城市化进程的要求，原则上遵循“失地不失业、失地不失利、失地不失权”三条规则，建立城乡一体的新型户籍管理制度，逐步对本市人口取消农业人口和非农业人口的户口性质划分，统一称为“居民户口”。通过改革户籍制度转换农民身份为失地农民再社会化提供便利；保证农民的市民身份；通过就业制度的改革，扩大农民就业；通过社会保障制度改革，建立城乡一体的社会保障制度，并在法律上为失地农民提供多种方式的援助。积极推行新型农村合作医疗制度，建立城乡一体的卫生体系，提高城乡公共安全保障水平。这些制度性的改革为城乡一体化提供了制度上的保证。

5. 改革行政管理体制，弥补市场失灵

行政管理体制的有效性是保证市场经济顺利运行的基础。为实施城乡一体的战略，成都市改革行政管理体制，提高行政效率，构建城乡一体的新型管理体制。以制定和完善配套政策为保证，加大城乡一体化的保障力度。成都市着眼于打破城乡二元结构、逐步消除城乡分割的体制性障碍，构建城乡一体的新型管理体制，确定推进城乡一体化的总体思路、目标任务和工作措施。建立城乡一体的公共服务管理体系，调整各级政府部门的内设机构和行政职能，工作向农村延伸，投入向农村倾斜，重心向基层下移，为农民提供良好的服务，化解二元经济的行政分治问题。

6. 制定和完善配套政策，加大城乡一体化保障力度

为了提高资源配置效率，成都市通过全面推进规范化服务型政府建设，规范政府对市场主体的服务行为，提高在统筹城乡发展中运用市场机制配置资源的能力。全面深化投融资体制改革，减少市场准入限制，搭建城建融资平台，政府投资项目实行投资、建设和管理“三分离”。为了改进财政管理方式，成都市进行了县乡财政体制改革。调整市、县、乡三级财政支出结构，改进财政管理方式，加大了对农业、农村和农民的支出比重，扩大了公共财政覆盖农村的范围和领域，加大市级财政对困难区（市）县的转移支付力度，初步建立起了农村公共

财政体制框架。

在统筹城乡发展的思路下制定和完善了配套性的政策，进行了城乡管理体制改革。建立城乡一体的规划管理体制、户籍管理制度和公共服务管理体系。建立健全城乡一体的就业服务联动机制、建立健全政府与企业的就业互动机制、建立健全政府与职业介绍机构的合作机制和劳动用工保障机制。在调控政策上，以城乡一体化思路为出发点，保证了城乡一体化的城市化道路的顺利推进。

7. 制定合理的战略发展规划，推动城乡一体化良性发展

在城乡一体化进程中，成都市抓住作为全国土地利用总体规划和城市总体规划修编试点城市的契机，切实做好城乡一体的科学规划。在规划思路中贯穿统筹推进工业向集中发展区集中、农用地向规模经营集中、农民向集中居住区集中的原则；在规划编制中体现经济社会发展规划与城市总体规划、土地利用总体规划、产业发展规划、基础设施建设规划、公共服务发展规划、资源开发和环境建设规划等专项规划的衔接协调；在规划管理中落实提高土地集约化利用水平、促进城乡产业互动和城乡发展空间共荣的要求。通过科学规划这个法制手段把发展蓝图确定下来，从体制和机制上解决“村村点火、户户冒烟”、浪费资源、破坏环境等问题，推动工业化、城市化健康发展。为改变长期以来城乡规划管理脱节的现象，建立城乡一体的规划管理体制，成立规划执法监督局，强化农村规划管理，加快实现城乡规划编制管理，实施管理、监督管理满覆盖。

在城市化进程中，成都市从农民、土地、农业、资金、就业五个方面来落实城乡一体化道路，从偏好上解决了城市和工业发展过程中对农村的忽视。

8. 以农民生产、生活方式转变为着眼点和落脚点，培育城乡一体化的社会基础

在成都市城乡一体化进程中，始终以农民生产、生活方式的转变为着眼点和落脚点，培育城乡一体化的社会基础。动态的看，城市化进程和城乡一体化进程一致要求这一过程的主体——农民——的生产和生活方式转变，其本质就是农民和市民生活水平及质量的提高。因此成都市在统筹城乡发展的过程中以农民生产和生活方式转变为着眼点和落脚点。为此，成都市建立了城乡统一的培训就业制度、城乡一体的社会保障制度、城乡一体的教育制度、城乡一体的卫生体系。

9. 通过创新土地利用方案和土地整理为城乡一体化提供合理的土地保障

成都市按照“以科学规划为龙头和基础，加快推进城乡一体化”的要求，

从做好土地利用总体规划着手，根据城乡建设和产业发展实际情况，对土地进行了规划，在“新居工程”中，成都市采取了土地整理、宅基地置换的办法租用集体土地。在工业用地中，采用“蛟龙工业港”模式来使用集体建设用地。允许集体土地可以采取作价入股、联营的方式将农村集体土地量化为股份。在改造“城中村”的过程中，结合旧城改造，在农户集体经济组织全体村民的户口转为城市居民，使其就地城市化。在土地的管理上，成都市以土地整体为载体，实现土地利用的动态占补平衡。这些措施为城市化进程中土地的合理利用提供了保证。

10. 通过农业适度规模经营，促进农业产业化，推动城乡一体化

农业适度规模经营是实现农业产业化和现代化的条件。成都市通过土地适度集中，引进龙头企业，按照现代农业产业化的发展思路实现农业规模经营。一些地区组织了新型农村合作社，提高农户在从事生产过程中抵抗市场风险的能力。在成都市的农业发展中，土地适度规模经营，使得与农业科技相的关产、学、研能够得到很好运用，部分实现了工业支持农业、城市反哺农村的总体格局。例如在农村合作社中，农民社员在科研所提供技术服务的指导下，按照龙头企业的要求生产所需要的农产品，并按合作社的章程和签订的生产指标销售产品，而龙头企业负责生产管理，组织运输、包装、贮藏、加工等商品化处理，向市场提供。

11. 通过“异地”招商，提高招商积极性，运用市场规律提高政府资金效率

为了鼓励招商，在产业向园区集中的方针的指导下，各地的招商统一安排在产业园区，但这些企业的税收通过财政返还给招商地，这种安排既提高了招商的积极性，又避免了产业分散经营出现的资源浪费和环境污染问题。政府的资金一般用于建设基础设施和社会服务体系。为城市工业化发展和农业产业化提供配套服务，培育良好的投资环境，对经济发展起到“四两拨千斤”的作用。在资金运用方面，成都市资金问题遵循能通过市场尽量通过市场原则来解决，无法通过市场解决的，政府根据效率原则进行投入。譬如在发展“五朵金花”的过程中，政府先是通过资金配套用于基础设施建设、公共福利以及农村的集体经济建设，在集体经济走上正轨后，政府资金及时退出，不影响其发展。

12. 通过培育创业环境鼓励农村人口自我就业，通过订单式培训引导农村剩余劳动力合理流动

一方面，通过培育创业环境，提升全民创业能力，有效地解决城市和农村

剩余劳动力就业，同时促进城市和农村经济发展。另一方面，为了引导农村剩余人口向城市合理流动，政府和中间机构共同为农村居民提供就业信息和就业培训。其中最为典型的就是通过订单式培训，为农村劳动力合理流动提供服务。

参考文献

[1] 安格斯·麦迪森：《世界经济千年史》，北京大学出版社，2003。
[2] 陈波翀、郝寿义：《中国城市化快速发展的路径选择》，《地理与地理信息科学》2004 年第 5 期。
[3] 陈甬军、陈爱民：《中国城市化：实证分析与对策研究》，厦门大学出版社，2002。
[4] 董江爱：《我国农村城市化的困境、成因及解决途径》，《城市发展研究》2005 年第 2 期。
[5] 龚丹、陈瑜琦：《失地农民出路问题的探讨》，《农业经济》2005 年第 4 期。
[6] 国家统计局农村社会经济调查总队：《中国建制镇研究》，中国统计出版社，2002。
[7] 胡欣、江小群：《城市经济学》，立信会计出版社，2005。
[8] 蒋和胜、涂文明：《解决城市化进程中失地农民问题需要新思路》，《农村经济》2005 年第 2 期。
[9] 金逸民、张军：《中国小城镇发展战略研究》，中国农业科学技术出版社，2003。
[10] 景普秋：《中国工业化与城镇化互动发展研究》，经济科学出版社，2003。
[11] 李清涓：《产业发展与城市化》，复旦大学出版社，2003。
[12] 倪鹏飞主编《中国城市竞争力报告 NO. 3》，社会科学文献出版社，2005。
[13] 赵伟：《城市经济理论与中国城市发展》，武汉大学出版社，2005。
[14] 张永贵：《加快城镇化的战略选择》，中国计划出版社，2005。
[15] 赵勇：《城乡良性互动战略》，商务印书馆，2004。
[16] 朱农：《中国劳动力流动与三农问题》，武汉大学出版社，2005。
[17] Ananda Weltwita and Don Okpala, "Promoting Positive rural-urban linkages for sustainable development," *Habitat Debate*, Sep. 2004, pp. 4 – 4.
[18] Angotti, Thomas, "Urbanization in Latin America: Toward a Theoretical Synthesis," *Latin American Perspective*, Vol. 14, No. 2, Urban Latin America, 1987, pp. 134 – 156.
[19] Ashok K. Dutt, Charles B. Monroe, Ramesh Vakamudi, "Rural-Urban Correlates for Indian Urbanization," *Geographical Review*, Vol. 76. No. 2, Thematic Issue: Asian Urbanization, 1986, pp. 173 – 183.

[20] Atiqur, Rahman, "Rural development is key to tackling global poverty—a view from IFAD," *Habitat Debate*, Vol. 10, No. 3, 2004, p. 14.

[21] Bencivenga, Valerie R. and Bruce D. Smith, "Unemployment, Migration, and Growth," *The Journal of Political Economy*, Vol. 105, No. 3, 1997, pp. 582 - 608.

[22] Bloch, Kurt, "Urbanization of the Japanese People," *Far Eastern Survey*, Vol. 10, No. 16 (Aug,), 1941, pp. 189 - 190.

[23] Chen, Nancy; Valente, Paolo; Zlotnik, Hania, "What do we know about recent trends in urbanization?" *Migration, Urbanization, and Development: New Directions and Issues*, edited by Richard E. Bilsborrow. 1998, pp. 59 - 88.

[24] Daniel Biau, "Making City Planning Affordable to All Countries," *Habitat Debate*, December, Vol. 10, No. 4, 2004, p. 7.

[25] Dutt, Noble, Venugopal and Subbiah (eds), *Challenges to 21st Century Asian Urbanization*, *Dordrecht*. Boston & London: Kluwer Academic Press, 2003.

[26] Davis, M., "Planet of slums: Urban involution and the informal proletariat", *New Left Review*, 26, 2004, pp. 5 - 24.

[27] Fei, J. C. H. and G. Ranis, *Development of the labor surplus economy* Homewood, 1964.

[28] Fei, J. and G. Ranis, "Development and Employment in the Open Dualistic Economy," *Development and Unlimited Supplies of Labor*, e. g. Arthur Lewis, Manchester, Manchester School, 1964.

[29] Fields, Gary S., "Public Policy and the Labor market in Developing Countries," in D. Newbery and N. Stern, eds., *Patternm Tax Theory for Developing Countries*, World Bank, 1986.

[30] Fields, Gary S., "Rural-urban Migration, Urban Unemployment and Under-Employment, and Job-Search Activity in LDCs," *Journal of Development Economics*, June 2, 1975, pp. 165 - 87.

[31] Gottman, J., *Megalopolis: The Urbanized Northeastern Seaboard of the United States*. New York: Kraus, 1961.

[32] Hackenberg, R. A., "New Patterns of Urbanization in Southeast Asia: An Assessment," *Population and Development Review*, Vol. 6, No. 3. (Sep.), 1980, pp. 391 - 419.

[33] Harris, John R. and Michael P. Todaro, "Migration, Unemployment and Development: A Two-Sector Analysis," *The American Economic Review*, Vol. 60. No. 1, 1970, pp. 126 - 142.

[34] Jack P. Gibbs, "Measure of Urbanization," *Social Forces*, Vol. 45, No. 2 (Dec.), 1996, pp. 170 - 177.

[35] Kopped, B. and T. G. McGee eds, *The Extended Metropolis Settlement Transition in Asia*. Honolulu: University of Hawaii Press, 1991, pp. 3 - 26.

[36] José Marcos Pinto da Cunha, "New Trends in Urban Settlement and the Role of Intraurban Migration: the Case of Sãn Paulo/Brazil," *Migration, Urbanization, and Development: New Directions and Issues*, edited by Richard E. Bilsborrow, 1998, pp. 121 -53.

[37] Lewis, W., "Economic Development with Unlimited Supplies of Labor", *The Manchester School of Economic and Social Studies* 22, 1954, pp. 139 - 191.

[38] Lipton, Michael, *Why Poor People Stay Poor: Urban Bias in World Development*. London: Temple Smith, 1977.

[39] Liujiahui, "Urbanization and Sustainable Development," *Economy*, 5, 2002.

[40] Lukas, Robert E. B., "Migration Amongst the Batswana," *Economic Journal*, June, 95, 1985, pp. 358 -382.

[41] McGee, T. G., "The Emergence of Desakota Regions in Asia: Expanding a Hypothesis," in Norton Ginsburg, Bruce Koppel and T. G. McGee eds., *The Extended Metropolis Settlement Transition in Asia*, 1991, pp. 3 - 26.

[42] McGee, T. G., "New Regions of Emerging Rural-urban Mix in Asia: Implications for National and Regional Policy, a Paper Presented at Seminar on Emerging Urban-rural Linkages." Bankok, Auguest, 1989, pp. 16 - 19.

[43] McGee, T. G., "The future of urbanization in developing countries," *Third World Planning Review*, 16, 1994, pp. iii - xii.

[44] Otero, L. Lenero, "The Mexican Urbanization Process and its Implications," *Demography*, Vol. 5, No. 2, Progress and Problems of Fertility Control around the World. 1968, pp. 866 -873.

[45] Park, Thomas, James Greenberg, Edward Nell, Stuart Marsh, Mamadou Baro, Mourad Mjahed, "Research on Urbanization in the Developing World: New Directions," *Journal of Political Ecology*, Vol. 10, 2003, pp. 69 -94.

[46] Qadeer, M. A., "Ruralopolises: the Spatial Organization and Residential Land Economy of High-density Rural Regions in South Asia," *Urban Studies*, 37 (9), 2000, pp. 1583 - 1603.

[47] Qadeer, M. A., "Urbanization by implosion," *Habitat International*, 1. 12, 2004, pp. 28.

[48] Stiglitz, Joseph, "The Efficiency Wage Hypothesis, surplus Labour and the Distribution of Income in LDC. s," *Oxford Economic Papers*, July, 28, 1976, pp. 185 -207.

[49] Tisdale, Hope, "The process of Urbanization," *Social Forces*, Vol. 20., Mar. 1942, pp. 311 -316.

[50] Todaro, Michael P., "A Pattern of Labor Migration and Urban Unemployment in Less Developed Countries," *The American Economic Review*, Vol. 59. No. 1, 1969, pp. 138 - 148.

[51] Vernon Henderson, "Urbanization in Developing Countries," *World Bank Research Observer*, Oxford University Press, Vol. 17 (1), 2002, pp. 89 –112.

Chengdu Pattern: The Exploration of the Road of Urbanization in China

Abstract: The essential of the road of urbanization lies in the ways or conditions that mankind achieves in the transition from the rural style of production and living to the urban one. In fact, as the source of innovation, many municipal authorities in China have been exploring arduously and persistently the road of urbanization. Chengdu, the capital of Sichuan province is one of the important cities that have been proactive in exploring the road of urbanization. Those successful experiences not only contributes to the theoretical source and examination in practice for exploring new road of urbanization in China, but also serves as significant reference for the development of the urbanization in developing countries.

Key Words: Road of Urbanization; Pattern of Chengdu

第二十四章
中国土地流转模式调查

董学清*

摘　要：中国农村的问题集中在土地上，土地是中国最为稀缺的资源之一，农地更是农民赖以生存和发展的基础，是农业问题的核心。中国在实行家庭联产承包责任制30年后，土地制度改革又成为中国农村改革的热点，全国许多地方自发开展了土地流转模式的新探索，给中国的现代农业带来了新曙光。未来的中国将面临一场土地改革，或者说是一场土地革命，促进土地资源的整合和良性运作，为中华民族创造富裕、文明和谐的新生活。

关键词：土地流转　规模经营　现代农业

土地制度是中国农村的基础制度，稳定和完善土地管理制度一直是农业发展的重要推动力。中国改革开放之初的20世纪70年代，以“承包”为关键词的分田到户，让亿万农民在自家的责任田里吃饱了饭，初步实现了温饱。如今，在现有土地承包关系保持稳定并长久不变的前提下，中国允许农民以多种形式流转土地承包经营权，发展多种形式的适度规模经营，则让许多农民找到了一条发家致富之路，向全面小康迈进。

第一节　农村经济发展迫切需要土地“动”起来

犹如20世纪70年代的“大包干”一样，眼下的土地流转也是中国农民在经济发展规律面前的必然选择。

* 董学清，新华社高级记者，新华社山东分社新闻信息中心副主任。

位于泰山脚下、大汶河南岸的山东省宁阳县蒋集镇郑龙村有320户人家，1260人，耕地1220亩。到2005年，这个村的各项工作均已陷入瘫痪：领导班子不团结，干部思想涣散，群众意见大；村里的账目混乱，集体债务达38万元；村风不正，人心散乱，不文明现象时有发生；群众关心的吃水、浇地、道路等问题迟迟得不到解决，百姓怨声载道。

2005年5月，32岁的个体大户田文武被选为村主任并主持村里的全面工作。随后，村里相继解决了浇地、吃水和修路问题，集体经济也开始有所好转。可如何让群众的收入增加得更快些，依然难以破题。村民常年靠传统种植为生，一家人种着几亩地，收入少不说，还把不少劳力“拴”在了土地上。一些年轻人为外出打工，不得已低价把土地转包给邻居经营，最低的竟然一亩地才25元，高的也不过300元。面对土地经营现状，田文武陷入了困惑：搞工业项目，村里既没基础，也没优势；进行一般性种植，群众收入低得可怜。

后来，田文武通过外出参观看到加工企业的有机蔬菜基地连片种植，就想把村里的土地也集中起来发展有机蔬菜。对此，村里的党员干部都十分赞成，但在集中土地的方式上却产生了分歧，有人提议以村委的名义包地，实行集体管理。有人则提议由大户承包，实行分片管理。可前者容易搞成“大锅饭”，后者群众的合法权益又不一定能得到保障，令人左右为难。

在土地经营上，西岗镇的农民面临着和郑龙村村民同样的困惑。山东省枣庄市下属的滕州市西岗镇是一个人口大镇，有农业人口7万人，人均占有耕地面积只有0.9亩。近年来，传统的零散种植与发展现代高效农业、增加农民收入的矛盾日益突出。

西岗镇党委书记朱晏辰介绍说，一方面，西岗镇地处矿区，第二、三产业发展迅猛，转移农村劳动力近两万人，这些农民不再依赖土地，造成部分土地资源低效利用甚至撂荒。另一方面，镇里又涌现出一批农业龙头企业、农民专业合作经济组织和农业种植大户，他们既掌握高效农业种植技术，又有规模经营的强烈愿望，就是苦于没有更多的土地。

于是，西岗镇开始悄然出现农民自发的土地流转。据西岗镇经管站站长袁秀峰介绍，当时，农民流转土地都是口头约定，不规范、无秩序，缺乏有效监督和保护，引发了许多纠纷和矛盾。有的农民将自家土地流转后，看人家种地的效益好，第二年就想收回，造成承租人不敢投入。还有的农民将土地流转出去后，乡里乡亲的不好意思要租金。

此外，由于土地“有行无市”，供求信息闭塞，想把土地转出的农户不知道谁需要土地，而需要土地的农产品加工企业和一些种植能手又不知道哪里有地可用，缺乏有效的市场机制，难以通过流转实现农地资源的优化配置。

与此同时，一批农民自发成立起来的专业合作经济组织，在发展过程中也遇到很大困难，要实现大的发展阻力重重。

横跨枣庄市山亭区徐庄镇土山、柿行、前徐、湖沟4个行政村的徐庄土地合作社，是2008年5月由张凯华等8位土地承包户发起成立的，吸引了近300家农户加入。农户以所承包的粮田或果园入社，合作社对入社耕地和果园进行统一管理，实行利益共享、风险共担。可合作社成立不久，起初雄心勃勃的张凯华就有些沮丧了，他感到要实现预想的增收目标困难重重。最突出的是资金短缺。合作社要购买大量的化肥、种子和农药，缺钱成了最头痛的事。虽说合作社手中有近3000亩土地，但说破嘴皮银行也不给贷款。他向合作社成员挨家挨户地“齐钱”，仍缺少30多万元资金。

张凯华感慨道合作社是老少爷们商量着办起来的，可因为缺钱，俺们办不大，也办不好。

滕州市滕阳富硒农产品合作社，幸运地拿到了沃尔玛、银座等大型超市的订单，但苦于没有资金启动，一桩好的生意泡了汤。理事长贺兴明算了一笔账：进军沃尔玛需要三四百万元加盟费，打入银座需要四五十万元，再加上农资采购、机灌设备等，一共需要七八百万元，资金缺口非常大。

枣庄市政府调研发现，全市294家专业合作社都面临着资金短缺的难题。财政对农业的投入有限，农民自己也没有多少钱，要解决资金问题，唯一的办法是银行贷款。可农民由于没有可抵押的资产，守着重要的土地资产，却无法从银行拿到贷款。

枣庄市市长陈伟调研后认为：破解当前农业发展难题，必须改革土地产权制度。在不改变土地集体所有权和农民承包权的基础上，重新认识和解读土地使用权和经营权，赋予其转让权、抵押权和入股权等权利，把本该属于农民的权利还给农民，为农村土地使用权的资本化创造条件。

第二节　中国土地流转的模式探索

创新农村土地使用制度，建立灵活高效的流转机制，事关农民增收路子的拓展，事关农业资源配置效率的优化，事关现代农业的发展和新农村建设。近年来，不少地方坚持用市场化的思维创新农业发展理念和运行机制，积极探索推进农村土地经营权流转，对加快农村改革、发展现代农业、增加农民收入起到了明显的推动作用。

一 模式之一：土地互换

互换土地，是农村集体经济组织内部的农户，为方便耕种和各自的需要，对各自土地的承包经营权进行的简单交换，是促进农村规模化、产业化、集约化经营的必由之路。

30 年前，农村实行土地联产承包责任制，农民分到了土地。但由于土地肥瘦不一，大块的土地被分割成条条块块。划分土地时留下的种种弊病，严重制约着生产力的发展和产量的提高。如何让土地集中连片，实现规模化、集约化经营？互换，这种最为原始的交易方式，走入了农民的视野。

新疆沙湾县四道河子镇下八户村 1 万多亩土地，分地时被分割成近 1300 块，同一户家庭的土地分散在好几个地方，耕地、浇水、管理很不方便。村支书赵金财上任伊始，听说毗邻的兵团团场的棉花产量都在 400 公斤以上，就领着村干部去取经：人家高产的奥妙就在于——土地集中连片，全部采用滴水灌溉，耕种管理非常方便。

2005 年初，下八户村在征求多数村民意见的基础上作出决定：全村进行大规模土地互换。分散的上千块土地，改造成一块块大条田。农民也在土地互换中得到了实惠。如今全部土地实现滴水灌溉，1/3 的农民外出务工。2007 年，下八户村农民年人均纯收入近 8000 元。

二 模式之二：出租

在市场利益驱动和政府引导下，农民将其承包土地经营权出租给大户、业主或企业法人等承租方，出租的期限和租金支付方式由双方自行约定，承租方获得一定期限的土地经营权，出租方按年度以实物或货币的形式获得土地经营权租金。其中，有大户承租型、公司租赁型、反租倒包型等形式。

重庆市江津区德感街道办事处三河村村民张泽富于 2003 年创办了雄风果业有限公司，以田地 700 斤稻谷/亩、土地 500 斤稻谷/亩共租用本村农民的 720 亩土地，新建优质晚熟柑橘园，所产柑橘由恒河果业公司负责收购。截至目前，他共投入450万元，预计在2010年做到当年收支平衡，2015年收回全部投资。这样，一方面解决了外出务工农民的后顾之忧，解决撂荒地100余亩，增加了农民收入，使外出务工农民在获得劳务收入的同时，又获得土地租金收入，而且土地租金收入比农民种植水稻的纯收入要高；另一方面果园建设初期能解决40人左右常年务工，盛产后能解决150人务工，年均工资5000元左右，就地转移了部分难以外出务工的劳动力就业问题。此外，通过果园建设还改善了农业生产条件，推动了规模经营和产业发展。

山东滕州市西岗镇农民孔令海是土地流转大户，通过承包租赁，经营了1700多亩成片土地，涉及4个村庄200多户农民。他用流转来的土地，一方面种植大蒜、辣根等作物，出口日本。另一方面，用其中600多亩地，搞起了肉牛养殖基地，肉牛年存栏量3000头。并以牛粪为填料，发展沼气、无公害蔬菜，形成生态产业链条，种植、养殖和农产品加工销售收入超过6000万元，年均亩产效益7500元以上。与过去分散经营小麦、玉米相比，效益成倍增加。而且，土地流转后的农民有相当一部分在他的企业里打工，收益也很可观。

这个市的级索镇北杨楼村农户陈玉珍从事了十多年的大棚蔬菜种植，以每年1000斤小麦折款的价格租用了6亩土地，搞起了弓棚蔬菜种植，包括4亩西红柿和2亩茄子。陈玉珍说，如果种小麦，最多收1000斤，按每斤0.77元计算，毛收入770元，而成本近500元，每亩纯收入也就200多元。种弓棚蔬菜是种小麦的30多倍。她非常认可土地流转制度，希望政府能加大对种植技术的指导和培训。

邻村东龙岗村农户龙厚英是陈玉珍的雇工。她全家3口人，有3亩半土地，全部以每年1100斤小麦折款的价格承包给了别人。她介绍说，没流转之前，种粮每亩纯收入最多也就五六百元；而现在流转出去之后，1100斤小麦折合800多元，她一个人打工每年能挣4000多元。每天，陈玉珍给她20元的工钱。

三　模式之三：入股

入股，亦称“股田制”或股份合作经营，是指在坚持承包户自愿的基础上，将承包土地经营权作价入股，建立股份公司。在土地入股过程中，实行农村土地经营的双向选择（农民将土地入股给公司后，既可继续参与土地经营，也可不参与土地经营），农民凭借土地承包权可拥有公司股份，并可按股分红。该形式的最大优点在于产权清晰、利益直接，以价值形态的形式把农户的土地承包经营权长期确定下来，农民既是公司经营的参与者，也是利益的所有者，是当前农村土地流转机制的新突破。

2005 年 10 月，重庆恒河农业科技公司拿出 10 万元现金入股，长寿区石堰镇麒麟村 508 户农民用土地承包经营权以每亩 250 元作价入股，注册成立了重庆宗胜果品有限公司，由村委会主任出任公司董事长。重庆宗胜果品有限公司对所属土地进行统一经营管理，栽植优质柑橘，聘请有技术和责任心的股东作专职技术员，支付额外报酬。因柑橘要到 2009 年才挂果，公司就在柑橘园内统一套种青蒿、甘薯和蔬菜。2006 年除去管理成本，实现每个股东每亩地有 290 元红利，略低于出租土地租金，但从长远来看，农户收益要高于出租，周边农户显然也意识到这一点，后来又有不少农户加入公司。

四　模式之四：宅基地换住房，承包地换社保

重庆市 2007 年被国家批准为统筹城乡综合配套改革试验区后，在土地改革领域进行大胆探索，创造了土地流转的九龙坡模式，即宅基地换住房、承包地换社保。也就是说，农民放弃农村宅基地，宅基地被置换为城市发展用地，农民在城里获得一套住房。农民放弃农村土地承包经营权，享受城市社保，建立城乡统一的公共服务体制。

其基本运作模式是，以政府信用为基础，土地所有者在自愿或服从国家总体安排的前提下，将自有土地卖给或租给“土地银行”；“土地银行”将购入的土地进行打包、重新规划或适度开发，并进入土地储备中心，然后根据市场需求和土地增值情况再将土地卖给或租给土地需求者。

他们首先依托市、县（区）、乡镇土地管理部门，建立三级“土地银行”。鼓励进城务工的农民将闲置土地存入“土地银行”，“土地银行”根据土地的地理位置、肥沃程度、升值潜力等确定一个“存入”利息，定期将利息存入储户的账户中。然后，“土地银行”将存入的土地打包、整合甚至部分改造，在维持基本农业用途不变的情况下，贷给需要土地的农业企业或经营大户，收取“贷出利息”。“贷出利息”略低于“存入利息”，其差额由种粮直补经费补贴。进城务工经商的农民将闲置土地存入“土地银行”后获得的利息不能变为现金，而是用于支付缴纳养老保险、医疗保险、失业保险的费用。

这一做法的好处是，以国家信用的形式为土地流转提供担保，使土地流转由无序管理转向有序管理，为盘活农村劳动力市场提供了条件，可长久实现农民增收和粮食安全。

五　模式之五："股份+合作"

山东省宁阳县是一个传统农业大县，从事土地经营的农户有15.8万户。从2005年开始，宁阳县农民自发探索土地流转，在县委、县政府的支持和主管部门的适时指导下，他们逐步探索建立起一条"股份+合作"的土地流转路子和"底金+分红+劳务收入"的土地流转分配方式。

这个县的蒋集镇郑龙村北依大汶河，土质肥沃，水源充足，历史上就有种植蔬菜的习惯。2005年5月，致富能人田文武被推选为村里的负责人。第二年，在与泰安弘海食品有限公司签订200亩地的有机蔬菜生产合同时，村里成立起郑龙村有机蔬菜合作社，村民以入股的形式进行土地流转，以合作社为平台聚集土地，通过合作的形式进行生产经营。

据了解，郑龙村这种土地"股份+合作"流转模式，其运作、管理、经营和分配机制主要有四大特点。第一，农户以土地经营权为股份共同组建合作社。村里按照"群众自愿、土地入股、集约经营、收益分红、利益保障"的原则，引导农户以土地承包经营权入股。第二，合作社按照民主原则对土地统一管理，不再由农民分散经营。第三，合作社挂靠龙头企业进行生产经营。第四，合作社实行按土地保底和按效益分红的方式。年度分配时，首先支付社员土地保底收益每股（亩）700元，留足公积公益金、风险金，然后再按股进行二次分红。具体分配方式是：按当年盈余的10%提取公积公益金，10%提取风险金，80%按股分红。公积公益金用于扩大服务能力或弥补亏损、发展合作社事业和社员福利事业；风险金用于合作社生产、营销遭遇重大经济损失时的补贴。

郑龙村农民高庆鑫有4亩土地，虽然用工不是很多，也得牵扯两个劳动力，不能再干别的。一年下来，种地每亩纯收入也只有500元。2006年，金庆鑫流转出3亩地，以土地入股的方式加入农民专业合作社。合作社每亩给底金700元、分红500元，再加上在合作社打工收入3500元。平均每亩流转的土地收益比不流转前高1900元，等于原来的3.5倍。

郑龙村农民田修屯家有5亩地，土地流转前主要种植小麦和玉米，3个劳力都靠种地。算下来，5亩地每年纯收入也不过2400多元，日子过得非常紧巴。合作社成立后，田修屯将4亩承包地作股份加入，仅底金收入、分红和他在本村打工取得的纯收入就有8300元。此外，通过土地流转，他的儿子、儿媳从土地里解放出来，到青岛打工。2007年，两个人打工的劳务收入在6万元以上。

据郑龙村有机蔬菜合作社负责人介绍说，合作社与泰安弘海食品有限公司合同签订订单协议，以“公司＋合作社＋基地＋农户”的模式种植有机蔬菜920亩。除去地价、种子等一切费用，合作社每亩地的利润有500元。

近年来，宁阳县开展土地流转的村有302个，有3.47万户农民、7.11万亩土地。目前，全县以入股方式进行土地流转的农户达1.1万户，流转面积2.82万亩，约占土地流转总面积的37.1%。据不完全统计，这种模式和传统方式相比，全县农民可增加纯收入4032万元。

宁阳农民普遍认为，土地流转后与流转前相比好处主要有三条。一是挣钱多了，二是自己自由支配的时间多了，三是土地流转后没有后顾之忧，旱涝保收，日子过得更充实了。用土地流转农民自己的话说，就是没风没浪没风险，不用出村就挣钱；吃饭穿衣不犯愁，两年能把洋楼建。

第三节　通过制度创新走土地改革新路

山东省枣庄市在尊重农民土地规模经营和发展合作社愿望的基础上，大胆探索农村土地制度改革，在相关制度上进一步进行相互配套的系统创新，通过给农民发放农村土地使用产权证、建立农地产权交易市场和推进农村合作社，在土地所有权、承包权和农地性质“三不变”的前提下，走出了一条农村土地改革的新路子。

一　枣庄市大胆探索农村土地制度改革

山东省枣庄市首先在山亭区徐庄镇进行了试点。在有关部门的指导下，山亭区政府印制了《农村土地使用产权证》。2008年9月中旬，徐庄土地合作社的张凯华等近300名农民，从枣庄市市长陈伟等领导手中接过属于自己的土地使用产权证。

山亭区委书记董沂峰解释，持证人在产权期限内按规定用途可依法使用、经营、流转土地，也可作价、折股作为资本从事股份经营、合作经营、合伙经营或抵押担保。土地使用产权产生变化时，原持证人与受让人必须到乡镇或街道农村土地承包管理部门办理变更登记手续。为了保障农民权益，抵押土地面积不得超过合作社土地的1/3，抵押期限不得超过3年。

枣庄市人民银行行长刘福毅解释，凭着这张产权证，农民或合作社就能合法、有效地到银行办抵押贷款。无论是生产上的小额贷款，还是深加工的大额度贷款都可以。如果贷款逾期不还，我们将对抵押期间内的土地收益权即地面附着物的收益，进行拍卖。

农民徐宜新手拿着红色的土地使用产权证，激动万分，表示心里一直热乎乎的，比30年前拿到土地承包证还要高兴。有了这个产权证，农民会避免很多法律纠纷，土地流转会更加顺畅。特别是可以作抵押进行融资，能解决资金困难。

枣庄市的具体做法是：给每个承包户发放《农村土地使用产权证》，农民可以土地使用产权入股加入合作社，使土地的使用产权相应地转移到合作社，合作社以土地使用产权向银行作抵押进行贷款。同时，他们在市、区、镇三级政府设立土地产权交易机构，为土地使用权入股和转让进行评估和提供交易平台。

二　枣庄农村土地改革的效果

在枣庄，土地开始变成资本，“死地变成了活钱”。徐庄土地合作社用土地使用产权证作抵押，从农信社得到了30万元贷款，用于采购急需的化肥。滕州市滕忻龙珠大枣合作社以土地使用产权证做抵押，从信用社贷款40万元，规划建设一座100吨恒温库，并新上一条大枣加工生产线。

中国人民大学农业与农村发展学院副院长曾寅初教授认为，枣庄的农村土地制度改革，并不涉及土地的所有权和承包权，而是在保证土地集体所有权、农民承包权和农地性质“三不变”的前提下，对土地的使用权进行确认，通过发放土地使用产权证，实现土地使用权的资本化。这是我国农村土地制度改革的一大突破。

他认为，枣庄的农村土地改革处理好了土地经营（实现土地高效率的规模经营）和经营土地（通过土地使用权的资本化获得财产收入）的关系，农地保障（保证农地基本规模，确保粮食安全）和保障农地（农民拥有对土地的绝对控制权，不会出现失地农民）的关系，既尊重了农民的意愿，又顺应了经济发展的要求，既依循了目前的基本法律和制度框架，又在机制和政策上进行了系统创新，对广大的农业地区具有普遍意义。

中央党校经济学部主任王东京等专家认为，从枣庄的农村土地改革和机制设计来看，具有以下效果。

第一，解决了通过农地流转实现农业经营规模的关键问题。

首先，解决了制约土地规模经营所需的资金问题。农村土地使用产权抵押贷款的实施，使得农村土地合作社可以通过农村土地使用权抵押，获得发展农业规模经营所需的资金。其次，解决了制约农地流转的市场缺位问题。农村土地使用产权有形市场的建立，使得土地供求信息的收集更加容易，供求双方的交易更加便捷，交易行为更加规范，减少了交易摩擦，降低了交易成本。

第二，回避了现有农村土地改革实践中存在的政策风险问题。

回避了农民失地的风险。农民用于使用权交易的土地是确实有转出愿望的那一部分土地，而不是全部的土地；转入土地的经营主体是土地合作社，工商业资本在土地合作社中不超过20%的股份，从而保障了农民对土地的长期控制权；合作社用于土地使用权抵押贷款部分的土地仅仅是土地合作社拥有土地使用权的一部分，如果合作社因为经营不善而抵押拍卖一部分土地使用产权，也是有时间限定的，农民不会因此而长期失去土地使用权。

回避了农地转为非农地的风险。目前重庆、成都等地发放“地权证”的模式，因为包括了部分承包权和所有权的权利，可以分享到更多的土地增值的潜在效益。所以，即使规定了农地流转集中不可改变农地的用途，也存在着改变农地用途的潜在动力。而枣庄模式中发放的“土地使用权证”只涉及土地使用权，可以保证农地的农业用途不变。

减少了银行农业贷款的风险。农业贷款的担保农户数扩大，大大超过了目前联户担保的户数，使得贷款风险进一步降低。同时，农村土地使用权抵押的出现，不仅解决了农业贷款缺乏资产抵押的状况，而且农村土地产权有形市场的建立，使得这种资产抵押具有实际价值，拍卖抵押权具有可操作性。

三　枣庄土地产权制度改革把握好了三个问题

我们认为，枣庄在土地产权制度改革中，针对土地改革可能出现的农民失地、农村稳定、粮食安全等问题，注重把握好了三个问题。

第一，围绕避免农民失地搞好制度设计。

对广大农民来说，土地具有保障功能，是“命根子”。他们在制度上尽可能规避农民失地的风险：一是合作社的两个80%，保障了农民对土地的有效控制权，规避了制度风险。他们规定土地使用产权只能入股土地合作社，不能入股一般的企业，因为按照《合伙企业法》，企业一旦破产农民就会失去土地。根据《农民专业合作社法》，合作社采取一人一票制，基本成员中农民不得低于80%；企业出资的附加表决权票数不能超过20%，即农民表决权不低于80%。这两个

80%，保障了农民对土地的有效控制权。二是农业保险机制的引入，极大地降低了合作社土地使用权抵押的风险，规避了自然风险。农业生产相对稳定，但难免遇到风雪霜雹等严重自然灾害。他们引入农业保险机制，政府补贴保费的80%，这样就基本保障了合作社农业经营的稳定，使合作社的抵押风险降到了最低。三是规定了“1/3”和“三年”的抵押限制，使农民不会长期全部失地，规避了经营风险。他们采取有限抵押方式，土地合作社用来抵押贷款的土地最多不超过1/3，使用产权抵押不能超过3年；即使这部分土地使用产权被拍卖，也只是短期失去，期限一到，使用产权又回到了农民手里。四是规模经营效益好、风险小，规避了机会风险。合作社实行规模经营，生产资料成本减少，产量提高，产业链延长，产品销路广，销售收入成倍增长，与一家一户经营相比，效益更好，风险更小，机会风险大大降低。

第二，充分尊重农民意愿而不搞“刮风”。

枣庄市顺应农民土地规模经营的意愿，一方面放手让农民探索，另一方面给予规范性的引导和帮助，政府当“导演”，而不是在前台直接操作。

一是改革的动力来自于农村，出发点是为了农民。现在一些地方的农村土地制度改革，多数是自上而下铺开，还有的是政府和开发商共同推动，最终目的是为了追求土地的潜在增值效益。枣庄农村土地改革的诱因，主要是为了追求土地的规模经营效益，而不是为了追求农地转变为建设用地的增值收益。

二是坚持“稳”字当头，在有条件的地方先行试点。枣庄的改革不是大面积铺开，而是在一些有条件的土地合作社中逐步推开。他们没有号召农民在短时间内都必须采取这种模式，而是设计了一个相互配套的机制，鼓励和引导那些有条件流转的土地集中起来，进行更加高效率的规模经营。他们看重的不是眼前，而是更长远的发展。随着工业化、城镇化进程加快，农村有条件规模经营、愿意拿出来流转土地的农民会越来越多，进行土地使用产权制度改革试验的空间也会越来越广阔。

三是改革的重点放在农业地区，而不是近郊区。一些地方的农村土地改革，主要集中在城乡结合部，把农地变成建设用地，改变了土地用途，对粮食安全是有影响的。他们的改革试点，集中在农业地区，农地的性质没有变化，农业生产的效益进一步提高，粮食安全得到了保证，在我国广大农业地区具有普遍的推广意义。

第三，注重与现行法律政策的衔接。

改革必须在现行的法律政策框架内实施，既有探索创新，又不突破法律规定。

一是关于耕地抵押权问题。《中华人民共和国物权法》、《中华人民共和国农村土地承包法》和《中华人民共和国担保法》禁止用耕地承包权作抵押担保，是考虑了耕地的社会保障功能。他们的改革，承包权归农民，经营权归合作社，抵押的是土地收益，即土地上的附着物，类似于农业期货交易，交易的标的物是合作社抵押土地上的现有以及在规定期限内可以产出的农作物，不与法律相冲突。

二是关于耕地使用权可否入股的问题。《农村土地承包法》第三十二条、四十二条允许耕地入股；中共十七届三中全会《关于推进农村改革发展若干重大问题的决定》也鼓励通过入股发展土地规模经营。他们的改革是围绕土地合作化生产进行的，以耕地使用权入股合作社，完全符合法律和政策的规定。

三是关于农民对土地的权利问题。《物权法》把物权主要分为所有权、用益物权和担保物权。就农村承包耕地来说，主要划分为所有权、承包权和经营权（使用权）。由于所有权和承包权不变，过去已经赋予了农民土地使用权中的用益物权，现在主要是赋予农民担保物权，这是枣庄改革的实质内容。

第四节　流转主体日趋多元　综合效益日益显现

当前，中国农村土地流转的情况到底如何？我们选择了农业大省——山东省进行调查剖析。经调查发现，山东农村土地承包经营权流转呈现出流转主体日趋多元、流转程序日趋规范、流转服务体系日趋健全、流转形式日趋多样的新趋势，农村土地流转带来的综合效益日益显现。

近年来，山东各地结合稳定完善农村土地经营制度，积极引导农村土地承包经营权有序流转。据山东省农业厅统计，截至2008年底，全省农村土地承包经营权流转面积已达262.67万亩，占全省耕地面积的2.7%；涉及农户118.1万户，占全省总农户数的5.9%。在经济比较发达的县市和城郊乡镇，农民有较强的流转需要，农村土地承包经营权流转呈现上升势头。据即墨、胶州、诸城、昌邑、滕州、宁阳、沂水、沾化、费县、高密10个县（市）统计，共流转土地面积63.32万亩，占10县（市）耕地面积的6.1%。

一　土地流转主体日趋多元

据调查了解，山东农村土地承包经营权流转的主体是拥有承包经营权的农户和受让土地承包经营权的农户、生产大户以及企业、科研机构等。近年来，随着市场经济的发展，土地流转范围逐渐由亲戚、邻居、村组之间扩展到外村、外镇甚至外市，乡村集体组织参与程度逐步提高。

据烟台市农业局统计，到2008年底，烟台市农户自发流转土地面积57411亩，占流转总面积的37.9%；乡村集体组织参与流转面积93968亩，占流转总面积的62.1%。与2000年相比，农户自发流转的面积比例下降了18.4%。

企业、大户、科研机构承租农村土地发展专业化、规模化的农、牧、渔业生产，已成为农村土地承包经营权流转的主要需求力量。在山东省枣庄市，目前全市有700多家工商企业投资农业项目，经营土地面积7.3万亩，占全市土地总流转面积的31%。

二　土地流转程序日趋规范

近年来，国家关于农村土地管理和承包经营流转的法规政策不断完善，特别是《农村土地承包法》于2003年实施后，农业部发布了《农村土地承包经营权流转管理办法》，山东省制定了《实施〈农村土地承包法〉办法》和《关于稳定和完善农村土地承包经营制度的意见》，山东省委连续四年的1号文件都对农村土地经营管理提出了要求。

据山东省农业厅负责人介绍，随着龙头企业和专业大户参与土地承包经营权流转，山东农村土地承包经营权流转期限由短期经营向中长期经营发展，合同形式也由口头向书面形式转化，合同比例不断提高，并且越来越规范。

山东各地不断加强对农村土地承包经营权流转的管理，许多市、县出台了《农村土地承包经营权流转管理办法》，初步建立起土地承包经营权流转登记制度。从2006年开始，山东在全省范围内对土地承包情况实施了信息化管理。

三　土地流转服务体系日趋健全

过去一段时期，农村土地承包经营权流转主要是乡村为完成税费征缴任务、调整农业结构、建设经济园区，而采取行政命令、反租倒包方式推动的。农业税取消以后，农村土地需求增加，山东广大农村土地承包经营权流转主要是依靠市场机制来推动和实现的。

2006年，枣庄滕州市西岗镇领导因势利导，以镇经管站为依托，成立了全国第一家农村土地流转服务中心，组建起农村土地流转交易市场，引导和规范土地承包经营权的有序流转。我们在西岗镇调查时看到，240平方米的土地流转交易大厅里配备了5台微机和打印机，并专门配置了流转信息电子显示屏，建起西岗土地流转网站，把土地所有权人、土地面积、肥沃程度、拟交易价格、出让年限等土地流转信息公之于众。目前，滕州市已建成县（市）级土地承包经营权流转中心1个、镇级土地承包经营权流转中心16个，促进了农村土地承包经营权流转和适度规模经营。

潍坊昌邑市都昌街办事处依托农贸专业批发市场，引导农民到相邻乡镇承包土地种植大姜，全镇82个村中有42个村积极参与，仅巡宝村在2007年就承包土地500亩，增收400多万元。

四　土地流转形式日趋多样

目前，山东农村土地承包经营权流转形式主要有转包、转让、互换、出租、土地入股等。山东省农业厅的调查显示，在这其中，转包居第一位，占流转面积的48.2%；出租占流转面积的22%。但在不同的地方，流转的方式也有所不同，比如烟台市的出租形式占36.1%，临沂市的互换形式占29%。

山东农村土地承包经营权流转综合效益日趋显现。通过流转，种植大户能够租用成片土地开展规模经营，吸引了企业、科研机构、外资开发农业，促进了规模经营和现代农业发展，农民收入显著增加。

据滕州市市长王刚介绍，到2008年底，滕州全市已流转土地10.8万亩，亩增效益798元，转出农民人均年收入比转出前增加4800元，转入农民的人均年收入比转入前增加5600元。其中，西岗镇土地承包经营流转面积1.3万亩，占土地总面积的20.6%，形成了41处规模化产业基地，年亩均效益较流转前提高7倍以上，达7500元。

青岛胶州市规模化种植企业有15家，流转的土地面积达3万多亩，占全市流转面积的30%。青岛福生公司在胶州市的李哥庄镇、普集镇等8个镇流转土地1.2万亩种植蔬菜，带动周边村庄形成了规模经营，农民人均年增收6000多元。

第五节　四大问题制约流转进程　多策并举加快土地流转

我们在农村地区调查研究了解到，一些农民及相关企业对流转土地的需求很大，但土地流转的成交量依然偏少。一些农村基层干部和农民反映，农村土地承包经营权流转还存在四大突出问题。他们建议，应充分发挥政府的引导作用，制定鼓励土地流转的政策措施，健全农村土地承包经营权流转管理机制，推动土地流转向健康、有序方向发展。

一　制约农村土地流转的四大问题

一是农民对土地承包经营权流转认识模糊，积极性不够高，流转规模小、范围窄。

据莱州市市长李明介绍，土地是农民最基本的生产资料，也是农民最基本的生活保障。农民工在城里既买不起商品房，也享受不到城里人的卫生、教育、养老保险、最低生活保障等权利。农民害怕土地承包经营权流转后失去了自己的承包地。有的农民弄不清土地所有权、承包权和经营权之间的关系，因而不敢大胆参与流转。

枣庄市山亭区区长助理张秀启说，影响土地流转的障碍，主要是农民对土地根深蒂固的依赖情节。有些人无论在外打工挣多少钱，也老想保有土地。他们认为万一有一天在外边挣不到钱了，家里的土地是其最后的保障。前几年，农业税还没有取消时，农民种地不挣钱，一些农民宁肯免费将土地转给别人种，甚至补贴部分钱让别人种，也不愿放弃土地，土地是他们的命根子。

二是大部分地区尚未形成统一规范的土地承包经营权流转市场，流转中介组织较少，缺乏土地承包经营权流转价格评估机构。一些地方尽管建立了流转中介组织，但流转信息渠道不畅，真正按市场规则对土地承包经营权流转的不多。

滕州市西岗镇土地流转交易中心主任袁秀峰说，影响土地流转的问题主要在于需求的规模化与交易的零散性之间的矛盾。一些农业龙头加工企业和种植大户需要大块土地搞规模经营，而挂牌交易的基本上是零散土地，大块土地少之又少。

三是对农村土地承包经营权流转研究指导不够，缺乏配套扶持政策。

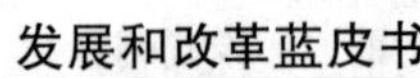

目前，山东仍有少数地方还没有全面落实土地延包30年的规定，个别地方承包合同签订不规范，经营权证发放不到户，农民缺乏对承包土地的安全感。流转合同没有考虑土地升值和物价上涨因素，容易产生纠纷。同时，缺乏对农村土地承包经营权流转的扶持政策，种植养殖大户贷款困难，也制约着农村土地承包经营权流转和规模经营。

四是农村土地承包经营权流转管理缺乏具体实施细则，在流转程序、流转手段、流转档案管理等方面缺乏统一规定。从山东看，基层政府和村级组织能够有效提供流转服务的还不够多，土地承包管理部门对土地承包经营权流转的管理和监督职能也没有完全发挥出来。个别受让方往往对土地实行掠夺式经营，有的甚至取土挖沙、建砖厂、修建永久性固定设施。

枣庄市峄城区坊上农场厂长丁垒解释，老百姓把土地拿出来进行流转是有年限的，但现在市场竞争很激烈，有些农民担心承包人进行掠夺性种植，破坏土地肥力，所以不愿租。还有农田水利建设等基础设施问题，这些大户也无法独自解决。最大的担心还是自然灾害，万一失收或歉收，会给自己造成灭顶之灾，到时候会欲哭无泪。

二　加快农村土地流转的政策建议

农村一些基层干部群众认为，加快农村土地承包经营权流转，是新形势下促进规模经营、建设现代农业、发展农村经济的客观要求。要充分认识完善土地承包经营权流转机制的重要性和必要性，在稳定农村土地承包关系的基础上，以提高土地资源配置效率、促进现代农业发展、增加农民收入为目标，坚持农民自愿、依法流转、规范有序、因地制宜的原则，创新农村土地承包经营权流转机制，提高农业规模化、集约化、产业化水平，推进社会主义新农村建设。为此，提出如下政策建议。

第一，发挥政府在农村土地承包经营权流转中的引导作用。各级政府要强化农村经营管理部门的职能，加强农村经营队伍建设，承担起土地承包经营权流转指导、服务、管理的职责，确保土地承包经营权流转工作健康、有序进行。应出台规范农村土地承包经营权流转的配套法规，健全土地承包经营权流转市场。同时，制订农村土地利用与流转的长远规划，做好土地的集中连片和整理工作，依法规范管理农村土地承包经营权流转工作。

第二，提高农民对土地承包经营权流转的积极性。加大宣传力度，让农民了解土地承包经营权流转政策及相关程序，使土地承包经营权流转成为农民的自觉行动。建立和完善农村就业、养老保险、合作医疗等社会保障体系，降低农民对土地的生存依赖性。积极发展农民专业合作组织，引导、鼓励、支持农民以土地承包经营权入股进行合作生产，支持农民专业合作社承接和连片开发经营农民流转的土地。大力发展农村二、三产业，加快转移农村富余劳动力。加快农村基础设施建设，推进农业产业化经营，为农民参与土地承包经营权流转创造条件。

第三，制定鼓励农村土地承包经营权流转的政策措施。一是进一步明确土地权属，确权到户，尽快将土地承包经营权证书发放到户，鼓励农民依法进行土地承包经营权流转。二是设立农村土地承包经营权流转专项资金，推动土地适度规模经营。青岛市已出台文件，对转让土地经营权的农户，按照每亩50元的标准给予一次性补助。三是鼓励工商企业投资从事产前、产后和“四荒”资源的开发，采取“公司+合作社+农户”和订单农业的方式，带动农户发展产业化经营。四是金融机构要在符合信贷政策的前提下，为参与农村土地承包经营权流转的龙头企业、农民专业合作社和经营大户提供积极的信贷支持。

第四，健全农村土地承包经营权流转管理机制。建立农村土地承包经营权流转的有形市场，即按一定的行政区域设立土地承包经营权交易场所，并以此为载体进行土地承包经营权流转。充分发挥县、乡农村经营管理部门的组织协调作用，统一制定土地承包经营权流转合同示范文本，明确流转的形式、数量、年限及双方权利、责任、义务等，确保土地承包经营权流转规范运作。同时，建立土地承包经营权流转纠纷调节机制，依法调处土地承包经营权流转中出现的争议与纠纷。在乡镇、街办建立农村土地承包经营权流转服务中心，各村建立土地承包经营权流转台账，积极为农村土地承包经营权流转提供服务。

参考文献

[1]《于建嵘、陈志武对话中国农村土地制度》，2008年2月7日《南方周末》。
[2] 覃爱玲：《争议“新土改”》，2008年10月16日《南方周末》。
[3] 邓瑾：《再辩土地新政》，2008年10月23日《南方周末》。
[4] 韩雪：《搭在弦上的土地变革之箭》，《中国改革》2008年第3期。
[5] 常红晓、宫靖：《地权回归》，《财经》2008年第21期。

[6] 陈伟：《推行土地使用产权制度改革，促进农村土地规模经营》，在首届城乡土地管理制度改革滨海新区高层论坛上的发言。

A Survey on the Pattern of Rural Land Transfer in China

Abstract: Farmland, as one of the most valuable resources in China, is the main issue concerned in the rural areas. Being the basis for farmers' survival and development, land is also the core of agricultural issue in China. Land reform has become the focus of China's rural reform again since the household contract responsibility system was established 30 years ago. New patterns of land transfer are being explored across the country, which brings new hope to China's modern agriculture. China is facing a land reform or even a land revolution, which can promote the integration and operation of land resources and create wealth and harmonious life for Chinese people.

Key Words: Land Transfer; Scale Management; Modern Agriculture

第二十五章
卫生医疗改革探索“中国模式”

王虎峰*

摘　要：中国的卫生医疗事业伴随新中国走过了60年的风风雨雨，伴随着经济体制改革和社会转型，历尽兴衰转折，走出了一条具有鲜明特色的“中国道路”。本文根据中国卫生医疗事业不同时期的特征，将60年卫生医疗改革分三个阶段进行分析，阐述了各个阶段的宏观社会背景及其对卫生医疗事业的影响，总结了各个时期卫生医疗事业的成败，分析评价了各个时期富有中国特色的卫生医疗制度，描述了中国卫生医疗制度的发展路径和模式变迁。最后总结概括了新的医改方案提出的医改制度框架并展望了未来发展前景。

关键词：卫生医疗　改革　中国道路　模式

新中国成立至改革开放的30年间，传统的卫生医疗体制在经济上的投入有限，组织上依靠群众路线，方法上主要靠土方、偏方、中医药、民族医药、赤脚医生等实用技术，用三级卫生服务网络，取得了人民健康水平快速增长、国民素质提高、迅速消灭或控制了严重危害人民健康的流行病与传染病、职业病等、城乡绝大部分人享有基本医疗保障、城乡卫生服务体系基本建立等斐然的成绩，这在国际上是罕见的。而其中尤为人所称道的农村合作医疗制度，在20世纪60年代初步形成，70年代达到鼎盛时期，70年代后期逐渐瓦解。

1978～2006年，中国卫生医疗体制主要从公立医院和卫生机构、药品生产

---

* 王虎峰，经济学博士，中国人民大学医改研究中心主任，中国人民大学公共管理学院社会保障研究所副所长，副教授，主要从事卫生医疗体制改革、医疗保险制度、社会保障制度等政策研究。

和流通、公共卫生以及医疗保险领域四个方面进行了改革探索，但改革的结果并不乐观。由于没有充分考虑到医疗服务的特殊性，过分迷信市场和竞争，再加上政府的不当干预，市场和政府在卫生医疗领域所起的作用划分不清晰，政府没有担负应有的责任对卫生医疗体制进行有效和积极的改革，结果在市场经济的大环境和“以经济建设为中心”这一相对忽视社会领域问题的政策背景下，“看病难、看病贵”的问题比较突出，而且人们对此反映强烈。

在2009年公布的新医改模式中，坚持人人享有医疗保障的目标，坚持完善公共卫生服务、医疗服务、医疗保障和药品保障四个体系，注重基本医疗保障制度改革、公共卫生服务项目支出改革、基层卫生医疗服务体系建设改革、基层卫生医疗机构和公立医院补偿机制改革五个重点领域的改革，合理划分政府责任和市场责任，有计划、分步骤地推进改革计划。

第一节　1949～1978年卫生医疗的传统“中国模式”

新中国建立初期，中央政府提出了新中国卫生“面向工农兵、预防为主、团结中西医、卫生工作与群众运动相结合”四大工作方针，充分利用新中国成立初期计划经济体制和政治状况动员能力强、社会组织结构紧凑的优势，通过政府控制医疗服务价格等手段建立起一个基本覆盖城乡居民，投入低、产出高的卫生医疗服务和卫生防疫体系。新中国成立短短30年，卫生医疗事业取得辉煌成果，人均寿命和婴儿死亡率等卫生指标有显著改善。1978年，世界卫生组织在阿拉木图召开会议并发表了《阿拉木图宣言》，此次会议认为中国是发展中国家推行初级卫生保健的典范。当时的世界卫生组织总干事哈夫丹·马勒博士多次向发展中国家推荐“中国模式”，由此，“中国模式”为世人所称道。

一　1949～1978年的宏观经济社会背景

新中国的成立，意味着中国摆脱了外来国家的压迫，结束了长期的内战，从此走上发展的道路。总体上看，新中国成立后的30年间，中国经济社会取得较快发展，计划的经济体制，二元的经济结构，有限的经济总量，恶劣的国际环境和单一所有制构成是这个时期的宏观社会背景，这主要体现在以下三个方面。

（一）经济总量有限，计划经济体制，城乡经济二元

新中国成立初期，由于长期的战乱和破坏，经济发展起点低，人均收入极

少，现代经济占国民经济的比重低，工业基础十分薄弱，城市化水平不高，农村人口占人口的绝大多数，人口教育水平极低。新中国成立后，虽然经济快速发展，但占世界经济总量的比重仍然很低，从统计数字上看，1950 年，中国经济总量仅占世界 GDP 的 4.5%，而到 1980 年，这个数字也仅为 2.5%①。

中国受意识形态和“一边倒”外交政策的限制，不宜选择西方自由经济体制，且计划经济体制具有迅速实现国家工业化的特点，适应中国期望在短期内建成社会主义强国的愿望。故而，中国借鉴苏联高度集中的计划经济体制，探索建立了中国的计划经济管理模式。经济决策权高度集中，国家对经济活动采取直接指令性行政管理，经济交易活动体现非价格特征。经济结构呈现明显的城乡分化和二元结构，国家采取“抽农补工”的工农业产品剪刀差政策，优先发展重工业。

这种发展战略，导致计划经济下的经济结构呈现明显的“核心—边缘”结构。政府投资和资源配置等优先保证城市和重工业发展，农村和农业发展明显受到城市和工业发展的压制，加之户籍制度将农民限制在土地上并通过农村公社强化这种控制，限制了城市化进程，固化了城乡二元的经济结构。这为中国长期以来的二元经济格局奠定了基础，并长期影响着中国的社会经济发展，对中国卫生医疗体制产生了深远影响。

（二）国际环境恶劣，国内政治意识浓厚，政治动员力强

新中国成立初期，由于意识形态的原因，特别是 20 世纪 50 年代的抗美援朝战争之后，以美国为首的西方资本主义国家对新中国在经济上实行封锁和禁运，在政治上实施孤立，使中国无法从西方资本主义世界得到资本、技术支持和政治帮助。中国被迫选择“一边倒”的外交政策，靠向苏联。1960 年代，苏联的大党、大国主义膨胀，中苏关系恶化，中国被迫选择了“独立自主，自力更生”的外交政策。

新中国建立后，原有宗族组织解体，共产主义理想和信仰深入人心，政治人物由于战争时期的卓越表现获得崇高的威望和举足轻重的地位，政治权威呈现一元化，具有强大的政治动员和组织力量。接连不断的政治运动强化了政治动员力量，在这种背景下，国家领袖可以通过相应的口号和态度影响事物的发展。这是解释中国在计划经济时期内迅速解决农村卫生问题的重要注脚。

---

① 世界银行：《1982 年世界发展报告》，中国财政经济出版社，1982，第 21 页。

（三）全民所有的单一所有制形式导致“单位人”而不是“社会人”的管理格局形成

计划经济时期，如果将农村公社组织也看做一种单位，那么城市和农村实际上是由一个个单位组合而成的一个体系，可以称之为“单位社会”。单位作为基本单位对成员的价值观念和行为规范起着举足轻重的作用，单位代表成员的利益，满足其基本要求，给予成员社会行为的权利、身份和地位，左右和控制其行为，国家通过对单位的管理，管理社会成员。单位是社会生活和社会管理的主要依托。

计划经济体制下的单位制组织与准单位制组织的建立，是通过“政府管社会”、“政府办社会”来避免经济、社会发展的无序，是新中国组织系统的重要特征。在单位制条件下，单位既是代表国家直接占有、处理、分配资源的组织，又相当于政府的派出机构；既具有经济功能，又具有政治和社会功能。单位不仅是社会学意义上的社会组织，更是一种政治学意义上的政治组织。在这种体制下，包括医疗保障在内的社会保障制度是按照“单位人”来优先进行安排的，这对改革开放后的改革带来了深刻的影响。

二　中国卫生医疗体系的建立和形成

计划经济时期的卫生医疗体系可以归纳为四个子体系，即国家直接举办的三级卫生服务机构体系，预防为主的公共卫生体系，覆盖城乡的医疗保障体系和国家统一调配、中西医结合的药品制度体系四个部分有机组合而成。

（一）国家直接举办三级卫生服务机构体系

新中国成立后的30年中，政府统一规划、组织和大力投入，卫生医疗服务体系得到了迅速的发展，从中央到地方形成包括医疗、预防、保健、康复、教学、科研等在内的较为完整的卫生医疗服务体系。在层次布局上注重基层医疗服务机构和农村医疗服务体系的建设。在城市地区，基层卫生组织有较大发展，工矿、机关、学校普遍建立医院或医务室，大中城市为方便居民就诊建立街道医院、门诊部和居民委员会的群防站、红十字卫生站等。大致形成了市、区两级医院和街道门诊部（所）组成的三级医疗服务及卫生防疫体系。

在农村地区，随着农业合作化运动的深入，联合诊所被进一步组织起来，负责当地的医疗预防工作。1958年后，随着人民公社的发展，农村基层卫生网逐步形成，培养发展了一支半农半医，被称为“赤脚医生”（现名乡村医生）的庞大农村卫生队伍。合作医疗的鼎盛时期，全国农村拥有赤脚医生180多万，卫生员350万，接生员70万，远远超过当时卫生部的卫生人力总量（220万卫生技术人员）[①]。1965年，初步形成以集体经济为依托的，县医院、公社卫生院、大队（村）设卫生室三级医疗机构分工合作的农村初级卫生医疗保健网。以山东省掖县为例，全县人口83万，设有县级卫生机构7个，公社卫生院27个，大队卫生所1010个，全县基本形成较为完整的县、社、队三级卫生医疗网络[②]。

各级、各类卫生医疗服务机构都是政府或集体直接创立并管理的国有机构，不以营利为目的，目标是提高人民群众的健康水平。医疗服务机构的资金投入由政府或集体负责，通过计划手段进行管理，工作人员是国家或集体的工作人员，领取国家规定的工资。卫生医疗服务收入与机构和从业人员个人经济利益之间没有联系。

（二）构建具有特色的公共卫生服务网络

传统的公共卫生主要指传染病防治和环境卫生改善。新中国成立之初，由于长期的战乱和分裂，中国公共卫生体系十分薄弱，新中国成立前仅有11个专科防治所[③]。公共卫生体系的缺乏使得流行病、传染病泛滥，严重威胁广大人民的健康。为此，政府非常重视公共卫生事业发展，确立了“预防为主”的卫生工作方针，通过建立妇幼保健制度，建立、健全卫生防疫机构，开展农村合作医疗、群众卫生运动，建立医院分片负责制度以改善卫生环境、减少传染病传播途径和改善环境卫生情况。包括卫生防疫机构、地方病防治机构、国境卫生检疫机构、爱国卫生运动委员会在内的基本完整的公共卫生体系逐步建立、健全。

到1975年，全国共建立卫生防疫站2912所，专科防治所（站）683个，国境检疫所30个，工作人员93025人[④]。在计划经济时期，公共卫生干预不仅由专门的卫生防疫部门的提供，许多计划经济时期特有的渠道也发挥相当重要的作用，如城市大量的街道卫生机构、工矿企业卫生机构和农村的公社卫生院和大队（村）卫生室作为最基层的卫生服务机构对广大城乡居民提供最直接的公共卫生

① 张开宁：《从赤脚医生到乡村医生》，云南人民出版社，2002，第16页。

② 邓力群等：《当代中国的卫生事业（上）》，中国社会科学出版社，1986，第43页。

③ 卫生部卫生统计信息中心：《1997年中国卫生统计提要》，http：//www. moh. gov. cn/publicfiles/business/htmlfiles/zwgkzt/ptjty/digest1997/T1 –4. html。

④ 卫生部卫生统计信息中心：《1997年中国卫生统计提要：全国卫生防疫、防治机构、人员数》http：//www. moh. gov. cn/publicfiles/business/htmlfiles/zwgkzt/ptjty/digest1997/T1 –17. html。

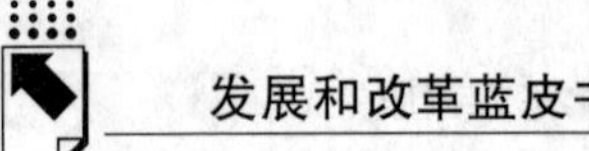

服务。公共卫生工作的成功，一定程度上得益于计划经济时期的单位制管理体制。

(三) 覆盖城乡的医疗保障体系

计划经济时期，通过劳动保险制度、公费医疗制度和合作医疗制度三大制度组成了覆盖城乡的医疗保障制度。在城镇，医疗保障体系由覆盖企业职工和退休人员及其家属的劳动保险制度和覆盖机关、事业单位工作人员的公费医疗制度及其家属的医疗费用补助制度组成。由于劳保医疗和公费医疗保险制度都对家属群体提供了相当水平的医疗保障，加上城镇居民实行完全就业的劳动政策，使得几乎全体城镇居民都被纳入到制度保护之中，从而获得基本的卫生医疗保障。至1978年，全国城镇职工总数为9499万人，其中8885万人获得劳保医疗制度的保护，加上享受半公费医疗的部分城镇企业职工的家属，覆盖人群在一亿人左右[①]。

在农村，随着农业合作化的不断推进，以集体经济为基础，社员缴费，互助供给的农村合作医疗制度逐步建立和发展起来。农村合作医疗多以公社为组织单位，由公社卫生院组织本公社所辖大队举办，并由公社卫生院进行管理。这种个人负担不高的医疗保障制度，适应了广大农村居民对医疗服务的需求。在农村合作医疗发展鼎盛时期，95%的中国农村居民从该项制度中获得医疗保障。[②]

(四) 实行国家调配、中西医结合的药品制度

计划经济时期，为解决人民缺医少药的局面，政府一方面大力发展医药工业，另一方面大量使用中医药、民族医药替代西药。新中国成立初期，中国医药工业基础十分薄弱，全国原料药产量不足百吨，大部分药品依赖进口，药物缺乏且价格昂贵。为解决人民群众“缺医少药”的问题，国家高度重视医药工业发展，确立了以制造原料药为主，制剂为辅；对中药、有计划地进行整理的发展方针。在自力更生的基础上，中国医药产业迅速发展。到1965年，六大类原料药（抗菌素、磺胺、解热药、维生素、抗结核药、地方病药）和三大类制剂药（针剂、片剂、大输液）在基本满足国内防病治病需要的基础上，也存在一定数量的出口。

与计划经济相适应，在药品的生产和流通领域，国家实行严格的计划管理。

① 国家统计局社会统计司编《中国社会统计资料（1987）》，中国统计出版社，1987，第111页。

② 《卫生部关于全国赤脚医生工作会议的报告》，卫生部基层卫生与妇幼保健司编《农村卫生文件汇编（1951～2000）》（内部资料），2001，第420页。

全国制药业由中国医药公司统一领导，统一规划，统一安排生产和科研。药品流通领域，化学药品统一规划，一、二、三级批发层层下达指标，层层调配在中央医药采购供应站、省级医药采购批发站和县医药公司三级药品流通体系中流通；中药实行统一计划，分级管理。将中草药分为二类和三类，列为二类的比较重要的中草药由国家部门主管，列为三类的中草药由地方管理，同时照顾产区、少数民族地区和地方用药的需要。药品价格上，实行价格从低的政策，化学药品价格由政府确定，而中央政府控制主要中药品种的批发价格，其他品种由地方政府决定。

三　成绩突出，特色鲜明

新中国成立后的30年内，党和政府把保护人民健康和生命安全放在首位，制定了面向群众，预防为主的卫生发展战略，采取了一系列的有力措施，卫生事业取得了翻天覆地的变化。

（一）卫生医疗取得的成绩

1. 国民健康素质提高

得益于中国计划经济时代有效的卫生医疗体系，国民身体素质不断增强，平均寿命不断提高。旧中国人民饥寒交迫，贫病交加。新中国成立后，劳动人民翻身当家做主，不仅基本生活得到保障，而且生病也能得到及时治疗，加上相应“发展体育运动，增强人民体质”的号召，国民素质得到提高。按照世界卫生组织确定的标准，衡量一个国家人民健康水平主要有三大指标：一是人均期望寿命，二是婴儿死亡率，三是孕产妇死亡率。新中国成立后，中国人均期望寿命为35岁，1981年提高到67.9岁；婴儿死亡率，新中国成立初为200‰，1981年下降到34.7‰[①]；孕产妇死亡率，新中国成立初为1500人/10万人，1989年下降到94.7人/10万人。这三大指标的变化，标志着中国国民的健康水平的巨大进步。

2. 迅速消灭和控制了严重危害人民健康的流行病、传染病、地方病和职业病

新中国成立初期，卫生部门将流行最为严重、危害最大的血吸虫病、疟疾、丝虫病、钩虫病和黑死病列为中国五大寄生虫病，进行重点防治。至1978年，全国各种寄生虫病流行区域已经大大缩小，患病率和病死率都降至历史最低水

① 婴儿死亡率指标为全国第三次人口普查数据。

平。具体说，1958 年全国大部分地区消灭黑死病；1980 年代初全国基本消灭了血吸虫病，治愈约 1000 万血吸虫病人；全国 69% 的县、市完全摆脱疟疾的危害；山东、贵州两省境内基本消灭了丝虫病①。到 1980 年，中国人口的死因构成中急性传染病已从占疾病死因的第二三位降至第七八位。慢性传染病的防治工作也取得了显著的成效，结核病的患病率及死亡率大大下降；性病基本消灭；麻风病在大部分地区已达到控制和基本控制的指标②。通过采取以食盐加碘、改水等综合性防治措施，碘缺乏病、地方性氟中毒得到了有效控制。大骨节病、克山病的发病人数也在逐年减少。劳动卫生工作得以迅速发展，以湖南姚岗仙钨矿为例，该矿 1956 年硅肺病的发病率为 55.6%，到 1968 年降到 1% 以下；发病工龄由原来的一年延长到十年以上，病情也基本得到控制③。

3. 城乡绝大部分人享有基本医疗保障

人人享有基本医疗保障不仅指被医疗保障制度所覆盖，而且指人人有能力享有医疗保障。计划经济时期，中国的医疗保障体制呈现城乡二元结构。城镇的医疗保障体制按照保障群体身份分为面对职工的劳动保险医疗制度和面对机关事业单位工作人员的公费医疗制度。

1949～1951 年，各地区、各产业纷纷举办劳动保险，至 1951 年《中华人民共和国劳动保险条例》（以下简称《劳动保险条例》）颁布时，全国共有 1213 个企业实行了劳动保险，覆盖职工 1427519 人④。在计划经济时期，职工享受劳动保险主要是通过两种途径，部分企业按照《劳动保险条例》的规定实行劳动保险；部分地区不具备《劳动保险条例》实施条件的企业则通过订立集体合同方式解决工人的劳动保险问题。1956 年参加劳动保险的国有企业职工为 1600 万人，集体企业职工 700 万人，覆盖面为城镇职工总数的 94%，至 1978 年，全国城镇职工总数为 9499 万人，其中 8885 万人获得劳保医疗制度的保护，其覆盖率为 90% 以上⑤。

城市中另一支柱医疗保障制度——公费医疗制度，主要面向机关、事业单位

① 邓力群等：《当代中国的卫生事业（上）》，中国社会科学出版社，1987，第 223 页。
② 邓力群等：《当代中国的卫生事业（上）》，中国社会科学出版社，1987，第 383 页。
③ 邓力群等：《当代中国的卫生事业（上）》，中国社会科学出版社，1987，第 141 页。
④ 中国社会科学院、中央档案馆：《中华人民共和国经济档案资料选编．劳动工资和职工保险福利卷》（1949～1952），中国物价出版社，1998，第 630 页。
⑤ 国家统计局社会统计司：《中国社会统计资料 1987》，中国统计出版社，1987，第 111 页。

工作人员、革命伤残军人和大学生，其经费来源于各级财政拨款。1952 年，公费医疗启动时覆盖了 400 万国家干部，至 1995 年，全国享受公费医疗保障的为 3400 万人①。由于劳动保险制度和公费医疗制度同时为家属提供半费待遇，所以据估算计划经济时期城镇居民 70% 以上获得了不同程度的医疗保障。城镇的卫生医疗体系由政府部门直接组织承担几乎全部的费用，城镇居民只需要支付“挂号费”等极少量医疗费用，就医负担低，所以几乎可以认为人人有能力享有基本医疗保障。同时期，在农村，随着农业合作化的推进，农村合作医疗制度快速发展。20 世纪 70 年代中期，农村合作医疗曾覆盖了 95% 的农村居民。由此可见，当时城乡人口的 80% ~90% 享受了基本医疗保障。

4. 遍及城乡的卫生服务体系基本建立

据统计，1949 年新中国成立之初，全国只有 3670 所卫生机构，其中大小医院 2600 个，门诊部 769 个，其他疗养、专科防治、妇幼保健、医学研究机构稀少，并且这有限的医疗机构多集中在沿海大城市中。到 1965 年，全国已有卫生机构 224266 所，其中综合医院为 42711 所，病床 103 万张②。

在城市，新中国成立后的 30 年，城市基层卫生组织建设也有较大的发展。除了工矿、机关、学校都普遍建立了医院或医务室外，全国的大中城市都建立了街道医院、门诊部和居民委员会的群防站、红十字会卫生站。这些基层医疗机构承担了城市病人门诊任务的 30% 和地段保健任务的 50% 。③

农村地区，新中国成立初期，医疗资源极其匮乏。1949 年，仅有病床 20133 张，卫生技术人员 328276 人，其中县级医院为 11000 人④。而经过 30 年的发展，县、公社、大队（村）三级医疗机构分工合作的农村卫生医疗保健网基本建立。县级卫生院主要提供综合性的业务服务，至 1978 年，全国 2100 个县有县医院 2363 所，床位 298326 张，卫生技术人员为 221778 人。乡卫生院主要负责辖区内的预防、医疗、卫生保健以及对村卫生所进行业务技术指导和人员培训。1980 年，乡（公社）卫生院为 55412 所，床位 775413 张⑤。村卫生所主要负责基层

① 王延中：《中国的劳动与社会保障问题》，经济管理出版社，2004，第 277 页。

② 卫生部卫生统计信息中心：《1996 年中国卫生统计提要》，http：//www. moh. gov. cn/publicfiles/business/htmlfiles/zwgkzt/ptjty/200805/35305. htm。

③ 邓力群等：《当代中国的卫生事业（上）》，中国社会科学出版社，1987，第 44 页。

④ 邓力群等：《当代中国的卫生事业（下）》，中国社会科学出版社，1987，第 2 页。

⑤ 卫生部卫生统计信息中心：《1996 年中国卫生统计提要》，http：//www. moh. gov. cn/publicfiles/business/htmlfiles/zwgkzt/ptjty/200805/35305. htm。

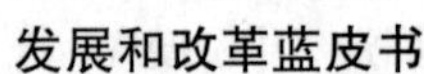

卫生工作，至1983年，拥有村卫生所61万个，乡村医生和卫生员（原赤脚医生）127.9万人，农村卫生员、接生员192.8万人[①]。

（二）有限的投入、适宜的技术、群众性运动和预防为主构成传统的“中国模式”特色

在计划经济时期，中国的卫生医疗事业具有以下四个特点。

1. 经济上有限投入

新中国初期的极为有效的卫生服务体系是建立在资金有限约束条件的基础上，与国家高度控制的药品价格、预防为主的卫生政策相适应，与大量使用常用药和民族医药相关。前四个五年计划中，中国卫生事业费的投入占国家财政支出不到2%的比重，卫生基本建设投资也仅占全国基本建设投资的1%左右，“一五”期间，卫生事业费投入仅为14.55亿元，占国家财政支出的1.08%，卫生基建投入为6.48亿元，占全国基建投资总额的1.1%；“二五”期间，这两个比例仅为1.02%和0.1%[②]。

2. 卫生工作和群众运动相结合

新中国的卫生医疗体系在低投入基础上取得辉煌成就的原因，在于发动群众，依靠群众运动。20世纪50年代至70年代，各级政府为改善卫生环境，提高人民卫生文化和健康水平，不断开展爱国卫生运动。其基本内容是除“四害”，讲卫生，治理公害，净化、绿化和美化环境等。爱国卫生运动这一群众运动逐步提高人民群众对卫生工作的认识，统一和协调全社会力量，普及卫生知识，消灭病媒虫兽，改善卫生条件，提高环境质量。新中国成立30年的实践证明爱国卫生运动对发展中国人民卫生事业有一种独特的作用，特别是在经济和文化落后的情况下。在企业劳动保护上，党和人民政府非常重视改善工业企业卫生状况。通过依靠工人，开展爱国卫生运动，积极防治多发病、职业病，不断改善职工劳动条件，各种尘肺、职业中毒及职业病的发病率显著下降。

20世纪60年代前期，毛主席发出“把卫生医疗工作的重点放到农村去”的“六·二六”指示。在此号召和鼓励下，军内外医务人员掀起了分批分期下农村

① 邓力群等：《当代中国的卫生事业（下）》，中国社会科学出版社，1987，第42页。

② 卫生部卫生统计信息中心：《1996年中国卫生统计提要》，http://www.moh.gov.cn/publicfiles/business/htmlfiles/zwgkzt/ptjty/200805/35305.htm。

的热潮；与此同时，农村大办合作医疗（1969年底统计，95%的农民都参加了合作医疗[①]），大力依靠群众，大力培训边治病、边参加农业劳动的赤脚医生。合作医疗是在当时国家经济落后，广大农民卫生资源匮乏，农民缺医少药，国家无力解决，而农民又迫切需要的状况下依靠集体经济建立，获得了决策层关注，依靠群众运动得以全国推广的一项制度。农村合作医疗被认为是“一个规模巨大的共产主义的互助运动——全民性的‘合作医疗’”[②]。

3. 实用技术和合适的人力资源

新中国被人称道的卫生医疗体系，在技术和方法上大量采用成熟技术，减少医疗保健成本，大量使用土方、偏方、中医药和民族医药、大量培训赤脚医生等。新中国卫生医疗体系，坚持“中西医并重”的卫生工作方针，高度重视中医药和民族医药物美价廉的特点，使中医药和民族医药这个中华民族的文化瑰宝在公共卫生、重大疾病防治和基本医疗服务中发挥重要的作用。如江苏省灌南县民间医生周大春的治疗血管瘤的五妙水仙膏，北京双桥老太太罗有名的王氏正骨和湖北使用断肠草治疗关节炎等快速、经济、高效治疗疾病的经验被卫生部资助认可并全国推广[③]。

针对农村卫生医疗资源匮乏的情况，国家一方面在1950年代通过“联合诊所”方式整合农村原有医疗资源，而另一方面利用城市卫生资源支援农村。但农村卫生医疗资源不足，从长期来看，必须依靠培训本地人才，来缓解农村预防保健人员不足。基于当时中国的实际和农村的条件，按照毛泽东“六·二六”指示，数以百万计的农村最基层的卫生人员——赤脚医生接受培训。他们在接受一定时期培训后，回到村里，一边参加农业生产劳动，一边传播卫生知识，开展简单的防病、治病工作。1965～1967年，有16万余名赤脚医生接受培训[④]。赤脚医生作为合作医疗制度的主要实践者和忠实执行者，是农村最基层的医生，构筑了农民三级医疗预防保健网的最底层。

4. 干预路线上预防为主

“预防为主”是新中国成立初期卫生工作四项方针之一，立足于防病，将疾

---

① 《卫生部关于全国赤脚医生工作会议的报告》，卫生部基层卫生与妇幼保健司编《农村卫生文件汇编（1951—2000）》（内部资料），2001，第420页。

② 《让合作医疗遍地开花》，1958年9月13日《健康报》。

③ 邓力群等：《当代中国的卫生事业（下）》，中国社会科学出版社，1987，第72页。

④ 黄永昌：《中国卫生国情》，上海医科大学出版社，1994，第217页。

病扼杀在萌芽状态。新中国成立初期，在预防为主观念的指导下，中央政府确定了以“集中力量预防那些严重危害人民健康的流行性疾病和严重危害母婴生命的疾病”的工作方针，各级政府在这一指导下投入大量的人力、物力、财力，大力推进公共卫生体系建设，逐步建立起比较完善的三级医疗预防保健网络。至1975年，全国拥有公共卫生机构近6000家，其中卫生防疫机构3625家，工作人员93025人，妇幼保健机构2128家，助产士64875人，接生员615184人。

在专门的医疗预防保健网络之外，城乡三级医疗服务体系都要承担对本区域内的公共卫生工作，工矿企业单位和社区的基层卫生机构以及公社卫生所、大队卫生室成为提供预防保健工作的最前沿。同时，新中国成立初的爱国卫生运动也是中国人民卫生事业的重要组成部分，各级政府通过这一运动不断改善城乡环境卫生，逐步提高各级领导人员和广大群众对卫生工作的认识，把全社会的力量统一组织和协调起来，立足于预防疾病，致力于普及卫生知识。

四　分析和评价：与特定经济社会环境相适应的卫生医疗制度

（一）特殊的经济环境

计划经济时期，中国经济发展水平虽然低，卫生医疗投入量小，但卫生医疗事业仍获得很大成就。这种行之有效的卫生医疗服务体系与当时特殊的经济环境相适应。在计划经济时期，国家通过计划调配资源分配。国家举办卫生医疗事业，各种医疗服务机构的人员工资、基础设施和医疗设备投入主要来自政府和集体经济，药品的生产和流通以及价格都受到政府的严格计划和管制，医疗机构的目标是人民的健康而不是营利。医疗资源在不同卫生领域以及不同群体之间的分配由政府统一规划，具体服务的管理和组织也由政府按照严格的计划实施。

计划经济时期，经济的基本单位是“单位”，社会成员是属于单位或公社的单位人，人口流动性低，单位具有行政性、多功能性和强大的动员能力。这种单位制是医疗制度有效的组织基础。虽然计划经济时期中国经济发展水平不高，但同时收入的低下也使居民对卫生医疗服务的需求水平不高。这样，计划经济时期的卫生医疗事业所能提供的医疗服务产品恰好能够满足这种低水平的需求。正是这种计划经济时期的特殊经济特征保证了全国绝大多数居民都能够得到最低限度的卫生医疗服务，确保了中国人民健康水平的迅速提高。

（二）特殊的政治、社会环境

在新中国建立初期，国家具有强大的政治动员和组织能力，不仅可以动员有组织的军队、国家机关工作人员、工厂工人，还能动员非组织的农民、市民；不仅可以动员中央和地方政府的力量，也可以动员全社会的各种力量，有效地为政治目标服务。这种强大的政治动员能力是新中国建立 30 年内卫生医疗体制能够有效运行的政治基础。在这个时期，政治运动与卫生工作相结合，并制定了“群众运动与卫生工作相结合”的方针。政治运动推动卫生医疗事业。无论是爱国卫生运动，还是合作医疗、赤脚医生，政治运动都起到巨大的推动作用。农村合作医疗制度的经济关系实质是合作经济。新中国初期的农业合作化运动的快速发展是制度建立的基础。

新中国成立之初，由于历史的原因，城乡差别悬殊，农村十分贫困，大批农民涌入城市谋生，给城市带来巨大压力，同时影响农业生产，在这样的基础上，政府建立户籍制度避免农民盲目流入城市。这种以户籍制度为基础的城乡壁垒是城乡二元的医疗保障体系得以运行的一个条件。

新中国成立后，宗法社会的组织形式基本被消除，一种以马克思主义为理论架构的社会体制全面确立。社会中只有这样一种组织结构和政治信仰。同时，新中国确立的人民民主专政的政权机构，使得中国的政治趋向一元化，这种政府集权式的政治权威是这一时期卫生医疗事业快速发展的重要原因。

（三）正确的方针和目标

正确的卫生医疗目标是中国卫生医疗体制在计划经济条件下成功的一个重要原因。在卫生医疗工作方面，始终面向大多数人，新中国的卫生工作方针第一条便是“面向工农兵”，1965 年的“把卫生医疗的工作的重点放到农村去”进一步明确了中国卫生工作的方向。由此可见，新中国成立后的 30 年中，中国卫生工作取得辉煌成果的原因是中国的卫生医疗工作制订了一条“为大多数人们服务”的目标。

新中国成立后卫生事业确立的“面向工农兵、预防为主、中西医结合、卫生工作与群众运动相结合”的四项方针是卫生医疗体制成功的一个关键。“面向工农兵”是面向全民的医疗保障体系。“预防为主”通过预防应对疾病的主动进攻，使大多数人受益。“中西医结合”通过将中医与西医有效结合起来，更好发挥各自的作用，有利于人民的健康事业。“卫生工作与群众运动相结合”是群众路线在中国卫生医疗领域的体现和运用，以“除害灭病”为中心的爱国卫生运动有力贯彻了这一方针。显而易见，新中国由于切实落实了卫生工作的四大方针，从而使中国的卫生医疗事业取得了极其辉煌的成果。正是正确的目标和方向使中国卫生医疗体系取得光辉成果。

第二节 1978～2006年卫生医疗探索新模式

1978年改革开放后，中国的卫生方针先后经历了“运用经济手段管理卫生事业”；“卫生工作重点转移到卫生医疗现代化建设上”；“预防为主，依靠科技进步，动员全社会参与，中西医并重，为人民健康服务，同时把卫生医疗工作重点放到农村”等发展与完善的过程。1978～2006年，中国经济社会迅速发展，GDP平均年增长率达到9.5%①，国际社会政治格局相对稳定。但在这近30年里，中国的卫生医药体制改革却屡经风雨，中央政府先后数次对公立医院及卫生机构、药品生产与流通、公共卫生体系、医疗保险等各方面进行改革，总体来说并不顺利，但获得了宝贵的经验教训。

一 改革开放30年社会经济发展

中国改革开放成就斐然，通过这个大改革、大开放，中国实现了三个伟大的转折：第一个伟大转折就是从高度集中的计划经济体制向充满生机和活力的社会主义市场经济体制转变；第二个伟大转折是从相对封闭的社会向全方位开放的社会转变；第三个伟大转折是人民的生活从温饱转向基本小康的社会转变。经济转轨、社会转型、人口迁移和流动性增加构成了这个时期的宏观社会经济背景。

（一）计划经济向市场经济转轨

中国改革开放的基本特征之一是“以经济建设为中心”，改革开放以来，中国的经济建设确实取得了空前的成就。中国经济由计划经济向市场经济的高速发展，进一步推动了经济体制的全面变革，形成了改革开放和经济发展相互促进的良性互动局面，所有制结构也从单一的公有制结构（主要表现为全民所有制和集体所有制两种公有制之间的比例关系）向“以公有制经济为主体、多种所有制经济共同发展”的新格局转变。然而，这种做法导致了对社会领域问题的忽视，社会政策方面的改革明显滞后。改革初期，是社会政策调整服从于经济体制改革的需要。20世纪90年代中期以后，社会矛盾不断显现，社会政策问题逐步引起了决策层的重视，但是很大程度上，社会政策领域的改革还是服务于经济体

① 根据统计年鉴历年数据处理而得。

制改革，或者是为了缓解经济体制改革的负面后果。

改革开放的基本特征之二是“摸着石头过河”，也即中国的改革并没有预先设定一个明确的目标，而是从解决经济生活中存在的问题出发，在实践中逐步地探索前进[①]。在卫生领域，很多问题也是这样为了应对出现的问题而进行改革的。随着农村家庭联产承包责任制等制度的实施和国有企业的改革，很多农村居民失去了医疗保障，看病难、看病贵等问题也逐渐产生。

（二）农业社会向工业社会转型

自改革开放以来，中国一直处于社会主义初级阶段，经济发展的过程中也出现了二元结构，这种二元结构比重随着城镇化进程而有所变化，农村的纯农户比例降低，农村劳动力加速向城镇转移。与此同时，城乡差距却因为区域发展不平衡而导致分化。因为国家实施优先发展战略而催生出“东先—西后”的发展态势和“东强—西弱”的差序格局，导致城乡发展重新进入了差距拉大的轨道。而经济差距的拉大同时也给地区间、城乡间的卫生事业发展带来了不同程度的影响，总的来说是出现了卫生医疗资源“向上集中”，大部分医疗资源集中在城市的大医院，而基层卫生医疗资源相对薄弱，供需矛盾更为突出。

（三）人口迁移和流动性增加

伴随着改革开放，中国的人口流动日益频繁。在1990～2004年的14年中，国有单位就业人员占就业总人数的比率从61%下降到25%，降低了36个百分点，就业人员总数减少3636万人，减幅为35%。与之相反，同期非国有单位（不包括集体单位）就业人员净增6323万人，扩大了6.6倍，大大超过了城镇就业人员的增长速度（55%），占全体的比率也从5%上升至24%[②]。在这些统计数据的背后可能有各种各样的原因，例如，来自农村的劳动力主要进入了非国有单位，国有企业的改制导致从业人员的身份变化，国有单位的部分职工跳槽到非国有单位等。而截止到2006年，在中国大地上有近1.5亿[③]的人口从西北到东南、从西南到东北、从内地到沿海流动过来流动过去。总之，自20世纪90年代以后，城市劳动力市场中的人员流动已经发展成为一种常态。随着城市化、工业化进程的不断推进，中国出现的这些大量的城镇灵活就业人员、混合所有制企业

---

① 葛延风：《中国医改问题　根源　出路》，中国发展出版社，2007，第26页。

② 严善平：《城市劳动力市场中的人员流动及其决定机制》，《管理世界》2008年第6期。

③ 王蔚：《中国流动人口近1.5亿》，http：//news.sohu.com/20061029/n246063839.shtml。

和非公有制经济组织从业人员以及农村进城务工人员的各种就医问题，为卫生事业的发展提出了新的课题，这与计划经济体制下的情况完全不同了。

二　卫生医疗事业 30 年的探索道路

1978 ~ 2006 年间，中国的卫生医药体制发生了很大变化，这一时期的医疗服务机构、医生以及病床位数量等都比计划经济时期有了明显的增长，但是卫生医疗服务的公平性却有所下降，而卫生投入的宏观效率也较为低下。富裕社会成员的卫生医疗需求可以得到充分满足，多数社会成员（包括相当多农村人口以及部分城市居民）的卫生医疗需求由于经济原因很难满足①，药品体制改革收效甚微，看病难、看病贵的问题日益突出，某些领域特别是公共卫生领域暴露不足。总体而言，这一时期的卫生医疗体制改革是在“摸爬滚打”中进行的。

（一）几个方面的改革与发展

1978 ~ 2006 年中国的卫生医疗体制改革主要体现在四个方面，即公立医院和卫生机构、药品生产和流通、公共卫生以及医疗保险领域。但这一时期的改革并不系统化，从 1985 年对医院进行改革开始，到 1991 年公共卫生与药品的“两项改革”，再到 2000 年的医疗服务、医疗保障和药品生产流通的“三改并举”，都始终是在探索当中前进。

1. 公立医院和卫生机构改革探索

自 1985 年始，我国正式启动医改，主要是对国有医院进行改革，当时的核心思想是“放权让利，扩大医院自主权”，到了 1992 年，国务院下发《关于深化卫生医疗体制改革的几点意见》，卫生部贯彻文件提出的“建设靠国家，吃饭靠自己”的精神，在卫生部门工作会议中要求医院要在“以工助医、以副补主”等方面取得新成绩②，主张运用市场经济手段管理卫生事业。

在市场经济体制的主导下，政府为了缓解卫生资源投入不足与人民群众卫生需求之间的矛盾，允许医院自行融资，鼓励医院创收，弥补收入不足，③ 而医院则学习企业改革的做法，实行院长、站长、所长负责制，卫生医疗机构的所有制结构从单一公有制变为多种所有制结构并存；公立机构的组织与运行机制在扩大

---

① 葛延风：《中国医改问题　根源　出路》，中国发展出版社，2007，第 6 页。

② 邹东涛：《中国经济发展和体制改革报告》，社会科学文献出版，2008，第 695 页。

③ 王虎峰：《解读中国医改》，中国劳动和社会保障出版社，2008，第 16 页。

经营管理自主权的基础上也发生了很大变化；不同卫生医疗服务机构之间的关系从分工协作走向全面竞争；卫生医疗机构的服务目标从追求公益目标为主转变为全面追求经济目标，不仅非公有制的医疗机构如此，公立医疗服务机构乃至公共卫生服务机构也是如此，都成为实行独立经济核算、具有独立经营意识的利益实体①。

这些改革取得了一定的成效，比如加强了医疗机构的管理，提高了医务人员的业务水平、医院的技术装备水平，并大大增加了医疗服务机构、医生以及病床床位数量，引进了多种资源尤其是民间资源。到2006年，全国医疗机构入院人数7906万人，其中医院5562万人，占70.4%；卫生院1858万人，占23.5%；其他医疗机构486万人，占6.1%，② 总体上成增长趋势。

但是，改革却酿成了“看病难、看病贵”的问题。首先，医疗服务价格和卫生医疗费用迅速攀升。1978年，特别是20世纪90年代以来，中国的医疗服务价格增长及卫生总费用的增长极为迅速，大大超过GDP和居民收入增长幅度。从1989年到2001年，按当年的价格计算，城镇居民人均收入增长了544%，农村居民人均收入增长了393%，而在同一时期，日均住院费和平均每一门诊诊疗费则分别增长了998%和965%。③ 在卫生总费用方面，从1978到2006年，卫生总费用从110.2亿元，增加到9843.3亿元，增长了88.3倍，而同期中国GDP仅增长56.8倍。④

其次，医疗服务体系的布局日趋不合理，大大降低了医疗服务的可及性。1978～2001年，城镇医院床位数从83.2万张增加到195.9万张，涨幅为135.3%；而农村医院床位则从122.1万张下降到101.7万张，降幅为16.7%。贫困地区和富有地区之间的卫生医疗服务可及性差距日益扩大。除地域布局问题外，由于竞争导致的优胜劣汰，医疗服务资源也迅速从初级体系向高级体系集中，大医院越办越大，技术水平、设备条件等越来越高，而初级机构，比如农村诊所、乡镇卫生院、城市社区医院等则逐渐萎缩。

最后，医疗服务重点和技术路线选择逐步偏离基本社会需求。根据中国国情，

---

① 葛延风：《中国医改问题　根源　出路》，中国发展出版社，2007，第5页。

② 卫生部统计信息中心：《2006年中国卫生事业发展情况统计公报》，http://www.moh.gov.cn/publicfiles/business/htmlfiles/zwgkzt/pgb/200805/34857.htm。

③ 王绍光：《中国公共卫生的危机和转机》，中信出版社，2003。

④ 根据《中国统计年鉴2007》和《中国卫生统计年鉴2008》处理而得。

合理的医疗服务重点和技术路线选择应该是首先突出疾病预防和控制，并注重选择适宜技术。但近年来，由于医疗服务机构普遍积极追求经济利益，轻预防、重治疗；轻常见病、重大病；轻适宜技术、重高新技术的倾向越来越突出。①

2. 药品生产领域和药品价格改革探索

药品是特殊的商品，药品生产流通体制一直是整个卫生医疗体制改革中的一部分，到1978年改革开放之前，药品管理体制的特点是条条分割，机构变动频繁。改革开放以后，我国越来越重视药品的生产流通管理，2000年强调“三改并举”以后，药品生产流通体制改革与医疗体制和其他方面改革的联系也越来越紧密。②

这一时期，中国在药品企业的准入机制、药品价格管理体制、药品流通体制（集中招标、医药分家）、药品分类管理体制、基本药品目录的形成机制等方面都进行了改革，采取包括药品集中采购、药品限价、医药分离、第三方付费在内的一系列办法，推动了中医药事业的进一步发展。市场化的变革，增加了医药企业的活力，医药生产企业的技术水平、微观运行效率迅速提高，药品质量明显改善。企业改革的前进，激烈的市场竞争迫使医药生产企业提高自己的技术水平和产品质量。新技术和管理方法的采用，使得药品生产能力迅速扩大，产品结构与1978年前相比有了很大改善，用药选择空间明显增大。1978～2003年，全国医药工业总产值年平均增长率均超过15%，高于其他工业平均增长速度，分别在1990年和2000年实现产值翻一番和翻两番的目标。中国成为世界医药生产大国，原料药产量全球第二。抗生素、维生素等多个品种的产量位居世界第一。③中医药以其简、便、验、廉的特点惠及越来越多的城乡居民。同时，这一时期药品生产流通领域的改革也存在一些突出的问题，具体表现为市场集中度低，中间环节多，商业寻租现象严重，政府监管困难。市场开放后，药品流通企业出现了所谓的“一小、二多、三低”（企业规模小、企业数量和产品重复多、市场集中度和管理水平以及利润低）的现象。据统计，截至2002年，中国药品批发企业达16000多家，但年经营额超过2000万元的却不足400家，④“小、散、乱”的

---

① 葛延风：《中国医改问题　根源　出路》，中国发展出版社，2007，第158页。

② 王虎峰：《中国卫生医疗体制改革30年的进程》，http://news.enorth.com.cn/system/2009/04/09/003952906_06.shtml。

③ 葛延风：《中国医改问题　根源　出路》，中国发展出版社，2007，第188页。

④ 程云杰、杨静：《中国医药商业企业重思生存之道》，新华网，2002年8月28日。

问题突出。

3. 公共卫生体系改革探索

自1978年以来，因体制环境变化，城乡三级预防保健网逐步瓦解，其公共卫生服务的作用很难再发挥，尤其是广大农村，很多卫生机构解体，人员流向其他地方，而幸存的机构已不能发挥作用。而这一时期，中国也缺少明确的对公共卫生领域建设的指导思想，在后继建设不及时的情况下，很多地区的公共卫生服务在这一时期出现了“断带”。

改革开放后，旧的农村合作医疗制度的解体，中国大部分地区传染病管理和防治工作措施得不到落实，虽然在1980年左右，中国在妇幼保健（如佝偻病、营养缺乏性贫血防治等）、环境卫生、地方病（如血吸虫病）以及急性传染病防治等方面培训基层专业人员，提高县、乡、村三级专业人员医务水平上做了一些工作，但80年代以来，对传染病、地方病防治工作的重视程度相对降低。在机构设置上，1985年，中共中央血吸虫病防治领导小组和地方病防治领导小组及其办事机构被撤销，一些传染病和地方病防治服务提供相对萎缩。

新中国成立时，中国学习苏联建立了两大服务体系，并使公共卫生系统和医疗体系的资源得到了有效整合。但是，改革开放后，由于种种原因，基层卫生机构和医疗机构双双蜕变或者萎缩，使得公共卫生体系受到很大削弱。2003年SARS的侵袭，更是暴露中国公共卫生应急机制不完善的漏洞和防预体系的薄弱。在这种情况下，公共卫生领域的功能开始重新被人们所认识。2003年，胡锦涛同志在全国防治非典工作会议上指出，“公共卫生建设工作关系到最广大人民的切身利益，也关系到全面建设小康社会宏伟目标的实现，必须下大力气抓好”，公共卫生体系的建设才又重新被当作一个重要方面提上卫生事业改革的日程。

之后，公共卫生服务有所改善，公共卫生服务范围从单一的传染病、地方病、免疫接种等有限的服务项目扩大到涵盖计划免疫、传染病地方控制、环境卫生监测、消毒与有害生物防治、慢性病防治、食品卫生监测、职业病、健康教育和意外伤害等方面的内容，形成了以传染病控制、计划免疫、五大卫生监督监测为支柱的综合服务体系；① 传染病和公共卫生突发事件（如SARS、禽流感等）应急处置能力不断上升，艾滋病、结核病、乙肝、血吸虫病等重大传染病发现、控制和治疗能力得到提高，环境卫生得到改善。但总体来看，公共卫生领域有所

① 葛延风：《中国医改问题　根源　出路》，中国发展出版社，2007，第84页。

恢复和加强，但一些深层次的问题还没有解决，改革开放前已被控制的部分传染病、地方病开始死灰复燃，新的卫生、健康问题也不断出现，为下一阶段改革提出了需要解决的问题。

4. 医疗保险制度改革探索

十一届三中全会确立了在全民所有制经济占主导地位的条件下，多种经济成分长期并存的市场经济体制。自主经营、自负盈亏的企业改革，使得过去企业劳保医疗事实上的利益统筹变成了真正意义上的单位保障，非公有制经济部门也迅速成长，对传统的医疗保险制度提出挑战。而集体经济的解体，也使得计划经济时期的农村合作医疗制度瓦解，广大农民失去了医疗保障。在这种背景下，中央政府开始进行医疗保险改革，并提出“医疗保险制度改革的主要任务是建立城镇职工基本医疗保险制度，即适应社会主义市场经济体制，根据财政、企业和个人的承受能力，建立保障职工基本医疗需求的社会医疗保险制度”、“建立以大病统筹为主的城镇居民医疗保险”、“2000 年人人享有卫生保健”。在这些精神的指引下，中国开始逐步探索建立城镇职工、城镇居民的医疗保险制度和新型农村合作医疗制度。

20 世纪 80 年代，宏观经济体制框架还未发生根本转变，很多地方、企业以及机关事业单位就自行开展了多种形式的改革探索，目的是控制医疗费用增长。80 年代末，开始了新型医疗保障制度的探索，但一直到 90 年代中期，主要是推行各种形式的社会统筹。90 年代中后期以后，开始扩大社会统筹与个人账户相结合的新型医疗保险体制改革试点，即“两江试点”。1998 年，中央政府颁布了《国务院关于建立城镇职工基本医疗保险制度的决定》，“统账结合”的体制开始正式全面实施。其后十六届六中全会明确提出“建立以大病统筹为主的城镇居民医疗保险”，对儿童、中小学生、未满十八周岁的青年以及城镇非从业居民等提供保障。

农村合作医疗方面，自 1979 年开始，中国农村开始了包产到户的改革，80 年代初期人民公社解体，乡村集体经济逐渐衰落，大部分的村级医务室都以承包的名义私有化了。基于集体经济特别是基于集体投入的合作医疗制度体制基础不复存在，到 20 世纪 80 年代末，合作医疗的行政村参与率不足 5%。为了进一步规范、巩固、恢复或重建合作医疗制度，1979 年，卫生部、农业部、财政部、国家医药总局、全国合作供销总社联合发布了《农村合作医疗章程》（试行草案），其后中央政府也为此作出了积极的努力，但结果却非常不尽如人意。虽然卫生部提出了我国农村“2000 年人人享有卫生保健”的规划设想，但根据卫生部“第三次卫生服务调查”，2002 年中国仍有 79.1%[①]的农村人口没有任何医疗保险。农村医疗保障的缺位和农民的卫生医疗需求从“单层次、低需求”转向“多层次、高需求”的矛盾，使得不少农民“因病致贫”、“因病返贫”，“看病难、看病贵”的问题比较突出。从 2003 年开始，中国又开始了建设“新型合作医疗制度”的努力，实施以县为单位的大病保险，农民自愿参与，政府财政给予补贴。

总体而言，医疗保险制度的改革探索扩大了医疗保险覆盖面。2006 年，城镇职工基本医疗保险覆盖人数达 1.7 亿，筹资额达到 1747 亿元；2006 年底，全国有 1451 个县（市、区）开展了新型农村合作医疗，覆盖人口为 5.08 亿人，4.10 亿农民参加了合作医疗，参合率为 80.7%。[②]

但城镇职工医疗保险改革是从公费、劳保制度过渡而来的，这一时期很多非正规就业人员和城市居民难以参加进来；没有参保的职员得不到政府或者社会的资助，马太效应导致参保和未参保的保障福利差距越来越大，缺乏社会公平性；“统账结合”的具体模式在实践中存在一些问题，个人账户管理成本高，发挥的激励和约束作用日益弱化，有待改进；医疗保险缺乏和预防干预有效结合的互动机制。医疗保险在向参保人员提供医疗保险服务的过程中，缺乏灵活性及社会化管理。而在医疗保险实施过程中，由于对各大医疗机构的监管不到位，从而出现了如医疗资源的浪费，医院对患者乱收费等问题，甚至出现了医疗保险制度存在小病不值得用医疗保险保、大病医疗保险保不了的状况。因此，城镇医疗保险制度有待完善。

而新型农村合作医疗制度也存在一些问题。比如还未建立起一个长效筹资机制；乡镇卫生院基础设施差，医务人员缺乏，技术服务跟不上，这些管理和服务缺口短时间难以改善；制度建立行政成本很大；[③] 对多数地区特别是中西部地区来讲，并没有形成很大吸引力，而且制度本身的设计也受到不少质疑，比如自愿性所造成的逆向转移支付对贫困人口的不公平等。

---

① 王虎峰：《中国卫生医疗体制改革 30 年的进程》，http：//news. enorth. com. cn/system/2009/04/09/003952906_ 05. shtml。

② 卫生部统计信息中心：《2006 年中国卫生事业发展情况统计公报》，http：//www. moh. gov. cn/publicfiles/business/htmlfiles/zwgkzt/pgb/200805/34857. htm。

③ 邹东涛：《中国经济发展和体制改革报告》，社会科学文献出版社，2008，第 695 页。

三　对1978～2006年卫生医疗体制改革的评价

2005年7月28日，《中国青年报》刊出的由国务院发展研究中心负责的最新医改研究报告，通过对历年医改的总结反思，认为这一时期中国的卫生医疗体制改革基本上是不成功的。2005年9月，联合国开发计划署驻华代表处发布《2005年人类发展报告》，指出中国医疗体制并没有帮助到最应得到帮助的群体特别是农民，所以结论是医改并不成功。这一结论印证了国务院发展研究中心课题组的研究结果。

总的来说，卫生医疗改革不顺利，原因是多方面的。

第一，经济环境的改变。改革以前中国主要用计划的办法解决问题，改革后主要用市场的办法解决问题，而在市场经济环境下，卫生和医疗恰恰既不能完全用计划手段，也不能完全用市场手段，并且卫生和医疗又有很大差异，还要区别对待。所以卫生医疗体制改革的过程真实地折射了政府在市场环境下治道变革和不断成熟的过程。医疗服务市场不是一个完全竞争的市场，市场机制不可能发挥充足的作用，更不能有效配置卫生资源，在医疗服务中如果鼓吹市场论将不可避免地导致严重的健康不公平，中国的卫生医疗体制改革在医疗领域充其量只是打着“市场化”的旗号进行创收和收费而已。

第二，“以经济建设为中心”的做法导致了对社会领域问题的忽视。如前所述，在改革之初社会政策调整服从于经济体制改革的需要，直到20世纪90年代中期以后，社会矛盾不断显现才使得社会政策问题逐步引起了决策层的重视，但是很大程度上社会政策领域的改革还是服务于经济体制改革，或者是为了缓解经济体制改革的负面后果，社会政策方面的改革明显滞后。

第三，政府的干预不当，市场和政府在卫生医疗领域所起的作用也划分得不清晰，政府没有担负应有的责任。卫生医疗体制改革在前半段时间对医院实行“放权让利”的做法，试图学习企业改革的路线，这种尝试和干预是错误的；在后半段时间，政府却出现了“管理失控”的问题，虽然是国有医院，但政府却缺乏必要的手段进行调控和管理，从理论上讲，中国在改革计划经济体制时也将政府在卫生医疗方面的责任改掉了，而市场经济体制建立，卫生医疗体制不会自发地随之调整。

第四，卫生医疗体制改革的政策需要深化。从卫生医疗体制存在的问题的表象来看，卫生医疗体制改革需要“钱”，而通过深入分析可以看出，缺少的不但

是“钱”，更重要的是新的理念和规则。在市场环境下，要理顺卫生医疗体制，必须重塑新的管理理念，同时制定适合市场环境的游戏规则。① 这一时期的改革探索给新的中国模式的诞生提供了宝贵的经验教训。

第三节　2006～2009年卫生医疗的新“中国模式”

虽然1978～2006年的改革并不顺利，但风雨兼程的探索也告诉我们，单独的医院改革、药品改革都只是医改的一个方面，它们所起的作用是有限的，在这里，政府需要承担责任，需要各系统配合协调改革。也正是继1978～2006年的改革探索之后，中国在市场经济环境下最终探索出一个新的模式，即2009年的新医改方案。实践证明，只有以人为本，立足国情，坚持公平与效率相统一、政府主导与发挥市场机制作用相结合的方针，统筹兼顾，把解决当前突出问题与完善制度体系结合起来，建立具有中国特色的卫生医疗体制，才有可能实现维护人民健康的伟大战略目标。

一　新的时代背景，卫生医疗新的“中国模式”

改革开放以来，我国在建立和完善社会主义市场经济方面取得了显著成绩，经济持续快速稳定增长，但在公共卫生和居民医疗服务的发展方面却遇到了困难。20世纪90年代以来，农村合作医疗的覆盖率从1980年的63.8%降到1989年的4.8%。在城市，随着公费劳保制度转变为城镇职工基本医疗保险制度，原来家属和子女的医疗保障“从有到无”，加上卫生医疗机构改革滞后，“看病难、看病贵”的问题日益突出。

2000年6月，世界卫生组织首次在全球对191个成员国的卫生服务系统进行整体量化评估，中国的卫生医疗总体水平被排在第144位，而卫生公平性竟被排在第188位——全世界倒数第4位。虽然，作为首次量化评估，评估的方法未必科学，评估的结果未必精确，但是这种相对结果仍反映出我国卫生医疗事业的发展困境。2006年3月，国务院总理温家宝在十届全国人大四次会议上作政府工作报告时说，要突出抓好三个方面的工作，逐步解决群众看病难、看病贵的问题。

---

①　王虎峰：《解读中国医改》，中国劳动和社会保障出版社，2008，第112页。

看病问题已被作为政府的工作重点之一加以安排。胡锦涛同志在十七大报告中提出“必须在经济发展的基础上，更加注重社会建设，着力保障和改善民生，推进社会体制改革，扩大公共服务，完善社会管理，促进社会公平正义，努力使全体人民学有所教、劳有所得、病有所医、老有所养、住有所居，推动建设和谐社会”。卫生医疗体制改革作为实现人民“病有所医”的重点问题提上议事议程，并首次将“到2020年人人享有基本医疗保健”作为奋斗目标提出，由此可见看病问题的重要性。

在总结经验教训的基础上，2006年6月，国务院成立多部门参加的深化卫生医疗体制改革部际协调工作小组，标志着新一轮医改工作正式启动。2006年10月23日，胡锦涛总书记在主持中共中央政治局第35次集体学习时提出，“要高度关注和不断提高人民群众健康水平，建设覆盖城乡居民的基本卫生保健制度”，强调“人人享有基本卫生保健服务，人民群众健康水平不断提高，是人民生活质量改善的重要标志，是全面建设小康社会、推进社会主义现代化建设的重要目标”。

2007年5月29～30日，国务院邀请8家国内外独立研究机构汇报“中国卫生医疗体制改革总体思路和框架设计”总体思路，之后组织起草了医改方案（征求意见稿），通过座谈会和公开征求意见的方式，广泛征求各界意见。2009年4月6日《关于深化卫生医疗体制改革的意见》和《2009～2011年深化卫生医疗体制改革实施方案》发布，标志着中国新的医改模式的诞生和新一轮医改的开始。

二　卫生医疗新的“中国模式”诞生

在总结中国改革开放近30年来卫生医疗事业发展的经验教训的基础上，一个全新的、适应中国社会主义市场经济的新模式被确立。新的卫生医疗体制的中国模式坚持以人为本，把维护人民健康权益放在第一位；坚持立足国情，建立中国特色卫生医疗体制；坚持公平与效率统一，政府主导与发挥市场机制作用相结合；坚持统筹兼顾，把解决当前突出问题与完善制度体系结合起来。

（一）人人享有医疗保障是目标

新的卫生医疗模式是“具有划时代意义、构筑人人享有全民福利时代的开始”。改革明确提出将“建立健全覆盖城乡居民的基本卫生医疗制度，为群众提供安全、有效、方便、价廉的卫生医疗服务”作为卫生医疗体制改革的总体目

标。新的中国模式强调公平、人人享有基本医疗服务，保证人人享有医疗保障的权利是新的中国模式的最大特色。新的方案改写了中国在社会保障、社会福利领域只重视单位职工、只重视一些有经济收入的人的保障项目的历史。新的方案强调覆盖城乡居民人人享有。它的划时代意义在于构筑一个人人享有全民福利的制度。

（二）完善卫生医疗四大体系

经过多年改革，特别是医疗领域改革的反复探讨，总结过去正反两方面经验。新的中国模式提出四个基本体系的概念，准确表示为公共卫生服务、医疗服务、药品保障和医疗保障四个体系。这种四个体系的划分，真正勾勒出适合中国国情的卫生医疗事业改革的区域和范畴，明确了改革的目标和导向。

公共卫生服务体系领域。新的中国模式确定预防为主的模式，注重治未病和疾病干预，以降低发病率和减少公共卫生事件为主要目标。明确公共卫生服务作为公共产品的国家责任，政府增加投入并对提供公共卫生的医疗机构进行补助，同时，对全体居民建立医疗档案，注重疾病预防。

医疗服务体系领域。新的中国模式致力于医疗资源的合理配置，注重基层和偏远地区、贫困地区医疗机构建设，改变当前医疗资源分布不合理状况，并通过各种制度化的措施，逐步改变落后地区、农村地区的医疗服务机构的软硬件水平差距，实现人人享有医疗服务。同时，清晰划分医疗服务市场的政府责任和市场责任，允许社会资金建设医疗服务机构，提供医疗服务，最终建立“非营利性医疗机构为主体、营利性医疗机构为补充，公立医疗机构为主导、非公立医疗机构共同发展，结构合理、覆盖城乡的医疗服务体系”。

医疗保障体系领域。新的中国模式以实现全民覆盖为目标，将不断扩大新型农村合作医疗、城镇职工基本医疗保险和城镇居民基本医疗保险制度三大基本医疗保障制度的覆盖面，做到覆盖城乡居民。同时，依靠城乡居民医疗救助制度保障收入困难群体医疗服务的可及性。真正做到病有所医，同时鼓励商业保险机构为公民提供补充医疗保险服务和提供医疗保障经办管理服务。

药物领域。新的中国模式最大特色是建立国家基本药物制度来保障人民群众的安全用药，并通过各种措施规定各级卫生医疗机构使用基本药物，实施药品零差价制度，对用药安全列入重点发展领域。

（三）注重五个重点领域的改革

新的中国模式注重五个重点领域的改革。这五个重点领域为基本医疗保障制度改革、公共卫生服务项目支出改革、基层卫生医疗服务体系建设改革、基层卫生医疗机构和公立医院补偿机制改革五个领域。

1. 建立全民医保体系，实现人人享有基本医疗保障目标

新的中国模式，通过全民医保体系实现人人享有基本医疗保障的目标。现有的城镇居民医疗保险制度、城镇职工基本医疗保险制度和新型农村合作医疗制度的覆盖范围将不断扩大，最终实现全民覆盖。同时逐步完善医疗保障管理体制，提高管理效率、筹资和保障水平。并通过城乡医疗救助制度，帮助城乡经济困难群体提高医疗服务的可及性，享受基本医疗保障。同时，不同医疗保险制度之间、医疗保险制度和医疗救助制度之间实现有效协调和衔接。

2. 建立国家基本药物制度，减轻群众用药负担

新的中国模式将建立完整的基本药物遴选、生产供应、使用和医疗保险报销制度等体系，保证群众基本用药的可及性、安全性和有效性。基本药物的生产和配送将得到规范。国家将制定基本药物零售价格。同时，建立基本药物有限选择和合理使用制度，要求卫生医疗服务机构提高基本药物的使用率。并通过提高基本药物的报销比例，鼓励消费者使用基本药物。

3. 健全基层卫生医疗服务体系，有效利用基层医疗机构

新模式将以健全基层卫生医疗体系，有效利用基层医疗机构为重点。新模式不断加强基层卫生医疗机构建设，加快构建农村县医院、乡镇卫生院、村卫生室三级卫生网络和城市以社区卫生服务中心为基础的医疗网络建设，改变医疗资源配置本末倒置的状况，鼓励社会资金举办基层医疗机构，不断充实和加强基层卫生医疗机构。同时，加强卫生人才队伍建设，特别是全科医生培养培训，着力提高基层卫生医疗机构服务水平和质量，农村居民小病不出乡，城市居民享有便捷有效的社区卫生服务。转变基层卫生医疗机构运行机制和服务模式，完善投入机制，逐步建立分级诊疗和双向转诊制度，城乡居民基本卫生医疗服务费用负担减轻，利用基层卫生医疗服务量明显增加。

4. 健全城乡公共卫生服务体系，促进基本公共卫生服务逐步均等化

新的模式将逐渐实现基本公共服务的均等化。新模式将制定国家基本公共卫生福利包，并逐步扩大国家公共卫生服务项目范围，向城乡居民提供疾病防控、计划免疫、妇幼保健、健康教育等基本公共卫生服务。实施国家重大公共卫生专项，有效预防控制重大疾病。进一步提高突发重大公共卫生事件处置能力。逐步缩小城乡居民基本公共卫生服务差距，提高全民健康水平。完善公共卫生服务经

费保障机制，加强绩效考核，提高服务效率和质量。

5. 推进公立医院改革试点，提高医院绩效

新的模式将在公立医院的管理体制、运行机制、监管机制、补偿机制几方面进行探索，并逐渐完善起来，还将调整公立医院的布局，使它更加合理。多元化办医被引进，允许社会资金参与社会公益事业，兴办非营利性的医院。同时，新的模式明确了政府对公立医院的支持责任。公立医院的基本建设费用、大型设备购置费用、重点学科发展费用等都将给予专项补助。目标是实现医院政事分开、管办分开、医药分开。

三　新医改方案的特点

新的中国模式中，总结改革开放30年卫生医疗体制不断探索的经验，在很多重大问题上都有所突破，确立了改革的中长期目标，提出了构建“四大服务体系”，对卫生医疗领域政府责任和市场责任进行了合理划分。总体来看具有以下几个特点。

第一，目标新。新医改方案确定了一个总体目标，是到2020年实现人人享有基本医疗卫生保障，并且覆盖城乡居民。这充分体现了打破城乡二元分割，保护弱势群体的政策目标。在总体目标之下，还提出一系列具体指标，包括财政对城乡居民参加医疗保险的补贴，对人均卫生费用的投入，还有整个卫生的投入同财政收入增长的关系。这使发展目标具有很强的可操作性，为实现目标提供了政策保障。

第二，理念新。改革方案特别强调了公平，很多地方都强调公平公正，人人享有同质公共卫生服务，这是以前的改革方案当中没有提及的。改革开放30年，我们深刻认识到社会保障本身是一种再分配的手段，调整社会的公平。医改方案特别突出了公平，符合科学发展观，体现了新的执政理念，也确实有助于社会和谐发展。

第三，改革的整体框架新。医改方案明确提出了要构建四大体系，公共卫生、医疗服务、医疗保障和药品保障。这说明我们对中国的医疗、中国特色的医疗制度改革有了更深的认识和把握，知道了医改的边界，知道哪些问题应该放在这里一起统筹解决。相比2000年提出的“三改并举”有了很大发展，认识到“三改并举”还不足以真正地建立一个适合国情的框架，这次把它界定为“四大体系”是一个关系到全局的重大突破。

第四，责任划分新。新医改方案重点划分了政府责任和市场责任的分工，特别提出了政府要承担的责任。在市场经济环境下，向一个尽责任的政府迈进了一步。新医改试图充分调动市场机制的作用，通过“政事分开”和“管办分开”的原则以及医疗保障的多层次性，表明改革在强调政府干预弥补市场失灵的同时，也追求市场竞争机制下效率的提高。新的中国模式将在公平和效率、政府和市场责任之间达成一种新的平衡。

第五，分阶段，抓重点。新的中国模式不仅是一个规划，还是一个拥有实施路线图和具体的时间表的施工表。新的中国模式的两份指导性文件《中共中央、国务院关于深化卫生医疗体制改革的意见》和《卫生医疗体制改革近期重点实施方案（2009～2011年）》对总体目标和实施方案进行了明确，并且总体方案和实施方案都强调分步走，具体实施，抓重点。新医改方案不但研究制定了一个规划，同时研究了实施路线图，并且给了个具体的时间表，也可以说是一个创新。

参考文献

[1] 蔡仁华：《中国医疗保障制度改革实用全书》，中国人事出版社，1998。

[2] 邓力群等：《当代中国的卫生事业（上）》，中国社会科学出版社，1986。

[3] 邓力群等：《当代中国的卫生事业（下）》，中国社会科学出版社，1987。

[4] 葛延风：《中国医改问题　根源　出路》，中国发展出版社，2007。

[5] 国家统计局社会统计司：《中国社会统计资料1987》，中国统计出版社，1987。

[6] 黄永昌：《中国卫生国情》，上海医科大学出版社，1994。

[7] 世界银行：《1982年世界发展报告》，中国财政经济出版社，1982。

[8] 王虎峰：《解读中国医改》，中国劳动和社会保障出版社，2008。

[9] 王绍光：《中国公共卫生的危机和转机》，中信出版社，2003。

[10] 王延中：《中国的劳动与社会保障问题》，经济管理出版社，2004。

[11] 卫生部基层卫生与妇幼保健司：《农村卫生文件汇编（1951～2000）》（内部资料），2001。

[12] 严善平：《城市劳动力市场中的人员流动及其决定机制》，《管理世界》2008年第6期。

[13] 张开宁：《从赤脚医生到乡村医生》，云南人民出版社，2002。

[14] 中国社会科学院、中央档案馆：《中华人民共和国经济档案资料选编·劳动工资和职工保险福利卷》（1949～1952），中国物价出版社，1998。

[15] 中华人民共和国卫生部：《2006中国卫生统计年鉴》，中国协和医科大学出版社，

2006。

[16] 中华人民共和国卫生部:《2007 中国卫生统计年鉴》，中国协和医科大学出版社，2007。

[17] 邹东涛:《中国经济发展和体制改革报告》，社会科学文献出版，2008。

The Healthcare Reform with Chinese Characteristics

Abstract: The past 60 years that China experienced has witnessed a continuous transformation of health system. Against the special backdrop of dramatic economic reform and social transition with Chinese characteristics, the road of healthcare reform in China has been inevitably marked by Chinese signatures. This chapter divides the 60 years transformation of healthcare reform into three historical phases according to their underlining features, and analyzes the phases respectively. This chapter examines the environment that shapes health system of the three phases, summarizes the respective achievements and cons, and reveals the development road and pattern transition of health system in China. This chapter ends with a discussion of the new healthcare reform plan and its prospect.

Key Words: Healthcare; Reform; Chinese Characteristics

第二十六章
从浙江的民主看中国民主的未来

章敬平*

摘　要： 浙江经济的惊人成就，自发地孕育出一个新生的私营企业主阶层，争取更大财富的动力，驱使这些新的先进生产力的代表们，自下而上地攀上权力的枝条，执政党自上而下的不失时机的应和，最终酿成了我们所说的“浙江的民主”。浙江不是一座孤岛。我们议论浙江的民主，离不开中华人民共和国60年的宏阔语境。所以，研究浙江的民主，就必须回答：浙江的民主和浙江经济的发展，有着怎么样的因与果？浙江的民主是不是中国民主的未来？从浙江的民主看中国民主的未来，会不会再现俄罗斯式民主的厄运？

关键词： 浙江的民主　中国的民主　私营企业主阶层

金钱铺设了一条通往权力大门的新路。当昔日的瓦匠、鞋匠、学徒、车间工人、高考落榜青年，凭借惠及个人、家庭和社会的财富，走向象征人民主权的人民大会堂，我们相信新兴的浙江私营企业主阶层，业已为中国转轨时期的民主生活注入了新的活力元素。这就是笔者试图论说的浙江的民主。回顾共和国60年的历史，浙江人冲破了阶级和贫穷的藩篱，过上了只有相对富裕方能享受的民主生活，集体无意识地催生了堪称“浙江的民主”的新现象。

本章期待通过对这个新现象的解释分析，探讨中国民主的未来。浙江是中国的一个缩影，也是未来中国的一面镜子。把浙江的情形放大很可能就是中国未来之路。浙江的难题也是中国的难题，浙江的经验也是中国的经验。

---

* 章敬平，法学博士，南方报业集团记者，著有《拐点：影响中国未来的12个月》等6部非虚构作品。

第一节　浙江的民主

勾勒“浙江的民主”这一独特现象的容颜，解释这一独特现象何以生成，是本节所要解决的问题。但，夸奖不是笔者的全部目的。除了浙江的民主的本身形象，笔者还想追访它的特性、意志、偏见和情绪，笔者想搞明白浙江民主的究竟，以使我们至少知道应当希望它如何和害怕它什么？浩浩荡荡的民主化的世界潮流中，浙江的民主，贡献了怎样的地方经验，又如何对接民主的普适价值？

回答这些追问之前，还是让我们回到中国地图上那个形似海螺的狭小土地，考察它的自然人文风貌，究竟有着什么样的独特之处，竟使4600余万人的民主生活，成为民主化潮流中的独特景致。

一　七山一水两分田的自然条件

俯瞰自然地理风貌，窥探民主发育的条件，并非笔者独创。托克维尔在《论美国的民主》第一章，就把美利坚的山脉河川和美国的民主勾连在一起。

对这一方法的引用，绝非食古不化的生搬硬套。笔者坚信，浙江的民主源自哈耶克所谓的“扩展的秩序”，而这一秩序之所以生成的秘密，全在于“七山一水两分田”的自然地理条件。所谓“七山一水两分田”，用数字来解释，就是：70.4%的山地丘陵，23.2%的平原盆地，6.4%的河流和湖泊。

10万年前就有古人类活动的浙江，在208.17万公顷的耕地上，滋养着4600余万的人口。[①] 人多地少的矛盾，可以上溯到清朝，早在咸丰九年，浙江的人口便有3040万。[②] 直到1978年，土地和浙江人的紧张关系依然没有丝毫改变。1978年，浙江人均耕地0.68亩，不足全国平均水平的一半，仅为世界人均水平的六分之一。在经济最具活力的温州、台州，人均耕地面积更为稀少。温州人均耕地0.52亩，而永嘉的桥头镇，只有0.28亩。[③]

---

① 4600余万的人口数，是2003年末的统计数据。浙江概览编委会：《浙江概览2004年版》，浙江人民出版社，2004，第2~6页。

② 卓勇良：《番薯、战争与企业家精神——也谈温州模式的成因及其困境》，《浙江社会科学》2004年第3期。

③ 浙江省哲学社会科学规划办公室编《浙江新发展：思考与对策》，浙江人民出版社，2004，第2109页。

这就是浙江人偶然成为“东方犹太人”的自然地理条件，人多地少的矛盾，圈定了浙江人必须走出浙江，在流动中寻觅活路的生命路线图。2005年春天仙逝的费孝通先生说过，以农为生的人，世代定居是常态，迁移是变态①。当直接取资于土地的农业，不能让浙江人“黏在土地上”，过老婆孩子热炕头的生活，他们只得哼唱着“你挑水来我浇园”，像邱继宝那样挑着补鞋的家伙，茫然地走向前路渺茫的东北。

用浙江人多地少土地贫瘠，对比东北地广人稀土地肥沃，我们就容易理解，计划经济的堡垒为什么能够在浙江民间被率先冲破。尽管自然地理条件的解释，并非唯一的原因。

不能从土地里刨出黄金和粮食，浙江人选择了外出。一开始是地少人多的环境使然，慢慢外出变成了习惯，习惯演进成传统，传统转变成文化。考察一下楼忠福同一时代的浙江私营企业主们，有几个人不是少小离家，外出谋事。全国人大代表周晓光，虽是女流之辈，也在那个时代，挑着货郎担，漂浮在中国的土地上，掘她的第一桶金。

有些浙江人在中国和别的国家官方贸易尚未展开的时候，就经由种种渠道，打开了他们的国门。不是所有去海外做生意的人，都像人们想象的那么风光。为了开拓海外贸易，不少人客死异国他乡。

问浙江人为什么愿意远走他乡，为什么在割资本主义尾巴的时代，还敢于偷偷摸摸地做生意？答案就在于恶劣的自然条件。如果我们将威尼斯人置身“无土可耕，无石可采，无铁可铸，无木材可作房舍，甚至无清水可饮”②的沼泽的生存条件，比拟成浙江地稀人稠多台风的自然条件，就能明白温州人为什么在1970年代全国人民都在学大寨的时候，甘冒坐牢的风险，私刻公章，伪造介绍信，外出倒卖粮票、金器和银器。

逼迫浙江人走出“农业社会”的匮乏的自然条件，不只限于土地的稀少。铁、煤、油等等工业原料的贫欠，也驱赶着“由农而工时代”的浙江人，闯荡外面的世界。国家统计局发布的45种矿产工业储量潜在价值表明，浙江人均资源量综合指数，排在全国倒数第三名。

浙江的区位，过去也是劣势。作为濒临沿海的海防前线，计划经济时代的国

① 费孝通：《乡土中国》，生活·读书·新知三联书店，1985，第4页。

② 〔美〕黄仁宇：《资本主义与二十一世纪》，生活·读书·新知三联书店，2004，第45页。

家经济工业布局，过早地抛弃了它。1953～1978年，浙江人均国有投资411元，全国倒数第一。作为毗邻上海的穷邻居，它总不能免除“阔邻居”的挤兑，民国时代的浙江工业资本，不足上海的1/16。①

中国古老的祸福相依的哲学，被最近30年的浙江经济再度验证。稀罕的计划经济国有投资，让他们少了计划经济体制的束缚，上海富可敌国的资金和“星期天工程师”，给他们补给了人流、物流、信息流、技术流。没有国字号经济可以倚赖，扶持私营企业，就成了慑于政绩压力的官员不得不做出的选择。

二　重事功、务实效、敢冒险的文化品格

追本溯源，非独自然地理条件，浙江人重事功、务实效、敢冒险的文化品格，也是浙江民主生成的要素之一。当然，人文要素并非直接作用于浙江的民主，而是通过刺激经济，进而由经济的成功影响到民主的生成。

惯常的说法是，永嘉学派重事功的文化传统，是浙江私营企业主阶层重商务实精神的来源。新华社浙江分社原副总编胡宏伟，就从800年前永嘉学派的代表人物叶适身上，探察到温州市场经济的“基因图谱”。② 历史上所谓永嘉学派，又被称作事功学派，最为看重经世致用。“善为国者，务实而不务虚”，不少浙江文化人耳熟能详的这句话，便出自叶适之口。他认为功利与道义并行于天地之间，“既无功利，则道义者乃无用之虚语尔”。

尽管有人质疑说，引导浙江经济奇迹和制度创新的人群中，大多数人只是粗通文墨，“可能连叶适、陈亮、黄宗羲等人的名字都闻所未闻，更遑论受浙东事功学思想观点的影响了。”③ 但笔者相信，重商、重事功、务实效的确是浙江私营企业主阶层的文化品格。只是，笔者难以辨别这种文化品格的原动力，到底是事功学派，还是宋代以降的人地矛盾，抑或两者兼而有之。

---

① 卓良勇：《挑战沼泽——浙江企业家精神起源与最优的制度变迁路经》，载《浙江新发展：思考与对策》，浙江人民出版社，2004，第73页。

② 叶适，公元1150～1223年，字正则，定居于永嘉城南水心村，今温州鹿城区水心街道，世称水心先生。叶适理论中最为后人侧目的是，倡导功利之学，讲究经世致用，即无功利则道义者无用之虚语尔。

③ 浙江省哲学社会科学规划办公室编《浙江新发展：思考与对策》，浙江人民出版社，2004，第2082页。

依据南京大学周晓红等人的研究①，浙江乐清在 1731～1825 年，这不足 100 年的时间内，人口猛增了将近两倍，人均耕地却从 4.39 亩下降到 1.62 亩，依据 4 亩地养活一个人的生产力水平，他们除了务实地应对生活的残酷，一粒米一颗稻地谋取生活外，怎么敢玩虚的呢？

没有真金白银的利益，道义上再伟大正确的事，也没有哪个浙江商人愿意去干。即便是敬鬼神这样的事，也能折射出浙江人的务实精神。普陀山是佛教圣地，但佛教并没有统领有神论者的头脑。稍稍留意浙江私营企业主敬重的不知凡几的行业鼻祖，从木匠瓦匠供奉的鲁班，到龙井茶商信奉的陆羽，再到鞋匠尊崇的孙膑……名目繁多的行业保护神，一方面证明毛泽东“中国农民多神论”的正确，另一方面则表明浙江民间社会对神的信仰，是务实的，“有奶便是娘”。

浙江人大多看重的是实实在在的利益，而不是名分。2002 年，笔者去浙江解密他们的外贸奇迹，发现私营企业主阶层才是奇迹的制造者，而非海关报表上的国有企业。细察方知，由于进出口权的“公有制”瓶颈，大批量的中小私营企业主，委身于“国”字旗下，纷纷套上红帽子。

红头文件，中央政策，无论它们对自己是如何的不利，他们都不曾梦想着直接去撼动这些高高在上的律令。他们深知自己在国家机器面前的渺小，从不幻想着鸡蛋碰碎石头，而是迂回包抄，阳奉阴违。政府说私营经济的股份合作制有资本主义的嫌疑，商人就说自己是集体经济的股份制。“先生娃，后取名”，“先看一看，不下结论”，20 世纪 80 年代以来流行于温州的许多民谚，清晰地洞见了浙江人的避虚就实的“实惠精神”。

看上去工于谋算的浙江商人，在经济利益面前，多的不仅仅是精心的算计，还有敢于冒险的勇气。从 20 世纪 80 年代被逮捕判刑的温州“八大王”，到前几年在俄罗斯被劫杀的浙江商人，一次次悲惨的冒险，被操着浙江口音的阔绰掩盖了。在浙江，几乎每年都有商人突然从人间蒸发，再无踪迹可觅。访其缘由，多数是经商失败后躲避债主逃往海外。冒险的代价是巨大的，浙江私营企业主在生意上的艰难险阻，远非他们在支票上签字时那么潇洒倜傥。

敢于冒险，就意味着敢于担当，勇于创新。数数浙江 30 年来诞生了多少个

① 周晓红：《传统与变迁——江浙农民的社会心理及其近代以来的嬗变》，生活·读书·新知三联书店，1998，第 88 页；陈立旭：《务实精神与浙江经济发展》，载《浙江新发展：思考与对策》，浙江人民出版社，2004，第 2097 页。

第一：中国第一个农民包飞机、中国第一座农民城、中国第一本个体工商执照、中国第一个股份合作制企业、中国第一个私营企业条例、中国第一个改革金融利率、中国第一个跨国农业公司……民主创新领域，浙江人也审时度势，搞出了很多个第一：第一个全国人大代表自费登广告征集议案、第一个给农民工以选举权、第一个搞选举公证制度……

敢于冒险，还意味着不怕被视作异端。义乌人冯志来，一个兽医，竟然在中共十三大确立社会主义初级阶段理论之前25年，写出如出一辙的万言书——《半社会主义论》，送到中央办公厅，要求与毛泽东对话。这一点倒像叶适，在程朱理学被尊崇为正宗的年代，敢于反对崇本（农业）抑末（工商业），反对重官（政府）抑私（私营）①。

三　开放、贸易与全球化的时空背景

漂洋过海，是浙江人将近千年的传统。北宋年间，温州的造船业举国无双。海外贸易自彼时起，就把浙江人和海外捆绑在一起。世界贸易组织，是一条填平大海的“船”，牢牢地拴住了浙江人，哪怕在中国尚未“入世”之前。

我们论浙江的民主，离不开浙江的私营经济，说浙江的私营经济，就无法回避浙江的开放、贸易和全球化。经验的直觉告诉笔者，通往四海的贸易格局，全球化的生意往来，正在开凿一条浙江的民主通道。

蝴蝶在此岸扇动翅膀，无数次的叠加，或可在彼岸引发海啸。西方人的“蝴蝶效应理论”在浙江私营企业主看来，一点都不深奥。尤其是做贸易的商人，生意上的全球化反应，早已让他们明白了这一点。

不懂外语，靠翻译、手势和计算器谈判的浙江商人，业已绑上了全球化战车。义乌人早已丢弃了用以发家的鸡毛换糖，仰赖宁波港的集装箱，把中国制造的货品从国际商贸城，输送到全球212个国家和地区。走在义乌，汉语、英语、朝鲜语和阿拉伯语，四种语言写成的醒目的广告牌宣告这座国际商贸城面向全球的定位。

开放格局下的全球化视野，不仅填写了巨额的外贸出口单据，还迎来了民主的人权观念。2000年以后，全球最大的零售商之一沃尔玛，派员去义乌浪莎集团，检查工厂的安全生产和消防设备，甚至还到职工的厕所看过。浙江人从沃尔

① 胡宏伟、吴晓波：《温州悬念》，浙江人民出版社，2002，第81页。

玛这些跨国公司的小动作中，明白了企业公民的社会责任，知道“SA8000”的中文含义是社会责任标准。

就在沃尔玛这样的企业，将“工厂素质评分标准”纳入到全球采购的日子里，浙江私营企业主渐渐懂得了消防设施不齐备、非法使用童工，不仅是不道德的，也违反世界通行的生意规则。把劳工权利与订单挂钩，固然让他们中的一些人不愉快，却固化了民主社会不可或缺的社会责任。

全球化不是免费的午餐。浙江人享受了全球贸易的好处，也遭遇了“反倾销”的不愉快。尽管入世谈判是国家的事，应诉打官司却是民间商会的事。2003年，中国民间应诉第一人，温州打火机协会副会长黄发静，打赢了中国入世第一案。

世界贸易组织的规则、国际贸易法律，把习惯各自为战的浙江商人团聚起来，自行解散了“跑单帮”的货郎担模式。曾几何时，他们从来没有关心过这样的议题：中国该不该入世？贸易是否需要自由化？入世后如何应对国外的反倾销？他们只是默默地甚至是偷偷摸摸地越过边境，和洋人做生意。

现在，WTO议定的“世界贸易宪法”，已经波及他们，他们原先以为只是少数政策制定者和少数学者关心的事情，已然是他们不得不面对的问题。2004年，温州人开设在意大利的皮鞋商城，遭到反倾销怒火的焚烧。尽管他们并不理解全球化和民间社会究竟存在着什么样的内在联系。他们不得不快速组建起一个个民间社团，去应对应接不暇的反倾销、反补贴。

显然，他们的自组织能力，已经超出了官方的预期。在温州，非官方的中小企业发展促进会，开始影响地方政府的决策。如果说，民主政治的好处，就在于它给不同的利益集团提供了主张自己利益的渠道。那么，在国际化浪潮中跃起的一个个NGO（非官方组织），毫无疑问地丰富了浙江的民主。

四　自发扩展的秩序

研究浙江的民主，我会不止一次地翻阅哈耶克的著作，这位伟大的诺贝尔经济学奖得主倡导的“扩展的秩序”，一次次地敲击笔者心灵的窗户，为笔者看到的浙江的民主的细节作出理论上的说明。浙江的民主，从来就不是官方有意为之的“计划性产出”，而是发轫于民间经济的自发无序的生成。

对于西方世界的兴起，欧美的经济学家们曾围绕欧洲经济增长的原因，争执不休，有的说是技术革命，有的主张人力资本的投资，还有的人强调市场信息成

本下降，诺贝尔经济学奖得主道格拉斯·诺斯说：他们说的都对，但都没有击中要害，有效率的经济组织才是经济增长的关键；有效率的经济组织在西欧的兴起是西方世界兴起的原因所在①。那么经济组织怎样才会有效率？他们谈到政府须保护所有权的制度创新，“如果所有权使从事社会生产性活动成为合算的，便会出现经济增长。”②

反观浙江经济发展史，我们能找到多少技术进步的例子，解释一个资源倒数的省份，何以能在1978～2003的25年间，坐上中国经济领域的第四把交椅？何以能以人力资本的投资，创造出124亿GDP？同样，我们也不能仅仅用市场信息成本下降，说明浙江在GDP年增长速度、人均GDP增长速度、外贸出口总额、财政总收入四项指标上，仅次于北京、上海、广东的经济奇迹③。

诺斯对西方世界兴起的解释，完全可以套用到浙江经济奇迹的创造上。25年来，浙江私营企业主阶层的不断壮大，浙江经济总量的递增，都与私有产权息息相关。他们曾为产权坐过牢，为私有产权戴过红帽子，在政治风波乍起的时候，主动向地方政府申请“充公”，近些年来他们为私有产权得到宪法的保护，屡屡上书，利用他们在人民大会堂的参政议政权，一次次建言国家将保护私有财产写进宪法，并在2004年如愿以偿。

为什么握锄头、螺丝刀和修鞋器材的手，最终能和中国领导人拉在一起？你问从小就蹲在寒风中修鞋的南存辉，问年逾不惑才开始卖冰棍的宗庆后，除了哈耶克所说的求生存求发展的本能之外，还有什么伟大的理想在支撑他们么？

哈耶克说，资本主义是一个被反复误读的概念，它的本质不过是自由企业制度或者人类合作秩序的无限扩展。他认为，在合作秩序的扩展中，产权私有的社会基础不可或缺。显而易见，浙江20余年的发展，满足了这个条件。

论功行赏，我们只能将这个丰功伟绩，归于自发的民间的力量，而非政府。浙江的官员相对于其他省市，要开明得多，但他们不是浙江私营经济发展的核心要素。很多时候，他们是被民间的力量推动着往前走。中共十六大全面解放私营企业主阶层以前，说他们是改革的维护者，远比称他们是维护者，更

---

① 〔美〕道格拉斯·诺斯、罗伯斯·托马斯著《西方世界的兴起》，厉以平、蔡磊译，华夏出版社，1999，第3页。

② 〔美〕道格拉斯·诺斯、罗伯斯·托马斯著《西方世界的兴起》，厉以平、蔡磊译，华夏出版社，1999，第13页。

③ 浙江概览编委会：《浙江概览2004年版》，浙江人民出版社，2004，第26页。

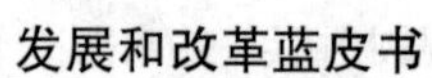

为贴切。

自20世纪60年代始，温州的改革派官员的命运充满悲怆。他们时常是“被拎出来‘示众’一番的被告”，他们不得不苦心培植一些公有制企业的典型，并在外来取经者跋山涉水而来时，不厌其烦地向来者大谈温州发展公有制经济的经验。两位追踪温州多年的前新华社记者说，如果我们据此“说温州的官员一开始就明白执政体系应当如何与市场经济相衔接，知道政府如何在市场经济状态下发挥有效的作用”①，显然是夸张了。最接近本质的解释是：情势的变迁，聚集了巨大的改革压力，他们不得不顺势而为，以利益调整的方式进行协调。

在浙江，纵使那些在私营企业发展的生死关头支持过改革的官员，也没有几个是真正的先知先觉者。他们确实提着乌纱帽，冒险支持过第一个股份制的银行，以及其他为数众多的冒当时制度之大不韪的“第一个”。凡此种种，都符合经济人的假设，都和哈耶克在《致命的自负》、《通往奴役之路》、《自由宪章》中反复申述的“扩展的秩序”相吻合。

再看看义乌小商品国际城26年前的命运浮沉。当农民丢弃农活去做批发市场的时候，吃官饭的工商人员便根据红头文件的指示驱赶他们。双方之所以没有变成猫和鼠的天敌关系，不是因为工商人员支持先进生产力的代表，而是出于本乡本土的同情心。至于小商品批发的合法性承认，也是地方政府基于自身利益的考量，不得不作出的妥协。

刨除少数官员“寻租”的私心，多数时候，浙江各个地市的大小官员，在改革开放中展示开明的最大动力，莫过于“造福一方”的压力。又无其他改善人民福利的路子，只得任由他们偶尔也看不惯的私营企业像野草般疯长。尤其在GDP挂帅的时代，数字政绩使他们无论情愿与否，都得和私营企业主坐在一起，支持他们的钱途就是支持自己的仕途。

政府官员们对民主政治领域内的制度创新，所持态度大抵上也是顺水推舟。如果情势不明朗，他们的态度则趋向于暧昧，或者否定了事。义乌的官员最初听说私营企业主捐资参选“村官”，没有表态，只是任由他们去做。瑞安首创的契约村官制度，在媒体或赞赏或质疑的嘈杂声中，被中共温州市委束之高阁。

所以，浙江经济的发展，私营企业主阶层的崛起，以及他们所推动的私有产权入宪，乃至渗透其中的民主价值观的萌芽，从来都不是决策者的神机妙算，尽

① 胡宏伟、吴晓波著《温州悬念》，浙江人民出版社，2002，第295页。

管开明的官员和政府确实对制度变迁意义非凡。

以大历史的眼光观之，浙江渐进式改革的成功，是渐进式民主的成功，也是“扩展的秩序”的胜利。它似天上的彩虹，那么美丽地逶迤在苍穹，不矫饰，不刻意。它不是“圣人”理性的制度预设，亦非一夜变天的凤凰涅槃。

你瞧，先在旧体制的边缘凿个洞，让新体制温暖的亮光穿越其中，再缓缓地融解冰冻的旧体制，继而让冉冉升起的新体制取代日益崩塌的旧体制。新旧体制的交换，非但没有引发社会动荡的海啸，看似稳定的政治体制，还为接下来的制度变迁，准备了一个相对稳定的社会环境。

第二节　他们能否成为俄罗斯式的寡头

2003年的春天，俄罗斯尤科斯公司的寡头、盛气凌人的霍尔多科夫斯基，这个被普京总统投进监狱的家伙，发出有意进军政坛的种种暗示。据说，他和身材比他矮小的普京见过一次面，认为俄罗斯宪法应该得到修改，在他渴望建立的议会民主政体中，他为自己预设的职位是总理。

霍尔多科夫斯基的念想，从来没有出现在哪个浙江私营企业主的梦想剧场中。无论是在人民大会堂听总理做报告，还是在被总理接见的时候。有趣的是，13亿人口中，总有人要以人民的名义跳起来，指责私营企业主的参政议政，最终会引发一场覆水难收的“颜色革命”。①

当然，担忧者并非总是沉溺于马克思主义的保守主义者，也有部分认同自由市场经济的改革派人士，在描述邻居不幸的《寡头》和《世纪大拍卖》译介到中国的2003年，震惊于寡头教父疯狂攫取财富肆意践踏民主法制的俄罗斯转轨内幕，他们不放心地说，在俄罗斯努力成为“中国式的俄罗斯”的同时，中国真的不会变成“俄罗斯式的中国么”?②

尽管中国和俄罗斯有着同样惊人的相同之处，观察浙江私营企业主阶层，我们认为，仅就当下的条件而言，他们还不会变成俄罗斯式的寡头，中国的经济，不会演进成权贵资本主义的经济，中国的民主，也不会蜕变成俄罗斯式的寡头民主。

---

① 凌志军：《变化：1990～2002年中国实录》，中国社会科学出版社，2003，第241页。

② 克里斯蒂亚·弗里兰著《世纪大拍卖：俄罗斯转轨的内幕故事》，张春霖译，中信出版社，2004，第354页。

一 政治的开放是有条件的

看浙江的私营企业主，最接近我们所谓的“从政”的，是徐冠巨。2003 年早春时节，他当选为浙江省政协副主席，跻身于省部级官员序列。始终将“责任”挂在口头的徐冠巨，在接受媒体访问的时说，他无意于下一届，他希望有更合适的人替代他。

当笔者从媒体上看到这则报道时，笔者相信他说的话，不是中国人习惯于听听就拉倒的场面话。温文尔雅的徐，给笔者有限的印象，从来不是一个野心勃勃的人。

“如果他有野心，不安分，中组部的试点，就不会落在他的头上。”一个对徐并非特别友好的浙江私营企业家说：“掌权者的开放，不是无条件的。”

且不论走向人民大会堂的冯根生、邱继宝，作为中共十三大、十六大的党代表，他们本身就是中共党员，就是执政党组织中的一员。即便是进军人大和政协的私营企业主，财富只是表明他们是否应该纳入这个阶层的资格证书，而非他们参政议政的唯一依据，没有中共基层组织的层层荐举，没有一个个会议的讨论、一张张表格的审查，是难以享受“富人政治”的待遇的。纵使是以“银弹”攻进人大、政协的不良商人，他们所贿赂的，也是执政党在某个层面的官员。

也就是说，私营企业主要“从政”，主动权不在私营企业主本身，而在执政党的各级党组织。

虽然坐在中共十六大新闻中心的邱继宝，并不知道浙江的党代表是怎么推选出来的。但他的党代表身份，就像他回答他是怎么入党时所说的，不是你想怎么样就可以怎么样的。

2003 年 1 月 20 日，中共中央统战部部长刘延东，受中共中央委托，在政协常委会上，对包括徐冠巨在内的 2000 余全国政协委员的推荐提名，作了一个正式说明。包括浙江省 6 名私营企业主在内，尽管所有全国政协委员的诞生，都“是各党派各方面反复酝酿充分协商的结果”①，但“换届人事安排的原则、方针和政策”，是中共中央决定的。中共中央统战部就十届政协人事安排的总原则、规模、界别设置、入选条件等重大政策性问题，与各民主党派、全国工商联负责人和无党派代表人士协商，也是受中共中央委托的。

---

① 新华社北京 1 月 25 日电，《名单是各党派各方面反复讨论充分酝酿的结果》。

“适当增加安排非公有制经济代表人士”，是中共中央就人事安排所确定的一个原则。看浙江6位私营企业主，2004年空余“英年早逝”一声叹息的王均瑶，是全国青联界别的；高天乐是民建中央界别的，这位天正集团的董事长，是民建中央的常委；徐冠巨、胡成中、李书福，则是全国工商联界别的，徐是全国工商联的副主席、浙江省工商联的会长，胡是浙江省工商联的副会长，李是浙江省工商联的常委。

我们知道，工商联和全国青联都隶属于在全国政协拥有议政席位的八大人民团体。全国工商联确实有个民间商会的名字——中国民间商会，据说，那是为了外交活动的便利，它的真正属性，在《中国工商业联合会章程》里被表述得很清晰：“中国工商业联合会是中国共产党领导的中国工商界组成的人民团体和民间商会，是党和政府联系非公有制经济人士的桥梁和纽带，是政府管理非公有制经济的助手。”

作为联系非公经济人士的纽带，各级工商联的日常经费仍由财政拨款、人员编制也纳入公务员序列。

可见，“老板从政”并非坊间议论的那样，是靠钱“砸”出来的。它是执政党有序开放的前提下，主动而为的。

再看徐冠巨当选浙江省政协副主席这样高级别的“从政”，也是执政党谨慎作出的试点。当选副主席之前，徐作为三省市试点的成果之一，当选了长期由省政协副主席担任的浙江省工商联会长。

实际上，此前5年，作为试点的试点，中国最大的经济特区海南，就尝试着让一个私营企业主出任省工商联会长。

徐冠巨作为工商联会长试点的时候，中共的统战部门对候选人的条件提出的明确要求中，有两个“强调”：强调所属企业的纳税额、在本行业中的领先地位、参与社会公益事业或光彩事业的业绩；强调社会主义的公私观、义利观、信用观和法治观。而这两个强调，都设定在一个前提下：保证政治标准。

我们再看私营企业主全军覆没的那次浙江省副厅级官员公选考试。2004年夏天，包括副市长在内的12个副厅级职位，首次向私营企业主敞开了大门。同样被视为民主政治改革的这次考试，实际上也不是浙江省大胆改革的结果，尽管它在中国的30多个省市中拔得头筹。2004年4月8日，中共中央就下发了《公开选拔党政领导干部工作暂行规定》，明确规定非公有制经济组织人员可报考公开选拔。

2004年7月18日，10位私营企业主参加笔试。全军覆没无缘面试的“惨状”，让盼望有点新气象的党的组织部门的官员感到遗憾。遗憾归遗憾，执政党的从政门槛，却不会随意放低。

其实，商人从政的门槛，在公开招考之前，业已被抬高。参考上述暂行规定，浙江省委组织部有约在先：私营企业主一旦闯关成功，就得洗脚上田，放弃自己在公司的所有职务，转让自己在企业所持有的股份。

考察完执政党对私营企业主“从政”的制度细则，笔者想起弗里兰。她在确认“俄国的样板对中国具有极其重要的意义”的同时，还指出“莫斯科和北京之间，也存在着一些关键性的差别”，譬如，“中国执政党的权力相当稳固”。①

二　追求的仅仅是经济民主

中国和俄罗斯之间的差异，当然不止于此。

像传说中的霍尔多科夫斯基那样，把政治民主挂在嘴上，希望俄罗斯修改宪法建立议会民主政体，以便捞取国家权力宝座，在浙江的私营企业主阶层中，是不可思议的。

确实没有哪个阶层，像他们那样对宪法的修改寄予绵绵的期待。直到2004年春天，去人民大会堂参与国事的浙江私营企业主们，始终没有停止促使国家修改宪法的呼吁。

然而，他们对修宪的期盼，只是经济民主，无涉政治民主。他们呼吁的不过是财产权的保护，诸如“人权保障”这样的字眼，从没有坚持不懈地出现在他们的提案和议案中。

这里，我们稍稍停顿一下，简要解释“经济民主”的概念。经济民主是被称为“新左派代表人物”的崔之元创立的一个概念，大致有两层含义：宏观上，旨在将“人民主权”贯彻到经济领域，使各项经济制度依据大多数人民的利益而建立和调整；微观上，旨在促进企业内部贯彻后福特主义的民主管理，依照劳动者的创造性来达到经济效率的提高。② 何家栋先生驳斥说，即使我们“赞同用

① 克里斯蒂亚·弗里兰著《世纪大拍卖：俄罗斯转轨的内幕故事》，张春霖译，中信出版社，2004，第3页；杨轶清：《浙商制造》，浙江人民出版社，2003，第85页。

② 崔之元：《经济民主的两层含义》，《中国与世界》1997年第4期。

政治民主去限制和调整经济自由，赞同‘后福特主义’，也没有必要给它们戴上一顶‘经济民主’的高帽，因为大部分经济领域奉行的是等价交换原则而不是民主原则”①。

笔者同意何家栋先生所说，民主是政治领域的一个范畴。② 笔者借用“经济民主”的概念，是因为它已成为一个存在于语言实践的新概念，一个被私营企业主误读为“保护私有产权捍卫市场经济的制度安排”，尽管《简明不列颠百科全书》对民主的解释的第四条是“任何一种旨在缩小社会经济差别的政治或社会体制”，并注明这种“社会经济差别”源自“私人财产分配不均”。

沿着被误读的方向，笔者把“经济民主”理解成民主原则在经济体制改革中的实验和适用。

迄今，笔者尚未发现南存辉、徐冠巨等浙江私营企业主，以个人名义提交的以保护私有财产为旨要的议案提案，但他们厕身其中的全国工商联，作为私营企业主阶层的政治代言人，倒是为立法保护私有财产不遗余力地喊了5年之久。

1999年，中国自1949年以来开始第三次修宪，私营企业主们翘首以盼的“私产入宪”，在高高的期待中寂寂无声地消失于无形。

2002年，保育钧先生再度领衔，起草了又一个同一主题的提案，建议修宪保护私有财产。全国人大以根本大法稳定性第一为由未予采纳。

次年，全国政协十届一次会议新闻发言人“抢先”发布了私产保护的消息。发言人说，非公有制经济和私有财产保护，是政协委员们热心的话题。嗣后，全国工商联第三次提交了《关于修改宪法完善保护私人财产法律制度的建议案》。是次“两会”上，浙江的私营企业主对新华社记者说，如果对私人财产缺乏安全感，民间资本会因种种顾虑而减少或放弃投资。

依笔者的观察，倘若中共十六大没有“完善保护私人财产的法律制度”的明确宣示，浙江的私营企业主在“两会”上附议这一议题的声音，或许就不会那么响亮，那么公开。

南存辉对记者们说，自己能有今天，是因为过去一直不“露富”、不多谈私人财产。他回忆起20年前，温州曾发生过评出几个富人进行“批判”的事，

① 何家栋：《后现代派如何挪用现代性话语》，http://column.bokee.com/85488.html。

② 何家栋：《后现代派如何挪用现代性话语》，http://column.bokee.com/85488.html。

“好在那时笔者没被发现”。南存辉提到的往事，就是浙江私营企业主耳熟能详的“八大王悲剧”。它总是那么倔强地提醒着商人们，保护私有财产，给非公有制经济平等地位，根本就不是面子问题。1982 年，中国开始“严厉打击经济领域犯罪活动”。温州“八大王”除了“螺丝大王”刘大源侥幸逃脱，余者均被戴上了手铐。

2004 年 3 月 14 日下午，偶尔忆起“八大王”的浙江十数位私营企业主身份的全国人大代表，在主持人的指令下，以快乐的心态，摁了摁身边的表决器。“公民的合法的私有财产不受侵犯”合法地写进了宪法。

几个小时后，温家宝总理回答德国电视台记者提问时表示，党的领导人会模范地遵守修改后的宪法。

“现在私有财产保护入宪了，笔者的心里没有顾虑了。只要我的收入和财产来源合法，任何人都不能随意剥夺我的财产。”一个叫孙德良的私营企业主，代表浙江的私营企业主发出了他的心声。

2005 年“两会”，浙江私营企业主的议案和提案，已从表达同类型企业发展的狭隘诉求，过渡到国计民生，由一个阶层的代言人，过渡到胸怀天下的“议员”。

综合诸方面的信息，以及笔者在浙江的观察，浙江私营企业主阶层最为关心的，不是政治民主，而是经济民主，究其实质，他们关心的是经济，而非民主。他们知道，生意做不好，参与民主政治又有什么益处。

前车之鉴，就停留在并不遥远的身边。距离南存辉老家不足 100 公里的一个名叫金乡的温州小镇上，20 世纪 80 年代活跃着一个叫叶文贵的私营企业主。胡宏伟和吴晓波在《温州悬念》中，笔调惋惜地还原过他的故事。

叶文贵过去真的很显赫。2005 年谢世的费孝通有生之年曾考察过他的厂子，夸奖他是一个“了不起的企业家”。地方政要将他破格提拔为副区长。20 年前发黄的《人民日报》还有他商人从政的消息。

而今，浙江私营企业主明星团队中，再也没有昔日名流叶文贵的名字。这个由于造电动轿车而债台高筑的人，只给当年对他艳羡不已的晚辈后生们，徒余一声叹息，并作为一个案例警醒试图从政的后来人。

三　不是寡头，是“士绅”

1997 年清明节，中共十三大党代表冯根生，去了杭州市西湖区龙坞镇鸬鹚岭白栎弯，出席晚清“红顶商人”胡雪岩墓的重修揭幕仪式。冯情真意切地说

“胡庆余堂的所有职工，都不能忘记自己的老祖宗。”①

不能忘记老祖宗什么呢？

重修墓碑的碑文说，不能忘记的“是乃仁术”的创业精神。细读之下，我们还能品咂出“狂商”冯根生的儒商心态。

2003年清明节。30岁的陈天桥返回故乡东坑坪村，浙江新昌县地图上的一个小点。他是一个工程师和一个中学英语教员的儿子，却在这里度过别人都说美好的童年。他来这里看望爷爷、奶奶、伯伯、婶婶。这里，是这位福布斯排行榜上第十位富豪的根。②

2004年清明节。上午9时50分，泥瓦匠的儿子郭广昌，系着一条特制的明黄色佩带，以首个民间主祭人的身份，“诚惶诚恐”地站在陕西黄帝陵，听主祭人宣布“农历甲申年清明节公祭中华人文始祖轩辕黄帝典礼”的开始。事后，位居福布斯排行榜的郭广昌，对媒体说，他觉得自己“不够资格”，“公祭人是承载全民族的象征，应该由宏商大儒来担任”。

清明，是中国历法中一个清洁而明净的时节，又是儒家文化中祭祀先祖、怀念故人的节日。大凡选择在清明返乡祭祖、探访故旧的中国人，都被视为儒家文化的传承人，一个没有忘记根本的人。

选择三个浙江私营企业主，在三个清明节的行踪，当然不是毫无缘由地随便说说。以一己之眼光，三个不同年代的私营企业家对待传统文化和故旧的态度，映衬的是浙江私营企业主阶层的文化精神背景。

冯根生1934年生，郭广昌1967生，陈天桥1973年生。1992年，邓小平南方谈话，陈天桥在复旦大学经济系当二年级学生的时候，冯根生已经是青春宝的董事长；而郭广昌离开复旦大学团委，创办了复星高科的第一个根据地。

尽管陈天桥只比郭广昌晚6年出生，但不同的成长背景，佐以互联网产业与医药等传统行业的差异，一些人眼中，郭广昌似乎比陈天桥早了一代。故而，冯根生，郭广昌，陈天桥，三个人象征着浙江企业家中的三代。

他们的言谈举止已不是胡雪岩那样传统的儒商，但他们身上分明流淌着“六经”的血。尽管他们的个性、行止、阅历、资历、背景都有着殊大的差异，却有着共同的“根文化”。

---

① 孙春明：《国药冯》，中国商业出版社，2001，第67页。

② 金水琴：《陈天桥们的童年故事》，《浙商》试刊号。

追溯“根文化”的根本，我们可以找出层出不穷的线索。出身“草根”，则是其中最为显要的一条。

14岁那年的冯根生，去胡庆余堂做末代学徒。14岁那年的郭广昌，父亲残废了一只手。他们都在这个岁月见识了生活的不易。浙江的私营企业主，没有多少人落地时便穿金戴银。寒门子弟，受教育程度低，是浙江私营企业主阶层的底色。像郭广昌、陈天桥那样，就读于复旦大学，下海于公门宅第，算是浙江私营企业主中的异类。

在陈天桥来人世间报到的1973年，南存辉在摆鞋摊，胡成中在做裁缝，李如成在学种地，汪力成在做临时工，邱继宝还没有做修鞋匠。

许多年以后，邱继宝面对采访中共十六大的西方记者，一脸坦诚：“我那时候哪有什么理想？能吃饱饭，就心满意足。”

时代的风云际会中，他们一个个地跳出来，一次次地证明哈耶克所说的“自发的扩展秩序”是多么伟、大光、荣正确。拜大时代所赐，他们从平凡中走出，成为大时代的主角。

他们中的有些人在繁华中坠落，在二奶和权钱交易中沉沦，更多的人，一边感激着时代的宠幸，一边小心翼翼地珍爱这个世界。

我从哪里来，又要到哪里去？他们中的绝大多数，都不可能像哲学科班出身的郭广昌那样，问出那样的哲学命题，但他们所做的都如郭广昌在笔记本上所写的：让我们从现在开始，对人感恩，对己克制，对事尽力，对物珍惜！

笔者一直认为，他们更像20世纪二三十年代江南的士绅，而非邻居俄罗斯式的寡头。

士绅，是官民之间的中间阶层，处于官的下层和民的上层。中国传统社会结构中，官、绅、民是三个自上而下纵向排列的等级。官分两等，头等是现职官员，次等是候补官员、归隐官员或者有衔无职的官员。民分四等，依次为士、农、工、商。①

以冯根生、徐文荣、鲁冠球为例，“士绅”的行为方式和品格特征，在他们身上隐约可见，尽管他们本人或许并不认同这个看上去“封建”的比喻。

冯根生的政治履历，是一张张“次等官”的表格。中共十三大党代表，杭州市人大常委，杭州市政协常委。2002年浙江省党代会上，冯根生的名字镶嵌

① 章敬平：《拐点：影响中国未来的12个月》，新世界出版社，2003。

在主席团成员的名单中，作为唯一的企业家，他常常被想当然的人们视为党政军高级官员。事实上，除他之外，主席团成员都是浙江党政军领导。他个性倔强，作风张扬，被人称为“狂商”，可他从不数典忘祖，知道有恩必报。

徐文荣的“领袖”地位，是一个个泥腿子授予的。徐文荣从未出任过横店官方的任何职务，却赢得了“首任市长”的领袖地位。“农民兄弟度假村及旅游景点”；横店大学；亚洲最大的影视城……过去的20年，徐文荣以20亿元的基础设施投入，以感恩的心态，硬生生地在曾经荒芜的故乡投资了一个完整的梦工厂。1999年，中国第一个经国务院批准的浙江省城镇规划，将横店列为和永康、兰溪同一等级的小城市。虽然横店还是义乌的一个乡镇，横店人早已戏称徐文荣为“我们的横店市市长”。①

鲁冠球的士绅形象，是他的平民意识铸就的。中共十三大党代表，中共十四大党代表，九届全国人大代表，十届全国人大代表……曾经打铁的鲁冠球是怎么赢得执政党权威的政治确认的？公开的资料，难以给我们一个真实可信的答案。我们所能知道的是，他不陪客吃饭，不在外过夜，住在公路旁边的农民房。他的平民风格赢得了浙江乡村社会的道德确认。

政治上游刃有余，道德上堪称楷模，这就是浙江明星私营企业主身上的士绅品格。正是这样的品格，使得他们在复杂的中国语境下，赢得了政治和道德权威的双重承认。以笔者的观察，他们讳言的政治理想是儒家的，尽管他们中的很多人根本读不懂《论语》。如果要让他们在民主政治道路上作个选择，他们更倾向于传统的政治儒学，而非美国式的民主理论。

这就是我们不必担心他们会成为俄罗斯式寡头的精神凭证。

未来会怎样，一时还难以确定。笔者相信，只要前提不发生颠覆性的变化，即便是成长背景极其不同的“第二代”，也会让士绅品格延续下去。

四　参政心态

民主政治之所以比专制制度好，就在于他允许人民，允许每一个公民，每一个利益集团，为了一己之私利，对国家政治施加平等的压力和影响。这就是我们在探讨浙江私营企业主参与政治的时候，必须首先达成的共识。正如叶利钦所说：“大资本对政权的影响，在任何一个国家都不可避免，关键在于他们以什么

① 杨轶清：《浙商制造》，浙江人民出版社，2003，第261～263页。

样的方式发挥他们的影响力。”①

事实上，浙江私营企业主阶层对政治的影响，远不能与俄罗斯的寡头相提并论。当下，我们尚不能确认，作为一个利益集团的他们，除了对私有产权的零星呼喊外，究竟还有没有独立的政治主张。

且不说笔者的观点是否臆测，还是让我们重温一遍20年来浙江私营企业主阶层的从政简史。历史不会改变已经发生的往事，却可以提醒我们如何判断未来。

20世纪80年代，浙江私营企业主中的极少数，开始小心翼翼地抬起一只迈向政坛的脚。比如温州的叶文贵，就禁不住地方官员的撺掇，戴上了副区长的帽子。

20世纪90年代，浙江私营企业主被纳入统一战线，他们中的精英分子，开始有序从政。20世纪90年代的第二个年头，中共中央赋予工商联团结私营企业主阶层的光荣使命，南存辉、徐冠巨等浙江私营企业主似一路飘红的股票，挤占了全国工商联的席位。

2000年以来，浙江私营企业主开始大兵团从政。从乡镇人大主席团，到全国人大，各个层次的参政议政机构，都有私营企业主的席位。

考察浙江私营企业主从政的历史和现状，我们察觉他们的从政心态，如中共浙江省委党校董明所说②，大致有三种：

恢复型、补偿性从政。浙江私营企业主身份的人大代表和政协委员，从政之初，往往视委员和代表为政治荣誉或者政治资本，出发点在于显示自身的社会政治地位，以示得到官方和社会的承认。这是一种压抑后的恢复性反弹。

功利型、经济性从政。如前文所叙，那些贿选村官的温州私营企业主的“从政”，就是此种心态的别样写照。当然，以贿选的手段去从政，只是不入流的旁门左道。董明认为，这是最为普遍的一种从政心态。在国家仍然把握着社会资源的当下，要想壮大企业，“政治自救”无疑是“取法乎上”的选择。

---

① 〔俄〕叶利钦著《午夜日记》，曹缦西、张俊翔译，译林出版社，2001，第105页。正如2001年江泽民在“七一”重要讲话中指出：“不能简单地把有没有财产、有多少财产当做判断人们政治上先进与落后的标准，而主要应该看他们的思想政治状况和现实表现，看他们的财产是怎么得来的以及对财产怎么支配和使用，看他们以自己的劳动对建设有中国特色社会主义事业所作的贡献。”

② 董明：《政治格局中的私营企业主阶层》，中国经济出版社，2001，第120页。

民主型、公益性从政。董明相信随着市场经济和政治民主环境的完善，今后企业主们对政治的热衷程度将会有所降低，而公益性的政治心态则将呈上升态势。

2003 年全国人代会上，《中国青年报》名记者陈强对南存辉的个案观察，非但形象地诠释了第二种心态和第三种心态，还提醒我们，浙江私营企业主的参政心态是怎样转变的。采访之前，陈强通过互联网搜索发现，在南存辉当选九届全国人大代表后的前3 年，媒体对他在人大会上的报道，主要集中在“为民营企业的‘国民待遇’鼓与呼”上。但从九届全国人大四次会议开始，南存辉代表转而关注社会群体，提出要“尽快制定《社会保障法》”。

从表达同类型企业发展的狭隘诉求，到为完善社会法制和保障制度鼓与呼。关注问题的变化，实际上是后两种参政心态的转变。

同样可以佐证这一转变的细节，是陈强不曾在意的南存辉的名片。陈强手中的名片，只有两个头衔：正泰集团董事长，高级经济师。此前两年，南存辉递给记者的名片上的头衔，好长一大串：全国人大代表，全国工商联执行常委，中国十大杰出青年……

名片头衔的变化，表明南存辉已告别“恢复型、经济性参政心态”。先前单纯的政治满足感、社会认同感的淡化，预示着他们对自己所代表的老板阶层利益的偏离。

以我们对浙江私营企业主阶层的认知，县、乡两级私营企业主代表和委员，多数是第一种从政心态，省、市两级私营企业主代表和委员，心态多数是第二种。真正拥有第三种从政心态的，只有全国人大代表和政协委员，以及少数省级人大代表和政协委员。

尽管第三种心态的民主从政心态，还不是普遍现象，但从局部向整体发展的趋势，已经出现。

第三节　浙江是浙江，中国是中国

2005 年4 月9 日上午8 时30 分，257 名泽国镇民，像2500 年前的雅典公民，聚集到乡镇中心小学，议论他们所在社区的未来。作为一场浙江乡村民主盛宴的见证者，美国《时代周刊》记者 Susan Jakes，以《民主试水》为题，在“中国来信”栏目中，向亚洲版读者娓娓讲述了浙江温岭的民主恳谈会。他在信的末尾说："就当下的情形而言，即便在只有一个党的市镇里，民主也是有益的。"

显然，浙江的"草根民主"业已颠覆了大洋彼岸的"老眼光"，尽管他们依旧满腹狐疑。但浙江"草根民主"的高度，还不是中国"草根民主"的高度。在经济非均衡发展的中国，"草根民主"的发展同样是不均衡的。

就"草根民主"而言，浙江的民主在中国民主版图上，只是一个耀眼的"红圈圈"。在960万平方公里的陆地上，浙江的民主，像浙江的GDP，是一个先进分子，而非平均数的代表。直白地说，浙江是浙江，中国是中国。由于经济的不平衡，中国民主的发育水平也是不平衡的。开香槟的时候还没有到来。

一　温州"民主的敌人"VS"专制的敌人"

办公桌上摆放着《契约论》的李国民，是温州民主政治史上一个丰碑式的人物。他不仅是"协约村官"制度的设计者，还是以民主程序冲破组织意图当选为镇长的第一人。迄今尚在监牢中的陈仕松，也是温州民主政治史上的一个标杆式的人物，他非但是一个"还俗和尚"、"落魄巫师"、"村支书"、"人大代表"，还是颠覆民主程序、嘲弄公众民意、插手干部任命的"地下组织部部长"。

陈仕松象征着温州民主的谷底，李国民喻示着温州民主的高峰，他们都是温州辖制的瑞安县人，一个是"民主的敌人"，一个是"专制的敌人"，他们作为对手在民主的战争中有过交锋。他们的故事，无论在瑞安、温州，还是在浙江，都是极端化的典型。但他们却矛盾地统一在我们叙述的真实世界中，鲜明地提醒我们民主的不均衡。

2000年4月28日，陈仕松被判处有期徒刑14年。罪名是：受贿罪、行贿罪、介绍行贿罪。以陈仕松为圆心的三项罪名，牵涉了曾在瑞安任职的80余党政官员。不足一年的时日内，他们分别受到党纪政纪乃至刑罚的处分。原中共瑞安市委书记、瑞安市市长都因为陈仕松冠盖落地、锒铛入狱。

说起来匪夷所思的陈仕松究竟是一个什么样的人？

入狱时43岁的陈仕松绰号"阿太"，是莘塍镇中村的一个文盲，一个还俗后跳大神的巫师，一个既不会种地又不会做买卖的街头流氓，一个靠窥探官员隐私挟制官员的"政治无赖"，一个仰仗市委书记的官场掮客、买官卖官的经纪人，一个掌握他人官运的"地下组织部部长"，一个以手段骗进组织的中共党员，一个玩弄民主的瑞安市人大代表。

1991 年，瑞安市莘塍镇开始搞村民委员会选举试点。“上面”打招呼，说阿太是莘塍举足轻重的人物，要求镇委出面助选。时任党委委员的李国民主持选举，他和其他镇官坚决抵制，阿太落选。

和阿太一样，李国民曾经也是农民。1981 年，李国民高中毕业后，回家务农。一年后，他在乡镇招干考试中胜出，当了乡镇干部，并在自学考试中获得法律本科文凭，考取律师资格。有了法律精神的李国民，在 1990 年设计了莘塍镇村民选举的“大民主”方案，并成为次年全镇海选的文本。

遗憾的是，李国民的文本对阿太没有拘束力。阿太落选后，“上面”急了，严令“下面”把前一次选举废了，再选一次。

这一回，李国民输了。有瑞安市纪委书记和市长的鼎力相助，阿太委屈地当上了中村村委会委员、副主任，同时由联防队员擢升为联防队长。

李国民说：阿太向村民许诺，他当选后，一定修好村里那条破烂不堪的乡村公路。相信他手眼通天的部分村民，虽然犹豫不决，但拗不过镇干部们的“认真组织”，最终遂了阿太的愿。

1994 年，中村换届选举，因为阿太没有改造好那条烂路，中村人再也不选他。但阿太在这一年“相知”了村干部出身的中共瑞安市政法委书记，也就是日后被他牵扯进班房的瑞安市委书记。虽然阿太在选举中败退，但“靠山”们出面，任命他为村委会副主任。

1997 年，中村第三次换届，阿太自知民意基础太差，主动放弃了。等到阿太在公安派出所的“压阵”下入了党，李国民才知道自己高兴得太早了，阿太的目光盯住了村支书的位置。

次年，阿太被任命为村支部书记。已是镇党委副书记的李国民谈了三点：阿太是一个浮在水面的瘪三；我坚决反对；我保留个人意见。

接下来叫李国民瞠目结舌的，是阿太当选为瑞安市人大代表。同为人大代表的李国民发现，阿太在那个会上，上下其手，比常委会主任还忙。事后，李国民才知道，至少有两位副市长是因阿太的“公关”而当选的。

1999 年，阿太东窗事发，镇长也被拖下水，判了四年徒刑。这时候，长期与阿太为敌的李国民，始被官场接受为好人。

2000 年，补选镇长期间，干了 17 年乡镇干部的李国民呼声很高。作为镇民主制度的设计师，李国民被民选的村干部们簇拥着。但中共瑞安市委一位副书记告诉他，代理镇长已经到位，不要再无事生非。与此同时，所有的乡村干部都被组织上找过去谈话，“与组织上保持一致”。

2000 年 9 月 22 日上午，选举开始。主持人宣读《提名候选人酝酿办法》，要求在指定的房间里，在 5 分钟内搞定，然后问：“有没有异议？”

“时间太短！从四楼走到三楼也需要两分钟！”有代表举手反对。

礼堂里鸦雀无声。

“我是列席代表，我要发言。主持人的做法违法。虽然代表法没有规定时间，但你要给大家充分酝酿的时间，5 分钟不够。”坐在主席台上的李国民按捺不住地说。过去几天，种种防止他竞选的“组织手段”，让他难以容忍。

掌声雷动。

“愿意联名选我的，跟我来！”一拨代表哗地跟着他走了。

李国民当选镇长！86 个镇人大代表，李国民得 53 票，代理镇长得 30 几票。

第二天，中共瑞安市委派来调查组。一个月过后，一个口头结论说：“阿太的余孽支持了李国民。”

“三讲”期间，组织上请李国民交代两条：你和阿太是什么关系？选举镇长的时候，你都干了些什么？

2002 年，当了 13 个月镇长的李国民，被调往瑞安市司法局，任副局长。

二　浙江被平均数遮蔽的财富鸿沟

2001 年冬天，霍华德 · J. 威亚尔达在华盛顿的战略与国际中心问：“在识字率或者社会经济发展水平非常低的国家里，人们没有国家政治的观念，或者终日忙于为生计奔波劳碌以致没有参与政治活动的时间、精力和兴趣，民主能够在这样的国家存在吗？在有些国家，贫富阶层之间的差异如此巨大，以至于平等主义的观念或者一人一票的观念近乎笑谈，民主能够在这样的国家存在吗？”①

我们可以质疑这位比较政治学领域的异国权威的疑问，但我们相信民主和经济之间的因果关系。如果经济发展得不平衡，不能尽快消弭，民主政治的推进必定会遭受意想不到的阻碍。

浙江民主的发展水平，一如浙江的经济，在中国是毫无疑问的领先。但贫富差距、城乡差距、区域差距等浙江经济的诸多不平衡，都将在未来某个我们看不

---

① 霍华德 · J. 威亚尔达主编《民主与民主化比较研究》，榕远译，北京大学出版社，2004，第 7 页。

到的节点上，制约着浙江民主的均衡协调持续的演进。

这里，我们姑且丢弃民主在浙江区域内的不均衡的表象，反观浙江的财富鸿沟，试图从另一个侧面，迂回地将我们的问题托出水面。

浙江的财富不是神话。2004 年，浙江农民人均收入超过 6000 元，连续 19 年在中国各省区中拔得头筹[①]；城镇居民可支配收入将近 15000 元，连续 4 年居中国各省区第三位，在除直辖市之外的省区中居于首位。[②]

然而，高平均数并不等于浙江人的幸福指数，也不表示浙江人都过上了幸福生活。事实上，和平均数一起攀升的，还有反映财富鸿沟的基尼系数。尽管浙江的基尼系数一直低于中国的平均水平，但 2000 年以来也已逼近 0.4——国际公认的警戒线。

2004 年，浙江省城镇居民收入基尼系数达到 0.3245，高于 2003 年的 0.3046。高低收入家庭人均收入的倍数由 2003 年的 4.65 倍扩大到 5.08 倍。2004 年浙江城镇家庭人均可支配收入 14546 元，而城镇 10% 的低收入户可支配收入只有 4690 元，平均每天不到 13 元，生活的艰辛可以想见。[③] 2005 年初，人们在杭州蚕花园社区，还能看到不少烧煤炉的人家。由于煤气涨价，这些月收入 1000 元左右的人家，不得不中断每月 40 元的煤气费。

不知凡几的数字，非但见证了浙江贫富差距的拉大，也预示着富可敌国的浙江仍有相当数量的贫困和相对贫困人群。

浙江的穷人比我们想象多。截至 2004 年初，徘徊在年收入 1000 元绝对贫困线以下的浙江人，有 37.6 万人，尽管这个数字比 20 世纪 90 年代末期少了 20 万，已足够我们震惊了。如果我们把视线由绝对贫困转移到相对贫困，就难以统计出恰当的数字表明业已失衡的收入差距。

三　中国“草根民主”的非均衡发展

如果说李国民竞选镇长，是一个人的民主政治，那么，2005 年 7 月，浙江温岭市新河镇的公共预算改革，就是数万人的民主政治：将镇政府提出的财政预算草案提交给镇人大，镇人大代表就预算的具体内容对政府进行询问，并提出自

① 董碧水：《浙江农民收入增幅首次超过城镇居民》，2005 年 2 月 22 日《中国青年报》。

② 张爱光、黄程、洪光豫：《浙江城镇居民收入全国排老三》，2005 年 1 月 25 日《杭州日报》。

③ 常红晓、苏振华：《浙江警示：开发区土地稀缺与闲置并存》，《财经》2005 年第 6 期。

己的修改意见，而后再由镇政府和人大的预算审查小组共同修改预算，形成新的预算方案，最后再提交人大会议通过。

新河镇公共预算的改革，在1949年以后的中国还是第一次。它是从泽国镇的“民主恳谈”繁衍出的新的民主品类，也是浙江“草根民主”从村扩展到镇的高级见证。较之于还在海选村官阶段蹒跚而行的中国其他省区，浙江确实可以算做民主的先行者。在浙江的很多地区，经济的繁荣已使得那里的社会成长为一个具有开放特征的社会，民主的意识和诉求都不是经济欠发达地区可以比拟的。

回望20余年来中国草根民主的发育史，看看浙江烙在其中的痕迹，我们发现，中国“草根民主”的发育，如同非均衡发展的中国经济，也是不均衡的。

18年前，仰赖已故全国人大常委会委员长彭真的促动，《村民委员会组织法(试行)》问世，西方媒体惊呼：“这是中国封闭制度下民主潮流的涌动。”

1999年，温州寮东村村民，在中国范围内第一次启动罢免村委会主任的民主程序，罢了他们不满意的村委会主任的“官”。

这一年，中国民政部试行居委会领导成员由全体居民直接投票产生的制度改革，终于发动了早在1989年就议定好的城市“草根民主”的改革。中国的“草根民主”，也就是官方宣称的基层民主，开始从农村包围城市。

2001年，偏于中国西南一隅的云南省实践了村委会海选，标志着民主选举在中国农村普遍开花，中国农村实现了以民主选举为中心的初步民主。世界与中国研究所所长李凡说，农村的民主选举可能在不同地区有不同的做法，程度上也有好坏之分，但是基本上可以认为直接选举村委会成员的做法是普遍实行了的，这是一件很不容易的事情。①

2002年，中共中央下发了近年来第一份全面规范村委会选举的中央文件。至此，中国绝大多数农村村委会普遍完成了4次以上的换届选举，大体实现了数百万村干部由上级指派到村民投票的平稳过渡。

2004年，温州籍的浙江省人大代表提出“修改《浙江省村民委员会选举办法》的议案”，浙江省人大内务司法委员会提出了修改决定草案，直接指导了2005年浙江省的村委会换届选举。怎么样才算贿选？草案一一作出了答复。

回顾历史，浙江的“草根民主”毫无疑问地领先于其他省区。从首开“老板参政”新风，到协议村官制度，再到协商民主，继而到选举公证制度，浙江

① 李凡：《中国基层民主发展的格局》，世界与中国研究所网站。

的民主制度创新已由民间的探索过渡到官方积极主导模式，刷新了中国其他省份民众主导政府合作的发展模式。

我们为浙江的民主成就而欣喜，但它不是中国的全部。在中国的其他省区，部分地方官员也在吆喝着推动民主，却没有将真正的权力交还给农民。常见的是，官方试图控制民主的操作，使结果符合自己的心意。不能如愿的时候，就依一己之见，霸王硬上弓，撤换选举后的村委会成员。跟他们说温州的非政府组织的民主模式，无异于天方夜谭。

概而言之，中国“草根民主”尚处于初级阶段，不健全的法治体系，懵懵懂懂的宪政意识，保守落后的宗族种姓，改革还不彻底的政府体制，都在羁绊着民主的车轮。

尽管浙江先行一步的水平，不是中国“草根民主”的“平均成绩”，但中国“草根民主”20 年的成长，已经铺设了一系列驰向远方的民主制度，选举委员会产生办法、提名制度、竞选制度、秘密划票制度、公开点票制度、罢免制度、监督制度，正把“草根民主”推向民主的轨道。别忘了，所有这一切，都建立在中国没有现代民主选举制度的前提下。所以，我们对国情的不利因素，不需要过于悲观。2009 年 2 月 2 日，温家宝总理在接受英国《金融时报》记者巴特采访的时候，虽然强调中国的政治体制“要按中国的实际情况，发展具有自己特色的民主方式，循序渐进”，但他“坚信，群众能管好一个村，就一定能够管好一个乡、一个县，也就能够管好一个省”。①

参考文献

[1] 霍华德·J. 威亚尔达主编《民主与民主化比较研究》，榕远译，北京大学出版社，2004。

[2] 董明：《政治格局中的私营企业主阶层》，中国经济出版社，2001。

[3] 章敬平：《拐点：影响中国未来的 12 个月》，新世界出版社，2003。

[4] 杨轶清：《浙商制造》，浙江人民出版社，2003。

[5]〔美〕道格拉斯·诺斯、罗伯斯·托马斯著《西方世界的兴起》，厉以平、蔡磊

① 新华网伦敦 2009 年 2 月 2 日电，《温家宝总理接受英国金融时报专访》，http：//news. xinhuanet. com/newscenter/2009 -02/02/content_ 10753101_ 1. htm。

译，华夏出版社，1999。

[6]《浙江概览》编委会：《浙江概览2004》，浙江人民出版社，2004。

[7] 浙江省哲学社会科学规划办公室编《浙江新发展：思考与对策》，浙江人民出版社，2004。

[8] 周晓红：《传统与变迁——江浙农民的社会心理及其近代以来的嬗变》，三联书店，1998。

[9] 卓勇良：《番薯、战争与企业家精神——也谈温州模式的成因及其困境》，《浙江社会科学》2004年第3期。

The Future of Democracy in China

Abstract: The great achievement of Zhejiang economy gestated a new estate of private entrepreneurs. To gain much more fortune, those representatives of the advanced productivity try to get to the top, and the government responses accordingly. Finally, it results in the so-called Democracy of Zhejiang.

Zhejiang is not isolated. When we talk about the Democracy of Zhejiang, we have to refer to the social environment of People's Republic of China. If we want to make some research on the Democracy of Zhejiang, we have to solve the following problems: What's the relationship between the democracy and economy of Zhejiang? Is the Democracy of Zhejian the future of Democracy in China?

Key Words: Democracy in Zhejiang Province; Democracy in China; Private Entrepreneurs

后记

欧阳日辉*

“中国经济发展和体制改革报告”系年度报告，又称“发展和改革蓝皮书”，纳入中国社会科学院蓝皮书系列。报告由中央财经大学中国发展和改革研究院组编，著名经济学家邹东涛教授担任主编，欧阳日辉副教授担任副主编，聚集一批杰出中青年经济学者、学者型企业家和学者型官员，以经济理论和政策研究为己任。

“发展和改革蓝皮书”从经济体制改革和经济发展的视角综合研究中国改革的政策和措施。改革是决定中国命运的重大决策，是中华民族走向繁荣富强的根本措施，是实现国家长治久安的重要保障，也是我国屹立于世界民族之林的必由之路。“发展和改革蓝皮书”述评中国经济体制改革的措施，总结发展和改革的经验，分析发展和改革存在的问题，展望发展和改革的趋势。

“发展和改革蓝皮书”突出资料性和创新性。报告以翔实的数据和图表为依据，增强蓝皮书的权威性和资料性；报告注重历史经验的总结，总结改革的基本经验，力图对完善社会主义市场经济体制产生深远的影响；报告强调理论创新，对马克思主义经济学在中国的发展和创新、西方经济理论在中国的发展和创新以及中国经济学的形成和发展进行总结和描述。

在国家隆重纪念改革开放30周年之际，我们对改革开放30周年的经验进行系统的回顾和总结，组织改革研究领域的专家学者撰写了《中国改革开放30年(1978～2008)》，作为“发展和改革蓝皮书”的第一本。报告共84万字，对我国改革开放以来经济领域24个方面，系统回顾、总结和研究，既全方位展示改革开放的伟大成就，又深入分析各个方面存在的问题、产生的原因和努力的

* 欧阳日辉，国民经济学博士、财政学博士后，中央财经大学中国发展和改革研究院副研究员。曾在人民出版社从事编辑工作，担任该社教育出版中心副主任。曾参与国家和省部级课题近10项。主要研究领域：宏观调控、制度经济学、经济史。

方向。

在“发展和改革蓝皮书”第一卷中，邹东涛教授执笔的主报告《总结经验，科学改革——科学改革观论纲》，纵深总揽改革开放30年，首创性地探索了“科学改革观”。以独特的思维和话语体系，从改革的“四柱八梁”、“三大路线图”、“刚柔相济的大智慧”、“经济和政治改革的非对称组合”等视角，认真总结了中国改革开放的基本经验，提出中国的改革必须“做中国‘猫’，抓中国‘鼠’”，从过去的“摸着石头过河”走上岸来，为改革“造船”、“造桥”，从而飞跃到“划着船过河”和“踩着桥过河”，从改革的“必然王国”向改革的“自由王国”跃进。总报告的有关内容作为咨询报告，报送国家有关部门。

“发展和改革蓝皮书”第一卷《中国改革开放30年（1978～2008）》出版发行后即引起强烈社会反响，多次加印，发行万多册。研究报告出版后送中央有关领导同志，得到肯定；2008年7月11日成功地举办了首发式，当天CCTV新闻频道整点新闻报道播报首发式2分46秒；《人民日报》、《光明日报》、《中国改革报》、《21世纪经济报道》等一批主流报刊报道；人民网、中国新闻网、中国网、中经网、和讯网等网络转载有关报道，中国网直播图书首发式；自2008年9月1日起，人民网理论频道对报告全文84万字持续1个月连载……

“发展和改革蓝皮书”第一卷《中国改革开放30年（1978～2008）》的成功出版发行，极大地激励了我们及作者队伍。在总结改革开放30年的经验时，我们认识到，改革开放的成就除了归功于中国特色社会主义道路的开创以及党中央的正确领导之外，还与我们党在八大前后开始的对中国特色社会主义道路的探索也有着直接关系。我们要总结当今中国的成就，就必须把毛泽东领导的社会主义建设与邓小平领导的改革开放、把新中国成立后的前29年与后31年紧密联系起来，完全割裂甚至对立起来是不可取的。所以，我们在组编“发展和改革蓝皮书”第二卷时，紧扣新中国成立60周年，确定题目为《中国道路与中国模式（1949～2009）》。

《中国道路与中国模式（1949～2009）》的观点归结为：经济发展道路和发展模式的选择，在于所选道路和模式是否有生命力，能否给人们带来经济实惠，从而为人们所接受并长期存在下去。实践证明，中国只有在中国共产党的领导下走中国特色社会主义道路，才能发展中国，才能实现中华民族的伟大复兴。实践证明，“世界上没有放之四海而皆准的发展道路和发展模式，也没有一成不变的发展道路和发展模式”①，就像世界上没有两片完全相同的树叶一样，适合本国国情的发展道路和发展模式就是最好的发展道路和发展模式。

在《中国道路与中国模式（1949～2009）》的编撰过程中，我们得到了中共中央政策研究室、中国保险业监督管理委员会、商务部、中国社会科学院、北京大学、清华大学、中国人民大学、武汉大学、中央财经大学、中国政法大学、北京工商大学、山西财经大学、中华全国工商联、中国科学技术发展战略研究院、新华社、《人民论坛》杂志社、南方报业集团、东莞市委宣传部、太仓市委政策研究室等单位的大力支持。写作班子尽心尽力，克服困难，保证了书稿按时保质完成，作为奉献给新中国成立60周年的一份心礼。我们要向这些朋友表示衷心感谢！本书的出版得到了社会科学文献出版社的鼎力支持，在此表示感谢。

今后，我们力争每年编撰出版高质量的“发展和改革蓝皮书”，逐步形成中国发展和改革研究院的品牌图书。由于时间仓促、编者水平有限，书中可能存在一些错误和缺陷，我们恳请广大读者对我们的工作提出批评意见，请把您的宝贵意见发送到 ouyangcass@ yahoo. com. cn。

最后，祝愿我们的祖国繁荣昌盛，祝愿我们的人民幸福安康！

2009 年 8 月 8 日

① 胡锦涛：《在纪念党的十一届三中全会召开30周年大会上的讲话》，2008年12月19日《人民日报》。

发展和改革蓝皮书

中国经济发展和体制改革报告 No. 2

中国道路与中国模式（1949～2009）

主　　编 / 邹东涛
副 主 编 / 欧阳日辉

出 版 人 / 谢寿光
总 编 辑 / 邹东涛
出 版 者 / 社会科学文献出版社
地　　址 / 北京市西城区北三环中路甲 29 号院 3 号楼华龙大厦
邮政编码 / 100029
网　　址 / http：//www. ssap. com. cn
网站支持 / （010）59367077
责任部门 / 财经与管理图书事业部（010）59367226
电子信箱 / caijingbu@ ssap. cn
项目经理 / 周　丽
责任编辑 / 赵学秀　高　雁　李延玲　于渝生　张景增
责任校对 / 冯振华
责任印制 / 蔡　静　董　然　米　扬
品牌推广 / 蔡继辉

总 经 销 / 社会科学文献出版社发行部
（010）59367080　59367097
经　　销 / 各地书店
读者服务 / 读者服务中心（010）59367028
排　　版 / 北京中文天地文化艺术有限公司
印　　刷 / 北京季蜂印刷有限公司

开　　本 / 787mm × 1092mm　1/16
印　　张 / 47. 25
字　　数 / 842 千字
版　　次 / 2009 年 10 月第 1 版
印　　次 / 2009 年 10 月第 1 次印刷

书　　号 / ISBN 978 - 7 - 5097 - 1024 - 1
定　　价 / 98. 00 元（赠光盘）

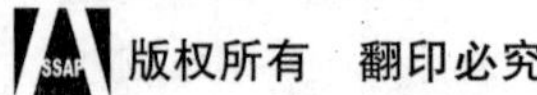